BIBLIOGRAPHIA PATRISTICA
XXVI/XXVII

PATRISTISCHE KOMMISSION
DER AKADEMIEN
DER WISSENSCHAFTEN IN DER
BUNDESREPUBLIK DEUTSCHLAND

BIBLIOGRAPHIA PATRISTICA

XXVI/XXVII

WALTER DE GRUYTER · BERLIN · NEW YORK

1986

BIBLIOGRAPHIA PATRISTICA

INTERNATIONALE PATRISTISCHE BIBLIOGRAPHIE

In Verbindung mit vielen Fachgenossen

herausgegeben von

Knut Schäferdiek

XXVI/XXVII

Die Erscheinungen der Jahre

1981 und 1982

WALTER DE GRUYTER · BERLIN · NEW YORK

1986

Gedruckt auf säurefreiem Papier
(alterungsbeständig – pH 7, neutral)

ISBN 3 11 010831 3 · ISSN 0523-2252

Satz: Dörlemann-Satz, Lemförde, Druck: Hildebrand, Berlin,
Einband: Lüderitz & Bauer, Berlin

VORWORT

Endlich kann Band XXVI/XXVII der Bibliographia Patristica mit den Neuerscheinungen der Jahre 1981/82 der Öffentlichkeit übergeben werden. Widrige Umstände, die sich dem Einfluß von Verlag und Herausgeber entzogen, haben die bedauerliche Verzögerung seines Erscheinens bedingt. Sein Zustandekommen wäre undenkbar ohne die unermüdliche Mithilfe zahlreicher Fachkolleginnen und -kollegen aus vielen Ländern, denen an dieser Stelle für ihre zumeist schon über lange Jahre hinweg geleisteten Beiträge verbindlich gedankt sei:

K. Aland – Münster; G. Astruc-Morize – Paris; G. Bartelink – Nijmegen; A. Bastiaensen – Nijmegen; J. B. Bauer – Graz; B. Bradley – Dublin; H. Chr. Brennecke – Tübingen; P. Christou – Thessaloniki; I. Coman – Bukarest; A. Davids – Nijmegen; Y.-M. Duval – Paris; J.-C. Fredouille – Toulouse; G. Garitte – Louvain; B. Grabar – Zagreb; E. A. Livingstone – Oxford; W. Myszor – Piastów; E. F. Osborn – Melbourne; N. Rejchrtová – Prag; H. Riesenfeld – Uppsala; W. Rordorf – Peseux; M. Schatkin – Princeton; R. Trevijano – Salamanca; I. Zonewski – Sofia.

Der Wechsel der Herausgeberschaft gibt zugleich Anlaß, auch dem ausscheidenden Herausgeber Wilhelm Schneemelcher für seinen Einsatz während nahezu dreier Jahrzehnte zu danken.

Die Erstellung des Manuskriptes und die Drucküberwachung wurde von Herrn mag. theol. Volker Eschen unter Mithilfe von Frau Petra Linßen, Frau Petra Stremer und Frau Andrea Gattwinkel besorgt.

Mit der Bitte um freundliche Aufnahme verbindet sich zugleich die Bitte um tätige Unterstützung: Hinweise auf einschlägige Veröffentlichungen an entlegeneren Stellen, aber auch auf Lücken oder Fehler sind stets dankbar entgegengenommene Hilfen.

Bonn, den 24. April 1986
Evangel.-theol. Seminar
der Universität

Knut Schäferdiek

HINWEISE FÜR DEN BENUTZER

1. Zeitraum. Die obere zeitliche Grenze ist für den Osten das 2. Nicänische Konzil (787), für den Westen Ildefons von Toledo († 667).

2. Die Aufnahme der Titel erfolgt nach den im Bibliothekswesen üblichen Normen. Slawischen, rumänischen und ungarischen Titeln ist eine Übersetzung beigefügt.

3. Die Verfasservornamen sind im allgemeinen so angeführt, wie sie bei den Veröffentlichungen angegeben sind. Lediglich in Abschnitt IX (Recensiones) und im Register werden grundsätzlich nur die Anfangsbuchstaben genannt.

4. In Abschnitt III 2, der die Kirchenschriftsteller in alphabetischer Reihenfolge aufführt, finden sich alle Arbeiten, die sich mit einzelnen Kirchenschriftstellern befassen, einschließlich der Textausgaben.

5. Verweise. Kommt ein Titel für mehrere Abschnitte in Frage, so ist er lediglich unter einem Abschnitt vollständig angegeben, während sich unter den anderen nur der Autorenname findet und in eckigen Klammern auf die Nummer verwiesen wird, unter welcher der vollständige Titel zu suchen ist. Bei Verweisen nach Abschnitt I 10b ist das Wort und bei Verweisen nach III 2 oder III 3b der Kirchenschriftsteller bzw. Heilige angegeben, unter dem der entsprechende Titel zu finden ist.

6. Bei Rezensionen ist stets auf den Jahrgang unserer Bibliographie und die Nummer des rezensierten Werkes verwiesen. Kurze Buchanzeigen bleiben unberücksichtigt, ebenso Rezensionen von Büchern, die vor 1956 erschienen sind.

INHALTSVERZEICHNIS

ABKÜRZUNGSVERZEICHNIS

AA	Antike und Abendland. Beiträge zum Verständnis der Griechen und Römer und ihres Nachlebens. Berlin
AAA Szeged	Acta antiqua et archaeologica. Acta Univ. de Attila Jósef nominatae. Szeged
AAG	Abhandlungen zur alten Geschichte
AAP	Atti dell' Academia Pontaniana. Napoli
AAPal	Atti dell' Academia di Scienze, Lettere e Arti di Palermo. Palermo
AAPat	Atti e Memorie dell' Academia Patavina di Scienze, Lettere ed Arti, Classe di Sc. mor., Lett. ed Arti. Padova
AAPel	Atti della Accademia Peloritana, Classe di Lettere, Filosofia e Belle Arti. Messina
AAPh	Arctos. Acta philologica Fennica. Nova series. Helsinki
AArchHung	Acta Archaeologica Academiae Scientiarum Hungaricae. Budapest
AArchSlov	Acta Archaeologica. Arheoloski Vestnik. Ljubljana
AASN	Atti della Accademia di Scienze morali e politiche della Società nazionale di Scienze, Lettere ed Arti di Napoli. Napoli
AASOR	Annual of the American School of Oriental Research in Jerusalem. New Haven
AAT	Atti della Accademia delle Scienze di Torino. Classe di Scienze morali, storiche e filologiche. Torino
AAug	Analecta Augustiniana. Roma
AB	Analecta Bollandiana. Bruxelles
ABG	Archiv für Begriffsgeschichte. Bonn
Abba	Abba Salama. Addis-Abeba
ABo	Archivium Bobiense
ABourg	Annales de Bourgogne. Dijon
ABret	Annales de Bretagne. Faculté des lettres de l'université de Rennes. Rennes
AcAbo	Acta academiae Aboensis. Ser. A: Humaniora
AcAl	Acta classica Universitatis Scientiarum Debreceniensis. Debrecen
AcAnt	Acta Antiqua Academiae Scientiarum Hungaricae. Budapest
AcArO	Acta ad archaeologiam et artium historiam pertinentia. Oslo
ACCV	Anales del Centro de Cultura valenciana. Valencia
AcIt	Accademie e Biblioteche d'Italia. Roma
ACl	L'antiquité classique. Bruxelles
AClass	Acta Classica. Verhandelingen van die klassieke vereniging van Suid-Africa. Cape Town
Acme	Acme. Università di Stato di Milano. Milano

AcOK	Acta Orientalia. København
ACR	American Classical Review. New York
ACW	Ancient Christian Writers
ADA	Arquivo do Distrito de Aveiro. Aveiro (Portugal)
ADSSW	Archiv für Diplomatik, Schriftgeschichte, Siegel- und Wappen-kunde. Münster, Köln
AE	Annales de L'Est. Faculté des lettres de l'université de Nancy. Nancy
AEAls	Archives de l'eglise d'Alsace. Strasbourg
Aeg	Aegyptus. Rivista Italiana di Egittologia e di Papirologia. Milano
AEHESHP	Annuaire de l'École pratique des Hautes Études, IVe section, Sciences historiques et philologiques. Paris
AEHESR	Annuaire de l'Ecole pratique des Hautes Études, Ve section, Sciences religieuses. Paris
AEKD	Archeion ekklēsiastikou kai kanoniku dikaiu. Athēnai
AEM	Anuario de Estudios medievales. Barcelona
Aevum	Aevum. Rassegna di Scienze Storiche, Linguistiche e Filologiche. Milano
AFC	Anales de Filologia Clásica. Buenos Aires
AFFB	Anuario de Filologia. Facultad de Filología. Barcelona
AFGG	Annali della Facoltà di Giurisprudenza. Milano
AFH	Archivum Historicum. Franciscanum Ad Claras Aquas (Florentiae)
AFLB	Annali della Facoltà di Lettere e Filosofia di Bari. Bari
AFLC	Annali della Facoltà di Lettere, Filosofia e Magistero dell'Università di Cagliari. Cagliari
AFLF	Annali della Facoltà di Lettere e Filosofia. Napoli
AFLL	Annali della Facoltà di Lettere di Lecce. Lecce
AFLM	Annali della Facoltà di Lettere e Filosofia, Università di Macerata. Padova
AFLNice	Annales de la Faculté des Lettres et Sciences humaines de Nice. Nice
AFLP	Annali della Facoltà di lettere e filosofia. Perugia
AfO	Archiv für Orientforschung. Horn, Austria
AFP	Archivum Fratrum Praedicatorum. Roma
AfricaThJ	Africa Theological Journal. Usa River, Tanzania
AFUM	Annali della Facoltà di Filosofia e Lettere dell'Università Statale di Milano. Milano
AG	Analecta Gregoriana. Roma
AGF-G	Veröffentlichungen der Arbeitsgemeinschaft für Forschung des Landes NRW-Geisteswissenschaften
AGLB	Aus der Geschichte der lateinischen Bibel. Freiburg
AGPh	Archiv für Geschichte der Philosophie. Berlin
AHAMed	Anales de Historia antigua y medieval. Facultad de Filosofia. Universidad de Buenos Aires. Buenos Aires
AHAW	Abhandlungen der Heidelberger Akademie der Wissenschaften, Philos.-Hist. Klasse. Heidelberg
AHC	Annuarium historiae conciliorum. Amsterdam

AHD	Archives d'histoire doctrinale et littéraire du moyen âge. Paris
AHDE	Anuario de Historia del Derecho español. Madrid
AHES	Archive for history of exact sciences. Berlin
AHP	Archivum historiae pontificiae. Roma
AHR	The American Historical Review. Richmond, Virginia
AHSJ	Archivum historicum Societatis Jesu. Roma
AIA	Archivo Ibero-americano. Madrid
AIHS	Archives internationales d'histoire des sciences. Nouvelle série d'Archeion. Paris
AION	Annali dell'Istituto Orientale di Napoli, Sez. ling. Roma
AIONF	Annali dell'Istituto universitario orientale di Napoli. Seminario di studi del mondo classico. Sezione filologico-letteraria. Napoli
AIPh	Annuaire de l'Institut de Philologie et d'Histoire Orientales et Slaves. Bruxelles
AJ	The Archaeological Journal. London
AJBI	Annual of the Japanese Biblical Institute. Tokyo
AJC	American Jewish Committee. Annual Report
AJPh	American Journal of Philology. Baltimore
AKG	Archiv für Kulturgeschichte. Münster, Köln
AKK	Archiv für katholisches Kirchenrecht. Mainz
Akroterion	Akroterion. Quarterly for the Classics in South Africa. Dept. of Classics, Univ. of Stellenbosch
AktAthen	Aktines. Athen
ALBO	Analecta Lovaniensia Biblica et Orientalia
Alfa	Alfa. Marilia (Brasil)
ALGHL	Arbeiten zur Literatur und Geschichte des hellenistischen Judentums. Leiden
ALGP	Annali del Liceo classico G. Garibaldi di Palermo. Palermo
ALMA	Archivum latinitatis medii aevi. Bruxelles
Altamira	Altamira. Santander (España)
Altt	Das Altertum. Berlin
Alvernia	Alvernia. Calpan (Mexiko)
ALW	Archiv für Liturgiewissenschaft. Regensburg
AM	Annales du Midi. Revue archéologique, historique et philologique de la France méridionale. Toulouse
AnMal	Analecta Malacitana. Málaga
AMAPat	Atti e Memorie dell'Accademia Patavina di Scienze, Lettere ed Arti. Padova
AMATosc	Atti e Memorie dell'Accad. Toscana La Colombaria. Firenze
AmBenR	The American Benedictine Review. Atchison, Kansas
Ambr	Ambrosius. Milano
Ampurias	Ampurias. Revista de Arqueologia, Prehistoria y Etnologia. Barcelona
AMSI	Atti e Memorie della Società Istriana di archeologia e storia patria. Trieste
AmSlav	The American Slavic and East European Review. New York
AMSM	Atti e Memorie della Deputazione di Storia Patria per le Marche. Ancona

AMSPR	Atti e Memorie della Regia Deputazione di Storia Patria per l'Emilia e la Romagna. Bologna
AMW	Archiv für Musikwissenschaft. Wiesbaden
An	Antiquitas
AN	Aquileia nostra. Bolletino dell'Associazione nazionale per Aquileia. Aquileia
AnAcBel	Annuaire de l'Académie Royale de Belgique. Bruxelles
AnAl	Antichità altoadriatiche. Udine
AnAmHist	Annual Report of the American Historical Association. Washington
AnAnk	Annales de l'Université d'Ankara. Ankara
Anazetesis	Anazetesis. Quaderni di ricerca. Gruppo di Studio Carlo Cattanco. Pistoia
AnBib	Analecta Biblica. Roma
AnBodl	Annual Report of the Curators of the Bodleian Library. Oxford
AnCal	Analecta Calasanctiana. Revista del Colegio Teologado «Felipe Scio» Salamanca
AnCan	L'année canonique. Paris
AnColFr	Annuaire du Collège de France. Paris
AnCra	Analecta Cracoviensia. Krakau
AncSoc	Ancient Society. Louvain
AndNewQ	Andover Newton Quarterly. Newton Centre, Mass.
AnDomingo	Anales de la Universidad de Santo Domingo. Ciudad Trujillo
AnFen	Annales Academiae Scientiarum Fennicae. Helsinki
AnFil	Anuario Filosófico. Pamplona
AnFilB	Anuario de Filologia. Universidad de Barcelona. Facultad de Filologia. Barcelona
AnFilE	Anuario de Estudios Filológicos. Universidad de Extremadura. Cáceres
Ang	Angelicum. Roma
AnGer	Anales del Instituto de Estudios Gerundenses. Gerona (España)
AnglThR	Anglican Theological Review. Evanston, III.
AnHisp	Anales de la Universidad Hispalense. Sevilla
Anima	Anima. Freiburg (Schweiz)
AnMont	Analecta Montserratensia. Montserrat (Barcelona)
AnMurcia	Anales de la Universidad de Murcia. Murcia
AnMus	Anuario musical. Barcelona
Annales (ESC)	Annales (Économie, Sociétés, Civilisations). Paris
AnnFLGen	Annali della Facoltà di Lettere e Filosofia di Genova. Genova. Bozzi
AnParis	Annales de l'Université de Paris. Paris
ANRW	Aufstieg und Niedergang der römischen Welt. Geschichte und Kultur im Spiegel der neueren Forschung. Berlin
AnS	Anatolian Studies. London
AnSaar	Annales Universitatis Saraviensis. Saarbrücken
AnSan	Anales de la Facultad de Teologia. Santiago de Chile
Ant	Antonianum. Roma
AntAb	Antike und Abendland. Berlin

AntAfr	Antiquités africaines. Paris
Anthol	Anthologica annua. Roma–Madrid
AnthropBarc	Anthropologica. Barcelona
Anthropos	Anthropos. Revue internationale d'ethnologie et de linguistique. Fribourg
Antichthon	Antichthon. Journal of the Australian Society for Classical Studies. Sydney
Antiqua	Antiqua. Revista di archeologia, architettura, urbanistica, dalle origini al medioevo. Roma
AntJ	The Antiquaries Journal, being the Journal of the Society of Antiquaries of London
AnTo	Anales Toledanos
AntRev	The Antioch Review. Yellow Springs (Ohio)
ANTT	Arbeiten zur neutestamentlichen Textforschung. Berlin
AnV	Annales valaisannes. Monthey (Schweiz)
AnVal	Anales Valentinos. Revista de Filosofia y Teologia. Valencia
AnVlat	Analecta Vlatadon. Thessaloniki
AnzAlt	Anzeiger für die Altertumswissenschaft. Innsbruck
AOAW	Anzeiger der österreichischen Akademie der Wissenschaften in Wien. Philos.-hist. Klasse. Wien
AOS	American Oriental Series
AP	Archeion Pontu. Athen
ApBar	Apostolos Barnabas. Cypern
APh	Archives de philosophie. Paris
Apollinaris	Apollinaris. Commentarium juridico-canonicum. Roma
Apollonia	Apollonia. Johannesburg
APQ	American Philosphical Quarterly
APraem	Analecta Praemonstratensia. Abdij Tongerloo (Prov. Antwerpen)
Arabica	Arabica. Revue des études arabes. Leiden
ArAg	Archivo agustiniano. Madrid
ArAm	Archivio ambrosiano
ARBB	Académie Royale de Belgique. Bulletin de la classe des lettres et des scienes morales et politiques. Bruxelles
ÅrBergen	Universitetet i Bergen. Årbok, historisk-antikvarisk rekke. Bergen
ArBiBe	Archives et Bibliothèques de Belgique. Archief- en Bibliotheekwezen in Belgie. Bruxelles-Brussel
Arbor	Arbor. Revista general de Investigación y Cultura. Madrid
ArBu	The Art Bulletin. New York
Arch	Der Archivar. Düsseldorf
Archaeology	Archaeology. New York, N. Y.
Archivum	Archivum. Revue internationale des archives. Paris
ArchPal	Archivio Paleografico Italiano. Roma
ArchPhilos	Archives de Philosophie. Recherches et documentation. Paris
ArCreus	Archivo bibliográfico de Santes Creus. Santes Creus (Tarragona)
ArDroitOr	Archives d'histoire du droit oriental. Revue internationale de droit de l'antiquité. Bruxelles
ArEArq	Archivo español de Arqueología. Madrid
ArEArt	Archivo español de Arte. Madrid

Arethusa   Arethusa. A journal of the wellsprings of Western man. Buffalo
Argensola   Argensola. Huesca (España)
ArGran   Archivo teológico granadino. Granada
ArHisp   Archivo hispalense. Sevilla
ARID   Analecta Romana Instituti Danici. København
ÅrKob   Årbog for Københavns universitet. København
ArLeón   Archivos leoneses. León
ArLing   Archivum Linguisticum. London
ArLund   Arsberättelse. Bulletin de la Société Royale des Lettres de Lund.
                    Lund
Armeniaca   Armeniaca. Mélanges d'études arméniennes. San Lazaro. Venezia
ArOr   Archiv Orientální. Praha
ArOviedo   Archivum. Oviedo
ArPap   Archiv für Papyrusforschung und verwandte Gebiete. Leipzig
ArPh   Archiv für Philosophie. Stuttgart
ArR   Archeologické rozhledy. Praha
ARSP   Archiv für Rechts- und Sozialphilosophie. Meisenheim (Glan)
ArSR   Archives de sociologie des religions. Paris
ArSS   Archivio Storico Siciliano. Palermo
ArSSO   Archivio Storico per la Sicilia Orientale. Catania
ArStoria   Archivio Società Romana di Storia Patria. Roma
ArTeoAg   Archivio Teológico Agustiniano. Valladolid
ArtLPh   Arts libéraux et philosophie au moyen âge Montreal. Paris
AS   Archaeologia Slovaca. Bratislava
ASCL   Archivio Storico per la Calabria e la Lucania. Roma
ASD   Annali di Storia del Diritto. Milano
ASE   Anglo-Saxon England. Cambridge
ASI   Archivio Storico Italiano. Firenze
ASL   Archivio Storico Lombardo. Milano
ASNSP   Annali dellâ Scuola Normale Superiore di Pisa. Lettere, Storia e
                    Filosofia. Firenze
ASNU   Acta Seminarii Neotestamentici Upsaliensis. Uppsala
ASOC   Analecta Sacri Ordinis Cisterciensis. Roma
ASPN   Archivio Storico per le Provincie Napoletane. Napoli
ASPP   Archivio Storico per le Provincie Parmensi. Parma
Asprenas   Asprenas. Napoli
ASPugl   Archivio Storico Pugliese. Bari
ASSPh   Annuaire de la Société Suisse de Philosphie (Studia Philosophica).
                    Basel
AST   Analecta Sacra Tarraconensia. Barcelona
ASTI   Annual of the Swedish Theological Institute in Jerusalem. Leiden
ASUA   Academia Regia Scientiarum Upsaliensis. Uppsala
ASUAn   Academia Regia Scientiarum Upsaliensis. Annales. Uppsala
AT   Apostolos Titos. Herakleion
AteRo   Atene e Roma. Firenze
AThANT   Abhandlungen zur Theologie des Alten und Neuen Testaments.
                    Zürich
AThD   Acta Theologica Danica. Kopenhagen

Athena	Athena. Athen
AThGlThAthen	Archeion tu Thrakiku Laografiku kai Glossiku Thesauru. Athen
AThijmG	Annalen van het Thijmgenootschap. Baarn
AtKap	Ateneum Kaplanskie. Wloclawek
AtPavia	Athenaeum. Studi Periodici di Letteratura e Storia dell'Antichità. Pavia
AtTor	Atti dell'Accademia delle Scienze di Torino. Torino
AtVen	Atti dell'Istituto Veneto di Scienze e Lettere. Venezia
AU	Der altsprachliche Unterricht. Arbeitshefte zu seiner wissenschaftlichen Begründung und praktischen Gestalt. Stuttgart
AUB	Annales Universitatis Budapestinensis. Budapest
AUC	Acta Universitatis Carolinae. Series a): iuridica, philologica, philosophica, historica. Praha
AUG	Acta Universitatis Gotoburgensis. Göteborg
AugR	Augustinianum. Rom
AugSt	Augustinian Studies. Villanova University. Villanova, Pa. 1908 ff
Augustiniana	Augustiniana. Tijdschrift voor de studie van Sint Augustinus en de Augustijnenorde. Leuven
Augustinus	Augustinus. Madrid
Ausa	Ausa. Publicada por el Patronato de Estudios Ausonenses. Vich (Barcelona)
AusBR	Australian Biblical Review. Melbourne
AusCRev	Australasian Catholic Review. Sydney
AUSS	Andrews University Seminary Studies. Berrien Springs (Michigan)
AUU	Acta Universitatis Upsaliensis. Uppsala
AUW	Acta Universitatis Wratislaviensis. Wroclaw
AV	Archivio Veneto. Venise
AvOslo	Avhandlinger utgitt av det Norske Videnskaps-Akademi i Oslo. Oslo
AVTRW	Aufsätze und Vorträge zur Theologie und Religionswissenschaft. Berlin
AW	Antike Welt. Zürich
AWR	Aus der Welt der Religion. Gießen
Axes	Axes. Recherches pour un dialogue entre christianisme et religions. Paris
AZ	Archivalische Zeitschrift. München
AzTh	Arbeiten zur Theologie. Stuttgart
BAB	Bulletin de la Classe des Lettres de L'Académie Royale de Belgique. Bruxelles
BAC	Biblioteca de Autores Cristianos
Bages	Bages. Manresa (Barcelona)
BAL	Berichte über die Verhandlungen der sächsischen Akademie der Wissenschaften. Philol.-hist. Klasse. Leipzig
BALux	Bulletin des antiquités luxembourgeoises. Luxembourg
BaptQ	Baptist Quarterly. London
BaptRefR	Baptist Reformation Review. Malin, Oregon

BASOR	Bulletin of the American Schools of Oriental Research. Missoula, Mont.
BASP	Bulletin of the American Society of Papyrologists. New York
BAug	Bibliothèque Augustinienne. Paris
BBA	Berliner byzantinische Arbeiten. Berlin
BBB	Bonner biblische Beiträge
BBEr	Bulletin de la Bibliothèque d'Erevan (Banber Matenadarani)
BBF	Bulletin des Bibliothèques de France. Paris
BBGG	Bolletino della Badia Greca di Grottaferrata. Grottaferrata (Roma)
BBMP	Boletin de la Biblioteca Menéndez Pelayo. Madrid
BBR	Bulletin de l'Institut Historique Belge de Rome. Bruxelles
BCPE	Bollettino del Centro internazionale per lo studio dei Papiri Ercolanesi. Napoli
BCRH	Bulletin de la Commission Royale d'Histoire. Bruxelles
BCRI	The Bulletin of Christian Research Institute (Meji Gakuin Daigaku Kirisutokyo Kenkyujo Kiyo). Tokyo
BEC	Bibliothèque de l'école des chartes. Paris
Belfagor	Belfagor. Rassegna di varia umanità. Firenze.
Benedictina	Benedictina. Roma
BEP	Bulletin des études portugaises et de l'Institut Français au Portugal. Coimbre
Berceo	Berceo. Logroño (España)
BEThL	Bibliotheca ephemeridum theologicarum Lovaniensium. Louvain
BEU	Bibliotheca Ekmaniana Universitatis Regiae Upsaliensis. Uppsala
BFS	Bulletin de la Faculté des Lettres de Strasbourg. Strasbourg
BGBE	Beiträge zur Geschichte der biblischen Exegese. Tübingen
BGDST	Beiträge zur Geschichte der deutschen Sprache und Literatur. Tübingen
BGEHA	Bibliografía general española e hispano-americana. Madrid
BGL	Bibliothek der griechischen Literatur
BH	Bibliografia hispánica. Madrid
BHisp	Bulletin hispanique. Bordeaux
BHRHT	Bulletin d'information de l'Institut de recherche et d'histoire des textes. Paris
BHTh	Beiträge zur historischen Theologie. Tübingen
BibArch	Biblical Archaeologist. Cambridge, Mass.
BibbOr	Bibbia e Oriente. Milano
BiBe	Biblische Beiträge. Einsiedeln
BibHR	Bibliothèque d'Humanisme et Renaissance. Genève
Bibl	Biblica. Roma
BiblBelg	Bibliographie de Belgique. Bruxelles
BiblFrance	Bibliographie de la France. Paris
BiblHisp	Bibliotheca hispana. Revista de Información y Orientación bibliográfica. Sección primera y tercera. Madrid
Bibliofilia	Bibliofilia. Rivista di Storia del Libro e delle Arti Grafiche. Firenze
BiblOr	Bibliotheca Orientalis. Leiden
Biblos	Biblos. Coimbra
BiblSacr	Bibliotheca sacra. Dallas (Texas)

BiblSup	Biblioteca superiore. La Nuova Italia. Firenze
BibRevuo	Biblia Revuo
BibSt	Biblical Studies (Seishogaku Ronshu). Tokyo
BibThBul	Biblical Theology Bulletin. Albany, New York
BiChu	Bible and Church (Seisho To Kyokai). Tokyo
BICS	Bulletin of the Institute of Classical Studies of the University of London. London
BIDR	Bollettino dell'Istituto di Diritto romano. Milano
BIEH	Boletin del Inst. de Estudios helénicos. Barcelona
BIFAO	Bulletin de l'Institut Français d'Archéologie Orientale. Le Caire
BIFG	Boletin de la Institución Fernán González. Burgos (España)
BijFTh	Bijdragen. Tijdschrift voor filosofie en theologie. Meppel
BIHR	Bulletin of the Institute of Historical Research. London
BiKi	Bibel und Kirche. Stuttgart-Bad Cannstatt
BiLe	Bibel und Leben. Düsseldorf
BIMT	Bulletin de l'Institut des Manuscrits de Tiflis. Tiflis
BISIAM	Bollettino dell'Istituto Storico Italiano per il Medio Evo e Archivio Muratoriano. Roma
BiTransl	The Bible Translator. London
BiViChret	Bible et vie chrétienne. Abbaye de Maredsous (Belgique)
BiZ	Biblische Zeitschrift (N. F.). Paderborn
BJ	Bonner Jahrbücher des Rheinischen Landesmuseums in Bonn und des Vereins von Altertumsfreunden im Rheinland.
BJRL	Bulletin of the John Rylands Library Manchester. Manchester
BK	Bedi Kartlisa (Revue de Kartvélologie). Paris
BKA	Bibliothek der klassischen Altertumswissenschaften
BKM	Byzantina keimena kai meletai. Thessaloniki
BKP	Beiträge zur klassischen Philologie. Meisenheim
BL	Bibel und Liturgie. Wien
BLE	Bulletin de littérature ecclésiastique. Toulouse
BLSRC	Bollettino Ligustico per la Storia e la Cultura Regionale. Genova
BMAPO	Boletin del Museo arqueológico provincial de Orense. Orense
BMGelre	Bijdragen en mededelingen uitgegeven door de Verenigung Gelre. Arnhem
BMGN	Bijdragen en mededelingen betreffende de geschiedenis der Nederlanden. 's-Gravenhage
BMGS	Byzantine and modern greek studies.
BMHG	Bijdragen en mededelingen van het historisch genootschap te Utrecht. Utrecht
BMm	Bulletin monumental. Paris
BMRAH	Bulletin des musées royales d'art et d'histoire. Bruxelles
BN	Beiträge zur Namensforschung. Heidelberg
BNJ	Byzantinisch-Neugriechische Jahrbücher. Athen
BodlR	Bodleian Library Record. Oxford
Boek	Het Boek. Den Haag
Bogoslovl'e	Bogoslovl'e. Beograd
BolArchPal	Bollettino dell'Archivio paleografico italiano. Roma
BolArq	Boletin arqueológico. Tarragona

BolAst	Boletin del Instituto de Estudios Asturianos. Oviedo (España)
BolBarc	Boletin de la Real Academia de Buenas Letras de Barcelona. Barcelona
BolBogotá	Boletín del Instituto Caro y Cuervo. Bogotá
BolClass	Bollettino del Comitato per la Preparazione dell'Edizione Nazionale dei Classici Greci e Latini. Roma
BolComp	Boletín de la Universidad Compostelana. Santiago de Compostela
BolCórd	Boletín de la Real Academia de Córdoba de Ciencias, Bellas Letras y Nobles. Córdoba
BolDE	Boletín de Dialectología española. Barcelona
BolFilChile	Boletín de Filologia. Universidad de Chile. Santiago de Chile
BolFilLisb	Boletín de Filologia. Lisboa
BolGien	Boletín del Instituto de Estudios Giennenses. Jaén (España)
BolGranada	Boletín de la Universidad de Granada. Granada
BolItSt	Bollettino delle Pubblicazioni Italiane Ricevute per Diritto di Stampa. Firenze
BolOrense	Boletín de la Comisión de Monumentos históricos y artisticos de Orense. Orense
BolPais	Boletín de la Real Sociedad Vascongada de Amigos del País. San Sebastián
BolPiacentino	Bollettino Storico Piacentino. Piacenza
BonnBK	Bonner Beiträge zur Kirchengeschichte
BOR	Biserica Ortodoxă Română. Bucureşti
BPhM	Bulletin de la Société internationale pour l'étude de la philosophie médiévale. Louvain
BPHP	Bulletin philologique et historique du Comité des Travaux Historiques et Scientifiques. Paris
BRAE	Boletin de la Real Academia española. Madrid
BragAug	Bracara Augusta. Braga
BRAH	Boletin de la Real Academia de la Historia. Madrid
BrethLife	Brethren Life and Thought. Chicago. (Ill.)
Bridge	The Bridge. A Yearbook of Judaeo-Christian Studies. New York
BrinkBoeken	Brinkman's cumulatieve catalogus van boeken
Britannia	Britannia. A journal of Romano-British and kindred studies. London
BrNBibl	The British National Bibliography
Brotéria	Brotéria. Lisboa
BSAF	Bulletin de la Société nationale des Antiquaires de France. Paris
BSAL	Boletin de la Sociedad Arqueológica Luliana. Palma de Mallorca (España)
BSAN	Bulletin de la Société des antiquaires de Normandie. Caen
BSAO	Bulletin de la Société des Antiquaires de l'Ouest et des Musées de Poitiers. Poitiers
BSAP	Bulletin de la Société des Antiquaires de Picardie. Amiens
BSCC	Boletin de la Sociedad Castellonense de Cultura. Castellón de la Plana (España)
BSEAA	Boletin del Seminario de Estudios de Arte y Arqueologia. Universidad de Valladolid. Valladolid (España)

BSEB	Byzantine Studies – Études Byzantines. Tempe, Ariz.
BSEPC	Bulletin de la Société d'Études de la Province de Cambrai. Lille
BSFN	Bulletin de la Société française de Numismatique. Paris
BSL	Bulletin de la Société de Linguistique de Paris. Paris
BSNAF	Bulletin de la Société nationale des Antiquaires de France. Paris
BSNES	Bulletin of the Society for Near Eastern Studies in Japan (Oriento), Tokyo Tenrikyokan. Tokyo
BSOAS	Bulletin of the School of Oriental and African Studies. London
BSRel	Biblioteca di scienze religiose. Brescia
BSSAA	Bollettino degli Studi Storici, Artistici e Archeologici della Provincia di Cuneo. Cuneo
BStudLat	Bollettino di Studi latini. Periodico quadrimestrale d'informazione bibliografica. Napoli
BT	Benedictijns Tijdschrift. Bergen, Abdij Egmond
BTAM	Bulletin de théologie ancienne et médiévale. Louvain
BThom	Bulletin Thomiste. Toulouse
BTSAAM	Bulletin trimestriel de la Société Académique des Antiquaires de la Morinie. Saint-Omer (France)
BulArchCopte	Bulletin de la Société d'Archéologie Copte. Le Caire
BulBudé	Bulletin de l'association Guillaume Budé. Paris
BulHel	Bulletin de correspondance hellénique. Paris
BulOr	Bulletin d'études orientales. Paris
BulSiena	Bollettino Senese di Storia Patria. Siena
Burgense	Burgense. Seminario metropolitano. Burgos
BurlM	Burlington Magazine for Connoisseurs. London
BWG	Berichte zur Wissenschaftsgeschichte. Wiesbaden
ByFo	Byzantinische Forschungen. Internationale Zeitschrift für Byzantinistik. Amsterdam
ByN	Byzantina Neerlandica
Byslav	Byzantinoslavica. Praha
ByZ	Byzantinische Zeitschrift. München
Byzan	Byzantion. Bruxelles
Byzantina	Byzantina. Thessaloniki
BZG	Basler Zeitschrift für Geschichte und Altertumskunde. Basel
BZNW	Beihefte zur Zeitschrift für die neutestamentliche Wissenschaft. Berlin
CaAr	Cahiers archéologiques. Paris
Caesarodunum	Caesarodunum. Tours
CahEA	Cahiers des Études Anciennes. Montréal
CaHist	Cahiers d'histoire. Lyon
CaHM	Cahiers d'histoire mondiale. Neuchâtel
CaJos	Cahiers de Joséphologie. Montréal
CalTJ	Calvin Theological Journal. Grand Rapids. Michigan
CanHR	Canadian Historical Review. Toronto
Carinthia	Mitteilungen des Geschichtsvereins für Kärnten. Klagenfurt
CarkV	Cărkoven vestnik. Sofija
Carmelus	Carmelus. Commentarii ab Instituto Carmelitano editi. Roma

CaSion	Cahiers sioniens. Paris
Cass	Cassiciacum. Eine Sammlung wissenschaftlicher Forschungen über den heiligen Augustinus und den Augustinerorden, sowie wissenschaftlicher Arbeiten von Augustinern aus anderen Wissensgebieten. Würzburg
Cath	Catholica. Jahrbuch für Kontroverstheologie. Münster
CathEd	Catholic Educational Review. Washington
CathMind	Catholic Mind. New York
CathSt	Catholic Studies (Katorikku Kenkyu). Tokyo
CB	The Classical Bulletin. Saint Louis, Mo., Department of Classical Languages at Saint Louis University
CBNT	Coniectanea biblica. New Testament Series. Lund
CBQ	The Catholic Biblical Quarterly. Washington
CC	La Città Cattolica. Roma
CCC	Civiltá classica e cristiana. Genova
CCER	Cahiers du cercle Ernest-Renan
CCH	Československý časopis historický. Praha
CChr	Corpus Christianorum
CCM	Cahiers de civilisation médiévale. Poitiers
CD	La Ciudad de Dios. Madrid
CdR	Classici delle religioni. Torino
CE	Chronique d'Égypte. Bulletin périodique de la Fondation égyptologique Reine Elisabeth. Bruxelles
CEA	Collection d'Études Anciennes. Paris
CEFMC	Centro de Estudios de Filosofia medieval. Buenos Aires
Celtiberia	Celtiberia. Soria
Celtica	Celtica. Dublin
Centaurus	Centaurus. København
CF	Collectanea Franciscana. Roma
CFC	Cuadernos de Filologia. Facultad de Filosofia y Letras. Universitas Complutensis. Madrid
CFH	Classical Folia. Worcester, Mass.
CFilos	Cuadernos de Filosofia. Buenos Aires
CFR	Cuadernos Franciscanos de Renovación. Santiago de Chile
CGS	Collections Les grandes Civilisations
CHE	Cuadernos de Historia de España. Buenos Aires
ChH	Church History. Chicago, Illinois
ChicS	Chicago Studies. Mundelein, Illinois
Chiron	Chiron. Mitteilungen der Kommission für alte Geschichte und Epigraphik des Deutschen Archäologischen Instituts. München
Choice	Choice. Chicago, Ill.
ChQR	Church Quarterly Review. London
CHR	The Catholic Historical Review. Washington
ChrCent	Christian Century. Chicago, Ill.
ChrCris	Christianity and Crisis. New York
Christus	Christus. Paris
ChronEg	Chronique d'Égypte. Bruxelles
ChrSt	Christian Studies (Kirisutokyogaku). Tokyo

ChrToday	Christianity Today. Washington
ChryS	Chrysostomos-Studien
CHS	Church in History Series. London
ChTh	Church and Theology (Kyokai To Shingaku), The Tohoku Gakuin University Review. Sendai
CiCult	Ciencia y Cultura. Caracas
Ciencias	Las Ciencias. Madrid
CiFe	Ciencia y Fe. Buenos Aires
CIMA	Cahiers de l'Institut du moyen âge grec et latin. Copenhague
CISA	Contributi dell'Istituto di Storia antica dell'Univ. del Sacro Cuore. Milano
Cistercium	Cistercium. Revista monástica. Revista española de espiritualidad, historia y doctrina. Abadia de la Oliva. Carcastilla (Navarra)
CistStud	Cistercian Studies. Spencer, Mass.
Cithara	Cithara. St. Bonaventure, N. Y.
CitNed	Cîteaux. Commentarii Cistercienses. Westmalle (Belgie)
CJ	Classical Journal. Lawrence, Kansas
ClAnt	Classical antiquity. Berkeley
Clair-Lieu	Tijdschrift gewijd aan de geschiedenis der Kruisheren. Diest (Belgie)
Claretianum	Claretianum Commentaria Theologica. Pontificia Universitas Lateranensis: Institutum Theologiae Vitae Religiosae. Rom
Classica	Boletim de pedagogia e cultura. Lisboa
ClBul	Classical Bulletin. Chicago
Clergy	The Clergy Review. London
ClPh	Classical Philology. Chicago
CM	Classica et mediaevalia. København
CN	Conjectanea neotestamentica. Uppsala
CNM	Časopis národního musea. Praha
CO	Het christelijk Oosten. Nijmegen
COCR	Collectanea Ordinis Cisterciensium Reformatorum. Westmalle (Belgique)
CodMan	Codices manuscripti. Zeitschrift für Handschriftenkunde. Wien
ColBi	Collectanea Biblica. Madrid
ColBrugGand	Collationes Brugenses et Gandavenses. Brugge-Gent
ColCist	Collectanea Cisterciensia. Scourmont (Belgien)
Collationes	Collationes. Vlaams Tijdschrift voor Theologie en Pastoral. Gent
Colloquium	Colloquium. Auckland, New Zealand: ab 1972 in Australien
CollSR	Collection de sociologie religieuse. Paris
ColSal	Colloquium salutis. Wroclaw
Commentary	Commentary. American Jewish Committee. New York
Communio	Communio. Commentarii Internationales de Ecclesia et Theologia. Studium Generale O. P., Granada (Spanien)
Communio (US)	Communio: International Catholic Review. Spokane, Wa.
Communion	Communion. Taizé. France
CompLit	Comparative Literature. Eugene
Compostelanum	Compostelanum. Instituto de Estudios Jacobeos. Santiago de Compostela

Concilium	Concilium. Internationale Zeitschrift für Theologie. Mainz, Einsie-deln-Zürich, Wien
ConciliumM	Concilium. Revista International de Teología. Madrid
ConciliumP	Concilium. Revue internationale de théologie. Paris
ConcorJ	Concordia Journal. St. Louis, Missouri
ConcorThQ	Concordia Theological Quarterly. Ft. Wayne, Ind.
Confer	Confer, Revista de vida religiosa. Conferencia Española de Religiosos. Madrid
ConferS	Comunidades. Suplemento Confer. Boletín bibliográfico de vida religiosa y espiritualidad. Madrid
Confrontations	Confrontations. Tournai. Früher: Revue diocésane de Tournai
CongQ	Congregational Quarterly. London
Conimbriga	Conimbriga. Revista do Instituto de Arqueologia da Faculdade de Letras. Coimbra
ConsJud	Conservative Judaism. New York
Cont	Continuum. Chicago, Ill.
ConviviumTor	Convivium. Torino
CopticChurchR	Coptic Church Review. Lebanon, Penn.
COS	Cambridge Oriental Series. London
CoTh	Collectanea Theologica. Warszawa
CQ	The Classical Quarterly. Oxford
CR	Classical Review (N.S.). Oxford
CRAI	Comptes rendus des séances de l'Academie des inscriptions et belles lettres. Paris
CRDAC	Centro ricerche e documentazione sull' antichità classica. Milano-Varese
Crisis	Crisis. Revista española de Filosofia. Madrid
Criterio	Criterio. Buenos Aires
Cross	Cross Currents. New York
CrossCr	Cross and Crown. St. Louis, Missouri
CrSt	Cristianesimo nella storia. Richerche storiche esegetiche teologiche. Bologna
CS	Critica storica. Messina
CSC	Cistercian studies series. Kalamazoo, Mich.
CSCO	Corpus scriptorum Christianorum orientalium. Louvain
CSEL	Corpus scriptorum ecclesiasticorum Latinorum
CSF	Cuadernos Salmantinos de Filosofía. Universidad Pontificia. Salamanca
CSG	Collana di Studi greci
CSR	Christian Scholar's Review. Wenham, Mass.
CStR	Collana di storia religiosa. Napoli
CT	La Ciencia Tomista. Salamanca
CThM	Calwer theologische Monographien. Stuttgart
CTM	Cuestiones Teológicas. Medellín (Colombia)
CTP	Collana di testi patristici.
CTSA	Catholic Theological Society of America. Proceedings
CTu	Les Cahiers de Tunisie. Tunis.
CuadFC	Cuadernos de Filologia Clásica. Madrid

CuadGal	Cuadernos de Estudios gallegos. Santiago de Compostela
CuadManch	Cuadernos de Estudios manchegos. Ciudad Real
CuadMon	Cuadernos Monásticos. Conferencia de Communidades Monásticas del Cono Sur. Abadía de Santa Escolástica. Victoria (Buenos Aires). Argentina
CUAPS	Catholic University of America Patristic Studies
CUC	Cahiers universitaires catholiques. Paris
CultBib	Cultura Biblica. Madrid/Segovia
CultNeolat	Cultura neolatina. Modena
CumBook	The Cumulative Book Index. New York
CuSc	Cultura e Scuola. Roma. Ist. dell' Enciclopedia Italiana
CV	Communio viatorum. Praha
CW	The Classical World. Pittsburgh, Pa.
DA	Deutsches Archiv für Erforschung des Mittelalters. Köln-Graz
DanskBog	Dansk bogfortegnelse. København
DArch	Dialoghi di Archeologia. Roma
DaTIndex	Dansk tidsskrift-index. København
Davar	Davar. Buenos Aires
DC	Doctor Communis. Roma
DChrArHet	Deltion tes Christianikes Archaiologikes Hetaireias. Athen
DE	Diritto Ecclesiastico. Milano
DHA	Dialogues d'histoire ancienne. Paris
Diak	Diakonia. Bronx, N.Y.
Diakon	Diakonia. Der Seelsorger. Internationale Zeitschrift für praktische Theologie. Mainz
Diakonia	Diakonia. Zeitschrift für Seelsorge. Olten
Dial	Dialog. St. Paul, Minn.
DialEc	Diálogo Ecuménico. Centro de Estudios Orientales y Ecuménicos Juan XXIII. Universidad Pontificia. Salamanca
Did	Didascalia. Rosario (República Argentina)
Didaskalia	Didaskalia. Revista da Faculdade de Teologia de Lisboa. Universidade Catolica Portuguesa. Lisboa
Dioniso	Dioniso. Rivista trimestrale di studi sul teatro antico. Siracus
Dionysius	Dionysius. Halifax, Nova Scotia. Dept. of Classics, Dalhousie University
Diotima	Diotima. Revue de recherche philosophique. Athen
DipOrthAth	Diptycha Orthodoxias. Athen
DissAbstr	Dissertation Abstracts. A Guide to Dissertations and Monographs available in microfilm. Ann Arbor (Michigan)
Divinitas	Divinitas. Roma
DLZ	Deutsche Literaturzeitung für Kritik der internationalen Wissenschaft. Berlin
DocLife	Doctrine and Life. Dublin
Dodone	Dodone. Epistemoniki Epeteris tes Philosophikes Scholes tu Panepistemiu Ioanninon. Ioannina
Dom	Dominicana. Washington
DR	Downside Review. Downside Abbey (Barth)

DrewG	Drew Gateway. Madison, New Jersey
DtBibl	Deutsche Bibliographie. Wöchentliches Verzeichnis. Frankfurt am Main
DThP	Divus Thomas. Commentarium de Philosophia et Theologia. Piacenza (Italia)
DtNBibl	Deutsche Nationalbibliographie. Leipzig
DtPfrBl	Deutsches Pfarrerblatt. Essen
DTT	Dansk teologisk tidsskrift. København
DuchKult	Duchovna Kultura. Sofija
DuchPast	Duchovni pastýř. Praha
DukeDivR	The Duke Divinity School Review. Durham, N.C.
DumPap	Dumbarton Oaks Papers. Washington
DunR	The Dunwoodie Review. Younkers, N.Y.
DurhamUni	The Durham University Journal. Durham
Durius	Durius. Valladolid
DVM	Deltion Vivlikon Meleton
DVSHFM	Det kgl. danske Videnskapernes selskab. Hist.-Filol. Medd. København
DZPh	Deutsche Zeitschrift für Philosophie. Berlin
EA	Erbe und Auftrag. Beuron
EAbul	Estudios Abulenses. Avila
EAg	Estudio Agustiniano. Valladolid (Spanien)
EBib	Estudios Bíblicos. Madrid
EC	Études classiques. Namur
Eca	Eca. San Salvador
ECallao	Estudios. Callao (Argentina)
ECarm	Ephemerides carmeliticae. Roma
EChR	Eastern Churches Review
Eckart	Eckart. Witten
ECl	Estudios Clásicos. Madrid
EcumR	The Ecumenical review. Genève
EDeusto	Estudios de Deusto. Deusto (España)
Edjmiatsin	Edjmiatsin. Erevan
EE	Estudios Eclesiásticos. Salamanca/Madrid
EEBS	Epeteris tes Hetaireias Byzantinon Spudon. Athen
EF	Estudios Franciscanos. Barcelona
EFil	Estudios Filosóficos. Revista de Investigación y Crítica publicada por los Estudios de Filosofía de los Dominicos Españoles. Valladolid
ÉgliseTh	Église et Théologie. Ottawa
EHR	English Historical Review. London
EHRel	Études d'histoire des Religions. Strasbourg
Eidos	Eidos. Madrid
Eirene	Eirene. Studia Graeca et Latina. Praha
EJC	Ephemerides iuris canonici. Roma
EJos	Estudios Josefinos. Valladolid
EkklAthen	Ekklesia. Athen

EL	Ephemerides liturgicae. Roma
ELKZ	Evangelisch-Lutherische Kirchenzeitung. Berlin
ELul	Estudios Lulianos. Palma de Mallorca (España)
EMaria	Estudios marianos. Madrid
EMC	Échos du Monde classique. Classical News and Views. Ottawa
EMerced	Estudios. Estudios, Notas y Bibliografia especialmente sobre la Orden de la Merced en España y América. Madrid
Emerita	Emerita. Boletin de Lingüística y Filologia clásica. Madrid
EMSlVD	Editiones Monumentorum Slavicorum Veteris Dialecti
EMZ	Evangelische Missionszeitschrift. Stuttgart
Enc	Encounter. Indianapolis
Enchoria	Enchoria. Zeitschrift für Demotistik und Koptologie
Encrucillada	Encrucillada. Revista galega de pensamento cristián. El Ferrol
Enrahonar	Enrahonar. Barcelona
Eos	Eos. Commentarii Societatis Philologae Polonorum. Wroclaw, Ossolineum
EP	Ἕλληνες Πατέρες τῆς Ἐκκλησίας
EpAth	Epistemonike Epeteris tes Philosophikes Scholes tu Panepistemiu Athenon. Athen
EPh	Ekklesiastikos Pharos. Alexandria
EphMariol	Ephemerides mariologicae. Madrid
EPRO	Études préliminaires aux religions orientales dans l'Empire romain. Leiden
EpThAth	Epistemonike Epeteris tes Theologikes Scholes tu Panepistemiu Athenon. Athen
EpThes	Epistemonike Epeteris tes Philosophikes Scholes tu Panepistemiu Thessalonikes. Thessaloniki
EpThThes	Epistemonike Epeteris tes Theologikes Scholes tu Panepistemiu Thessalonikes. Thessaloniki
Eranos	Eranos. Acta philologica Suecana. Uppsala
Erasmus	Erasmus. Speculum scientiarum. Darmstadt, Aarau
ErJb	Eranos-Jahrbuch. Zürich
ERL	English recusant literature 1558–1640. Menston
ES	Economia e storia. Rivista italiana di storia economica e sociale. Milano
EscrVedat	Escritos del Vedat. Anuario. Instituto Pontificio de Teología. PP. Dominicos. Valencia (España)
ESeg	Estudios Segovianos. Segovia (España)
ESH	Ecumenical Studies in History. Richmond, Va.
Esprit	Esprit et vie. Langres
Espiritu	Espiritu, Conocimiento, Actualidad. Barcelona
EsSt	Essays and Studies (Tokyo Joshi Daigaku Ronshu). Tokyo
EstH	Estudos Historicas. Faculdade de Filosofia, Ciencias e Letras. Marilia (Brasil)
EstMet	Estudios de Metafísica. Valencia
EstRo	Estudis románics. Barcelona
Et	Études. Paris
EtF	Études franciscaines. Paris

EtGreg	Études grégoriennes. Solesmes
ETGuatemala	Estudios teológicos. Instituto Teológico Salesiano. Guatemala
EThL	Ephemerides theologicae Lovanienses. Louvain
EtPh	Les Études Philosophiques. Paris
ETrin	Estudios Trinitarios. Publicación del Secretariado Trinitario. Salamanca
EtRoussil	Études roussillonnaises. Perpignan
EtThR	Études théologiques et religieuses. Montpellier
Euhemer	Euhemer. Przegląd religioznawczy. Warszawa
EuntDoc	Euntes Docete. Roma
Euphorion	Euphorion. Zeitschrift für Literaturgeschichte. Heidelberg
Euphrosyne	Euphrosyne. Revista de Filologia classica. Lisboa
EvangQ	Evangelical Quarterly. Grand Rapids, Michigan
Evid	Evidences. Paris
EVO	Egitto e Vivino Oriente. Rivista della Sezione orientalistica dell'Ist. di Storia antica dell'Univ. di Pisa. Pisa
EvQ	Evangelical Quarterly. London
EvTh	Evangelische Theologie. München
Explor	Explor, a Journal of Theology. Evanston, Ill.
ExpR	Expository and Homiletic Review. Cleveland (Ohio)
ExpT	The Expository Times. Edinburgh
Fabula	Fabula. Zeitschrift für Erzählforschung. Berlin
FaCh	Fathers of the Church
Faventia	Faventia Publicació del Departament de Filologia clàssica de la Univ. autónoma de Bacelona
FBogotá	Filosofía. Bogotá
FC	Filosofický časopis. Praha
FCB	Slovenský Filosofický časopis. Bratislava
FDA	Freiburger Diözesan-Archiv. Freiburg i. Br.
FilBuenosA	Filologia. Buenos Aires
FilLet	Filologia e Letteratura. Napoli
FilNau	Filosofia i naucnyj kommunizm. Minsk
Filos	Filosofia. Torino
FilVit	Filosofia e Vita. Torino
FLisboa	Filosofia. Lisboa
FMSt	Frühmittelalterliche Studien. Berlin
FKDG	Forschungen zur Kirchen- und Dogmengeschichte. Göttingen
Foi	Foi et vie. Paris
FoiTemps	La Foi et le Temps
ForumTheo	Forum theologicum. Härnösand
Foun	Foundations. Rochester, N. Y.
FR	Felix Ravenna. Faenza, Lega
Franc	Franciscana. Sint-Truiden (Belgique)
Francia	Francia. München
FrBogotá	Franciscanum. Revista de las ciencias del espíritu. Universidad de San Buenaventura. Bogotá, Columbia
FrSt	French Studies. Oxford

FS	Franziskanische Studien. Werl
FSt	Franciscan Studies. St. Bonaventure, New York
FSUSub	Florentinae studiorum universitatis. Subsidia
FThSt	Freiburger theologische Studien. Freiburg
FTS	Frankfurter Theologische Studien. Frankfurt
FZPT	Freiburger Zeitschrift für Philosophie und Theologie. Freiburg
GB	Grazer Beiträge. Horn/Austria
GBA	Gazette des beaux arts. New York, Paris
GCFI	Giornale Critico della Filosofia Italiana. Firenze
GCS	Die griechischen christlichen Schriftsteller der ersten Jahrhunderte
GDA	Godišnik na duchovnata akademija. Sofija
GeiLeb	Geist und Leben. Zeitschrift für Askese und Mystik. Würzburg
Genava	Genava. Genf
GermB	Germanische Bibliothek
GGA	Göttingische gelehrte Anzeigen. Göttingen
GiorFil	Giornale Italiano di Filologia. Napoli
GJ	The Geographical Journal. London
GlB	Glasul Bisericii. Bucureşti
Glotta	Glotta. Göttingen
GM	Giornale di Metafisica. Genova
Gn	Gnomon. München
GNS	Gazette Numismatique Suisse. Bâle
GNT	Grundrisse zum Neuen Testament. Göttingen
GöAB	Göppinger Akademische Beiträge
GöO	Göttinger Orientforschungen
GötAr	Göteborgs högskolas årsskrift. Göteborg
GöThA	Göttinger theologische Arbeiten. Göttingen
GP	Gulden Passer. Antwerpen
GR	Greece and Rome. Oxford
GraceThJ	Grace Theological Journal. Winona Lake, Ind.
Greg	Gregorianum. Roma
GregPalThes	Gregorios ho Palamas. Thessaloniki
GrOrthThR	The Greek Orthodox Theological Review. Brookline (Mass.)
GrRoBySt	Greek, Roman and Byzantine Studies. Durham (N.C.)
GrTS	Grazer Theologische Studien. Graz
GS	German Studies. Tübingen
GTT	Gereformeerd theologisch tijdschrift. Kampen
Gy	Gymnasium. Zeitschrift für Kultur der Antike und humanistische Bildung. Heidelberg
HA	Handes Amsorya. Monatsschrift für armenische Philologie. Wien
Ha	Hermathena. A Series of Papers on Literature, Science and Philosophy. Dublin
Habis	Habis. Universidad de Sevilla. Arqueologia, Filologia clásica. Sevilla
HarvAsia	Harvard Journal of Asiatic Studies. Cambridge (Mass.)
HarvClassPhil	Harvard Studies in Classical Philology. Cambridge (Mass.)

HarvDS	Harvard Divinity School. Bulletin. Cambridge (Mass.)
HC	Historicky časopis. Bratislava
Helikon	Helikon. Rivista di tradizione e cultura classica. Messina
Hell	Hellenika. Thessaloniki
HellAgAthen	Hellenochristianike Agoge. Athen
Helmántica	Helmántica. Universidad Pontificia. Salamanca
Hephaistos	Kritische Zeitschrift zur Theorie und Praxis der Archäologie, Kunstwissenschaft und angrenzender Gebiete. Bremen
Her	Hermes. Zeitschrift für klassische Philologie. Wiesbaden
HerE	Hermes. Zeitschrift für klassische Philologie – Einzelschriften. Wiesbaden
Hermeneus	Hermeneus. Tijdschrift voor de antieke Cultuur. Culemburg
HervTSt	Hervormde teologiese studies. Pretoria
Hesp	Hesperia. Journal of the American School of Classical Studies at Athens. Athen
Hespéris	Hespéris-Tamuda. Paris
HeythropJ	The Heythrop Journal. Heythrop College. Oxen and Oxford
HFSKob	Historisk-filologiske skrifter. Det kgl. danske videnskabernes Selskap. København
Hispania	Hispania. Revista española de Historia. Madrid
HispAnt	(früher: HispAlava) Hispania Antiqua. Valladolid
HistEsp	Historia de la Espiritualidad. Barcelona
HistJ	Historical Journal. Cambridge
HistJud	Historia Judaica. New York
Historia	Historia. Zeitschrift für alte Geschichte. Wiesbaden
History	History. London
HistoryT	History Today. London
HistRel	Histoire des religions. Paris
HistReli	History of Religions. Chicago (Ill.)
HistTh	History and Theory. Middletown (Conn.)
HJ	Historisches Jahrbuch. München, Freiburg
HKZMTL	Handelingen der Koninklijke Zuidnederlands Maatschappij voor Taalen Letterkunde. Brussel
HlasPrav	Hlas pravoslavi. Praha
HlD	Heiliger Dienst. Salzburg
Ho	Hochland. München
HokB	Hokusei Bulletin (Hokusei Ronshu). Hokusei Gakuen University, Sapporo
Horizon	Horizon. New York
Horizontes	Horizontes. Revista de la Universidad Católica de Puerto Rico. Ponce (Puerto Rico)
HPR	Homiletical and Pastoral Review. New York
HR	Hispanic Review. Philadelphia
HS	Hispania Sacra. Madrid
HSHT	Historica. Les scienes historiques en Tchécoslovaquie. Praha
HSt	Historické štúdie. Bratislava
HThR	Harvard Theological Review. Cambridge (Mass.)
HTK	Historisk tidsskrift. København

HUCA	Hebrew Union College Annual. Cincinnati (Ohio)
Humanidades	Humanidades. Salamanca
Humanitas	Humanitas. Revista de la Facultad de Filosofía y Letras. Tucumán (Argentina)
HumanitasBr	Humanitas. Brescia (Italia)
HumanitasCoim	Humanitas. Coimbra (Portugal)
HumChrCu	Humanities, Christianity and Culture (Jinbunkagaku Kenkyu: Kirisutokyo To Bunka). Tokyo
HumTeol	Humanistica e Teologia. Instituto de Ciências Humanas e Teológicas do Porto. Porto (Portugal)
HVF	Handelingen van de Vlaams Filologencongressen. Gent
HVSLA	Humanistiska vetenskappsamfundet i Lund. Årsberättelse. Lund
HVSUA	Humanistiska vetenskappsamfundet i Uppsala. Årsbok. Uppsala
Hymn	The Hymn. Springfield, O.
Hyp	Hypomnemata. Göttingen
HZ	Historische Zeitschrift. München
IC	Ius Canonicum. Universidad de Navarra. Pamplona
IClSt	Illinois Classical Studies. Urbana
IES	Indian Ecclesiastical Studies. Belgaum (India)
IF	Indogermanische Forschungen. Berlin
IH	Information historique. Paris
IHS	Irish Historical Studies. Dublin
IKZ	Internationale kirchliche Zeitschrift. Bern
IL	L'Information littéraire. Paris
IlCl	Ilustración del Clero. Revista mensual publicada por los Misioneros Hijos del Corazón de Maria. Madrid
Ilerda	Ilerda. Lérida
IM	Imago mundi. Leiden
IMU	Italia medioevale e umanistica. Padova
IndCultEsp	Indice cultural español. Madrid
IndHistEsp	Indice histórico español. Barcelona
InFil	Inozema filolohija. Lvov
Interp	Interpretation. Richmond, Va.
IntRMiss	International Review of Mission. Geneva, N. Y.
IntZErz	Internationale Zeitschrift für Erziehungswissenschaft. 's-Gravenhage
InvLuc	Invigilata lucernis. Rivista dell'Instituto di Latino. Universita di Bari
IPhQ	International Philosophical Quarterly. New York
Iraq	Iraq. London
Irénikon	Irénikon. Chevetogne (Belgique)
IRSH	International Review of Social History. Assen
IsExJ	Israel Exploration Journal. Jerusalem
Isis	Isis. Cambridge (Mass.)
Islam	Der Islam. Straßburg, Berlin
ISPh	International Studies in Philosophy. Torino
ISRPR	Instituto di scienze religiose. Pensatori regiosi. Padova

Istina	Istina. Boulogne (Seine)
Itinerarium	Itinerarium. Braga (Portugal)
ITQ	The Irish Theological Quarterly. Maynooth (Ireland)
ITS	Innsbrucker Theologische Studien. Innsbruck
Iura	Iura. Rivista Internazionale di Diritto Romano e Antico. Napoli
Iz	Izvestija AN GruzSSR, ser. filos. i psikhol. Tbilisi
IZBG	Internationale Zeitschriftenschau für Bibelwissenschaft und Grenzgebiete. Stuttgart
JA	Journal asiatique. Paris
JAACr	The Journal of Aesthetics and Art Criticism. Baltimore, Maryland
JAAR	Journal of the American Academy of Religion. Waterloo, Ontario
JAC	Jahrbuch für Antike und Christentum. Münster
JACE	Jahrbuch für Antike und Christentum. Ergänzungsband
JAOS	Journal of the American Oriental Society. Baltimore
JARCE	Journal of the American Research Center in Egypt. Boston
JBAA	The Journal of the British Archaeological Association. London
JbBerlin	Jahrbuch der deutschen Akademie der Wissenschaften zu Berlin. Berlin
JbGö	Jahrbuch der Akademie der Wissenschaften in Göttingen. Göttingen
JbKönigsberg	Jahrbuch der Albertus-Universität zu Königsberg (Pr.). Überlingen
JBL	Journal of Biblical Literature. Philadelphia
JBMainz	Akademie der Wissenschaften und der Literatur. Jahrbuch. Mainz
JBR	The Journal of Bible and Religion. Brattleboro (Vermont)
JbrPK	Jahresbericht. Staatsbibliothek Preußischer Kulturbesitz. Berlin
JCeltSt	Journal of Celtic Studies. Philadelphia
JChrSt	The Journal of Christian Studies (Kirisutokyo Ronshu). Tokyo
JChSt	Journal of Church and State. Waco, Texas
JCS	Journal of Classical Studies. (Japan)
JDAI	Jahrbuch des deutschen archäologischen Instituts. Berlin
JEA	Journal of Egyptian Archaeology. London
JEcclH	Journal of Ecclesiastical History. London
JEcSt	Journal of Ecumenical Studies. Philadelphia, Penn.
JEGP	The journal of English and German philology. Urbana
JEOL	Jaarbericht van het Vooraziatisch-Egyptisch Genootschap «Ex Oriente Lux». Leiden
JES	Journal of Ecumenical Studies. Pittsburgh
JETS	Journal of Evangelical Theological Society. Wheaton, Ill.
JGO	Jahrbücher für die Geschichte Osteuropas. München
JHChr	The Journal of History of Christianity (Kirisutokyoshigaku), Kanto Gakuin University, Yokohama
JHI	Journal of the History of Ideas. Lancaster (Pa.)
JHPh	Journal of the History of Philosophy. Berkeley, Los Angeles
JHS	Journal of Hellenic Studies. London
JHSCW	Journal of the Historical Society of the Church in Wales. Cardiff
JJur	The Journal of Juristic Papyrology. New York

JKGV	Jahrbuch des Kölnischen Geschichtsvereins. Köln
JLH	Jahrbuch für Liturgik und Hymnologie. Kassel
JMP	Journal of the Moscow Patriarchate. Moskau
JNAW	Jaarboek van de Koninklijke Nederlandse Akademie van Wetenschapen. Amsterdam
JNES	Journal of Near Eastern Studies. Chicago
JÖB	Jahrbuch der Österreichischen Byzantinistik. Wien
JPastCare	Journal of Pastoral Care. Kutztown (Pa.)
JPH	Journal of Philosophy. New York
JQR	The Jewish Quarterly Review. Philadelphia
JR	The Journal of Religion. Chicago
JRAS	Journal of the Royal Asiatic Society of Great Britain and Ireland. London
JRelEthics	Journal of Religious Ethics. Knoxville, Tenn.
JRelSt(Ohio)	Journal of Religious Studies. Cleveland, O.
JReSt	Journal of Religious Studies (Shukyo Kenkyo), University of Tokyo. Tokyo
JRH	The Journal of religious history. Sydney
JRS	Journal of Roman Studies. London
JRTh	Journal of Religious Thought. Washington
JS	Journal des savants. Paris
JSb	Jazykovedný sborník. Bratislava
JSS	Journal of Semitic Studies. Manchester
JSSR	Journal for the Scientific Study of Religion. New-Haven (Conn.)
JStJ	Journal for the study of Judaism. Leiden
JTh	Journal of Theology (Shingaku). Tokyo
JThCh	Journal for Theology and Church. New York
JThS	Journal of Theological Studies. Oxford
Jud	Judaism. New York
Judaica	Judaica. Beiträge zum Verständnis des jüdischen Schicksals in Vergangenheit und Gegenwart. Basel
JuFi	Južnoslovenski Filolog. Beograd
JVictoria	Journal of Transactions of the Victoria Institute. London (now: Faith and Thought)
JWCI	Journal of the Warburg and Courtauld Institutes. London
JWG	Jahrbuch für Wirtschaftsgeschichte. Berlin (DDR)
KAÅ	Kyrkohistorisk årsskrift. Stockholm
Kairos	Kairos. Zeitschrift für Religionswissenschaft und Theologie. Salzburg
KBANT	Kommentare und Beiträge zum Alten und Neuen Testament. Düsseldorf
Kêmi	Kêmi. Paris
Kleio	Tijdschrift voor oude talen en antieke Kultuur. Leuven
Kleronomia	Kleronomia. Thessaloniki
Klio	Klio. Beiträge zur alten Geschichte. Berlin
KlT	Kleine Texte für Vorlesungen und Übungen. Begründet von H. Lietzmann

KoinAthen	Koinonia. Athen
KoinNapoli	Κοινωνία. Organo dell' associazione di studi tardoantichi. Portici (Napoli)
Kriterium	Kriterium. Belo Horizonte (Brasil)
KrR	Křesťanská revue. Praha
KRS	Kirchenblatt für die reformierte Schweiz. Basel
KT	Kerk en theologie. 's-Gravenhage
KuD	Kerygma und Dogma. Göttingen
Kyrios	Kyrios. Vierteljahresschrift für Kirchen- und Geistesgeschichte Osteuropas. Berlin
Labeo	Labeo. Napoli
Lampas	Lampas. Culemborg
Langages	Langages. Paris
Language	Language. Journal of the Linguistic Society of America. Baltimore
Lateranum	Lateranum. Città del Vaticano
Latinitas	Latinitas. Roma
Latomus	Latomus. Revue d'études latines. Bruxelles
Lau	Laurentianum. Roma
Laval	Laval théologique et philosophique. Quebec
LCC	The Library of Christian Classics
LCM	Liverpool Classical Monthly. University of Liverpool
LebS	Lebendige Seelsorge. Karlsruhe
LEC	Les Études Classiques. Namur
Lecároz	Lecároz. Navarro
Leodium	Leodium. Liège
LeV	Liturgia e Vida. Rio de Janeiro
LexThQ	Lexington Theological Quarterly. Lexington, Ky.
LFilol	Listy filologické. Praha
LG	Latina et Graeca. Zagreb
Libr	Librije. Bibliographisch Bulletijn voor Godsdienst, Kunst en Kultuur. Uitgegeven door de St.-Pietersabdij van Steenbrugge
LibriRiv	Libri e Riviste. Roma
LicFr	Liceo Franciscano. Revista de Estudio e Investigación. Colegio Teológico Franciscano. Santiago de Compostela
Ligarzas	Universidad de Valencia. Facultad de Filosofia y Letras. Departamento de Historia Medieval.
LinBibl	Linguistica Biblica. Bonn
Liturgia	Liturgia. Monasterio de Sto. Domingo. Silos (Burgos)
LJ	Liturgisches Jahrbuch. Münster
LMyt	Lesbiaka. Deltion tes Hetaireias Lesbiakon Meleton. Mytilene
LnQ	The Lutheran Quarterly. Gettysburg (Pa.)
LO	Lex Orandi. Paris
Logos	Logos. Revista de Filosofia. Universidad La Salle. México
LQF	Liturgiewissenschaftliche Quellen und Forschungen
LR	Lettres romanes. Louvain
LS	Lingua e Stile. Milano
LSD	Litteraria. Štúdie a dokumenty. Bratislava

LUÅ	Lunds universitets årsskrift. Lund
Lum	Lumen. Lisboa
Lumen	Lumen. Facultad de Teologia del Norte de España – Sede de Vitoria. Früher: Lumen. Seminario Diocesano. Vitoria.
Lumenvitae	Lumen vitae. Revue internationale de la formation religieuse. Bruxelles
LumK	Lumen. Katolsk teologisk tidsskrift. København
LumVi	Lumière et vie. St. Alban-Leysse
LusSac	Lusitania sacra. Lisboa
Lustrum	Lustrum. Internationale Forschungsberichte aus dem Bereich des klassischen Altertums. Göttingen
LuthQ	The Lutheran Quarterly. Kurtztown, Pa.
LuthRund	Lutherische Rundschau. Hamburg
LuthRundbl	Lutherischer Rundblick. Wiesbaden
LW	Lutheran World. Genève
Lychnos	Lychnos. Uppsala
MA	Moyen-âge. Bruxelles
MAAL	Mededelingen der Koninklijke Nederlandse Academie van Wetenschappen. Afdeling Letterkunde. Amsterdam
MAB	Mededelingen van de koninklijke Vlaamse Academie voor Wetenschappen, Letteren en Schone Kunsten van België. Klasse de Letteren. Brussel
MAb	Misión Abierta al servicio de la fe. Madrid
MAev	Medium aevum. Oxford
MAH	Mélange d'archéologie et d'histoire. École Française de Rome. Paris
Maia	Maia. Firenze
MaisonDieu	La Maison-Dieu. Paris
MakThes	Makedonika. Syngramma periodikon tes Hetaireias Makedonikon Spoudon. Thessaloniki
Manresa	Manresa. Revista de Información e Investigación ascética y mística. Barcelona
Manuscripta	Manuscripta. St.-Louis (Missouri)
Marianum	Marianum. Roma
MarSt	Marian Studies
MAT	Memorie dell'Accademia della Scienze di Torino. Torino
Mayeútica	Mayeútica. Publicación cuatrimestral de los Padres Agustinos Recoletos. Marcilla (Navarra)
MayR	Maynooth Review. Maynooth
MBTh	Münsterische Beiträge zur Theologie. Münster
MCM	Miscellanea classico-medievale. Quaderni predipartimento di civiltà classica e del medioevo. Università di Lecce
MCom	Miscelánea Comillas. Comillas (Santander)
MCSN	Materiali e contributi per la storia della narrativa greco-latina. Perugia
MD	Materiali e Discussioni per l'analisi dei testi classici. Pisa
MDOG	Mitteilungen der Deutschen Orient-Gesellschaft zu Berlin. Berlin

MDom	Memorie Domenicane. Firenze
MEAH	Miscelánea de Estudios Arabes y Hebráicos. Granada
Meander	Meander. Revue de civilisation du monde antique. Warszawa
Medellín	Medellín. Teología y Pastoral para América Latina. Instituto Teológico Pastoral del CELAM. Medellín (Colombia)
Mediterraneus	Mediterraneus. Annual Report of the Collegium Mediterranistarum. Tokyo
MEFR	Mélanges d'Archéologie et d'Histoire de l'École Française de Rome. Paris
MEH	Medievalia et Humanistica: Studies in Medieval and Renaissance Culture. Cleveland (Ohio)
MelitaTh	Melita theologica. Malta
MennQR	Mennonite Quarterly Review. Goshen (Ind.)
MenorahJ	The Menorah Journal. New York
MEPRC	Messager de l'Exarchat du Patriarche russe en Europe Centrale. Paris
MEPRO	Messager de l'Exarchat du Patriarche russe en Europe Occidentale. Paris
MF	Miscellanea franciscana. Roma
MGH	Monumenta Germaniae historica
MH	Museum Helveticum. Basel
MHA	Memorias de Historia antigua. Oviedo
MHisp	Missionalia Hispanica. Madrid
MHum	Medievalia et Humanistica. Boulder (Colorado)
MIDEO	Mélanges de l'Institut Dominicain d'Etudes Orientales du Caire. Dar Al-Maaref
Mid-stream	Mid-stream. Indianapolis
Mikael	Mikael. Paraná (República Argentina)
MIL	Memorie dell'Ist. Lombardo, Accademia di Scienze e Lettere, Cl. di Lett., Sc. morali e storiche. Milano
Millars	Millars. Castellón
MIÖGF	Mitteilungen des Instituts für österreichische Geschichtsforschung. Graz
MIOr	Mitteilungen des Instituts für Orientforschung. Berlin
Missio	Missiology. Pasadena, Calif.
MitrArd	Mitropolia Ardealului. Sibiu
MitrBan	Mitropolia Banatului. Timişoara
MitrMold	Mitropolie Moldovei şi Sucevei. Iaşi
MitrOlt	Mitropolie Olteniei. Craiova
MLatJB	Mittellateinisches Jahrbuch. Köln/Düsseldorf
MLR	Modern Language. Baltimore
MM	Miscellanea mediaevalia. Berlin
MmFor	Memorie Storiche Forogiulisi. Udine
Mn	Mnemosyne. Bibliotheca classica Batava. Leiden
MNHIR	Mededelingen van het Nederlands Historisch Instituut te Rome. 's-Gravenhage
MO	Le monde oriental. Uppsala
ModCh	Modern Churchman. London

ModS	The Modern Schoolman. St. Louis (Mo.)
MonStud	Monastic Studies. Pine City, N.Y.
Montalbán	Montalbán. Universidad Católica Andrés Bello, Caracas
MontCarm	El Monte Carmelo. Burgos (España)
Month	The Month. London notes. Baltimore
MPhL	Museum Philologum Londiniensis. Amsterdam
MPTh	Monatsschrift für Pastoraltheologie. Göttingen
MR	The Minnesota Review. Minneapolis
MRSt	Mediaeval and Renaissance Studies. London
MS	Mediaeval Studies. Toronto
MSAHC	Mémoires de la société archéologique et historique de la Charente. Angoulème
MSHDI	Mémoires de la société pour l'histoire du droit et des institutions des anciens pays bourguignons, comtois et romands. Dijon
MSLC	Miscellanea di studi di letteratura cristiana antica. Catania
MSR	Mélanges de science religieuse. Lille
MSSNTS	Monograph series. Society for New Testament Studies. Cambridge
MT	Museum Tusculanum. København
MThSt	Münchener Theologische Studien. München
MThZ	Münchener theologische Zeitschrift. München
Mu	Le Muséon. Revue d'études orientales. Louvain
MuAfr	Museum Africum. Ibadan (Nigeria)
MüBPR	Münchener Beiträge zur Papyrusforschung und antiken Rechtsgeschichte
MüStSpr	Münchener Studien zur Sprachwissenschaft. München
MusCan	Museo canario. Madrid
MusCrit	Museum Criticum. Quaderni dell'Ist. di Filòlogia classica dell' Università di Bologna
Museum	Museum. Maandblad voor philologie en geschiedenis. Leiden
MUSJ	Mélanges de l'Université Saint-Joseph. Beyrouth
Musl	The Muslim World. Hartford (Conn.)
MusPont	Museo de Pontevedra
MVVEG	Mededelingen en verhandelingen van het Vooraziatisch-Egyptisch Genootschap «Ex oriente Lux». Leiden
NAA	Narody Azii i Afriki. Moskau
NábR	Náboženska revue cirkve československé. Praha
NAG	Nachrichten der Akademie der Wissenschaften in Göttingen. Göttingen
NAKG	Nederlands archief voor kerkgeschiedenis. Leiden
Namurcum	Namurcum. Namur
NatGrac	Naturaleza y Gracia. Salamanca
NBA	Norsk bokfortegnelse. Årskatalog. Oslo
NC	La Nouvelle Clio. Bruxelles
NDid	Nuovo Didaskaleion. Catania (Italia)
NedKath	Nederlandse katholieke stemmen
NedThT	Nederlands theologisch tijdschrift. 's-Gravenhage

NEThR	The Near East School of Theology Theological Review. Beirut
NetV	Nova et Vetera. Temas de vida cristiana. Monasterio de Benedictinas. Zamora
NewSchol	New Scholasticism. Washington, D.C.
NiceHist	Nice historique. Nice
Nicolaus	Nicolaus. Bari
NMES	Near and Middle East Series. Toronto
NMS	Nottingham Medieval Studies. Nottingham
Norba	Norba. Revista de Arte, Geografía e Historia. Cáceres
NotesRead	Notes and Queries for Readers and Writers. London
NovaVet	Nova et vetera. Freiburg (Schweiz)
NovTest	Novum Testamentum. Leiden
NPh	Neophilologus. Groningen
NPM	Neuphilologische Mitteilungen. Helsinki
NPNF	Select library of the Nicene and post-Nicene Fathers of the Christian Church
NRiSt	Nuova Rivista Storica
NRTh	Nouvelle revue théologique. Tournai
NS	The New Scholasticism. Baltimore; Washington, D.C.
NSJer	Nea Sion. Jerusalem.
NStB	Neukirchner Studienbücher
NTA	Neutestamentliche Abhandlungen. Münster
NTAb	New Testament Abstracts. Weston, Mass.
NTS	New Testament Studies. Cambridge
NTSJ	New Testament Studies in Japan (Shinyakugaku Kenkyu). Seiwa College for Christian Workers. Nishinomiya
NTT	Norsk teologisk tidsskrift. Oslo
Numen	Numen. International Review for the History of Religions. Leiden
NVA	Det norske videnskaps-akademi. Avhandlinger. Hist.-filos. klasse. Oslo
NyKT	Ny kyrklig tidskrift. Uppsala
NYRB	New York Review of Books. Milford. Conn.
NZMW	Neue Zeitschrift für Missionswissenschaft. Schöneck-Beckenried
NZSTh	Neue Zeitschrift für systematische Theologie. Berlin
OBO	Orbis biblicus et orientalis
OCA	Orientalia Christiana Analecta. Roma
ÖAKR	Österreichisches Archiv für Kirchenrecht. Wien
ÖAW	Österreichische Akademie der Wissenschaften. Philos.-hist. Klasse. Kleine Denkschriften
OECT	Oxford Early Christian Texts. Oxford
ÖF	Ökumenische Forschungen. Freiburg/Br.
ÖstBibl	Österreichische Bibliographie. Wien
ÖT	Ökumenische Theologie
OGE	Ons geestelijk erf. Tielt (Belgie)
OiC	One in Christ. Catholic Ecumenical Review. London
Oliv	El Olivo. Documentación y estudios para el Diálogo entre Judíos y Cristianos. Madrid

OLP	Orientalia Lovaniensia Periodica. Louvain
OLZ	Orientalistische Literaturzeitung. Berlin
One Church	One Church. Youngstown, Ohio
OP	Opuscula Patrum. Roma
OrAc	L'orient ancien illustré. Paris
OrCath	Orbis catholicus. Barcelona
OrChr	Oriens Christianus. Wiesbaden
OrChrP	Orientalia Christiana Periodica. Roma
Oriens	Oriens. Journal of the International Society for Oriental Research. Leiden
Orientalia	Orientalia. Roma
Oriente	Oriente. Madrid
OrLab	Ora et Labora. Revista liturgico-pastoral e beneditina. Mosteiro de Singeverga. Roriz (Portugal)
OrOcc	Oriente-Occidente. Revista de Investigaciones Comparadas. Buenos Aires
OrP	Orient Press. Bolletino Bibliografico di Studi Orientalistici. Roma
Orpheus	Orpheus. Catania (Italia)
OrSuec	Orientalia suecana. Uppsala
OrSyr	L'orient syrien. Paris
OrtBuc	Ortodoxia. Bucureşti
OrthL	Orthodox Life. Jordanville, N.Y.
OrthVer	Orthodoxy. Mt. Vernon, N.Y.
OstkiSt	Ostkirchliche Studien. Würzburg
OTM	Oxford Theological Monographs. Oxford
OTS	Oudtestamentische studien. Leiden
PA	Památky archeologícké. Praha
PAA	Πρακτικὰ τῆς Ἀκαδημίας Ἀθηνῶν. Ἀθῆναι
PACPA	Proceedings of the American Catholic Philosophical Association. Washington
Paid	Paideuma. Mitteilungen zur Kulturkunde. Frankfurt a. M.
Paideia	Paideia. Genova
Paix	Paix. Message du monastère orthodoxe français St-Nicolas de la Dalmerie
Pal	Palestra del Clero. Rovigo (Italia)
PalBul	Palaeobulgarica. Sofia
PalExQ	Palestine Exploration Quarterly. London
Pallas	Pallas. Fasc. 3 des Annales, publiées par la Faculté des Lettres de Toulouse. Toulouse
PalLat	Palaestra latina. Barbastro (España)
Pan	Pan. Studi dell'Instituto di Filologia latina dell'Università di Palermo. Palermo
PapyBrux	Papyrologia Bruxellensia. Brüssel
PapyCast	Papyrologia Castroctaviana. Barcelona
Par	La Parola del Passato. Rivista di Studi Classici. Napoli
ParLit	Paroisse et Liturgie. Brugge
ParOr	Parole de l'Orient. Kaslik (Liban)

PărSB	Părinţi şi scriitori bisericeşti
Past	Past and Present. London
Pastbl	Pastoralblätter. Stuttgart
PatrMediaev	Patristica et Mediaevalia. Buenos Aires
Pazmaveb	Pazmaveb. Venezia
PBFL	Piccola biblioteca filosofica Laterza. Bari
PBH	Patma- banasirakan handes. Jerevan
PBrSchRome	Papers of the British School at Rome. London
PeI	Le Parole e le idee. Napoli
Pelop	Peloponnesiaka. Athen
Pensamiento	Pensamiento. Madrid
Pentecostés	Pentecostés. Revista de ciencias morales. Editorial El Perpetuo Socorro. Madrid
Perficit	Perficit. Salamanca
PerkinsJ	Perkins School of Theology Journal. Dallas, Tex.
PerRelSt	Perspectives in Religious Studies. Macon, Ga.
Personalist	The Personalist. An International Review of Philosophy, Religion and Literature. Los Angeles
Perspec	Perspective. Pittsburgh (Penn.)
PersTeol	Perspectiva Teológica. Faculdade de Teologia. Universidade de Vale do Rio dos Sinos. Sào Leopoldo (Brasil)
PFDUNCJ	Publicaciones de la Facultad de derecho de la Universidad de Navarra. Co. juridica. Navarra
Phase	Phase. Centro de Pastoral Litúrgica. Barcelona
Phil	Philologus. Zeitschrift für das klassische Altertum. Berlin, Wiesbaden
Philol	Philologica Pragensia. Praha
Philosophy	Philosophy. The Journal of the Royal Institute of Philosophy. London
PhilTo	Philosophy Today. Celina (Ohio)
PhJB	Philosophisches Jahrbuch der Görresgesellschaft. München
PhLit	Philosophischer Literaturanzeiger. München, Basel
PhMendoza	Philosophia. Universidad nacional de Cuyo. Mendoza
PhNat	Philosophia naturalis. Meisenheim/Glan
Phoenix	The Phoenix. The Journal of the Classical Association of Canada. Toronto
PhoenixL	Phoenix. Bulletin uitgegeven door het Vooraziatisch-Egyptisch genootschaap «Ex Oriente Lux». Leiden
Phoibos	Phoibos. Bruxelles
PhP	Philosophia Patrum. Interpretation of Patristic texts. Leiden
PhPhenRes	Philosophy and Phenomenological Research. Buffalo
PhR	Philosophical Review. New York
PhRef	Philosophia reformata. Kampen
PhRh	Philosophy and Rhetoric. University Park, Pa.
Phronesis	Phronesis. A Journal for Ancient Philosophy. Assen
PhRu	Philosophische Rundschau. Tübingen
PhValparaíso	Philosophica. Universidad Cathólica de Valparaíso (Chile)
Physis	Physis. Rivista di Storia della scienza. Firenze

PierLomb	Pier Lombardo. Novara (Italia)
Pirineos	Pirineos. Zaragoza (España)
Platon	Platon. Deltion tes Hetaireias Hellenon Philologon. Athenai
PLS	Perspectives of Religious Studies
PLu	Positions Lutheriennes. Paris
PMAPA	Philological Monographs of the American Philological Association. Cleveland
PMLA	Publications of the Modern Language Association of America. New York
PO	Patrologia Orientalis
POK	Pisma Ojców Kościola. Poznán
PolKnig	Polata Knigopisnaja. An Information Bulletin devoted to the Study of Early Slavic Books, Texts and Literatures. Nijmegen
POr	Przeglad Orientalistyczny. Warszawa
PPMRC	Proceedings of the Patristic, Mediaeval and Renaissance Conference. Villanova, Pa.
PPol	Il pensiero politico. Rivista di Storia delle idee politiche e sociali. Firenze
PQ	Philological Quarterly. Iowa City
PR	The Philosophical Review. Ithaca, N. Y.
PraKan	Prawo Kanoniczene. Warszawa
PravM	Pravoslavnaja Mysl'. Praha
PravS	Pravoslavný sbornik. Praha
PrincBul	The Princeton Seminary Bulletin. Princeton, N.J.
ProcAmJewish	Proceedings of the American Academy for Jewish Research. New York
ProcAmPhS	Proceedings of the American Philosophical Society. Philadelphia
ProcBritAc	Proceedings of the British Academy. London
ProcIrAc	Proceedings of the Royal Irish Academy. Dublin
ProcVS	Proceedings of the Virgil Society. London
Prometheus	Prometheus. Rivista quadrimestrale di studi classici. Firenze
PrOrChr	Proche orient chrétien. Jerusalem
Protest	Protestantesimo. Roma
Proteus	Proteus. Rivista di filosofia. Roma
ProvHist	Provence historique. Marseille
Proyección	Proyección. Granada
PhilosQ	The Philosophical Quarterly. University of St. Andrews. Scots Philos. Club
Prudentia	Prudentia. Auckland (New Zealand)
PrViana	Principe de Viana. Pamplona
PrzHi	Przeglad Historyczny. Warszawa
PS	Palestinskij Sbornik. Leningrad
PSBF	Pubblicazioni dello studium biblicum Francisanum. Jerusalem
PSBFMi	Pubblicazione dello studium biblicum Franciscanum. Collectio minor. Jerusalem
PSIL	Publications de la section historique de l'Institut Grand Ducal de Luxembourg. Luxembourg
PSP	Pisma Starochrzešcijańskich Pisarzy

PST	Poznańskie Studia Teologiczne. Poznań
PTA	Papyrologische Texte und Abhandlungen. Bonn
PThSt	Pretoria theological studies. Leiden
PTS	Patristische Texte und Studien
PublCopt	Publications de l'Institut Français d'Archéologie Orientale. Bibliothèque d'études coptes. Cairo
PublIOL	Publications de l'Institut Orientaliste de Louvain
PublMen	Publicaciones del Instituto Tello Téllez de Meneses. Palencia
Pyrenae	Pyrenae. Crónica arqueológica. Barcelona
QC	Quaderni Catanesi di Studi classici e medievali. Catania
QFIAB	Quellen und Forschungen aus italienischen Archiven und Bibliotheken. Tübingen
QFLS	Quaderni di Filologia e letteratura siciliana. Catania
QIFG	Quaderni dell'Istituto greco. Università di Cagliari. Cagliari
QILCL	Quaderni dell'Istituto di Lingue e Letterature classiche. Bari
QILL	Quaderni dell'Istituto di Lingua e Letteratura latina. Roma
QJS	Quarterly Journal of Speech. New York
QLP	Les Questions liturgiques et paroissiales. Mont-César (Belg.)
QM	Quaderni medievali. Bari
QS	Quaderni di Storia. Rassegna di antichità redatta nell'Ist. di Storia greca e romana dell'Univ. di Bari. Bari
QSt	Quaderni Storici. Bologna
QU	Quaderni dell'Umanesimo. Roma
QuadFoggia	Quaderni dell'Associazione italiana di Cultura classica, Deleg. di Foggia. Foggia
Quaerendo	Quaerendo. A quarterly journal from the Low Countries devoted to manuscripts and printed books. Amsterdam
QUCC	Quaderni Urbinati di Cultura Classica. Urbino
QVChr	Quaderni di «Vetera Christianorum»
RA	Revue archéologique. Paris
RAAN	Rendiconti dell'Accademia di Archeologia, Lettere e Belle Arti di Napoli. Napoli
RaBi	Revista biblica con Sección litúrgica. Buenos Aires
RABM	Revista de Archivos, Bibliotecas y Museos. Madrid
RaBol	Revista de la Sociedad Bólivariana de Venezuela. Caracas
RaBrFilol	Revista brasileira de Filología. São Paolo
RaBrFilos	Revista brasileira de Filosofía. São Paolo
RaBuenosA	Revista de la Universidad de Buenos Aires. Buenos Aires
RAC	Reallexikon für Antike und Christentum. Stuttgart
RaCa	La Revista Católica. Santiago de Chile
RaComm	Revista Católica Internacional Communio. Madrid = Concilium M
RaCórdoba	Revista de la Universidad nacional de Córdoba. Córdoba (Argentina)
RaCuzco	Revista universitaria. Universidad de Cuzco
RaDFilos	Revista dominicana de Filosofia. Ciudad Trujillo

Radovi	Radovi. Zagreb
RaEduc	Revista de Educación. Madrid
RaExtr	Revista de estudios extremeños. Badajoz (España)
RaFMex	Revista de Filosofía. Departamento de Filosofia. Universidad ibe-roamericana. México
RAgEsp	Revista agustiniana de Espiritualidad. Calahorra (Logroño)
RaHist	Revista de Historia. São Paolo
RAIB	Rendiconti dell'Accademia delle Scienze dell'Instituto di Bologna. Bologna
RaInd	Revista de Indias. Madrid
RaInteram	Revista interamericana de Bibliografia. Interamerican Review of Bibliography. Washington
RAL	Rendiconti della Reale Accademia Nazionale dei Lincei. Classe di Scienze Morali, Storiche e Filologiche. Roma
RaMadrid	Revista de la Universidad de Madrid. Madrid
Ramus	Ramus. Critical studies in Greek and Latin Literature. Clayton, Victoria (Australia), Monash University
RaNCult	Revista nacional de Cultura. Caracas
RaOviedo	Revista de la Universidad de Oviedo. Oviedo
RaPlata	Revista de Teologia. La Plata (Argentina)
RaPol	Revista de Estudios políticos. Madrid
RaPortFilog	Revista portuguesa de Filologia. Coimbra
RaPortFilos	Revista portuguesa de Filosofía. Braga (Portugal)
RaPortHist	Revista portuguesa de Historia. Coimbra
RArch	Rivista di Archeologia. Roma
RAS	Rassegna degli Archivi di Stato. Roma
RaScienFilos	Rassegna di Scienze Filosofiche. Bari (Italia)
RasF	Rassegna di Filosofia. Roma
RasIsr	Rassegna Mensile di Israel. Roma
RaUCR	Revista de la Universidad de Costa Rica. San José de Costa Rica
RaUSPAulo	Revista da Pontificia Universidade Catolica de São Paulo. São Paulo
RaVenFilos	Revista Venezolana de Filosofía. Caracas
RBAM	Revista de la Biblioteca, Archivo y Museo. Madrid
RBen	Revue bénédictine. Abbaye de Maredsous (Belgique)
RBi	Revue biblique. Paris
RBL	Ruch Biblijny i Liturgiczny. Kraków
RBPh	Revue belge de philologie et d'histoire. Bruxelles
RBR	Ricerche bibliche e Religiose. Genova
RBS	Regulae Benedicti Studia. Annuarium internationale. Hildesheim
RC	Religión y Cultura. Madrid
RCA	Rozpravy Československé akademie věd. Praha
RCatT	Revista Catalana de Teologia. Barcelona
RCBi	Revista de Cultura Biblica. São Paulo
RCCM	Rivista di Cultura Classica e Medioevale. Roma
RCEduc	(früher: RaCal = Revista Calasancia) Revista de Ciencias de la Educación. Madrid
RDC	Revue de droit canonique. Strasbourg
REA	Revue des études augustiniennes. Paris

Reality	Reality. Dubuque, Ia.
REAnc	Revue des études anciennes. Bordeaux
REArm	Revue des études arméniennes. Paris
REB	Revue des études byzantines. Paris
REBras	Revista eclesiástica brasileira. Petropolis
ReC	Religioni e Civiltà. Bari
REC	Revista de Estudios Clásicos. Mendoza
REccDoc	Rerum ecclesiasticarum documenta. Roma
RechAug	Recherches augustiniennes. Paris
RecHist	Recusant History. Bognor Regis, Sussex
RechSR	Recherches de science religieuse. Paris
Recollectio	Recollectio. Institutum Historicum Augustinorum Recollectorum. Roma
REDC	Revista española de Derecho canónico. Madrid
REDI	Revista española de Derecho internacional. Madrid
ReEg	Revue d'egyptologie. Paris
ReExp	Review and Expositor. Louisville, Ky.
RefR	Reformed Review. New Brunswick, New Jersey
REG	Revue des études grecques. Paris
Regn	Regnum Dei. Collectanea. Roma.
RegnRo	Regnum Dei. Roma
ReHS	Revue d'Histoire de la Spiritualité. Bruxelles
REI	Revue des études islamiques. Paris
REJ	Revue des études juives. Paris
REL	Revue des études latines. Paris
ReLiège	Revue ecclésiatique de Liège.
Religion	Religion. Journal of Religion and Religions, publ. by the Dept. of Religious Studies, Univ. of Lancaster. London
RelLife	Religion in Life. Nashville, Tenn.
RelSoAfrica	Religion in South Africa. Durban
RelStR	Religious Studies Review. Waterloo, Ontario
RelStud	Religious Studies. Cambridge
ReMet	The Review of Metaphysics. Washington
ReNamur	Revue diocésaine de Namur. Gembloux
RenBib	Rencontres bibliques. Lille
REP	Revista española de Pedagogia. Madrid
RESE	Revue des Études sud-est européennes. Bucureşti
Réseaux	Réseaux. Revue interdisciplinaire de philosophie morale et politique. Mons
REspir	Revista de Espiritualidad. Madrid
ReSR	Revue des sciences religieuses. Strasbourg
RestQ	Restoration Quarterly. Abilene, Texas
Resurrexit	Resurrexit. Madrid
RET	Revista española de Teología. Madrid
ReTournai	Revue diocésane de Tournai. jetzt: Confrontations
RevEidos	Revista de Filosofía Eidos. Córdoba (Argentina)
RF	Razón y Fe. Madrid
RFacDMadrid	Revista de la Facultad de Derecho de la Universidad de Madrid

RFC	Rivista di Filología e d'Istruzione Classica. Torino
RFCRica	Revista de Filosofía. Costa Rica
RFE	Revista de Filología española. Madrid
RFFH	Revista de la Facultad de Filosofía y Humanidades. Córdoba (Argentina)
RFFLMadrid	Revista de la Facultad de Filosofía y Letras. Madrid
RFFLMedellin	Revista de la Facultad de Filosofía. Medellin
RFil	Revista de Filosofía. Madrid
RFN	Rivista di Filosofia Neoscolastica. Milano
RGuimerães	Revista de Guimerães. Guimerães
RH	Revue historique. Paris
RHD	Revue d'histoire de droit.
RHDFE	Revue historique de droit français et étranger. Paris
RHE	Revue d'histoire ecclésiastique. Louvain
RHEF	Revue d'histoire de l'église de France. Paris
RHLag	Revista de Historia (canaria). La Laguna (Canarias)
RHLF	Revue d'histoire littéraire de la France. Paris
RhM	Rheinisches Museum für Philologie. Frankfurt a. M.
RHPhR	Revue d'histoire et de philosophie religieuses. Paris
RHR	Revue de l'histoire des religions. Paris
RHS	Revue d'histoire des sciences et de leurs applications. Paris
RHSpir	Revue d'histoire de la spiritualité. Paris
RHT	Revue d'Histoire des Textes. Paris
RhV	Rheinische Vierteljahrblätter. Bonn
RiAC	Rivista di Archeologia Cristiana. Roma
RiAsc	Rivista di Ascetica e Mistica. Firenze
RiBi	Rivista Biblica. Brescia
RiceInst	Rice Institut Pamphlet. Houston, Tex.
RicLing	Ricerche Linguistiche. Roma
RicRel	Ricerche di Storia Religiosa. Roma
RIDA	Revue internationale des droits de l'antiquité. Gembloux
RIDC	Revista del Instituto de Derecho comparado. Barcelona
RIE	Revista de Ideas estéticas. Madrid
RIEAL	Revista del Instituto de Estudios Alicantinos. Alicante
RiEst	Rivista di Estetica. Torino
RIFD	Rivista internazionale di filosofia del diritto. Milano
RiFil	Rivista di Filosofia. Torino
RiFilRel	Rivista di Studi Filosofici e Religiosi. Roma
RiLit	Rivista Liturgica. Finalpia
RiLSE	Rivista di letteratura e di storia ecclesiastica
RILSL	Rendiconti. Instituto Lombardo di Scienze e Lettere. Classe di Lettere e Scienze Morali e Storiche. Milano
Rinascimento	Rinascimento. Firenze
RIP	Revue internationale de philosophie. Bruxelles
RiStCl	Rivista di Studi Classici. Torino
RiStor	Rivista di Storia, Arte, Archeologia. Alessandria
RivRos	Rivista Rosminiana di filosofia e di cultura. Stresa
RiVSp	Rivista di Vita Spirituale. Roma

RJaver	Revista Javeriana, Signos de los Tiempos. Bogotá (Colombia)
RJAZIU	Rad Jugoslavenske Akademije Znanosti i Umjetnosti. Zagreb
RJC	Revista juridica de Cataluña. Barcelona
RKZ	Reformierte Kirchenzeitung. Neukirchen-Vluyn
RLA	Revista Litúrgica Argentina. Abadia de San Benito. Buenos Aires
RLC	Revue de littérature comparée. Paris
RM	Revue Mabillon. Ligugé
RMAL	Revue du moyen-âge latin. Paris
RMM	Revue de métaphysique et de morale. Paris
RN	Revue du nord. Lille
RNS	Rivista Nuova Storica
ROB	Religion och Bibel. Nathan Söderblom-sällskapets årsbok. Lund
RoczFil	Roczniki Filozoficzne. Lublin
RoczH	Roczniki humanistyczne. (Kathol. Univ. Lubelskiego) Lublin
RoczTK	Roczniki Teologiczno-Kanoniczne. Lublin
RoczTor	Rocznik towarzystwa naukowego w Toruniu. Torún
RÖ	Römisches Österreich. Jahresschrift der österreichischen Gesellschaft für Archäologie. Wien
RöHM	Römische Historische Mitteilungen. Graz–Köln
ROIELA	Revue de l'Organisation internationale pour l'étude des langues anciennes par ordinateur. Liège
Roma	Roma. Buenos Aires (Argentina)
Romania	Romania. Paris
RomBarb	Romanobarbarica. Contributi allo studio dei rapporti culturali tra mondo latino e mondo barbarico. Roma
RomForsch	Romanische Forschungen. Vierteljahresschrift für romanische Sprachen und Literaturen. Frankfurt
RPAA	Rendiconti della Pontificia Accademia di Archeologia. Roma
RPFE	Revue philosophique de la France et de l'étranger. Paris
RPh	Revue de philologie, de littérature et d'histoire anciennes. Paris
RPL	Revue philosophique de Louvain. Louvain
RPM	Revue du Patriarchat de Moscou
RPol	Review of Politics. Notre Dame, Ind.
RQ	Römische Quartalschrift für christliche Altertumskunde und Kirchengeschichte. Freiburg i. Br.
RQS	Revue des questions scientifiques. Louvain
RQu	Revue de Qumran. Paris
RR	Review of Religion. New York
RRel	Review for Religious. St. Mary's, Kansas
RS	Revue de synthèse. Paris
RSA	Rivista storica dell'Antichità. Bologna
RSAA	Revue Suisse d'Art et d'Archéologie. Zürich
RSB	Rivista di Studi Bizantini e Neoellenici. Roma
RScF	Rassegna di Scienze filosofiche. Napoli
RSCI	Rivista di Storia della Chiesa in Italia. Roma
RSF	Rivista Critica di Storia della Filosofia. Milano
RSH	Revue des sciences humaines. Lille
RSI	Rivista Storica Italiana. Napoli

RSLR	Rivista di storia e letteratura religiosa. Firenze
RSO	Rivista degli Studi Orientali. Roma
RSPhTh	Revue des Sciences philosophiques et théologiques. Paris
RStudFen	Rivista di studi fenici. Roma
RTCHP	Recueil de travaux. Conférence d'histoire et de philologie. Université de Louvain. Louvain
RThAM	Recherches de théologie ancienne et médiévale. Abbaye du Mont César. Louvain
RThL	Revue théologique de Louvain
RThom	Revue thomiste. Paris.
RThPh	Revue de théologie et de philosophie. Lausanne
RThR	The Reformed Theological Review. (Australia)
RTLim	Revista Teológica Limense. Lima
RUO	Revue de l'universitè d'Ottawa. Ottawa
SABSp	Sitzungsberichte der deutschen Akademie der Wissenschaften zu Berlin. Klasse für Sprachen, Literatur und Kunst. Berlin
SAC	Studi di antichità Christiana. Roma
SacD	Sacra Dottrina. Bologna
SADDR	Sitzungsberichte der Akademie der Wissenschaften der Deutschen Demokratischen Republik. Berlin
Saeculum	Saeculum. Jahrbuch für Universalgeschichte. München, Freiburg i. Br.
SAH	Sitzungsberichte der Heidelberger Akademie der Wissenschaften. Philos.-hist. Klasse. Heidelberg
SAL	Sitzungsberichte der sächsischen Akademie der Wissenschaften zu Leipzig, Philologisch-historische Klasse
Salesianum	Salesianum. Torino
Salmant	Salmanticensis. Salamanca
Salp	Salpinx Orthodoxias. Athen
SALS	Saint Augustine Lecture Series. New York
SalTerrae	Sal Terrae. Santander
SAM	Sitzungsberichte der bayrischen Akademie der Wissenschaften in München. Philosoph.-philol. und hist. Klasse. München
Sandalion	Sandalion. Quaderni di cultura classica, cristiana e medievale. Sassari
SAP	Sbornik archivnich praci. Praha
Sapientia	Sapientia. Buenos Aires
Sapienza	Sapienza. Rivista di Filosofia e di Teologia. Milano
SAW	Sitzungsberichte der österreichischen Akademie in Wien. Phil.-hist. Klasse. Wien
SBAG	Schweizer Beiträge zur allgemeinen Geschichte. Bern
SBLDS	Society of Biblical Literature. Dissertation Series
SBLMS	Society of Biblical Literature. Monograph Series
SBLSemPap	Society of Biblical Literature. Seminary Papers. Chico, Calif.
SBR	Sociedad brasileira de Romanistas. Rio de Janeiro
SBS	Sources for Biblical Studies.
SBT	Studies in Biblical Theology. London

SC	Sources chrétiennes
Sc	Scriptorium. Revue internationale des Études relatives aux manuscrits. Anvers et Bruxelles
SCA	Studies in Christian Antiquity. Catholic University of America. Washington, D.C.
ScCat	La Scuola Cattolica. Milano
ScEs	Science et Esprit. Montréal
SCH	Studies in Church History. American Society of Church History. Chicago
Schild	Het Schild. Apologisch tijdschrift. Leiden
SCHNT	Studia ad Corpus Hellenisticum Novi Testamenti. Leiden
SchwBu	Das Schweizer Buch. Zürich
SchwRu	Schweizer Rundschau. Basel
SCivW	Sources of Civilzation in the West
SCO	Studi classici e orientali. Pisa
ScPaed	Scientia paedagogica. Anvers
ScrCiv	Scrittura e Civiltà. Torino
ScrMar	Scripta de Maria. Centro de Estudios Marianos. Zaragoza
ScrPhil	Scripta Philologa. Milano
ScTh	Scripta Theologica. Universidad de Navarra. Pamplona
SD	Scripta et documenta
SDHI	Studia et documenta historiae et juris. Roma
SE	Sacris erudiri. Brugge, 's-Gravenhage
SEA	Svensk exegetisk årsbok. Uppsala
Seanchas	Seanchas Ardmhacha. Journal of the Armagh Diocesan Historical Society. Maynooth (Ireland)
SecCent	The Second Century. A Journal of Early Christian Studies. Abilene, Texas
SEF	Semanas españolas de Filosofía. Madrid
Sefarad	Sefarad. Revista de la Escuela de Estudios hebraicos. Madrid
SelFr	Selecciones de Franciscanismo. Valencia
SelLib	Selecciones de Libros. Actualidad bibliográfica de filosofía y teologia. Facultades de Filosofía y Teologia S. Francisco de Borja. San Cugat del Vallés (Barcelona)
Semeia	Semeia – An experimental journal for biblical criticism. Missoula
Seminarios	Seminarios. Estudios y Documentos sobre temas sacerdotales. Salamanca
Seminarium	Seminarium. Città del Vaticano
Semitica	Semitica. Institut d'Études Sémitiques de l'Université de Paris. Paris
SG	Siculorum gymnasium. Facoltà di Lettere e Filosofía dell'Università. Catania (Sicilia)
ShaneQ	The Shane Quarterly. Indianapolis
SHCSR	Spicilegium historicum congregationis SSmi. Redemptoris. Roma
SHE	Studia historico-ecclesiastica. Uppsala
SHG	Subsidia Hagiographica. Bruxelles
SHR	Scottish Historical Review. Edinburgh
SHVL	Skrifter utgivna av kungl. humanistiska vetenskapssamfundet i Lund. Lund

SHVSU	Skrifter utgivna av humanistiska vetenskapssamfundet i Uppsala. Uppsala
SIF	Studi Italiani di Filologia Classica. Firenze
Sigma	Sigma. Rivista quadrimestrale. Napoli
Sileno	Sileno. Rivista di studi classici e cristiani. Catania
Sinite	Sinite. Tejares-Salamanca
SISchul	Schriftenreihe des internationalen Schulbuchinstituts
SixCentJ	Sixteenth Century Journal. Kirksville, Missouri
SJTh	Scottish Journal of Theology. Edinburgh
SKZ	Schweizerische Kirchenzeitung. Luzern
Slavia	Slavia. Praha
SLH	Scriptores Latini Hiberniae
Slovo	Slovo. Zagreb
SM	Studien und Mitteilungen zur Geschichte des Benediktinerordens und seiner Zweige. München
SMEA	Studi micenei ed egeo-anatolici. Roma
SMed	Schede medievale. Rassegna a cura dell' officina di studi medievali. Palermo
SMLV	Studi Mediolatini e Volgari. Bologna
SMR	Studia Montis Regii. Montreal
SMSR	Studi e Materiali di Storia delle Religioni. Bologna
SNMP	Sbornik Národního Musea v Praze (Acta Musaei Nationalis Pragae). Praha
SNVAO	Skrifter utgitt av det norske videnskapsakademi i Oslo. Oslo
SO	Symbolae Osloenses. Oslo
So	Sophia. Rivista Internazionale di Filosofia e Storia della Filosofia. Padova
Sob	Sobornost. London
SOCC	Studia orientalia christiana. Collectanea. Kairo
Sodalitas	Sección de Granada de la Sociedad española de Estudios clasicos. Universidad de Granada. Dept. de Derecho romano. Granada
Sp	Speculum. A Journal of Mediaeval Studies. Cambridge, Mass.
SPC	Studia philosophiae Christianae. Warszawa
Speculator	Speculator. Oostehout
SPFFBU	Sbornik praci filosofické fakulty brněnské university. Brno
SPGAP	Studien zur Problemgeschichte der antiken und mittelalterlichen Philosophie. Leiden
SPh	Studies in Philology. University of North Carolina. Chapel Hill
Spic	Spicilegium sacrum Lovaniense
Spiritus	Spiritus. Cahiers de spiritualité missionaire. Paris
SpirLife	Spiritual Life. Washington, D.C.
SPLi	Studia patristica et liturgica. Regensburg
SPMe	Studia Patristica mediolanensia
Sprache	Die Sprache. Zeitschrift für Sprachwissenschaft. Wiesbaden
SQS	Sammlung ausgewählter kirchen- und dogmengeschichtlicher Quellenschriften
SR	Studies in Religion/Sciences Religieuses. Revue canadienne. Waterloo, Ontario

SSF	Societas scientiarum Fennica. Commentationes humanarum litterarum. Helsinki
SSHT	Slaskie studia historyczno-teologiczne. Katowice
SST	Studies in Sacred Theology. Catholic University of America, Washington, D.C.
ST	Studi e Testi
StAC	Studia Antiquitatis Christianae. Warszawa
StAcOr	Studia et acta orientalia. Bucureşti
StAns	Studia Anselmiana. Roma
StANT	Studien zum Alten und Neuen Testament. München
StaroLit	Starobŭlgarska literatura. Sofia
StBibF	Studii Biblici Franciscani Liber Annus. Jerusalem
StBiz	Studi Bizantini e Neoellenici. Roma
StBuc	Studii teologice. Bucureşti
StByz	Studia Byzantina. Berlin
StChrRe	Studies in the Christian Religion (Kimsutokyo Kenkyu). Kyoto
StClOr	Studi Classici e Orientali. Pisa
STDJ	Studies on the Texts of the Desert of Judah. Leiden
StEA	Studia Ephemeridis «Augustinianum». Rom
StFr	Studi Francescani. Firenze
StFrancesi	Studi Francesi. Torino
StGen	Studium generale. Berlin–Heidelberg–New York
StGnes	Studia Gnesnensia. Gniezno
StH	Studia historica
StHS	Studia z historii semiotyki
STI	Svensk tidskriftsindex. Stockholm
StIR	Studies. An Irish Quarterly Review. Dublin
StJCA	Studies in Judaism and Christianity in antiquity. University of Notre Dame. Notre Dame, Ind.
StLeg	Studium legionense. León
StLit	Studia Liturgica. Rotterdam
StLukeJ	St. Luke's Journal of Theology. Sewanee, Tenn.
StMC	Studies in Medieval Culture. Kalamazoo
StMe	Studi medievali. Spoleto
StMiss	Studia missionalia. Roma
StMon	Studia Monastica. Abadia de Montserrat. Barcelona
StMor	Studia Moralia. Roma–Paris–Tournai–New York
StMTh	Studies in Medieval Thought (Chusei Shiso Kenkyu). Institute of Medieval Studies, Sophia University. Tokyo
StOr	Studia Orientalia. Helsinki
StOv	Studium Ovetense. Oviedo
StPad	Studia Patavina. Padova
StPap	Studia papyrologica. San Cugat del Vallés (Barcelona)
StPB	Studia post-biblica. Leiden
StPel	Studia Pelplińskie. Pelplin
StPic	Studia Picena. Fano
STPIMS	Studies and Texts. Pontifical Institute of Medieval Studies. Toronto
Streven	Streven. Maandblad voor geestesleven en cultuur. Brussel

StRo	Studi Romani. Roma
Stromata	Stromata-Ciencia y Fe. Buenos Aires
StrPat	Stromata patristica et mediaevalia
StSR	Studi storico-religiosi. Roma
StTh	Studia theologica. Oslo
StThF	Studies in Theology (Shingaku Ronshu), Seinan Gakuin University. Fukuoka
StudChr	Studium Christianitatis (Kirisutokyogaku), Hokkaido University. Sapporo
StudClas	Studii Clasice. Bucureşti
StudEnc	Study Encounter. Geneva, N. Y.
StudFilos	Studi filosofici. Annali dell' Istituto universitario orientale. Firenze
Studie o rukopisech	Studie o rukopisech. Praha
StudIs	Studia Islamica. Paris
Studium	Studium. Roma
StudiumAv	Studium. Avila
StudiumM	Studium. Institutos Pontificios de Teología y de Filosofía. O. P. Madrid
StudMagr	Studi Magrebini. Napoli
StudRomagn	Studi Romagnoli. Faenza
StudSan	Studia Sandomierskie. Sandomierz
StudStor	Studi storici. Rivista trimestrale dell' Ist. Gramsci. Roma
StudWarm	Studia Warmińskie
StUrbino	Studi Urbinati di Storia, Filosofia e Letteratura. Urbino
STV	Studia Theologica Varsaviensia. Warszawa
StVlThQ	St. Vladimir's Seminary Theological Quarterly. Crestwood, N. Y.
SubMon	Subsidia monastica. Abadia de Montserrat
SvBok	Svensk Bokförteckning. Stockholm
SVict	Scriptorium Victoriense. Seminario diocesano. Vitoria
SVSL	Skrifter utgivna av vetenskapssocieteten i Lund. Lund
SvTK	Svensk teologisk kvartalskrift. Lund
SyBU	Symbolae biblicae Uppsalienses. (Supplementhäften till SEÅ)
Symbolon	Symbolon. Jahrbuch für Symbolforschung. Köln
Syria	Syria. Paris
SZ	Stimmen der Zeit. Freiburg i. Br.
SZG	Schweizerische Zeitschrift für Geschichte. Zürich
TAik	Teologinen Aikakauskirja. Helsinki
Talanta	Talanta. Groningen
TAPhA	Transactions and Proceedings of the American Philological Association. Cleveland
TB	Theologische Bücherei. Neudrucke und Berichte aus dem 20. Jhd. München
TBT	Theologische Bibliothek Töpelmann. Berlin
TC	Traditio Christiana. Texte und Kommentare zur patristischen Theologie. Zürich
Temenos	Temenos. Studies in comparative religion presented by scholars in Denmark, Finland, Norway and Sweden. Helsinki

Teoc	Teocomunicacão. Porto Alegre (Brasil)
Teologia	Teologia. Revista de la Facultad de Teologia de la Pontificia Universidad Católica Argentina. Buenos Aires
Teruel	Teruel (Literatura, Arte, Ciencia, Actividades culturales). Teruel
TEsp	Teologia espiritual. Valencia
TG	Tijdschrift voor geschiedenis. Groningen
TGL	Tijdschrift voor geestelijk leven. Borgerhout-Antwerpen
ThA	Theologische Arbeiten. Berlin
ThAthen	Theologia. Athen
ThBraga	Theologica. Braga
ThDi	Theology Digest. St. Louis, Mo.
TheBibleToday	The Bible Today. Collegeville, Minnesota
Theokratia	Theokratia. Jahrbuch des Institutum Iudaicum Delitzschianum. Leiden.
Theologian	The Theologian
Theology	Theology. London
Theoph	Theophaneia. Beiträge zur Religions- und Kirchengeschichte des Altertums. Bonn
Theoria	Theoria. Lund
ThFen	Theologia Fennica. Helsinki
ThGl	Theologie und Glaube. Paderborn
ThH	Théologie historique. Paris
ThJ	Theological Journal (Shingaku Zasshi). Japan Lutheran Theological College and Seminary. Tokyo
ThLZ	Theologische Literaturzeitung. Berlin
Thom	The Thomist. Washington
Thought	Thought. New York
ThPh	Theologie und Philosophie. Freiburg i. Br.
ThQ	Theologische Quartalschrift. Stuttgart
THR	Travaux d'humanisme et Renaissance. Genova
ThR(NearEast)	Theological Review. Beirut
ThRe	Theologische Revue. Münster
ThRes	Theological resources. London
ThRu	Theologische Rundschau. Tübingen
ThSt	Theological Studies. Washington D. C.
ThStJ	Theological Studies in Japan (Nihon No Shingaku), Kyoto University. Kyoto
ThStN	Theological Studies (Shingaku Kenkyu). Nishinomiya
ThT	Theology Today. Princeton, N. Y.
ThTS	Theological Today Series
ThViat	Theologia viatorum. Berlin
ThXaver	Theologica Xaveriana. Revista de la Facultad de Teologia. Pontificia Universidad Javeriana. Bogotá (Colombia)
ThZ	Theologische Zeitschrift. Basel
TJ	Travaux et Jours. Beyrouth (Liban)
TKTG	Texte zur Kirchen- und Theologiegeschichte. Gütersloh
TLit	Tijdschrift voor liturgie. Affligem
TLS	The Times Literary Supplement. London

TM	Travaux et Mémoires. Paris
TMLT	Toronto medieval Latin Texts
TNTL	Tijdschrift voor Nederlandse taal- en letterkunde. Leiden
TP	Teološki Pogledi (Revue du Patriarcat serbe). Belgrade
TPAPA	Transactions and Proceedings of the American Philological Association. Cleveland
TPh	Tijdschrift voor philosophie. Leuven, Utrecht
TPL	Textus patristici et liturgici. Regensburg
TPQS	Theologisch-praktische Quartalschrift. Linz a. D.
Tr	Traditio. Studies in Ancient and Medieval History, Thought and Religion. New York
TrAmPhilos	Transactions of the American Philosophical Society. Philadelphia
TrConnec	Transactions of the Connecticut Academy of Arts and Sciences. New Haven
Treatises	Treatises (Ronshu). Zentsuji
TRG	Tijdschrift voor rechtsgeschiedenis. Haarlem
TRHS	Transactions of the Royal Historical Society. London
TrPhilol	Transactions of the Philological Society. Oxford
TS	La Terra Santa. Gerusaleme
TSPS	Theses et studia philologica Salamantica
TST	Tarnowskie Studia Teologiczne. Tarnow
TT	Teologisk Tidskrift
TTh	Tijdschrift voor Theologie. Nijmegen
TThQ	Tübinger Theologische Quartalsschrift
TTK	Tidskrift for teologi og kirke. Oslo
TTKob	Teologisk Tidskrift. København
TTS	Tübinger Theologische Studien. Mainz
TTZ	Trierer Theologische Zeitschrift. Trier
TU	Texte und Untersuchungen zur Geschichte der altchristlichen Literatur
TWAS	Twayne's world authors series
TWK	Tydskrift vir wetenschap en kuns. Bloemfontain (Suid-Africa)
TyV	Teología y Vida. Facultad de Teología. Universidad Católica de Chile. Santiago de Chile
UBA	Universitas. Buenos Aires
UCalifClass	University of California Publications in Classical Philology. Berkeley
UCalifSem	University of California Publications in Semitic Philology. Berkeley
UF	Ugarit-Forschungen. Neukirchen-Vluyn
UHabana	Universidad de La Habana. La Habana
UM	University Microfilms. Ann Arbor, Michigan
UMC	Xerox University Microfilms. Ottawa
UMéxico	Universidad de México. México
UnHumJav	Universitas Humanistica. Pontificia Universidad Javeriana. Bogotá
UnionSQR	Union Seminary Quarterly Review. New York
Unitas	Unitas. Revue internationale. Paris

UnitasManila	Unitas. Manila
UnivAnt	Universidad de Antioquía. Antioquía (Colombia)
Universitas	Universitas. Stuttgart
UniTor	Università di Torino. Pubblicazioni della Facoltà di Lettere e Filosofia. Torino
USa	Una Sancta. Rundbriefe für interkonfessionelle Begegnung. Meitingen b. Augsburg
USaFe	Universidad. Santa Fe
USaR	Una Sancta. Chicago
USTBog	Universidad de Santo Tomás. Publicación cuatrimestral de investigación e información. Bogotá (Colombia)
UToronto	University of Toronto Quarterly. Toronto
UUA	Uppsala universitets årsskrift. Uppsala
UZaragoza	Universidad. Zaragoza
VAA	Verhandelingen der Koninklijke Nederlandse Akademie van Wetenschappen, Afdeling letterkunde. Amsterdam
VaQR	Virginia Quarterly Review. Charlottesville, Virginia
VbSal	Verbum salutis. Paris
VCaro	Verbum Caro. Neuchâtel. Erscheint jetzt unter dem Namen ‹Communion›
VD	Verbum Domini. Roma
VDI	Vestnik drevnej istorii. Moskva
VdP	Vocez de Petropolis. Petropolis
Veltro	Il Veltro. Revista di civiltà italiana. Roma
Verbum	Verbum. Pontificia Universidade Catolica. Rio de Janeiro (Brasil)
VerC	Veritatem in caritate. 's-Gravenhage, Brussel
Vergilius	Vergilius. The Vergilian Society of America. Vancouver
Veritas	Veritas. Rio Grande (Brasil)
VetChr	Vetera Christianorum. Bari
VF	Verkündigung und Forschung. München
Via	Viator. Medieval and Renaissance Studies. Berkeley, California
Vichiana	Vichiana. Rassegna di Studi Classici. Napoli
VigChr	Vigiliae Christianae. Amsterdam
ViLetras	Virtud y Letras. Manizales (Colombia)
Vivarium	Vivarium. Assen
ViVrem	Vizantijskij Vremennik. Leningrad
VL	Vita Latina. Avignon
VMUfilos	Vestnik Moskovskogo Universiteta (filos. sekcija). Moskva
VopFilos	Voprosy filosofii. Moskva
VopIst	Voprosy istorii. Moskva
VoprJaz	Voprosy jazykoznanija. L'vov
VoxTh	Vox theologica. Assen
VS	La vie spirituelle. Paris
VSen	Verba seniorum
VSLA	Vetenskaps-societeten i Lund. Årsbok. Lund
VSob	Vida sobrenatural. Salamanca
VSSuppl	La vie spirituelle. Supplément. Paris

VT	Vetus Testamentum. Leiden
VyV	Verdad y Vida. Madrid
WA	Westvlaamse Archaeologica Monogr. Koortrijk
Wending	Wending. 's-Gravenhage
WestThJ	Westminster Theological Journal. Philadelphia
WiWh	Wissenschaft und Weisheit. Düsseldorf
WJA	Würzburger Jahrbücher für die Altertumswissenschaft. Neue Folge. Würzburg
WKGLS	Wissenschaftliche Kommentare zu griechischen und lateinischen Schriftstellern
Word	Word. Journal of the Linguistic Circle of New York. New York
Worship	Worship. Collegeville, Minn.
WSlJb	Wiener slawistisches Jahrbuch. Wien
WSt	Wiener Studien. Zeitschrift für klassische Philologie und Patristik. Wien
WuD	Wort und Dienst. Jahrbuch der theologischen Schule Bethel. Bielefeld
WUNT	Wissenschaftliche Untersuchungen zum Neuen Testament. Tübingen
WZBerlin	Wissenschaftliche Zeitschrift der Humboldt-Universität. Gesellschafts- und sprachwissenschaftliche Reihe. Berlin
WZGreifswald	Wissenschaftliche Zeitschrift der Universität Greifswald. Gesellschafts- und sprachwissenschaftliche Reihe. Greifswald
WZHalle	Wissenschaftliche Zeitschrift der M.-Luther-Universität Halle-Wittenberg. Halle a. S.
WZJena	Wissenschaftliche Zeitschrift der Fr.-Schiller-Universität Jena. Gesellschafts- und sprachwissenschaftliche Reihe. Jena
WZKM	Wiener Zeitschrift für die Kunde des Morgenlandes. Wien
WZLeipzig	Wissenschaftliche Zeitschrift der K.-Marx-Universität Leipzig. Gesellschafts- und sprachwissenschaftliche Reihe. Leipzig
WZRostock	Wissenschaftliche Zeitschrift der E.-M.-Arndt-Universität Rostock. Gesellschafts- und sprachwissenschaftliche Reihe. Rostock
YClSt	Yale Classical Studies. New Haven
Yermo	Yermo. El Paular. Madrid
YJS	Yale Judaica Series. New Haven
YLS	Yearbook of Liturgical Studies. Collegeville, Minn.
YULG	Yale University Library Gazetta. New Haven
ŽA	Živa antika. Skopje
ZÄA	Zeitschrift für ägyptische Sprachen und Altertumskunde. Berlin
ZAGV	Zeitschrift des Aachener Geschichtsvereins. Aachen
ZAW	Zeitschrift für die alttestamentliche Wissenschaft. Berlin
ZB	Zeitschrift für Balkanologie. Wiesbaden
ZBB	Zeitschrift für Bibliothekswesen und Bibliographie. Frankfurt a. M.
ZBW	Zentralblatt für Bibliothekswesen. Leipzig

ZDMG	Zeitschrift der Deutschen Morgenländischen Gesellschaft. Wiesbaden
ZDPV	Zeitschrift des deutschen Palästinavereins. Stuttgart
ZEE	Zeitschrift für evangelische Ethik. Gütersloh
ZEvKR	Zeitschrift für evangelisches Kirchenrecht. Tübingen
ZGesch	Zeitschrift für Geschichtswissenschaft. Berlin
ZJFK	Zprávy Jetnoty klasickych Filologu. Praha
ZKG	Zeitschrift für Kirchengeschichte. Stuttgart
ZKTh	Zeitschrift für katholische Theologie. Wien
ŻM	Życie i Mysl. Warszawa
ZMRW	Zeitschrift für Missionswissenschaft und Religionswissenschaft. Münster
ZNKUL	Zeszyty Naukowe Katolickiego Uniwersytetu Lubelskiego. Lublin
ZNUJ	Zeszyty Naukowe Uniwersytetu Jagiellońskiego. Kraków
ZNW	Zeitschrift für die neutestamentliche Wissenschaft und die Kunde der älteren Kirche. Berlin
ZPE	Zeitschrift für Papyrologie und Epigraphik. Bonn
ZPhF	Zeitschrift für philosophische Forschung. Bonn
ZRBl	Zbornik Radova Vizantološkog Instituta. Beograd
ZRGG	Zeitschrift für Religions- und Geistesgeschichte. Köln
ZRPh	Zeitschrift für Romanische Philologie. Tübingen
ZSavG	Zeitschrift der Savigny-Stiftung für Rechtsgeschichte. Germanistische Abteilung. Weimar
ZSavK	Zeitschrift der Savigny-Stiftung für Rechtsgeschichte. Kanonistische Abteilung. Weimar
ZSavR	Zeitschrift der Savigny-Stiftung für Rechtsgeschichte. Romanistische Abteilung. Weimar
ZSKG	Zeitschrift für schweizerische Kirchengeschichte. Freiburg (Schweiz)
ZSl	Zeitschrift für Slawistik. Berlin
ZSP	Zeitschrift für slavische Philologie. Heidelberg
ZThK	Zeitschrift für Theologie und Kirche. Tübingen
ŽurMP	Žurnal Moskovskoj Patriarchi. Moskau = RPMosc = Revue du Patriarcat de Moscou
ZVSp	Zeitschrift für vergleichende Sprachforschung auf dem Gebiete der indogermanischen Sprache. Göttingen
ZWG	Sudhoffs Archiv. Zeitschrift für Wissenschaftsgeschichte. Wiesbaden
ΘΠ	ΘΠ. A journal for Greek and early christian philosophy. Leiden

I. GENERALIA

1. *Historia patrologiae*

1 BANACH, R. *Patrologia i patrystyka w Tarnowskim Instytucie Teologicz-nym 1838-1951 (= De patrologia et patristica in Tarnoviensi Instituto Theologico alumnis tradita).* In: *Akta sympozjum patrystycznego . . .* (cf. 1981/82, 155) 351–355

[2405] BETTIOLO, P.: Nilus Ancyranus

[2566] BLÁZQUEZ, J. M.: Priscillianus

2 BRINK, JEANIE R. *"Fortres of Fathers": An Unpublished Sixteenth-Century Manuscript Relating to Patristic Writing on the Eucharist —* SixCentJ 10.1 (1979) 83–87

3 BRINKHOFF, LUCAS *In memoriam Prof. dr. Herman Schmidt S.J. (1912-1982) —* TLit 66 (1982) 296–299

4 CARAZA, IOAN *Istoricul catedrei de Patrologie la Institutul teologic din Bucureşti (1881-1981) (= Geschichte des Lehrstuhls für Patrologie am Theologischen Institut von Bukarest 1881-1981) —* StTeol 33 (1981) 542–546

5 CARR, DONALD W. TYLER *The Influence of Patristic Writings on the Ecclesiology of Martin Bucer* [Diss.]. The Southern Baptist Theological Seminary 1981. 300 pp.

6 CEYSSENS, L. *Le «Saint Augustin» du XVIIe siècle. L'édition de Louvain (1577) —* Dix-Septième Siècle [Paris: Collège de France] 34 (1982) 103–121

7 CHADWICK, H. *Nestorius' Book of Heraclides. A Review of Luise Abramowski, Untersuchungen zum Liber Heraclidis des Nestorius.* In: *History and Thought . . .* (cf. 1981/82, 177) [XVII]

8 CIOFFI, A. *L'œuvre de Francesco di Capua (1879-1957) dans le domaine des études patristiques à l'occasion du centenaire de sa naissance —* Nicolaus 8 (1980) 375–380

[1560] CRIPPA, L.: Benedictus

9 CRISCUOLO, U. *Tardoantico e umanesimo bizantino, Michele Psello —* KoinNapoli 5 (1981) 7–23

10 DEMARGNE, P. *Allocution à l'occasion de la mort de Pierre Courcelle, membre de l'Académie —* CRAI (1980) 508–511

11 DETTLING, WILLIAM CYRIL *The Witness of Athenagoras to the Eternal Generation of the Son in the Analyses of John Henry Newman* [STD Diss.]. Dominican House of Studies 1981. 178 pp.

12 DOIGNON, JEAN *L'œuvre de Pierre Courcelle* — Orpheus 2 (1981) 1–5

13 DRAGAS, GEORGE D. *John Henry Newman als Ausgangspunkt für die Wiederentdeckung der Katholizität der Kirchenväter heute* — ThAthen 52 (1981) 500–530

14 EHRHARD, A. *Die altchristliche Literatur und ihre Erforschung seit 1880. Allgemeine Übersicht und erster Literaturbericht (1880–1884)* [Straßburger theologische Studien I, 4/5] [Reprint]. Hildesheim: Olms 1982. 258 pp. Beigebunden: EHRHARD, ALBERT *Die altchristliche Literatur und ihre Erforschung von 1884–1900.* 1. Abt.: *Die vornicänische Literatur.* [Straßburger theologische Studien, Supplementbd. 1] [Reprint]. Hildesheim: Olms 1982. 644 pp.

[1668] EVANS, G. R.: Boethius

15 FARNÉS, P. *A Memória de Dom Bernardo Botte, OSB* — OrLab 27 (1981) 65–67

[1485] FEDWICK, P. J.: Basilius Caesariensis

16 FISCHER, J. A. *Die Ausgabe der Apostolischen Väter durch Thomas Ittig (1643–1710).* In: *Überlieferungsgeschichtliche Untersuchungen* (cf. 1981/82, 291) 197–207

17 FONTAINE, J. *Deux colloques; sur Grégoire le Grand (Chantilly, 15–19 sept. 1982) et sur la culture antique (Catane, 26 sept.–2 octobre 1982)* — REA 28 (1982) 385–397

18 FRAENKEL, P. *Mélanchthon, Beatus Rhenanus et Tertullien* — BibHR 44 (1982) 357–360

19 FRANK, G. L. C. *A Lutheran Turned Eastward: The Use of the Greek Fathers in the Eucharistic Theology of Martin Chemnitz* — StVlThQ 26 (1982) 155–171

20 GANOCZY, A.; MUELLER, K. *Calvins handschriftliche Annotationen zu Chrysostomos. Ein Beitrag zur Hermeneutik Calvins* [Veröffentlichung des Institutes für europäische Geschichte Mainz 102 Abteil. für Abendländische Religionsgeschichte]. Wiesbaden: Steiner 1981. 165 pp.

21 GODIN, ANDRÉ *Érasme, lecteur d'Origène* [THR 190]. Genève: Droz 1982. 724 pp.

22 GODLEWSKI, W. *II Międzynarodowy Kongres Studiow Koptologicznych/Rzym 22–26 kwietnia 1980* — CoTh 52 (1982) 176–180

[1238] GORMAN, M. M.: Augustinus

23 GROH, D. E. *Changing Points of View in Patristic Scholarship* — AnglThR 60 (1978) 447–465

24 GRYSON, R. *Dix ans de recherches sur les origines du célibat ecclésiastique. Réflexion sur les publications des années 1970–1979* — RThL 11 (1981) 157–185

25 HAAUGAARD, WILLIAM P. *Renaissance Patristic Scholarship and Theology in Sixteenth-century England* — SixCentJ 10.3 (1979) 37–60

26 HAENDLER, G. *Neuere Textausgaben zur älteren Kirchengeschichte* — ThLZ 107 (1982) 483–489

27 HAENENS, S. D' *De la trace hétérodoxe. (Paléo)graphie et (histoire de l'hétéro)doxie dans les travaux de Roger Gryson sur les scolies ariennes du concil d'Aquilée (381)* — RThL 12 (1981) 212–228

28 HARRINGTON, D. J. *Sociological concepts and the early Church. A decade of research* — ThS 41 (1980) 181–190

29 HENRY, PATRICK *"Master of the Stray Detail": Peter Brown and Historiography* [bibliog.] — RelStR 6 (1980) 91–96

30 HOLLAARDT, A. *In memoriam Dom Carel Coebergh O.S.B.* — TLit 65 (1981) 222–223

31 HORST, P. W. VAN DER *De correspondentie van Hans Lietzmann* — KT 33 (1982) 291–300

32 HOUSSIAU, A. *In memoriam Bernard Botte* — RThL 11 (1981) 268–270

33 *VIII Incontro di studiosi dell'antichità cristiana. Lo Spirito nella riflessione della Chiesa prenicena* — AugR 20 (1980) 423–686

34 *IX Incontro di studiosi dell'antichità cristiana. Religiosità popolare nel cristianesimo antico* — AugR 21 (1981) 5–258

35 JAQUEMONT, P. *Les Pères de l'Église pour tous* — RSPhTh 65 (1981) 365–370

36 JASPERT, B. *Die Regula Benedicti-Forschung 1880–1980* — RBS 8–9 (1979/80) 91–104

[2360] JEAUNEAU, E.: Maximus Confessor

37 JONES, F. STANLEY *The Pseudo-Clementines: A History of Research* — SecCent 2 (1982) 1–34; 63–96

[778] JONGE, H. J. DE: Novum Testamentum

[2471] JUNOD, E.: Origenes

[840] KAESTLI, J.-D.: Apocrypha

38 KANIA, W. *Ks. Jan Czuj, wybitny krzewiciel myśli patrystycznej w Polsce (= De Joanne Czuj insigni patrum ecclesiae inter polonos propagatore)* In: *Akta sympozjum patrystycznego . . .* (cf. 1981/82, 155) 357–364

39 KAUFMANN, PETER IVER *Augustinian Piety and Catholic Reform: Augustine, Colet, and Erasmus.* Macon, Georgia: Mercer University Press 1982. 128 pp.

40 KLAUSER, TH. *Franz Joseph Doelger, 1879–1940. Sein Leben und sein Forschungsprogramm. Antike und Christentum.* [JACE 7]. Münster: Aschendorff 1980. 162 pp.

41 LABOWSKY, L. *Cardinal Bessarion's library and Arethas's collection of early writers.* In: *Sapientiae doctrina* (cf. 1981/82, 269) 180–184

42 LIENHARD, J. T. *Marcellus of Ancyra in modern research* — ThSt 43 (1982) 486–503

43 LIENHARD, JOSEPH T. *Recent Studies in Arianism* — RelStR 8 (1982) 330–336

44 LINAGE CONDE, A. *Congreso Histórico sobre el Monacato Gallego (Orense, 10-14 de marzo de 1981)* — Compostelanum 26 (1981) 287–291

    45 LOPETEGUI, LEON *Un gran patrólogo: el P. José Madoz. Su figura a través de la crítica* — EE 56 (1981) 355–370
    46 LOSSKY, NICOLAS *La patristique dans la prédication anglaise du début du XVIIe siécle; un exemple, Lancelot Andrews* MEPRO 28–29 (1980–81) 113–121
[2479] LUBAC, H. DE: Origenes
    47 MADEC, GOULVEN *Table Ronde sur les Lettres de saint Augustin nouvellement découvertes (20–21 sept. 1982)* — REA 28 (1982) 383–384
[2292] MARCOVICH, M.: Pseudo-Iustinus Martyr
[1679] MASI, M.: Boethius
    48 McDONALD, PAUL *The Maurist Edition of St. Augustine* — AmBenR 31.2 (1980) 153–181
    49 MEIJERING, E. P. *Theologische Urteile über die Dogmengeschichte. Ritschls Einfluß auf von Harnack* [Beihefte der ZRGG 20]. Leiden: E. J. BRILL 1978. XIV, 101 pp.
[2698] MOFFAT, A.: Theophylactus Symocatta
    50 MOORE, WALTER L. *Doctor maximus lumen ecclesiae: the View of Augustine in John Eck's Early Writings* — SixCentJ 13 (1982) 43–54
    51 NEMESHEGYI, P. *Études patristiques au Japon* — REA 27 (1981) 158–164
    52 OLIVAR, A. *El padre Basilio Steidle, una evocación* — StMon 24 (1982) 415–417
    53 OROZ RETA, J. *In memoriam. Pierre Courcelle (1912–1980)* — Augustinus 27 (1982) 123–125
    54 PASQUATO, O. *Tardo antico e christiana tempora nella storiografia di H. I. Marrou* [rés. en ital. et en angl.] — Salesianum 44 (1982) 385–430
    55 PEARSON, BIRGER A. *The International Conference on Gnosticism at Yale: A Report [Mr 28–31 1978]* — BibArch 42 (1979) 253–255
[717]   PERRIA, L.: Palaeographica atque manuscripta
    56 PETITMENGIN, P. *Comment on imprimait à Bâle au début du seizième siècle. A propos du Tertullien de Beatus Rhenanus (1521).* In: *Annuaire de la Société des amis de la Bibliothèque de Sélestat.* Sélestat: (1980) 93–106
    57 POUPON, GÉRARD *Les Actes apocryphes des Apôtres de Lefèvre à Fabricius.* In: *Les Actes apocryphes des Apôtres* (cf. 1981/82, 152) 25–47
    58 PRICOCO, S. *Eucherio di Lione, un padre della Chiesa tra Erasmo e Tillemont* — StSR 6 (1982) 323–344
    59 QUACQUARELLI, A. *La lezione patristica di Antonio Rosmini (i presupposti del suo pensiero)* [Quad. della Cattedra Rosmini 12]. Stresa: Centro internaz. di Studi Rosminiani; Roma: Città Nuova Ed. 1980. 174 pp.
    60 RHODES, ROYAL W. *The Apostolic and Patristic Ages in Religious-Historical Novels of Victorian England* [Ph. D. diss.]. Harvard University: 1981
    61 ROMANO, R. *Gregorio Konstantas e la sua edizione delle epistole di Sinesio (Vienna 1792)* — JÖB 32 (1982) 239–248

[2564] SAXER, V.: Polycarpi Martyrium

62 SCHNEEMELCHER, WILHELM *Antike und Christentum. Bemerkungen zum «Reallexikon für Antike und Christentum»* – ZKG 92 (1981) 290–310

63 SCHOEDEL, WILLIAM R. *Riesenfeld's Ignatius. Some Elaborations.* In: *Proceedings of the PMR Conference Volume 4.* Villanova, Penn.: Villanova University (1982) 151–157

64 SCOGNAMIGLIO, R. *Colloquium Origenianum tertium, Manchester, 7-12 settembre 1981* – Nicolaus 10 (1982) 155–159

65 SERNA, C. DE LA *XIX Semana de Estudios Monásticos* – Yermo 20 (1982) 375–383

66 SIDER, R. D. *Approaches to Tertullian: A Study of Recent Scholarship* – SecCent 2 (1982) 228–260

67 *Sources chrétiennes. Célébrations 300ᵉ volume: Les Source chrétiennes ont quarante ans, 1942-1982.* Lyon: Inst. des SC; Paris: Éd. du Cerf 1982. 28 pp.

68 STAN, ALEXANDRU *Sfîntul Vasile cel Mare în Teologia Sistematică ortodoxă română în ultimii treizeci de ani (= Der Hl. Basilius d. Gr. in der rumänischen orthodoxen Systematischen Theologie der letzten dreißig Jahre)* – StBuc 34 (1982) 167–173

69 SWIETEK, FRANCIS ROY *Wolfger of Prüfening's De scriptoribus ecclesiasticis: A Critical Edition and Historical Evaluation* [Ph. D. Dissertation]. Univ. of Illinois at Urbana-Champaign 1978. 343 pp.

70 SZULC, F. *Struktura teologii judeochrześijańskiej w świetle badań Jeana Danielou (= Structure de la théologie judéo-chrétienne. L'étude méthodologique à la lumiere des recherches de Jean Danielou)* Lublin: Katolicki Uniwersytet Lubelski 1982. 168 pp.

[1394] TRAPP, A. D.: Augustinus

71 UÑA JUÁREZ, A. *San Agustín en el siglo XIV. El Milleloquium veritatis Sancti Augustini, Agustín Triunfo de Ancona y Francisco de Meyronnes* – RET 41 (1981) 267–286

72 VALENTINI, U.; MALUSARDI, G. B. *Rassegna di vita e storia ambrosiana, 1960-1979. Vent'anni della rivista «Diocesi di Milano»* [ArAm 41]. Milano: NED 1981. 289 pp.

73 VASILIU, CESAR *Simpozionul patristic interconfesional asupra Sfîntului Maxim Marturisitorul (= Interkonfessionelles patristisches Symposium über den Heiligen Maximus den Bekenner)* – OrtBuc 33 (1981) 118

74 VERHEUL, A. *In memoriam Dom Bernard Botte* – TLit 64 (1980) 190–192

75 VERHEUL, A. *In memoriam Mgr. P. Salmon O.S.B.* – TLit 66 (1982) 295–296

76 VOGÜÉ, A. DE *Les recherches de François Masai sur le Maître et saint Benoît, I: Inventaire et analyse; II: Essai de synthèse et de bilan* – StMon 24 (1982) 7–42; 271–309

[1410] WILSON-KASTNER, P.: Augustinus

2. Opera ad patrologiam universalem pertinentia

77 BERARDINO, A. DI; HAMMAN, A.; SIMONETTI, M. et al.: *Patrología, III. La edad de oro de la literatura patrística latina.* Traducido del italiano por J. M. GUIRAU [BAC 422]. Madrid: La Editorial Católica 1981. 790 pp.

78 CAMPENHAUSEN, HANS FREIHERR VON *Griechische Kirchenväter.* [6. Aufl.]. Stuttgart: Kohlhammer 1981. 172 pp.

79 ΧΡΗΣΤΟΥ, ΠΑΝΑΓΙΩΤΗΣ Κ. *Ἑλληνικὴ Πατρολογία. Τομος Β' (90–313).* Θεσσαλονίκη: Πατριαρχικόν Ἴδρυμα πατερικῶν Μελετῶν 1979. 1002 σσ.

80 CRUTTWELL, CHARLES THOMAS *A Literary History of Early Christianity: Including the Fathers and the Chief Heretical Writers of the Ante-Nicene Period. For the Use of Students and General Readers.* 2 vols. [Reprint of London 1893 edition]. New York: AMS Press 1980

81 PETERS, G. *Lire les Pères de l'Église. Cours de patrologie.* Paris: Desclée de Brouwer 1981. 784 pp.

82 ΣΧΟΛΑΡΙΟΣ, ΔΩΡΟΘΕΟΣ *Κλείς Πατρολογίας – Βζυαντινῶν Συγγραφέων* [Πρώτη ἔκδορις 1879]. Ἀθῆναι Ἐκδόσεις «Ὠφελίμου Βιβλίου» 1979.

83 WILES, MAURICE F. *The Christian Fathers.* New York: Oxford University Press 1982. 190 pp.

3. Bibliographica

84 ALONSO TURIENZO, T. *Indices de «La Ciudad de Dios» 1961–1980* – CD 194 (1981) 597–640

85 AMIET, R. *Catalogue des livres liturgiques manuscrits et imprimés conservés dans les bibliothèques et les archives de Turin* [Boll. stor.-Bibliograph. subalpino 77]. Torino: Deput. subalpina storia patria 1979. 577–703

86 ΑΝΑΣΤΑΣΙΟΥ, ΙΟΑΝΝΗΣ Ε. *Βιβλιογραφία τῶν Ἐπισκοπικῶν καταλόγων τοῦ Πατριαρχείου Κωνσταντινουπόλεως καὶ τῆς Ἐκκλησίας τῆς Ἑλλάδος* [EpThThes 25]. Θεσσαλονίκη: 1979. 398 σσ.

87 BALDWIN, BARRY *A Bibliographical Survey: The Second Century from Secular Sources 1969–80* – SecCent 1 (1981) 173–189

88 *Bibliografia. Storia generale. Storia locale* – RSCI 35 (1981) 236–316; 586–681

89 *Bibliografie Cornelius Adrianus Bouman.* Samengesteld door F. X. SPIERTZ – TLit 65 (1981) 417–423

90 *Bibliographia Patristica. Internationale patristische Bibliographie, 20–21:*

Die Erscheinungen der Jahre 1975–1976. Hrsg. von W. SCHNEEMEL-
CHER. Berlin: de Gruyter 1981. XLVIII, 327 pp.

91 *Bibliographia Patristica. Internationale patristische Bibliographie, 22–23:
Die Erscheinungen der Jahre 1977 und 1978.* Hrsg. von W. SCHNEE-
MELCHER. Berlin: de Gruyter 1982. L, 317 pp.

92 BLOCKX, KAREL *Bibliographical introduction to church history.* Leuven:
Uitgeverij Acco 1982. XII, 98 pp.

93 BOBER, A. *Modlitwa patrystyczne, Przegląd bibliograficznokrytyczny
(= Quid de oratione patres docuerint? Conspectus bibliographico - cri-
ticus).* In: *Akta sympozjum patrystycznego . . .* (cf. 1981/82, 155) 77–96

94 BOCCOLA, R.; GIANNONE, A. M.; MUTASCI, R. *Catalogo dei libri su
San Nicola presenti nella Biblioteca dei PP. Domenicani Basilica di San
Nicola Bari* — Nicolaus 8 (1980) 405–429

95 BOER, P. A. H. DE *A select bibliography of the publications of P. A. H. de
Boer* — VT 30 (1980) 513–517.

96 BOGAERT, P. M. *Bulletin d'ancienne littérature chrétienne latine, VI* —
RBen 91 (1981) [117]–[136]

97 BOVON, F.; BOUVIER, B. *Les Actes de Philippe.* In: *Les Actes apocryphes
des Apôtres* (cf. 1981/82, 152) 301–304

[2653] BRAUN, R.; FREDOUILLE, J. C.; PETITMENGIN, P.: Tertullianus

[2654] BRAUN, R.; FREDOUILLE, J. C.; PETITMENGIN, P.: Tertullianus

98 BROCK, S. P. *Syriac Studies 1971–80. A classified Bibliography* — ParOr
10 (1981–82) 291–404

99 *Bulletin augustinien pour 1980 et compléments d'années antérieures* —
REA 27 (1981) 336–424

100 *Bulletin augustinien pour 1981 et compléments d'années antérieures* —
REA 28 (1982) 303–382

101 *Bulletin des publications hagiographiques* — AB 99 (1981) 169–212;
409–445

102 *Bulletin de spiritualité monastique. II: Avant le VIe siècle; III: Du VIe
au XIe siècle* — ColCist 43 (1981) 25–55; 44 (1982) 57–80

103 BURGHARD, W. J. *Literature of Christian antiquity, 1975–1979* — ThSt
59 (1980) 151–180

[3030] CANTELAR RODRIGUEZ, F.: Concilia, acta conciliorum, canones

104 *Cento anni bibliografia ambrosiana (1884–1974).* A cura die P. F.
BEATRICE; R. CANTALAMESSA; A. PERŠIČ; L. F. PIZZOLATO; C.
SCAGLIONI; G. TIBILETTI; G. VISONA [SPMe 11]. Milano: Vita e
Pensiero 1981. XXVI, 529 pp.

105 CHRISTENSEN, A. T.; GRØNBÆK, J. H.; NØRR, E.; STENBÆK, J.
Kirkehistorisk Bibliografi. København: G.E.C. AD 1979. 423 pp.

[826] COLLINS, A. Y.: Apocrypha

[2448] CROUZEL, H.: Origenes

[2449] CROUZEL, H.; JUNOD, E.: Origenes

106 DAVIDS, ADELBERT *Wegwijzer voor de studie van de geschiedenis van*

het vroege christendom en van het christelijk oosten. Nijmegen: Katholieke Universiteit Nijmegen, Faculteit der godgeleerdheid 1982. 66 pp.

107 DESPREZ, V. *Chronique de théologie monastique et orientale. Spiritualité orientale et vie monastique – les Editions de l'abbaye de Bellefontaine* – RSPhTh 66 (1982) 591–610

108 DIEGO SÁNCHEZ, MANUEL *Fichas de Materias. Espiritualidad Patrística* I Parte – ConferS 10 (1982) 1*–15*

109 DIEGO SÁNCHEZ, MANUEL *Los Padres de la Iglesia, maestros de oración* – ConferS 10 (1982) 190–198

110 DREWNIEWSKA, B.; PISZCZEK, Z. *Antyk w Polsce w roku 1978* – Meander 36 (1981) 533–594

111 DREWNIEWSKA, B.; PISZCZEK, Z. *Antyk w Polsce w 1979/80 roku* – Meander 37 (1982) 427–583

112 DROBNER, H. *15 Jahre Forschung zu Melito von Sardes (1965-1980). Eine kritische Bibliographie* – VigChr 36 (1982) 313–334

113 DURAND, G. M. DE *Bulletin de patrologie* – RSPhTh 64 (1980) 425–444

[3412] FALLON, F. T.: Gnostica

114 *Fichier augustinien. Augustine bibliography. Institut des études augustiniennes, Paris. Premier supplément. Fichier-auteurs; fichier-matières.* Boston, Mass.: G. K. Hall and Co. 1981. 516 pp.

115 FONTAINE, J. *Chronique des latinités hispaniques du IVe aus Xe siècle (1977-1981). Première partie* – REA 27 (1981) 425–446

116 GAIFFIER, B. DE *Hispania et Lusitania* – AB 99 (1981) 361–380

[3050] GAZTAMBIDE, J. G.; LUMPE A.: Concilia, acta conciliorum, canones

116a GEORGE, MARTIN; STRICKER, GERD *Schriftenverzeichnis Fairy v. Lilienfeld.* In: *Unser ganzes Leben . . .* (cf. 1981/82, 292) 16–25

[22] GODLEWSKI, W.: Historia patrologiae

117 GRANADO, CARMELO *Boletín de literatura antigua cristiana* – EE 57 (1982) 83–99

118 GUITARTE IZQUIERDO, VIDAL *Incunables de la Biblioteca catedralicia de Tortosa* – AnVal 8 (1982) 379–390

119 GY, P. M. *Bulletin de liturgie* – RSPh 66 (1982) 463–477

120 HALTON, T. P.; SIDER, R. D. *A decade of Patristic scholarship 1970-1979, I* – CW 75 (1982) 65–127

[1577] *Internationale Bibliographie . . .*: Benedictus

121 JUGLAR, J.-B. *Deuxième bibliographie du père Adalbert de Vogüé (1974-1982)* – StMon 24 (1982) 401–413

122 JUNOD, E.; KAESTLI, J.-D. *Les Actes de Jean.* In: *Les Actes apocryphes des Apôtres* (cf. 1981/82, 152) 292–294

123 KALINKOWSKI, S. *Biuletyn patrystyczny* – CoTh 51 (1981) 137–148; 151–162; 163–179

124 KANNENGIESSER, CH. *Théologie patristique, I: Bible des Pères; II: Ouvrages généraux* – RechSR 69 (1981) 443–479

125 KANNENGIESSER, CH. *Bulletin de théologie patristique* – RechSR 70 (1982) 583–626

126 LAURENTI, JOSEPH L. *La Colección de San Isidoro, obispo de Sevilla, en la Biblioteca de la Universidad de Illinois* – ArHisp 65 (1982) 55–72

[1848] LILLA, S.: Pseudo-Dionysius Areopagita

127 *List of Professor Quispel's publications*. In: *Studies in gnosticism and Hellenistic religions* (cf. 1981/82, 285) 1–12

[3069] LUMPE, A.: Concilia, acta conciliorum, canones

[3070] LUMPE, A.: Concilia, acta conciliorum, canones

[2263] MADOZ, J.: Isidorus Hispalensis

[2873] MARTIMORT, A. G.: Liturgica

128 MEIJER, A. DE; SCHRAMA, M. *Bibliographie Historique de l'Ordre de Saint Augustin 1975-1980. Règle de St. Augustin. Spiritualité. Hagiographie: Saint Augustin, Sainte Monique.* – Augustiniana 31 (1981) 7–8; 128–130

[1310] MIETHE, T. L.: Augustinus

129 MOR, MENACHEM *More Bibliography on the Samaritans with Emphasis on Samaritanism and Christianity* – Henoch 1.1 (1979) 99–122

130 MORARD, FRANÇOISE *Les Actes de Paul*. In: *Les Actes apocryphes des Apôtres* (cf. 1981/82, 152) 295–298

131 NOLL, RUDOLF *Literatur zur Vita Sancti Severini aus den Jahren 1975-1980* – AÖAW 118 (1981) 196–221

132 OHLER, H. *Atlanten und Karten zur Kirchengeschichte* – ZKG 101 (1980) 312–349

133 OROZ RETA, J. *Boletín agustiniano* – Augustinus 27 (1982) 217–235; 357–374

135 PFAFF, RICHARD W. *Medieval Latin Liturgy. A Select Bibliography* [Toronto Medieval Bibliographies 9]. Buffalo, New York: University of Toronto Press 1982. XVIII, 129 pp.

136 POUPON, GÉRARD *Les Actes de Pierre*. In: *Les Actes apocryphes des Apôtres* (cf. 1981/82, 152) 299–301

137 PRIEUR, JEAN-MARC *Les Actes d'André*. In: *Les Actes apocryphes des Apôtres* (cf. 1981/82, 152) 289–292

138 RENOUX, CH. *Hierosolymitana I* – ALW 23 (1981) 1–29

139 *Répertoire bibliographique des Institutions chrétiennes (RIC), XVII-XVIII: Répertoire des publications de 1980.* Strasbourg: Centre de rech. et de docum. des institutions chrét. Palais de l'Université 1980. 313 pp.

140 RODRÍGUEZ, FELIX *Bibliografía del P. José Madoz* – EE 56 (1981) 335–353

141 RODRÍGUEZ ALVAREZ, R. *Catálogo de Incunables del Archivo Capitular de la Catedral de Oviedo* – BolAst 35 (1982) 5–53

142 ROMERO POSE, E. *Medio siglo de Estudios sobre el donatismo (De Monceaux a nuestros días)* – Salmant 29 (1982) 81–99

143 SCHOLER, D. M. *Bibliographia gnostica. Supplementum X* – NovTest 23 (1981) 361–380

144 SCHOLER, D. M. *Bibliographia gnostica. Supplementum XI* – NovTest 24 (1982) 340–368
145 SZÖVÉRFFY, J. *A guide to Byzantine hymnography. A classified bibliography of texts and studies, 2: κανών and στιχηρόν.* In collaboration with E. C. TOPPING. Leiden: Brill 1979. X, 313 pp.
146 TISSOT, YVES *Les Actes de Thomas.* In: *Les Actes apocryphes des Apôtres* (cf. 1981/82, 152) 304–305
147 TREVIJANO ETCHEVERRIA, R. *Bibliografía patrística hispano-lusoamericana. II (1979-1980)* – Salmant 29 (1982) 101–130
148 TYLENDA, JOSEPH N. *Theological Studies: Index to Volumes 1-40 (1940-1979).* Washington, D.C.: Theological Studies, Georgetown University 1982. V, 194 pp.
149 UÑA JUÁREZ, A. *Centenario de «La Ciudad de Dios», Revista de El Escorial* – RET 41 (1981) 483–505
[1403] VIÑAS ROMÁN, T.: Augustinus

4. Series editionum et versionum

Ancient Christian Writers (ACW)

[1091] Vol. 41/42: Augustinus

Biblioteca de Autores Cristianos (BAC)

[1109] Vol. 21: Augustinus
[562] Vol. 409: Philosophica
[2575] Vol. 427: Prudentius

Bibliothek der griechischen Literatur (BGL)

[1986] Vol. 13: Gregorius Nazianzenus
[2205] Vol. 15: Iohannes Damascenus

Collana di Testi Patristici (CTP)

[2013] Vol. 26: Gregorius Nyssenus
[2429] Vol. 27: Origenes
[1964] Vol. 28: Gregorius Magnus
[2725] Vol. 29: Victor Vitensis
[1714] Vol. 30: Callinicus
[2153] Vol. 31: Iohannes Chrysostomus
[2014] Vol. 32: Gregorius Nyssenus
[2107] Vol. 33: Hippolytus Romanus

Corona Patrum (CP)

[883] Vol. 7: Auctores
[2335] Vol. 8: Marius Victorinus

Corpus Christianorum (CChr)

Series Graeca

[1010] Vol. 8: Anastasius Sinaita

Series Latina

[2551] Vol. 24 A: Petrus Chrysologus
[2552] Vol. 24 B: Petrus Chrysologus
[2088] Vol. 62A: Hilarius Pictaviensis
[878] Vol. 87: Auctores
[1958] Vol. 140: Gregorius Magnus
[2899] Vol. 159–159A: Missa, sacramenta, sacramentalia
[2897] Vol. 161: Missa, sacramenta, sacramentalia

Corpus Scriptorum Ecclesiaticorum Latinorum (CSEL)

[964] Vol. 82: Ambrosius Mediolanensis
[1079] Vol. 88: Aurelius Augustinus

Ἕλληνες Πατέρες τῆς Ἐκκλησίας (EP)

[2148] Vol. 42: Iohannes Chrysostomus
[2149] Vol. 43: Iohannes Chrysostomus

Fathers of the Church (FaCh)

[2334] Vol. 69: Marius Victorinus
[1089] Vol. 70: Aurelius Augustinus
[2426] Vol. 71: Origenes
[2150] Vol. 72: Iohannes Chrysostomus

Letture cristiane delle origini

[2645] Vol. 6: Tertullianus
[1860] Vol. 7: Dorotheus Gazensis
[2124] Vol. 8: Ignatius Antiochenus
[967] Vol. 9: Ambrosius
[2603] Vol. 13: Romanus Melodus
[1707] Vol. 17: Caesarius Arelatensis
[2646] Vol. 22: Tertullianus

Părinţi şi Scriitori Bisericeşti (PărSB)

[879]   Vol. 3: Auctores
[1750] Vol. 4: Clemens Alexandrinus
[2431] Vol. 7: Origenes
[2729] Vol. 11: Hagiographica

Patristische Texte und Studien (PTS)

[2203] Vol. 22: Iohannes Damascenus

Patrologia Orientalis (PO)

[1441] Vol. 41: Barsabas Hierosolymitanus

Pisma Starochrzešcijańskich Pisarzy (PSP)

[2430] Vol. 28: Origenes

Sources Chrétiennes (SC)

[2151] Vol. 277: Iohannes Chrysostomus
[1748] Vol. 278: Clemens Alexandrinus
[1749] Vol. 279: Clemens Alexandrinus
[2644] Vol. 281: Tertullianus
[2602] Vol. 283: Romanus Melodus
[1985] Vol. 284: Gregorius Nazianzenus
[2428] Vol. 286: Origenes
[2428] Vol. 287: Origenes
[2427] Vol. 290: Origenes
[1786] Vol. 291: Cyprianus Carthaginiensis
[1894] Vol. 292: Eusebius Caesariensis
[2227] Vol. 293: Irenaeus Lugdunensis
[2227] Vol. 294: Irenaeus Lugdunensis
[2678] Vol. 295: Theodoretus Cyrensis
[958]   Vol. 296: Aetheria
[887]   Vol. 297: Auctores
[888]   Vol. 298: Auctores
[1447] Vol. 299: Basilius Caesariensis
[2152] Vol. 300: Iohannes Chrysostomus

5. Collectanea et miscellanea

150 ABRAMOWSKI, LUISE *Drei christologische Untersuchungen* [BZNW 45].
Berlin: de Gruyter 1981. X, 109 pp.

151 *L'accent latin. Colloque de Morigny, 19 mai 1979.* Organisé par J.
HELLECOUARC'H [Civilisations 6]. Paris: Publ. de l'Univ. de Paris-
Sorbonne 1982. 73 pp.

152 *Les Actes apocryphes des Apôtres. Christianisme et monde païen.* Ed.
FRANÇOIS BOVON et alii [Publications de la Faculté de Théologie de
l'Université de Genève 4]. Genève: «Labor et Fides» 1981. 337 pp.

153 *Actus. Studies in honour of H. L. W. Nelson.* Ed. by J. DEN BOEFT; A. H.
M. KESSELS. Utrecht: Inst. voor Klass. Talen 1982. XIII, 482 pp.

154 *Age of Spirituality: A Symposium.* Ed. KURT WEITZMANN. Princeton,
New Jersey: Princeton University Press 1980. 176 pp.

155 *Akta sympozjum patrystycznego poświeconego modlitwie starożytnych
chrześcijan, Tarnów 19–21 10. 1978 (= Das patristische Symposion über
das Gebet der antiken Christen).* Hrsg. von S. LONGOSZ [TST 8].
Tarnów: Instytut Teologiczny w Tarnowie 1981. 382 pp.

156 *Al-Hudhud. Festschrift für Maria Höfner zum 80. Geburtstag.* Hrsg. von
ROSWITHA G. STIEGNER. Graz: Eigenverlag des Institutes für Sprach-
wissenschaft, Abteilung für vergleichende Sprachwissenschaft 1981.
XXIII, 338 pp.

157 *Vom Amt des Laien in Kirche und Theologie. Festschrift für Gerhard
Krause zum 70. Geburtstag.* Ed. HENNING SCHRÖER und GERHARD
MÜLLER. Berlin, New York: de Gruyter 1982. 431 pp.

158 *ΑΠΑΡΧΑΙ. Nuove recerche e studi sulla Magna Grecia e la Sicilia antica
in onore di Paolo Enrico Arias.* Promossi da L. BESCHI, G. PUGLIESE
CARRATELLI, G. RIZZA, S. SETTIS, pubbl. per cura di M. L. GUA-
LANDI, L. MASSEI, S. SETTIS [Bibl. di studi antichi 35]. Pisa: Giardini
1982. 807 pp.

158a *Arché e Telos. L'antropologia di Origene e di Gregorio di Nissa. Analisi
storico-religiosa. Atti del Colloquio Milano, 17–19 maggio 1979.* Publ. a
cura di U. BIANCHI, con la cooper. di H. CROUZEL [Studia patrist.
Mediol. 12]. Milano: Vita e Pensiero 1981. VII, 340 pp.

159 *Aspects du monachisme en Normandie (IVe–XVIIIe siècles). Actes du
Colloque scientifique de l'année des abbayes normandes, Caen, 18–20
oct. 1979.* Sous la dir. de L. MUSSET [Bibl. Soc. d'hist. eccl. de la
France]. Paris: Vrin 1982. 188 pp.

160 *Aspects de l'orthodoxie. Structures et spiritualité. Colloque de Strasbourg
(novembre 1978).* Publ. par M. SIMON [Bibl. des Centres d'ét. sup.
spécialisées Trav. du Centre sup. spécialisé d'hist. des rel. de Stras-
bourg]. Paris: Presses Universitaires 1981. 192 pp.

161 *Aspekte der Kultursoziologie. Aufsätze zu Soziologie, Philosophie, Anthropologie und Geschichte der Kultur. Zum 60. Geburtstag von Mo-*

hammed Rassem. Hrsg. von J. STAGL. Berlin: Dietrich Reiner Verl. 1982. 441 pp.

162 *Atti del Concilio internazionale sul Concilio di Aquileia del 381* [AnAl 21]. Udine: 1981. 170 pp.

163 *Atti del 7º Congresso internazionale di studi sull'alto medioevo. Norcia-Subiaco-Cassiono-Montecassino, 29 settembre – 5 ottobre 1980.* Spoleto: Centro Ital. di Studi sull'Alto Medioevo 1982. 790 pp.

164 *Atti del congresso internazionale di Studi Boeziani. Pavia 5–8 ottobre 1980.* A cura di L. OBERTELLO. Roma: Herder 1981. 386 pp.

165 *Atti del congresso internazionale di studi vespasianei, Rieti settembre 1979.* Rieti: Centro di studi varroniani 1981. 602 pp.

166 *Atti del IV Convegno internazionale dell'Accademia romanistica Costantiniana in onore di Mario de Dominicis.* Perugia: Libr. Universitaria 1981. XXIV, 923 pp.

167 *Atti del convegno Il paleocristiano nella Tuscia (Viterbo, Palazzo dei Papi. 16–17 giugno 1979)* [Bibl. di studi Viterbesi 5]. Viterbo: 1981. 139 pp.

168 *Zum Augustin-Gespräch der Gegenwart, II.* Hrsg. von C. ANDRESEN [Wege der Forschung 327]. Darmstadt: Wissenschaftliche Buchgesellschaft 1981. VI, 367 pp.

169 *Basil of Caesarea. Christian, Humanist, Ascetic 1,2.* Ed. P. J. FEDWICK. Toronto: Pontifical Institute of Medieval Studies 1981. XLIV, 764 pp.

170 *Basilius. Heiliger der Einen Kirche. Regensburger Ökumenisches Symposion 1979.* Hrsg. von A. RAUCH, P. IMHOF [Koinonia 1]. München: Kaffke 1981. 231 pp.

170a *S. Benedetto e l'Oriente cristiano. Atti del Simposio tenuto all'Abbazia della Novalesa (19–23 maggio 1980).* A cura di P. TAMBURRINO. Novalesa: 1981. 324 pp.

171 *De bijbel en het christendom. I. Het vroegste christendom.* Uitg. door G. STEMBERGER et alii. Haarlem: De Haan 1978. 264 pp.

172 *Boethius. His life, thought, and influence.* Ed. by M. T. GIBSON. Oxford: Blackwell 1981. XXV, 451 pp.

173 *Byzantine papers. Proceedings of the first Australian Byzantine conference. Canberra, 17–19 May 1978.* Ed. by E. and M. JEFFREYS, A. MOFFATT, with a pref. by I. ŠEVČENKO [Byz. Australian 1]. Canberra: Australian Assoc. for Byz. stud. 1981. XI, 156 pp.

174 *The Byzantine saint. 14th Spring Symposium of Byzantine Studies, Univ. of Birmingham.* Ed. by SERGEI HACKEL [Studies supplementary to Sobornost 5]. London: Fellowship of St. Alban and St. Sergius 1981. X, 245 pp.

175 CAMERON, AVERIL *Continuity and change in sixth-century Byzantium* [Collected studies series CS 143]. London: Variorum 1981. 338 pp.

176 CARANCI ALFANO, L. *Studia humanitatis. Fra tradizione e moderna.* Napoli: Lofredo 1981. 112 pp.

177 CHADWICK, HENRY *History and Thought of the early church* [Collected studies series, CS 164]. London: Variorum Reprints 1982. 344 pp.

178 *Le Christ dans la liturgie. Conférences Saint-Sergé, XXVIIe Semaine d'études liturgiques, Paris 1980* [Coll. Bibl. Ephem. liturg. Subs. 20]. Roma: Ed. liturg. 1981. 376 pp.

179 *Das Christentum in der antiken Welt.* Hrsg. von E. OLSHAUSEN [Humanistische Bildung 4]. Stuttgart: Historisches Institut der Universität 1981. VIII, 107 pp.

180 *Colloque international sur les textes de Nag Hammadi (Québec, 1978).* Ed. B. BARC [Bibliothèque copte de Nag Hammadi, section Etudes 1]. Quebec: Les presses de l'Université Laval 1981. XII, 462 pp.

181 *Communio sanctorum. Mélanges offerts à Jean-Jacques von Allmen.* Par B. BOBRINSKOY, C. BRIDEL, B. BUERKI et al. Genève: Labor et Fides 1982. XIV, 314 pp.

182 *Concepts et catégories dans la pensée antique.* Études publ. sous la direction de P. AUBENQUE [Bibl. d'hist. de la philos.]. Paris: Vrin 1980. XIV, 359 pp.

183 *I Concilio Caesaraugustano. MDC aniversario. I Concilio de Caesaraugusta, Zaragoza, 25–27 de septiembre de 1980. Resultados obtenidos, ponencias y comunicaciones.* Dir. GUILLERMO FATÁS CABEZA [Publicación de la Institución «Fernando el Católico» Nr. 835]. Zaragoza: Inst. «Fernando el Católico» [C.S.I.C.] de la Excma. Diputación Provincial 1981. 272 pp.

184 *VIIIe Conférence nationale des auteurs et lecteurs du Vestnik Drevnej Istorii de l'Académie des sciences de l'U.R.S.S. Thèses des rapports. 1–3 juin 1981* [en russe]. Moskva: Instit. vseobscej istorii AN SSR 1981. 130 pp.

186 *Consuetudines monasticae. Festgabe für Kassius Hallinger aus Anlaß seines 70. Geburtstages.* Hrsg. von J. F. ANGERER und J. LENZENWEGER [StAns 85]. Roma: Pontificio Ateneo S. Anselmo 1982. 446 pp.

187 *Contribution à l'année S. Benoît (480–1980). La Champagne bénédictine* [Trav. de l'Acad. nat de Reims 160]. Reims: 1981. 302 pp.

188 *Convegno internazionale Passaggio dal mondo antico al medio evo da Teodosio a San Gregorio Magno (Roma, 25–28 maggio 1977)* [Atti dei Convegni Lincei 45]. Roma: Accad. naz. dei Lincei 1980.

189 *Corolla Londiniensis, I.* Ed. by G. GIANGRANDE [London Stud. in class. Philol. 8]. Amsterdam: Gieben 1981. 177 pp.

190 *Cristo nei Padri. I cristiani delle origini dinanzi a Gesù. Antologia di testi.* In versione ital., con presentazione, glossario dei termini teol. e comm. a cura die F. TRISOGLIO. Brescia: La Scuola 1981. 284 pp.

191 *La critica testuale greco-latina oggi. Metodi e problemi. Atti del Convegno internazionale (Napoli 29–31 ottobre 1979).* A cura di E. FLORES [Pubbl. Ist. Univ. Orientale di Napoli]. Roma: Ed. dell'Ateneo 1981. 407 pp.

192 *La cultura in Italia fra Tardo Antico e Alto Medioevo. Atti del Convegno tenuto a Roma, Consiglio Nazionale delle Ricerche, 12–16 Nov. 1979.* Roma: Herder 1981. 1089 pp. in 2 vol.

193 *La culture et l'art du monde antique. Matériaux de la conférence scientifique (1979) du Musée des beaux-arts A. S. Puskin.* Moskva: Sovetskij khudoznik 1980. 479 pp.

194 Δεσμὸς κοινωνίας. *Scritti di filologia e filosofia per Gianfranco Bartolini nel secondo aniversario della scomparsa 1979–1981.* A cura di G. FA-BIANO e E. SALVANESCHI. Genova: Il Melangolo 1981. X, 253 pp.

195 *Dritter Internationaler Regula-Benedicti-Kongreß, Kremsmünster 12.–18. 10. 1980* – RBS 8–9 (1979/80) XIII, 139 pp.

196 *Ecclesiologia e catechesi patristica. «Sentirsi Chiesa». Convegno di studio e aggiornamento Pontificium Institutum Altioris Latinitatis (Facoltà di Lettere Cristiane e Classiche), Roma, 6–7 marzo 1981.* A cura di SERGIO FELICI. Roma: LAS 1982. 348 pp.

197 *L'économie du salut dans la liturgie. Conférences Saint-Serge, XVII*ᵉ *Semaine d'études liturgiques [1970]* [Coll. Bibl. Ephem. liturg. Subs. 20]. Roma: Ed. liturg. 1982. 286 pp.

198 *Episcopale munus. Recueil d'études sur le ministère épiscopal offertes en hommage à Son Excellence Mgr. J. Gijsen.* Ouvrage publié sous la direction de PHILIPPE DELHAYE et LÉON ELDERS S.V.D. Assen: van Gorcum 1982. 472 pp.

199 *L'épopée gréco-latine et ses prologements européens.* Colloque éd. par R. CHEVALLIER [Caesarodunum 16 bis Calliope 2]. Paris: Les Belles Lettres 1981. 346 pp.

200 *Esperienze di pedagogia cristiana nella storia,* I: *Sec. IV–XVII.* A cura di P. BRAIDO [Enciclop. delle sc. dell'educ. 25]. Roma: Libr. Ateneo Salesiano 1981. 560 pp.

201 *Estudios Patrísticos.* Editado por la Facultad de Filosofía y la Facultad de Teología de la Pontificia Universidad Católica de Chile. Santiago de Chile: 1982. 91 pp.

202 *Études de littérature ancienne, II: Questions de sens.* Paris: PENS 1982. 143 pp.

203 *L'expérience de la prière dans les grandes religions. Actes du Colloque de Louvain-la-Neuve et Liège (22–23 novembre 1978).* Ed. H. LIMET, J. RIES [Homo religiosus 5]. Louvain-la-Neuve: Centre d'hist. des relig. 1980. 474 pp.

204 *Festschrift für Helmut Beumann zum 65. Geburtstag.* Hrsg. von K. U. JAESCHKE und R. WENSKUS. Sigmaringen: Jan Thorbecke Verl. 1977. X, 422 pp.

205 *Festschrift St. Peter zu Salzburg. 582–1982.* Hrsg. AEGIDIUS KOLB [SM Bd. 93]. St. Ottilien: Eos-Verlag 1982. XXIII, 950 pp.

206 *La fête, pratique e discours. D'Alexandrie hellénistique à la Mission de Besançon.* Introd. de F. DUNAND [Centre de Rech. d'hist. anc.

42; Ann. litt. Univ. de Besançon 262]. Paris: Les Belles Lettres 1981. 351 pp.

207 *Fides Sacramenti, Sacramentum Fidei. Studies in honour of Pieter Smulders.* Edited by HANS JÖRG AUF DER MAUR, LEO BAKKER, ANNEWIES VAN DE BUNT, JOOP WALDRAM. Assen: Van Gorcum 1981. 340 pp.

208 *Florilegium Sangallense. Festschrift für Johannes Duft zum 65. Geburtstag.* Ed. von O. CALVADETSCHER et al. Sigmaringen: Thorbecke 1980. XIX, 304 pp.

209 *Formen und Funktionen der Allegorie. Symposium Wolfenbüttel 1978.* Hrsg. von W. HAUG [German. Symp. Berichtsbd. 3]. Stuttgart: Metzler 1979. X, 810 pp.

210 GAUDEMET, JEAN *La Société ecclésiastique dans l'Occident médiéval.* London: Variorum 1980. 338 pp.

211 *Gegenwart der Antike. Zur Kritik bürgerlicher Auffassungen von Natur und Gesellschaft.* Hrsg. von L. HIEBER und R. W. MUELLER. Frankfurt: Campus-Verl. 1982. 256 pp.

212 *Gnosis and Gnosticism. Papers read at the eighth International Conference on Patristic studies (Oxford, September 3rd–8th 1979.)* Ed. by M. KRAUSE [Nag Hammadi Stud. 17]. Leiden: Brill 1981. VII, 153 pp.

213 *Hagiographie, cultures et sociétés (IVe–XIIe siècles). Actes du Colloque organisé à Nanterre et à Paris (2–5 mai 1979).* Paris: Études Augustiniennes 1981. 606 pp.

214 *Hexameter Studies.* Ed. by R. GROTJAHN [Quantitative Linguistics 11]. Bochum: Brockmeyer 1981. VI, 263 pp.

215 HOLTZ, L. *Donat et la tradition de l'enseignement grammatical. Étude sur l'Ars Donati et sa diffusion (IVe–IXe siècle) et édition critique* [Docum. Ét. et Répertoires publ. par l'Inst. de Rech. et d'Hist. des textes]. Paris: CNRS 1981. XIX, 750 pp.

216 *Information aus der Vergangenheit.* Hrsg. von P. NEUKAM [Dialog Schule–Wissenschaft, klass. Spr. und Lit. 16]. München: Bayer. Schulbuchverl. 1982. 228 pp.

217 *Insular Latin studies. Papers on Latin texts and manuscripts of the British Isles: 550–1066.* Ed. by MICHAEL W. HERREN [Papers in Medieval Studies 1]. Leiden: Brill 1981. XIV, 226 pp.

218 *Die Iren und Europa im früheren Mittelalter.* Hrsg. v. H. LÖWE [Veröffentl. des Europa Zentrums Tübingen, Kulturwissenschaftl. Reihe]. Stuttgart: Klett-Cotta 1982. 2 Bde., 1083 pp.

219 *Jenseitsvorstellungen in Antike und Christentum. Gedenkschrift für Alfred Stuiber* [JACE 9]. Münster: Aschendorff 1982. XX, 250 pp.

220 *Jewish and Christian Self-definition.* Volume 1: *The Shaping of Christianity in the Second and Third Centuries.* Ed. E. P. SANDERS. Philadelphia: Fortress Press 1980. 314 pp.

221 KAEGI, W. E. JR. *Army, Society and Religion in Byzantium.* London: Variorum 1982. 320 pp.

222 *Klassiker der Theologie. Erster Band. Von Irenäus bis Martin Luther.*
Hrsg. von HEINRICH FRIES und GEORG KRETSCHMAR. München: C.
H. Beck 1981. 462 pp.

223 *Kritik und Gegenkritik in Christentum und Judentum.* Hrsg. von S.
LAUER [Iudaica und Christiana 3]. Bern: Lang 1981. 223 pp.

224 *Later Greek Literature.* Ed. J. J. WINKLER; G. WILLIAMS [Yale Classical Studies 27]. Cambridge: University Press 1982. IX, 344 pp.

225 *Letterature comparate. Problemi e metodo. Studi in onore di E. Paratore.*
Bologna: Pàtron 1981. XLIV, 2020 pp.

226 *Liturgia y música mozárabes. (Ponencias y comunicaciones presentadas al
I congreso internacional de estudios mozárabes, Toledo 1975)* [Inst. de
est. visigótico-mozárabes de San Eugenio Ser. D. 1]. Toledo: 1978.
XXVIII, 295 pp.

227 *Maximus Confessor. Actes du Symposium sur Maxime le Confesseur,
Fribourg, 2–5 septembre 1980.* Ed. par F. HEINZER et CHR. SCHÖN-
BORN [Paradosis 27]. Fribourg, Suisse: Ed. Universitaires 1982. 438
pp.

228 *Médecins et médecine dans l'antiquité.* Art. réunis et éd. par G. SAB-
BAH, avec en complément les Actes des Journées d'étude sur la
médicine antique d'époque romaine (Saint-Étienne 14–15 mai 1982)
[Mém. du Centre Jean Palerne 3]. Saint-Étienne: Publications de
l'Univ. 1982. 191 pp.

229 *Mélanges Dominique Barthélemy. Études bibliques offertes à l'occasion
de son 60ᵉ anniversaire.* Éd. par P. CASETTI, O. KEEL et A. SCHENKER
[OBO 38]. Fribourg: Ed. universitaires; Göttingen: Vandenhoeck &
Ruprecht 1981. XII, 720 pp.

230 *Mélanges de numismatique, d'archéologie et d'histoire offerts à Jean
Lafaurie.* Éd. par P. BASTIEN et al. Paris: Soc. française de numismatique 1980. 286 pp.

231 *Mélanges offerts en hommage à Étienne Gareau* [Cahiers des Etudes
anciennes 14]. Ottawa: Editions de l'Université 1982. 264 pp.

232 *Métaphysique. Histoire de la philosophie. Recueil d'études offert à Fer-
nand Brunner à l'occasion de son 60ᵉ anniversaire.* Neuchâtel: La Bacon-
nière 1981. 316 pp.

233 *Miscellanea Agostino Pertusi, I.* [Rivista di studi bizantini e slavi 1].
Bologna: Pàtron 1980. VIII, 362 pp.

234 *Miscellanea Agostino Pertusi, II.* [Riv. di studi bizantini e slavi 2]. Bologna: Pàtron 1982. XI, 389 pp.

235 *Miscellanea codicologica F. Masai dicata MCMLXXIX.* Ed. P. COCK-
SHAW, M. GARAND, P. JODOGNE [Les Publ. de Scriptorium 8]. Grand:
Story-Scientia 1979 [1980]. LVII, 608 pp.

236 *Miscellanea papyrologica, in mem. di H. C. Youtie.* A cura di R.
PINTAUDI [Papyrologica Florentina 7]. Firenze: Connelli 1980. 413 pp.

237 *Misoginia e maschilismo in Grecia e in Roma. Ottave giornate filologiche*

genovesi, 25–26 febbraio 1980 [Pubbl. dell'Ist. di filol. class e medievale
71]. Genova: Univ. 1981. 119 pp.

238 *Mondo classico e cristianesimo.* Ed. dall'Ufficio Attivita Culturali dell'
Istituto della Enciclopedia Italiana in red. FRANCA ROVIGATTI, trad. di
FRANCA ROVIGATTI e GIORGIO MEDICI. Raccoglie gli atti del con-
vegno su Mondo greco-romano e cristianesimo, ten. a Roma, nei
giorni 13 e 14 maggio 1980 [Biblioteca internazionale di cultura 7].
Roma: Istituto dell'Encicl. Italiana 1982. 232 pp.

239 *Neoplatonism and Early Christian Thought. Essays in Honour of A. H.
Armstrong.* Ed. H. J. BLUMENTHAL and R. A. MARKUS. London:
Variorum 1981. x, 256 pp.

240 *Néoplatonisme. Mélanges offerts à Jean Trouillard.* Préf. de P. M.
SCHUHL avant-propos de L. JERPHAGNON [Cahiers de Fontenay
19–22]. Fontenay-aux-Roses: ENS 1981. XI, 333 pp.

241 *New Testament textual criticism. Its significance for exegesis. Essays in
honor of Bruce M. Metzger.* Ed. by E. J. EPP and G. D. FEE. Oxford:
Clarendon Press 1981. XXVIII, 410 pp.

242 *Origeniana secunda. Second colloque international des études origéni-
ennes (Bari, 20–23 septembre 1977).* Textes rassemblés par HENRI
CROUZEL; ANTONIO QUACQUARELLI [QVChr 15]. Roma: Edizioni
dell'Ateneo 1980. 403 pp.

243 *Papers of the Liverpool Latin Seminar, III.* Ed. by F. CAIRNS [ARCA
Class. and Medieval Text, Papers and Monograph. 7]. Liverpool: F.
Cairns 1981. VI, 423 pp.

244 *Papyri Greek and Egyptian edited by various hands in honour of Eric
Gardener Turner on the occasion of his seventieth birthday.* [Graeco-
Roman M. 68]. London: Egypt Exploration Soc. 1981. XX, 236 pp.

245 *Parola e spirito. Studi in onore di Settimo Cipriani.* A cura di C. CASALE
MARCHESELLI. Brescia: Paideia 1982. XLVII, 1601 pp.

246 PATLAGEAN, EVELYNE *Structure Sociale, Famille, Chrétienté à Byzance,
IVe–XIe Siècles.* London: Variorum Reprints 1981. 346 pp.

247 PELLEGRINO, MICHELE *Ricerche patristiche 〈 1938–1980〉.* Pref. de EU-
GENIO CORSINI. Torino: Bottega d'Erasmo 1982. XVII, 706; 744 pp.

248 *La philosophie antique dans l'interprétation des philosophes bourgeois* [en
russe]. Moskva: Instit. filosofii 1981. 134 pp.

249 *Pluralisme et Oecuménisme en recherches théologiques. Mélanges offerts
au R. P. Dockx o. p.* Publ. par R. HOECKMAN et alii. Paris–Gembloux:
Editions Duculot 1976, 314 pp.

250 *Pour Léon Poliakov. Le racisme. Mythes et sciences.* Sous la dir. de M.
OLENDER. Bruxelles: Éd. Complexe; Paris: Pr. Universitaires 1981.
465 pp.

251 *Prayer in late antiquity and in early christianity.* Ed. by Ecumenial
Institute for Advanced Theological Studies. Tantur, Jerusalem: Inst.
1981. 146 pp.

252 *Prisciliano y el Priscilianismo. (Curso organizado por la Universidad Menéndez Pelayo, Pontevedra: 7-12 de Setiembre 1981)* [Los Cuadernos del Norte]. Oviedo: Caja de Ahorros de Asturias 1982.

253 *Proceedings of the XVIth International Congress of Papyrology.* Ed. by R. S. BAGNALL et alii. Chico, Calif.: Scholars Press 1981. 706 pp.

254 *Quaere Paulum. Miscelánea homenaje a Monseñor Dr. Lorenzo Turrado* [Bibliotheca Salmanticensis, Estudios 39]. Salamanca: Universidad Pontificia 1981. 318 pp.

255 *Ravennatensia IX. Atti del Convegno di Bologna nel XV centenario della nascita di S. Benedetto (15-16-17 settembre 1980)* [Centro Studie e ric. sull'antica provincia eccles.]. Ravennate: Cesena Badia di S. Maria del Monte 1982. XII, 418 pp.

256 *Rayonnement grec. Hommages à Charles Delvoye.* Éd. par L. HADERMANN-MISGUICH; G. RAEPSAET [Univ. libre de Bruxelles, publ. de la Fac. de Philos. et Lettres 83]. Bruxelles: Ed. de l'Univ. 1982. XVIII, 528 pp.

258 *The rediscovery of gnosticism. Proceedings of the International conference on gnosticism at Yale, New Haven, Connecticut, March 28-31, 1978, II: Sethian gnosticism.* Ed. by B. LAYTON [Numen Suppl. 41.]. Leiden: Brill 1981. XVI, 455-882 pp.

259 *La religión romana en Hispania. Symposio organizado por el Instituto de Arqueología Rodrigo Caro del 17 al 19 de diciembre de 1979.* Madrid: Subdir. gen. de Arqueol. del Minist. de Cultura 1981. 446 pp.

260 *Die orientalischen Religionen im Römerreich.* Hrsg. von M. J. VERMASEREN [EPRO 93]. Leiden: Brill 1981. VIII, 576 pp.

261 *La rhétorique à Rome. Colloque des 10-11 décembre 1977, Paris* [Caesarodunum 14 – Calliope 1]. Paris: Les Belles Lettres 1979. 328 pp.

262 *La ricerca di Dio. La dimensione contemplativa della esperienza agostiniana. Corso internazionale de spiritualità, Roma 1-19 luglio 1979.* Roma: Pubbl. Agostiniane 1981. 308 pp.

263 *Ricerche storiche sulla Chiesa Ambrosiana, IX: Nel XV centenario della nascità di San Benedetto* [ArAm 15]. Milano: Centro Ambrosiano di docum. e studi rel. 1980. IX, 384 pp.

264 *Rom und Germanien, dem Wirken Werner Hartkes gewidmet.* Einführ. von JOACHIM HERRMANN [Sitzungsbericht der Akad. der Wissenschaften der DDR Gesellschaftswissenschaften 15 G]. Berlin: Akad.-Verl. 1982. 120 pp.

265 ROMANELLI, P. *In Africa e a Roma. Scripta minora selecta.* Roma: L'Erma 1981. XXVI, 848 pp.

266 *Romanitas-Christianitas. Untersuchungen zur Geschichte und Literatur der römischen Kaiserzeit. Johannes Straub zum 70. Geburtstag am 18. Oktober 1982 gewidmet.* Hrsg. von GERHARD WIRTH unter Mitwirkung von KARL-HEINZ SCHWARTE und JOHANNES HEINRICHS. Berlin, New York: De Gruyter 1982. VII, 777 pp.

267 *Saecula saeculorum. Opstellen aangeboden aan C. W. Mönnich ter gelegenheid van zijn afscheid als hoogleraar aan de Universiteit van Amsterdam op 11 juni 1982.* Amsterdam: Polak & Van Gennep 1982. 246 pp.

268 *San Agustín en Oxford. VIII Congreso Internacional de Estudios Patrísticos.* Ed. J. Oroz Reta — Augustinus 26 (1981) 282* pp.

269 *Sapientiae doctrina. Mélanges de théologie et de littérature médiévales offerts à Hildebrand Bascour* [Rech. de théol. anc. et méd. Nº spécial 1]. Leuven: Abbaye du Mont César 1980. XVIII, 480 pp.

270 *Scritti in memoria di Angelo Brelich.* A cura di V. Lanternari; M. Massenzio; D. Sabbatucci [ReC 3]. Bari: Dedalo 1982. IX, 669 pp.

271 *Scritti in onore di Nicola Petruzzellis.* Premessa di R. Franchini [Univ. degli Studi di Napoli Fac. di Lett. e Filos.]. Napoli: Giannini 1981. XLI, 386 pp.

272 *Scritti sul mondo antico in memoria di Fulvio Grosso.* A cura di L. Gasperini [Univ. di Macerata Pubbl. Fac. di Lett. e Filos. 9]. Roma: Giorgio Bretschneider 1981. XIV, 633 pp.

273 Ševčenko, I. *Ideology, Letters and Culture in the Byzantine World.* London: Variorum 1982. 368 pp.

274 Severus, Emmanuel von *Gemeinde für die Kirche. Gesammelte Aufsätze zur Gestalt und zum Werk Benedikts von Nursia* [Beiträge zur Geschichte des Alten Mönchtums und des Benediktinerordens Supplementband 4]. Münster: Aschendorff 1981. VI, 200 pp.

275 *La signification et l'actualité du IIᵉ Concile oecuménique pour le monde chrétien d'aujourd'hui. Séminaire théologique du Centre Orthodoxe du Patriarcat Oecuménique à Chambésy-Genève, du 29 avril au 5 juillet 1981* [Les études théologiques de Chambésy 2]. Chambésy: Centre Orthodoxe du Patriarcat Oecuménique 1982. 592 pp.

276 *La Sindone e la scienza. Bilanci e programmi. Atti del II Congresso Internazionale di Sindonologia 1978.* A cura di P. Coero-Borga. Torino: Ed. Paoline 1979. 575 pp.

277 Solmsen, F. *Kleine Schriften, III* [Collectanea 4,3]. Hildesheim: Olms 1982. X, 503 pp.

278 *La soteriologia dei culti orientali nell'impero romano. Atti del Colloquio internazionale, Roma, 24–28 settembre 1979.* Pubbl. a cura di U. Bianchi e M. J. Vermaseren [EPRO 92]. Leiden: Brill 1982. XXII, 1025 pp.

279 *Structure du texte – 81. Thèses du colloque* [en Russe]. Éd. par V'ac. Vs. Ivanov et alii. Moskva: Inst. slav'anovedenija i balkanistiki 1981. 184 pp.

280 *Studi Ambrosiani. In onore di Mons. Pietro Borelle.* A cura di C. Alzati e A. Majo [ArAm 43]. Milano: NED 1982. 228 pp.

281 *Studi in onore di Arnaldo Biscardi, I e II.* Milano: Ed. Cisalpino-La Goliardica 1982. XXXV, 452; 578 pp.

282 *Studi in onore di Aristide Colonna.* Perugia: Ist. di Filol. Class. 1982.
     XVII, 340 pp.
283 *Studi lucani e meridionali.* A cura di P. BORRARO. Galatina: Congedo
     Ed. 1978. 364 pp.
283a *Studi salernitani in memoria di R. Cantarella.* A cura di L. GALLO.
     Salerno: Laveglia Ed. 1981. 556 pp.
283b *Studia patristica, 17: The 8th International Conference on Patristic Stu-*
     dies met in Oxford from 3 to 8 Sept. 1979. Ed. by ELIZABETH A.
     LIVINGSTONE. Oxford: Pergamon Pr. 1982. 3 vol.
284 *Studien zur spätantiken und frühchristlichen Kunst und Kultur des Ori-*
     ents. Hrsg. von G. KOCH [Göttinger Orientforschung R. 2, 6]. Wies-
     baden: Harrassowitz 1982. 138, XX pp.
285 *Studies in gnosticism and Hellenistic religions presented to Gilles Quispel*
     on the occasion of his 65th birthday. Ed. R. VAN DEN BROEK; M. J.
     VERMASEREN [EPRO 91]. Leiden: Brill 1981. XIV, 622 pp.
286 *Studies in honour of St. Benedict of Nursia.* Ed. by E. ROZANNE ELDER
     [Cistercian studies series 67]. Kalamazoo, Mich.: Cistercian Publ.
     1981. X, 114 pp.
287 *Studies in Honor of Tom B. Jones* Ed. by M. A. POWELL and R. H. SACK
     [Alter Orient und Altes Testament 203]. Kevelaer: Butzon und Berk-
     ker; Neukirchen-Vluyn: Neukirchener Verlag 1979. X, 371 pp.
288 *Symmicta philologica Salisburgensia Georgio Pfligersdorffer sexagenario*
     oblata. A cura di J. DALFEN, K. FORSTNER, M. FUSSL, W. SPEYER
     [Filologia et crit. 23]. Roma: Ed. dell'Ateneo 1980. 337 pp.
289 *«Trascende et teipsum». Aspectos de la interioridad en San Agustín*
     (Jornadas 1981 en Marcilla). Logroño: Ed. Augustinus 1981. 147 pp.
290 *Typus, Symbol, Allegorie bei den östlichen Vätern und ihren Parallelen*
     im Mittelalter: internationales Kolloquium, Eichstätt 1981. Hrsg. von
     MARGOT SCHMIDT in Zusammenarbeit mit CARL FRIEDRICH GEYER
     [Eichstätter Beiträge 4 Abt. Philosophie und Theologie]. Regensburg:
     Pustet 1982. 424 pp.
291 *Überlieferungsgeschichtliche Untersuchungen.* Hrsg. von F. PASCHKE
     [TU 125]. Berlin: Akademie-Verlag 1981. X, 645 pp.
292 *Unser ganzes Leben Christus unserm Gott überantworten. Studien zur*
     ostkirchlichen Spiritualität. Fairy von Lilienfeld zum 65. Geburtstag. Ed.
     PETER HAUPTMANN. Göttingen: Vandenhoeck und Ruprecht 1982.
     501 pp.
293 *Valori attuali della catechesi patristica. Convegno di studio e aggiorna-*
     mento, Pontificium Institutum altioris latinitatis (Facoltà di lettere cri-
     stiane e classiche), Roma, 24–25 aprile 1978. Pref. e present. de S.
     FELICI — Salesianum 41 (1979) 211–421

6. Methodologica

294 BOLGIANI, F. *Religione popolare*, I: *Problemi di principio e di metodo.*
II: *Per una ricerca sulla religione popolare nell'età tardo antica* — AugR 21
(1981) 7–75

[1831] COX, J. J. C.: Didascalia Apostolorum

295 DU QUESNEY ADAMS, JEREMY *St. Augustine and Chromatius of Aqui-*
leia Meet the Computer. In: *Studies in Medieval Culture 6–7.* Ed. J. R.
SOMMERFELDT. Medieval Institute of the Western Michigan Univ.
(1976) 9–27

296 HAMMAN, A. *Pour une lecture concrète des textes.* In: *Überlieferungsge-*
schichtliche Studien (cf. 1981/82, 291) 285–292

297 JUDGE, E. A. *The social identity of the first Christians. A question of*
method in religious history — JRH 11 (1980) 201–217

298 MADEC, G. *Les embarras de la citation* — FZPT 29 (1982) 361–372

299 OSBORN, ERIC F. *Methods and Problems in Patristic Study* — Union
SQR 36 (1980) 45–54

300 ROMERO POSE, E. *Reseña crítica do recente Seminario internacional*
sobre Prisciliano (Pontevedra, 7-12 setembro, 1981) — Encrucillada 5
(1981) 377–381

[70] SZULC, F.: Historia patrologiae

301 WINKELMANN, F. *Kirchengeschichtsforschung als notwendige Kompo-*
nente der Altertumswissenschaft — Helikon 18–19 (1978–1979) 540–546

7. Subsidia

302 ANDRESEN, CARL; DENZLER, GEORG *Wörterbuch zur Kirchenge-*
schichte. München: Kösel 1982. 656 pp.

303 ANDRESEN, CARL; DENZLER, GEORG *Dtv-Wörterbuch der Kirchenge-*
schichte. München: Deutscher Taschenbuchverlag 1982. 649 pp.

304 BERKOWITZ, L. *Thesaurus Linguae Graecae. Canon of Greek Authors*
and Works from Homer to A. D. 200. Costa Mesa: TLG Publications
1977. XXIX, 301 pp.

305 *Biblia patristica. Index des citations et allusions bibliques dans la littéra-*
ture patristique, Supplément: Philon d'Alexandrie. Centre d'analyse et
de docum. patrist. de Strasbourg. Paris: Éd. du CNRS 1982. 94 pp.

[1160] *Catalogus verborum . . . IV:* Augustinus
[1161] *Catalogus verborum . . . V:* Augustinus
[1162] *Catalogus verborum . . . VI:* Augustinus
[1753] *Clemens Alexandrinus, Register I:* Clemens Alexandrinus
[1424] *Concordantia in Ausonium . . .:* Ausonius

306 *Corpus Christianorum. Instrumenta lexicologica latina. Ser. A: Formae. Fasc. 1: Sanctus Aurelius Augustinus. De doctrina christiana. (S. L. 32).* Curante CETEDOC, Universitas Catholica Lovaniensis Lovanii Novi. Turnhout: Brepols 1982. 52 pp. 5 Microfiches

307 *Corpus Christianorum. Instrumenta lexicologica latina. Ser. A: Formae. Fasc. 2: Sanctus Hieronymus. Contra Rufinum. (S. L. 79)* Curante CETEDOC, Universitas Catholica Lovaniensis Lovanii Novi. Turnhout: Brepols 1982. 48 pp. 4 Microfiches

308 *Corpus Christianorum. Instrumenta lexicologica latina. Ser. A: Formae. Fasc. 3: Sanctus Petrus Chrysologus. Collectio sermonum (S. L. 24, 24A, 24B).* Curante CETEDOC, Universitas Catholica Lovaniensis Lovanii Novi. Turnhout: Brepols 1982. 116 pp. 15 Microfiches

[1173] *Corpus Christianorum. Sanctus Aurelius Augustinus. De doctrina christiana:* Augustinus

309 *Dicionário de historia da Igreja em Portugal*, I, 11–12: *Arte-Assisténcia.* Ed. A. A. BANHA DE ANDRADE. Lisboa: Resistencia 1980. 613–723

310 *Dicionário de historia da Igreja em Portugal* II, 1: *Assunção-Azevedo.* Ed. A. A. BANHA DE ANDRADE. Lisboa: Ed. Resistencia 1980. 1–64

311 *Dictionnaire d'histoire et de géographie ecclésiastique*, XIX, fasc. 111, *Gagnier-Gallwey.* Paris: Letouzey et Ané 1980. col. 657–880

312 *Dictionnaire d'histoire et de géographie ecclésiastique*, XIX, fasc. 112, *Galtelli-García.* Paris: Letouzey et Ané 1981. col. 881–1168

313 *Dictionnaire d'histoire et de géographie ecclésiastique*, XIX, fasc. 113, *García-Gatianensis.* Paris: Letouzey et Ané 1981. col. 1169–1408

314 *Dictionnaire d'histoire et de géographie ecclésiastique*, XX, fasc. 114, *Gatien-Geilon.* Paris: Letouzey et Ané 1982. col. 1–256

315 *Dictionnaire de spiritualité ascétique et mystique*, XI, fasc. 72–73, *Nabinal-Ochino.* Paris: Beauchesne 1981. col. 1–576

316 *Dictionnaire de spiritualité ascétique et mystique*, XI, fasc. 74–75, *Ochino-Ozanam.* Paris: Beauchesne 1982. col. 577–1092

317 FARMER, DAVID HUGH *The Oxford Dictionary of Saints.* Oxford: University Press 1982. 464 pp.

318 FELIZ CARVAJAL, A. *Libro de las Concordancias de la Regla de San Benito y de los Diálogos de San Gregorio.* Venta de Baños: Monasterio Cisterciense de S. Isidro de Dueñas 1981. 927 pp.

319 FREDE, H. J. *Kirchenschriftsteller. Verzeichnis und Sigel.* 3., neubearb. und erw. Aufl. des Verzeichnisses der Sigel für Kirchenschriftsteller von B. FISCHER [Vetus Latina. Die Reste der altlateinischen Bibel 1,1]. Freiburg: Herder 1981. 784 pp.

320 HARTMANN, K. *Atlas-Tafel-Werk zu Bibel und Kirchengeschichte. Karten, Tabellen, Erläuterungen, II: Neues Testament und Geschichte der Kirche bis zu Karl dem Großen.* Stuttgart: Quell-Verlag 1980. VI, 170 pp.

321 *Index Initiorum Graecorum operum Chrysostomo adscriptorum.* Cura et

studio Douglas Clyde Brunner Burger [Bibliotheca Chrysosto-
mica 1]. Portland: 1982. XIV, 585 pp.

322 *Jahrbuch für Liturgiewissenschaft. Register zu allen von 1921 bis 1941
erschienenen 15 Bänden.* Hrsg. von A. A. HAEUSSLING. Münster:
Aschendorff 1982. VI, 692 pp.

323 KLAUSER, TH. [et alii] *Reallexikon für Antike und Christentum. Sach-
wörterbuch zur Auseinandersetzung des Christentums mit der antiken
Welt (RAC), Bd. XI, Lief.* 85–86: *Gnosis II (Gnostizismus)-Gottesbe-
weis.* Stuttgart: Hiersemann 1981. Sp. 641–960

324 KLAUSER, TH. [et alii] *Reallexikon für Antike und Christentum. Sach-
wörterbuch zur Auseinandersetzung des Christentums mit der antiken
Welt (RAC), Bd. XI, Lief.* 87: *Gottesbeweis – Gottesgnadentum.* Stuttgart: Hiersemann 1981. Sp. 961–1120

325 KLAUSER, TH. [et alii] *Reallexikon für Antike und Christentum. Sach-
wörterbuch zur Auseinandersetzung des Christentums mit der antiken
Welt (RAC), Bd. XI, Lief.* 88: *Gottesgnadentum – Gottesnamen (Gottesepitheta) IV.* Stuttgart: Hiersemann 1981. Sp. 1121–1278

326 KLAUSER, TH. [et alii] *Reallexikon für Antike und Christentum. Sach-
wörterbuch zur Auseinandersetzung des Christentums mit der antiken
Welt (RAC), Bd. XII, Lief.* 89: *Gottesschau (Visio beatifica) – Gottmensch I.* Stuttgart: Hiersemann 1981. Sp. 1–160

327 KLAUSER, TH. [et alii] *Reallexikon für Antike und Christentum. Sach-
wörterbuch zur Auseinandersetzung des Christentums mit der antiken
Welt (RAC), Bd. XII, Lief.* 90: *Gottmensch I (Forts.) – Gottmensch III.*
Stuttgart: Hiersemann 1982. Sp. 161–320

328 KLAUSER, TH. [et alii] *Reallexikon für Antike und Christentum. Sach-
wörterbuch zur Auseinandersetzung des Christentums mit der antiken
Welt (RAC), Bd. XII, Lief.* 91: *Gottmensch III (Forts.) – Grabinschrift I.*
Stuttgart: Hiersemann 1982. Sp. 321–480

329 MANDOUZE, A. *Prosopographie de l'Afrique chrétienne 303–533.* D'a-
près la documentation élaborée par A.-M. LA BONNADIÈRE avec la
collab. de C.-H. LACROIX u.a. [Prosopographie chrétienne du Bas-
Empire 1]. Paris: Éd. du Centre National de la Recherche Scientifique
1981. 1320 pp.

330 MEADER, CLARK DELMONT *A Gothic-Greek-English Dictionary of the
Gothic Version of Paul's Letter to the Romans* [Ph. D. Dissertation]. The
Pennsylvania State Univ. 1978.

331 *Notitiae episcopatuum Ecclesiae Constantinopolitanae.* Texte critique,
introd. et notes par JEAN DARROUZÈS [Géographie ecclésiastique de
l'Empire Byzantin T. 1]. Paris: Inst. Français d'Études Byzantines
1981. XVI, 521 pp.

332 PURYEAR, J. R. *Greek-Gothic lexicon and concordance to the New
Testament.* Ann Arbor, Mich.: Univ. Microfilms Internat. 1982.

333 RADOVICH, NATALINO *Glossario greco-slavo-ecclesiastico-antico dei
vangeli.* Padua: 1980.

[2373] RIOU, A.: Maximus Confessor

334 SIEGERT, F. *Nag-Hammadi-Register. Wörterbuch zur Erfassung der Be-griffe in den koptisch-gnostischen Schriften von Nag-Hammadi; mit einem deutschen Index* [WUNT 26]. Tübingen: Mohr 1982. XXVI, 383 pp.

335 *Theologische Realenzyklopädie*, hrsg. v. G. KRAUSE; G. MÜLLER e.a., VII: *Böhmische Brüder – Chinesische Religionen*. Berlin: de Gruyter 1981. IV, 800 pp.

336 *Theologische Realenzyklopädie*, hrsg. v. G. KRAUSE; G. MÜLLER e.a., VIII: *Chlodwig – Dionysius Areopagita*. Berlin: de Gruyter 1981. IV, 800 pp.

337 *Theologische Realenzyklopädie*, hrsg. von G. KRAUSE; G. MÜLLER e.a., IX: *Dionysius Exiguus – Episkopalismus*. Berlin: de Gruyter 1982. IV, 790 pp.

338 *Theologische Realenzyklopädie*, hrsg. v. G. KRAUSE; G. MÜLLER e.a., X: *Erasmus – Fakultäten, Theologische*. Berlin: de Gruyter 1982. IV, 814 pp.

339 *Theologische Realenzyklopädie*, hrsg. v. G. KRAUSE †; G. MÜLLER e.a., XI, Lfg. 1: *Familie – Fichte, Johann Gottlieb*. Berlin: de Gruyter 1982. 170 pp.

340 *Typologie des sources du moyen âge occidental*. Ed. L. GENICOT. *37: Gesta episcoporum. Gesta abbatum*. Ed. M. SOT. Turnhout: Brepols 1981. 57 pp.

341 *Vollständige Konkordanz zum griechischen Neuen Testament, I. Liefe-rung 11/12*. Hrsg. von K. ALAND e.a. [ANTT 4]. Berlin, New York: De Gruyter 1981. 961–1152

342 WIMMER, OTTO; MELZER, HARTMANN *Lexikon der Namen und Heiligen* [4. Aufl.]. Innsbruck: Tyrolia-Verlag 1982. 980 pp.

8. Opera ad historiam ecclesiasticam sive saecularem spectantia

343 AALDERS, G. J. D. *De grote vergissing. Kerk en staat in het begin van de vierde eeuw*. Kampen: Kok 1979. 162 pp.

344 *Age of Spirituality: Late Antique and Early Christian Art, Third to Seventh Century. Catalogue of the Exhibition at the Metropolitan Mu-seum of Art, November 19, 1977, through February 12, 1978*. Ed. KURT WEITZMANN. Princeton, New Jersey: Princeton University Press 1980. XXXI, 735 pp.

345 AGOURIDES, S. *The Character of the Early Persecutions of the Church*. In: *Orthodox Theology and Diakonia: Trends and Prospects: Essays in Honor of Archbishop Iakovos for his Seventieth Birthday*. Brookline, Mass.: Hellenic College Press (1981)

346 ALAND, KURT *Von Jesus bis Justitian. Die Frühzeit der Kirche in Lebens-bildern*. Gütersloh: Mohn 1981. 303 pp.

347 ALONSO AVILA, A. *Aspectos económicos de la sociedad judía en la España visigoda* — HispAnt 8 (1978) 231–255

348 AMBAUM, J. *De bisschop, beschermer van de armen*. In: *Episcopale munus. Recueil Gijsen* (cf. 1981/82, 198) 378–392

349 ANDRÉS ORDAX, S. *La basílica hispano-visigoda de Alcuéscar (Cáce-res)* — Norba 2 (1981) 7–22

350 ARIAS, MAXIMINO *El monasterio de Samos desde sus orígenes hasta el siglo XI* — ArLeon 35 (1981) 267–350

351 ARTYMOWSKI, J. D. *Cesarze rzymscy wobec kultu Mitry (= The Roman Emperors and the Cult of Mithra)* — Euhemer 25 (1981) 31–39

352 *Aspects of Jewish Culture in the Middle Ages*. Ed. PAUL E. SZARMACH. Albany: State Univ. of New York Press 1979. XXI, 208 pp.

353 ATIYA, AZIZ SURYAL *The Copts and Christian Civilization* [The 42nd annual Frederick William Reynolds Lecture, 1979]. Salt Lake City: Univ. of Utah Press 1979. 38 pp.

354 ATIYA, AZIZ SURYAL *A History of Eastern Christianity*. Enlarged and updated by the author with new Preface, Supplement to Part 1, Supplementary Bibliography. Millwood, New York: Kraus reprint 1980. XVIII, 492 pp.

355 AVE LALLEMENT, W. MARJOLIJN DE BOER *Early Frankish Society as Reflected in Contemporary Sources, Sixth and Seventh Centuries*. [Diss.]. Rice University 1982. 185 pp.

356 BAGATTI, BELLARMINO *Alle origini della Chiesa* [Storia e attualità 5]. Città del Vaticano: Libreria editrice Vaticana 1981.

357 BALIL, A. *El gobierno de Hispania en la primera Tetrarquia* — BSEAA 48 (1982) 192–194

[2681] BALTY, J.: Theodoretus Cyrensis

358 BARNARD, L. W. *The sources of the Byzantine iconoclastic controversy. Leo III and Yazid II, a reconsideration*. In: *Überlieferungsgeschichtliche Untersuchungen* (cf. 1981/82, 291) 29–37

359 BARNARD, LESLIE W. *Church-State Relations A.D. 313-337* — JChSt 24 (1982) 337–355

[1895] BARNES, T. D.: Eusebius Caesariensis

360 BARNES, TIMOTHY D. *The New Empire of Diocletian and Constantine*. Cambridge, Mass.: Harvard University Press 1982. XX, 305 pp.

361 BARNES, T. D.; SPOEL, J. VAN DER *Julian and Themistius* — GrRoBySt 22 (1981) 187–189

362 BARZANÒ, A. *Plinio il Giovane e i cristiani alla corte di Domiziano* — RSCI 36 (1982) 408–415

363 BAUER, J. B. *Brüderlichkeit in der alten Kirche* — TPQS 128 (1980) 260–264

364 BAUS, KARL *The Imperial Church from Constantine to the Early Middle*

Ages [History of the Church, ed. Hubert Jedin, Volume Two]. New York: Crossroad 1980. XVII, 846 pp.

365 BECK, HANS-GEORG *Nomos, Kanon und Staatsraison in Byzanz* [SAW 384]. Wien: 1981. 60 pp.

366 BEER, J. DE *L'aventure chrétienne. Trois siècles sans pouvoir face au pouvoir. Récit.* Paris: Stock 1981. 418 pp.

367 BESSONE, L. *I cristiani e lo stato* [Scuola e cultura 1]. Palermo: Palumbo 1980. 128 pp.

368 *Der byzantinische Bilderstreit. Sozialökonomische Voraussetzungen, ideologische Grundlagen, geschichtliche Wirkungen.* Hrsg. von J. IRMSCHER. Leipzig: Köhler und Amelang 1980. 198 pp.

369 BLANCHETIERE, FRANÇOIS *Le Christianisme asiate aux IIème et IIIème siècles.* Strasbourg: 1981. 538 pp.

370 BLÁQUEZ, J. M. *Die Rolle der Kirche in Hispanien im 4. und 5. Jahrhundert* — Klio 58 (1981) 210–228

371 BOEFT, J. DEN *Christenen en onderwijs in de eerste vier eeuwen* [rés. en angl.] — Lampas 14 (1981) 210–228

372 BONSNES, MARJORIE P. *The Pilgrimage to Jerusalem: a typological metaphor for women in early medieval religious orders* [Diss.]. New York: New York University 1982. 264 pp.

373 BOWDER, DIANA *The Age of Constantine and Julian.* New York: Barnes and Noble 1979. XIII, 230 pp.

374 BRATTON, TIMOTHY LYNN *Tours: From Roman Civitas to Merovingian Episcopal Center, c. 275–650 A.D.* [Ph. D. Dissertation]. Bryn Mawr College 1979. 389 pp.

375 BRAVO LIRA, BERNARDINO *Nueva visión de la historia de los Godos* — AHDE 52 (1982) 673–695

[2091] BRENNECKE, H. C.: Hilarius Pictaviensis

376 BRIGHT, WILLIAM *The Age of the Fathers: Being Chapters in the History of the Church during the Fourth and Fifth Centuries.* 2 vols. [Reprint of the New York 1903 edition]. New York: AMS Press, Inc. 1980

377 BROEK, R. VAN DEN *Frühchristliche Religion.* In: *Die orientalischen Religionen im Römerreich* (cf. 1981/82, 260) 363–387

378 BROWN, PETER ROBERT LAMONT *The Making of Late Antiquity.* Cambridge, Mass.: Harvard Univ. Press 1978. VIII, 135 pp.

379 BROWN, PETER *Society and the holy in the late antiquity.* London: Faber 1982. VII, 347 pp.

380 BRUNNER-TRAUT, EMMA *Die Kopten. Leben und Lehre der frühen Christen in Ägypten.* Köln: Diederich 1982. 171 pp.

381 BUIT, MICHEL DU *La ville dans l'Eglise primitive* — Spiritus 23 (1982) 84–88

382 BULLOCH, JAMES *Pilate to Constantine.* Edinburgh: Saint Andrew Press 1981. V, 350 pp.

383 BURNS, Y. *The historical events that occasioned the inception of the Byzantine Gospel lectionaries* — JÖB 32 (1982) 119–127

384 CAMERON, ALAN. *The empress and the poet. Paganism and politics at the court of Theodosius II* — YClSt 27 (1982) 217–289

385 CAPUTO, TOMMASO *Il processo a Ceciliano di Cartagine. Indagine storico-giuridica sulla prima fase della controversia donatistica* [312–316] [Ausz.]. [Diss.]. Rom: Pontificia Universitas Lateranensis 1981. 52 pp.

386 CARON, P. G. *Corso di storia dei rapporti fra Stato e Chiesa, I: Chiesa e Stato dall'avvento del cristianesimo agli inizi della monarchia assoluta.* Milano: Giuffrè 1981. XII, 276 pp.

387 CARVALHO, TOMÁS ARCHER DE *A Ordem Beneditina e a formação da Europa e de Portugal* — OrLab 28 (1982) 265–284

388 CHANEY, CHARLES *Apostolate of the Church in the Second Century.* — Missio 5 (1977) 427–441

389 CHARLESWORTH, JAMES H. *St. Catherine's Monastery: Myths and Mysteries* [photos] — Bib Arch 42 (1979) 174–179

390 CHRISTENSEN, TORBEN *Christus oder Jupiter: der Kampf um die geistigen Grundlagen des Römischen Reichs.* Göttingen: Vandenhoeck und Ruprecht 1981. 295 pp.

391 CHRISTOPHE, PAUL *L'église dans l'histoire des hommes, 1: Des origines au XVe siècle.* Paris: Droguet-Ardent 1982.

392 *Les cités de l'Afrique Romaine au Bas-Empire, 2: Notices d'histoire municipale.* Ed. par CLAUDE LEPELLEY. Paris: Études Augustiniennes 1981. 609 pp.

393 COMBY, JEAN *La conquête arabe et la disparition des communautés chrétiennes (d'Afrique)* — CUC 1 (1980/81) 10–16

[3209] CONGAR, Y.: Trinitas

394 COUNTRYMAN, L. WILLIAM *Welfare in the Churches of Asia Minor under the Early Roman Empire* — SBLSemPap 16 (1979) 131–146

395 CROKE, B. *Justinian's Bulgar victory celebration* — Byslav 16 (1980) 188–195

[2853] CROKE, B.: Liturgica

396 CROKE, BRIAN; HARRIES, JILL *Religious Conflict in Fourth-Century Rome, A Documentary Study* [Sources in Ancient History]. Sydney, Australia: Sydney University Press 1982. XVI, 139 pp.

397 DAGRON, G. *Le fils de Léon Ier (463). Témoignages concordantes de l'hagiographie et de l'astrologie* — AB 100 (1982) 271–275

398 DAVIES, WENDY *Wales in the Early Middle Ages.* Atlantic Highlands, New Jersey: Humanities Press 1982. XII, 263 pp.

399 DAVISON, J. E. *Spiritual gifts in the Roman church. I Clement, Hermas and Justin Martyr* [Diss.]. Iowa City: Univ. of Iowa 1981. 208 pp.

400 DEL TREDICI, KELLY LUISE *Three Historiographical Problems in the Ancient Sources for the Reign of Constantius (337-361)* [Diss. Fordham Univ.]. New York: 1982. 179 pp.

401 DRAKE, H. A. *A Coptic Version of the Discovery of the Holy Sepulchre* — GrRoBySt 20 (1979) 381–392

402 DRANE, JOHN W. *The life of the early church.* Tring: Lion 1982. 144 pp.

403 DREXHAGE, H. J. *Wirtschaft und Handel in den frühchristlichen Gemeinden (1.-3. Jh. n. Chr.)* — RQ 76 (1981) 1–72

404 DRIJVERS, H. J. W. *Facts and Problems in Early Syriac-Speaking Christianity* — SecCent 2 (1982) 157–190

405 DUJARIER, MICHEL *A History of the Catechumenate: The First Six Centuries.* Tr. EDWARD J. HAASL. New York: Sadlier 1979. 143 pp.

406 DUVAL, Y. M. *Les rapports de la Gaule et de la Cisalpine dans l'histoire religieuse du IVe siècle* — AnAl 19 (1981) 259–277

407 ELLIOTT, J. K. *Questioning Christian origins.* London: SCM 1982. 149 pp.

408 EPSTEIN, ANN WHARTON *The Rebuilding and Redecoration of the Holy Apostles in Constantinople: A Reconsideration* — GrRoBySt 23 (1982) 79–92

409 *A Faithful Church: Issues in the History of Catechesis.* Ed. JOHN H. WESTERHOFF, and D. C. EDWARDS. Wilton, Conn.: Morehouse-Barlow 1981. VI, 314 pp.

[3197] FERNÁNDEZ MARCOS, N.: Religio, revelatio

[1795] FERNÁNDEZ UBIÑA, J.: Cyprianus Carthaginiensis

410 FIACCADORI, G. *Proterio, Asterio e Timoteo patriarchi. Note di storiografia alessandrina* — EVO 3 (1980) 299–315

411 FORD, STEVEN R. *The Place of Catechesis in the Early Church: Its Implication for Christian Initiation Today* — StLuke J 24 (1981) 175–199

412 FORLIN PATRUCCO, M. *Il quotidiano e le strutture: note sulla vita familiare nell'alto medioevo* — RomBarb 6 (1981/82) 129–158

413 FORLIN PATRUCCO, M. *Cristianesimo e vita rurale in Siria nel IV–V secolo* — AugR 21 (1981) 189–206

414 FREND, W. H. C. *The early church: from the beginnings to 461.* London: SCM Press 1982. 273 pp.

415 FRENDO, J. D. *Who Killed Anastasius II?* — JQR 72 (1982) 202–204

416 FUNDA, O. A. *Spojitost mezi křesťanstvím v Malé Asii a Galii ve druhém století (= Die Verbindung zwischen dem Christentum in Kleinasien und in Gallien im 2. Jhdt.)* — KřR 48 (1981) 133–137

417 GAMBER, KLAUS *Sarmannia: Studien zum Christentum in Bayern und Österreich während der Römerzeit* [SPLi 11]. Regensburg: Pustet 1982. 126 pp.

418 GAUDEMET, JEAN *Esclavage et dépendance dans l'Antiquité. Bilan et perspectives* — TRG 50 (1982) 119–156

419 GAUTHIER, NANCY *L'évangelisation des pays de la Moselle. La province romaine de Première Belgique entre antiquité et moyen âge (IIIe–VIIIe siècles).* Paris: de Boccard 1980. XXXIV, 502 pp.

420 GERO, S. *Die Kirche des Ostens. Zum Christentum in Persien in der Spätantike* — OstkiSt 30 (1981) 22–27

421 GEROSTERGIOS, ASTERIOS *Justinian the Great: The Emperor and Saint.*

Belmont, Mass.: Institute for Byzantine and Modern Greek Studies 1982. 312 pp.

422 GIBSON, ELSA *The "Christians for Christians" Inscriptions of Phrygia: Greek Texts, Translation and Commentary* [Harvard Theological Studies 32]. Missoula: Scholars Press 1978. XIII, 160 pp.

423 GONZÁLEZ, TEODORO *Los judíos en la España visigoda* – StudiumM 22 (1982) 521–547

424 GRACCO-RUGGINI, LELLIA; GRADO, PIETRO DI *Giudaismo e conversioni nel mondo tardo antico* – AnAl 17 (1980) 139–160

425 GRANT, R. M. *Christen als Bürger im Römischen Reich.* Göttingen: Vandenhoeck und Ruprecht 1981. 234 pp.

426 GRASSO, D. *I carismi nella Chiesa antica* – AugR 20 (1980) 671–686

427 GRIGGS, CHARLES WILFRED *The History of Christianity in Egypt to 451 A.D.* [Ph. D. Dissertation]. Univ. of California Berkeley 1979. 291 pp.

428 GROPPO, G. *L'evoluzione del catecumenato nella Chiesa antica dal punto di vista pastorale* – Salesianum 41 (1979) 235–255

429 GRYSON, ROGER *The Authority of the Teacher in the Ancient and Medieval Church.* Transl. S. MEARNS – JEcSt 19 (1982) 176–187

430 GUERRA GÓMEZ, M. *El primado del papa respecto de los obispos en los tres primeros siglos del cristianismo.* In: *Episcopale munus. Recueil Gijsen* (cf. 1981/82, 198) 247–261

431 GUNTHER, JOHN J. *The Association of Mark and Barnabas with Egyptian Chrisitanity, I* – EvangQ 54 (1982) 219–233

432 GUTWEIN, KENNETH *The Urbanization of Palestina Tertia in the Byzantine Period.* [Diss.]. New York: University 1980. 486 pp.

433 GWATKIN, HENRY MELVILL *Early Church History to A.D. 313.* 2 vols. [Reprint of London 1914 edition]. New York: AMS Press 1980

434 GWATKIN, HENRY MELVILL *Studies of Arianism, Chiefly Referring to the Character and Chronology of the Reaction Which Followed the Council of Nicaea.* 2nd ed.: Cambridge 1900. Reprint ed., New York: AMS Press 1980

435 HAEHLING, RABAN VON *Heiden im griechischen Osten des 5. Jahrhunderts nach Christus* – RQ 77 (1982) 52–86

[694] HAUBEN, H.: Palaeographica atque manuscripta

436 HENGEL, M. *La crucifixion dans l'antiquité et la folie du message de la croix.* Trad. par A. CHAZELLE. Paris: Éd. du Cerf 1981. 220 pp.

437 HEUSSI, KARL *Kompendium der Kirchengeschichte.* [16. Auflage, unveränderter Nachdruck der 13.]. Tübingen: Mohr 1981. XII, 609 pp.

438 HINSON, E. G. *Identity and adaptability: the roll of selected ecclesiastical and theological forms in the early Christian mission until A.D. 451.* [Diss.]. Oxford: University 1973. 540 pp.

439 HINSON, E. GLENN *The evangelization of the Roman Empire: identity and adaptability.* Macon, Ga.: Mercer University Press 1981. X, 332 pp.

440 HITCHNER, ROBERT BRUCE *Studies in the History and Archaeology of Sufetula and its Territorium down to the Vandal Conquest* [Diss.]. University of Michigan 1982. 246 pp.

441 HOLSTEIN, H. *U początków wspólnoty chrześcijańskiej (= L'expérience de l'Evangile; la communauté croyante au I-er siècle).* Traduit en polonais par J. RADOZYCKI. Warszawa: Instytut Wydawniczy Pax 1981. 108 pp.

442 HOLUM, KENNETH G. *Theodosian Empresses: Women and Imperial Dominion in Late Antiquity.* Berkeley: University of California Press 1982. XIV, 258 pp.

443 HORST, P. W. VAN DER *Chaeremon, Egyptisch priester en antisemitisch Stoïcijn uit de tijd van het Nieuwe Testament* — NedThT 35 (1981) 265–272

444 HOWARD, GEORGE *The Beginnings of Christianity in Rome: A Note on Suetonius, Life of Claudius 25.4* — RestQ 24 (1981) 175–177

445 HUGHES, KATHLEEN; HAMLIN, ANN *Celtic Monasticism.* New York: Seabury Press 1981. VIII, 131 pp.

446 HUNGER, H. *State and society in Byzantium* — ProcIrAc 82C (1982) 197–209

[1906] HUNGER, H.: Eusebius Caesariensis

447 HUNTER, HAROLD *Tongues-speech: A Patriotic Analysis* — JETS 23 (1980) 125–137

448 IRVIN, DOROTHY *The Ministry of Women in the Early Church: The Archaeological Evidence* [plates, bibliog.] — DukeDivR 45 (1980) 76–86

449 JASTRZEBOWSKA, E. *Les scènes de banquet dans les peintures et sculptures chrétiennes des IIIᵉ et IVᵉ siècles* — RechAug 19 (1979) 3–90

450 JASTRZEBOWSKA, ELISABETH *Untersuchungen zum christlichen Totenmahl aufgrund der Monumente des 3. und 4. Jahrhunderts unter der Basilika des Hl. Sebastian in Rom* [Europäische Hochschulschriften: Reihe 38, Archäologie Bd. 2]. Frankfurt/M., Bern: Peter Lang 1981. 272 pp.

451 JIMÉNEZ GARCÍA, ANA MARIA *Los primeros establecimientos permanentes de visigodos en Hispania* — Hispania 42 (1982) 485–503

452 JOHNSON, EDWARD A. *Constantine the Great: Imperial Benefactor of the Early Christian Church* — JETS 22 (1979) 161–169

453 *Judenfeindschaft im Altertum, Mittelalter und Neuzeit.* Hrsg. von A. MANNZMANN [Historie heute 2]. Königstein: Scriptor 1981. 208 pp.

454 KAEGI, W. *Heraklios and the Arabs* — GrOrthThR 27 (1982) 2–3; 109–134

[1502] ΚΑΛΛΙΝΙΚΟΣ, Κ. Β.: Basilius Caesariensis

455 KASIA, A. *Wiara i rozum. Szkice o Ojcach Kosciola (= Glaube und Vernunft. Die Feuilletons über die Kirchenväter).* Warszawa: Krajowa Agencja Wydawnicza 1981. 176 pp.

456 KEE, ALISTAIR *Constantine versus Christ: the triumph of ideology.*
London: SCM 1982. 185 pp.

457 KEITH, G. A. *The influence of Anomoeans on ecclesiastical history of the
fourth century* [Diss.]. Oxford: University 1977. 353 pp.

458 KEMLER, HERBERT *Christentum. Alte Kirche und Mittelalter.* Stuttgart:
Kohlhammer 1981. 127 pp.

459 KERESZTES, PAUL *Constantine: A Great Christian Monarch and Apostle.*
Amsterdam: J. C. Gieben 1981. 218 pp.

460 KERESZTES, PAUL *Constantine's Christianity and Patristic Literature* —
PPMRC 5 (1980) 49–57

461 *Kerk en vrede in Oudheit en Middeleeuwen.* Onder redactie van L. DE
BLOIS en A. H. BREDERO, met verdere medewerking van J. DAVIDSE,
G. H. KRAMER, C. G. VAN LEEUWEN, N. LETTINCK en J. J. VAN
MOLLENBROEK. Kampen: Kok 1980. 202 pp.

462 KIDD, BERESFORD JAMES *A History of the Church to A.D. 461.* 3 vols.
[Reprint of the Oxford 1922 edition]. New York: AMS Press 1980

463 KLEIN, RICHARD *Die Kämpfe um die Nachfolge nach dem Tode Con-
stantins des Großen* — ByFo 6 (1979) 101–150

[2275] KLEIN, R.: Iulianus Imperator

464 KÖTTING, B. *Auseinandersetzung des Christentums mit der Umwelt.* In:
Die orientalischen Religionen im Römerreich (cf. 1981/82, 260) 388–412

465 KOTULA, T. *Les principales d'Afrique. Étude sur l'élite municipale
nordafricaine au Bas-Empire romain.* Wroclaw: Ossolineum 1982. 164
pp.

466 KOTULA, T. *Afrykańscy principales curiae. Z badań nad elita munici-
palna epoki późnego cesarstwa (= Les principales curiae d'Afrique. Étude
sur l'élite municipale du Bas-Empire romain)* — ZNUJ 79 (1981) 93–105

467 KRAFT, H. *Die Entstehung des Christentums.* Darmstadt: Wiss. Buchgesellschaft 1981. VII, 291 pp.

468 LA BRIOLLE, PIERRE CHAMPAGNE DE *Les Sources de l'Histoire du
Montanisme: Textes Grecs, Latins, Syriaques, Publieés avec une Introduction Critique, une Traduction Française des Notes et des «Indices»* [Re-
print of Fribourg 1913 ed.]. New York: AMS Press 1980

469 LABUSKE, H. *Die Barbarenproblematik in Ideologie und Propaganda
der Spätantike.* In: *Rom und Germanien* (cf. 1981/82, 264) 99–108

470 LANE, EUGENE N. *Corpus monumentorum religionis Dei Menis ad-
denda 1971–81* — SecCent 1 (1981) 193–209

471 LANDRON, M. B. *Les relations originelles entre chrétiens de l'Est (Nesto-
riens) et musulmans* — ParOr 10 (1981–82) 191–222

472 LAPORTE, JEAN B. *The Elderly in the Life and Thought of the Early
Church.* In: *Ministry with the Aging.* Ed. W. CLEMENTS. San Francisco: Harper and Row (1981) 37–55

473 LAPORTE, JEAN *The Role of Women in Early Christianity* [Studies in
Women and Religion 7]. New York: Edwin Mellen Press 1982. 189 pp.

474 LAWRENCE, JOHN MICHAEL *Hepatoscopy and Extispicy in Graeco-Roman and Early Christian Texts*. [Ph. D. Dissertation]. Miami: Univ. 1979. 285 pp.

475 LECLERCQ, J. *Monachisme, sacerdoce et missions au moyen âge. Travaux et résultats récents* — StMon 13 (1981) 307–323

[988] LENOX-CONYNGHAM, A.: Ambrosius

476 LEPELLEY, C. *Les cités de l'Afrique romaine au Bas-Empire, I: Études d'histoire minicipale*. Paris: Études Augustiniennes 1979. 430 pp.

[1279] LEPELLEY, C.: Augustinus

477 LESCRAUWAET, J. F. *De kerk met de kathedra*. In: *Episcopale munus. Recueil Gijsen* (cf. 1981/82, 198) 421–438

478 LEVY, B. S. *Another converted Roman coin* — GNS 32 (1982) 40–42

479 LILLIE, ARTHUR *India in primitive Christianity* [Rev. ed. of: The influence of Buddhism on primitive Christianity; 1893]. Delhi: Rare Repr. 1981. XII, 299 pp.

480 LOOS, M. *Die paulikianische Bewegung und der Ikonoklasmus*. In: *Der byzantinische Bilderstreit* (cf. 1981/82, 368) 114–129

481 LÓPEZ RODRÍGUEZ, JOSÉ RAMÓN *El primer crismón en terra sigillata hispánica tardía* — BSEAA 48 (1982) 181–185

482 MACCORMACK, SABINE G. *Art and Ceremony in Late Antiquity* [The Transformation of the Classical Heritage 1]. Berkeley: University of California Press 1981. XVI, 417 pp.

483 MACCOULL, LESLIE S. B. *The Coptic Cambyses Narrative Reconsidered* — GrRoBySt 23 (1982) 185–188

484 MACDONALD, DENNIS R. *Virgins, Widows, and Paul in Second Century Asia Minor* — SBLSemPap 16 (1979) 169–184

485 MADOZ, J. *La época visigótica: introducción* — EE 56 (1981) 405–414

486 MAIER, JOHANN *Jüdische Auseinandersetzung mit dem Christentum in der Antike*. Darmstadt: Wissenschaftliche Buchgesellschaft 1982. XIV, 320 pp.

487 MAÑANES, T. *El Bierzo prerromano y romano*. [Fuentes y estudios de historia leonesa 27] León: Centro de Estudios e Investigación S. Isidoro 1981. 482 pp.

488 MANDOLFO, SANTO *La padeia cristiana e le origini dell'islamismo*. Catania: Giannotta 1979. 198 pp.

[2761] MANGO, C.: Anthusa

489 MARENGO, S. M. *Tradizione classica e temi cristiani nel carme di Catervio a Tolentino*. In: *Scritti sul mondo antico in memoria di Fulvio Grosso* (cf. 1981/82, 272) 305–312

490 MARKUS, R. A. *Ravenna and Rome, 554-604* — Byzan 51 (1981) 566–578

[1891] MARKUS, R. A.: Eugippius

491 MARÓTH, M. *Le siège de Nisibe en 350 ap. J. C. d'après les sources syriennes* — AcAnt 27 (1979) 239–243

492 MARTELLI, F. *Onorio, Ravenna e la presa di Roma del 410* — RSA 11 (1981) 215–219

493 MARTÍN HERNÁNDEZ, F. *España Cristiana* [BAC Popular 43]. Madrid: Editorial Católica 1982. 260 pp.

494 MASOLIVER, A. *Història del monaquisme cristià* [Gra de Blat 28, 30]. Montserrat: Publicacions de l'Abadia de Montserrat II 1980. 294 pp.; III 1981. 328 pp.

495 MATES, MICHAEL JOHN *The British Church from Patrick to Gildas* [Diss.]. Fuller Theological Seminary, School of Theology 1982. 327 pp.

496 MATHISEN, R. *Petronius, Hilarius and Valerianus. Prosopographical notes on the conversion of the Roman aristocracy* — Historia 30 (1981) 106–112

497 MATHISEN, RALPH W. *Epistolography, Literary Circles and Family Ties in Late Roman Gaul* — TPAPA 111 (1981) 95–109

[2629] MATHISEN, R. W.: Sidonius Apollinarius

[2572] MAYERSON, PH.: Procopius Caesariensis

498 McCULLOUGH, W. S. *A short history of Syriac Christianity to the rise of Islam*. Chico, Cal.: Scholars Press 1982. 197 pp.

499 MENIS, GIAN CARLO *La cultura teologica del clero aquileiese all'inizio del IV secolo indagata attraverso i mosaici teodoriani ed altri fonti* — AnAl 22 (1982) 463–527

500 METZLER, D. *Ökonomische Aspekte des Religionswandels in der Spätantike. Die Enteignung der heidnischen Tempel seit Konstantin* — Hephaistos 3 (1981) 27–40

[1517] MEYENDORFF, J.: Basilius Caesariensis

501 MICHAELS-MUDD, MARY *The Arian Policy of Constantius II and its Impact on Church-State Relations in the Fourth-century Roman Empire*. In: *Essays in Honor of Peter Charanis*. Ed. J. BARKER. Tempe, Arizona: Arizona State Univ. (1979)

502 MÖNNICH, C. W. *De klassieke erfenis*. In: *Saecula saeculorum. Opstellen Mönnich* (cf. 1981/82, 267) 9–27

503 MOORHEAD, J. *The monophysite response to the Arab invasions* — Byzan 51 (1981) 579–591

504 MORALDI, L. *Ricchezza parduta. Riflessioni sui primi due secoli dell'era cristiana*. Cosenza: L. Giordano 1982. 158 pp.

505 MOROSI, R. *I comitiaci, funzionari romani nell'Italia ostrogota* — QC 3 (1981) 77–111

506 MOROSI, R. *I saiones, speciali agenti di polizia presso i Goti* — AtPavia 59 (1981) 150–165

507 MÜLLER, C. D. G. *Geschichte der orientalischen Nationalkirchen* [Die Kirche in ihrer Geschichte 1, Lf. D 2] Göttingen: Vandenhoeck und Ruprecht 1981. 270–367

508 MUHLBERGER, STEVEN ALLAN *Prosper, Hydatius and the Chronicler of*

452: Three Chroniclers and their Significance for Fifth-century Historiography [Diss.]. Toronto: University of Toronto 1981.

509 MUTH, R. *Plinius d. J. und Kaiser Trajan über die Christen. Interpretation zu Plin. ep. X 96, 97.* In: *Information aus der Vergangenheit* (cf. 1981/82, 216) 96–128

510 NITOWSKI, EUGENIA LOUISE *Reconstructing the Tomb of Christ from Archaeological and Literary Sources* [Ph. D. Diss]. Notre Dame, Ind: Univ. 1979. 149 pp.

511 OLIVAR, A. *Sobre las ovaciones tributadas a los antiguos predicadores cristianos* — Didaskalia 12 (1982) 13–44

512 ORLANDIS, JOSÉ *El Arrianismo visigodo tardío* — CHE 65/66 (1981) 5–20

513 ORLANDIS, JOSÉ *Historia Universal, T. III: Del mundo antiguo al medieval.* Pamplona: EUNSA 1981. 386 pp.

514 OSTER, RICHARD *Christianity and Emperor Veneration in Ephesus: Iconography of a Conflict* — RestQ 25 (1982) 143–149

515 ΠΑΝΑΓΟΠΟΥΛΟΣ, ΙΩΑΝΝΗΣ *Ἡ Ἐκκλησία τῶν Προφητῶν. Τὸ προφητικὸν χάρισμα ἐν τῇ Ἐκκλησίᾳ τῶν δύο πρώτων αἰώνων.* Ἀθῆναι: Ἱστορικαὶ Ἐκδόσεις Στ. Βασιλόπουλος 1979. 454 σσ.

[994] PAREDI, A.: Ambrosius

516 PAVAN, M. *La distruzione di Gerusalemme nella storiografia cristiana* — CuSc 21 (1982) 250–255

517 PEÑA, IGNACIO *Hospederías sirias de los siglos IV, V y VI* — StBibF 32 (1982) 327–334

518 PERI, VITTORIO *La «Grande Chiesa» Bizantina. L'ambito ecclesiale dell'Ortodossia* [Dipartimento di scienze religiose 16]. Brescia: Queriniana 1981. 436 pp.

519 PERRONE, L. *La Chiesa di Palestina e le controverse cristologiche. Dal concilio di Efeso (431) al secondo concilio di Costantinopoli (553)* [Testi e ricerche di sc. rel.]. Brescia: Padeia 1980. 335 pp.

520 PHILLIPS, CHARLES R. *Julian's Rebuilding of the Temple: A Sociological Study of Religious Competition* — SBLSemPap 17 (1979) 167–172

521 POLIAKOV, L. *Der Antisemitismus in der heidnischen Antike und während der ersten Jahrhunderte des Christentums.* In: *Judenfeindschaft* (cf. 1981/82, 453) 29–47

522 PREVEDELLO, G. *Ricupero di un antico vescovo di Padova, Giovino* — StPat 28 (1981) 131–136

523 RABELLO, A. M. *Gli Ebrei nella Spagna romana e ariana-visigotica.* In: *Atti del IV Convegno internazionale dell'Accademia romanistica Costantiniana* (cf. 1981/82, 166) 807–839

[1364] RODRÍGUEZ, J. M.: Augustinus

524 ROKEAH, D. *Jews, Pagans and Christians in conflict.* Leiden: Brill 1982. 232 pp.

[142] ROMERO POSE, E.: Bibliographica

[1806] ROMERO POSE, E.: Pseudo-Cyprianus

[858] RORDORF, W.: Apocrypha

525 RUBIN, ZEEV *The Conversion of the Visigoths to Christianity* — MH 38 (1981) 34–54

526 RUDOLPH, K. *Antike Baptisten; zu den Überlieferungen über frühjüdische und christliche Taufsekten* [SAL 121, 4]. Berlin: Akademie-Verlag 1981. 37 pp.

527 SABUROV, N. V. *Les rapports mutuels entre le christianisme et l'hermétisme (IVe–Ve ss.). Le problème* [en Russe]. In: *VIIIe Conférence nationale . . .* (cf. 1981/82, 184) 117–119

528 SANDMEL, SAMUEL *Palestinian and Hellenistic Judaism and Christianity. The Question of the Comfortable Theory* — HUCA 50 (1979) 137–148

529 SANTOS YANGUAS, NARCISO *La Dinastía de los Severos y los Cristianos* — Euphrosyne 11 (1981/82) 149–171

530 SANTOS YANGUAS, NARCISO *Plinio, Trajano y los cristianos* — Helmántica 32 (1981) 391–409

531 SANTOS YANGUAS, NARCISO *Los Rescriptos de Trajano y Adriano y la persecución de los cristianos* — StOv 10 (1982) 119–133

[2707] SCHÄFERDIEK, K.: Ulfilas

532 SCHEFFCZYK, LEO *La helenización del cristianismo: reflexiones de actualidad* — RET 41 (1981) 469–481

533 SCHEFFCZYK, L. *Die Kollegialität der Bischöfe unter theologischem und pastoral-praktischem Aspekt.* In: *Episcopale munus. Recueil Gijsen* (cf. 1981/82, 198) 83–99

534 SCHNEEMELCHER, W. *Das Urchristentum.* Stuttgart: Kohlhammer 1981. 220 pp.

[2670] SCHÖLLGEN, G.: Tertullianus

535 SCHUBERT, U. *Frühchristliche Bildkunst – ein Instrument der kirchlichen Politik* — Kairos 21 (1979) 181–195

536 SCHWÖBEL, HEIDE *Synode und König im Westgotenreich. Grundlagen und Formen ihrer Beziehung.* Köln, Wien: Böhlau 1982. XI, 175 pp.

537 SELGE, KURT-VICTOR *Einführung in das Studium der Kirchengeschichte.* Darmstadt: Wissenschaftliche Buchgesellschaft 1982. XIII, 225 pp.

538 SIMON, M. *Le christianisme antique et son contexte religieux. Scripta varia* [WUNT 23]. Tübingen: Mohr 1981. XXVI, 852 pp.

539 SPECK, PAUL *Artabasdos, der rechtgläubige Vorkämpfer der göttlichen Lehren. Untersuchungen zur Revolte des Artabasdos und ihrer Darstellung in der byzantinischen Historiographie.* [ΠΟΙΚΙΛΑ BYZANTINA 2]. Bonn: Habelt 1981. 423 pp.

540 ŚRUTWA, J. *Majątek kościelny i jego funkcje społeczne w Afryce łacinskiej II–III wieku (= Die kirchlichen Güter und ihre soziale Bedeutung im römischen Teil Afrikas vom 2. bis zum 3. Jahrhundert)* — RoczTK 28 (1981) 5–28

541 Šrutwa, J. *«Episcopalis audientia» w Afryce rzymskiej (= «Episcopalis audientia» im römischen Teil Afrikas)* — RoczTK 28 (1981) 183–187

542 Staats, Reinhart *Beobachtungen zur Definition und zur Chronologie des Messalianismus* — JÖB 32/4 (1982) 235–244

543 Stancliffe, C. E. *Kings and conversion: some comparisons between the Roman mission to England and Patrick's to Ireland* — FMSt 14 (1981) 59–94

544 Starowieyski, M. *Starożytni chrześcijanie wobec otaczającego ich świata (= Antike Christen der Welt gegenüber)*. In: *Odpowiedzialni za świat. Powołanie człowieka 7*. Warszawa: Poznań (1982) 34–70

545 Stevenson, James *The Catacombs: Rediscovered Monuments of Early Christianity* [Ancient Peoples and Places]. New York: Thames and Hudson 1978. 179 pp.

546 Stimson, Edward W. *Renewal in Christ: As the Celtic Church Led the Way*. New York: Vantage Press 1979. 372 pp.

547 Stockmeier, Peter *Bemerkungen zur Christianisierung der Goten im 4. Jahrhundert* — ZKG 92 (1981) 315–324

548 Stöver, Hans-Dieter *Christenverfolgung im Römischen Reich; ihre Hintergründe und Folgen*. Düsseldorf: Econ-Verlag 1982. 319 pp.

549 Testard, M. *Chrétiens latins des premiers siècles. La littérature et la vie* [Coll. Ét. anc.]. Paris: Les Belles Lettres 1981. 244 pp.

[2610] Thélamon, F.: Rufinus Aquileiensis

550 Thomas, Charles *Christianity in Roman Britain to A.D. 500*. Berkeley: University of California Press 1981. 408 pp.

551 Thompson, E. A. *Romans and Barbarians: The Decline of the Western Empire*. Madison: The University of Wisconsin Press 1982. IX, 329 pp.

552 Thuemmel, H. G. *Der byzantinische Bilderstreit. Stand und Perspektiven der Forschung*. In: *Der byzantinische Bilderstreit* (cf. 1979/80, 408) 9–40

553 Trimingham, J. Spencer *Mawiyya: The First Christian Arab Queen* [map of Syria, AD 375] — ThR (Near East) 1.1 (1978) 3–10

554 Trombley, Frank Richard *The Survival of Paganism in the Byzantine Empire during the pre-Iconoclastic Period (540-727)* [Diss.]. Los Angeles: University of California 1981. 257 pp.

555 Uytfanghe, M. van *La vallée de l'Escaut et de ses affluents à l'époque mérovingienne. Le témoignage des textes* [rés. en flam., en all. et en angl.] — WA 2 (1981) 23–65

556 Varone, A. *Presenze giudaiche e cristiane a Pompei* [Quad. Soc. per lo studio e la divulg. dell'archeol. biblica 1]. Napoli: D'Auria 1979. IX, 122 pp.

[1917] Voicescu, M.: Eusebius Caesariensis

557 Vyronis, S. *The evolution of Slavic society and the Slavic invasions in Greece. The first major Slavic attack on Thessaloniki, A.D. 597* — Hesperia 50 (1981) 378–390

558 WARMINGTON, B. H. *Ammianus Marcellinus and the lies of Metrodorus*
— CQ 31 (1981) 464–468

559 WEINRICH, WILLIAM C. *Evangelism in the Early Church* — Con-
corThQ 45 (1981) 61–75

560 WEISS, A. *Rola i funkcja prowincji kościelnej do VIII wieku (= Rolle und
Funktion der Kirchenprovinzen in der Kirche des Altertums und des
frühen Mittelalters bis zum 8. Jahrhundert)* — RoczTK 28 (1981) 29–51

561 WIRTH, GERHARD *Themistios und Constantius* — ByFo 6 (1979)
293–317

9. Philosophica

562 *Los filósofos medievales. Selección de textos, I: Filosofía patrística, filosofía árabe y judía* [BAC 409]. Madrid: La Ed. catól. 1979. XVI, 735 pp.

[969] ANDRZEJEWSKI, R.: Ambrosius

[1118] BARATIN, M.: Augustinus

[1119] BARATIN, M.; DESBORDES, F.: Augustinus

563 BELFIORE, G. *Il Platone di Giorgio Monaco* — Sileno 4 (1978) 23–71

[1463] BENITO Y DURAN, A.: Basilius Caesariensis

[2436] BIANCHI, U.: Origenes

564 BIGG, CH. *The Christian Platonists of Alexandria. Eight Lectures* [Re-
print]. Hildesheim: Olms 1981. XVII, 304 pp.

[2222] BLOMQVIST, J.: Iohannes Philoponus

[2280] BOURGEOIS, D.: Iustinus Martyr

[1655] BUBACZ, B.: Boethius

[1144] BUBACZ, B.: Augustinus

[1145] BUBACZ, B.: Augustinus

[1146] BUBACZ, B.: Augustinus

[1147] BUCHER, TH. G.: Augustinus

565 BYČKOV, V. V. *Estetika pozdnei antičnosti (= Die Ästhetik der Spätantike)*. Moskau: Nauka 1981. 325 pp.

566 BYČKOW, V. V. *Les idées esthétiques des Pères des IIe–V^e ss. de n. è.* [en
russe], [Rés. de thèse]. Moskva: Instit. filosofii 1980. 40 pp.

567 BYČKOV, V. V. *Problèmes importants de la philosophie antique de basse
époque* [en russe] — VDI 155 (1981) 186–190

[1155] CAPÁNAGA, V.: Augustinus

568 CAPPELLETTI, ANGEL J. *La Crítica de la Religión en Lucrecio* —
RaVenFilos 16 (1982) 53–68

[1657] CARANCI ALFANO, L.: Boethius

569 CATURELLI, ALBERTO *La metafísica cristiana en el desarrollo del pensamiento occidental* — Sapientia 37 (1982) 167–190

570 CHADWICK, H. *Philo and the Beginnings of Christian Thought*. In: *History and Thought...* (cf. 1981/82, 177) [IV]

571 CHATELET, FRANÇOIS *História da Filosofia, I. A Filosofia de Platão a S. Tomás de Aquino*. Trad. do francês de A. C. RIBEIRO. Lisboa: Dom Quixote 1981. 296 pp.

[2271] CIPRIANI, N.: Iulianus Aeclanensis

[1176] CRESS, D.: Augustinus

[1178] CROSSON, F. J.: Augustinus

[2285] DEROCHE, V.: Iustinus Martyr

[1754] DESSÌ, A.: Clemens Alexandrinus

572 DEUSE, WERNER *Untersuchungen zur mittelplatonischen und neuplatonischen Seelenlehre* [Akademie der Wissenschaften und der Literatur, Mainz – Abhandlungen der Geistes- und sozialwissenschaftlichen Klasse/Einzelveröffentlichungen 3]. Wiesbaden: Steiner 1982. 250 pp.

[3404] DILLON, J.: Gnostica

573 DOBROKHOTOV, A. L. *Un nouveau livre sur la philosophie médiévale* [en russe] – VMUFilos 1 (1981) 87–89

574 DÖPP, S. *Weisheit und Beredsamkeit. Gedanken zu ihrer Relation bei Cicero, Quintilian und Augustinus*. In: *Information aus der Vergangenheit* (cf. 1981/82, 216) 37–63

575 DÖRRIE, H. *Die Andere Theologie. Wie stellten die frühchristlichen Theologen des 2.–4. Jahrhunderts ihren Lesern die Griechische Weisheit (= den Platonismus) dar?* – ThPh 56 (1981) 1–46

576 DOIGNON, J. *Une leçon meconnue du fragment 81 (Müller) de l'Hortensius de Cicéron transmis par saint Augustin* – RPh 55 (1981) 237–244

577 DOIGNON, J. *Quisque suos patimur manes (Vergile, Énéide, 6, 743) dans le christianisme latin à la fin du IVe siecle*. In: *L'épopée gréco-latine...* (cf. 1981/82, 199) 107–116

578 DOIGNON, J. *Cicéron a-t-il comparé Épicure à Liber? (Academicorum fragm., apud Augustinum, C. Acad. 3, 7, 16)* – REL 59 (1981) 153–163

579 DOIGNON, J., *Clichés cicéroniens dans la polémique de Julien d'Éclane avec Augustin* – RhM 125 (1982) 88–95

[975] DOIGNON, J.: Ambrosius

[1189] DOIGNON, J.: Augustinus

[1192] DOIGNON, J.: Augustinus

[1198] DUBARLE, D.: Augustinus

[1200] DYSON, R. W.: Augustinus

580 ECKMANN, A. *Argumenty filozoficzno-religijne Maksyma z Madaury w liście do św. Augustyna broniące tradycyjnej wiary Rzymian (= Arguments philosophique-religieux de Maxime de Madaure dans sa lettre adressée à St. Augustin qui défendait la foi traditionelle des Romains)* – RoczTK 28 (1981) 145–148

[2455] ELORDUY, E.: Origenes

581 FONTAINE, J. *Un cliché de la spiritualité antique tardive, stetit immobilis*. In: *Romanitas-Christianitas* (cf. 1981/82, 266) 528–552

[1490] FORTIN, E. L.: Basilius Caesariensis
[2274] FOUQUET, C.: Iulianus Imperator
 [830] FRANCESCHINI, E.: Apocrypha
[1063] FRANCIS, J. A.: Athanasius
[3425] GARCÍA BAZÁN, F.: Gnostica
[3426] GARCÍA BAZÁN, F.: Gnostica
  582   GARFAGNINI, G. C. *Da Seneca a Giovanni di Salisbury: auctoritates morali e vitae philosophorum in un ms. trecentesco* – Rinascimento 20 (1980) 201–247
[1229] GARMENDIA DE CAMUSSO, G.: Augustinus
[1231] GERSON, L.: Augustinus
 [909] GNILKA, C.: Auctores
  583   GOULET, R. *Variations romanesques sur la mélancolie de Porphyre* – Her 110 (1982) 443–457
  584   GOULET, RICHARD *Les Vies de philosophes dans l'Antiquité tardive et leur portée mystérique.* In: *Les Actes apocryphes des Apôtres* (cf. 1981/82, 152) 161–208
  585   HADOT, PIERRE *Exercises spirituels et philosophie antique.* Paris: Études Augustiennes 1981. 206 pp.
  586   HADOT, P. *Antike Methodik der geistigen Übungen im Frühchristentum.* In: *Das Christentum in der antiken Welt* (cf. 1981/82, 179) 31–62
  587   HADOT, P. *Ouranos, Kronos and Zeus in Plotinus' Treatise against the Gnostics.* In: *Neoplatonism and Early Christian Thought* (cf. 1981/82, 239) 124–137
  588   HAGER, F. P. *Remarques sur l'importance de la philosophie grecque pour la vérité chrétienne selon Tertullien et saint Augustin* – Diotima 7 (1979) 97–100
[2302] HECK, E.: Lactantius
[2467] HENNESY, L. R.: Origenes
[3574] HORN, H. J.; NIENS, C.: Specialia in Novum Testamentum
[3431] IGAL, J.: Gnostica
  589   JAEGER, W. *Le christianisme ancien et la paideia grecque.* Trad. G. HOCQUARD. Metz: Univ. de Metz. Centre de Rech. Pensée chrétienne et Langage de foi 1980. 123 pp.
  590   JOHNSON, J. F. *The significance of the Plotinian fallen-soul doctrine for an interpretation of the unitary character of Augustine's view of time* [Diss.]. Saint Louis: Univ. 1982. 245 pp.
  591   JUNOD, ERIC *Les Vies de philosophes et les Actes apocryphes des Apôtres poursuivent-ils un dessein similaire?* In: *Les Actes apocryphes des Apôtres* (cf. 1981/82, 152) 209–219
  592   KUKSEWICZ, Z. *Zarys filozofii średniowiecznej; Filozofia bizantyńska, krajów zakaukaskich, słowiańska, arabska i żydowska (= Abriß der mittelalterlichen Philosophie; die byzantinische Philosophie, Philosophie der Kaukasusländer, slavische, arabische und jüdische Philosophie.).* Warszawa: Państwowe Wydawnictwo Naukowe 1982. 690 pp.

593 LARLAR, LAURO V. *La filosofía de la libertad: dos puntos de vista. San Agustín y Chuang Tzu* — Mayeútica 7 (1981) 113–145; 217–237

[1047] LAURENTI, R.: Arnobius

594 LIEBERG, G. *Die theologia tripertita als Formprinzip antiken Denkens* — RhM 125 (1982) 25–53

595 ŁOMNICKI, E. *Filozoficzno-teologiczna myśl pogańska w apologii sta-rochrześcijańskiej (= De philosophico-theologica in christiana primaevae aetatis apologia gentilium doctrina).* In: *Akta sympozjum patrystycz-nego*... (cf. 1981/82, 155) 297–306

596 LOUTH, ANDREW *The Origins of the Christian Mystical Tradition from Plato to Denys.* New York: Oxford Press 1981. XVII, 215 pp.

[1290] MADEC, G.: Augustinus

[2177] MALINGREY, A.: Iohannes Chrysostomus

[3445] MANSFELD, J.: Gnostica

[3446] MANSFELD, J.: Gnostica

597 MARCOLUNGO, F. L. *Cristianesimo e metafisica classica: per una critica ai presupposti filosofici della deellenizzazione.* Rimini: Maggioli 1981. 554 pp.

598 MARKUS, R. A. *The eclipse of a Neoplatonic theme. Augustine and Gregory the Great on visions and prophecies.* In: *Neoplatonism and Early Christian Thought* (cf. 1981/82, 239) 204–211

[1301] MATTHEWS, A. W.: Augustinus

[1302] MATTHEWS, A.: Augustinus

[2663] MICAELLI, C.: Tertullianus

[1681] MICAELLI, C.: Boethius

[1682] MICAELLI, C.: Boethius

[1308] MIETHE, T. L.: Augustinus

[1309] MIETHE, T. L.: Augustinus

[3200] MILLER, D. L.: Religio, revelatio

599 MILLER, D. L. *Rhythmus of Silenos in a poetics of Christ; images of the great teacher* — ErJb 47 (1978) 67–121

[2713] MONTSERRAT, J.: Valentius Gnosticus

[1683] MORESCHINI, C.: Boethius

[2183] MOUTSOPOULOS, E.: Iohannes Chrysostomus

[1319] MUÑOZ DELGADO, V.: Augustinus

[927] NIARCHOS, C. G.: Auctores

600 OBERTELLO, L. *Proclus, Ammonius and Boethius on divine knowledge* — Dionysius 5 (1981) 127–164

601 O'BRIEN, D. *Plotinus and the gnostics on the generation of matter.* In: *Neoplatonism and Early Christian Thought* (1981/82, 239) 108–123

[1328] O'CONNOR, W. R.: Augustinus

[1330] O'DALY, G. J. P.: Augustinus

[1332] O'DONOVAN, O.: Augustinus

602 O'MEARA, D. J. *Gnosticism and the making of the world in Plotinus.* In: *The rediscovery of gnosticism* (cf. 1979/80, 153) 365–378

603 ORGIŠ, V. P. *Le néoplatonisme et son influence sur l'idéologie chrétienne (critique des opinions théologiques)* [en Russe] — FilNau 8 (1981) 120–128

[1337] OROZ RETA, J.: Augustinus

[1338] OROZ RETA, J.: Augustinus

604 OSBORN, ERIC FRANCIS *The Beginning of Christian Philosophy.* New York: Cambridge University Press 1981. XV, 321 pp.

[1345] PEGUEROLES, J.: Augustinus

[1346] PEGUEROLES, J.: Augustinus

605 PÉPIN, J. *Clément d'Alexandrie, les catégories d'Aristote et le fragment 60 d'Héraclite.* In: *Concepts et catégories . . .* (cf. 1981/82, 182) 271–284

[2308] PERRIN, M.: Lactantius

606 PFEIFFER, R. *Historia de la filología clásica, I–II* [Biblioteca Universitaria Gredos]. Madrid: Editorial Gredos 1981. 548, 364 pp.

[1912] PLACES, E. DES: Eusebius Caesariensis

607 QUACQUARELLI, ANTONIO *Retorica e iconologia.* A cura di MARIO GIRARDI [QVChr 17]. Bari: Ist. di Letteratura Cristiana Antica 1982. VII, 257 pp.

608 QUACQUARELLI, A. *L'antitesi retorica* — VetChr 19 (1982) 223–237

609 REILLY, R. *Plato and Augustine on Human Weakness* — Cithara 18 (1979) 48–69

[1361] RIEDEL, C.: Augustinus

[1694] RIJK, L. M. DE: Boethius

[1363] RIPANTI, G.: Augustinus

[2502] RIST, J. M.: Origenes

610 ROCCA, S. *Le disciplinae di Varrone e Agostino* — AnnFLGen 1 (1981) 81–91

611 ROSEN, KLAUS *Über heidnisches und christliches Geschichtsdenken in der Spätantike* [Eichstätter Hochschulreden 34]. München: Minerva Publikationen 1982. 29 pp.

[1368] RUSSELL, R.: Augustinus

[1371] SAINZ DIAZ DE CERIO, J. L.: Augustinus

[2309] SCHMIDT, E. G.: Lactantius

612 ŠEVČENKO, I. *A shadow outline of virtue; the classical heritage of Greek Christian literature (second to seventh century).* In: *Age of spirituality. A Symposium* (cf. 1981/82, 154) 53–73

[2505] SFAMENI GASPARRO, G.: Origenes

613 SHARPLES, R. W. *Alexander of Aphrodisias. Problems about possibility I* — BICS 29 (1982) 91–108

[1697] SHIEL, J.: Boethius

[2671] SIJBRANDI, D.: Tertullianus

[1774] SIMON, M.: Clemens Romanus

614 SORDI, M. *Cristianesimo e cultura nell' impero romano* — VetChr 18 (1981) 129–142

[657] STOECKLEIN, A.: otium cum dignitate

[1382] Stol'Arov, A. A.: Augustinus
[2187] Θεοδωρου, A.: Iohannes Chrysostomus
[3099] Theraios, D.: Concilia, acta conciliorum, canones
615 Tibiletti, C. *Un tema stoico in Seneca e in S. Agostino* — AugR 22 (1982) 585–593
[2223] Todd, R. B.: Iohannes Philoponus
[3491] Trouillard, J.: Gnostica
[1704] Ukolova, V. I.: Boethius
[2549] Valero, J. B.: Pelagius
616 Vogel, C. J. de *De opname van het filosofische godsbegrip als dogmatisch probleem der vroeg-christelijke theologie* — KT 30 (1979) 285–301
617 Vogel, C. J. de *The sōma-sēma formula. Its function in Plato and Plotinus compared to christian writers.* In: *Neoplatonism and Early Christian Thought* (cf. 1981/82, 239) 79–95
618 Vogel, C. J. de *Greek cosmic love and the christian love of God. Boethius, Dionysius the Areopagite and the author of the fourth Gospel* — VigChr 35 (1981) 57–81
[1005] Wacht, M.: Ambrosius
619 Whittaker, J. *Plutarch, Platonism, and Christianity.* In: *Neoplatonism and Early Christian Thought* (cf. 1981/82, 239) 64–78
[2516] Wójtowicz, H.: Origenes
620 Yannaras, C. *Person und Eros; eine Gegenüberstellung der Ontologie der griechischen Kirchenväter und der Existenzphilosophie des Westens.* Aus dem griech. von I. Hoenning [Forschungen zur syst. und ökum. Theologie 44]. Göttingen: Vandenhoeck und Ruprecht 1982. 287 pp.

10. Philologia patristica (lexicalia atque linguistica)

a) Generalia

621 Albrecht, M. von *La littérature et la langue latines de l'antiquité tardive* — EC 50 (1982) 3–11
[1119] Baratin, M.; Desbordes, F.: Augustinus
[1120] Bartelink, G. J. M.: Augustinus
[1548] Borias, A.: Benedictus
[1549] Borias, A.: Benedictus
622 Bunt-van den Hoek, Annewies van de *Aristobulos, Acts, Theophilus, Clement making use of Aratus' Phainomena: a peregrination* — BijFTh 41 (1980) 290–299
[2126] Carlozzo, G.: Ignatius Antiochenus
623 Carmignac, J. *Les devanciers de S. Jérôme. Une traduction latine de la*

recension καὶγε *dans le second livre des Chroniques.* In: *Mélanges Dominique Barthélemy* (cf. 1981/82, 229) 31–50

[1473] CASEVITZ, M.: Basilius Caesariensis

[2350] CERESA-GASTALDO, A.: Maximus Confessor

[1709] COLI, E.: Caesarius Arelatensis

624 DEKU, H. *Formalisierungen* – FZPT 29 (1982) 49–69

[1569] FONTAINE, J.: Benedictus

[2260] FONTAINE, J.: Isidorus Hispalensis

[2641] FRITZ, W.: Synesius Cyrenensis

[1227] GALLAGHER, K. T.: Augustinus

625 GARCÍA DE LA FUENTE, O. *Consideraciones sobre el influjo hebreo en el latín bíblico* – Emerita 49 (1981) 307–342

626 GARCÍA DE LA FUENTE, O. *Expresión de la reciprocidad en el latín bíblico* – AnMal 5 (1982) 163–172

[2459] GESSEL, W.: Origenes

[2337] GORI, F.: Marius Victorinus

[2239] GUERRA GÓMEZ, M.: Irenaeus

[3116] GUERRA GÓMEZ, M.: Ius canonicum, hierarchia, disciplina ecclesiastica

[1249] HENSELLEK, W.: Augustinus

[2075] HOLTZ, L.: Hieronymus

[2418] KAKRIDIS, J. T.: Nonnus Panopolitanus

[2361] LAGA, C.: Maximus Confessor

627 LLEWELLYN, P. *The names of the Roman clergy, 401–1046* – RSCl 35 (1981) 355–370

628 MARIN, M. *Sol intaminatus. Complemento al repertorio di testi* – VetChr 19 (1982) 69–83 [Ergänzung zu 1975/76, 593]

[3145] MATTHEWS, R. J. H.: Symbola

[782] MENGONI, E.: Novum Testamentum

[1681] MICAELLI, C.: Boethius

629 MOES, R. *Les hellénismes de l'époque théodosienne (recherches sur le vocabulaire d'origine grecque chez Ammien, Claudien et dans l'Histoire Auguste).* Strasbourg: Assoc. des Publ. près. les Univ. de Strasbourg 1980. XI, 357 pp.

[2399] MORANI, M.: Nemesius Emesenus

[2664] MORENO DE VEGA, M. A.: Tertullianus

630 MÜLLER, C. D. G. *Gottesnamen (Gottesepitheta, IV christlich-volkstümlich)* – RAC 11 (1981) 1238–1278

[2295] MURRU, F.: Iuvencus

[2700] OLAJOS, T.: Theophylactus Symocatta

[1743] OPELT, I.: Claudius Claudianus

631 OROZ, J. *Projecto de Augustinus-Lexikon* – Augustinus 26 (1981) 169–195

[2772] PICARD, J. M.: Columba Abbas Hiensis

632 POIRIER, P. H. *Une étymologie ancienne du nom de Thomas l'Apôtre et sa source* — ParOr 10 (1981–82) 285–290

633 PONSING, J. P. *L'origine égyptienne de la formule un-et-seul* — RHPhR 60 (1980) 29–34

[2424] PRETE, S.: Novatianus

[3084] RIEDINGER, R.: Concilia, acta conciliorum, canones

[1367] RUEF, H.: Augustinus

[2185] RYAN, P. J.: Iohannes Chrysostomus

[1926] SAVON, H.: Eutropius Presbyter

[2247] UNGER, D.: Irenaeus

634 VEDER, WILLIAM R. *The next Step after Translating: The Imitation of Byzantine Models* — PolKnig 6 (1982) 59–60

635 WAGNER, N. *Namenkundliches zur Herkunft des großthüringischen Königsgeschlechtes* — BN 16 (1981) 258–268

636 WAGNER, N. *Herulische Namenprobleme. Givrus, Datius und anderes* — BN 16 (1981) 406–421

[1942] WAGNER, N.: Fulgentius Ruspensis

[1407] WATSON, G.: Augustinus

637 WIGTIL, DAVID NORVAL *The Translation of Religious Texts in the Greco-Roman World* [Diss.]. University of Minnesota 1980. 384 pp.

[2702] WHITBY, M.: Theophylactus Symocatta

638 YAHUDA, JOSEPH *Hebrew is Greek*. Oxford: Becket Publications 1982. XXXII, 686 pp.

[2703] ZANETTO, G.: Theophylactus Symocatta

b) Voces

anjin

639 KOWAL, BÉLA *Armenisch Anjin «Person»* — HA 96 (1982) 23–28

ἀβασίλευτος

[3386] BERGMEIER, R.: Gnostica

ἁγιόφορος

[2135] QUACQUARELLI, A.: Ignatius Antiochenus

ἀδελφός

[2221] MAISANO, R.: Iohannes Moschus

αἵρεσις

640 WINKELMANN, F. *Einige Aspekte der Entwicklung der Begriffe Häresie und Schisma in der Spätantike* — KoinNapoli 6 (1982) 89–109

ἀπόδειξις

[1842] COULOUBARITSIS, L.: Ps.-Dionysius Areopagita

ἀρχιερεύς

[3114] FEUILLET, A.: Ius canonicum, hierarchia, disciplina ecclesiastica

ἀφθαρσία

641 PRETE, S. *In incorruptibilitate (ἀφθαρσία) Spiritus s. (Mart. Polyc. 14,2)* — AugR 20 (1980) 509–521

ἀψήφιστος

642 NEYT, F. *L'Apsephiston chez les Pères de Gaza.* In: *Überlieferungsge-schichtliche Studien* (cf. 1981/82, 291) 427–434

βιβερατικόν

[2749] McCORMICK, M.: Hagiographica

βλασφημία

[3021] PIATELLI, D.: Iuridica

δόγμα

[2493] O'CLEIRIGH, P. H.: Origenes

ἐξαγορεύειν

[643] MÜHLSTEIGER, J.: ἐξομολογεῖσθαι

ἐξομολογεῖσθαι

643 MÜHLSTEIGER, J. *Exomologese* — ZKTh 103 (1981) 1–32; 129–155; 257–288

ἐπιείκεια

[650] SILLI, P.: aequitas

ἐπιθυμία

[651] MURPHY, F.: concupiscentia
[652] MURPHY, F.: concupiscentia

ἐπισκοπή

644 KONIDARIS, G. *Zur Problematik der Frage der Sanktionierung der termini technici ἡ ἐπισκοπή, ὁ τόπος und ὁ ἐπίσκοπος in den Ortskirchen der zwei ersten Jahrhunderte.* In: *Romanitas-Christianitas* (cf. 1981/82, 266) 244–250

ἐπίσκοπος

[3114] FEUILLET, A.: Ius canonicum, hiearchia, disciplina ecclesiastica
[644] KONIDARIS, G.: ἐπισκοπή

θεοτόκος

[1810] IMHOF, P.; LORENZ, B.: Cyrillus Alexandrinus

κοπιδερμία, κοπίδερμος

[2214] BALDWIN, B.: Iohannes Malalas

κτίσμα

[2445] COX, P.: Origenes

νοῦς

[3470] ROBERGE, M.: Gnostica

ὀρθόδοξος

645 SESAN, M. *Zur Geschichte des patristischen Wortes orthodox.* In: *Überlieferungsgeschichtliche Studien* (cf. 1981/82, 291) 525–529

παράφυσις

[3459] PASQUIER, A.: Gnostica

πίστις

646 MÜLLER, C. D. G. *Der theologische Begriff PISTIS im koptischen Athanasios. Versuch zur koptischen Spiritualität anhand eines griechischen Lehnwortes.* In: *Unser ganzes Leben . . .* (cf. 1981/82, 292) 134–141

ποιμήν

[3114] FEUILLET, A.: Ius canonicum, hierarchia, disciplina ecclesiastica

πρεσβύτερος

[3114] FEUILLET, A.: Ius canonicum, hierarchia, disciplina ecclesiastica

σημεῖον

[2504] SCOGNAMILIO, R. A.: Origenes

σκλάβος

647 KÖPSTEIN, HELGA Zum Bedeutungswandel von ΣΚΛΑΒΟΣ/SCLA-
VUS – ByFo 7 (1979) 67–88

συγκατάβασις

[2173] HILL, R. C.: Iohannes Chrysostomus

συμπάροικος

[862] SELL, J.: Apocrypha

σύνθεσις

[2481] MACLEOD, C. W.: Origenes

σύστασις

648 GERLITZ, P. Synstase bei den griechisch-christlichen Schriftstellern der
ersten Jahrhunderte. Zur Herkunft eines mystischen Begriffs – StSR 5
(1981) 31–44

σχίσμα

[640] WINKELMANN, F.: αἵρεσις

τέχνη, τεχνίτης

[1865] BECK, E.: Ephraem Syrus

τόπος

[644] KONIDARIS, G.: ἐπισκοπή

ὑπόθεσις

[2466] HARL, M.: Origenes

ὑποτάσσειν

[2133]　Mullins, T. Y.: Ignatius Antiochenus

φύσις

[3459]　Pasquier, A.: Gnostica

φωτισμός

[1757]　Filoramo, G.: Clemens Alexandrinus

ψυχή

[1071]　Stead, G. C.: Athanasius

abba

[3352]　Vogüé, A. de: Vita christiana, monastica
[3353]　Vogüé, A. de: Vita christiana, monastica

aequitas

649　Silli, P. *Mito e realtà dell' aequitas Christiana. Contributo alla determinazione del concetto di aequitas negli atti degli scrinia costantiniani* [Univ. di Firenze Pubbl. Fac. di giur. 38]. Milano: Giuffrè 1980. VIII, 204 pp.

650　Silli, P. *Aequitas ed epieikeia nella legislazione giustinianea* – JÖB 32,2 (1982) 327–336

alienatio

[1212]　Evans, G. R.: Augustinus

amor

[1347]　Pegueroles, J.: Augustinus
[1348]　Pegueroles, J.: Augustinus

anima

[1329]　O'Daly, G. J. P.: Augustinus

*biberaticum

[2749]　McCormick, M.: Hagiographica

blasphemia

[3021]　Piatelli, D.: Iuridica

charisma

[1969] COLLAMATI, E. J.: Gregorius Magnus

civitas

[1335] ORBÁN, A. P.: Augustinus

concupiscentia

651 MURPHY, FRANCIS *La concupiscence (Ἐπιθυμία) clef du pluralisme moral dans l'Eglise primitive* — ConcT 170 (1981) 15–24

652 MURPHY, F. *Concupiscencia («Epithymía»). Clave del pluralismo moral en la Iglesia primitiva* — Concilium/M 17 (1981) 444–455

confessio

[643] MÜHLSTEIGER, J.: ἐξομολογεῖσθαι

contristare

[1586] LARMANN, M.: Benedictus

corruptio

[1157] CAPITANI, F. DE: Augustinus

divulsare

653 BAUER, J. B. *Divulsare. Addendum Lexicis Latinis* — Sprache 28 (1982) 173–174

error

[1329] O'DALY, G. J. P.: Augustinus

exomologesis

[643] MÜHLSTEIGER, J.: ἐξομολογεῖσθαι

facio, efficio

654 RODRÍGUEZ FERNÁNDEZ, C. *Distribución «facio/efficio» en el Oracional Visigótico. Consecuencia para el estudio de las autorías* — ArLeon 35 (1981) 207–265

falsum

[1329] O'DALY, G. J. P.: Augustinus

fides

[2104] PEÑAMARIA DE LLANO, A.: Hilarius Pictaviensis

formula

[1717] CONSO, D.: Cassiodorus

fruitio

[1332] O'DONOVAN, O.: Augustinus

Galilaei

[2278] SCICOLONE, S.: Iulianus Imperator

haeresis

[640] WINKELMANN, F.: αἵρεσις

idolum, idololatria

[2677] WINDEN, J. C. M. VAN: Tertullianus

iustitia

[1584] KARDONG, T.: Benedictus

lapsus

655 DILLON, J. J. *Lapsus. A study of the word and its synonyms from the classical age to St. Cyprian* [Diss.]. Washington D. C.: Cathol. Univ. of America 1982. 277 pp.

Monica

[2801] VATTIONI, F.: Monica

mundus, mundanus

[1336] ORBÁN, A. P.: Augustinus

obiectum

656 DEWAN, L. *Obiectum. Notes on the invention of a word* — AHD 56 (1981) 37–96

otium cum dignitate

657 STOECKLEIN, A. *Ehrenvolle Ruhe*. In: *Aspekte der Kultursoziologie* (cf. 1981/82, 161) 199–218

patientia

[1264] KOOR, J. F. VAN DER: Augustinus

pax

[2667] PAPES, A.: Tertullianus
   658 RENNA, T. *The idea of peace in the Augustinian tradition, 400–1200* —
   AugSt 10 (1979) 105–111

pontifex

   659 KAJANTO, I. *Pontifex maximus as the title of the Pope* — AAPh 15 (1981)
   37–52

sacramentum

   660 SORDI, M. *Sacramentum in Plin. ep. x, 96, 7* — VetChr 19 (1982) 97–103

saeculum, saecularis

[1336] ORBÁN, A. P.: Augustinus

sanctus

   661 GARCÍA DE LA FUENTE, O. *Sobre la colocación del adjetivo sanctus en
   el latín bíblico* — AnMal 5 (1982) 205–210

schisma

[640] WINKELMANN, F.: αἵρεσις

sclavus

[647] KÖPSTEIN, H.: σκλάβος

servi Dei

[1281] LOF, L. J. VAN DER: Augustinus

stabilitas

[3356] WINANDY, J.: Vita christiana, monastica

timor

[1348] PEGUEROLES, J.: Augustinus

tristitia

[1586] LARMANN, M.: Benedictus

usus

[1332] O'DONOVAN, O.: Augustinus

11. Palaeographica atque manuscripta

[2156] ALDAMA, J. A. DE: Iohannes Chrysostomus

[85] AMIET, R.: Bibliographica

662 BAGNALL, R. S.; WORP, K. A. *Christian invocations in the papyri* — CE 106 (1981) 112–133; 362–365

[1543] BAKER, A.: Benedictus

663 BALAN, IOANICHIE *Circulaţia Lavsaiconului şi Lemonariului în manuscrise româneşti (= Die Verbreitung der Historia Lausiaca und des Pratum spirituale in rumänischen Handschriften)* — BOR 97 (1979) 1188–1192

[2201] BALAN, I.: Iohannes Climacus

664 BALCONI, C. et alii *Testi recentemente pubblicati* — Aeg 60 (1980) 233–265; 61 (1981) 212–265

[2577] BEER, E. J.: Prudentius

[1653] BERNARDINELLO, S.: Boethius

665 BIONDI, A. *Le citazioni bibliche nei papiri magici greci* — StPap 20 (1981) 93–127

666 BOBER, A. *Ostatnie odkrycie patrystyczne / Reguła Eugipiusza/ (= De Eugippi Regula nuper reperta)* — RoczTK 28 (1981) 131–136

667 BORRARO, P. *Codici, incunaboli e cinquecentine di autori cristiani antichi nelle biblioteche lucane.* In: *Studi lucani e meridionali* (cf. 1981/82, 283) 297–306

668 BOUHOT, J.-P. *Origine et composition des scolies ariennes du manuscrit Paris, B. N., Lat. 8907. A propos des travaux de Roger Gryson* — RHT 11 (1981) 303–323

[2348] BRACKE, R. B.: Maximus Confessor

669 BRAKMANN, HEINZGERD *Zur Bedeutung des Sinaiticus Graecus 2148 für die Geschichte der melchitischen Markos-Liturgie* — JÖB 30 (1981) 239–248

670 BRAKMANN, H. *Zu den Fragmenten einer griechischen Basileios-Liturgie aus dem koptischen Makarios-Kloster* — OrChr 66 (1982) 118–144

671 BUSCHHAUSEN, HEIDE und HELMUT *Armenische Handschriften der Mechitharisten-Congregation in Wien* — HA 95 (1981) 157–160

672 CANART, P. *Les papyri grecs de la Bibliothèque Vaticane et du Musée Égyptien du Vatican. Histoire et inventaire.* In: *Miscellanea papyrologica* (cf. 1981/82, 236) 371–390

[2781] CANART, P.: Georgius

673 CARR, JOAN EDITH OROKE *Some Carolingian Manuscripts displaying Beneventan influence* [Diss. St. Louis Univ.]. St. Louis: 1981. 344 pp.

674 COCKSHAW, P. *A propos du plus ancien fac-similé.* In: *Miscellanea codicologica* (cf. 1981/82, 235) 535–540

[2165a] *Codices Chrysostomici Graeci, IV:* Iohannes Chrysostomus

675 COMSA, ION *Traduceri din opera Sfîntului Vasile cel Mare, în manuscrisele românesti din Biblioteca Academiei R.S.R. (= Übersetzungen der Werke des Heiligen Basilius des Großen in rumänischen Handschriften der Bibliothek der Akademie der Rumänischen SR) —* GlB 38 (1979) 737–756

[1062] COQUIN, R. G.; LUCCHESI, G.: Athanasius

[1901] CURTI, C.: Eusebius Caesariensis

676 DANIEL, ROBERT WALTER *Greek Papyri from the Collections of Freiburg, Vienna and Michigan* [Diss.]. University of Michigan 1981. 114 pp.

677 DANIEL, R. W. *Christian Hymn; P. Vindob. G. 40195 and P. Ryl. Copt. 33 —* ZPE 42 (1981) 71–77

678 DECLERCK, J. H. *Un manuscrit peu connu, le Londinensis, Brit. Libr. Add. 17472 —* Byzan 51 (1981) 484–501

679 DECLERCK, J. H. *Les Definitiones sanctorum Patrum dans le codex Gudianus Gr. 102 —* Byzan 52 (1982) 413–416

[2354] DECLERCK, J. H.: Maximus Confessor

[2914] DESHUSSES, J.: Missa, sacramenta, sacramentalia

680 DINKLER, E. *Papyrus Yalensis 1 als ältester bekannter christlicher Genesistext. Zur Frühgeschichte des Kreuz-Symbols —* ZNW 73 (1982) 281–286

681 DOTTI, GOFFREDO *I Codici Agostiniani della Biblioteca Statale di Cremona —* Augustiniana 31 (1981) 330–380; 32 (1982) 392–424

[2235] DOUTRELEAU, L.: Irenaeus

[2546] DUNPHY, W.: Pelagius

[1483] DURAND, G. M. DE: Basilius Caesariensis

682 ELLIOTT, J. K. *Codex Sinaiticus and the Simonides affair. An examination of the 19th century claim that Codex Sinaiticus was not an ancient ms* [Analekta Blatadon 33]. Thessalonike: Patriarchikon Hidryma Paterikon Meleton 1982. 192 pp.

[3299a] EMMETT, A.: Monastica

683 ÉTAIX, R. *Quelques homéliaires de la région catalane —* RechAug 16 (1981) 333–398

684 ÉTAIX, R. *Un homéliaire bénéventain du Xe siècle (Madrid, B.N., 194) —* Orpheus 3 (1982) 110–132

685 ÉTAIX, R. *Textes inédits tirés des homéliaires de la Bibliothèque capitulaire de Bénévent —* RBen 92 (1982) 324–357

[2782] FREND, W. H. C.: Georgius

[2922] GAMBER, K.: Missa, sacramenta, sacramentalia

686 GAMILLSCHEG, E. *Zur Rekonstruktion einer Konstantinopolitaner Bibliothek.* In: *Miscellanea Agostino Pertusi, I* (cf. 1981/82, 233) 283–293

[2167] GAMILLSCHEG, E; AUBINEAU, M.: Iohannes Chrysostomus

687 GEYMONAT, M. *Antichi frammenti ambrosiani delle orazioni di Cassiodoro e delle epistole di San Paolo* — ScrPhil 3 (1982) 119–131

688 GILISSEN, L. *Observations codicologiques sur le codex Sangallensis 914.* In: *Miscellanea codicologica* (cf. 1981/82, 235) 51–70

689 GORMAN, M. M. *An unedited fragment of an Irish Epitome of St Augustine's De Genesi ad litteram* — REA 28 (1982) 76–85

[1237] GORMAN, M. M.: Augustinus

[1238] GORMAN, M. M.: Augustinus

[1890] GORMAN, M. M.: Eugippius

690 GRÉGOIRE, R. *Homéliaires liturgiques médiévaux. Analyse de manuscrits* [Bibl. degli studi mediev. 12]. Spoleto: Centro ital. di studi sull'alto medioevo 1981. XII, 541 pp.

691 GROSDIDIER DE MATONS, J. *La reliure du ms. Vincennenis Gr. S. H. 1 (Grégoire de Nazianze)* — Mu 92 (1979) 298–299

692 GRYSON, R. *Le recueil arien de Vérone (Ms. LI de la Bibliothèque capitulaire et feuillets inédits de la collection Giustiniani Recanati). Étude codicologique et paléographique* [Instrum. patrist. 13]. Steenbrugge: Abbaye Saint-Pierre; Den Haag: Nijhoff 1982. 126 pp.

693 *Die Handschriften der Hessischen Landes- und Hochschulbibliothek Darmstadt, IV: Bibelhandschriften.* Beschr. von K. H. STAUB; *Ältere theologische Texte.* Beschr. von H. KNAUS. Wiesbaden: Harrassowitz 1979. 332 pp.

[1721] HALPORN, J. W.: Cassiodorus

[2102] HANSLIK, R.: Hilarius Pictaviensis

694 HAUBEN, H. *On the Melitians in P. London VI (P. Jews) 1914. The Problem of papas Heraiscus.* In: *Proceedings of the XVIth International Congress...* (cf. 1981/82, 253) 447–456

695 HENRICHS, A.; KOENEN, L. *Der Kölner Mani-Kodex (P. Colon. Inv. Nr. 4780) Περὶ τῆς γέννης τοῦ σώματος αὐτοῦ. Edition der Seiten 99, 10-120* — ZPE 44 (1981) 201–318

696 HENRICHS, A.; KOENEN, L. *Der Kölner Mani-Kodex (P. Colon. Inv. Nr. 4780). Περι τῆς γέννης τοῦ σώματος αὐτοῦ. Edition der Seiten 121-192* — ZPE 48 (1982) 1–59

697 HORSLEY, G. H. R. *New documents illustrating early Christianity. A review of the Greek inscriptions and papyri publ. in 1976.* North Ryde, Australia: Macquarie Univ., The ancient History Documentary Research Centre 1981. IV, 155 pp.

698 JANINI, JOSE *Liber Missarum de Toledo y Libros Místicos. Tomo I. Texto* [Series Liturgica. Fuentes III]. Toledo: Instituto de Estudios Visigótico-Mozárabes 1982. XXIII, 579 pp.

699 JANINI, J. *Manuscritos litúrgicos de las Bibliotecas de España, II: Aragón* [Publ. Fac. teol. del Norte de España Sede de Burgos 38]. Burgos: Ed. Aldecoa 1980. 445 pp.

700 JASBAR, G. *Darstellungen antiker Götter im Ms. A 10 (Augustinus, De civitate Dei) der Bibliothek der Oberschule in Schulpforte (DDR)* [Diss.]. München: 1980. 173 pp.

[3318] JUDGE, E. A.: Vita christiana, monastica

701 KLAKOWICZ, BEATRIX E. *Coptic Papyri in the Palau-Ribes Collection (inv. 39-41; 44; 51-52; 84)* — StPap 20 (1981) 33–47

[2661] LABARDI, L.: Tertullianus

702 LANAHAN, WILLIAM F. *Hill Monastic Manuscript Project: Progress Report IX, Germany and Portugal, June 1979–June 1980.* Collegeville, Minn.: St. John's Univ. 1980. 22 pp.

[2079] LARDET, P.: Hieronymus

703 LEMARIÉ, J. *L'homéliaire 48.12 de la Bibliothèque capitulaire de Tolède Témoin de deux sermons anciens inédits et du sermon Quod nos hortatus est dominus noster* — REA 27 (1981) 278–300

[2745] LEROY-MOLINGHEN, A.: Hagiographica

[1848] LILLA, S.: Pseudo-Dionysius Areopagita

704 LOGAČËV, K. I. *Les manuscrits des principales œuvres de la littérature chrétienne des premiers siècles en tant que monuments de la préhistoire de la linguistique des textes* [en russe]. In: *Structure du texte – 81* (cf. 1981/82, 279) 138–139

705 LUCÀ, S. *Il florilegio monastico del Vat. Gr. 2089* — KoinNapoli 6 (1982) 53–59

[2030] LUCCHESI, E.: Gregorius Nyssenus

[1513] LUCCHESI, E.; DEVOS, P.: Basilius Caesariensis

[847] LÜHRMANN, D.: Apocrypha

[2178] MALINGREY, A.: Iohannes Chrysostomus

706 MALTOMINI, F. *Cristo all' Eufrate. P. Heid. G.1101. Amuleto Cristiano* — ZPE 48 (1982) 149–170

[2991] MANFREDI, M.: Hymni

[1598] MANNING, E.: Benedictus

707 MARAVA-CHATZINICOLAOU, ANNA; TOUFEXI-PASCHOU, CHRISTINA *Catalogue of the illuminated Byzantine manuscripts of the National Library of Greece. 1. Manuscripts of New Testament texts 10.-12. century.* Athens: Publications Bureau of the Academy of Arts 1978.

708 MESCHERSKAJA, E. N. *The syrian manuscripts of protection in Matenadaran* [in Russian] — PS 27 (1981) 93–105

709 METZGER, BRUCE MANNING *Manuscripts of the Greek Bible: An Introduction to Palaeography.* New York: Oxford University Press 1981. IX, 150 pp.

[2705] MEZEY, L.: Tyconius

[2399] MORANI, M.: Nemesius Emesenus

[2789] MOSSAY, J.: Macarius Alexandrinus

[1999] MOSSAY, J.: Gregorius Nazianzenus

[2000] MOSSAY, J.: Gregorius Nazianzenus

[2082] MOSSHAMMER, A. A.: Hieronymus
   710 MUNDO, A. M. *I Corpora e i Codices regularum nella tradizione codicologica delle regole monastiche*. In: *Atti del 7° Congresso . . .* (cf. 1981/82, 163) 477–520
   711 MURATOVA, XENIA *La production des manuscrits du Physiologue grecs enluminés en Italie aux XVᵉ–XVIᵉ siècles et leur place dans l'histoire de la tradition de l'illustration du Physiologue* – JÖB 32/6 (1982) 327–340
[1519] NALDINI, M.: Basilius Caesariensis
   712 NALDINI, M. *Testimonianze cristiane negli amuleti greco-egizi* – AugR 21 (1981) 179–188
 [992] NAZZARO, A. V.: Ambrosius
  712a O'CALLAGHAN, JOSE *Pequeño fragmento patrístico sobre la controversia cristológica (PPalau Rib. inv. 207)* – StPap 20 (1981) 49–52
[2083] OLIVAR, A.: Hieronymus
   713 OMMESLAEGHE, F. VAN *Le codex Marcianus Gr. VII. 34 de Venise* – AB 100 (1982) 497–513
   714 OSBORNE, J. *A note on the date of the Sacra parallela (Parisinus Graecus 923)* – Byzan 51 (1981) 316–317
 [800] *Papyri and leather manuscripts of the Odes of Solomon.*: Apocrypha
   715 PARSONS, P. J. *The earliest Christian letter?* In: *Miscellanea papyrologica* (cf. 1981/82, 236) 289
   716 PEROSA, A. *Un codice della Badia Fiesolana con Postille del Poliziano* – Rinascimento 21 (1981) 29–51
   717 PERRIA, L. *I manoscritti citati da Albert Ehrhard* [Testi e studi biz. - neoellen. 4]. Roma: Università Ist. di studi biz. e neoellen 1979. 148 pp.
[2368] PHILLIPS, M. B.: Maximus Confessor
[3148] PINTAUDI, R.: Symbola
   718 PLANTE, JULIAN G. *Hill Monastic Manuscript Library Progress Report VIII: Spain, Ethiopia, Malta, Austria (revisited) 1974-1980*. Collegeville, Minnesota: St. John's Univ. 1980. 34 pp.
   719 QUECKE, HANS *Eine koptische Bibelhandschrift des 5. Jahrhunderts III (PPalau Rib. Inv.-Nr. 183)* – StPap 20 (1981) 7–13
[3083] RIEDINGER, R.: Concilia, acta conciliorum, canones
   720 RILLIET, F. *Note sur le dossier grec du Mingana syriaque 545* – AugR 23 (1982) 579–582
   721 ROBINSON J. M. *From the Cliff to Cairo. The story of the discoveries and the middlemen of the Nag Hammadi codices*. In: *Colloque international sur les textes de Nag Hammadi* (cf. 1981/82, 180) 21–58
   722 ROSENBAUM, H. U. *Patristik und Papyrologie (grundsätzliche Erwägungen zum Projekt des Repertoriums der griechischen christlichen Papyri)*. In: *Proceedings of the XVIth International Congress of Papyrology* (cf. 1981/82, 253) 633–642
[2408] ROSENBAUM, H. U.: Nilus Ancyranus
 [792] ROYSE, R. J.: Novum Testamentum

723 SANDY, D. BRENT *Transformed into his Image: A Christian Papyrus* — GraceThJ 2 (1980) 227–237

[860] SANTOS OTERO, A. DE: Apocrypha

724 SIJPESTEIJN, P. J. *List of nominations to liturgies.* In: *Miscellanea papyrilogica* (cf. 1981/82, 236) 341–347

725 SIJPESTEIJN, P. J. *A wooden disk* — ZPE 49 (1982) 72

[2996] SIRLI, A.: Hymni

726 *Textes grecs, démotiques et bilingues (P.L.Bat. 19).* Édités par divers auteurs et publiés par E. BOSWINKEL et P. W. PESTMAN [Papyrologica Lugduno-Batava 19]. Leiden: Brill 1978. X, 286 pp.

726a TIBILETTI, G. *Le lettere private nei papiri greci del III e IV secolo d. C. Tra paganesimo e cristianesimo* [Pubbl. Univ. Cattol Sc. filol. e lett. 15]. Milano: Vita e Pensiero 1979. 215 pp.

727 THOMAS, J. D. *Two petitions concerning liturgies, BGU XI 2064 and PSI XII 1245.* In: *Miscellanea papyrilogica* (cf. 1981/82, 236) 355–365

[2600] TOSI, M.: Regula Magistri

728 TREU, K. *Christliche Papyri, VIII* — ArPap 28 (1982) 91–98

729 TREU, K. *Moses protoprophetes in P. Ien. Inv. 536* — ArPap 27 (1980) 61–62

730 TREU, K. *P. Berol. 8508. Christliches Empfehlungsschreiben aus dem Einband des koptisch-gnostischen Kodex P. 8502* — ArPap 28 (1982) 53–54

731 UNTERKIRCHER, F. *Die Kapitelüberschriften der Nikolaus-Vita in Cod. Vind. 416* — AB 99 (1981) 65–74

732 VASSILIADIS, A. *Hexameterfragment* — ZPE 41 (1981) 29–32

[1074] VIAN, G. M.: Athanasius

[1406] VIOLA, C.: Augustinus

[1018] VÖÖBUS, A.: Anonymus

[2960] WEGMAN, H. A. J.: Missa, sacramenta, sacramentalia

733 WEITZMANN, KURT *The Miniatures of the Sacra Parallela: Parisinus Graecus 293.* Princeton, New Jersey: Princeton University Press 1979. XIII, 272 pp., CLXII plates

734 WERHAHN, H. M. *Ein Fragment einer unbekannten griechischen Genesis-Homilie (zu Gen. III: Fragmentum Marcianum = Marc, Gr. 82 fol. 1–2)* — ZKG 93 (1982) 345–352

735 WILSON, NIGEL *Miscellanea Palaeographica* — GrRoBySt 22 (1981) 395–404

736 WISSE, FREDERIK *The Profile Method for Classifying and Evaluating Manuscript Evidence* [Studies and Documents 44]. Grand Rapids, Michigan: Wm. B. Eerdmans 1982. XI, 140 pp.

[1413] WRIGHT, D. F.: Augustinus

737 ZELZER, MICHAELA *Die Umschrift lateinischer Texte am Ende der Antike und ihre Bedeutung für die Textkritik. Bemerkungen zur Entstehung des Minuskel -B und zu frühen Verderbnissen in Cicero, De legibus* — WSt 15 (1981) 211–231

II. NOVUM TESTAMENTUM ATQUE APOCRYPHA

1. Novum Testamentum

a) Editiones textus Novi Testamenti aut partium eius

aa) Editiones textus graeci

738 *Analytical Greek New Testament. The complete text of the United Bible Societies' Greek New Testament with an interlinear analysis of each word.* Ed. by G. FRIBOURG and TH. FRIBERG. Grand Rapids: Mi Baker Book House 1982. XV, 854 pp.

739 *L'evangelion marcionite.* Essai de reconstitution du texte et introduction par A. WAUTIER. 2ᵉ éd. revue et complétée. Bruxelles: A. Wautier 1982. 39 pp.

740 *The Greek New Testament according to the Majority Text.* Ed. by ZANE C. HODGES; ARTHUR L. FARSTAD. Nashville: Nelson 1982. XLVI, 810 pp.

741 *Synopse der ersten drei Evangelien. Synopsis of the first three gospels. Mit Beigabe der johanneischen Parallelstellen.* Hrsg. von ALBERT HUCK. 13. Aufl., neu bearbeitet von HEINRICH GREEVEN. Tübingen: Mohr 1981. XLI, 298 pp.

bb) Editiones versionum antiquarum

742 *Biblia Sacra Iuxta Vulgatam Versionem.* Ed. ROBERT WEBER; B. FISCHER; J. GRIBOMONT; H. S. D. SPARKS; W. THIELE. Stuttgart: Deutsche Bibelgesellschaft 1982. XXXI, 1980 pp.

743 BROWNE, G. M. *An Old Nubian Fragment of Revelation* — StPap 20 (1981) 73–82

744 *Das Matthäus-Evangelium im mittelägyptischen Dialekt des Koptischen «Codex Scheide».* Hrsg. von HANS-MARTIN SCHENKE [TU 127]. Berlin: Akademie-Verlag 1981. XII, 202 pp.

745 STEWART, RANDAL *A Coptic Fragment of 2 Timothy* — StPap 21 (1982) 7–10

746 *Vetus Latina. Die Reste der altlateinischen Bibel. XXV,9: 1. Tm 6,17 bis Schluß. 2. Tm 1,1–2,17.* Hrsg. v. H. J. FREDE. Freiburg: Herder 1981. 641–720

747   *Vetus Latina. Die Reste der altlateinischen Bibel. XXV, 10–11 Epistulae ad Thessalonicenses, Timotheum, Titum, Philemonem, Hebraeos: 2. Tm 2,17 bis Schluß.* Hrsg. v. H. J. FREDE. Freiburg: Herder 1982. 721–833

b) Quaestiones et dissertationes ad textum eiusque traditionem pertinentes

748   ALAND, K. und B. *Der Text des Neuen Testaments. Einführung in die wissenschaftlichen Ausgaben sowie in Theorie und Praxis der modernen Textkritik.* Stuttgart: Dt. Bibelstiftung 1982. 342 pp.

749   ALAND, K., *Ein neuer Textus Receptus für das griechische Neue Testament?* — NTS 28 (1982) 145–153

750   ALEXANIAN, JOSEPH MANUEL *The Armenian Version in Luke and the Question of the Caesarean Text* [Diss. Univ. of Chicago]. Chicago: 1982.

751   AMPHOUX, C. B. *Note sur le classement des manuscrits grecs de I Jean* — RHPhR 61 (1981) 125–135

752   AMPHOUX, C. B. *La parenté textuelle du syʰ et du groupe 2138 dans l'épître de Jacques* — Biblica 62 (1981) 259–271

753   AMPHOUX, C. B. *Systèmes anciens de division de l'épître de Jacques et composition littéraire* — Biblica 62 (1981) 390–400

754   AMPHOUX, C. B. *Quelques temoins grecs des formes textuelles les plus anciens de l'épître de Jacques: le groupe 2138 (ou 614)* — NTS 28 (1982) 91–115

755   AWONIYI, JOEL DADA *The Classification of the Greek Manuscripts of the Epistle of James.* [Ph. D. Dissertation]. Andrews Univ. 1979. 227 pp.

756   BAARDA, TJ. *Op weg naar een standaardtekst van het Nieuwe Testament? Enkele opmerkingen bij de verschijning van de 26ste druk van ‹Nestle›* — GTT 80 (1980) 83–137

757   BAARS, W. *Exit Vulgata* — NedThT 35 (1981) 101–110

[1116]   BABCOCK, W. S.: Augustinus

[1117]   BABCOCK, W. S.: Augustinus

758   BAUER, JOHANNES B. *«Westliche» Lesarten des Neuen Testaments im arabischen Sondergut des Makarios/Symeon.* In: *Al-Hudhud* (cf. 1981/82, 156) 9–20

[2019]   BROOK, J. A.: Gregorius Nyssenus

759   BUCK, ERWIN *Manuscript Studies in the Syriac Versions of Romans* [Diss.]. Chicago: Lutheran School of Theology 1978. 466 pp.

760   CROUZEL, H. *Quelques remarques concernant le texte patristique de Mt 19,9* — BLE 82 (1981) 83–92

761   DELEBECQUE, E. *De Lystres à Philippes (Ac 16) avec le codex* **Bezae** — Biblica 63 (1982) 395–405

762   DELEBECQUE, E. *Saint Paul avec ou sans le tribun Lysias en 58 à Césarée (Actes XXIV, 6–8)* — RThom 81 (1981) 426–434

763   DELEBECQUE, E. *La montée de Pierre de Césarée à Jérusalem selon le*

codex Bezae au chapitre 11 des Actes des apôtres — EThL 58 (1982) 106–110

764 DELEBECQUE, E. *La mésaventure des fils de Scévas selon ses deux versions (Actes 19, 13-20)* — RSPhTh 66 (1982) 225–232

765 DELOBEL, JOEL *Een nieuwe standaardtekst van het Nieuwe Testament* — BijFTh 41 (1980) 34–46

[682] ELLIOTT, J. K.: Palaeographica atque manuscripta

766 ELLIOTT, J. K. *Comparing Greek New Testament texts* — Biblica 62 (1981) 401–405

767 EPP, E. J. *A continuing interlude in New Testament textual criticism* — HThR 73 (1980) 131–151

[2456] FEE, G. D.: Origenes

768 FREDE, H. J. *Neutestamentliche Zitate in Zeno von Verona.* In: *New Testament textual criticism* (cf. 1981/82, 241) 297–304

769 GALLAZZI, C. *Frammenti di un codice con le epistole di Paolo* — ZPE 46 (1982) 117–122

770 GAMBA, G. G. *Significato letterale e portata dottrinale dell'inciso participale di Atti 2, 47b, ἔχοντες χάριν ποὸς ὅλον τὸν λαόν* — Salesianum 43 (1981) 45–70

771 GAMBA, G. G. *La disposizione Matteo, Luca, Marco, Giovanni nella tradizione antica. Contributo alla soluzione della questione sinottica.* In: *Parola e spirito* (cf. 1981/82, 245) 25–36

[625] GARCIA DE LA FUENTE, O.: Philologia patristica

[626] GARCIA DE LA FUENTE, O.: Philologia patristica

772 GERO, S. *The gates of Hades. A note on Matthew XVI, 18* — NTS 27 (1981) 411–414

[687] GEYMONAT, M.: Palaeographica atque manuscripta

773 GRIBOMONT, J. *La transmission des textes bibliques en Italie.* In: *La cultura in Italia fra Tardo Antico e Alto Medioevo . . .* (cf. 1981/82, 192) 731–743

774 GRUNEWALD, W. *Das Neue Testament auf Papyri.* In: *Proceedings of the XVIth International Congress of Papyrology* (cf. 1981/82, 253) 607–612

775 GUNTHER, JOHN J. *The Alexandrian Gospel and Letters of John* — CBQ 41 (1979) 581–603

776 ISAAC, E. *Another note of Luke VI, 1* — JBL 100 (1981) 96–97

777 JONGE, H. J. DE *A new Witness of the Greek New Testament in Holland (Amsterdam University Library, J.A. Dortmond Collection, inv.-nr. 140 = lectionary 1027)* — Quaerendo 9 (1979) 343–349

778 JONGE, H. J. DE *De bestudering van het Nieuwe Testament aan de Noordnederlandse universiteiten en het Remonstrants Seminarie van 1575 tot 1700* [Verhandelingen der Koninklijke Nederlandse Akademie van Wetenschapen, Afdeling Letterkunde, Nieuwe Reeks, 106]. Amsterdam/Oxford/New York: Noord-Hollandse Uitgeversmaatschappij 1980. 99 pp.

779 KILPATRICK, GEORGE D. *Conjectural Emendation in the New Testament.* In: *New Testament textual criticism* (cf. 1981/82, 241) 349–360

780 MacDONALD, D. R. *A conjectural emendation of I Cor XV, 31–32 or the case of the misplaced lion fight* — HThR 73 (1980) 265–276

[707] MARAVA-CHATZINICOLAOU, A.; TOUFEXI-PASCHOU, CHR.: Palaeographica atque manuscripta

781 MARTINI, CARLOS M. *Introducción al Códice Vaticano Griego. El NT* — RaBi 44 (1982) 65–88

[330] MEADER, C. D.: Subsidia

[1880] MEES, M.: Epiphanius

[1881] MEES, M.: Epiphanius

782 MENGONI, E. *Facere con l'infinito nella Vulgata. Appunti sulla lingua delle versioni bibliche dal greco* — AFLM 13 (1980) [1982] 261–275

[709] METZGER, B. M.: Palaeographica atque manuscripta

783 MOIR, I. A. *Can we risk another textus receptus* — JBL 100 (1981) 614–618

[2305] MONAT, P.: Lactantius

784 NEITZEL, H. *Eine alte crux interpretum im Jakobusbrief 2,18* — ZNW 73 (1982) 286–293

785 O'CALLAGHAN, J. *La variante εισ–ελθων en Mt 9,18* — Biblica 62 (1981) 104–106

[2118] OSBURN, C. D.: Hippolytus Romanus

786 OSBURN, C. D. *The text of Jude 5* — Biblica 62 (1981) 107–115

787 PATRICK, GRAHAM A. *1881-1981: The Centenary of the Westcott and Hort Text* — ExpT 92 (1981) 359–364

788 PINTAUDI, R. *N.T. Ad Hebraeos VI, 7-9; 15-17 (PL III/292)* — ZPE 42 (1981) 42–44

789 PINTAUDI, R. *Frammento di Lezionario greco-copto (N. T. Ad. Rom. IX 22-23 sah.; 3-4 gr.)* — ArPap 28 (1982) 55–57

[719] QUECKE, H.: Palaeographica atque manuscripta

790 ROEMER, C. *3. Johannesbrief 12-15, Judas-Brief 3-5.* In: *Miscellanea papyrologica* (cf. 1981/82, 236) 327–329

791 ROMANIUK, K. *Exégèse du Nouveau Testament et ponctuation* — NovTest 23 (1981) 195–209

792 ROYSE, J. R. *Scribal habits in early Greek New Testament papyri* [Diss. Graduate Theol.]. Union Berkeley: Calif. 1981. 751 pp.

793 SCHICK, EDUARD *Bedeutung der Neo-Vulgata* — TPQS 129 (1981) 376–378

[1916] THIELE, W.: Eusebius Caesariensis

795 WENHAM, J. W. *When were the saints raised? A note on the punctuation of Matthew XXVII, 51-3* — JThS 32 (1981) 150–152

[736] WISSE, F.: Palaeographica atque manuscripta

796 WOLMARANS, J. L. P. *The text and translation of Hebrews 8,8* — Apollonia 1 (1982) 61–69

2. Apocrypha

a) Editiones textus originalis

797 *The apocalypse of Elijah, based on Pap. Chester Beatty 2018.* Coptic text ed. and translated by ALBERT PIETERSMA, SUSAN TURNER COMSTOCK, with HAROLD W. ATTRIDGE. Missoula, Mont.: Scholars Press 1981. VII, 113 pp.

798 *El Evangelio según Tomás. Apócrifo-gnóstico.* Versión bilingüe copto-castellano. Texto copto establecido y traducido por A. GUILLAUMONT; H. CH. PUECH; G. QUISPEL; W. TILL; YASSAH 'ABD AL MASIH [Biblioteca esotérica]. Barcelona: Siete y Media Editores 1981. 107 pp.

799 GEFFCKEN, J. *Die Oracula Sibyllina.* [Reprint of GCS Bd. 8 (1902)]. New York: 1979.

[3373] *"The letter of Peter to Philip"* ⟨ *NHC VIII, 2*⟩.: Gnostica

800 *Papyri and leather manuscripts of the Odes of Solomon.* Ed. by J. H. CHARLESWORTH [Dickerson Ser. of facsim. of mss. important for christian origins 1]. Duke: Univ. Internat. Center for the study of ancient Near Eastern civiliz. and christ. origins Hunter Publ. 1981. 89 pp.

b) Versiones modernae

801 *Gli Apocrifi del Nuovo Testamento.* I,2: *Vangeli. Infanzia e passione di Cristo, Assunzione di Maria.* Vers. e comm. a cura di M. ERBETTA. Torino: Marietti 1981. X, 652 pp.

802 *Les Évangiles secrets.* Trad. et annoté par T. KENEC'HDU. Paris: Gallimard 1982. 289 pp.

[798] *El Evangelio según Tomás:* Editiones textus originalis

803 *L'évangile selon Thomas.* Introduction, version française, notes et commentaire par A. WAUTIER. 2ᵉ éd. revue et complétée. Bruxelles: A. Wautier 1982. 33 pp.

804 *Vidas e Paixões dos Apostolos, Vol. I.* Ediçao critica e estudo por I. VILARES CEPEDA [Textos Medievais Portugueses, 1]. Lisboa: Instituto Nacional de Investigaçao Cientifica 1982. XCVI, 337 pp.

805 DRENNAN, JEANNE FERRARY *A Sort middle English Prose translation of the "Gospel of Nicodemus".* London: University Microfilms Int. 1980. 234 pp.

806 *The other gospels. Non-canonical gospel texts.* Ed. by RON CAMERON. Philadelphia (Pa.): Westminster Press 1982. 191 pp.

807 HOWARD, GEORGE *The Teaching of Addai* [SBL Texts and Translations 16; Early Christian Series 4]. Chico: Scholars 1981. IX, 177 pp.

808 *L'Hymne de la perle des Actes de Thomas.* Introd., texte, trad., comm. par P. H. POIRIER [Homo religiosus 8]. Louvain la Neuve: Centre d'hist. des rel. Université cathol. 1981. 462 pp.

[3373] *"The letter of Peter to Philip"* ⟨ *NHC VIII, 2*⟩ : Gnostica

809 MORALDI, L. *Dichos secretos de Jesús.* Traducción del italiano por J. L. SANDOVAN [Pedal 132]. Salamanca: Ediciones Sígueme 1981. 222 pp.

810 POKORNÝ, P. *Tomášovo evangelium, překlad s výkladem (= The Gospel of Thomas, a czech translation with commentary).* Praha: Edice Kalich 1981. 160 pp.

811 SLOMP, JAN *Das Barnabasevangelium* [Cibedo-Texte 14]. Frankfurt: Christlich-Islamische Begegnung, Dokumentationsleitstelle 1982. 16 pp.

812 *Het Thomas-evangelie.* Amsterdam: Karnak 1980. 62 pp.

813 TREVIJANO ETCHEVERRIA, R. *El Apocalipsis de Pablo (NHC V 2: 17, 19-24, 9). Traducción y comentario.* In: *Quaere Paulum. Miscelánea L. Turrado* (1981/82, 254) 217–236

c) Quaestiones et dissertationes

814 ACERBI, A. *La «Visione di Isaia» nelle vicendi dottrinali del catarismo lombardo e provenzale* — CrSt 1 (1980) 75–123

[152] *Les Actes apocryphes....:* Collectanea et miscellanea

815 ARANDA, GONZALO *María y la predicación del Evangelio. Algunos rasgos de la literatura apócrifa copta* — EMaria 46 (1981) 163–176

[1815] ARANDA, G.: Pseudo-Cyrillus Hierosolymitanus

[1816] ARANDA, G.: Pseudo-Cyrillus Hierosolymitanus

816 AUNE, D. E. *The Odes of Solomon and Early Christian Prophecy* — NTS 28 (1982) 435–460

817 BAUCKHAM, RICHARD *The Worship of Jesus in Apokalyptic Christianity* — NTS 27 (1981) 323–341

818 BAUER, JOHANNES B. *Unverbürgte Jesusworte* — BL 54 (1981) 163–166

819 BOCCIOLINI PALAGI, L. *Il carteggio apocrifo di Seneca e san Paolo* [Accad. Toscana di Sc. e Lett. La Colombaria Ser. Studi 46]. Firenze: Olschki 1978. 224 pp.

820 BOVON, FRANÇOIS *La vie des apôtres. Traditions bibliques et narrations apocryphes.* In: *Les Actes apocryphes des Apôtres* (cf. 1981/82, 152) 141–158

[97] BOVON, F.; BOUVIER, B.: Bibliographica

821 BRASHLER, JAMES *The Coptic Apocalypse of Peter. A genre analysis and interpretation.* Ann Arbor, Mich.; London: Univ. Microfilms Int. 1981. VII, 257 pp.

822 BROEK, R. VAN DEN *Autogenes and Adamas. The Mythological Structure of the Apocryphon of John.* In: *Gnosis and Gnosticism* (cf. 1981/82, 212) 16–25

823 BROEK, R. VAN DEN *The creation of Adam's psychic body in the apocryphon of John.* In: *Studies in gnosticism and Hellenistic religions* (cf. 1981/82, 285) 38–57

824 CAMBE, MICHEL *Les recits de la Passion en relation avec différents textes du IIᵉ siècle surtout l'Évangile de Pierre* — Foi 81 (1982) 12–24

825 CHURCH, F. FORRESTER *The Secret to the Gospel of Thomas.* [Ph. D. diss.]. Harvard University 1981.

826 COLLINS, ADELA YARBORO *The Early Christian Apocalypses* [bibliog.] — Semeia 14 (1979) 61–121

827 COMSTOCK, SUSAN TURNER; PIETERSMA, ALBERT *The Apocalypse of Elijah.* Chico, California: Scholars Press 1981.

[3406] DRIJVERS, H. J. W.: Gnostica

828 ΔΡΙΤΣΑΣ, ΔΗΜΗΤΡΙΟΣ Λ. *Ρυθμικαὶ εὐχαὶ καὶ ὁμιλίαι ἐκ τῶν Γνωστικῶν Ἀποκρύφων Πράξεων καὶ ἐκ τῶν Ἑρμαϊκῶν* — ThAthen 52 (1981) 895–966

[3269] ESBROECK, M. VAN: Mariologia

[3270] ESBROECK, M. VAN: Mariologia

829 ΦΑΝΟΥΡΓΑΚΗΣ, ΒΑΣΙΛΕΙΟΣ Δ. *Αἰ Ὠδαι Σολομῶντος. Συμβολὴ εἰς τὴν ἔρευναν τῆς ὑμνογραφίας τῆς ἀρχαϊκῆς Ἐκκλησίας* [AnVlat 29]. Θεσσαλονίκη: Πατριαρχικὸ Ἵδρυμα Πατερικῶν Μελετῶν 1979. 183 σσ.

830 FRANCESCHINI, E. *È veramente apocrifo l'epistolario Seneca - S. Paolo?* In: *Letterature comparate* (cf. 1981/82, 225) 827–841

831 GIJSEL, J. *Die unmittelbare Textüberlieferung des sog. Pseudo-Matthäus* [Verhand. Acad. van België Kl. der Lett. 96]. Bruxelles: Palais des Acad. 1981. 268 pp.

832 GIJSEL, J. *Het Protevangelium Iacobi in het Latijn* — ACl 50 (1981) 351–366

[584] GOULET, R.: Philosophica

833 GRANT, R. M. *The description of Paul in the Acts of Paul and Thecla* — VigChr 36 (1982) 1–4

834 GREGO, IGINO *La Storia di Giuseppe Falegname del Codice Arabo* — ETGuatemala 8 (1981) 193–208

[3313] HAAS, Y.: Vita christiana, monastica

835 HEDRICK, CH. W. *Christian motifs in the Gospel of the Egyptians. Method and motive* — NovTest 23 (1981) 242–260

[3430] HELDERMAN, J.: Gnostica

836 HIMMELFARB, MARTHA *Tours of Hell: The Development and Transmission of an Apocalyptic Form in Jewish and Christian Literature.* [Diss.]. University of Pennsylvania: 1981. 402 pp.

837 JUNOD, ERIC *Actes apocryphes et hérésie. Le jugement de Photius.* In: *Les Actes apocryphes des Apôtres* (cf. 1981/82, 152) 11–24

[3177] JUNOD, E.: Doctrina auctorum

[591] JUNOD, E.: Philosophica

838 JUNOD, E.; KAESTLI, J.-D. *L'histoire des Actes apocryphes des Apôtres du IVᵉ au IXᵉ siècle. Le cas des Actes de Jean* [Cahiers de la RThPh 7]. Genève: 1982. 154 pp.

[122] JUNOD, E.; KAESTLI, J.-D.: Bibliographica

839 KAESTLI, JEAN-DANIEL *Les scènes d'attribution des champs de mission et de départ de l'apôtre dans les Actes apocryphes.* In: *Les Actes apocryphes des Apôtres* (cf. 1981/82, 152) 249–264

840 KAESTLI, JEAN-DANIEL *Les principales orientations de la recherche sur les Actes apocryphes des Apôtres.* In: *Les Actes apocryphes des Apôtres* (cf. 1981/82, 152) 49–67

841 KIPGEN, K. *Gnosticism in early christianity: a study of the Epistula Iacobi Apocrypha with particular reference to salvation* [Diss.]. Oxford: University 1975. 387 pp.

842 KRITZINGER, J. N. J. *A Critical Study of the Gospel of Barnabas* — RelSoAfrica 1.1 (1980) 49–65

843 LATTKE, M. *The apocryphal Odes of Solomon and New Testament writings* — ZNW 73 (1982) 294–301

844 LATTKE, M. *Zur Bildersprache der Oden Salomos* — Symbolon 6 (1982) 95–110

845 LAURENTIN, R. *Les Évangiles de l'enfance du Christ. Vérité de Noël au-delà des mythes. Exégèse et sémiotique. Historicité et théologie.* Paris: Desclée de Brouwer 1982. 632 pp.

846 LOWE, M. Ἰουδαῖοι *of the Apocrypha. A fresh approach to the Gospels of James, Pseudo-Thomas, Peter and Nicodemus* — NovTest 23 (1981) 56–90

847 LÜHRMANN, D. *POx 2949. EvPt 3–5 in einer Handschrift des 2.–3. Jahrhunderts* — ZNW 72 (1981) 216–226

848 MARCOVICH, M. *The wedding hymn of Acta Thomae* — IClSt 6 (1981) 367–385

849 MÉNARD, J. E. *La tradition synoptique et l'Évangile selon Thomas.* In: *Überlieferungsgeschichtliche Untersuchungen* (cf. 1981/82, 291) 411–426

850 MORARD, FRANÇOISE *Souffrance et martyre dans les Actes apocryphes des Apôtres.* In: *Les Actes apocryphes des Apôtres* (cf. 1981/82, 152) 95–108

[130] MORARD, F.: Bibliographica

851 PETERSEN, W. L. *The parable of the lost sheep in the Gospel of Thomas and the Synoptics* — NovTest 23 (1981) 128–147

852 POMILLO, M. *Il frammento di Mar Sabe: un vangelo segreto?* In: *Parola e spirito* (cf. 1981/82, 245) 105–117

853 POUPON, GÉRARD *L'accusation de magie dans les Actes apocryphes.* In: *Les Actes apocryphes des Apôtres* (cf. 1981/82, 152) 71–93

[57] POUPON, G.: Historia patrologiae

[136] POUPON, G.: Bibliographica

854 PRIEUR, JEAN-MARC *La figure de l'apôtre dans les Actes apocryphes d'André.* In: *Les Actes apocryphes des Apôtres* (cf. 1981/82, 152) 121–139

[137] PRIEUR, J.-M.: Bibliographica

855 QUISPEL, G. *The Gospel of Thomas revisited.* In: *Colloque international sur les textes de Nag Hammadi* (cf. 1981/82, 180) 218–266

[2879] RENOUX, CH.: Liturgica

856 ROBINSON, STEPHEN EDWARD *The Testament of Adam: An Examination of the Syriac and Greek Traditions* [SBLDS 52]. Chico, California: Scholars Press 1982. XI, 196 pp.

857 ROBINSON, STEPHEN EDWARD *The Testament of Adam: An Examination of the Syriac and Greek Traditions* [Ph.D. Dissertation]. Duke Univ. 1978. 264 pp.

858 RORDORF, W. *Die Neronische Christenverfolgung im Spiegel der apokryphen Paulusakten* — NTS 28 (1982) 365–374

859 ROULEAU, D. *Les parables du royaume des cieux dans l'Épître apocryphe de Jacques (NH I,2).* In: *Colloque international sur les textes de Nag Hammadi* (cf. 1981/82, 180) 181–189

860 SANTOS OTERO, AURELIO DE *Die handschriftliche Überlieferung der altslavischen Apokryphen, II* [PTS 23]. Berlin: de Gruyter 1981. XLVI, 272 pp.

861 SCHOEDEL, W. R. *Some readings in the Greek Ode of Solomon (Ode XI)* — JThS 33 (1982) 175–182

862 SELL, J. *Jesus the "fellow-stranger". A study of CG VI, 2,35–3,11* — NovTest 23 (1981) 173–192

863 SELL, JESSE *Johannine Traditions in Logion 61 of the Gospel of Thomas* — PerRelSt 7 (1980) 24–37

864 SELMS, A. VAN *Adunata in de Evangeliën; met troost voor exegeten* — KT 30 (1979) 9–18

865 SEVRIN, JEAN-MARIE *L' evangile apocryphe de Thomas: un enseignement gnostique* — Foi 81 (1982) 62–80

[1767] SMITH, M.: Clemens Alexandrinus

866 STEAD, G. C. *Conjectures on the Acta of John* — JThS 32 (1981) 152–153

867 STONE, M. E. *The metamorphosis of Ezra. Jewish apocalypse and medieval vision* — JThS 33 (1982) 1–18

868 STROUD, ROBERT C. *The Odes of Solomon: The Earliest Collection of Christian Hymns* [example texts] — Hymn 31 (1980) 269–275

869 STROUMSA, G. G. *Polymorphie divine et transformations d'un mythologème. L'Apocryphon de Jean et ses sources* — VigChr 35 (1981) 412–434

870 TARDIEU, M. *Etude de l'Apocryphon de Jean* — AEHESR 90 (1981/82) 329–330

871 TISSOT, YVES *Encratisme et Actes apocryphes.* In: *Les Actes apocryphes des Apôtres* (cf. 1981/82, 152) 109–119

872 TISSOT, YVES *Les Actes apocryphes de Thomas. Exemple de recueil composite.* In: *Les Actes apocryphes des Apôtres* (cf. 1981/82, 152) 223–232

[146] TISSOT, Y.: Bibliographica

873 TRAFTON, JOSEPH LEWIS *A Critical Evaluation of the Syriac Version of the Psalms of Solomon* [Diss.]. Durham: Duke University 1981. 440 pp.

874 TRAUTMANN, C. *La parenté dans l'Évangile selon Philippe.* In: *Colloque international sur les textes de Nag Hammadi* (cf. 1981/82, 180) 267–278

875 Trevijano Etcheverria, R. *La incomprensión de los discípulos en el Evangelio de Tomás.* In: *Studia Patristica* XVII/1 (cf. 1981/82, 283a) 243–250

876 Trevijano Etcheverria, Ramon *La escatología del Evangelio de Tomás (logion 3)* — Salmant 28 (1981) 415–441

III. AUCTORES
(editiones, quaestiones, dissertationes, commentarii)

1. Generalia

877 *Doctrina Patrum de Incarnatione Verbi. Ein griechisches Florilegium aus der Wende des 7. und 8. Jahrhunderts.* 2. Auflage mit Korrekturen und Nachträgen von BASILEIOS PHANOURGAKIS, herausgegeben von EVANGELOS CHRYSOS. Münster: Aschendorff 1981. XCIV, 389 pp.

878 *Scripta Ariana Latina, I: Collectio Veronensis. Scholia in Concilium Aquileiense. Fragmenta theologica rescripta.* Cura e studio R. GRYSON [CChr 87]. Turnhout: Brepols 1982. XXIX, 285 pp.

879 *Apologeţi de limbaă latină.* Introducere, note si indici de NICOLAE CHIŢESCU [PSB 3]. Bucureşti: Institutul Biblic şi de misiune ortodoxă 1981. 508 pp.

880 *De heilige Hêsaias de Kluizenaar. Abba Filêmoon. Filotheos van de Sinaï. Hesychius van Batos. Filokalia.* Uit het Grieks vertaald, ingeleid, van noten en registers voorzien door CHR. WAGENAAR [Monastieke cahiers 22]. Brugge: Uitgeverij Tabor 1982. 178 pp.

881 *Ignatius van Antiochië, Zeven brieven. Polycarpus van Smyrna, Brief en Martelaarsakte.* Door de Benedictinessen van Bonheiden [Kerkvader-teksten met commentaar 2]. Bonheiden: Abdij Bethlehem 1981. 324 pp.

882 *Jean Chrysostome. La Génèse.* Huit discours trad. par P. SOLER, D. ELLUL. *Césaire d'Arles, Homélies sur Abraham et Jacob.* Trad. par M. H. STÉBÉ, introd. et notes par A. G. HAMMAN [Coll. Les Pères dans la foi]. Paris: Desclée de Brouwer 1982. 163 pp.

883 *Omelie copte.* Scelte e tradotte con una introd. sulla letteratura copta a cura di TITO ORLANDI [Corona Patrum 7]. Torino: Soc. Ed. Internaz. 1981. 320 pp.

884 *The Paradise or Garden of the Holy Fathers. Being Histories of the Anchorites, Recluses, Monks, Coenobites and Ascetic Fathers of the Deserts of Egypt between A. D. 250 and 400 circiter.* Compiled by Athanasius, archbishop of Alexandria; Palladius, bishop of Helenopolis; St. Jerome, and others (2 Volumes). Translated from the Syriac with notes and introduction by ERNEST A. WALLIS BUDGE [Reprint]. Seattle, Washington: St. Nectarios Press 1978. LXXIII, 382; 350 pp.

885 *Philokalia: The Complete Text,* Vol 2 Compiled by St. Nikodimos of the

Holy Mountain and St. Makarios of Corinth. Trans. from the Greek and edited by G. E. H. PALMER, PHILIPP SHERRARD and KALLISTOS WARE. Boston: Faber and Faber 1981. 414 pp.

886 *Règles des moines. Pacôme. Augustin. Benoît. François d'Assise. Carmel.* Introd. et présent. par J. P. LAPIERRE [Coll. Points Sagesse 28]. Paris: Éd. du Seuil 1982. 190 pp.

887 *Les Règles des saints Pères, I: Trois règles de Lérins au Ve siècle: Règle des Quatre Pères; Règles de Macaire; Seconde Règle des Pères.* Introd., texte, trad. et notes par A. DE VOGÜÉ [SC 297]. Paris: Ed. du Cerf 1982. 402 pp.

888 *Les Règles des saints Pères, II: Trois Règles du VIe siècle incorporant des textes lériniens.* Introd., texte, trad. et notes par A. DE VOGÜÉ [SC 298]. Paris: Ed. du Cerf 1982. 407–684

889 *Early Monastic Rules: The Rules of the Fathers and the Regula Orientalis.* Transl. CARMELA VIRCILLO FRANKLIN; IVAN HAVENER; J. ALCUIN FRANCIS. Collegeville, Minn.: The Liturgical Press 1982. 88 pp.

890 *Tertulliano, Cipriano, Agostino. Il padre nostro. Per un rinniovamento della catechesi sulla preghiera.* A cura di V. GROSSI, trad. di L. VICARIO. Roma: Ed. Borla 1980. 186 pp.

891 *A lost tradition. Women writers of the early church.* Ed. by PATRICIA WILSON-KASTNER. Washington: University Press of America 1981. XXX, 180 pp.

892 *The Early Church and the State.* Ed. AGNES CUNNINGHAM, transl. AGNES CUNNINGHAM and MICHAEL DI MAIO [Sources of Early Christian Thought 4]. Philadelphia: Fortress Press 1982. VIII, 117 pp.

893 *Κοινωνικὴ διδασκαλία ἑλλήνων Πατέρων. Κείμενα, I.* Par N. TH. BOUGATSOS. Athènes: Apostolikì Diakonìa 1980. XII, 424 pp.

894 ABBOTT, KENNETH M. *Satira and Satiricus in Late Latin* – IClSt 4 (1979) 192–199

895 ADLER, WILLIAM *Enoch in Early Christian Literature* – SBLSemPap 13 (1978) 271–275

896 BALDWIN, B. *Greek historiography in late Rome and early Byzantium* – Hell 23 (1981) 51–65

897 BARTELINK, G. J. M. *Enkele opmerkingen over de nawerking van de homerische gedichten bij christelijke schrijvers* – Kleio 11 (1981) 102–112

898 BARTNIK, C. S. *Nadzieje upadajacego Rzymu. Papieska wizja świata ze schyłku Imperium Rzymskiego (= The Hopes of Falling Rome. The Popes' Vision of the World During the Decline of the Roman Empire).* Warszawa: Novum 1982. 299 pp.

899 BONIS, K. *Μέγας Ἀθανάσιος, Ἰουλιανὸς ὁ Ἀποστάτης καὶ Μέγας Βασίλειος ἐν θέσει καὶ ἀντιθέσει* – PAA 54 (1979) 276*–305*

900 CATAUDELLA, Q. *Per una edizione critica degli epigrammi greci cristiani, II* – Sileno 4 (1978) 229–243

901 COMAN, I. G. *Literatura patristică de la Dunărea de Jos din secolele*

IV–VI, ca geneză a literaturii şi culturii daco-romane şi române: Ioan Cassian şi Dionisie cel Mic (= Patristische Literatur an der unteren Donau im 4.-6. Jahrhundert als Ursprung der romano-dakischen und rumänischen Literatur und Kultur: Johannes Cassian und Dionysius Exiguus) — BOR 99 (1981) 775–781

902 CONZELMANN, HANS *Heiden-Juden-Christen. Auseinandersetzungen in der Literatur der hellenistisch-römischen Zeit* [Beiträge zur historischen Theologie 62]. Tübingen: Mohr 1981. VIII, 351 pp.

[678] DECLERCK, J. H.: Palaeographica atque manuscripta

903 DUPRIEZ, FLORE *La condition féminine et les Pères de l'Eglise latine* [Collection Notre temps 22]. Montreal: Ed. Paulines; Paris: Apostolat des Ed. 1982. 194 pp.

904 FILIPEK, F.; MŁOTEK, A. *Postawa chrześcijan IV i V wieku wobec kultury antycznej (= L'attitude des chrétiens du IVᵉ et Vᵉ siècles à l'égard de la culture antique)* — RoczTK 29 (1982) 5–20

905 FONTAINE, JACQUES *Christentum ist auch Antike. Einige Überlegungen zu Bildung und Literatur in der lateinischen Spätantike* — JAC 25 (1982) 5–21

906 FONTAINE, JACQUES *Naissance de la poésie dans l'Occident chrétien. Esquisse d'une histoire de la poésie latine chrétienne du IIIᵉ au VIᵉ siècle.* Avec une préface de JACQUES PERRET. Paris: Études Augustiniennes 1981. 304 pp.

907 FRANK, K. S. *Adversus Judaeos in der Alten Kirche.* In: *Die Juden als Minderheit in der Geschichte.* München: Deutscher Taschenbuch Verlag (1981) 30–45

908 GALLICET, E. *I Cristiani e la natura. Da Clemente Romano ad Atenagora* — CCC 3 (1982) 205–234

909 GNILKA, C. *Usus iustus. Ein Grundbegriff der Kirchenväter im Umgang mit der antiken Kultur* — ABG 24 (1980) 34–76

910 GRÉGOIRE, R. *Le raccolte di materiale patristico e liturgico nei secoli VI–IX.* In: *Atti del 7° Congresso internazionale . . .* (cf. 1981/82, 163) 327–352

911 GRUSZKA, P. *Die Stellungnahme der Kirchenväter Kappadokiens zu der Gier nach Gold, Silber und anderen Luxuswaren im täglichen Leben der Oberschichten des 4. Jahrhunderts* — Klio 63 (1981) 661–668

912 HARL, M. *La dénonciation des festivités profanes dans le discours épiscopal et monastique, en Orient chrétien, à la fin du IVᵉ siècle.* In: *La fête, pratique e discours* (cf. 1981/82, 206) 123–147

913 HARMENING, D. *Superstitio. Überlieferungs- und theoriegeschichtliche Untersuchungen zur kirchlich-theologischen Aberglaubensliteratur des Mittelalters.* Berlin: Schmidt 1979. 380 pp.

914 JURGENS, WILLIAM E. *The Faith of the Early Fathers.* Volume 2: *A Source-book of Theological and Historical Passages from the Christian Writings of the Post-Nicene and Constantinopolitan Eras Through St.*

Jerome, Selected and Translated. Collegeville, Minnesota: The Liturgical Press 1979. XVIII, 298 pp.

915 KENNEDY, GEORGE ALEXANDER *"The Rhetoric of the Church Fathers"*. In: *Classical Rhetoric* . . . (cf. 1979/80, 611)

916 KOZARŽEVSKIJ, A. C. *Les échos de la culture antique dans l'art oratoire des Pères de l'Eglise*. In: *La culture et l'art* (cf. 1981/82, 193) 440–451

917 LAMBERT, G. R. *Childless by choice. Greco-Roman arguments and their uses* — Prudentia 14 (1982) 123–138

918 LIPPOLD, A. *Stimmen zur Völkerwanderungszeit. Widerspiegelungen des Umbruchs?* In: *Information aus der Vergangenheit* (cf. 1981/82, 216) 64–95

919 LÖFSTEDT, B. *Drei patristische Beiträge* — AAPh 16 (1982) 65–72

920 LONGOSZ, S. *Musyka w ocenie wczesnochrześcijańskich pisarzy (= Die Musik im Urteil der frühchristlichen Schriftsteller)* — Musica Antica 6 (1982) 355–388

921 MALESKI, MARY ANSELMA *Tradition and the Renaissance Talent. Plato, Augustine, Boethius, and Donne's "Anniversaries"*. London: University Microfilms Int. 1980. 228 pp.

922 MCKENNA, M. M. *"The two ways" in Jewish and Christian writings of the Greco-Roman period. A study of the form of repentance parenesis* [Diss.]. Philadelphia: Univ. of Pennsylvania 1981. 514 pp.

923 MICHALSKI, M. *Antologia literatury patrystycznej, tom II (= Anthologie Patristischer Literatur, Band II)*. Warszawa: Instytut Wydawniczy Pax 1982. 419 pp.

925 NEUGEBAUER, O. *On the Spanish Era* — Chrion 11 (1981) 371–380

926 NEWBOLD, R. F. *Space and scenery in Quintus of Smyrna, Claudian and Nonnus* — Ramus 10 (1981) 53–68

927 NIARCHOS, C. G. *The co-existence of body and soul in Byzantine philosophy* — Diotima 8 (1980) 91–101

928 NIKITAS, D. Παπίας-'Ολόβωλος — By 1 (1981) 61–66

929 O'CONNELL, R. *When Saintly Fathers Feuded: The Correspondence between Augustine and Jerome* — Thought 54 (1979) 344–364

930 OSTUNI, G. *Messagio scritto e messagio figurato. Una premessa* — JÖB 32 (1982) 157–165

931 PAPADOPULOS, STILIANOS *Sfinţii Parinţi, creştere a Bisericii şi Duhul Sfint (= Die Kirchenväter, das Wachsen der Kirche und der Heilige Geist)*. Trad. I. FRĂCEA — MitrBan 31 (1981) 18–40

932 PAVAN, M. *Il cristianesimo e la storia* — Veltro 25 (1981) 602–603

933 PHIPPS, WILLIAM E. *The Heresiarch: Pelagius or Augustine?* — AnglThR 62 (1980) 124–133

934 POINSOTTE, J. M. *Le consul de 382 Fl. Claudius Antonius fut-il un auteur antipaïen?* — REL 60 (1982) 298–312

935 POPA, ION D. *Aspecte moral-sociale în predica şi viaţa Sfinţilor trei ierarhi (= Moralisch-soziale Aspekte in Predigt und Leben der Heiligen drei Hierarchen)* — GlB 39 (1980) 369–398

936 QUACQUARELLI, A. *La letteratura di preparazione al martirio e la convergenza iconologica nel III secolo*. In: *Parola e spirito* (cf. 1981/82, 245) 789–807

[2715] QUISPEL, G.: Valentius Gnosticus

936a *Recent Acquisitions by the Royal Library, Brussels (Edition of Prudentius and Ausonius, Antwerp 1525)* — Quaerendo 10 (1980) 83

937 REMUS, H. E. *Pagan-Christian conflict over miracle in the second century* [Diss.]. Philadelphia: University of Pennsylvania 1981. 490 pp.

938 REMUS, H. *"Magic or Miracle"? Some Second Century Instances* — SecCent 2 (1982) 127–156

939 RENO, S. J. *The sacred tree as an early christian literary symbol. A phenomenological study* [Forsch. zur Anthropologie und Religionsgeschichte 4]. Saarbrücken: Homo und Religio 1978. 229 pp.

940 REYDELLET, M. *La royauté dans la littérature latine de Sidoine Apollinaire à Isidore de Séville* [Bibl. des Écoles franç. d'Athènes et de Rome 243]. Rome: Écoles franç. 1981. 644 pp.

941 SÁNCHEZ SALOR, E. *El providencialismo en la historiografía cristiano – visigótica de España* — AnFilE 5 (1982) 179–192

942 SÁNCHEZ SALOR, E. *La preocupación por la cronología en los primeros historiadores cristianos* — Sodalitas 2 (1981) 405–424

943 SCHNUSENBERG, CHR. *Das Verhältnis von Kirche und Theater. Dargestellt an ausgewählten Schriften der Kirchenväter und liturgischen Texten bis auf Amalarius von Metz (a. d. 775–852)* [Europäische Hochschulschriften 141]. Frankfurt: Lang 1981. 308 pp.

944 SCHRECKENBERG, HEINZ *Die christlichen Adversus-Judaeos-Texte und ihr literarisches und historisches Umfeld (1.–11. Jh.)* [Europäische Hochschulschriften Reihe 23, Theologie Bd. 172]. Frankfurt am Main: Lang 1982. 747 pp.

945 SEMËNOV, L. JE. *L'idée d'État chez les premiers chrétiens* [en russe]. In: *VIIIe Conférence nationale . . .* (cf. 1981/82, 184) 91–92

946 SILVESTRE, H. *A propos de trois citations patristiques chez Rupert de Deutz* — RThAM 49 (1982) 228–234

947 SILVESTRE, H. *La répartition des citation nominatives des Pères dans l'œuvre de Rupert de Deutz*. In: *Sapientiae doctrina* (cf. 1981/82, 269) 271–298

948 ŠPIDLÍK, T. *Tempel und Bild*. In: *Typus, Symbol, Allegorie* (cf. 1981/82, 290) 353–360

949 STAN, ALEXANDRU *Ortodoxia şi frumuseţea stilului teologic al Sfinţilor Trei Ierarhi (= Orthodoxie und Schönheit des theologischen Stils der Hll. Drei Hierarchen)* — StBuc 34 (1982) 185–199

950 STEINBERG, MARY ALICE *The Origins and Role of the Miracle Story in Irish and English History and Hagiography: 400–800 A. D.* [Ph. D. Dissertation]. New York: University 1978. 210 pp.

951 SWOBODA, M. *De Ausonii et Claudiani fragmentis hymnico-precatoriis* — Eos 69 (1981) 83–95

952 VALLIANOS, PERICLES S. *The Attitude of the Three Hierarchs towards Knowledge and Learning* – GrOrthThR 24 (1979) 43–57

953 VINER, JACOB *Economic Doctrines of the Early Christian Fathers*. In: *Religious Thought and Economic Society*. Ed. J. MELITZ and D. WINCH. Durham, North Carolina: Duke University Press 1978.

954 WEISCHER, B. M. *Qerellos, IV, 3: Traktate des Severianos von Gabala, Gregorius Thaumaturgos und Kyrillos von Alexandrien* [Äthiopische Forschungen 7]. Wiesbaden: Steiner 1980. 143 pp.

955 ZONEWSKI, ILJA *Izvorite na vjarata spored učenieto na sveti tri svetiteli (= Die Quelle des Glaubens nach der Lehre der hl. drei Hierarchen)* – DuchKult 12 (1981) 7–18

2. Auctores singuli (in ordine alphabetico auctorum)

Abercius

956 KRETSCHMAR, GEORG *Erfahrung der Kirche. Beobachtungen zur Aberkios-Inschrift*. In: *Communio Sanctorum* (1981/82, 181) 73–85

Aeneas Gazaeus

[642] NEYT, F.: ἀψήφιστος

Aetheria (Egeria)

957 *[Aetheria] Egeria's travels to the Holy Land*. Newly translated with supporting documents and notes by JOHN WILKINSON (Rev. ed.). Jerusalem: Ariel; Warminster: Aris and Phillips 1981. XV, 354 pp.

958 *[Aetheria] Égérie. Journal de voyage*. Introd., texte crit., trad., notes, index et cartes par P. MARAVAL. *Suivi de la Lettre de Valerius du Bierzo sur la bienheureuse Égérie*. Introd., texte et trad. par M. C. DÍAZ Y DÍAZ [SC 296]. Paris: Éd. du Cerf 1982. 400 pp.

[891] *A lost tradition. Women writers of the early church.*: Auctores

959 BRANIŞTE, MARIN *Insemnările de călătorie ale peregrinei Egeria (= Die Reiseberichte der Pilgerin Egeria)* – MitrOlt 34 (1982) 225–392

961 PIKUS, T. *Próba rekonstruckji y «Itinerarium Egerii» w oparciu o dzieło «De locis sanctis». Piotra Diakona (= Quid de Petri Diaconi libro de Locis sanctis ad restituendos locos «Itinerarii Egeriae» pertinere videatur)* – Meander 36 (1981) 495–507

962 REGAN, PATRICK *The Fifty Days and the Fiftieth Day* – Worship 55 (1981) 194–218

Agapitus Papa

[1982] VOGÜÉ, A. DE: Gregorius Magnus
[1983] VOGÜÉ, A. DE: Gregorius Magnus

Agathangelus

963 WINKLER, G. *Our present knowledge of the History of Agathangelos and its Oriental versions* — REArm 14 (1980) 125–141

Agrestius Episcopus

[919] LÖFSTEDT, B.: Auctores

Ambrosius Mediolanensis

964 *[Ambrosius] Sancti Ambrosi opera. Pars 10. Epistulae et acta. Tom. 3. Epistularum liber 10. Epistulae extra collectionem. Gesta Concilii Aquileiensis.* Rec. MICHAELA ZELZER [CSEL 82]. Vindobonae: Hoelder-Pichler-Tempsky 1982. CCI, 368 pp.

965 *[Ambrosius] Tutte le opere di Sant 'Ambrogio. 16: Lo Spirito Santo. Il mistero dell'incarnazione del Signore.* Introd., trad., note e indici a cura di C. MORESCHINI; E. BELLINI. Milano: Biblioteca Ambrosiana; Roma: Città Nuova 1979. 248 pp.

966 *[Ambrosius] Tutte le opere di Sant'Ambrogio. Opere esegetiche 1: I sei giorni della creazione.* Introd., trad., note e indici di G. BENTELE. Milano: Biblioteca Ambrosiana; Roma: Città Nuova 1979. 459 pp.

967 *[Ambrosius] Ambrogio. Il giardino piantato ad Oriente. De paradiso.* Introd. di U. MATTIOLI, trad. di C. MAZZA [Letture crist. delle origini 9 Testi]. Roma: Ed. Paoline 1981. 158 pp.

968 ANDRZEJEWSKI, R. *Przypowieść o zbaweniu, Łk 15,4–32 w interpretacji św. Ambrożego z Mediolanu (= Paraboles du salut Lc. 15,4–32 dans l'interprétation d'Ambroise de Milan)* — AtKap 96 (1981) 63–69

969 ANDRZEJEWSKI, R. *Niektóre ciceroniana u św. Ambrożego z Mediolanu (= Certains Ciceroniana chez Saint Ambroise)* — RoczH 29 (1981) 119–127

970 BASKIN, J. R. *Job as moral exemplar in Ambrose* — VigChr 35 (1981) 222–231

971 CAPITANI, F. DE *Studi su Sant' Ambrogio e i Manichei. I: Occasioni di un incontro* — RFN 74 (1982) 593–610

972 CAPPONI, F. *Intorno a un testo di Ambrogio* — Helmántica 33 (1982) 149–156

[104] *Cento anni . . . .:* Bibliographica

973 CONSOLINO, F. E. *Dagli exempla ad un esempio di comportamento cristiano; il De exhortatione uirginitatis di Ambrogio* — RSI 94 (1982) 455–477

974 Coppa, G. *Cristo in sant' Ambrogio.* In: *La cristologia* . . . (cf. 1981/82, 3232) 43–66

[3040] Corti, G.: Concilia, acta conciliorum, canones

975 Doignon, J. *Palladius – Ambroise ou l'affrontement de l'école et de la philosophie* – AnAl 21 (1981) 125–133

[577] Doignon, J.: Philosophica

[3571] Doignon, J.: Specialia in Novum Testamentum

[3579] Doignon, J.: Specialia in Novum Testamentum

976 Fenger, Anne-Lene *Aspekte der Soteriologie und Ekklesiologie bei Ambrosius von Mailand* [Europäische Hochschulschriften: Reihe 23, Theologie Bd. 149]. Frankfurt/M, Bern: Peter Lang 1981. 242 pp.

977 Fenger, A.-L. *Tod und Auferstehung des Menschen nach Ambrosius' De excessu fratris II.* In: *Jenseitsvorstellungen in Antike und Christentum* (cf. 1981/82, 219) 127–139

978 Folgado Flórez, S. *Contorno teológico de la virginidad de María en s. Ambrosio* – Marianum 44 (1982) 286–315

[581] Fontaine, J.: Philosophica

979 Francesconi, G. *Storia e simbolo. Mysterium in figura, la simbolica storico-sacramentale nel linguaggio e nella teologia di Ambrogio di Milano* [Pubbl. del Pontif. Semin. Lombardo in Roma Ric. di sc. rel. 18]. Brescia: Morcelliana 1981. 357 pp.

980 Gaffney, James *Comparative Religious Ethics in the Service of Historical Interpretation: Ambrose's Use of Cicero* – JRelEthics 9 (1981) 35–47

[2986] Gładyszewski, L.: Hymni

[3055] Gottlieb, G.: Concilia, acta conciliorum, canones

981 Gryson, R. *Le vêtement d'Aaron interprété par saint Ambroise* – Muséon 92 (1979) 273–280

982 Hill, C. *Classical and Christian traditions in some writings of Saint Ambrose of Milan.* [Diss.]. Oxford: University 1979. 390 pp.

983 Iacoangeli, R. *La catechesi escatologica di S. Ambrogio* – Salesianum 41 (1979) 403–417

984 Johnson, John F. *Creation and the Concept of Matter in the Theology of Ambrose* – ConcorJ 7 (1981) 109–113

985 Krautter, K. *Acsi ore ad os . . . Eine mittelalterliche Theorie des Briefes und ihr antiker Hintergrund* – AA 28 (1982) 155–168

[469] Labuske, H.: Opera ad historiam

986 Lamirande, Emilien *Saint Ambroise, théologien de l'Eglise ou homme d'Eglise* – EgliseTh 9 (1978) 239–270

987 Lamirande, E. *Les âges de l'homme d'apres Saint Ambroise de Milan († 397).* In: *Mélanges Etienne Gareau* (cf. 1981/82, 231) 227–233

[2538] Lamirande, E.: Paulinus Mediolanensis

988 Lenox-Conyngham, A. *The topography of the basilica conflict of A. D. 385/6 in Milan* – Historia 31 (1982) 353–363

[298] Madec, G.: Methodologica

989 MARGERIE, BERTRAND DE *San Ambrosio y san Agustín* — Augustinus 27 (1982) 79–83

990 MARTIMORT, A. G. *Attualità della catechesi sacramentale di Sant' Ambrogio* — VetChr 18 (1981) 81–103

991 MELONI, P. *L'influsso del Commento al Cantico di Ippolito sull'Expositio psalmi CXVIII di Ambrogio.* In: *Letterature comparate* (cf. 1981/82, 225) 865–890

[3524] MELONI, P.: Specialia in Vetus Testamentum

992 NAZZARO, A. V. *Quibus libris manu scriptis tres S. Ambrosii De viduis, De exhortatione virginitatis, De institutione virginis sermones tradantur* — VetChr 18 (1981) 105–127

993 NIKIPROWETSKY, V. *Saint Ambroise et Philon* — REG 94 (1981) 193–199

994 PAREDI, A. *Ambrogio, Graziano, Teodosio* — AnAl 22 (1982) 17–49

[3128] RAMOS-LISSON, D.: Ius canonicum, hierarchia, disciplina ecclesiastica

995 RIGGI, C. *La verginità nel pensiero di S. Ambrogio* — Salesianum 42 (1980) 789–806

996 ROYSE, J. R. *Philo and the immortality of the race* — JStJ 11 (1980) 33–37

997 SAGOT, S. *Le Cantique des cantiques dans le De Isaac d'Ambroise de Milan. Étude textuelle et recherche sur les anciennes versions latines* — RechAug 16 (1981) 3–57

998 SAINT-LAURENT, GEORGE E. *St Ambrose of Milan and the Eastern Fathers* — Diak 15.1 (1980) 23–31

999 SAUER, ROLAND ALFONS *Studien zur Pflichtenlehre des Ambrosius von Mailand* [Diss.]. Würzburg: Univ. Phil. Fak. 1982. VIII, 350 pp.

1000 SAVON, H. *La première oraison funèbre de saint Ambroise (De Excessu fratris I) et les deux sources de la consolation chrétienne* — REL 58 (1980) 370–402

[1747] SMOLAK, K.: Claudius Marius Victorius

1001 SORDI, M. *Da Ambrogio al Boccaccio. L'anello simbolo della fede* — RILSL 114 (1980) [1982] 116–122

1002 SWIFT, L. J. *Basil and Ambrose on the six days of creation* — AugR 21 (1981) 317–328

[2998] TESTARD, M.: Hymni

1003 TORTI, G. *Sant' Ambrogio e il privilegio paolino* — GiorFil 32 (1980) 233–243

1004 VASEY, V. R. *The social ideas in the work of St. Ambrose. A study on the De Nabuthe* [StEA 17]. Roma: Inst. patrist. Augustinianum 1982. 262 pp.

1005 WACHT, M. *Privateigentum bei Cicero und Ambrosius* — JAC 25 (1982) 28–64

Pseudo-Ambrosius Mediolanensis

[3575] DOIGNON, J.: Specialia in Novum Testamentum
[3256] PÉPIN, J.: Soteriologia
1006 TORTI, G. *Vicende di un testo dell' Ambrosiastro* – CCC 3 (1982)
235–246

Ammon Episcopus

1007 GOEHRING, J. E. *The Letter of Ammon and Pachomian monasticism*
[Diss.]. Claremont: Graduate School Claremont, Calif. 1981. 541 pp.

Amphilochius Iconiensis

1008 ESBROECK, M. VAN *Amphiloque d'Iconium et Eunome, l'homélie CPG
3238* – AugR 21 (1981) 517–539

Anastasius Antiochenus

1009 UTHEMANN, K. H. *Des Patriarchen Anastasius I. von Antiochien Jerusa-
lemer Streitgespräch mit einem Tritheiten (CPG 6958)* – Tr 37 (1981)
73–108

Anastasius Sinaita

1010 *[Anastasius Sinaita] Anastasii Sinaitae Viae dux.* Cuius ed. cur. K. H.
UTHEMANN [CChr 8]. Turnhout: Brepols; Leuven: Univ. Pr. 1981.
CCXLVII, 455 pp.
[679] DECLERCK, J. H.: Palaeographica atque manuscripta
[705] LUCÀ, S.: Palaeographica atque manuscripta
1011 PHILONENKO, M. *Essénisme et misogynie* – CRAI (1982) 339–350
1012 UTHEMANN, K. H. *Die dem Anastasios Sinaites zugeschriebene Synopsis
de haeresibus et synodis. Einführung und Edition* – AHC 14 (1982)
58–94
1013 UTHEMANN, K. H. *Ein Nachtrag zu Seth in der patristischen Literatur* –
VigChr 36 (1982) 287–291
1014 UTHEMANN, K. H. *Antimonophysitische Aporien des Anastasios Sinaites* – ByZ 74 (1981) 11–26

Andreas Cretensis

1015 CLÉMENT, O. *Le chant des larmes. Essai sur le repentir, suivi de la trad.
du Poème sur le repentir, par saint André de Crète* [Coll. Théophanie].
Paris: Desclée de Brouwer 1982. 204 pp.

Anonymus

1016 DOIGNON, J. *Commentaire doctrinal et littéraire du sermon Praeclara huius diei solemnitas sancto me ordine compellit* — REA 27 (1981) 301–305

1017 UTHEMANN, K. H. *Syllogistik im Dienst der Orthodoxie. Zwei unedierte Texte byzantinischer Kontroverstheologie des 6. Jahrhunderts* — JÖB 30 (1981) 103–112

1018 VÖÖBUS, A. *Entdeckung neuer Handschriften des antijulianischen Pastoralschreibens* — OrChr 66 (1982) 114–118

Antonius Eremita

1018a *[Antonius] San Antonio. Cartas*. Intr. de A. LOUF. Burgos: Monasterio de las Huelgas 1981. 84 pp.

1019 *[Antonius Eremita] Leven, getuigenissen, brieven van de heilige Antonius Abt*. Inleidingen, vertaling, voetnoten en registers van CHRISTOFOOR WAGENAAR [Monastieke cahiers 17]. Bonheiden: Abdij Bethlehem 1981. 364 pp.

1020 DEVILLIERS, NOELLE *Antonius de Grote, vader van alle monniken*. Uit het Frans vertaald door de Benedictinessen van Bonheiden [Monastieke Cahiers 18]. Bonheiden: Abdij Bethlehem 1981. 170 pp.

Apelles Gnosticus

1021 JUNOD, E. *Les attitudes d'Apelles, disciple de Marcion, à l'égard de l'Ancien Testament* — AugR 22 (1982) 113–133

Aphraates

1022 WOŹNIAK, J. *Problematyka modlitwa u Afrahata Syryjszka (= De oratione apud Aphrahatem Syrum)*. In: *Akta sympozjum patrystycznego*... (cf. 1981/82, 155) 145–149

Apollinarius Laodicensis

1023 CATTANEO, E. *Trois homélies pseudochrysostomiennes sur la Pâque comme œuvre d'Appolinaire de Laodicée. Attribution et étude théologique* [ThH 58]. Paris: Beauchesne 1981. XX, 269 pp.

1024 CATTANEO, E. *Rectification* – AugR 22 (1982) 621

[2271] CIPRIANI, N.: Iulianus Aeclanensis

1025 PERŠIČ, A. *Apollinare di Laodicea. La deificazione dell'uomo nel rapporto genetico con l'unica natura incarnata del Cristo-Logos* — StPad 29 (1982) 285–308

[3245] RAVEN, CH. E.: Christologia

1026 VISONÀ, G. *Ippolito o Apollinare? Nuovi frammenti dell'opera Sui due ladrone attribuita a Ippolito di Roma* — AugR 21 (1981) 451–490

Apophthegmata Patrum

1027 *[Apophthegmata Patrum] The Ancient Fathers of the Desert.* Transl. narratives from the Evergetings on passions and perfection in Christ by ARCHIMANDRITE CHRYSOSTOMOS. Brookline, Mass.: Hellenic College Pr. 1980. 118 pp.

1028 *[Apophthegmata] The sayings of the Desert Fathers: the alphabetical collection.* Translated by BENEDICTA WARD, foreword by METROPOLITAN ANTHONY. London: Mowbray 1981. XXI, 269 pp.

1029 *[Apophthegmata] Les sentences des Pères du désert. Collection alphabétique.* Trad. et prés. par L. REGNAULT. Solesmes: Abbaye Saint-Pierre 1981. 347 pp.

1030 BUNGE, GABRIEL *Le «lieu de la limpidité». À propos d'un apophtegme énigmatique: Budge II, 494* [summ. in engl.] – Irénikon 55 (1982) 7–18

1031 CARPENTER, D. *The Devil Bedeviled: Diabolical Intervention and the Desert Fathers* – AmBenR 31 (1980) 182–200

1032 ELIZALDE, MARTIN DE *Sur la collection d'apophtegmes traduite en Latin par Paschase de Dumio* – PolKnig 4 (1981) 15–18

[3313] HAAS, Y.: Vita christiana, monastica

1033 JASCHKE, WILHELM *Motive und Formen der Askese bei den frühchristlichen Mönchen in Ägypten nach den «Apophthegmata Patrum»* [Dipl.]. Wien: 1981. 79 pp.

1034 LELOIR, L. *Le diable chez les Pères du Désert et dans les écrits du Moyen Age.* In: *Typus, Symbol, Allegorie* (cf. 1981/82, 290) 218–238

1036 REGNAULT, LUCIEN *Les Apophtegmes des Pères en Palestine au Ve-VIe siècles* [summ. in engl.] – Irénikon 54 (1981) 320–330

1037 REGNAULT, L. *Las sentencias de los Padres del Desierto. Los apotegmas de los Padres.* Traducción de S. F. DE RETANA. Burgos: Las Huelgas 1981. XXXII, 356 pp.

[3481] STROUMSA, G. G.: Gnostica

1038 WAGENAAR, CHRISTOFOOR *Woestijnvaders. Een speurtocht door de Vaderspreuken* [Spiritualiteit 16]. Nijmegen: Uitgeverij B. Gottmer; Beveren: Uitgeverij Emmaüs 1981. 187 pp.

1039 WAGENAAR, CHRISTOFOOR *De monnik «desespereert niet»* – TGL 38 (1982) 394–404

1040 YANNEY, RODOLPH *The Desert Fathers: Saint Moses the Ethiopian, His Life and Spirituality* – CopticChurchR 2 (1981) 59–68

Arius

1041 WEST, M. L. *The Metre of Arius' Thalia* – JThS 33 (1982) 98–105

Arnobius Maior

1042 *[Arnobius Maior] Contre les gentils, livre 1.* Texte établi, trad. et comm. par H. LE BONNIEC [Coll. G. Budé]. Paris: Les Belles Lettres 1982. 395 pp.

1043 CULIANU, I. P. *Le vol magique dans l'antiquité tardive* — RHR 198 (1981) 57–66

1044 FASCE, S. *Paganesimo africano in Arnobio* — Vichiana 9 (1980) 173–180

1045 GIGON, O. *Arnobio. Cristianesimo e mondo romano.* In: *Mondo classico e cristianesimo* (cf. 1981/82, 238) 87–100

1046 LA PENNA, A. *Una croce da strappare. Su un caso curioso di critica testuale (Arnobio 5,26)* — RFC 110 (1982) 171–174

1047 LAURENTI, R. *Il platonismo di Arnobio* — StudFilos 4 (1981) 3–54

1048 LE BONNIEC, H. *Échos ovidiens dans l'Adversus nationes d'Arnobe* — Caesarodunum 17 bis (1982) 139–151

1049 MADDEN, J. D. *Jesus as Epicurus. Arnobius of Sicca's borrowings from Lucretius* — CCC 2 (1981) 215–222

1050 TIMPANARO, S. *Carm. epigr. 881 e Arnobio 1,16* — RFC 108 (1980) 422–430

1051 TUPET, A. M. *Une anecdote éleusinienne chez Ovide et chez Arnobe* — Caesarodunum 17 bis (1982) 153–163

Arsenius Monachus

1052 PARYS, MICHEL VAN *La lettre de saint Arsène* [summ. in engl.] — Irénikon 54 (1981) 62–86

Asterius Ansedunensis

1053 GRILLI, A. *Il proemio d'Asterio ad Renatum monacum* — ScrPhil 2 (1980) 329–333

1054 GUALANDRI, I. *Asteriana* — ScrPhil 2 (1980) 149–157

[919] LÖFSTEDT, B.: Auctores

Athanasius Alexandrinus

1055 *[Athanasius Alexandrinus] Select Treatises of St. Athanasius in Controversy with Arians,* 2 vol. Freely translated, with an Appendix by JOHN HENRY CARDINAL NEWMAN [5. Aufl., Reprint]. New York: AMS Press 1980.

1056 *[Athanasius Alexandrinus] De heilige Athanasius. Leven, spiritualiteit, werken.* Met teksten ingeleid en uit het grieks vertaald door de Benedictinessen van Bonheiden [Kerkvaders 11]. Bonheiden: Abdij Bethlehem 1982. 229 pp.

1057 *[Athanasius Alexandrinus] Atanazije Veliki. Pisma o Kristu i Duhu (= Lettres sur le Christ et l'Esprit Saint).* Preveo, napisao i bilješke MARIJAN MANDAC [Služba Bozja 11]. Makarska: 1980. 192 pp.

[884] *The Paradise or Garden of the Holy Fathers:* Auctores

[1019] *Leven van de heilige Antonius:* Antonius Eremita

[3204] ABRAMOWSKI, L.: Trinitas

1058 BARTELINK, G. J. M. *Die älteste lateinische Übersetzung der Vita Antonii des Athanasius im Lichte der Lesarten einiger griechischer Handschriften* – RHT 11 (1981) 397–413

1059 BARTELINK, G. J. M. *Die literarische Gattung der Vita Antonii. Struktur und Motive* – VigChr 36 (1982) 38–62

1060 BIANCO, M. G. *Gli intendi del traduttore anonimo della Vita Antonii di Atanasio e le sue doti letterarie* – SEBR 5 (1981) 223–250

1061 BIENERT, W. *The significance of Athanasius of Alexandria for Nicene orthodoxy* – ITQ 48 (1981) 181–195

[899] BONIS, K.: Auctores

1062 COQUIN, R. G.; LUCCHESI, E. *Un complément au corpus copte des lettres festales d'Athanase (Paris, B. N., Copte 176)* – OLP 13 (1982) 137–142

1063 FRANCIS, J. ALCUIN *Pagan and Christian Philosophy in Athanasius' Vita Antonii* – AmBenR 32 (1981) 100–113

1064 GARCÉS T., PEDRO *El ideal del monje según san Atanasio.* In: *Estudios Patrísticos* (1981/82, 201) 3–12

1065 HAMILTON, A. *The relationship between God and created reality in the theology of Saint Athanasius of Alexandria* [Diss.]. Oxford: University 1977. 366 pp.

1066 KANNENGIESSER, CH. *Athanasius of Alexandria and the Holy Spirit between Nicea I and Constantinople I* – ITQ 48 (1981) 166–180

1067 LARENTZAKIS, GREGOR *Einheit der Menschheit – Einheit der Kirche bei Athanasius. Vor- und nachchristliche Soteriologie und Ekklesiologie bei Athanasius v. Alexandrien* [GrTS 1]. 2. korrigierte Aufl. Graz: Eigenverlag des Instituts für Ökumenische Theologie und Patrologie 1981. 314 pp.

[646] MÜLLER, C. D. G.: πίστις

1068 NORMAN, K. E. *Deification. The Content of Athanasian soteriology.* London: University Microfilms Int. 1980. 281 pp.

[716] PEROSA, A.: Palaeographica atque manuscripta

1069 PETERSEN, A. L. *The humanity of Christ in the theology of Athanasius of Alexandria.* [Diss.]. Durham: University 1981. 294 pp.

1070 SCHWAGER, R. *Fluch und Sterblichkeit – Opfer und Sterblichkeit. Zu der Erlösungslehre des Athanasius* – ZKTh 103 (1981) 377–399

1071 STEAD, G. C. *The Scriptures and the soul of Christ in Athanasius* – VigChr 36 (1982) 233–250

1072 STOCKMEIER, PETER *Athanasius (ca. 295-373).* In: *Klassiker der Theologie* (cf. 1981/82, 222) 44–61

1073 TETZ, M. *Athanasius und die Vita Antonii. Literarische und theologische Relationen* – ZNW 73 (1982) 1–30

[3133] TWOMEY, V.: Ius canonicum, hierarchia, disciplina ecclesiastica
  1074 VIAN, G. M. *Una notizia seicentesca sul Commento ai Salmi di Atanasio*
        — RSLR 18 (1982) 412–414
  1075 VICARIO, L. *Creazione e restauratione dell'uomo nei cc. 1–32 del De*
        incarnatione di S. Atanasio — Nicolaus 9 (1981) 63–127
  1076 WILLIAMS, MICHAEL A. *The Life of Antony and the Domestication of*
        Charismatic Wisdom — JAAR 48 (1982) 23–45

Pseudo-Athanasius Alexandrinus

[3211] DATTRINO, L.: Trinitas
  1077 DATTRINO, L. *Catechesi ai presbiteri* — Lateranum 47 (1981) 70–79
  1078 HÜBNER, R. M. *Epiphanius, Ancoratus und Ps.-Athanasius, Contra*
        Sabellianos — ZKG 92 (1981) 325–333

Athenagoras

  [11] DETTLING, W. C.: Historia patrologiae
 [908] GALLICET, E.: Auctores
[2046] WINDEN, J. C. M. VAN: Gregorius Nyssenus

Aurelius Augustinus

  1079 *[Augustinus] Sancti Aureli Augustini opera. Sect. 2 Pars 6. Epitolae ex*
        duobus codicibus nuper in lucem prolatae. Rec. JOHANNES DIVJAK
        [CSEL 88]. Vindobonae: Hoelder-Pichler-Tempsky 1981. LXXXIV,
        234 pp.
  1080 *[Augustinus] De civitate Dei libri XXII.* Rec. B. DOMBART; A. KALB,
        5ª ed. stereotypa. *Duas epistulas ad Firmum.* Add. J. DIVJAK [Bibl.
        script. Graec. et Roman. Teubneriana]. Stuttgart: Teubner 1981. XXI,
        635 pp.
  1081 *[Augustinus] Confessionum libri XIII.* Ed. M. SKUTELLA, ed. corr.
        H. JUERGENS; W. SCHAUB [Bibl. script. Graec. et Roman. Teubne-
        riana]. Stuttgart: Teubner 1981. XXXI, 397 pp.
  1082 *[Augustinus] Il Contra adversarium legis et prophetarum di Agostino.*
        Introd., testo crit. a cura di M. P. CICCARESE — MAL 25, 3 (1981)
        283–425
  1083 *[Augustinus] Aurelius Augustinus' Werke: Der Gottesstaat. De civitate*
        Dei, 1: *Buch XV–XXII.* In dt. Sprache von C. J. PERL. Paderborn:
        Schöningh 1979 [1981]. XLII, 982 pp.
  1084 *[Augustinus] Augustinus. Der Gottesstaat. Systematischer Durchblick in*
        Texten. Hrsg. von W. THIMME und HANS URS VON BALTHASAR.
        2. Auflage [Christliche Meister 16]. Einsiedeln: Johannes-Verlag 1982.
        288 pp.
  1085 *[Augustinus] De beata vita.* [Lat.-dt.]. Übers., Anm. und Nachw. von

I. SCHWARZ-KIRCHENBAUER und W. SCHWARZ [Universal-Bibl. Nr. 7831]. Stuttgart: Reclam 1982. 109 pp.

1086 *[Augustinus] Das Handbüchlein des Heiligen Augustinus über Glaube, Hoffnung und Liebe.* Übers. und erl. von J. BARBEL, hrsg. von L. GROSSE. Leipzig: St.-Benno-Verl. 1982. 175 pp.

1087 *[Augustinus] Augustinus. Bekenntnisse.* In neuer Übersetzung und mit einer Einleitung dargeboten von W. BORNEMANN [Repr.]. Ann Arbor, Michigan: University Microfilms Internat. 1982. XXXVIII, 240 pp.

1088 *[Augustinus] Aufstieg zu Gott.* Eingel. und übers. von L. BOROS [Gotteserfahrung und Weg in die Welt]. Olten: Walter 1982. 266 pp.

1089 *[Augustinus] St. Augustine. Eighty-Three Different Questions.* Trans. DAVID L. MOSHER [FaCh 70]. Washington, D. C.: Catholic University of America Press 1982. XXII, 271 pp.

1090 *[Augustinus] Augustine on Romans. Proposition from the Epistle to the Romans, unfinished comm. on the Epistle to the Romans.* By PAULA FREDERIKSEN LANDES [Texts and translations 23 = Early Christian Litterature 6]. Chico, Calif.: Scholars Press 1982. XVI, 107 pp.

1091 *[Augustinus] St. Augustine. The literal meaning of Genesis; 1,2.* Translated and ann. by JOHN HAMMOND TAYLOR [ACW 41, 42]. New York, N.Y.; Ramsey, N.J.: Newman 1982. 285, 352 pp.

1092 *[Augustinus] Augustin. La foi chrétienne, 8: De vera religione. De utilitate credendi. De fide rerum quae non videntur. De fide et operibus.* Introd., trad. et notes par J. PEGON [Bibliothèque augustinienne]. Paris: Desclée de Brouwer 1982. 551 pp.

1093 *[Augustinus] Augustin. Confessions.* Trad. par L. MONDADON, prés. par A. MANDOUZE [Coll. Points, Série Sagesse 31]. Paris: Ed. du Seuil 1982. 407 pp.

1094 *[Augustinus] Saint Augustin. L'année liturgique.* Sermons choisis, trad. et annot. par V. SAXER [Coll. Les Pères dans la foi]. Paris: Desclée de Brouwer 1981. 259 pp.

1095 *[Augustinus] Saint Augustin prie les psaumes.* Textes choisis et trad. par A. G. HAMMAN [Coll. Quand vous prierez]. Paris: Desclée de Brouwer 1981. 259 pp.

1096 *[Augustinus] Belijdenissen.* Vertaald door G. WIJDEVELD. Amsterdam: Athenaeum-Polak en van Gennep 1981. 496 pp.

1097 *[Augustinus] Augustinus. Het eerste geloofsonderricht.* Vertaald, ingeleid en van aantekeningen voorzien door GERARD WIJDEVELD. Baarn: Uitgeverij Ambo 1982. 87 pp.

1098 *[Augustinus] Augustinus van Hippo. Regel voor de gemeenschap.* Vertaling en commentaar van T. J. VAN BAVEL. Averbode: Altiora 1982. 143 pp.

1099 *[Augustinus] Opere di sant'Agostino. La Città di Dio, libri I–X.* Testo lat. dell'ed. Maurina confrontato con il CChr, introd. di A. TRAPÈ, R. RUSSELL e S. COTTA, trad. di D. GENTILI [Nuova Bibl. Agostiniana]. Roma: Città Nuova Ed. 1978. CXXXIV, 775 pp.

1100 *[Augustinus] Opere di sant'Agostino. Discorsi, I: 1–50, Sul Vecchio Testamento.* Testo lat. dell'ed. Maurina e delle ed. postmaurine, introd. di M. PELLEGRINO, trad. e note di P. BELLINI, F. CRUCIANI e V. TARULLI, indici di F. MONTEVERDE [Nuova Bibl. Agostiniana]. Roma: Città Nuova Ed. 1979. CXLVI, 1064 pp.

1101 *[Augustinus] Opere di sant'Agostino. Discorsi II: 51–85, Sul nuovo Testamento.* Testo lat. dell'ed. Maurina e delle post-maurine, trad. e note di L. CARROZZI [Nuova Bibl. Agostiniana]. Roma: Città Nuova 1982. XLIV, 668 pp.

1102 *[Augustinus] Opere di sant'Agostino. Libri XVII: Natura e grazia 2: Gli atti di Pelagio. La grazzia di Cristo e il peccato originale. L'anima e la sua origine. [In append. Frammenti riuniti di opere pelagiane].* Note di A. TRAPÈ, trad. di I. VOLPI, indici di F. MONTEVERDE e I. VOLPI [Nuova Bibl. Agostiniana]. Roma: Città Nuova 1981. 704 pp.

1103 *[Augustinus] Sant'Agostino. La dignità del matrimonio.* Trad., introd. e note di A. TRAPÈ [Piccola Biblioteca Agostiniana 2]. Roma: Città Nuova 1982. 160 pp.

1104 *[Augustinus] Sant'Agostino. La verginità consacrata.* Trad., introd. e note di A. TRAPÈ [Piccola Biblioteca Agostiniana 1]. Roma: Città Nuova 1982. 168 pp.

1105 *[Augustinus] S. Agostino d'Ippona. La preghiera* [Epistula CXXX ad Probam]. A cura di A. CACCIARI. Roma: Ed. Paoline 1981. 128 pp.

1106 *[Augustinus] S. Agostino. Pagine autobiografiche.* Comm. da V. PALADINI e V. PARONETTO. Torino: Loescher 1982. LI, 167 pp.

1107 *[Augustinus] Swiety Augustyn. Wyznania (= Confessiones).* Ins Polnische übersetzt von Z. KUBIAK [2. Aufl.]. Warszawa: Instytut Wydawniczy Pax 1982. 305 pp.

1108 *[Augustinus] São Agostinho. Sermões para a Páscoa.* Texto grego e trad. por A. FAZENDA [Origens do Cristianismo 2]. Lisboa e S. Paulo: Verbo 1974. 232 pp.

1109 *[Augustinus] Obras de San Augustín. Edición bilingüe. III, Obras Filosóficas.* Introducción y notas de V. CAPÁNAGA [Quinta edición; BAC 21]. Madrid: La Editorial Católica 1982. XX, 960 pp.

1110 *[Augustinus] San Agustín. Soliloquis.* Trad. J. PEGUEROLES. Barcelona: Laia 1982. 120 pp.

1111 *[Augustinus] San Agustín. Comunidad y pobreza [Sermones 355 y 356]* — RAgEsp 23 (1982) 189–205

[886] *Règles des moines . . .:* Auctores
[890] *Tertulliano, Cipriano, Agostino. Il padre nostro.:* Auctores

1112 ALICI, L. *Linguaggio e tempo in S. Agostino.* In: *Sprache und Erkenntnis im Mittelalter.* Berlin: de Gruyter (1981) Bd. II 1037–1045

1113 ALIMONTI, T. *La vita e la magia.* In: PENNACINI, A.; DONINI, P. L.; ALIMONTI, T.; MONTEDURO ROCCAVINI, A. *Apuleio, letterato, filosofo, mago.* Bologna: Pitagora (1979) 113–165

1114 ALVAREZ, J. *El antisemitismo de san Augustín* — Augustinus 26 (1981) 5–16

1115 ANDRESEN, C. *Das Augustingespräch (1960–1980)*. In: *Zum Augustin-Gespräch der Gegenwart, II* (cf. 1981/82, 168) 1–39

[168] *Zum Augustin-Gespräch . . .:* Collectanea et miscellanea

1116 BABCOCK, W. S. *Augustine's Interpretation of Romans (A. D. 394–396)* — AugSt 10 (1979) 55*–74*

1117 BABCOCK, WILLIAM S. *Agustín y Ticonio: sobre la apropiación latina de Pablo* — Augustinus 26 (1981) 17*–25*

1118 BARATIN, M. *Les origines stoïciennes de la théorie augustinienne du signe* — REL 59 (1981) 260–268

1119 BARATIN, M.; DESBORDES, F. *Sémiologie et métalinguistique chez saint Augustin* — Langages 16, 1 (1982) 75–89

1120 BARTELINK, G. J. M. *Augustin und die lateinische Umgangssprache* — Mn 35 (1982) 283–289

1121 BATHORY, P. D. *Political theory as public confession. The social and political thought of St. Augustine of Hippo.* New Brunswick; London: Transaction Books 1981. XIV, 178 pp.

1122 BAVEL, T. J. VAN *De eerste christelijke commune en het religieuze leven* — TGL 35 (1979) 498–524

1123 BAVEL, TARSICIUS J. VAN *Christians in the World: An Introduction to the Spirituality of Augustine.* Tr. MARCELLA VAN BRYN [Spirituality for Today, v. 2]. New York: Catholic Book Publishing Co. 1980. 144 pp.

1124 BECERRA HIRALDO, J. M. *Panegírico de san Agustín por fray Luis de León* — Augustinus 26 (1981) 35–56

1125 BEIERWALTES, WERNER *Regio beatudinis. Zu Augustins Begriff des glücklichen Lebens. Vorgelegt am 24. Januar 1981* [SAH Jg. 65, Bericht 6]. Heidelberg: 1981. 44 pp.

1126 BEIERWALTES, WERNER *Regio Beatitudinis: Augustine's Concept of Happiness* [The St. Augustine Lectures 1980]. Villanova: Villanova University Press 1981.

1127 BELCHE, J. *Die Bekehrung zum Christentum nach Augustins Büchlein De catechizandis rudibus* — Augustiniana 32 (1982) 42–87; 282–311

1128 BELL, DAVID N. *The Alleged Greek Sources of William of St. Thierry.* In: *Noble Piety and Reformed Monasticism* [Studies in Medieval Cistercian History 7]. Kalamazoo, Michigan: Cistercian Publications (1981). 109–122

1129 BELL, D. N. *The image and the likeness: a study of the mystical theology of William St Thierry and its relation to that of St Augustine* [Diss.]. Oxford: Univ. 1974. 520 pp.

1130 BERNSTEIN, JOHN A. *Ethics, Theology and the Original State of Man: An Historical Sketch* — AnglThR 61 (1979) 161–181

1131 BERROUARD, M.-F. *Les lettres 6* et 19* de saint Augustin. Leur date et les renseignements qu'elles apportent sur l'évolution de la crise pélagienne* — REA 27 (1981) 264–277

1132 BERROUARD, M.-F. *L'exégèse augustinienne de Rom 7, 7–25 entre 396 et 418, avec des remarques sur les deux premières périodes de la crise «pélagienne»* — RechAug 16 (1981) 101–196

1133 BETHOLD, F. *Free will and theodicy in Augustine. An exposition and critique* — RelStud 17 (1981) 525–535

1134 BIOLO, SALVINO *A Lonerganian Approach to St. Augustine's Interpretation of Consciousness* — ScEs 31 (1979) 323–341

1135 BLÁZQUEZ, NICETO *Feminismo agustiniano* — Augustinus 27 (1982) 3–53

1136 BOCHET, I. *Saint Augustin et le désir de Dieu.* Paris: Ét. Augustiniennes 1982. 471 pp.

1137 BØRRESEN, K. E. *L'anthropologie théologique d'Augustin et de Thomas d'Aquin. La typologie homme-femme dans la tradition et dans l'église d'aujourd'hui* — RechSR 69 (1981) 393–406

1138 BØRRESEN, K. E. *Subordination and equivalence. The nature and role of woman in Augustine and Thomas Aquinas.* Text and citations transl. from the rev. French original by H. CH. TALBOT. Washington: Univ. Pr. of America 1981. XIX, 369 pp.

[3557] BOER, S. DE: Specialia in Vetus Testamentum

1139 BOLER, J. *Augustine. An ideologue in politics* — PACPA 56 (1982) 50–60

1140 BONNER, GERALD *The Spirituality of St. Augustine and its influence on Western Monasticism* — Sob 4 (1982) 143–162

1141 BRONSON, LARRY L. *St. Augustine and Marlowe's Dr. Faustus* — AugSt 10 (1979) 19–26

1142 BROWN, D. E. *The evolution of Augustine's theological method* [Diss.]. Louisville, Ky.: Southern Baptist Theol. Semin. 1981. 242 pp.

1143 BRUNNER, CHRISTOPHER J. *The Ontological Relation between Evil and Existents in Manichaean Texts and in Augustine's Interpretation of Manichaeism.* In: *Philosophies of Existence: Ancient and Medieval.* Bronx, New York: Fordham Univ. Press 1982.

1144 BUBACZ, BRUCE *St. Augustine's Theory of Knowledge: A Contemporary Analysis* [Texts and Studies in Religion 11]. New York: Edwin Mellen Press 1982. III, 234 pp.

1145 BUBACZ, B. *Augustine's illumination theory and epistemic structure* — AugSt 21 (1980) 35–48

1146 BUBACZ, B. *La percepción según san Agustín. Teoría estructural* — Augustinus 26 (1981) 27*–32*

[1655] BUBACZ, B.: Boethius

1147 BUCHER, THEODOR G. *Zur formalen Logik bei Augustinus* — FZPT 29 (1982) 3–45

[99a] *Bulletin augustinien . . . .*: Bibliographica

[100] *Bulletin augustinien . . . .*: Bibliographica

1148 BURDA, A. *Zwei Urväter der Kybernetik in der Musik. Augustinus und A. Kircher* — Musica Antiqua 6 (1982) 115–130

1149 BURGALETA CLEMÓS, J. *La conversión es un proceso (En las Confesiones de San Agustín)*. Salamanca: Univ. Pontif. Inst. sup. de pastoral 1981. 272 pp.

1150 BURNS, J. P. *The interpretation of Romans in the Pelagian controversy* – AugSt 10 (1979) 43–54

1151 CAMBRONNE, P. *Recherches sur la structure de l'imaginaire dans les confessions de saint Augustin*. Paris: Éd. Augustiniennes 1982. 645; 360; 150 pp.

1152 CAMPELO, M. M. *Conocer y pensar. Introducción a la noética agustiniana*. Valladolid: Estud. Agustiniano 1981. 366 pp.

1153 CANNING, R. *The distinction between Love for God and Love for neighbour in St. Augustine* – Augustinana 32 (1982) 5–41

1154 CANNONE, G. *Elementi consolatori ed escatologia in alcune lettere di S. Agostino* – RThAM 48 (1981) 59–77

1155 CAPÁNAGA, VICTORINO *Un intérprete de la filosofía de san Agustín: Nebridio de Mündelheim* – Augustinus 27 (1982) 153–167

1156 CAPÁNAGA, V. *San Agustín, guía de convertidos* – Augustinus 27 (1982) 273–337

1157 CAPITANI, F. DE *Corruptio negli scritti antimanichei di S. Agostino. Il fenomeno e la natura della corruzione* – RFN 72 (1980) 640–669; 73 (1981) 132–156; 264–282

1158 CAPITANI, F. DE *Un passo di sant'Agostino sull'insegnamento e l'apprendimento del male (De libero arbitrio I, 1, 2-3)* – RFN 73 (1981) 469–496

1159 CARTON, M. *Origin and Content of St. Augustine* – RRel 38 (1979) 762–770

1160 *Catalogus verborum quae in operibus sancti Augustini inveniuntur, IV: Enarrationes in Psalmos 101–150. [CChr 40].* Ed. L. VERHEIJEN et M. SCHRAMA. Eindhoven: Thesaurus linguae Augustinianae 1981. 319 pp.

1161 *Catalogus verborum quae in operibus sancti Augustini inveniuntur, V: De Trinitate. [CChr 50–50A].* Eindhoven: Thesaurus linguae Augustinianae 1981. 135 pp.

1162 *Catalogus verborum quae in operibus Sancti Augustini inveniuntur, VI: Confessionum libri XIII. [CChr 27].* Eindhoven: Thesaurus Linguae Augustinianae 1982. 105 pp.

1163 CAVADINI, JOHN C. *Alcuin and Augustine: De Trinitate* – AugSt 12 (1981) 11–18

[3196] CAZIER, P.: Religio, revelatio

[6] CEYSSENS, L.: Historia patrologiae

1164 CHRISTIANSEN, L. *Cogito hos Augustin og Descartes* – MT Nos 40–43 (1980) 465–479

1165 CICCARESE, MARIA PIA *Il Contra adversarium legis et prophetarum di Agostino* [Atti della Accademia Nazionale dei Lincei, Memorie Serie 8, vol. 25, fasc. 3]. Roma: Accademia Nazionale dei Lincei 1981.

1166 CILLERUELO, LOPE *Conocer a san Agustín* — NetV 12 (1981) 239–266

1167 CILLERUELO, LOPE *Conocer a san Agustín. II La montaña de los siete círculos* — NetV 14 (1982) 239–270

1168 CILLERUELO, LOPE *El cristocentrismo de S. Agustín* — EAg 16 (1981) 449–467; EAg 17 (1982) 53–94; 389–421

1169 COLE TURNER, R. S. *Anti-heretical issues and the debate over Galatians 2, 11–14 in the letters of St. Augustine to St. Jerome* — AugSt 11 (1980) 155–166

1170 CONGAR, Y. *Intentionnalité de la foi et sacrement. Aperçus, de S. Augustin au concile de Trente.* In: *Fides Sacramenti, Sacramentum Fidei* (cf. 1981/82, 207) 177–191

1171 CONNELLY, R. *Light and Reality in St. Augustine* — ModS 56 (1979) 237–251

1172 CONSOLINO, F. E. *Interlocutore divino e lettori terreni; la funzione destinatario nelle Confessioni di Agostino* — MD 6 (1981) 119–146

1173 *Corpus Christianorum. Sanctus Aurelius Augustinus. De doctrina christiana.* Digessit PAUL TOMBEUR [Instrumenta lexicologica latina. Ser. B: Lemmata. Fasc. 1]. Turnhout: Brepols 1982. 26 pp.

[307] *Corpus Christianorum. Instrumenta lexicologica latina . . .:* Subsidia

1174 COTTA, S. *L'esperienza politica nella riflessione agostiniana. Linee d'una interpretazione* — Studium 78 (1982) 573–585

1175 COYLE, J. K. *Concordia. The Holy Spirit as bond of the two Testaments in Augustine* — AugR 22 (1982) 427–456

1176 CRESS, DONALD A. *Explicación agustiniana de la sensación* — Augustinus 26 (1981) 33*–37*

[1900] CROKE, B.: Eusebius Caesariensis

1177 CROSSON, FREDERICK J. *Religion and Faith in St. Augustine's Confession.* In: *Rationality and Religious Belief.* Ed. C. DELANEY. Notre Dame, Ind.: University of Notre Dame Press (1979) 152–168

1178 CROSSON, FREDERICK J. *Philosophy, Religion and Faith. Augustines Confessions.* In: *Immateriality.* Ed. G. McLEA. Washington, D. C.: American Catholic Philosophical Association (1978) 168–176

1179 CROUSE, R. D. *In multa defluximus. Confessions X, 29–43 and St. Augustine's theory of personality.* In: *Neoplatonism and Early Christian Thought* (cf. 1981/82, 239) 180–185

[1664] CROUSE, R.: Boethius

1180 DALSGARD, LARSEN B. *Menneske og samfund; studier i det antropologiske grundlag for samfunstaenkningen hos Augustin* [Teologiske studier 19]. Århus: Aros 1982. 444 pp.

1181 DALY, L. J. *St. Augustine's Confessions and Erik Erikson's Young man Luther. Conversion as identity crisis* — Augustiniana 31 (1981) 183–196

[3211] DATTRINO, L.: Trinitas

1182 DESEILLE, PLACIDE *Saint Augustin et le Filioque* — MEPRO 30 (1982) 59–72

1183 DE SIMONE, RUSSELL *Modern Research on the Sources of Saint Augustine's Doctrine of Original Sin* — AugSt 11 (1980) 205–227

1184 DESMOND, W. *Augustine's Confessions: on desire, conversion and reflection* — ITQ 47 (1980) 24–33

1185 DEWART, J. M. *The influence of Theodore of Mopsuestia on Augustine's Letter 187* — AugSt 10 (1979) 113–132

1186 DISALVO, ANGELO J. *Reflections of the theological tradition of St. Augustine in Cervantes.* London: University Microfilms Int. 1980. 242 pp.

[574] DÖPP, S.: Philosophica

1187 DOIGNON, J. *Le bien de Scipion et du bélier. Formule du De republica ou extrait augustinien du De finibus de Cicéron?* — WJA 7 (1981) 117–123

1188 DOIGNON, J. *Leçons méconnues et exégèse du texte du Contra Academicos de saint Augustin* — REA 27 (1981) 67–84

1189 DOIGNON, J. *La problématique cicéronienne du protreptique du De libero arbitrio II, 35 de saint Augustin* — Latomus 40 (1981) 807–817

1190 DOIGNON, J. *Testimonia d'Hilaire de Poitiers dans le Contra Iulianum d'Augustin. Les textes, leur groupement, leur lecture* — RBen 91 (1981) 7–19

1191 DOIGNON, J. *Une définition oubliée de l'amour conjugal édénique chez Augustin, piae caritatis adfectus (Gen. ad. litt. 3, 21, 33)* — VetChr 19 (1982) 25–26

1192 DOIGNON, J. *L'enseignement de l'Hortensius de Cicéron sur les richesses devant la conscience d'Augustin jusqu'aux Confessions* — ACl 51 (1982) 193–206

[576] DOIGNON, J.: Philosophica

[578] DOIGNON, J.: Philosophica

[579] DOIGNON, J.: Philosophica

[2096] DOIGNON, J.: Hilarius Pictaviensis

[2099] DOIGNON, J.: Hilarius Pictaviensis

[3571] DOIGNON, J.: Specialia in Novum Testamentum

[3575] DOIGNON, J.: Specialia in Novum Testamentum

[3578] DOIGNON, J.: Specialia in Novum Testamentum

[3579] DOIGNON, J.: Specialia in Novum Testamentum

1193 DOMBROWSKI, D. A. *Starnes on Augustine's theory of infancy. A Piagetian critique* — AugSt 11 (1980) 125–133

1194 DONNELLY, D. *Augustine of Hippo: Psychologist-saint* — SpirLife 25 (1979) 13–26

1195 DONNELLY, DOROTHY *Augustine of Hippo: Psychologist-Saint.* In: *Worship Points the Way: A Celebration of the Life and Work of Massey Hamilton Shepherd, Jr.* New York: Seabury (1981). 214–230

[681] DOTTI, G.: Palaeographica atque manuscripta

1196 DOUCET, D. *Lux-lumen. Le thème de la lumière dans les dialogues philosophiques et les Confessions de Saint Augustin* [Thèse de doct. de 3e cycle Univ. de Bordeaux III]. Bordeaux: 1982. 388; 289 pp.

1197 DOUGHERTY, J. *The sacred city and the city of God* — AugSt 10 (1979) 81–90

1198 DUBARLE, D. *Essai sur l'ontologie théologale de saint Augustin* — Rech Aug 16 (1981) 197–288

[295] DU QUESNEY ADAMS, J.: Methodologica

[2071] DUVAL, Y. M.: Hieronymus

1199 DYER, J. *Augustine and the Hymni ante oblationem. The earliest offertory chants?* — REA 27 (1981) 85–99

1200 DYSON, R. W. *St. Augustine's Remarks on Time* — DR 100 (1982) 221–230

1201 EBOROWICZ, W. *Funksja modlitwy w homiliach św. Augustyna (= Le rôle de la prière dans les homélies de saint Augustin)*. In: *Akta sympozjum patrystycznego* ... (cf. 1981/82, 155) 197–199

1202 EBOROWICZ, W. *La structure et le style des écrits de St. Augustin contre les Semipélagiens*. In: *Überlieferungsgeschichtliche Untersuchungen* ... (cf. 1981/82, 291) 167–171

1203 EBOROWICZ, W. *Quidnam sanctus Augustinus de se et suo ministerio episcopali iudicaverit?* — Lateranum 46 (1980) 320–343

[580] ECKMANN, A.: Philosophica

1204 ECKMANN, A. *Stosunek pogánstwa do chrześcijaństwa w korespondencji i pismach św. Augustyna (= L'attitude du paganisme à l'égard du christianisme dans la correspondance et les écrits de St. Augustin)* — RoczH 29 (1981) 93–108

1205 ENO, R. B. *Doctrinal Authority in Saint Augustine* — AugSt 12 (1981) 133–172

1206 ENO, ROBERT B. *Augustine the Pastor and the Isolation of the Saints* — AmBenR 33 (1982) 349–375

1207 ENO, ROBERT B. *Solución agustiniana de los problemas doctrinales* — Augustinus 26 (1981) 39*–48*

1208 ESCOBAR, NORBERTO *Iglesia, donatismo y santidad en la polémica agustiniana* — Augustinus 27 (1982) 55–77

1209 ÉTAIX, RAYMOND *Un fragment augustinien transmis par Raban Maur* — REA 28 (1982) 253–256

1210 EVANS, G. R. *Augustine on evil.* Cambridge: Cambr. Univ. Press 1982. 198 pp.

1211 EVANS, G. R. *Neither a Pelagian nor a Manichee* — VigChr 35 (1981) 232–244

1212 EVANS, G. R. *Alienatio and abstract thinking in Augustine* — DR 98 (1980) 190–200

1213 EVANS, G. R. *Absurditas in Augustine's Scriptural Commentary* — DR 99 (1981) 109–118

1214 FERLISI, G. C. *Il pane eucaristico, quiete del nostro cammino. Riflessioni agostiniane sull' Eucaristia* [Quaderni di spiritualità agostin. 7]. Roma: Segret. per la formazione e spiritualità dei PP. Agostiniani Scalzi 1980. 160 pp.

1215 FERLISI, G. C. *L'inquieta aventura agostiniana in cerca di Dio* [Quaderni di spiritualità agostin. 5]. Roma: Segret. per la formazione e spiritualità dei PP. Agostiniani Scalzi 1979. 176 pp.

1216 FERNÁNDEZ GONZÁLEZ, JESUS *Presencia agustiniana en Juan Pablo Forner. Un modelo de antropología agustiniana en la filosofía española del siglo XVIII* — Augustinus 26 (1981) 139–168

1217 FERRARI, L. C. *The dreams of Monica in Augustine's Confessions* — AugSt 10 (1979) 3–17

1218 FERRARI, L. C. *Paul at the conversion of Augustine (Conf. VIII, 12, 29-30)* — AugSt 11 (1980) 5–20

[114] *Fichier augustinien . . .*: Bibliographica

1219 FLETEREN, FREDERICK VAN *The Early Works of Augustine and His Ascents at Milan.* In: *Studies in Medieval Culture*, 10. Ed. J. R. SOMMERFELDT. Medieval Institute of the Western Michigan University (1977) 19–23

1220 FLETEREN, FREDERICK VAN *Augustine and the Possibility of the Vision of God in this Life.* In: *Studies in Medieval Culture*, 11. Ed. J. R. SOMMERFELDT. Medieval Institute of the Western Michigan University (1977) 9–16

1221 FLETEREN, FREDERICK VAN *Augustine and the Resurrection.* In: *Studies in Medieval Culture*, 12. Ed. J. R. SOMMERFELDT. Medieval Institute of the Western Michigan University (1978) 9–15

1222 FOLGADO FLÓREZ, S. *El signo de espiritualidad mariana en san Agustín* — ScrMar 5 (1982) 51–79

1223 FOLGADO FLÓREZ, S. *La virginidad fecunda como presupuesto mariológico en san Agustín* — ScrMar 4 (1981) 23–47

1224 FORTIN, E. *Augustine's City of God and the Modern Historical Consciousness* — RPol 41 (1979) 323–343

[2704] FREDERIKSEN LANDES, P.: Tyconius

1224a FRIES, HEINRICH *Augustinus (354-430).* In: *Klassiker der Theologie* (cf. 1981/82, 222) 104–129

1225 GAGNEBIN, C. *La prise en charge de la personne humaine d'après saint Augustin.* In: *Métaphysique* (cf. 1981/82, 232) 55–65

1226 GALINDO RODRIGO, JOSE A. *La presencia de Dios según san Agustín vertida a categorías antropológicas* — EscrVedat 11 (1981) 193–218

1227 GALLAGHER, KENNETH T. *Wittgenstein, Augustine, and Language* — NS 56 (1982) 462–471

1228 GANGUTIA ELICEGUI, ELVIRA *El pasaje lingüístico de Diógenes de Enoanda y San Agustín. Intento de corrección de texto* — Emerita 49 (1981) 343–352

[582] GARFAGNINI, G. C.: Philosophica

1229 GARMENDIA DE CAMUSSO, GUILLERMINA *Malebranche: Agustinismo y cartesianismo* — FBogotá 2 (1981) 30–44

1230 GEERLINGS, W. *Das Freundschaftsideal Augustins* — ThQ 161 (1981) 265–274

1231 GERSON, L. *Saint Augustine's Neoplatonic argument for the existence of God* — Thom 45 (1981) 571–584

1232 GIL HELLÍN, F. *Los «bona matrimonii» de San Agustín* — RAgEsp 23 (1982) 129–185

1233 GIUFFRÈ SCIBONA, C. *Gnosi e salvezza manichee nella polemica di Agostino* — AAPel 56 (1980) 205–232

1234 GODSEY, JOHN D. *The Interpretation of Romans in the History of the Christian Faith* — Interp 34 (1980) 3–16

1235 GOETZ, HANS-WERNER *«Empirisch» — «metaphysisch»? Zum Verständnis der Zweistaatenlehre Ottos von Freising im Hinblick auf Augustin* — Augustiniana 30 (1980) 29–42

1236 GONCALVES, J. C. *Pédagogie et langage chez saint Augustin.* In: *Sprache und Erkenntnis im Mittelalter II.* Berlin: de Gruyter (1981) 557–560

[3576] GORDAY, P. J.: Specialia in Novum Testamentum

1237 GORMAN, M. M. *A survey of the oldest manuscripts of St. Augustine's De civitate Dei* — JThS 33 (1982) 398–410

1238 GORMAN, M. M. *The Maurist's manuscripts of four major works of saint Augustine, with some remarks of their editorial techniques* — RBen 91 (1981) 238–279

[689] GORMAN, M. M.: Palaeographica atque manuscripta

[1890] GORMAN, M. M.: Eugippius

1239 GOUREVITCH, D. *Quelques fantasmes érotiques et perversions d'objet dans la littérature gréco-romaine* — MEFR 94 (1982) 823–842

1240 GRECH, P. *I principi ermeneutici de sant'Agostino. Una valutazione* — Lateranum 48 (1982) 209–223

1241 GREEN, R. P. H. *¿Qué entendió san Agustín por doctrina cristiana?* — Augustinus 26 (1981) 49*–57*

1242 GROS, P. *Le forum de la haute ville dans la Carthage romaine d'après les textes et l'archéologie* — CRAI (1982) 636–658

1243 GROSSI, V. *Il tema del sangue sparso nel Commento di S. Agostino al Vangelo di Giovanni.* In: *Atti 2ª Settimana di Studio Sangue e antropol. biblica nella patristica, Roma 23–28 nov. 1981.* Roma: Centro Studi sanguis Christi (1982) 481–493

1244 GROSSI, VITTORIO *La antropología cristiana en los escritos de san Agustín «De gratia et libero arb.» y «De corr. et gratia»* — Augustinus 26 (1981) 59*–82*

1245 GROSSI, V. *L'antropologia agostiniana. Note previe* — AugR 22 (1982) 457–467

[3565] GROSSI, V.: Specialia in Novum Testamentum

[588] HAGER, F. P.: Philosophica

1246 HANKEY, W. J. *San Agustín, san Anselmo y santo Tomás. La imagen psicológica de la Trinidad en «De Trinitate, Monologion» y «Summa Theologiae»* — Augustinus 26 (1981) 83*–94*

1247 HARBER, JEAN DICKENSON *Medieval Creation Commentary as Lite-*

rary Interpretation: St. Augustine's De genesi ad litteram and Aṭṭabarī's Tafsīr of Sūra 2: 29-38. [Ph. D. Dissertation]. The Univ. of Wisconsin-Madison. 356 pp.

1248 HENRY, P. *The path of transcendance. From philosophy to mysticism in Saint Augustine.* Introd. and trans. by F. F. BURCH [The Pittsburgh theol. monogr. ser. 37]. Pittsburgh, Penn.: The Pickwick Pr. 1981. XXX, 120 pp.

1249 HENSELLEK, W. *Sprachstudien an Augustins De vera religione* [SAW 376]. Wien: Verlag der Akad. 1981. 84 pp.

1250 HERNÁNDEZ, RAMON *Tomás de Lemos y su interpretación agustiniana de la eficacia de los divinos auxilios* — Augustinus 26 (1981) 97–138

1251 HOLL, A. *Der Zug nach unten — das Beispiel des Augustinus.* In: Gegenwart der Antike (cf. 1981/82, 211) 55–63

1252 HONSTETTER, ROBERT *Exemplum zwischen Rhetorik und Literatur. Zur gattungsgeschichtlichen Sonderstellung von Valerius Maximus und Augustinus.* Konstanz: 1981. 238 pp.

1253 HOUSE, DENNIS K. *Contra academicos de san Agustín. Una anotación al libro III* — Augustinus 26 (1981) 95*–101*

1254 HÜBNER, W. *Die praetoria memoriae im zehnten Buch der Confessiones. Vergilisches bei Augustin* — REA 27 (1981) 245–263

1255 IMMÈ, G. *Quid Augustini Confessiones ad artem Latine docendi nobis adferant* — Latinitas 29 (1981) 274–277

1256 JANZ, D. *Towards a Definition of Late Medieval Augustinianism* — Thom 44 (1980) 117–127

[700] JASBAR, G.: Palaeographica atque manuscripta

[590] JOHNSON, J. F.: Philosophica

1257 JORDAN, M. D. *Words and word. Incarnation and signification in Augustine's De doctrina Christiana* — AugSt 11 (1980) 177–196

1258 KATO, S. *Der metaphysische Sinn topologischer Ausdrücke bei Augustin.* In: *Sprache und Erkenntnis im Mittelalter II.* Berlin: de Gruyter (1981) 701–706

1259 KATÔ, T. *La relation étroite entre la beauté et l'amour dans le De pulchro et apto de saint Augustin. A propos de D. A. Cress, Hierius . . .* [en japon., rés. en franc.]. St. Paul's Review (St. Paul's University Tokyo) 40 (1981) 111–124

1260 KAUFMANN, P. I. *Charitas non est nisi a Spiritu sancto. Augustine and Peter Lombard on grace and personal righteousness* — Augustiniana 30 (1980) 209–220

1261 KAUFMANN, P. I. *The lesson of conversion. A note on the question of continuity in Augustine's understanding of grace and human will* — AugSt 11 (1980) 49–64

[39] KAUFMANN, P. I.: Historia patrologiae

1262 KEVANE, E. *Agustín catequista y la crisis moderna de la educación religiosa* — Augustinus 26 (1981) 111*–120*

1263 KOLLER, HERMANN *Die Silbenquantitäten in Augustinus' Büchern De musica* — MH 38 (1981) 263–267

1264 KOOR, J. F. VAN DER *«Patientia» como elemento en la visión histórica de Agustín. Con una referencia parcial a G. E. Lessing* — Augustinus 26 (1981) 121*–126*

1265 KOTERSKI, J. W. *St. Augustine on the moral law* — AugSt 11 (1980) 65–77

1266 KUNTZ, P. G. *Augustine. From homo erro to homo viator* — AugSt 11 (1980) 79–98

1267 LA BONNARDIÈRE, A. M. *Aurelius Augustinus ou Aurelius, Augustinus?* — RBen 91 (1981) 231–237

1268 LA BONNARDIÈRE, A. M. *Note critique sur une anthologie des Ennarationes in Psalmos* — REA 27 (1981) 306–309

1269 LAEUCHLI, SAMUEL *What Did Augustine Confess?* — JAAR 50 (1982) 379–410

1270 LAMIRANDE, EMILIEN *L'église dans l'Enchiridion de saint Augustin* — EgliseTh 10 (1979) 195–206

1271 LANGEL, S. *A propos des nouvelles lettres de S. Augustin et de la Conférence de Carthage en 411* — RHE 77 (1982) 446–454

1272 LANZI, N. *Problematica dottrinale nel Contra epistulam Parmeniani di S. Agostino* — Divinitas 26 (1982) 36–58

[593] LARLAR, L. V.: Philosophica

1273 LAVERE, GEORGE J. *The Influence of Saint Augustine on Early Medieval Political Theory* — AugSt 12 (1981) 1–9

1274 LAVERE, G. J. *The political realism of Saint Augustine* — AugSt 11 (1980) 135–144

1277 LAWLESS, G. P. *On understanding Augustine of Hippo* — DR 100 (1982) 31–46

1275 LAWLESS, G. P. *The Rule of saint Augustine as a mirror of perfection* — Ang 58 (1981) 460–474

1276 LAWLESS, G. P. *Psalm 132 and Augustine's Monarchic Ideal* — Ang 59 (1982) 526–539

1278 LAWLESS, G. P. *Ordo Monasterii. Structure, Style and Rhetoric* — AugR 22 (1982) 469–492

[3527] LEHMANN, H.: Specialia in Vetus Testamentum

1279 LEPELLEY, C. *La crise de l'Afrique romaine au début du Ve siècle, d'aprés les lettres nouvellement découvertes de saint Augustin* — CRAI (1981) 445–463

1280 LÖFSTEDT, B. *Notizen zu den Bekenntnissen des Augustin* — SO 56 (1981) 105–108

1281 LOF, L. J. VAN DER *The threefold meaning of servi Dei in the writings of Saint Augustine* — AugSt 12 (1981) 43–59

1282 LÓPEZ MAULEÓN, J. M. *Del corazón inquieto, al descanso en Dios* — Mayeútica 8 (1982) 17–35

1283 LUCAS, MIGUEL *Inquietud. En busca de un camino.* Sao Paulo: Ed. Almed 1981. 50 pp.

1284 LUCIANI, E. *Les Confessions de saint Augustin dans les lettres de Pétrarque.* Paris: Études Augustiniennes 1982. 274 pp.

1285 LUIS VIZCAINO, P. DE *«Videte iura adoptionis» (S. 51, 16, 26). Notas sobre la adopción en san Agustín* — EAg 17 (1982) 349–388

1286 LUIS VIZCAINO, P. DE *Caer hacia lo alto. Agustín de Tagaste y su Orden.* Madrid: Religión y Cultura 1981. 172 pp.

1287 MACCAGNOLO, E. *La figura dell'idiota e l'uso dell'esperimento in S. Agostino* — Physis 23 (1981) 5–52

1288 MADEC, G. *La notion d'augustinisme. Essai de clarification (Première Partie).* Paris: Inst. catholique 1980. 42 pp.

1289 MADEC, G. *Du nouveau dans la correspondance augustinienne* — REA 27 (1981) 56–66

1290 MADEC, G. *Si Plato viveret . . . (Augustin, De vera religione 3,3).* In: *Néoplatonisme. Mélanges offerts à Jean Trouillard* (cf. 1981/82, 240) 231–247

1291 MADEC, G. *Sur une nouvelle introduction à la pensée d'Augustin* — REA 28 (1982) 100–111

[47] MADEC, G.: Historia patrologiae

[298] MADEC, G.: Methodologica

1292 MAHER, J. P. *Saint Augustine and the Manichean cosmogony* — AugSt 10 (1979) 91–104

[921] MALESKI, M. A.: Auctores

1293 MALLARD, N. *The incarnation in Augustine's conversion* — RechAug 15 (1980) 80–98

1294 MARAFIOTI, D. *Il problema dell'Initium fidei in sant'Agostino fino al 397* — AugR 21 (1980) 541–565

[989] MARGERIE, B. DE: Ambrosius

1295 MARGERIE, BERTRAND DE *Futura vita aeterna sanctorum. Agustín y Mónica en Ostia, eternamente felices* — Augustinus 26 (1981) 141*–176*

1296 MARIN, M. *Ricerche sull'essegesi agostiniana della parabola delle dieci vergini* [Quad. di VetChr 16]. Bari: Edipuglia 1981. 144 pp.

1297 MARIN, M. *Note sulla fortune dell'esegesi agostiniana di Mt 25, 1-13* — VetChr 18 (1981) 33–79

[2059] MARIN, M.: Hermae Pastor

[598] MARKUS, R. A.: Philosophica

1298 MARROU, HENRI-IRÉNÉE *Augustinus und das Ende der antiken Bildung.* Übersetzt von LORE WIRTH-POELCHAU und WILLI GEERLINGS, hrsg. von JOHANNES GÖTTE. Paderborn, München, Wien, Zürich: Schöningh 1981. XXIII, 601 pp.

1299 MARTIN, T. *A Journey of Faith: The Confessions of St. Augustine* — RRel 39 (1980) 651–657

1300 MASTANDREA, P. *Nola Nota al testo di Massimo di Madaura (Aug. epist. 16, 1)* — AtVen 139 (1980–1981) 153–159

1301 MATTHEWS, ALFRED *The Development of St. Augustine from Neopla-
      tonism to Christianity, 386-391 A.D.* Washington, D.C.: University
      Press of America 1980. 320 pp.

1302 MATTHEWS, A. W. *El neoplatonismo como solución agustiniana al
      problema del mal* — Augustinus 27 (1982) 339–356

1303 MAZZUCCO, C. *Agostino, i classici e la prefazione del De Civitate Dei* —
      Sigma 13 (1980) 3–17

[3254] McCUE, J. F.: Soteriologia
[48] McDONALD, P.: Historia patrologiae

1304 McDONOUGH, B. T. *The notion of order in St. Augustine's On Free
      Choice of the Will* — ITQ 46 (1979) 51–55

1305 McGILL, WILLIAM J. *Augustine and Gibbon: Two Images of the Self* —
      RelLife 48 (1979) 337–347

[3255] McGRATH, A. E.: Soteriologia

1306 MEAD, E. *St. Augustine on God as known by human reason.* College-
      ville: St. John's Univ. 1980. 315 pp.

[3357] MEER, F. VAN DER: Angeli et daemones
[128] MEIJER, A. DE; SCHRAMA, M.: Bibliographica

1307 MEULENBERG, L. *Augustinus. Een liefde die de angst overwint* [Cahiers
      voor Levensverdieping, 35]. Averbode: Abdij Averbode 1980. 80 pp.

1308 MIETHE, TERRY L. *Augustine's Theory of Sense Knowledge* — JETS 22
      (1979) 67–83

1309 MIETHE, T. L. *Natural law, the synderesis rule, and St. Augustine* —
      AugSt 11 (1980) 91–97

1310 MIETHE, TERRY L. *Augustinian Bibliography, 1970-1980, with essays
      on the fundamentals of Augustinian scholarship.* Westport, Conn.:
      Greenwood Press 1982. XXII, 218 pp.

1311 MIGUÉLEZ BAÑOS, C. *San Agustín, precursor de la psicología del niño y
      del adolescente* — RAgEsp 23 (1982) 489–520

1312 MILES, MARGARET R. *Temor y amor en san Agustín* — Augustinus 26
      (1981) 177*–181*

1313 MILES, MARGARET R. *Infancy, Parenting, and Nourishment in Augusti-
      ne's Confessions* — JAAR 50 (1982) 349–364

[3200] MILLER, D. L.: Religio, revelatio
[50]   MOORE, W. L.: Historia patrologiae

1314 MOREAU, MADELEINE *Sur un correspondant d'Augustin: qui est donc
      Publicola?* — REA 28 (1982) 225–238

1315 MOSHER, DAVID L. *The Argument of St. Augustine's Contra Acade-
      micos* — AugSt 12 (1981) 89–113

1316 MOURANT, J. A. *Saint Augustine on memory* [Saint Augustine Lec-
      ture]. Villanova: Univ. Pr. 1980. 73 pp.

1317 MOURANT, J. A. *The cogitos. Augustinian and Cartesian* — AugSt 10
      (1979) 27–42

1318 MUNIER, CH. *Problèmes de prosopographie africaine relatifs à la lettre
      20 d'Augustin* — ReSR 56 (1982) 220–225

1319 Muñoz Delgado, Vicente *Las bases filosóficas del pensamiento cristiano de san Agustín, en la crítica de Amor Ruibal* [Humanismo, reforma y teología. Cuaderno 17]. Madrid: Inst. Francisco Suárez del C.S.I.C. 1980. 45 pp.

1320 Muñoz Vega, P. *Introducción a la síntesis de San Agustín* [2. ed.]. [Pontificia Universidad Católica del Ecuador. Serie teologica ecuatoriana 8]. Quito: Ed. de la Univ. Católica 1982. VIII, 340 pp.

1321 Murphy, J. M. *The Contra Hilarum of Augustine, its liturgical and musical implications* — AugSt 10 (1979) 133–143

1322 Νικήτα, Δ. Ζ. *Ἡ παρουσία τοῦ Αὐγουστίνου στὴν Ἀνατολικὴ Ἐκκλησία* — Kleronomia 14 (1982) 7–26

1323 Nikkel, David H. *St. Augustine on the Goodness of Creaturely Existence* — DukeDivR 43 (1978) 181–187

1324 Novak, David *The Origin and Meaning of Credere Ut Intelligam in Augustinian Theology* — JRelSt (Ohio) 6–7 (1978–79) 38–45

1325 Noronha Galvão, Henrique de *Die existentielle Gotteserkenntnis bei Augustin. Eine hermeneutische Lektüre der Confessiones* [Sammlung Horizonte N.F. 21]. Einsiedeln: Johannes Verlag 1981. 424 pp.

[2993] Nos Muro, L.: Hymni

1326 O'Brien, Denis *San Agustín y Jámblico. Pondus meum amor meus* — Augustinus 26 (1981) 183*–186*

[929] O'Connell, R.: Auctores

1327 O'Connell, Robert J. *The Origin of Soul in Saint Augustine's Letter 143* — REA 28 (1982) 239–252

1328 O'Connor, W. R. *Augustine's philosophy of love* [Diss.]. New York: Fordham Univ. 1982. 282 pp.

1329 O'Daly, Gerard J. P. *«Anima», «error» y «falsum» en los primeros escritos de san Agustín* — Augustinus 26 (1981) 187*–194*

1330 O'Daly, G. J. P. *Augustine on the measurement of time. Some comparisons with Aristotelian and Stoic texts.* In: *Neoplatonism and Early Christian Thought* (cf. 1981/82, 239) 171–179

1331 O'Donnell, J. J. *The inspiration for Augustine's De civitate Dei* — AugSt 10 (1979) 75–79

1332 O'Donovan, Oliver *Usus and Fruitio in Augustine, «De Doctrina Christiana» I.* — JThS 33 (1982) 361–397

1333 O'Leary, J. S. *Dieu-Esprit et Dieu-substance chez saint Augustin* — RechSR 69 (1981) 357–390

1334 O'Meara, J. J. *Eriugena's use of Augustine* — AugSt 11 (1980) 21–34

1335 Orbán, A. P. *Ursprung und Inhalt der Zwei-Staaten-Lehre in Augustinus De Civitate Dei* — ABG 24 (1980) 171–194

1336 Orbán, A. P. *Die Benennungen der Welt in Augustins De ciuitate Dei. Eine Untersuchung über Augustins Weltanschauung.* In: *Actus* (cf. 1981/82, 153) 211–246

[631] Oroz, J.: Philologia patristica

[133] Oroz Reta, J.: Bibliographica

1337 Oroz Reta, Jose *Una polémica agustiniana contra Cicerón. ¿Fatalismo o presciencia divina?* — Augustinus 26 (1981) 195*–220*

1338 Oroz Reta, J. *Une polémique augustinienne contre Cicéron. Du fatalisme à la prescience divine* — AugSt 12 (1981) 19–41

1339 Ortega Muñoz, J. F. *Derecho, Estado e Historia en Agustín de Hipona.* Málaga: Secretariado de Publicaciones de la Universidad de Málaga 1981. 266 pp.

1340 Ostenfeld, E. *Augustin om perception* — MT Nos 40–43 (1980) 447–463

1341 Pages, Gerardo *Estética y Retórica en San Agustín* — AHAMed 21/22 (1980/81) 271–278

1342 Paolini, S. J. *Confessions of sin and love in the Middle Ages. Dante's Commedia and St. Augustine's Confessions.* Washington, D.C.: Univ. Press of America 1982. XI, 287 pp.

1343 Parvis, Paul *The Teaching of the Fathers: Augustine and the Craft of Teaching* — Clergy 67 (1982) 364–365

1344 Parvis, Paul *The Teaching of the Fathers: The New Letters of Augustine* — Clergy 66 (1981) 447–449

[54] Pasquato, O.: Historia patrologiae

1345 Pegueroles, Juan *La participación en la filosofía de San Agustín* — Espíritu 31 (1982) 47–66

1346 Pegueroles, Juan *Nota sobre la participación en la filosofía de San Agustín* — Espíritu 31 (1982) 117–129

1347 Pegueroles, Juan *Amor proximi. El socialismo del amor en San Agustín* — Espíritu 30 (1981) 145–160

1348 Pegueroles, Juan *Timor Dei. El temor y el amor en la predicación de San Agustín* — Espíritu 30 (1981) 5–18

1349 Penaskovic, R. *An analysis of Saint Augustine's De immortalitate animae* — AugSt 11 (1980) 167–176

[3256] Pépin, J.: Soteriologia

1350 Pérez Fernández, I. *San Agustín y Fray Bartolomé de las Casas. La Regula apostolica y la reforma del clero secular en Hispano-América* — Augustinus 26 (1981) 57–95

1351 Pintard, Jean *Presencia del único pastor en la predicación, según san Agustín* — Augustinus 26 (1981) 221*–226*

1352 Pintarič, Drago *Die Referenztheorie in der Trinitätslehre des hl. Augustinus* [Diss.]. Salzburg: Univ. 1980.

1353 Pregliasco, M. *Un epilogo della classicità. Agostino, De Civitate Dei X, 32* — Sigma 13 (1980) 19–28

1354 Press, G. A. *The subject and structure of Augustine's De doctrina Christiana* — AugSt 11 (1980) 99–124

1355 Press, G. A. *The content and argument of Augustine's De doctrina Christiana* — Augustiniana 31 (1981) 165–182

1356 RAMIREZ, J. ROLAND E. *Demythologizing Augustine as a Great Sinner* — AugSt 12 (1981) 61–88

[3128] RAMOS-LISSON, D.: Ius canonicum, hierarchia, disciplina ecclesiastica

1357 RAVEAUX, TH. *Augustinus über den Sabbat* — Augustiniana 31 (1981) 197–246

1358 RAVEAUX, THOMAS *Augustinus über den jüdischen Sabbat seiner Zeit* — REA 28 (1982) 213–224

[609] REILLY, R.: Philosophica

1359 RENNA, THOMAS *Augustinian Autobiography: Medieval and Modern* — AugSt 11 (1980) 197–203

1360 RENNA, THOMAS *Augustinian Kingship and Thomas Aquinas* — PPMRC 5 (1980) 151–157

[658] RENNA, T.: pax

1360a REY ALTUNA, L. *La espiritualidad de santa Teresa, desde una perspectiva agustiniana* — Augustinus 27 (1982) 129–151

1361 RIEDEL, C. *Zur philosophischen Systematik des augustinischen Gottesargumentes in De libero arbitrio* — FS 64 (1982) 19–26

1362 RIGGI, C. S. *Agostino perenne maestro di ermeneutica* [rés. en ital. et en angl.] — Salesianum 44 (1982) 71–101

1363 RIPANTI, G. *Agostino teorico dell'interpretazione* [Filos. della rel. Testi e studi 3]. Brescia: Paideia 1980. 96 pp.

[610] ROCCA, S.: Philosophica

1364 RODRÍGUEZ, J. M. *S. Agustín y los funcionarios del Imperio* — CD 194 (1981) 493–509

1365 ROMANELLI, P. *L'Africa di sant'Agostino.* In: *In Africa e a Roma. Scripta minora selecta* (cf. 1981/82, 265) 161–180

1366 ROTHFIELD, L. *Autobiography and perspective in the Confessions of St. Augustine* — CompLit 33 (1981) 209–223

1367 RUEF, HANS *Augustin über Semiotik und Sprache; sprachtheoretische Analysen zu Augustins Schrift «De dialectica», mit einer deutschen Übersetzung.* Bern: Wyss 1981. 228 pp.

1368 RUSSELL, R. *The role of Neoplatonism in Augustine's De civitate Dei.* In: *Neoplatonism and Early Christian Thought* (cf. 1981/82, 239) 160–170

1369 SAHELICES, P. *San Agustín y el documento de Puebla* — RAgEsp 22 (1981) 147–181

1370 SAHELICES, P. *Lo Mejor de San Agustín.* Puerto Rico: 1981. 388 pp.

1371 SAINZ DIAZ DE CERIO, J. L. *Identidad del Dios cristiano y del Dios de los filósofos en San Agustín* — Mayeútica 8 (1982) 37–44

[268] *San Agustín en Oxford . . .:* Collectanea et miscellanea

1372 SÁNCHEZ CARAZO, ANTONIO *Retórica, evangelio y tradición eclesiástica en el «De opere monachorum» de S. Agustín* — Augustinus 27 (1982) 169–216 = Recollectio 4 (1981) 5–57

1373 SANTMIRE, H. PAUL *St. Augustine's Theology of the Bio-physical World* — Dial 19 (1980) 174–185

1374 SCHAERER, R. *Avec saint Augustin sur les chemins du paradis et de l'enfer*. In: *Métaphysique* (cf. 1981/82, 232) 67–73

1375 SCOTT, LAURIE *The Spirit and the Letter: St. Augustine and Pascal* – AugSt 11 (1980) 145–153

1376 SEELIGER, H. R. *Superstición, ciencia y «narratio historica» en el «De doctrina christiana» de san Agustín* – Augustinus 26 (1981) 227*–237*

[946] SILVESTRE, H.: Auctores

1377 SIMONETTI, M. *Longus per diuinas scripturas ordo dirigitur. Variazioni altomedievali su un tema catechetico agostiniano* – RomBarb 6 (1981) 311–339

1378 SPICER, MALCON *Una interpretación de las «Confesiones» de san Agustín* – Augustinus 26 (1981) 239*–246*

1379 STARNES, COLIN *La conversión de san Agustín y la lógica del libro VIII de las «Confesiones»* – Augustinus 26 (1981) 247*–252*

1380 STEIDLE, W. *Augustins Confessiones als Buch (Gesamtkonzeption und Aufbau)*. In: *Romanitas-Christianitas* (cf. 1981/82, 266) 436–527

1381 STEPPAT, M. P. *Die Schola von Cassiciacum. Augustins De ordine*. Bad Honnef: Bock und Herchen 1980. 124 pp.

1382 STOL'AROV, A. A. *Le problème du libre arbitre chez Augustin* [en russe]. In: *La philosophie antique dans l'interprétation de philosophes bourgeois* (cf. 1981/82, 248) 47–70

1383 STORONI MAZZOLANI, L. *Le lettere di S. Agostino ai pagani*. In: *Atti del IV Convegno internazionale dell'Accademia romanistica Costantiniana in onore di Mario de Dominicis* (cf. 1981/82, 166) 41–63

1384 STUDER, BASILE *Jesucristo, nuestra justicia, según san Agustín* – Augustinus 26 (1981) 253*–282*

[3224] STUDER, B.: Trinitas

1385 STUIBER, A. *Der Tod des Aurelius Augustinus*. In: *Jenseitsvorstellungen in Antike und Christentum* (cf. 1981/82, 219) 1–8

1386 SUCHOCKI, MARJORIE *The Symbolic Structure of Augustine's Confessions* – JAAR 50 (1982) 365–378

1387 SUN, HAN YONG *The Problem of Temporality in the Thought of St. Augustine* [Ph. D. Dissertation]. Aquinas Institute of Theology 1979. 228 pp.

1388 SYLVESTER-JOHNSON, J. A. *The Psalms in the Confessions of Augustine* [Diss. Southern Baptist Theol. Semin.]. Louisville, Ky.: 1981. 314 pp.

1389 THIELE, F. W. *Die Theologie der Vigilia nach den Sermones des hl. Augustinus zur Ostervigil*. Hildesheim: Bernward Verl. 1979. 78 pp.

[615] TIBILETTI, C.: Philosophica

1390 TORRELL, J. P. *Saint Augustin et la pesée des âmes ou les avatars d'une citation apocryphe* – REA 27 (1981) 100–104

1391 TRAPÉ, A. *S. Agostino filosofo e teologo dell'uomo* – Divinitas 24 (1980) 53–67

1392 TRAPÉ, A. *S. Agostino esegeta. Teoria e prassi* – Lateranum 48 (1982) 225–237

1393 TRAPÉ, A. *S. Agostino e la catechesi; teoria e prassi* — Salesianum 41 (1979) 323–331

[1701] TRAPÉ, A.: Boethius

1394 TRAPP, A. D. *Notes on the Tübingen Edition of Gregory of Rimini. II* — Augustiniana 30 (1980) 46–57

[289] *« Trascende et teipsum»* . . .: Collectanea et miscellanea

[71] UÑA JUÁREZ, A.: Historia patrologiae

1395 VALENZANO, M. *La dedica del De beata vita di S. Agostino* — CCC 3 (1982) 337–352

1396 VELASQUEZ, OSCAR *Reflexiones en torno a la ciudad terrena en el De Civitate Dei.* In: *Estudios Patrísticos* (1981/82, 201) 23–27

1397 VERBRAKEN, P. P. *Le sermon LI de saint Augustin sur les généalogies du Christ selon Matthieu et selon Luc* — RBen 91 (1981) 20–45

1398 VERBRAKEN, P. P. *Le sermon LIV de saint Augustin de placendo et non placendo hominibus* — AB 100 (1982) 263–269

1399 VERHEIJEN, L. M. J. *Contributions à une édition critique améliorée des Confessions de saint Augustin* — Augustiniana 31 (1981) 161–164

1400 VERHEIJEN, L. M. J. *Éléments d'un commentaire de la Règle de Saint Augustin* — Augustiniana 32 (1982) 88–136; 255–281

1401 VERHEJEN, L. M. J. *Saint Augustine. Monk, Priest, Bishop.* Villanova (Pa.): Augustinian Historical Institute 1978.

1402 VILLALOBOS, J. *Ser y verdad en Agustín de Hipona.* Sevilla: Universidad de Sevilla 1982. 285 pp.

1403 VIÑAS ROMÁN, T. *El tema monástico agustiniano en «La Ciudad de Dios»* — CD 194 (1981) 213–238

1404 VIÑAS ROMÁN, T. *La amistad en la vida religiosa. La «verdadera amistad», expresión del carisma agustiniano y valor fundamental para toda la vida en común.* Madrid: Instituto Teológico de Vida Religiosa 1982. 304 pp.

1405 VIÑAS ROMÁN, T. *La verdadera amistad, expresión del carisma monástico agustiniano, II* — CD 194 (1981) 25–53

1406 VIOLA, C. *Le De anima du manuscrit d'Alençon, B. M. 16 (Fragments du De quantitate animae de s. Augustin)* — REA 27 (1981) 127–140

1407 WATSON, G. *St. Augustine's Theory of Language* — MayR 6 (1982) 4–20

1408 WEAVER, F. E.; LAPORTE, J. *Augustine and Women. Relationships and Teachings* — AugSt 12 (1981) 115–131

1409 WILSON-KASTNER, PATRICIA *Teología agustiniana de la gracia. Raíces griegas* — Augustinus 26 (1981) 103*–109*

1410 WILSON-KASTNER, PATRICIA *Andreas Osiander's Theology of Grace in the Perspective of the Influence of Augustine of Hippo* — SixCentJ 10 (1979) 72–91

1411 WITKOWSKI, L. *Ethos muzyczne w traktacie Augustyna z Tagaste «De musica» (= Das musikalische Ethos im Traktat «De musica» von Augustinus)* — Musica Antiqua 6 (1982) 479–498

1412 WOLFSKEEL, C. W. *Some remarks on the religious life of Monica, mother of Saint Augustine.* In: *Studies in Hellenistic religions* (cf. 1979/80, 164) 280–296

1413 WRIGHT, D. F. *The manuscripts of the Tractatus in Iohannem. A supplementary list* — RechAug 16 (1981) 59–100

1414 YEAGER, DIANE MARCIA *Reasoning Faith: H. Richard Niebuhr's Renewal of the Theology of St. Augustine* [Diss.]. Durham: Duke University 1981. 445 pp.

1415 ZANGARA, V. *L'inventio dei corpi dei martiri Gervasio e Protasio. Testimonianze di Agostino su un fenomeno di religiosità popolare* — AugR 21 (1981) 119–132

1416 ZEKIYAN, B. L. *L'interiorismo agostiniano. La struttura onto-psicologica dell'interiorismo agostiniano e la memoria sui* [Coll. Filos. oggi 14]. Genova: Studio ed. di cultura 1981. 72 pp.

1417 ZUMKELLER, A. *War Augustins monasterium clericorum in Hippo wirklich ein Kloster? Antwort auf eine neue Hypothese A. P. Orbans* — AugR 21 (1981) 391–397

1418 ZUMKELLER, A. *Ursprung und spirituelle Bedeutung der Augustinusregel, – eine notwendige Richtigstellung. Zu dem Werk Christopher Brooke's, «Die große Zeit der Klöster 1000–1300».* — Ordens-Korrespondenz. Zeitschrift für Fragen des Ordenslebens 19 (1978) 287–295

Ausonius

1419 ADAMS, J. N. *Ausonius, Cento nuptialis 101–131* [en angl.] — SIF 53 (1981) 199–215

1420 BALDWIN, B. *Ausonius and the Historia Augusta* — Gymnasium 88 (1981) 438

1421 BISTAUDEAU, P. *A la recherche des villas d'Ausone* — Caesarodunum 15 (1980) 477–487

1422 BOOTH, A. D. *The academic career of Ausonius* — Phoenix 36 (1982) 329–343

[2579] CHARLET, J. L.: Prudentius

1423 COLTON, R. E. *Vergil and Horace in Ausonius, Epist. 4* — CB 58 (1982) 40–42

1424 *Concordantia in Ausonium; with indices to proper nouns and Greek forms.* Ed. by L. J. BOLCHAZY, J. A. M. SWEENEY, in collab. with M. G. ANTONETTI [Alpha-Omega R. A 45]. Hildesheim: Olms 1982. 905 pp.

1425 DIONISOTTI, A. *From Ausonius' school days? A school book and its relatives* — JRS 72 (1982) 83–125

[577] DOIGNON, J.: Philosophica

1426 GREEN, R. P. H. *Ausonius to the rescue? (Vergil, A. 1.455–6 artificumque manus inter se operumque laborem miratur)* — LCM 7 (1982) 116–118

1427 GREEN, R. P. H. *Marius Maximus and Ausonius' Caesares* – CQ 21 (1981) 226–236

1428 GROTJAHN, R. *A note on Pol Tordeur's paper Étude statistique sur l'hexamètre d'Ausone.* In: *Hexameter studies* (cf. 1981/82, 214) 97–106

1429 GUASTELLA, G. *Non sanguine, sed vice; sistema degli appellativi e sistema degli affetti nei Parentalia di Ausonio* – MD 7 (1982) 141–169

[469] LABUSKE, H.: Opera ad historiam

1430 LORENZO, E. DI *Ausonio. Saggio su alcune componenti stilistiche.* Napoli: Loffredo 1981. 107 pp.

1431 LUDWIG, K. H. *Die technikgeschichtlichen Zweifel an der Mosella des Ausonius sind unbegründet* – Technikgeschichte (Düsseldorf) 48 (1981) 131–134

1432 POLARA, G. *Un aspetto della fortuna di Virgilio. Tra Virgilio, Ausonio e l'Appendix Vergiliana* – KoinNapoli 5 (1981) 49–62

[936a] *Recent Acquisitions . . . :* Auctores

[951] SWOBODA, M.: Auctores

1433 TERNES, CH. M. *Éléments de rhétorique dans la Mosella d'Ausone.* In: *La rhétorique à Rome* (cf. 1981/82, 261) 153–160

1434 TORDEUR, P. *Étude statistique sur l'hexamètre d'Ausone.* In: *Hexameter studies* (cf. 1981/82, 214) 75–96

Avitus Viennensis

1435 BANNIARD, M. *Accent et quantité au haut moyen âge; note sur un testimonium d'Avit de Vienne.* In: *L'accent latin* (cf. 1981/82, 151) 44–56

1436 FORSTNER, K. *Zur Bibeldichtung des Avitus von Vienne.* In: *Symmicta philologica . . .* (cf. 1981/82, 288) 43–60

1437 McDONOUGH, C. J. *Notes on the text of Avitus* – VigChr 35 (1981) 170–173

1438 SIMONETTI ABBOLITO, G. *Avito e Virgilio* – Orpheus 3 (1982) 49–72

Balaeus

1439 GRAFFIN, F. *Poème de Mar Balaï pour la dédicace de l'église de Quennešrin* – ParOr 10 (1981–82) 103–121

Barnabae Epistula

[3263] MARTÍN, J. P.: Ecclesiologia

1440 MARTÍN, J. P. *L'interpretazione allegorica nella lettera di Barnaba e nel giudaismo alessandrino* – StSR 6 (1982) 173–183

[922] McKENNA, M. M.: Auctores

Barsabas Hierosolymitanus

1441 *[Barsabas Hierosolymitanus] Barsabée de Jérusalem. Sur le Christ et les Eglises.* Introd., éd. du texte géorgien inéd. et trad. francaise par MICHEL VAN ESBROECK [PO 41]. Turnhout: Brepols 1982. 147–255

Barsauma Nisibenus

1442 GERO, STEPHEN *Barsauma of Nisibis and Persian Christianity in the fifth century* [CSCO Subsidia 426]. Lovanii: Peeters 1981. XVII, 124 pp.

Basilides Gnosticus

1443 JUFRESA, M. *Basilides, a path to Plotinus* — VigChr 35 (1981) 1–15

Basilius Magnus Caesariensis

1444 *[Basilius Caesariensis] Βασιλείος. Ἐπιστολὲς καὶ ἄλλα κείμενα.* Introd. de S. PAPADOPOULOS, trad. de B. MOUSTAKIS. Αθῆναι: Ἐκδοσις Αποστολ. Διακονίας τῆς Ἐκκλ. τῆς Ἑλλάδος. 1979. 367 pp.

1445 *[Basilius Caesariensis] Die Mönchsregeln.* Einführ. und Übers. von K. S. FRANK. St. Ottilien: Eos-Verl. 1981. 426 pp.

1446 *[Basilius Caesariensis] Basilius. On the Holy Spirit.* Crestwood, New York: St. Vladimir's Seminary Press 1980. 118 pp.

1447 *[Basilius Caesariensis] Basile de Césarée. Contre Eunome, suivi de l'Apologie d'Eunome.* Introd., trad. et notes de B. SESBOUÉ, avec la collab. pour le texte et l'introd. crit. de G. M. DE DURAND; L. DOUTRELEAU, I [SC 299]. Paris: Éd. du Cerf 1982. 286 pp.

1448 *[Basilius Caesariensis] Sfîntul Vasile cel Mare. Hexaimeronul. Omilii V-VI (= Das Sechstagewerk. Reden 5-6).* Trad. de I. AVRAMESCU — MitrMold 55 (1979) 714–726

1449 *[Basilius Caesariensis] Sfîntul Vasile cel Mare. Despre Sfîntul Duh (= De spiritu sancto).* Trad. de C. CORNIŢESCU — GlB 38 (1979) 694–709; 39 (1980) 756–771; 40 (1981) 37–58; 401–425

1450 *[Basilius Caesariensis] Sfîntul Vasile cel Mare. Omilie îndemnatoare la Sfîntul Botez (= Homilia exhortatoria ad sanctum baptisma).* Trad. de D. FECIORU — GlB 38 (1979) 257–276

1451 *[Basilius Caesariensis] Sfîntul Vasile cel Mare. Omilie la cuvintule «La început era Cuvîntul» (= In illud: In principio erat uerbum).* Trad. de D. FECIORU — MitrArd 24 (1979) 478–483

1452 *[Basilius Caesariensis] Sfîntul Vasile cel Mare. Despre iubirea faţa de Dumnezeu şi faţa de aproapele (= Quod deus non est auctor malorum).* Trad. de N. PETRESCU — MitrOlt 33 (1981) 220–223

1453 *[Basilius Caesariensis] Sfîntul Vasile cel Mare. Scrisorile 234 şi 235 (= Epistulae 234 et 235).* Trad. de N. PETRESCU — MitrOlt 32 (1980) 42–45

1454 *[Basilius Caesariensis] Sfîntul Vasile cel Mare. Scrisoarea 243 (= Epistula 243)*. Trad. de N. PETRESCU – BOR 97 (1979) 72–81

1455 *[Basilius Caesariensis] Sfîntul Vasile cel Mare. Scrisoarea 235-a către Amfilohie (= Epistula 236 ad Amphilochium)*. Trad. de N. PETRESCU – MitrOlt 33 (1981) 86–90

1456 *[Basilius Caesariensis] Sfîntul Vasile cel Mare. Scrisoarea a 260-a (= Epistula 260)*. Trad. de N. PETRESCU – MitrOlt 34 (1982) 40–45

1457 ALFONSI, L. *Nel XVI centenario della morte il 1 Gennaio del 379 di S. Basilio. Πρὸς τοὺς νέους, cioè una mediazione tra pedagogia del Vangelo e cultura*. In: *Scritti in onore di Nicola Petruzzellis* (cf. 1981/82, 271) 21–27

1458 ANASTOS, M. V. *Basil's Κατὰ Εὐνομίου. A critical analysis*. In: *Basil of Caesarea* (cf. 1981/82, 169) 67–136

1459 AXINIA, VASILE *Influenţa regulilor monahale Sfîntului Vasile cel Mare asupra regulilor Sfîntului Benedict de Nursia (= Der Einfluß der Mönchsregeln des Heiligen Basilius des Großen auf die Regel des Heiligen Benedikt von Nursia)* – GlB 38 (1979) 498–510

1460 AXINIA, VASILE *Dispoziţii canonice ale Sfîntului Vasile cel Mare, privind femeia creştină (= Kanonische Bestimmungen des Heiligen Basilius des Großen über die christliche Frau)* – GlB 38 (1979) 725–736

[169] *Basil of Cesarea . . . :* Collectanea et miscellanea

[170] *Basilius. Heiliger der Einen Kirche . . . :* Collectanea et miscellanea

1461 BENITO Y DURÁN, ANGEL *La autoridad en el pensamiento y monacato de san Basilio Magno* – EscrVedat 12 (1982) 479–510

1462 BENITO Y DURÁN, A. *L'humanisme des homélies Περὶ τῆς τοῦ ἀνθρώπου κατασκευῆς attribuées à Saint Basile* – Diotima 7 (1979) 63–70

1463 BENITO Y DURÁN, A. *Filosofía de San Basilio Magno en su Enarratio in Isaiam prophetam*. In: *Überlieferungsgeschichtliche Untersuchungen* (cf. 1981/82, 291) 39–60

1464 BILANIUK, PETRO B.T. *The Monk as Pneumatophor in the Writings of St. Basil the Great* – Diak 15.1 (1980) 49–63

1465 BOBRINSKOY, BORIS *Saint Basile le Grand et l'approfondissement de la théologie du Saint-Esprit au IVe siècle*. In: *Communio Sanctorum* (cf. 1981/82, 181) 27–38

1466 BODOGAE, T. *O epistolă dogmatică a Sfîntului Vasile cel Mare (= Ein dogmatischer Brief des Heiligen Basilius des Großen)* – MitrArd 23 (1978) 807–813

1467 BODOGAE, T. *Pagini celebre din activitatea de pastor a Sfîntului Vasile cel Mare (= Ruhmvolle Seiten aus der pastoralen Tätigkeit des Heiligen Basilius des Großen)* – MitrArd 24 (1979) 51–58

1468 BODOGAE, T. *File dintr-o prietenie statornica: Sfîntul Vasile cel Mare şi Sf. Eusebie, Episcop de Samosata (= Blätter einer beständigen Freundschaft. Der Heilige Basilius der Große und der Hl. Eusebius, Bischof von Samosata)* – MitrArd 24 (1979) 637–643

1469 BODOGAE, T. *Un apel fierbinte la solidaritate crestina: Predica Sfîntului Vasile cel Mare la vreme de foamete si de seceta* (= *Ein flammender Appell an die christliche Solidarität: Eine Predigt des Heiligen Basilius des Großen zur Zeit der Hungersnot und der Dürre*) — GlB 38 (1979) 479–488

1470 BODOGAE, T. *Patru epistole ale Sfîntul Vasile cel Mare si tîlcul lor* (= *Vier Briefe des Heiligen Basilius des Großen und ihre Interpretation*) — Mitr Ard 24 (1979) 824–830

[899] BONIS, K.: Auctores

1471 BONIS, K.G. *Basilios von Caesarea und die Organisation der christlichen Kirche im vierten Jahrhundert.* In: *Basil of Caesarea* (cf. 1981/82, 169) 281–335

1472 BURINI, CLARA *La «communione» e «distribuzione dei beni» di Atti 2,44 e 4,32.35 nelle Regole Monastiche di Basilio Magno* — Benedictina 28 (1981) 151–169

1473 CASEVITZ, M. *Basile, le grec et les Grecs. Réflexions linguistiques* — VigChr 35 (1981) 315–320

1474 ΧΡΗΣΤΟΥ, Π. Κ. *Αἱ προσπάθειαι τοῦ Μεγάλου Βασιλείου περὶ τῆς κοινωνίας τῶν Ἐκκλησίων* — Kleronomia 13 (1981) 183–194

1475 CLAPSIS, EMMANUEL *St. Basil's Cosmology* — Diakonia 17 (1982) 215–223

1476 COMAN, J. *Éléments d'anthropologie dans l'œuvre de saint Basile le Grand* — Kleronomia 13 (1981) 37–55

[675] COMSA, I.: Palaeographica atque manuscripta

1477 CONSTANTELOS, DEMETRIOS *Basil the Great's Social Thought and Involvement* — GrOrthThR 26 (1981) 81–86

1478 CORUGA, MATEI *Sfîntul Vasile cel Mare: 1600 ani de la trecerea sa la cele veşnice* (= *Der Heilige Basilius der Große: 1600 Jahre nach seinem Hinübergang in die Ewigkeit*) — MitrMold 55 (1979) 95–98

1479 CZERNIATOWICZ, J. *Bazyli Wielki w nurcie humanizmu w Polsce* (= *Basilius von Caesarea in der humanistischen Strömung in Polen*) — Eos 70 (1982) 71–82

1480 ΔΗΜΟΠΟΥΛΟΣ, Γ. Ι. *Ὁ Φωστὴρ τῆς Καισαρείας (Ὁ μέγας Βασίλειος).* Ἔκδοσις τρίτη ἐπηυξημένη. Ἀθῆναι: Ἐκδόσεις «Ὁ Σωτὴρ» 1979.

1481 DRAGULIN, GH. *Doctrina trinitară a Sfîntului Vasile cel Mare în discuţiile teologilor contemporani* (= *Die Trinitätslehre des Heiligen Basilius des Großen in der gegenwärtigen theologischen Diskussion*) — GlB 38 (1979) 489–497

1482 DRAGULIN, GH. *Filocalia de la Sfîntul Vasile cel Mare, pînă în zilele noastre* (= *Die Philokalia vom Heiligen Basilius dem Großen bis in unsere Tage*) — StTeol 32 (1980) 66–80

1483 DURAND, G.M. DE *Un passage du IIIᵉ livre Contre Eunome de S. Basile dans la tradition manuscrite* [summ. in engl.] — Irénikon 54 (1981) 36–52

1484 FEDWICK, P.J. *A chronology of the life and works of Basil of Caesarea.* In: *Basil of Caesarea* (cf. 1981/82, 169) 3–19

1485 FEDWICK, P.J. *The translations of the works of Basil before 1400.* In: *Basil of Caesarea* (cf. 1981/82, 169) 439–512

1487 FEDWICK, P.J. *The Citations of Basil of Caesarea in the Florilegium of the Pseudo-Antony Melissa* — OrChrP 45 (1979) 32–44

1488 FERRARI, G. *L'azione dello Spirito Santo secondo la liturgia di san Basilio* — Nicolaus 8 (1980) 337–340

1489 FITZGERALD, W. *Notes on the iconography of Saint Basil the Great.* In: *Basil of Caesarea* (cf. 1981/82, 169) 533–563

1490 FORTIN, E. L. *Hellenism and Christianity in Basil the Great's address Ad adulescentes.* In: *Neoplatonism and Early Christian Thought* (cf. 1981/82, 239) 189–203

[3304] FRAZEE, C.: Vita christiana, monastica

1491 FUSSL, M. *Zur Trosttopik in den Homilien des Basileios* — JAC 24 (1981) 45–55

1492 GAMBERO, L. *Cristo e sua Madre nel pensiero di Basilio di Cesarea* — Marianum 44 (1982) 9–47

1493 GARNETT, SHERMAN *The Christian Young and the Secular World: St. Basil's Letter and Pagan Literature* — GrOrthThR 26 (1981) 211–223

[3308] GIRARDI, M.: Vita christiana monastica

1494 GRIBOMONT, J. *Notes biographiques sur saint Basile le Grand.* In: *Basil of Caesarea* (cf. 1981/82, 169) 21–48

1495 GRIBOMONT, J. *La tradition johannique chez saint Basile.* In: *Parola e spirito* (cf. 1981/82, 245) 847–866

[911] GRUSZKA, P.: Auctores

[2632] HAYKIN, M. A. G.: Silvanus Episcopus Tarsensis

1496 HUBANČEW, ANTONIJ *Pătištata na bogopoznanieto spored sveti Vassilij Veliki (= Die Wege der Gotteserkenntnis nach dem hl. Basilius dem Großen)* — GDA 59 (1981) 241–258

1497 IONITA, VIOREL *Sfîntul Vasile cel Mare la 1600 de ani de la moartea sa (= Der Heilige Basilius der Große - 1600 Jahre nach seinem Tode)* — GlB 38 (1979) 459–468

1498 IONITA, VIOREL *Cinstirea Sfîntului Vasile cel Mare în Biserica Ortodoxă Română (= Die Verehrung des Heiligen Basilius des Großen in der Rumänischen Orthodoxen Kirche)* — Glb 38 (1979) 1135–1140

1499 IORGU, D. I. *Talmaciri si îndrumari ale Sfîntului Vasile cel Mare pentru cei doritori de desavîrsire morala (= Ratschläge und Unterweisungen des Heiligen Basilius des Großen für die, die sich nach moralischer Vollkommenheit sehnen)* — GlB 39 (1980) 54–67

1500 JEVTIĆ, ATANASIJE *Between the "Nicaeans" and the "Easterners": The "Catholic" Confession of St. Basil* — StVlThQ 24 (1980) 235–252

1501 JEVTIĆ, A. *Τὸ θεολογικὸν ἔργον τοῦ Μεγάλου Βασιλείου μεταξὺ Νικαιανῶν καὶ Ἀνατολικῶν* — Kleronomia 13 (1981) 83–106

1502 Καλλινικοσ, Κ. Β. *Τὸ ἐν Ἀντιοχίᾳ σχίσμα καὶ αἱ ἐνωτικαὶ προσπάθειαι τοῦ Μ. Βασιλείου.* — Kleronomia 13 (1981) 107–155

1503 Καλλινικοσ, Κωνσταντινοσ Β. *Συμβολαὶ εἰς τὸ πρόβλημα τῆς ἐρεύνης τοῦ χρόνου τῶν ἐπιστολῶν τοῦ Μ. Βασιλείου.* Ἀθῆναι: Ἐκκλησιαστικόν Φάρος 1979. 124 σσ.

1504 KARAGIANNOPOULOS, J. *St. Basile le Grand et les Problèmes sociaux de son époque* — Byzantina 11 (1982) 11–132 [en grec]

1505 KARAYANNOPOULOS, I. *St. Basil's social activity. Principles and praxis.* In: *Basil of Caesarea* (cf. 1981/82, 169) 375–391

1506 KARMIRIS, I. *Ὁ Μέγας Βασίλειος οἱ δυτικοὶ ἐπίσκοποι καὶ ὁ Ρώμης* — PAA 54 (1979) 306*–318*

1507 KREKUKIAS, D. A. *Ἄγνωστες λαογραφικές εἰδήσεις στό ἔργο του Μ. Βασιλείου. Ὁμιλίαι εἰς ἐξαήμερον* — JÖB 32, 3 (1982) 423–426

[3320] KRETSCHMAR, G.: Vita christiana, monastica

1508 KUSTAS, G. L. *Saint Basil and the rhetorical tradition.* In: *Basil of Caesarea* (cf. 1981/82, 169) 221–279

1509 LANNE, EMMANUEL *Les anaphores eucharistiques de saint Basile et la communauté ecclésiale* [summ. in engl.] — Irénikon 55 (1982) 307–331

1510 LANNE, E. *Le comportement de saint Basile et ses exigences pour le rétablissement de la communion* — Nicolaus 9 (1981) 303–313

[3527] LEHMANN, H.: Specialia in Vetus Testamentum

1511 *List Apostolski papieża Jana Pawła II na 1600-lecie śmierci Swiętego Bazylego Patres Ecclesiae* (= *Apostolisches Schreiben des Papstes Johannes Paul II. zum 1600. Todestag des Hl. Basilius Patres Ecclesiae*). Ins Polnische übersetzt von J. GAJEK und M. STAROWIEYSKI, eingeleitet von K. OBRYCKI — STV 19 (1981) 125–145

1512 LONGOSZ, ST. *Rodzina wczesnochrześćijańska i jej zadania w nauczaniu św. Bazylego Wielkiego* (= *La famille paléochrétienne et ses devoirs selon St. Basile le Grand*) — RoczTK 28 (1981) 149–168

1513 LUCCHESI, ENZO; DEVOS, PAUL *Un corpus basilien en copte - Appendices I–IV* — AB 99 (1981) 75–94

1514 LUISLAMPE, PIA *Spiritus vivicans. Grundzüge einer Theologie des Heiligen Geistes nach Basilius von Caesarea* [MBTh 48]. Münster: Aschendorff 1981. XII, 204 pp.

[3322] LUISLAMPE, P.: Vita christiana, monastica

1515 MALUNOWICZÓWNA, L. *Problem cierpiena u św. Bazylego Wielkiego* (= *Le problème de souffrance chez St. Basile*) — RoczTK 28 (1981) 169–182

1516 MANNA, S. *L'ecclesiologia di S. Basilio* — Nicolaus 10 (1982) 47–74

[2033] MARAVAL, P.: Gregorius Nyssenus

[3146] MEREDITH, A.: Symbola

1517 MEYENDORFF, JOHN *St. Basil, Messalianism and Byzantine Christianity* — StVlThQ 24 (1980) 219–234

1518 MOLDOVAN, ILIE *Şensul duhovnicesc al înţelegerii Sfintei Scripturi în concepţia teologică a Sfîntului Vasile cel Mare (= Der geistliche Aspekt des Verständnisses der Heiligen Schrift im theologischen Denken des Heiligen Basilius des Großen)* – GlB 38 (1979) 710–724

1519 NALDINI, M. *Su alcuni codici della Oratio ad adolescentes di Basilio Magno.* In: *Studi in onore di Aristide Colonna* (cf. 1981/82, 282) 217–220

1520 NALDINI, M. *Su alcuni aspetti economico-sociali in Ep. 2,2 di Basilio Magno.* In: *Studi in onore di Arnaldo Biscardi II* (cf. 1981/82, 281) 85–93

[2944] NECULA, N.: Missa, sacramenta, sacramentalia

1521 NIKOLAOU, TH. *Der Mensch als politisches Lebewesen bei Basilios dem Grossen* – VigChr 35 (1981) 24–31

1522 NOROCEL, EPIFANIE *Învăţătura Sfîntului Vasile cel Mare pentru folosirea bunuriler materiale (= Die Lehre des Heiligen Basilius des Großen über die Nutzung der materiellen Güter)* – GlB 38 (1979) 469–478

1523 ΠΑΠΑΔΟΠΟΥΛΟΣ, Στ. *Ἡ ζωὴ ἑνὸς Μεγάλου. Βασίλειος Καισαρείας.* Αθῆναι: Εκδ. Ἀποστολικῆς Διακονίας 1979.

1524 PAPADOPULOS, STILIANOS *Mesajul gîndirii teologice a Sfîntului Vasile cel Mare (= Die theologische Botschaft des Heiligen Basilius des Großen).* Trad. T. BODOGAE – MitrArd 24 (1979) 269–273

[3125] PAVERD, F. VAN DER: Ius canonicum, hierarchia, disciplina ecclesiastica

1525 PELIKAN, J. *The spiritual sense of Scripture. The exegetical basis for St. Basil's doctrine of the Holy Spirit.* In: *Basil of Caesarea* (1981/82, 169) 337–360

[716] PEROSA, A.: Palaeographica atque manuscripta

[935] POPA, I. D.: Auctores

1526 SAINT-LAURENT, GEORGE E. *St. Basil of Caesarea and the Rule of St. Benedict* – Diak 16 (1981) 71–79

[3091] SALACHAS, D.: Concilia, acta conciliorum, canones

1527 SCHULZ, HANS-JOACHIM *Die Anaphora des heiligen Basilius als Richtschnur trinitarischen Denkens.* In: *Unser ganzes Leben . . .* (cf. 1981/82, 292) 42–75

1528 SCICOLONE, S. *Basilio e la sua organizzazione dell'attività assistenziale a Cesarea* – CCC 3 (1982) 353–372

[1628] SERNA, C. DE LA: Benedictus

1529 ŠPIDLÍK, T. *Note sulla cristologia di Basilio Magno* – KoinNapoli 6 (1982) 31–41

[949] STAN, A.: Auctores

[68] STAN, A.: Historia patrologiae

1530 STANILOAE, D. *Fiinţa şi ipostasurile în Sfînta Treime, după Sfîntul Vasile cel Mare (= Wesen und Hypostasen in der Heiligen Dreifaltigkeit nach dem Heiligen Basilius dem Großen)* – OrtBuc 31 (1979) 53–74

[1002] SWIFT, L. J.: Ambrosius

1531 TEJA, RAMON *San Basilio y la esclavitud: teoría y praxis.* In: *Basil of Caesarea* (1981/82, 169) 393–403

1532   THOMSON, FRANCIS J. *Slavonic Translations of Saint Basil's Works —* PolKnig 6 (1982) 61–63

[952]   VALLIANOS, P. S.: Auctores

[2890]   VERHEUL, A.: Liturgica

1533   VRIES, W. DE *Die Obsorge des hl. Basilius um die Einheit der Kirche im Streit mit Papst Damasus —* OrChr 47 (1981) 55–86

[640]   WINKELMANN, F.: αἵρεσις

1534   ZAÑARTU U., SERGIO *La creación, según el Hexaemeron de Basilio de Cesarea —* TyV 22 (1981) 109–124

1535   ZELZER, K. *Zur Überlieferung der lateinischen Fassung der Basiliusregel.* In: *Überlieferungsgeschichtliche Untersuchungen* (cf. 1981/82, 291) 625–635

[955]   ZONEWSKI, I.: Auctores

Benedictus Nursinus

1536   *[Benedictus Nursinus] The Rule of St. Benedict. The Abingdon copy.* Ed. from Cambridge, Corpus Christi College ms. 57 by J. CHAMBERLIN [Toronto Mediev. Lat. Texts 13]. Leiden: Brill 1982. VII, 87 pp.

1537   *[Benedictus Nursinus] Regula Benedicti 1980: The Rule of St. Benedict in Latin and English with Notes.* Ed. TIMOTHY FRY. Collegeville, Minn.: Liturgical Press 1981. XXXVI, 627 pp.

1538   *[Benedictus Nursinus] Regla de San Benet. Amb glosses per a una relectura de la Regla benedictina* per l'abat C. M. JUST [El gra de blat 34]. Montserrat: Publ. de l'Abadia 1981. 338 pp.

1539   *[Benedictus Nursinus] De regel van Sint-Benedictus in de taal van onze tijd.* Zevenkerken: St.-Andriesabdij 1980. 120 pp.

[886]   Règles des moines . . . : Auctores

1540   ALLARD, JEAN-LUIS *La pedagogia di S. Benedetto —* Benedictina 28 (1981) 545–564

1541   ALSINA I RIBÉ, M. A. *Saviesa d'un home de Déu: en el XVè centenari del naixement de Sant Bener* [El Gra de Blat 37]. Montserrat: Publicacions de l'Abadia de Montserrat 1981. 223 pp.

1542   ARAGÜES PÉREZ, F. *XV siglos después —* Yermo 19 (1981) 5–13

[1459]   AXINIA, V.: Basilius Caesariensis

1543   BAKER, AUGUSTINE *The substance of the rule of St. Bennet.* Transcribed and edited by the Benedictines of Stanbrook from a manuscript copied in 1650 by LEANDER PRICHARD. Worchester: Stanbrook Abbey 1981. VI, 51 pp.

1544   BEDOUELLE, GUY *The Better Part: Aphorisms and Apophthegms on the Religious Life —* Communio (US) 9 (1982) 44–50

[170a]   *S. Benedetto e l'Oriente cristiano . . . :* Collectanea et miscellanea

1545   *Benedictus - Bote des Friedens. Papstworte zu den Benediktusjubiläen von 1880–1980.* Dargeboten und eingeleitet von FRUMENTIUS FENNER. St. Ottilien: EOS-Verlag 1982. 240 pp.

1546 BERTELLI, C. *San Benedetto e le arti in Roma. Pittura.* In: *Atti del 7°
      Congresso internazionale di studi sull'alto medioevo* (cf. 1981/82, 163)
      271–302

1547 BONAMENTE, GIORGIO *L'ambiente socio-culturale di S. Benedetto.
      Roma allo scadere del V secolo* – Benedictina 28 (1981) 23–45

1548 BORIAS, A. *Quelques exemples d'inclusion dans la règle Bénédictine* –
      RBS 8–9 (1979/80) 51–57

1549 BORIAS, A. *L'inclusion dans la Règle bénédictine* – RBen 92 (1982)
      266–304

1550 BORIAS, A. *Le cellérier bénédictine et sa commaunité* – RBS 6–7
      (1977/1978) 77–91

[2846] BOVO, S.: Liturgica

1551 BURUCOA, JEAN MARIE *El camino benedictino.* Traducción de
      L. PRENSA. Estella: Editorial Verbo Divino 1981. 172 pp.

1552 CALATI, BENEDETTO *La «Lectio divina» nella tradizione monastica
      benedettina* – Benedictina 28 (1981) 407–438

1553 CAPRARA, S. *San Benedetto e il canto liturgico.* In: *Atti del 7° Congresso
      internazionale di studi sull'alto medioevo* (cf. 1981/82, 163) 641–645

1554 CASEY, M. *Community in the Benedictine rule* – RBS 8–9 (1979/80)
      59–65

1555 CASEY, M. *Intentio cordis (RB 52,4)* – RBS 6–7 (1977/1978) 105–120

1556 CATRY, P. *La humildad, signo de la presencia del Espíritu: Benito y
      Gregorio* – CuadMon 16 (1981) 154–172

1557 CHADWICK, O. *The making of the benedictine ideal* [Th. V. Moore
      Memor. Lect. for 1980]. Washington, D.C.: St. Anselm's Abbey 1980.
      32 pp.

1558 COLOMBAS, G. M. *Colaciones, 1: El espíritu de S. Benito.* Zamora: Ed.
      Monte Casino 1982. 165 pp.

1559 CORNAGLIOTTI, ANNA *Le traduzioni medievali in volgare italiano
      della Regula S. Benedicti* – Benedictina 28 (1981) 283–307

1560 CRIPPA, L. *Tre volumi e una speranza. In margine a recenti «commenti»
      alla RB* – Benedictina 29 (1982) 175–194

1561 DELATTE, P. *Comentario a la Regla de san Benito* [c. X–XII] – NetV 11
      (1981) 7–13; [c. XIII–XV.XVII] – NetV 12 (1981) 293–305; [c. XVI.
      XVIII] – NetV 13 (1982) 41–53; [c. XIX–XX] – NetV 14 (1982)
      271–281

1562 DEMOUY, P. *S. Remy et S. Benoît.* In: *Contribution à l'année S. Be-
      noît...* (cf. 1981/82, 187) 9–15

1563 ENOUT, J. E. *No sesquimilenario de Sao Bento. Um documento de
      especial importancia* – LeV 162 (1981) 27–35

1564 FATTORINI, GINO *L'immagine biblica della «corsa» nella Regola di san
      Benedetto* – Benedictina 28 (1981) 457–483

[318]   FELIZ CARVAJAL, A.: Subsidia

[3301] FELLECHNER, E. L.: Vita christiana, monastica

1565 FERNANDES, A. *O Caminho da Obediência na Regra de S. Bento* — OrLab 27 (1981) 99–104

1566 FERNÁNDEZ, G. *Algunos aspectos de la comunidad en la Regla de S. Benito* — Cistercium 33 (1981) 251–263

1567 FISCHER, BALTHASAR *Het geformuleerde gemeenschapsgebed en het vrije persoonlijke gebed in de Regel van Benedictus* — TLit 65 (1981) 176–191

1568 FONTAINE, J. *Le monachisme de saint Benoît au carrefour spirituel de l'Orient et de l'Occident.* In: *Atti del 7° Congresso internazionale di studi sull'alto medioevo* (cf. 1981/82, 163) 21–46

1569 FONTAINE, J. *La romanité de saint Benoît. Vocables et valeurs dans la Regula Benedicti* — REL 58 (1980) 403–427

[3306] GASPAROTTO, G.: Vita christiana, monastica

1569a GHIOTTO, E. *San Benito y la teología de la vida religiosa* — Teología 18 (1981) 135–148

[688] GILISSEN, L.: Palaeographica atque manuscripta

[3308] GIRARDI, M.: Vita christiana, monastica

1570 GONZÁLEZ LAMADRID, A. *Trasfondo escatológico de la Regla de S. Benito* — Cistercium 33 (1981) 41–51

1571 GRIBOMONT, J. *La Règle et la Bible.* In: *Atti del 7° Congresso internazionale di studi sull'alto medioevo* (cf. 1981/82, 163) 355–389

1572 HAENENS, S. D' *Le projet monastique de Benoît comme matrice culturelle. Essai de lecture rétrogressive de la règle des moines.* In: *Atti del 7° Congresso internazionale di studi sull'alto medioevo* (cf. 1981/82, 163) 429–447

1573 HANSLIK, R. *Textlich umstrittene Stellen in der Regula Benedicti* — RBS 8–9 (1979/80) 1–11

1574 HEITZ, C. *Saint Benoît et les arts à Rome. L'architecture.* In: *Atti del 7° Congresso internazionale di studi sull'alto medioevo* (cf. 1981/82, 163) 255–269

1575 HERRERA, P. L. *Escritores cistercienses y S. Benito* — Cistercium 33 (1981) 77–87

1576 HOLZHERR, GEORG *Die Benediktsregel - Eine Anleitung zu christlichem Leben.* Der vollständige Text der Regel übersetzt und erklärt. 2. Auflage. Zürich: Benziger 1982. 440 pp.

1577 *Internationale Bibliographie zur Regula Benedicti (Fortsetzung)* — RBS 6–7 (1977/1978) 82*–195*

1578 JACAMON, S. M. *Saint Benoît à la lumière de la spiritualité orientale* [Spiritualité orient. et vie mon. 11]. Abbaye de Bellefontaine: 1980. 106 pp.

1579 JASPERT, B. *Existentiale Interpretation der Regula Benedicti* — RBS 6–7 (1977/1978) 49–60

[36] JASPERT, B.: Historia patrologiae

1580 JOÃO PAULO II *Encerramento do Ano de S. Bento* — OrLab 27 (1981) 215–219

1581 JOÃO PAULO II *S. Bento, Patrono da Europa e Mestre de Vida Cristã* — OrLab 27 (1981) 54–64

1582 JUAN PABLO II *El mensaje de luz que la figura y la obra de San Benito han difundido en la Iglesia y la sociedad* — Cistercium 33 (1981) 233–239

1583 JUAN PABLO II *San Benito, Patrono de Europa, mensajero de la paz* — Cistercium 33 (1981) 3–20

1584 KARDONG, T. *Justitia in the Rule of Benedict* — StMon 24 (1982) 43–73

[3319] KARDONG, T.: Vita christiana, monastica

1585 LANNE, E. *Le forme della preghiera personale in san Benedetto e nella tradizione.* In: *Atti del 7° Congresso internazionale sull'alto medioevo* (cf. 1981/82, 163) 449–476

1586 LARMANN, MARIAN *Constristare and Tristitia in the RB: Indications of Community and Morale* — AmBenR 30.2 (1979) 159–174

1587 LAWRENCE, C. H. *St. Benedict and his Rule* — History 67 (1982) 185–194

1588 LECCISOTTI, T. *La venuta di s. Benedetto a Montecassino.* In: *Atti del 7° Congresso internazionale di studi sull'alto medioevo* (cf. 1981/82, 163) 685–696

1589 LECLERCQ, J. *El problema de las clases sociales y la cristología en San Benito* — CuadMon 16 (1981) 205–218

1590 LECLERCQ, J. *La liberté bénédictine.* In: *Atti del 7° Congresso internazionale di studi sull'alto medioevo* (cf. 1981/82, 163) 775–788

1591 LEDOYEN, H. *La Règle de saint Benoît dans la législation monastique.* In: *Atti del 7° Congresso internazionale di studi sull'alto medioevo* (cf. 1981/82, 163) 391–407

1592 LENTINI, ANSELMO *Sull'originalità della Regula Benedicti* — Benedictina 28 (1981) 65–68

1593 LEONARDI, C. *San Benedetto e la cultura.* In: *Atti del 7° Congresso internazionale di studi sull'alto medioevo* (cf. 1981/82, 163) 303–325

1594 LIENHARD, JOSEPH T. *The Study of the Sources of the Regula Benedicti: History and Method* — AmBenR 31.1 (1980) 20–38

1595 LINAGE CONDE, A. *El retorno à la Regula Benedicti* — RBS 8–9 (1979/80) 105–120

1596 LIPARI, ANSELMO *«Tunc vere monachi sunt...».* *La verità principio ermeneutico della vita benedettina* — Benedictina 28 (1981) 577–590

[3322] LUISLAMPE, P.: Vita christiana, monastica

1597 MANNING, E. *Réflexions sur l'authenticité des chapitres 8-18 de la Regula Benedicti.* In: *Sapientiae doctrina* (cf. 1981/82, 269) 231–237

1598 MANNING, E. *Observations sur un commentaire glosé de la Règle de S. Benoît dans le ms. Dubrovnik 80.* In: *Miscellanea codicologica* (cf. 1981/82, 235) 211–216

1599 MARÓTI, E. *Vilicus ne sit ambulator. Zum Weiterleben eines antiken Wirtschaftsprinzips* — JWG (1981) Teil 4 83–89

1600 MARRION, M. *God the Father as foundation for constant prayer in the Regula Benedicti* — StMon 23 (1981) 263–305

1601 MARTIN, J.-M. *La règle de saint Benoît. A propos d'une édition récente* — MA 86 (1980) 263–305

1602 MATANIC, ATANASIO G. *S. Bento de Núrsia e S. Francisco de Assís* — Itinerarium 28 (1982) 3–16

[3324] McDONNELL, K.: Vita christiana, monastica

1603 MONGE GARCÍA, J. L. *Aspectos de la acogida benedictina* — Cistercium 33 (1981) 241–250

1604 MORAL, T. *San Benito en el arte español. Notas complementarias* — NetV 14 (1982) 295–320

1605 MORAL, T. *San Benito en el arte español* — Cistercium 32 (1980) 341–419; 33 (1981) 91–160; 325–357

1607 MOTTA, GIUSEPPE *La Regula Benedicti in alcune collezioni canoniche dei secoli VIII–XII* — Benedictina 28 (1981) 261–281

1608 NAGEL, D. VON *Die Demut als innerer Weg. Zum 7. Kapitel der Regula Benedicti* — RBS 6–7 (1977/1978) 61–76

1609 NEWMAN, J. H. *Les bénédictins; la mission de saint Benoît, les écoles bénédictines.* Trad. et prés. de A. BILLIOQUE, préf. de J. GUITTON. Paris: SOS 1980. XXII, 173 pp.

1610 PANI ERMINI, LETIZIA *Subiaco all'epoca di S. Benedetto: note di topografia* — Benedictina 28 (1981) 69–80

1611 PANTONI, ANGELO *Ricordi e cimeli di S. Benedetto a Montecassino* — Benedictina 28 (1981) 81–95

1612 PAPIOL, M. M. *San Benito, un santo muy humano* — Cistercium 33 (1981) 277–282

1613 PARYS, MICHEL VAN *De heilige Benedictus geestelijke vader* [Monastieke cahiers 20]. Bonheiden: Abdij Bethlehem 1982. 114 pp.

1614 PELÁEZ, M. J.; BLANCHES DE NAYA, J. *Notas sobre la influencia de la regla de san Benito y de la legislación monástica francesa en la redacción y contextura jurídica del Fuero breve de Sahagún de 1085* — ArLeon 35 (1981) 29–38

1615 PERETTO, ELIO *Il ruolo delle Lettere Pastorali di Paolo nella Regola di Benedetto* — Benedictina 28 (1981) 485–503

1616 *Presenza benedettina nel Piacentino 480-1980. Atti delle giornate di studio Bobbio-Chiaravalle della Colomba 27-28 giugno 1981.* Ed. a cura di F. MILANA; M. TOSI, copertina di G. L. OLMI [ABo 4, Stud. 1]. Bobbio: Ed. degli Archivi stor. Bobiensi 1982. 159 pp.

1617 QUARRACINO, ANTONIO *Actualidad de San Benito en la Iglesia* — Medellín 7 (1981) 293–300

[3339] RENNER, F.: Vita christiana, monastica

1619 RIGGI, CALOGERO *La «compunctio lacrimarum» nell'ascesi benedettina* — Benedictina 28 (1981) 681–706

1620 *Saint Benedict: Symposium* — CistStud 15.2 (1980) 105–210.

[1526] SAINT-LAURENT, G. E.: Basilius Caesariensis

1621 *San Benedetto agli uomini d'oggi. Miscellanea di studi per il XV centena-*

rio della nascità di San Benedetto. A cura di L. DE LORENZI. Roma: Abbazia di S. Paolo fuori le mura 1982. 728 pp.

1622 SANTANTONI, ANTONIO *La confessione dei pensieri e delle colpe segrete nella Regula Benedicti* — Benedictina 28 (1981) 647–680

1623 SARTORY, GERTRUD und THOMAS *Benedikt von Nursia. Weisheit des Maßes.* Freiburg: Herder 1981. 141 pp.

1624 SAUER, ERNST FRIEDRICH *Benediktsregel und Weltleute.* 2. Aufl. St. Augustin-Hangelar: Kersting 1981. 273 pp.

1625 SCICOLONE, ILDEBRANDO *La liturgia nella Regola di S. Benedetto* — Benedictina 28 (1981) 591–602

1626 SENGER, B. *Święty Benedykt.* Ins Polnische übersetzt von J. K. MA-JEWSKI. Warszawa: Pax 1981. 144 pp.

1627 SERNA, C. DE LA *Historicidad de san Benito. Estado de la cuestión según algunos de los más recientes estudios sobre el tema* — Yermo 19 (1981) 15–31

1628 SERNA, C. DE LA *«Quod vilius conparari possit»: RB 55 e il suo influsso basiliano* — Benedictina 29 (1982) 13–28

[2318] SERNA, C. DE LA: Leo Magnus

[274] SEVERUS, E. VON: Collectanea et miscellanea

1629 SIMON, G. A. *La règle de Saint Benoît. Comm. pour les oblats et les amis des monastères.* [4.ed.]. Abbaye Saint-Wandrille, Caudebec-en-Caux: Ed. de Fontenelle 1982. 527 pp.

[657] STOECKLEIN, A.: otium cum dignitate

1630 *Studies in Honor of St. Benedict of Nursia.* Ed. E. ROZANNE ELDER [Cistercian Studies Series 67]. Kalamazoo, Mich.: Cistercian Publications 1981. X, 114 pp.

1631 SULLIVAN, MARY C. *A Middle High German Benedictine Rule* [RBS Supplementa 4; 2. Auflage]. Hildesheim: 1982. 324 pp.

[3349] TAMBURRINO, P.: Vita christiana, monastica

1632 TORRE, J. M. DE LA *Benito, hombre de Dios para su tiempo* — Cistercium 33 (1981) 265–275

1633 TORRE, J. M. DE LA *La génesis de un profeta, una respuesta al hombre* — Cistercium 33 (1981) 27–40

[3525] TORRE, J. M. DE LA: Specialia in Vetus Testamentum

[2600] TOSI, M.: Regula Magistri

1634 TUCCIMEI, ERCOLE *Dalla Regola di San Benedetto. Riflessioni d'economia europeistica* — Benedictina 28 (1981) 707–720

1635 VASILIU, CEZAR *Benedict de Nursia - la 1500 de ani de la naştere (= Benedikt von Nursia - 1500 Jahre nach seiner Geburt)* GlB 39 (1980) 792–811

[2891] VERHEUL, A.: Liturgica

1636 VERONESI, B. *La culpa y su corrección en la Regula Benedicti* — Cistercium 34 (1982) 37–50

1637 VERONESI, B. *Actualidad de la Regla de San Benito* — CuadMon 16 (1981) 467–476

1638 VOGEL, C. *La Règle de saint Benoît et le culte chrétien. Prêtre-moine et moine-prêtre.* In: *Atti del 7° Congresso internazionale di studi sull'alto medioevo* (cf. 1981/82, 163) 409–427

1639 VOGÜÉ, ADALBERT DE *Saint Benoît. Sa vie et sa règle. Etudes choisies* [Spiritualité orientale et vie monastique. Vie monastique 12]. Bégrolles-en-Mauges: Abbaye de Bellefontaine 1981. 236 pp.

1640 VOGÜÉ, A. DE *Les chapitres de la règle bénédictine sur l'office. Leur authenticité* – StMon 23 (1981) 7–10

[3352] VOGÜÉ, A. DE: Vita christiana, monastica

[3353] VOGÜÉ, A. DE: Vita christiana, monastica

[3355] VOGÜÉ, A. DE: Vita christiana, monastica

1641 VOGÜÉ, A. DE *Structure et gouvernement de la communauté monastique chez saint Benoît et autour de lui.* In: *Atti del 7° Congresso internazionale di studi sull'alto medioevo* (cf. 1981/82, 163) 563–598

1642 VOGÜÉ, A. DE *Persévérer au monastère jusqu'à la mort. La stabilité chez saint Benoît et autour de lui* – CollCist 43 (1981) 337–365

[76] VOGÜÉ, A. DE: Historia patrologiae

1643 WATHEN, A. *Ascetical aspects of the rule of Benedict (cc. 4 to 7).* In: *Atti del 7° Congresso internazionale di studi sull'alto medioevo* (cf. 1981/82, 163) 599–637

1644 WATHEN, AMBROSE *La Regula Benedicti c. 73 e le Vitae Patrum* – Benedictina 28 (1981) 171–197

[3356] WINANDY, J.: Vita christiana, monastica

1645 WITTERS, W. *Travail et lectio divina dans le monachisme de saint Benoît.* In: *Atti del 7° Congresso internazionale di studi sull'alto medioevo* (cf. 1981/82, 163) 551–561

1646 WOLF, J. B. *Er sei bemüht, mehr geliebt als gefürchtet zu werden (Regula Benedicti 64.15). Ein abendländischer Erzieher- und Herrschergrundsatz* – Salesianum 42 (1980) 115–133

1647 ZELZER, M. *Zur Überlieferung der Regula Benedicti im französischen Raum.* In: *Überlieferungsgeschichtliche Untersuchungen* (cf. 1981/82, 291) 637–645

Bobolenus Abbas Bobiensis

[2600] TOSI, M.: Regula Magistri

Boethius

1648 *[Boethius] Eine byzantinische Übersetzung von Boethius' De hypotheticis syllogismis.* Hrsg. von D. Z. NIKITAS [Hyp 69]. Göttingen: Vandenhoeck und Ruprecht 1982. 207 pp.

1649 *[Boethius] Boethian number theory. A translation of the De institutione arithmetica.* With introd. and notes by M. MASI. Amsterdam: Rodopi 1979. 200 pp.

1650 *[Boethius] Boezio. La consolazione della filosofia, Opuscoli teologici*. A cura di L. OBERTELLO. Milano: Rusconi 1979. 442 pp.

1651 ALFONSI, L. *Virgilio in Boezio* – Sileno 5–6 (1979/80) 357–371

[164] *Atti del congresso . . .:* Collectanea et miscellanea

1652 BARBERA, A. *Interpreting an arithmetical error in Boethius's De institutione musica (III, 14-16)* – ZWG 65 (1981) 26–41

1653 BERNARDINELLO, S. *La Consolatio coisliniana di Boezio; le glosse e la biblioteca di Pietro da Montagnana* – AAPat 93 (1980/81) parte 3, 29–52

1654 BERTINI, F. *Boezio e Massimiano*. In: *Atti del Congresso internazionale di Studi Boeziani* (cf. 1981/82, 164) 273–286

1655 BUBACZ, B. *Boethius and Augustine on knowledge of the physical world*. In: *Atti del Congresso internazionale di Studi Boeziani* (cf. 1981/82, 164) 287–296

1656 CAMERON, ALAN *Boethius' father's name* – ZPE 44 (1981) 181–183

1657 CARANCI ALFANO, L. *Politica e filosofia in Seneca, Marco Aurelio e Boezio*. In: *Studia humanitatis* (cf. 1981/82, 176) 47–56

1658 CHADWICK, H. *Boethius. The consolations of music, logic, theology, and philosophy*. Oxford: Clarendon Pr. 1981. XV, 313 pp.

1659 CHADWICK, H. *The authenticity of Boethius's fourth tractate, De fide catholica* – JThS 31 (1980) 368–377

1660 CORTE, F. DELLA *Boezi e il principio di Archimede*. In: *Atti del Congresso internazionale di Studi Boeziani* (cf. 1981/82, 164) 201–210

1661 COURCELLE, P. *Le tyran et le philosophe d'après la Consolation de Boèce*. In: *Convegno internazionale Passaggio dal mondo antico . . .* (cf. 1981/82, 188) 195–224

1662 CRABBE, A. M. *Anamnesis and mythology in the De consolatione philosophiae*. In: *Atti del Congresso internazionale di Studi Boeziani* (cf. 1981/82, 164) 311–326

1663 CRACCO RUGGINI, L. *Nobiltà romana e potere nell'età di Boezio*. In: *Atti del Congresso internazionale di Studi Boeziani* (cf. 1981/82, 164) 73–96

1664 CROUSE, R. *Semina rationum. St. Augustine and Boethius* – Dionysius 4 (1980) 75–85

1665 DEMOUGELOT, E. *La carrière politique de Boèce*. In: *Atti del Congresso internazionale di Studi Boeziani* (cf. 1981/82, 164) 97–108

[656] DEWAN, L.: obiectum

1666 DUCLOW, D. F. *Perspective and therapy in Boethius' Consolation of philosophy* – Journal of Medicine and Philosophy (Chicago) 4 (1979) 334–343

1667 EVANS, G. R. *Boethius' Geometry and the four ways* – Centaurus 25 (1981) 161–165

1668 EVANS, GILLIAN R. *Boethian and Euclidean axiomatic method in the theology of the Later Twelfth Century: the Regulae theologiae and the De Arte Fidei Catholicae* – AIHS 30 (1980) 36–52

1669 GHISALBERTI, A. *L'ascesa a Dio nel III libro della consolatio*. In: *Atti del Congresso internazionale di Studi Boeziani* (cf. 1981/82, 164) 183–192

1670 GIANANI, F. *In agro Calventiano. Il luogo del supplizio di Boezio*. In: *Atti del Congresso internazionale di Studi Boeziani* (cf. 1981/82, 164) 41–48

1671 GIBSON, M. *Boethius. His life, thought and influence*. Oxford: Blackwell 1981. XXV, 451 pp.

1672 GRACIA, J. J. E. *Boethius and the problem of individuation in the commentaries on the Isagoge*. In: *Atti del Congresso internazionale di Studi Boeziani* (cf. 1981/82, 164) 109–182

1673 HANKEY, W. J. *The De Trinitate of Boethius and the structure of the Summa theologiae of St. Thomas Aquinas*. In: *Atti del Congresso internazionale di Studi Boeziani* (cf. 1981/82, 164) 367–376

1674 LEONARDI, C. *La controversia trinitaria nell'epoca e nell'opera di Boezio*. In: *Atti del Congresso internazionale di Studi Boeziani* (cf. 1981/82, 164) 109–122

1675 LUDICI, F. *A proposito di Cons. I, II, 6–12: una nuova testimonianza sul De institutione astronomica di Boezio?* In: *Atti del Congresso internazionale di Studi Boeziani* (cf. 1981/82, 164) 337–342

1676 MACCAGNOLO, E. *Il secondo assioma del De hebdomadibus di Boezio e la rerum universitas* — Sandalion 4 (1981) 191–199

1677 MAJOROV, G. G. *Séverin Boèce et son rôle dans l'histoire de la culture ouest-européenne (à l'occasion de son 1500e anniversaire)* [en russe, rés. en angl.] — VopFilos (1981) No 4 118–127; 188

[921] MALESKI, M. A.: Auctores

1678 MASI, M. *Boethius' De institutione arithmetica in the context of mediaval mathematics*. In: *Atti del Congresso internazionale di Studi Boeziani* (cf. 1981/82, 164) 263–272

1679 MASI, MICHAEL *The Liberal Arts and Gerardus Ruffus' Commentary on the Boethian De arithmetica* — SixCentJ 10 (1979) 23–41

1680 MAURO, L. *Il problema del fato in Boezio e S. Tommaso*. In: *Atti del Congresso internazionale di Studi Boeziani* (cf. 1981/82, 164) 355–366

1681 MICAELLI, C. *Natura e persona nel contra Eutychen et Nestorium di Boezio. Osservazioni su alcuni problemi filosofici e linguistici*. In: *Atti del Congresso internazionale di Studi Boeziani* (cf. 1981/82, 164) 327–336

1682 MICAELLI, C. *Teologia e filosofia nel Contra Eutychen et Nestorium di Boezio* — SCO 31 (1981) 177–199

1683 MORESCHINI, C. *Boezio e la tradizione del neoplatonismo latino*. In: *Atti del Congresso internazionale di Studi Boeziani* (cf. 1981/82, 164) 297–310

1684 MORTON, C. *Boethius in Pavia. The tradition and the scholars*. In: *Atti del Congresso internazionale di Studi Boeziani* (cf. 1981/82, 164) 49–58

[928] NIKITAS, D.: Auctores

1685 OBERTELLO, L. *La morte di Boezio e la verità storica*. In: *Atti del Congresso internazionale di Studi Boeziani* (cf. 1981/82, 164) 59–72

1686 OBERTELLO, L. *L'universo boeziano*. In: *Atti del Congresso internazionale di Studi Boeziani* (cf. 1981/82, 164) 157–168

[600] OBERTELLO, L.: Philosophica

1687 ONOFRIO, G. D' *Giovanni Scoto e Remigio di Auxerre. A proposito di alcuni commenti altomedievali a Boezio* — StMe 22 (1981) 587–693

1688 ONOFRIO, G. D' *Agli inizi della diffusione della Consolatio e degli Opuscula sacra nella scuola tarda-carolingia. Giovanni Scoto e Remigio di Auxerre*. In: *Atti del Congresso internazionale di Studi Boeziani* (cf. 1981/82, 164) 343–354

1689 PIZZANI, U. *Il quadrivium boeziano e i suoi problemi*. In: *Atti del Congresso internazionale di Studi Boeziani* (cf. 1981/82, 164) 211–226

1690 PIZZANI, U. *Una ignorata testimonianza di Ammonio di Ermia sul perduto Opus maius di Nicomaco sulla musica*. In: *Studi in onore di Aristide Colonna* (cf. 1981/82, 282) 235–245

1691 QUACQUARELLI, A. *Spigolature boeziane*. In: *Atti del Congresso internazionale di Studi Boeziani* (cf. 1981/82, 164) 227–248

1692 RACE, W. H. *The classical priamel from Homer to Boethius* [Mn 74]. Leiden: Brill 1982. XII, 171 pp.

1693 REISS, E. *The fall of Boethius and the fiction of the Consolatio philosophiae* — CJ 77 (1981) 37–47

1694 RIJK, L. M. DE *Boèce logicien et philosophe; ses positions sémantiques et sa métaphysique de l'être*. In: *Atti del Congresso internazionale di Studi Boeziani* (cf. 1981/82, 164) 141–156

1695 ROTI, GRANT CLIFFORD *Anonymus in Boetii Consolationem philosophiae Commentarius ex Sangallensis Codice Liber Primus* [Ph.D. Dissertation]. Albany: State Univ. of New York 1980. 218 pp.

1696 SCHENK, G.; WOEHLER, H. U. *Boethius. Gedanken zu Werk und Wirkungsgeschichte* — DZPh 28 (1980) 1324–1337

[613] SHARPLES, R. W.: Philosophica

1697 SHIEL, J. *A recent discovery, Boethius' notes on the Prior Analytics* — Vivarium 20 (1982) 128–141

1698 SMOLAK, K.; WEBER, D.; RATKOWITSCH, C. *Boethiana* — WSt N.F. 16 (1982) 296–315

1699 STARNES, C. J. *Boethius and the development of Christian humanism; the theology of the Consolatio*. In: *Atti del Congresso internazionale di Studi Boeziani* (cf. 1981/82, 164) 27–40

1700 STUMP, E. *Boethius' theory of topics and its place in early scholastic logic*. In: *Atti del Congresso internazionale di Studi Boeziani* (cf. 1981/82, 164) 249–262

1701 TRAPÉ, A. *Boezio teologo e S. Agostino*. In: *Atti del Congresso internazionale di Studi Boeziani* (cf. 1981/82, 164) 15–26

1702 TRONCARELLI, F. *Tradizioni perdute. La Consolatio Philosophiae nell'alto medioevo*. Padova: Antenore 1981. XII, 204 pp.

1703 UKOLOVA, V. I. *Boèce, le «dernier des Romains»* [en russe] — VopIst 2 (1981) 183–188

1704 UKOLOVA, V. I. *The philosophy of Boethius and the ancient tradition* [in Russian; summary in Engl.] — VDI 157 (1981) 76–86

[618] VOGEL, C. J. DE: Philosophica

1705 VOGEL, C. J. DE *Boèce, Consol. II m. 8: amour grec ou amour chrétien?* In: *Atti del Congresso internazionale di Studi Boeziani* (cf. 1981/82, 164) 193–200

Braulio

1706 *[Braulio] Vita sancti Aemiliani. Hymnus in festo sancti Aemiliani.* Introd., ed. crit., trad. por J. OROZ — Perficit 9 (1978) 165–227

Caesarius Arelatensis

1707 *[Caesarius Arelatensis] S. Cesario d'Arles: La vita Perfetta. Scritti monastici.* Introduzione, traduzione e note di MARIO SPINELLI [Letture cristiane delle origini. Testi 17]. Roma: Edizione paoline 1981. 175 pp.

[882] *Césaire d'Arles. Homélies sur Abraham et Jacob:* Auctores

1708 ARBESMANN, R. *The cervuli and anniculae in Caesarius of Arles* — Tr 35 (1979) 89–119

1709 COLI, E. *Osservazioni sull'uso del diminutivo in Cesario d'Arles* — GiorFil 33 (1981) 117–133

[681] DOTTI, G.: Palaeographica atque manuscripta

1710 FELICI, S. *La catechesi al popolo di S. Cesario di Arles* — Salesianum 41 (1979) 375–392

[412] FORLIN PATRUCCO, M.: Opera ad historiam

1711 LAVARRA, C. *Pseudochristi e pseudoprophetae nella Gallia merovingia* — QM 13 (1982) 6–43

[703] LEMARIÉ, J.: Palaeographica atque manuscripta

[1297] MARIN, M.: Augustinus

1712 NAVARRA, LEANDRO *Motivi sociali e di costume nei Sermoni al popolo di Cesario de Arles* — Benedictina 28 (1981) 229–260

1713 PARVIS, PAUL *The Teaching of the Fathers: Caesarius of Arles and the Burden of the Preacher* — Clergy 67 (1982) 394–395

[2891] VERHEUL, A.: Liturgica

[1804] VOGÜÉ, A. DE: Cyprianus

Callinicus

1714 *[Callinicus] Callinico. Vita di Ipazio.* Trad., introd. e note a cura di CARMELO CAPIZZI [CTP 30]. Roma: Città Nuova Ed. 1982. 162 pp.

Cassiodorus

1715 ANGRISANI SANFILIPPO, M. L. *Cassiod. Orat. rell. p. 470, 11. 16–21 Traube* [in ital.] — QC 4 (1982) 457–466

1716 BARBIERI, G. *La concezione politico-economica di Aurelio Cassiodoro (sec. VI)* – ES 3 (1982) 295–301

1717 CONSO, D. *Sur le sens de Formula dans les Variae de Cassiodore* – RPh 56 (1982) 265–285

[1900] CROKE, B.: Eusebius Caesariensis

1718 CROKE, B. *The Misunderstanding of Cassiodorus' Institutiones 1.17.2* – QC 32 (1982) 225–226

[681] DOTTI, G.: Palaeographica atque manuscripta

1719 FARIOLI, R. *La trichora di S. Martino e il monastero Vivariense sive Castellense di Cassiodoro.* In: *ΑΠΑΡΧΑΙ* (cf. 1981/82, 158) 669–677

1720 FUNKE, H. *Kirche und Literatur am Übergang von der Spätantike zum Mittelalter* – Klio 64 (1982) 459–465

[687] GEYMONAT, M.: Palaeographica atque manuscripta

1721 HALPORN, J. W. *The manuscripts of Cassiodorus' Expositio Psalmorum* – Tr 37 (1981) 388–396

1722 JAMRÓZ, W. *De Amalasuntha docta Gothorum regina* [en polon., rés. en lat.] – Meander 36 (1981) 367–377

[1297] MARIN, M.: Augustinus

[505] MOROSI, R.: Opera ad historiam

[506] MOROSI, R.: Opera ad historiam

1723 NEUGEBAUER, O. *On the Computus Paschalis of "Cassiodorus"* – Centaurus 25 (1981) 292–302

1724 ROCCA, R. *Cassiodoro e la historia ludorum* – RomBarb 5 (1980) 225–237

1725 UKOLOVA, V. I. *Flavius Cassiodore* [en russe] – VopIst 2 (1982) 185–189

1726 VISCIDO, L. *Cassiod., Var. II, 20* – KoinNapoli 6 (1982) 51–52

[636] WAGNER, N.: Philologia patristica

Celsus Philosophus

1727 BURKE, G. T. *Celsus and late second-century Christianity* [Diss. Univ. of Iowa]. Iowa City: 1981. 246 pp.

[2458] GALLAGHER, E. V.: Origenes

1728 POTOK, T. *«Prawdziwe Słowo» Celsusa (= De Celsi opere Logos alethes)* – Meander 37 (1982) 67–83; 119–128; 265–272; 399–409; 38 (1983) 55–69

[3249] SLUSSER, M.: Christologia

Choricius Gazaeus

[642] NEYT, F.: ἀψήφιστος

Chromatius Aquileiensis

[295] DU QUESNEY ADAMS, J.: Methodologica

1729 ÉTAIX, R. *Un Tractatus in Matheum inédit de saint Chromace d'Aquilée* — RBen 91 (1981) 225–230

1730 ÉTAIX, R. *Nouvelle édition des sermons XXI–XXII de saint Chromace d'Aquilée* — RBen 92 (1982) 105–110

1731 LEMARIÉ, J. *La diffusion de l'œuvre de Saint Chromace d'Aquilée en Europe occidentale* — AnAl 19 (1981) 279–291

1732 LEMARIÉ, J. *Chromatiana. Status quaestionis* [en franc.] — RSLR 17 (1981) 64–76

[918] LIPPOLD, A.: Auctores

1733 PERALTA, F. *La Iglesia de Cristo Casa de María. Notas mariológicas en los escritos de Cromacio de Aquileya* — ScrMar 4 (1981) 49–100

Chronicon Imperiale

[508] MUHLBERGER, S. A.: Opera ad historiam

Claudius Claudianus

1734 *[Claudianus] Phoenix (carm. min. 27).* Introd. e comm. a cura di M. RICCI. Bari: Edipuglia 1981. XLVIII, 157 pp.

1735 *[Claudianus] Claudianus. Panegyric on the fourth consulate of Honorius.* Intr., text, transl. and comm. by W. BARR. Liverpool: Cairns 1981. 96 pp.

1736 COURTNEY, E. *A miscellany on Latin poetry* — BICS 29 (1982) 49–54

1737 FO, A. *Note a Merobaude; influssi claudianei e tecniche allusive; questioni critico-testuali* — RomBarb 6 (1981/82) 101–128

1738 FO, A. *La visita di Venere a Maria nell'Epithalamium de nuptiis Honorii Augusti di Claudiano* — Orpheus 2 (1981) 157–169

1739 GUALANDRI, I. *A proposito di un nuovo libro su Claudiano* — BStudLat 11 (1981) 53–59

1740 KIRSCH, W. *Claudians Gigantomachie als politisches Gedicht.* In: *Rom und Germanien* (cf. 1981/82, 264) 92–98

[469] LABUSKE, H.: Opera ad historiam

1741 MAJSTRENKO, M. I. *Orphée dans la poésie de Claude Claudien* — InFil 60 (1980) 131–137

[629] MOES, R.: Philologia patristica

1742 MORONI, B. *Tradizione letteraria a propaganda; osservazioni sulla poesia politica di Claudiano* — ScrPhil 3 (1982) 213–239

[926] NEWBOLD, R. F.: Auctores

1743 OPELT, I. *Schimpfwörter bei Claudian* — Glotta 60 (1982) 130–135

1744 RICCI, M. L. *Struttura del Phoenix di Claudiano e motivi favolistici* — MCSN 3 (1981) 285–295

1745 RICCI, M. L. *Il mito della Fenice in Claudiano. Tra propaganda politica e scienza* – QuadFoggia 1 (1981) 63–71

[951] SWOBODA, M.: Auctores

1746 VIARRE, S. *Les digressions dans le De raptu Proserpinae de Claudien; dispositio et elocutio.* In: *La rhétorique à Rome* (cf. 1981/82, 261) 161–170

Claudius Marius Victorius

1747 SMOLAK, K. *Die Geburtsschmerzen Evas bei Claudius Marius Victorius* – GB 9 (1980) 181–188

Clemens Alexandrinus

1748 *[Clemens Alexandrinus] Clément d' Alexandrie. Les Stromates. Stromata 5.* Tom. 1: Introduction, texte critique et index par A. LE BOULLUEC. Traduction par P. VOULET [SC 278]. Paris: Éd. du Cerf 1981. 270 pp.

1749 *[Clemens Alexandrinus] Clément d'Alexandrie. Les Stromates. Stromata 5.* Tom. 2: Commentaire, bibliographie et index par ALAIN LE BOULLUEC [SC 279]. Paris: Éd. du Cerf 1981. 401 pp.

1750 *Clemens Alexandrinus] Clement of Alexandria, Works, Vol. 1* [Părinţi şi Scriitori Bisericeşti, 4]. Bucharest: Bible and Mission Institute of the Romanian Orthodox Church 1982. 431 pp.

1751 AVRAAMIDES, A. *Clement of Alexandria and the Gnostics.* In: *Studies in Honor of T. B. Jones* (cf. 1981/82, 287) 221–230

1752 BUNT, ANNEWIES VAN DE *Milk and honey in the Theology of Clement of Alexandria.* In: *Fides Sacramenti, Sacramentum Fidei. Studies in honour of Pieter Smulders* (cf. 1981/82, 207) 27–39

[622] BUNT-VAN DEN HOEK, A. VAN DE: Philologia patristica

[570] CHADWICK, H.: Philosophica

1753 *Clemens Alexandrinus, IV: Register, erster Teil.* Hrsg. von O. STÄHLIN, 2. Aufl. von U. TREU [Die griech. christl. Schriftsteller der ersten Jahrh.]. Berlin: Akad.-Verl. 1980. XXXVI, 196 pp.

[1899] COMAN, J.: Eusebius Caesariensis

1754 DESSÌ, A. *Elementi epicurei in Clemente Alessandrino. Alcune considerazioni* – AtPavia 60 (1982) 402–435

1755 DRĄCZKOWSKI, F. *Znaczenie słów Klemensa Aleksandryjskiego «modlitwa jest rozmowa z Bogiem» w ich kontekście bliższym i dalszym (= Die Bedeutung der Worte des Klemens von Alexandria: «Das Gebet ist ein Gespräch mit Gott» in ihrem näheren und weiteren Kontext).* In: *Akta sympozjum patrystycznego* ... (cf. 1981/82, 155) 129–132

1756 DRĄCZKOWSKI, F. *Kościół jako szkoła Logosu w doktrynie Klemensa Aleksandryjskiego (= Die Kirche als die Schule des Logos bei Klemens von Alexandrien)* – RoczTK 28 (1981) 137–143

1757 FILORAMO, G. *Pneuma e photismo in Clemente Alessandrino* – AugR 21 (1981) 329–337

[909]   GNILKA, C.: Auctores
[2358] HEINZER, F.: Maximus Confessor
 1758   JUNOD, E. *Un écho d'une controverse autour de la pénitence; l'histoire de l'apôtre Jean et du chef des brigands chez Clément d'Alexandrie (Quis dives salvetur 42,1–15)* — RHPhR 60 (1980) 153–160
 1759   KOFFAS, ALEXANDROS K. *Die Sophia-Lehre bei Klemens von Alexandrien – eine pädagogisch-anthropologische Untersuchung.* Frankfurt/M.; Bern: Lang 1982. 228 pp.
 1760   LE BOULLUEC, A. *Voile et ornement. Le texte et l'addition des sens selon Clément d'Alexandrie.* In: *Études de littérature ancienne, II* (cf. 1981/82, 202) 53–64
[2712] MCCUE, J. F.: Valentinus Gnosticus
 1761   MÉHAT, A. *Vraie et fausse gnose d'après Clément d'Alexandrie.* In: *The rediscovery of gnosticism* (cf. 1979/80, 153) 426–433
[3524] MELONI, P.: Specialia in Vetus Testamentum
 1762   MESSANA, V. *Lo spiritu santo e l'accezione Clementina di senso spirituale* — AugR 20 (1980) 485–497
 1763   MORTLEY, RAOUL *The Past in Clement of Alexandria: A Study of an Attempt to Define Christianity in Socio-cultural Terms.* In: *Jewish and Christian Self-Definition* (cf. 1981/82, 220) 186–200
 1764   NIKOLAOU, TH. *Ἡ ἐλευθερία τῆς βουλήσεως καὶ τὰ πάθη τῆς ψυχῆς κατὰ Κλήμεντα τὸν Ἀλεξανδρέα.* Thessaloniki: 1981. 165 pp.
 1765   NORRIS, F. W. *Isis, Sarapis and Demeter in Antioch of Syria* — HThR 75 (1982) 189–207
[3183] OSBORN, E.: Doctrina auctorum
[605]   PÉPIN, J.: Philosophica
[852]   POMILLO, M.: Apocrypha
 1766   ROBERTS, LOUIS *The Literary Form of the 'Stromateis'* — SecCent 1 (1981) 211–222
[3288] SCHWANZ, P.: Anthropologia
 1767   SMITH, M. *Clement of Alexandria and secret Mark. The score at the end of the first decade* — HThR 75 (1982) 449–461
 1768   VISCIDO, L. *Similitudini tratte dal mondo animale in Clemente Alessandrino* — VetChr 18 (1981) 383–392

Clemens Romanus

 1769   *[Clemens Romanus] Clemens van Rome. Brief aan de Kerk van Korinte.* Uit het Grieks vertaald en ingeleid door de Benedictinessen van Bonheiden [Kerkvaderteksten met commentaar 4]. Brugge: Tabon in Komm. 1982. 116 pp.
 1770   BISSOLI, G. *Rapporto fra Chiesa e stato nella prima lettere di Clemente* — StBibF 29 (1979) 145–174
[399]   DAVISON, J. E.: Opera ad historiam

1771 EVANS, C. A. *The citation of Isaiah 60, 17 in I Clement* – VigChr 36
      (1982) 105–107
[908] GALLICET, E.: Auctores
1772 LUCCHESI, E. *Compléments aux Pères apostoliques en copte* – AB 99
      (1981) 395–408
1773 RIGGI, C. *Lo Spirito santo nell'antropologia della I Clementis* – AugR
      20 (1980) 499–507
[858] RORDORF, W.: Apocrypha
1774 SIMON, M. *Prière du philosophe et prière chrétienne.* In: *L'experience de
      la prière dans les grandes religions* (cf. 1981/82, 203) 205–224

Pseudo-Clemens Romanus

1775 AMERSFOORT, J. VAN *Traces of an Alexandrinian Orphic theogony in
      the pseudo-Clementines.* In: *Studies in gnosticism and Hellenistic reli-
      gions* (cf. 1981/82, 285) 13–30
[37] JONES, F.: Historia patrologiae
1776 STÖTZEL, A. *Die Darstellung der ältesten Kirchengeschichte nach den
      Pseudo-Clementinen* – VigChr 36 (1982) 24–37
1777 STRECKER, GEORG *Das Judenchristentum in den Pseudoklementinen*
      [TU 70, 2. Auflage]. Berlin: Akademie-Verlag 1981. XIII, 326 pp.

Columbanus Abbas Bobiensis

1778 *Columbanus and Merovingian monasticism.* Ed. H. B. CLARKE and
      M. BRENNAN. Oxford: B.A.R. 1981. 221 pp.
1779 JACOBSEN, P. C. *Carmina Columbani.* In: *Die Iren und Europa . . . I* (cf.
      1981/82, 218) 434–467
[2600] TOSI, M.: Regula Magistri
[2890] VERHEUL, A.: Liturgica

Commodianus

1780 SORDI, M. *Commodianus, Carmen apol. 892 ss.: rex ab oriente* – AugR
      22 (1982) 203–210

Consentius Balearicus

1781 AMENGUAL I BATLE, J. *Informacions sobre el priscillianisme a la Tarra-
      conense segons l'Ep. 11 de Consenci (any 419)* – Pyrenae 15–16 (1979/80)
      319–338
1782 BROX, N. *Consentius über Origenes* – VigChr 36 (1982) 141–144
[2567] DIAZ Y DIAZ, M. C.: Priscillianus

Constantinus Imperator

[1906] HUNGER, H.: Eusebius Caesariensis
[2519] LIPPOLD, A.: Ossius Cordubensis
 [558] WARMINGTON, B. H.: Opera ad historiam

Constantius Lugdunensis

1783 MATHISEN, R. W. *The last year of saint Germain of Auxerre* — AB 99 (1981) 151–159

Constitutiones Apostolorum

[2112] FAIVRE, A.: Hippolytus Romanus
1784 FIENSY, D. A. *A redactional examination of the prayers alleged to be Jewish in the Constitutiones Apostolorum* [Diss.]. Durham: Duke University 1980. 359 pp.
 [428] GROPPO, G.: Opera ad historiam
[2115] MAGNE, J.: Hippolytus Romanus

Cosmas Indicopleustes

[3557] BOER, S. DE: Specialia in Vetus Testamentum
1785 MacCORMACK, S. G. *Christ and empire, time and ceremonial in sixth century Byzantium and beyond* — Byzan 52 (1982) 287–309

Cyprianus Carthaginiensis

1786 *[Cyprianus Carthaginiensis] Cyprien de Carthage. A Donat et La vertu de patience.* Texte, introd., trad. et notes de J. MOLAGER [SC 291]. Paris: Éd. du Cerf 1982. 264 pp.
1787 *[Cyprianus Carthaginiensis] Sf. Ciprian. Scrisori baptismale: 69 catre Magnus; 70 catre Liberis; 71 catre Quintus; 72 catre Stefan (= Epistulae de baptismo: 69-72).* Prezentare, trad. si note de GH. BADEA — Mitr-Mold 58 (1982) 91–107
 [879] *Apologeţi . . . :* Auctores
 [890] *Tertulliano, Cipriano, Agostino. Il padre nostro:* Auctores
1788 BÉVENOT, M. *Salus extra ecclesiam non est (St. Cyprian).* In: *Fides sacramenti, sacramentum fidei* (cf. 1981/82, 207) 97–105
1789 CARDMAN, FRANCINE *Cyprien et Rome. La controverse baptismale* — ConciliumP 178 (1982) 51–60
1790 CARDMAN, F. *Cipriano y Roma: la controversia bautismal* — ConciliumM 18 (1982) 188–198
1791 DEBESA, J. *San Cipriano y la unidad de la Iglesia* — RaCa (1981) 41–48
1792 DEKKERS, E. *Symbolo baptizare.* In: *Fides sacramenti, sacramentum fidei* (cf. 1981/82, 207) 107–112

1793 DELEANI, S. *Christum sequi. Étude d'un thème dans l'œuvre de saint Cyprien.* Paris: Études Augustiniennes 1979. 188 pp.

[655] DILLON, J. J.: lapsus

[3550] DOIGNON, J.: Specialia in Vetus Testamentum

[681] DOTTI, G.: Palaeographica atque manuscripta

1794 FERNÁNDEZ, AURELIO *La escatología en San Cipriano* – Burgense 22 (1981) 93–167

1795 FERNÁNDEZ UBIÑA, JOSE *San Cipriano y el Imperio* – EE 57 (1982) 65–81

1796 FOLGADO FLOREZ, S. *Estructura sacramental de la Iglesia según san Cipriano* – CD 195 (1982) 189–222

[581] FONTAINE, J.: Philosophica

1797 GALLICET, E. *L'Antico Testamento nell' Ad Demetrianum di Cipriano* – AugR 22 (1982) 199–202

[3565] GROSSI, V.: Specialia in Novum Testamentum

1798 JACQUES, F. *Le schismatique, tyran furieux. Le discours polémique de Cyprien de Carthage* – MAH 94 (1982) 921–949

1799 MOLAGER, J. *La prose métrique de Cyprien. Ses rapports avec la prose rythmique et le cursus* – REA 27 (1981) 226–244

[2304] McGUCKIN, P.: Lactantius

[2305] MONAT, P.: Lactantius

[936] QUACQUARELLI, A.: Auctores

[3128] RAMOS-LISSÓN, D.: Ius canonicum, hierarchia, disciplina ecclesiastica

1800 RAMOS-LISSÓN, D. *Tipologías sacrificiales-eucarísticas del Antiguo Testamento en la epístola 63 de san Cipriano* – AugR 22 (1982) 187–197

[3132] SCHINDLER, J.: Ius canonicum, hierarchia, disciplina ecclesiastica

[3223] SIMONETTI, M.: Trinitas

1801 SOCCORSO DI BONO, V. *El Obispo Cipriano, su eclesiología y su doctrina «Fuera de la Iglesia no hay salvación».* Santiago de Chile: Univ. Catolica de Chile 1977. 197 pp.

1802 STAN, ALEXANDRU *«Despre unitatea Bisericii» a Sf. Ciprian al Cartaginei şi importanţa ei misionară actuală (= «De unitate ecclesiae» des Hl. Cyprian von Kartago und ihre aktuelle missionarische Bedeutung)* – StBuc 34 (1982) 327–345

1803 SWANN, W. S. *The relationship between penance, reconciliation with the church, and admission to the Eucharist in the letters and the De lapsis of Cyprian of Catharge* [Diss.]. Washington: Cath. Univ. of America 1981. 510 pp.

1804 VOGÜÉ, A. DE *Une sentence de Cyprien citée par le Maître, le Chrysostome latin, Césaire et la Passio Iuliani* – RBen 91 (1981) 359–362

1805 WILLIS, G. G. *Saint Cyprian and the mixed chalice* – DR 100 (1982) 110–115

Pseudo-Cyprianus Carthaginiensis

[2591] POINSOTTE, J. M.: Prudentius

1806 ROMERO POSE, E. *El tratado De montibus Sina et Sion y el donatismo* — Greg 63 (1982) 273–299

1807 WASZINK, J. H. *Einige Bemerkungen über den Text des carmen de ressurectione mortuorum et de iudicio domini.* In: *Jenseitsvorstellungen in Antike und Christentum* (cf. 1981/82, 219) 79–85

Cyprianus Gallus

1808 FERNÁNDEZ VALLINA, E. *Presencia de Virgilio en Cipriano poeta* — Helmántica 33 (1982) 329–335

Cyrillus Alexandrinus

[2830] CLARK, E. A.: Stephanus
[3229] CONGAR, Y.: Christologia

1809 HALLEUX, ANDRÉ DE *Cyrill von Alexandrien (gest. 444).* In: *Klassiker der Theologie* (cf. 1981/82, 222) 130–149

1810 IMHOF, P.; LORENZ, B. *Maria Theotokos bei Cyrill von Alexandrien: zur Theotokos-Tradition und ihrer Relevanz; eine dogmengeschichtliche Untersuchung zur Verwendung des Wortes Theotokos bei Cyrill von Alexandrien vor dem Konzil von Ephesus unter Berücksichtigung von Handschriften der direkten Überlieferung.* München: Kaffke 1981. 83 pp.

[2403] ROEY, A. VAN: Nestorius

1811 SIMONETTI, M. *Alcune osservazioni sul monofisismo di Cirillo d'Alessandria* — AugR 22 (1982) 493–511

[954] WEISCHER, B. M.: Auctores

1812 WICKHAM, L. R. *Symbols of the incarnation in Cyril of Alexandria.* In: *Typus, Symbol, Allegorie* (cf. 1981/82, 290) 41–53

Cyrillus Hierosolymitanus

1813 GIORDANO, N. *Lo Spirito fragranza di Cristo nelle Catechesi di Cirillo di Gerusalemme* — Nicolaus 8 (1980) 323–327

1814 IONITA, ALEXANDRU M. *Taina Sf. Euharistii la Sfintul Chiril al Ierusalimului (= Das Mysterium der Eucharistie beim Heiligen Cyrill von Jerusalem)* — GlB 38 (1979) 804–806

Pseudo-Cyrillus Hierosolymitanus

1815 ARANDA, GONZALO *Tradiciones marianas apócrifas en las homilías coptas del Pseudo-Cirilo de Jerusalén. I. Origen e infancia de María, nacimiento de Jesús* — ScrMar 4 (1981) 101–121

1816 ARANDA, GONZALO *Tradiciones marianas apócrifas en las homilías coptas del Pseudo-Cirilo de Jerusalén* – ScrMar 5 (1982) 29–49

Cyrus Panopolitanus

1817 BALDWIN, B. *Cyrus of Panopolis. A remarkable sermon and an unremarkable poem* – VigChr 36 (1982) 169–172
[384] CAMERON, A.: Opera ad historiam

Dadišo Qatraya

1817a *[Dadišo Qatraya] Comentario a las sentencias del Abad Isaías.* Introducción, traducción y notas del P. E. CONTRERAS – CuadMon 16 (1981) 65–100

Damasus Papa

1818 CHADWICK, H. *Pope Damasus and the Peculiar Claim of Rome to St Peter and St Paul.* In: *History and Thought . . .* (cf. 1981/82, 177) [III]
1819 DOLBEAU, F. *Damase, le Carmen contra paganos et Hériger de Lobbes* – REA 27 (1981) 38–43

David Armenius

[2207] BENAKIS, L.: Iohannes Damascenus

Diadochus Photicensis

1820 *[Diadochus] Diadochus von Photike. Gespür für Gott. Hundert Kapitel über die christliche Vollkommenheit.* Übertragen und eingeleitet von KARL SUSO FRANK [Christliche Meister 19]. Einsiedeln: Johannes-Verlag 1982. 128 pp.
[2370] PLACES, E. DES: Maximus Confessor

Didache

1821 *[Didache] De Didache. Leer van de Twaalf Apostelen.* Vertaald en uitgegeven door de Benedictinessen van Bonheiden [Kerkvaderteksten met commentaar, 3]. Bonheiden: Abdij Bethlehem 1982. 88 pp.
1822 *[Didache] Didajé. La doctrina del Señor para las naciones mediante los doce Apóstoles* – Did 350 (1982) 4–11
1823 GEOLTRAIN, P. *Le livre de la Didaché* – AEHESR 90 (1981/82) 317–318
1824 HAZELDEN WALKER, J. *Reflections on a new edition of the Didache* – VigChr 35 (1981) 35–42
1825 LANOIR, CORINNE *Un exemple d'enseignement sans Passion: la Didaché, ch. 3 et 4* – Foi 81 (1982) 55–58
1826 L'EPPLATTENIER, CHARLES *Présentation de la Didaché* – Foi 81 (1982) 48–54

[922] McKenna, M. M.: Auctores
1827 Niederwimmer, K. *Textprobleme der Didache* – WSt 16 (1982) 114–130
1828 Rordorf, W. *Le problème de la transmission textuelle de Didaché 1,3b–2,1.* In: *Überlieferungsgeschichtliche Untersuchungen* (cf. 1981/82, 291) 499–513
1829 Stuiber, A. *Die drei σημεῖα von Didache XVI* – JAC (1981) 42–44

Didascalia Apostolorum

1830 *[Didascalia Apostolorum] The liturgical partions of the Didascalia.* Transl. and textual introd. by Sebastian Brock. Selection and general introd. by Michael Vasey. Bramcote, Notts.: Grove Books 1982. 33 pp.
1831 Cox, James J. C. *Prolegomena to a Study of the Dominical Logoi as cited in the Didascalia Apostolorum, Part 2: Methodological Questions* [Parts 3 and 4] – AUSS 17 (1979) 137–167; 18 (1980) 17–35
[2112] Faivre, A.: Hippolytus Romanus

Didymus Alexandrinus

1832 Gronewald, M. *Didymos der Blinde, Psalmenkommentar (Nachtrag der Seiten 248/49 des Tura-Papyrus)* – ZPE 46 (1982) 97–111
[3546] Torjesen, K. J.: Specialia in Vetus Testamentum

Ad Diognetum

1833 *[Ad Diognetum] A Diogneto.* A cura di S. Zincone. Roma: Borla 1981. 99 pp.
1834 *[Ad Diognetum] Der Brief an Diognet.* Übertragen und erläutert von Bernd Lorenz [Christliche Meister 18]. Einsiedeln: Johannes-Verlag 1982. 112 pp.
1835 Grasso, D. *Un saggio di evangelizzazione nel secondo secolo: la Lettera a Diogneto.* In: *Parola e spirito* (cf. 1981/82, 245) 777–788
[3263] Martín, J. P.: Ecclesiologia
1836 Świderkówna, A. *Do Diogneta, czyli o roli chrześcijan w świecie (= A Diognete ou du rôle des chrétiens dans le monde)* – WDrodze 5, 105 (1982) 11–21

Dionysius Alexandrinus

[3204] Abramowski, L.: Trinitas

Pseudo-Dionysius Areopagita

1837 *[Dionysius Areopagita] Dionysius, the Pseudo-Areopagite. The ecclesiastical hierarchy.* Translated and annotated by TH. L. CAMPBELL. Washington, D.C.: University Press of America 1981. V, 230 pp.

1838 *[Dionysius Areopagita] Dionysios Areopagita. Von den Namen zum Unnennbaren.* Hrsg. von ENDRE VON IVÁNKA [2. Auflage]. Einsiedeln: Johannes-Verlag 1981. 112 pp.

1839 *[Dionysius Areopagita] Dionigi Areopagita, Tutte le opere.* Introd. e apparati di E. BELLINI, trad. di P. SCAZZOSO [I class. del pensiero Sez. I Filos. class. e tardo antica]. Milano: Rusconi 1982. 500 pp.

1840 *[Dionysius Areopagita] Pseudo Dionisio Areopagita. Los nombres divinos y otros escritos.* Introducción, traducción y notas de J. SOLER [Savon]. Barcelona: A. Bosch 1980. 252 pp.

[2346] BELLINI, E.: Maximus Confessor

1841 CARROLL, W. J. *Participation in selected texts of Pseudo-Dionysius the Areopagite's "The divine names"* [Diss.]. Washington: Cath. Univ. of America 1981. 200 pp.

1842 COULOUBARITSIS, L. *Le sens de la notion «Démonstration» chez le Pseudo-Denys* – ByZ 75 (1982) 317–335

1843 COULOUBARITSIS, L. *Le statut de la critique dans les Lettres du Pseudo-Denys* – Byzan 51 (1981) 112–121

1844 DRAGULIN, G. *Personalitatea şi opera Sfîntului Dionisie Areopagitul în teologia românesca (= Persönlichkeit und Werk des Heiligen Dionysius Areopagita in der rumänischen Theologie)* – BOR 99 (1981) 628–642

1845 GOLITZIN, A. G. *Mystagogy: Dionysius Areopagita and his Christian predecessors.* [Diss.]. Oxford: University 1980. 562 pp.

1846 JOUKOVSKY, F. *Thèmes plotiniens dans le De sapiente de Charles de Bovelles* – BibHR 43 (1981) 141–153

1847 KOVACH, F. J. *Der Einfluß der Schriften des Pseudo-Dionysius De divinis nominibus auf die Schönheitsphilosophie des Thomas von Aquin* – AGPh 63 (1981) 150–166

1848 LILLA, S. *Introduzione allo studio dello Ps. Dionigi l'Areopagita* – AugR 22 (1982) 533–577

[2209] LIUZZI, T.: Iohannes Damascenus

1849 LOUTH, ANDREW *The Influence of Denys the Areopagite on Eastern and Western spirituality in the fourteenth Century* – Sob 4 (1981) 185–200

[596] LOUTH, A.: Philosophica

1850 MAKHARADZE, M. K. *La méthode apophatique dans les Aréopagitiques* [en géorg., rés. en russe] – Iz 1 (1981) 37–50

[3357] MEER, F. VAN DER: Angeli et daemones

1851 MUÑIZ RODRÍGUEZ, V. *El misterio trinitario en Dionisio Areopagita y su influencia en la mística española del siglo de oro* – ETrin 16 (1982) 175–216

1852 NINCI, MARCO *L'universo e il nonessere.* Roma: Edizioni di storia e letteratura 1980. 245 pp.
[603] ORGIŠ, V. P.: Philosophica
1853 PLACES, E. DES *Le pseudo-Denys l'Aréopagite, ses précurseurs et sa postérité* − DHA 7 (1981) 323−332
1854 PLACES, E. DES *Les oracles chaldaiques et Denys l'Aréopagite.* In: *Néoplatonisme* (cf. 1981/82, 240) 291−295
1855 ROREM, P. *The place of the Mystical theology in the Pseudo-Dionysian corpus* − Dionysius 4 (1980) 87−97
1856 RUELLO, FRANCIS *Le commentaire du De divinis nominibus de Denys par Albert le Grand* − APh 43 (1980) 589−613
1857 THEKEPARAMPIL, J. *Weihrauchsymbolik in den syrischen Gebeten des Mittelalters und bei Pseudo-Dionysios.* In: *Typus, Symbol, Allegorie* (cf. 1981/82, 290) 131−145
[618] VOGEL, C. J. DE: Philosophica

Dionysius Exiguus

[901] COMAN, I. G.: Auctores
1858 MARINI AVONZO, D. DE *Secular and clerical culture in Dionysius Exiguus's Rome* − AFGG 17 (1978/79) 358−362

Dionysius Romanus

[3204] ABRAMOWSKI, L.: Trinitas

Dioscorus Alexandrinus

1859 BALDWIN, B. *A bishop and his lady, AP 16.19* − VigChr 35 (1981) 377−378

Donatus Vesuntinus

[3339] RENNER, F.: Vita christiana, monastica

Dorotheus Gazensis

1860 *[Dorotheus Gazensis] Scritti e insegnamenti spirituali.* Introd., trad. e note a cura di L. CREMASCHI [Letture crist. delle origini 7]. Roma: Ed. Paoline 1980. 262 pp.
[642] NEYT, F.: ἀψήφιστος

Dracontius

1861 BROŻEK, M. *Dracontius, De laudibus Dei I 121* − Eos 69 (1981) 97

Ennodius

1862 NAVARRA, L. *Ennodio e la facies storico-culturale del suo tempo.* Cassino: Garigliano 1974. 69 pp.

Ephraem Syrus

1863 BECK, EDMUND *Ephräms Trinitätslehre im Bild von Sonne, Feuer, Licht und Wärme* [CSCO Subsidia 425]. Lovanii: Peeters 1981. 127 pp.

1864 BECK, E. *Glaube und Gebet bei Ephräm* – OrChr 66 (1982) 15–50

1865 BECK, E. *τέχνη und τεχνίτης bei dem Syrer Ephräm* – OrChrP 47 (1981) 295–331

1866 BECK, E. *Das Bild vom Weg mit Meilensteinen und Herbergen bei Ephräm* – OrChr 65 (1981) 1–39

1867 BECK, E. *Zur Terminologie von Ephräms Bildtheologie.* In: *Typus, Symbol, Allegorie* (cf. 1981/82, 290) 239–277

1868 KOWALSKI, A. *Rivestiti di gloria. Adamo ed Eva nel commento di sant' Efrem a Gen. 2,25. Ricerca sulle fonti dell'esegesi siriaca* – CrSt 3 (1982) 41–60

1869 KRONHOLM, T. *The trees of Paradise in the Hymns of Ephraem Syrus* – ASTI 11 (1977/78) 48–56

1870 MARTIKAINEN, JOUKO *Ephraem der Syrer (306–373).* In: *Klassiker der Theologie* (cf. 1981/82, 222) 62–75

[3180] MARTIKAINEN, J.: Doctrina auctorum

1871 SCHMIDT, M. *Die Augensymbolik bei Ephräm und Parallelen in der deutschen Mystik.* In: *Typus, Symbol, Allegorie* (cf. 1981/82, 290) 278–301

1872 YOUSIF, P. *Typologie und Eucharistie bei Ephräm und Thomas von Aquin.* In: *Typus, Symbol, Allegorie* (cf. 1981/82, 290) 75–107

1873 YOUSIF, P. *Histoire et temps dans la pensée de saint Ephrem de Nisibe* – ParOr 10 (1981/82) 51–77

Epiphanius Episcopus Salaminae

1874 *[Epiphanius Episcopus Salaminae] Epiphanius, II: Panarion, haer. 34–64.* Hrsg. von K. HOLL; J. DUMMER [GCS]. Berlin: Akad.-Verl. 1980. II, 544 pp.

1875 *[Epiphanius Episcopus Salaminae] Sf. Epifanie Episcopul Ciprului. In Sfînta și Marea Sîmbătă (= Homilia in diuinis corporis sepulturam).* Trad. de D. POPESCU – GlB 39 (1980) 370–379

1876 CAVAJONI, G. A. *Nota al quinto oracolo di Montano (Epifano, Pan. haer. 48,4,1).* In: *Studi in onore di Arnaldo Biscardi II* (cf. 1981/82, 281) 79–83

1877 GIANOTTO, C. *Melchisedek e lo Spirito santo. Alcuni aspetti della pneumatologia eterodossa tra il III a il IV secolo* – AugR 20 (1980) 587–593

[2632] HAYKIN, M. A. G.: Silvanus Episcopus Tarsensis
[1078] HÜBNER, R. M.: Pseudo-Athanasius
[2479] LUBAC, H. DE: Origenes
1878 LUCCHESI, E. *Un corpus épiphanien en copte* — AB 99 (1981) 95–100
1879 MEES, M. *Die antihäretische Polemik des Epiphanius von Salamis und ihr Gebrauch von Jn 4* — AugR 22 (1982) 405–425
1880 MEES, M. *Textverständnis und Varianten in Kap. 5 des Johannesevangeliums bei Epiphanius von Salamis* — Lateranum 46 (1980) 250–284
1881 MEES, M. *Textformen und Interpretation von Jn 6 bei Epiphanius* — AugR 21 (1981) 339–364
1882 RIGGI, C. *Formule di fede in Sant'Epifanio di Salamina* — Salesianum 41 (1979) 309–321
[3493] VALLÉE, G.: Gnostica

Eucherius Lugdunensis

[496] MATHISEN, R.: Opera ad historiam
[58] PRICOCO, S.: Historia patrologiae

Eudocia

[891] *A lost tradition. Women writers of the early church:* Auctores
1883 BEVEGNI, C. *Eudociae Augustae Martyrium S. Cypriani I 1-99* — Prometheus 8 (1982) 249–262
1884 BEVEGNI, C. *Note a Eudocia, De Sancto Cypriano, I 5 e I 32* — Sandalion 4 (1981) 183–189
[2830] CLARK, E. A.: Stephanus
1885 SALVANESCHI, E. *Ἐξ ἄλλου ἄλλο. Antico e tardo antico nelle opere di Eudocia Augusta.* In: Δεσμὸς κοινωνίας (cf. 1981/82, 194) 123–188

Eugenius Toletanus

1886 CODOÑER, C. *The poetry of Eugenius of Toledo.* In: *Papers of the Liverpool Latin Seminar III* (cf. 1981/82, 243) 323–342

Eugippius

1887 *[Eugippius] Eugippius. Das Leben des heiligen Severin.* [lateinisch-deutsch]. Einführung, Übersetzung und Erl. von R. NOLL. Passau: Passavia-Universitätsverlag 1981. VIII, 150 pp.
[666] BOBER, A.: Palaeographica atque manuscripta
1888 BRATOŽ, RAJKO *Evgipij «Življenje svetega Severina».* Ljubljana: Univerza Edvarda Kardelja [Magisterarbeit] 1982. VII, 468 pp.
1889 DUMMER, J. *Eugippius über die Rolle der Kirche in der Übergangsepoche* — Klio 63 (1981) 639–642
1890 GORMAN, M. M. *The manuscript tradition of Eugippius' Excerpta ex operibus sancti Augustini* — RBen 92 (1982) 7–32; 229–265

1891 MARKUS, R. A. *The End of the Roman Empire: A Note on Eugippius, Vita Sancti Severini, 20* – NMS 26 (1982) 1–7

[131] NOLL, R.: Bibliographica

[3354] VOGÜÉ, A. DE: Vita christiana, monastica

Eunomius

[1447] *Basile de Césarée. Contre Eunome, suivi de l'Apologie d'Eunome:* Basilius Caesariensis

[1008] ESBROECK, M. VAN: Amphilochius Iconiensis

Eusebius Caesariensis

1892 *[Eusebius Caesariensis] Eusebius von Cäsarea. Kirchengeschichte.* Hrsg. von HEINRICH KRAFT [2. Aufl.]. München: Kösel 1981. 474 pp.

1893 *[Eusebius Caesariensis] Eusebius. Preparation for the Gospel, 1,2.* Transl. EDWIN HAMILTON GIFFORD [Repr.]. Grand Rapids, Michigan: Baker 1982. 948 pp.

1894 *[Eusebius Caesariensis] La Préparation évangélique, livre XI.* Texte grec rev. par E. DES PLACES, introd., trad., et comm. par G. FAVRELLE [SC 292]. Paris: Éd. du Cerf 1982. 406 pp.

1895 BARNES, TIMOTHY DAVID *Constantine and Eusebius.* Cambridge, Mass.: Harvard University Press 1981. VI, 458 pp.

[366] BEER, J. DE: Opera ad historiam

[563] BELFIORE, G.: Philosophica

1896 BONAMENTE, G. *Eusebio, Storia ecclesiastica IX, 9 e la versione cristiana del trionfo di Costantino nel 312.* In: *Scritti sul mundo antico in memoria di Fulvio Grosso* (cf. 1981/82, 272) 55–76

1897 BOOJAMRA, JOHN L. *Constantine and Justinian.* In: *Orthodox Synthesis.* Ed. J. ALLEN. Crestwood, New York: St. Vladimir's Seminary Press (1981) 189–209

[2606] CHRISTENSEN, T.: Rufinus Aquileiensis

1898 COLLINS, J. J. *The Epic of Theodotus and the Hellenisms of the Hasmoneans* – HThR 73 (1980) 91–104

1899 COMAN, J. *Utilisation des Stromates de Clément d'Alexandrie par Eusèbe de Césarée dans la Préparation Èvangélique.* In: *Überlieferungsgeschichtliche Untersuchungen* (cf. 1981/82, 291) 115–134

1900 CROKE, BRIAN *The Originality of Eusebius' Chronicle* – AJPh 103 (1982) 195–200

1901 CURTI, C. *I commentarii in Psalmos di Eusebio di Cesarea; tradizione diretta (Coislin 44) e tradizione catenaria.* In: *La critica testuale greco-latina oggi* (cf. 1981/82, 191) 373–382

1902 CURTI, C. *Osservazioni sul testo dei Salmi citato da Eusebio di Cesarea nei Commentarii in Psalmos.* In: *Letterature comparate . . .* (cf. 1981/82, 225) 853–864

[681] Dotti, G.: Palaeographica atque manuscripta
1903 Fascher, E. *Herodot und Eusebius, zwei Väter der Geschichtsschreibung*. In: *Überlieferungsgeschichtliche Untersuchungen* (cf. 1981/82, 291) 185–192
1904 Gero, S. *The true image of Christ. Eusebius's letter to Constantia reconsidered* – JThS 32 (1981) 460–470
[583] Goulet, R.: Philosophica
1905 Grant, Robert M. *Eusebius, Josephus and the Fate of the Jews* – SBL SemPap 17 (1979) 69–86
1906 Hunger, H. *Ideologie und Systemstabilisierung im byzantinischen Staat* – AcAnt 27 (1979) 263–272
1907 Huxley, G. K. *Problems in the Chronography of Eusebius* – ProcIrAc 81 (1982) 183C–196C
1908 Junod, Eric *Origène, Eusèbe et la tradition sur la répartition des champs de mission des apôtres (Eusèbe, Histoire ecclésiastique, III, 1, 1-3)*. In: *Les Actes apocryphes des Apôtres* (cf. 1981/82, 152) 233–248
1909 Kellermann, D. *'Aštārōt, 'Aštarot Qarnayim, Qarnayim. Historisch-geographische Erwägungen zu Orten im nördlichen Ostjordanland* – ZDPV 97 (1981) 45–61
1910 Kloner, A. *Hurvat Rimmon* – IsExJ 30 (1980) 226–228
[594] Lieberg, G.: Philosophica
[2479] Lubac, H. de: Origenes
[2608] Michelotto, P. G.: Rufinus
1911 Munier, C. *A propos d'Ignace d'Antioche. Observations sur la liste épiscopale d'Antioche* – ReSR 55 (1981) 126–131
1912 Places, E. des *Eusèbe de Césarée commentateur. Platonisme et Écriture sainte* [ThH 63]. Paris: Beauchesne 1982. 194 pp.
1913 Pollard, T. E. *Eusebius of Caesarea and the Synod of Antioch (324/5)*. In: *Überlieferungsgeschichtliche Untersuchungen* (cf. 1981/82, 291) 459–464
[2609] Pucci, M.: Rufinus Aquileiensis
1914 Pucci, M. *La rivolta ebraica in Egitto (115-117 d. C.) nella storiografia antica* – Aeg 62 (1982) 195–217
[1921] Schäferdiek, K.: Eusebius Nicomediensis
1915 Tetz, M. *Christenvolk und Abrahamsverheissung. Zum kirchengeschichtlichen Programm des Eusebius von Caesarea*. In: *Jenseitsvorstellungen in Antike und Christentum* (cf. 1981/82, 219) 30–46
1916 Thiele, W. *Beobachtungen zu den eusebianischen Sektionen und Kanones der Evangelien* – ZNW 72 (1981) 100–111
[3546] Torjesen, K. J.: Specialia in Vetus Testamentum
[3133] Twomey, W.: Ius canonicum, hierarchia, disciplina ecclesiastica
1917 Voicescu, Mihail *Situaţia creştinilor din Palestina in secolele III–IV, după Eusebiu de Cezareea (= Die Situation der Christen in Palästina im 3. u. 4. Jh. nach Eusebius von Cäsarea)* – StBuc 34 (1982) 408–422

1918 WIGTIL, D. N. *Toward a date for the Greek fourth Eclogue* – CJ 76 (1981) 336–341

1919 WILKINSON, J. *Jewish influences on the early Christian rite of Jerusalem* – Mu 92 (1979) 347–359

1920 ZAVOIANU, CORNELIU *Istoricul Eusebiu de Cesarea, despre Origen (= Die Kirchengeschichte Eusebius' von Caesarea über Origenes)* – GlB 39 (1980) 820–885

Eusebius Emesenus

1921 PETROSIAN, L. H. TER *Le commentaire de l'Octateuque par Eusèbe d'Émèse et quelques aspects de la traduction dans la littérature arménienne du Ve s.* [en arm., rés. en russe] – PBH 99 (1982) 56–68

Eusebius Nicomediensis

1922 SCHÄFERDIEK, K. *Zu Verfasserschaft und Situation der epistula ad Constantiam de imagine Christi* – ZKG 91 (1980) 177–186

Eustathius Antiochenus

1923 CHADWICK, H. *The Fall of Eustathius of Antioch.* In: *History and Thought...* (cf. 1981/82, 177) [XIII]

1924 ESBROECK, M. VAN *L'homélie d' Eustathe d'Antioche en géorgien (CPG 3394)* – OrChr 66 (1982) 189–215

Eusthatius Sebastiensis

[3304] FRAZEE, C.: Vita christiana, monastica

Eutropius Presbyter

1925 SAVON, H. *Le De uera circumcisione du prêtre Eutrope et les premières éditions imprimées des Lettres de saint Jérôme* – RHT 10 (1980) 165–197

1926 SAVON, H. *Pseudothyrum et faeculentia dans une lettre du prêtre Eutrope (Ps.-Jérôme, Epist. 19)* – RPh 55 (1981) 91–110

1927 SAVON, H. *Le prêtre Eutrope et la vraie circoncision* – RHR 199 (1982) 273–302; 381–404

Eutyches Presbyter

1928 GRILLMEIER, A. *Eine Flucht des Eutyches nach Jerusalem?* In: *Romanitas-Christianitas* (cf. 1981/82, 266) 645–653

Evagrius Antiochenus

[2294] WEIJENBORG, R.: Pseudo-Iustinus

Evagrius Ponticus

[3158] BEYER, H.-V.: Doctrina auctorum
[2332] GRIBOMONT, J.: Marcus Eremita
1929 PIESZCZOCH, S. *Modlitewne zasady Ewagriusza Pontyńskiego (= Les principes de la prière chez Evagre de Pontique)*. In: *Akta sympozjum patrystycznego* ... (cf. 1981/82, 155) 138–140

Evagrius Scholasticus

1930 ALLEN, P. *Evagrius Scholasticus the Church Historian* [Spic 41]. Leuven: Peeters 1981. XXII, 290 pp.

Fastidius Arianus

1931 LONGOSZ, S. *Mowa Fastidiosa Arianina (= Die Rede von Fastidios Arianer)*. In: *Akta sympozjum patrystycznego* ... (cf. 1981/82, 155) 365–369

Faustus Reiensis

1932 JIMÉNEZ BERGUECIO, J. *Un texto de Fausto de Riez y el vocabulario eucarístico medieval*. In: *Estudios Patrísticos* (1981/82, 201) 77–87
1933 TIBILETTI, C. *Fausto di Riez nei giudizi della critica* – AugR 21 (1981) 567–587

Felix Papa

1934 NAUTIN, P. *La lettre de Félix III à André de Thessalonique et sa doctrine sur l'Église et l'empire* – RHE 77 (1982) 5–34

Ferrandus Carthaginiensis

1935 SIMONETTI, MANLIO *Ferrando di Cartagine nella controversia teopaschita*. In: *Fides Sacramenti, Sacramentum Fidei. Studies in honour of Pieter Smulders* (cf. 1981/82, 207) 219–231
1936 SIMONETTI, M. *Note sulla Vita Fulgentii* – AB 100 (1982) 277–289

Ferreolus Uceticensis

1937 DESPREZ, V. *La Regula Ferrioli. Texte critique* – RM 287 (1982) 117–128; 288 (1982) 129–148

Firmicus Maternus

1938 *[Firmicus Maternus] Firmicus Maternus. L'erreur des religions paiennes*. Texte établi, trad. et comm. par R. TURCAN [Collection des Universités de France]. Paris: Soc. d'éd. «Les Belles Lettres» 1982. 365 pp.

1939 ANNECCHINO, M. *La ratio physica nel De errore profanarum religionum di Firmico Materno* – Vichiana 9 (1980) 181–188
[3256] PÉPIN, J.: Soteriologia

Firmilianus Caesariensis

[3550] DOIGNON, J.: Specialia in Vetus Testamentum
1940 GIRARDI, M. *Scrittura e battesimo degli eretici nella lettera di Firmiliano a Cipriano* – VetChr 19 (1982) 37–67

Fulgentius Ruspensis

1941 MARCHETTA, A. *Due metafore di Fulgenzio di Ruspe contro i Vandali ariani; psalm. abeced. 233* – RomBarb 5 (1980) 105–115
1942 WAGNER, N. *Namen von Germanen bei Fulgentius von Ruspe. Abragila-Eterpamara, Pinta, Scarila* – BN 17 (1982) 361–368

Gaius Romanus

1943 PRINZIVALLI, E. *Gaio e gli Alogi* – StSR 5 (1981) 53–68
1944 SMITH, JOSEPH DANIEL *Gaius and the Controversy over the Johannine Literature* [Ph.D. Dissertation]. Yale Univ. 1979. 643 pp.

Gelasius Papa

1945 *[Gelasius] Gelasius. Liber sacramentorum Romanae Aeclesiae ordinis anni circuli.* ⟨ *Cod. Vat. Reg. lat. 316 / Paris Bibl. Nat. 7193, 41/56.*⟩ ⟨*Sacramentarum Gelasianum*⟩. In Verb. mit LEO EIZENHÖFER etc., hrsg. von LEO CUNIBERT MOHLBERG, 3. Aufl., verb. u. erg. v. LEO EIZENHÖFER [REccDoc Ser. maior. Fontes. 4]. Roma: Herder 1981. XLIV, 330 pp.
[3229] CONGAR, Y.: Christologia
[3124] OTRANTO, G.: Ius canonicum, hierarchia, disciplina ecclesiastica
1946 ULLMANN, W. *Gelasius I. (492-496); das Papsttum an der Wende der Spätantike zum Mittelalter* [Päpste und Papsttum 18]. Stuttgart: Hiersemann 1981. XII, 317 pp.

Gennadius Constantinopolitanus

1947 VOICU, S.J. *Gennadio di Costantinopoli, la trasmissione del frammento In Hebr. 9, 2-5* – OrChrP 48 (1982) 435–437

Georgius Pisida

1948 GIGANTE, M. *Per l'interpretazione della Restitutio Crucis di Giorgio di Pisidia.* In: *Überlieferungsgeschichtliche Untersuchungen* (cf. 1981/82, 291) 251–252

1949   RADOŠEVIĆ, N. *L'Hexaemeron de Georges Pisides et sa traduction slave* [en serbe, rés. en angl.]. Belgrade: Acad. des Sc. 1979. 152 pp.

1950   SHAHID, I. *Heraclius.* Πιστὸς ἐν Χριστῷ βασιλεύς − DOP 34−35 (1980/81) 225−237

Georgius Syncellus

1951   HUXLEY, G. L. *On the erudition of George the Syncellos* − ProcIrAc 81 (1981) 207−217

Germanus Constantinopolitanus

1952   FAZZO, V. *Agli inizi dell'iconoclasmo. Argomentazione scritturistica e difesa delle icone presso il patriarca Germano di Costantinopoli.* In: *Parola e spirito* (cf. 1981/82, 245) 809−832

1953   TAFT, R. *Liturgy of the great church. An initial synthesis of structure and interpretation on the eve of iconoclasm* − DumPap 34−35 (1980/81) 45−75

1954   UNGUREANU, VASILE *Biserica − locas în interpretarea Sfîntului Gherman al Constantinopolului si a Arhiepiscopolui Simeon Tesalonicului (= Der Kirchenraum in der Deutung des Heiligen Germanos von Konstantinopel und des Erzbischofs Symeon von Thessaloniki)* − MitrMold 55 (1979) 657−668

Gildas Sapiens

1955   *[Gildas Sapiens] Gildas. The Ruin of Britain and Other Works.* Ed. and trans. MICHAEL WINTERBOTTOM. Totowa, New Jersey: Rowman and Littlefield 1978. 162 pp.

1956   BRAIDOTTI, C. *A proposito del termine conquestus tramandato nel titolo dell' opera gildaica* − QC 4 (1982) 451−456

1956a   O'SULLIVAN, TH. D. *The De excidio of Gildas. Its Authenticity and Date* [Columbia Studies in the Class. Tradition 7]. Leiden: Brill 1978. VIII, 200 pp.

Gregorius Illiberitanus

1957   DIDONE, M. *Gregorio di Elvira e la paternità del De Salomone e dell' Explanatio beati Hieronymi* − Divinitas 24 (1980) 178−210

[2258]   DOMINGUEZ DEL VAL, U.: Isidorus Hispalensis

Gregorius Magnus

1958   *[Gregorius Magnus] S. Gregorii Magni Registrum epistulare libri I−VII.* Ed. DAG NORBERG [CChr Series Latina 140]. Turnholti: Brepols 1982. XII, 505 pp.

1959 *[Gregorius Magnus] Gregor der Große. Leben des Benedictus.* Übersetzt und eingeleitet von F. VAN DER MEER und G. BARTELINK. St. Ottilien: EOS-Verlag 1980. 207 pp.

1960 *[Gregorius Magnus] Gregor der Große. Kraft in der Schwachheit.* Ausgew., übers. und eingel. von A. OHLMEYER. Zürich: Benziger 1982. 158 pp.

1961 *[Gregorius Magnus] St Benedict: a translation of Gregory the Great's Life of Benedict.* By J. MCCANN, introd, by P. CUSACK, ed. by TH. CURRAN. Dublin: Carmelite Center of Spirituality 1980. 59 pp.

1962 *[Gregorius Magnus] Grégoire le Grand. Vie de saint Benoît. Dialogues, livres 2.* Comm. par A. DE VOGÜÉ, trad. de P. ANTIN, rev. et corr. [Spiritualité orientale et vie monastique. Vie monastique 14]. Bégerolles-en-Mauges: Abbaye de Bellefontaine 1982. 226 pp.

1963 *[Gregorius Magnus] Gregorius de Grote. Het leven van Benedictus.* Vertaald en ingeleid door G. J. M. BARTELINK en F. VAN DER MEER. Brugge: Emmaus 1980. 144 pp.

1964 *[Gregorius Magnus] Gregorio Magno. La regola pastorale.* A cura di M. T. LOVATO [CTP 28]. Roma: Città Nuova Ed. 1981. 272 pp.

1965 BARTELINK, GERARD *Une phase dans la transmission de la Vita Benedicti de Grégoire le Grand: la traduction grecque par le pape Zacharie –* PolKnig 4 (1981) 4–14

1966 BELANGER, RODRIQUE *Le commentaire de saint Grégoire le grand sur le cantique des cantiques* [Ph.D. Dissertation]. Université Laval (Canada) 1980.

1967 BOESCH GAJANO, S. *Dislivelli culturali e mediazioni ecclesiastiche nei Dialoghi di Gregorio Magno –* QSt 41 (1979) 398–415

1968 BOGLIONI, P. *Gregorio Magno, biografo di san Benedetto.* In: *Atti del 7° Congresso internazionale di studi sull' alto medioevo* (cf. 1981/82, 163) 185–229

[2846] BOVO, S.: Liturgica

[1556] CATRY, P.: Benedictus

[3196] CAZIER, P.: Religio, revelatio

1969 COLLAMATI, ERNEST J. *The Notion of charisma in early Italian Monasticism especially as revealed in the "Dialogues" of Gregory the Great* [Diss. Univ. of Notre Dame]. Notre Dame, Ind.: 1981. 173 pp.

1970 COLOMBÁS, GARCÍA M. *El milagro de santa Escolástica. Dos lecturas de san Gregorio Magno, Diálogos II, 33 y 34 –* NetV 11 (1981) 29–37

1971 CONTRERAS, E. *El libro de los Diálogos de San Gregorio el Grande –* CuadMon 16 (1981) 227–232

1972 DAGENS, C. *San Gregorio Magno, místico y doctor de la experiencia mística –* CuadMon 16 (1981) 415–428

1973 DAGENS, C. *Grégoire le Grand et le monde oriental –* RSLR 17 (1981) 243–252

[2783] *The earliest life of Gregory the Great . . .:* Gregorius Magnus

[318] FELIZ CARVAJAL, A.: Subsidia

1974 FERRARO, S. *Dal gentilizio Amarfius al toponimo Amalfi* — Rassegna del Cantro di Cultura e Storia Amalfitana 1, 2 (1981) 7–18

[17] FONTAINE, J.: Historia patrologiae

1975 GANDOLFO, E. *Gregorio Magno servo dei servi di Dio*. Milano: Ist. Propaganda libraria 1980. 172 pp.

[118] GUITARTE IZQUIERDO, V.: Bibliographica

1976 LECCISOTTI, TOMMASO *Rileggendo il Libro dei Dialoghi di Gregorio Magno* — Benedictina 28 (1981) 223–228

[1297] MARIN, M.: Augustinus

[598] MARKUS, R. A.: Philosophica

[3357] MEER, F. VAN DER: Angeli et daemones

1977 NORBERG, D. *Critical and exegetical notes on the Letters of St. Gregory the Great* [Vitterh. hist. og antikv. Akad. Filol. Arkiv 27]. Stockholm: Almqvist og Wiksell Internat. 1982. 35 pp.

1978 RAPISARDA LO MENZO, GRAZIA *Note su Gregorio Magno fonte di Autperto nell'esegesi dell' apocalisse* — Orpheus 2 (1981) 350–356

[3341] SCALFATI, S. P. P.: Vita christiana, monastica

1979 SERENTHA, L. *Servi di tutti. Papa e vescovi a servizio della Chiesa secondo S. Gregorio Magno*. Torino: Marietti 1980. 192 pp.

[657] STOECKLEIN, A.: otium cum dignitate

1980 STRAW, CAROLE ELLEN *"Sweet Tortures" and "Delectable Pains": The Grammar of Complementarity in the Works of Gregory the Great* [Ph.D. Dissertation]. Berkeley: Univ. of Cal. 1979. 317 pp.

[3525] TORRE, J. M. DE LA: Specialia in Vetus Testamentum

1981 VERBRAKEN, P. P. *Grégoire le Grand, premier témoin de l'usage d'onctions rituelles aux ordinations?* In: *Sapientiae doctrina* (cf. 1981/82, 269) 375–385

1982 VOGÜÉ, A. DE *San Gregorio Magno. Libro II de los Diálogos. Vida y milagros del Bienaventurado Abad Benito* — CuadMon 16 (1981) 3–12; 139–158; 303–324; 389–414; 17 (1982) 15–26

1983 VOGÜÉ, A. DE *Le pape qui persécuta saint Equitius. Essai d'identification* — AB 100 (1982) 319–325

1984 ZEVINI, G. *La metodologia dell'intelligenza spirituale della Sacra Scrittura come esegesi biblica secondo Gregorio Magno*. In: *Parola e spirito* (cf. 1981/82, 245) 867–915

Gregorius Nazianzenus

1985 *[Gregorius Nazianzenus] Grégoire de Nazianze. Discours 24–26*. Introd., texte crit. et notes par J. MOSSAY, avec la collab. de G. LAFONTAINE [SC 284]. Paris: Éd. du Cerf 1981. 314 pp.

1986 *[Gregorius Nazianzenus] Gregor von Nazianz. Briefe*. Eingeleitet, übersetzt und mit Erklärungen versehen von MICHAEL WITTIG [BGL 13]. Stuttgart: Hiersemann 1981. VIII, 300 pp.

1987 *[Gregorius Nazianzenus] Sf. Grigorie de Nazianz. Cuvîntare despre preotie (= Rede über das Priestertum).* Trad. de C. Teofil – MitrBan 32 (1982) 291–310

[2347] Berthold, G. C.: Maximus Confessor

1988 Bonis, K. G. *Γρηγόριος ὁ Θεόλογος, πατριάρχης Κωνσταντινουπόλεως (329-25 Ἰανουαρίου 390/1). Βίος καὶ ἔργα. Συγγράμματα καὶ διδασκαλία.* Athènes: 1982. 237 pp.

1989 Cataldo, A. *Virtù e ricerca di Dio nell'epistolario di S. Gregorio di Nazianzo* – Sileno 5–6 (1979/80) 183–207

1990 Cataudella, Q. *Influssi di poesia classica anche latina negli epigrammi cristiani greci.* In: *Studi in onore di Aristide Colonna* (cf. 1981/82, 282) 79–92

1991 Cavallini, E. *Greg. Naz., Carm. I 2, 1,656 s.* In: *Corolla Londiniensis, I* (cf. 1981/82, 189) 17–19

1992 Coulie, Bernard *Chaînes d'allusions dans les discours IV et V de Grégoire de Nazianze* – JÖB 32/3 (1982) 137–143

1993 Damian, Ionescu *Sfîntul Grigorie Teologul. Preocupări pastoral-duhovniceşti (= Der Heilige Gregor der Theologe. Seine seelsorgerlich-geistlichen Werke)* – GlB 39 (1980) 325–328

1994 Ellverson, Anna-Stina *The dual nature of man. A study in the theological anthropology of Gregory of Nazianzus* [AUU; Studia doctrinae Christianae Upsaliensia 21]. Uppsala, Stockholm: Almqvist och Wiksell 1981. 119 pp.

[3301] Fellechner, E. L.: Vita christiana, monastica

[691] Grosdidier de Matons, J.: Palaeographica atque manuscripta

[911] Gruszka, P.: Auctores

1994a Hauschild, Wolf-Dieter *Gregor von Nazianz (ca. 329/30–390).* In: *Klassiker der Theologie* (cf. 1981/82, 222) 76–90

1995 Hussey, M. Edmund *The Theology of the Holy Spirit in the Writings of St. Gregory of Nazianzus* – Diak 14. 3 (1979) 224–233

1996 Kambylis, A. *Gregor von Nazianz und Kallimachos* – Her 110 (1982) 120–122

[3320] Kretschmar, G.: Vita christiana, monastica

[2210] Maisano, R.: Iohannes Damascenus

1997 Małunowiczówna, L. *La consolation dans les lettres et les oraisons de saint Grégoire de Nazianze* [en polon., rés. en franç.] – RoczTK 25 (1978) 173–202

1998 Mathieu, J. M. *Une nouvelle édition de Grégoire de Nazianze* – RHPhR 61 (1981) 271–280

[3146] Meredith, A.: Symbola

1999 Mossay, J. *Repertorium Nazianzenum, Orationes, Textus Graecus, I: Codices Galliae* [Stud. zur Geschichte und Kultur des Altertums 2. R. Forschungen zu Gregor von Nazianz 1]. Paderborn: Schöningh 1981. 133 pp.

2000 MOSSAY, J. *Le signe héliaque. Notes sur quelques manuscrits de S. Grégoire de Nazianze.* In: *Rayonnement grec* (cf. 1981/82, 256) 273–284

2001 MOSSAY, J. *Note sur Héron-Maxime, écrivain ecclésiastique* — AB 100 (1982) 229–236

2002 MUSOLESI, C. *Sapph. fr. 34, 1–4 V* — MusCrit 15–17 (1980/82) 37–38

2003 PÉPIN, J. *Grégoire de Nazianze, lecteur de la littérature hermétique* — VigChr 36 (1982) 251–260

[716] PEROSA, A.: Palaeographica atque manuscripta

[935] POPA, I. D.: Auctores

2004 SNEE, ROCHELLE ELIZABETH *Gregory Nazianzen's Constantinopolitan Career, A.D. 379–81* [Diss.]. University of Washington 1981. 397 pp.

2005 ŠPIDLÍK, T. *Per una rilettura di Gregorio Nazianzeno* — KoinNapoli 5 (1981) 39–48

[949] STAN, A.: Auctores

2006 TSICHLIS, STEVEN P. *The Nature of Theology in the Theological Orations of St. Gregory of Nazianzus* — Diak 16 (1981) 238–246

[952] VALLIANOS, P. S.: Auctores

2007 WINSLOW, DONALD F. *The Dynamics of Salvation: A Study in Gregory of Nazianzus* [Patristic Monograph Series, no. 7]. Cambridge, Mass.: The Philadelphia Patristic Foundation 1979. VII, 214 pp.

[955] ZONEWSKI, I.: Auctores

Gregorius Nyssenus

2008 *[Gregorius Nyssenus] Gregor von Nyssa. Die drei Tage zwischen Tod und Auferstehung unseres Herrn Jesus Christus.* Eingel., übers. und komm. von H. R. DROBNER [Philosophia Patrum 5]. Leiden: Brill 1982. 252 pp.

2009 *[Gregorius Nyssenus] The Easter Sermons of Gregory of Nyssa: Translation and Commentary.* Ed. ANDREAS SPIRA and CHRISTOPH KLOCK [PMS 9]. Cambridge, Mass.: The Philadelphia Patristic Foundation 1981. X, 384 pp.

2010 *[Gregorius Nyssenus] Grégoire de Nysse. La création de l'homme.* Introd. par J. Y. GUILLAUMIN; A. G. HAMMAN, trad. par J. Y. GUILLAUMIN [Coll. Les Pères dans la foi]. Paris: Desclée de Brouwer 1982. 184 pp.

2011 *[Gregorius Nyssenus] Grégoire de Nysse. Le De anima et resurrectione.* Introd., trad., annot. et index par J. TERRIEUX [Thèse de l'Université 4]. Paris: 1981

2012 *[Gregorius Nyssenus] Gregorio di Nissa. Epistole.* Introd., trad. e note a cura di R. CRISCUOLO. Napoli: Assoc. di Studi Tardoant. 1981. 175 pp.

2013 *[Gregorius Nyssenus] Gregorio di Nissa. L'anima e la risurrezione.* A cura di S. LILLA [CTP 26]. Roma: Città Nuova Ed. 1981. 156 pp.

2014 *[Gregorius Nyssenus] Gregorio di Nissa. L'uomo.* A cura di B. SALMONA [CTP 32]. Roma: Città Nuova Ed. 1982. 148 pp.

2015 *[Gregorius Nyssenus] Gregoire de Nysse. 1ère Partie.* Traduction en roumain par D. STANILOAE [Coll. «Pères et écrivains de l'Église» 29]. Bucarest: Éd. de l'Institut biblique et de mission de l'Église orthodoxe de Roumanie 1982. 496 pp.

2016 ABEL, D. C. *The doctrine of synergism in Gregory of Nyssa's De instituto Christiano* – Thom 45 (1981) 430–448

2017 ALEXANDRE, M. *Pâques, la vie nouvelle (De Tridui Spatio 277,10-280,13).* In: *The Easter Sermons...* (cf. 1981/82, 2009) 153–194

[158a] *Arché e Telos. L'antropologia di Origene e di Gregorio di Nissa...:* Collectanea et miscellanea

2018 BALAS, D. L. *The Meaning of the Cross (De Tridui Spatio 298,19-303,12).* In: *The Easter Sermons...* (cf. 1981/82, 2009) 305–318

[2347] BERTHOLD, G. C.: Maximus Confessor

2019 BROOK, J. A. *The text of the New Testament employed by Gregory of Nyssa* [Diss.]. Oxford: Univ. 1979. 299 pp.

2020 CAHIL, J. B. *The date and setting of Gregory of Nyssa's commentary on the Song of Songs* – JThS 32 (1981) 447–460

2021 COLLINS, JAMES J. *The Primacy of Love in St. Gregory of Nyssa's Theology* – Diak 14.1 (1979) 29–40

2022 DAM, R. VAN *Hagiography and history. The life of Gregory Thaumaturgus* – ClAnt 1 (1982) 272–308

2023 DANIÉLOU, J. *Interpolations antiorigénistes chez Grégoire de Nysse.* In: *Überlieferungsgeschichtliche Untersuchungen* (cf. 1981/82, 291) 135–139

2024 DENNIS, T. J. *Gregory on the Resurrection of the Body.* In: *The Easter Sermons...* (cf. 1981/82, 2009) 55–80

2025 DROBNER, H. *Three Days and Three Nights in the Heart of the Earth. The Calculation of the Triduum Mortis according to Gregory of Nyssa (De Tridui Spatio 294,14-298,18).* In: *The Easter Sermons...* (cf. 1981/82, 2009) 263–278

[3301] FELLECHNER, E. L.: Vita christiana, monastica

2026 GALLICET, E. *Osservazioni sul De virginitate di Gregorio di Nissa* – CCC 3 (1982) 119–151

2027 GARGANO, G. I. *La teoria di Gregorio di Nissa sul Cantico dei cantici. Indagine su alcune indicazioni di metodo esegetico* [OCA 216]. Roma: Pontif. Inst. Stud. orient. 1981. 262 pp.

[911] GRUSZKA, P.: Auctores

2028 HALL, S. G. *The Interpretation of the Old Testament in the Opening Section of Gregory of Nyssa De Tridui Spatio (De Tridui Spatio 273,5-277,9).* In: *The Easter Sermons...* (cf. 1981/82, 2009) 139–152

2029 HARL, M. *L'éloge de la fête de pâques dans le prologue du Sermon In Sanctum Pascha de Grégoire de Nysse (In S. Pascha 245,4-253,18).* In: *The Easter Sermons...* (cf. 1981/82, 2009) 81–100

2030 KLOCK, C. *Gregors Osterpredigten in ihrer literarhistorischen Tradition.* In: *The Easter Sermons...* (cf. 1981/82, 2009) 319–354

[3320] KRETSCHMAR, G.: Vita christiana, monastica

2031 LUCCHESI, E. *Les homélies sur l'Ecclésiaste de Grégoire de Nysse (CPG 3154). Nouveaux feuillets coptes* — VigChr 36 (1982) 292–293

2032 MACLEOD, C. W. *The preface to Gregory of Nyssa's Life of Moses* — JThS 33 (1982) 183–191

2033 MARAVAL, P. *Encore les frères et sœurs de Grégoire de Nysse* — RHPhR 60 (1980) 161–166

2034 MAY, GERHARD *Gregor von Nyssa (331/40–ca. 395).* In: *Klassiker der Theologie* (cf. 1981/82, 222) 91–103

[3524] MELONI, P.: Specialia in Vetus Testamentum

2035 MEREDITH, A. *The Answer to Jewish Objections (De Tridui Spatio 294,14-298,18).* In: *The Easter Sermons...* (cf. 1981/82, 2009) 293–303

[3146] MEREDITH, A.: Symbola

2036 MÜHLENBERG, E. *Die Gottheit des inkarnierten Christus erwiesen durch seine Selbstmächtigkeit* — *Freiheit der Selbstbestimmung (In S. Pascha 247,26-248,27).* In: *The Easter Sermons...* (cf. 1981/82, 2009) 123–137

2037 ORLANDI, T. *Gregorio di Nissa nella letteratura copta* — VetChr 18 (1981) 333–339

[3125] PAVERD, F. VAN DER: Ius canonicum, hierarchia, disciplina ecclesiastica

[716] PEROSA, A.: Palaeographica atque manuscripta

2038 PIETRELLA, E. *I pellegrinaggi ai luoghi santi e il culto dei martiri in Gregorio di Nissa* — AugR 21 (1981) 135–151

2039 PISI, P. *Genesi e phthora. Le motivazioni protologiche della verginità in Gregorio di Nissa e nella tradizione dell'enkrateia* [Nuovi saggi 81]. Roma: Ed. dell'Ateneo 1981. 218 pp.

2040 SADNIK, LINDA *Die Bruchstücke aus Väterschriften im Anschluß an die Übersetzung der Ἔκϑεσις ἀκριβὴς τῆς ὀρϑοδόξου πίστεως des Exarchen Johannes* — AnzSlPh 12 (1981) 133–169

2041 SCHWAGER, R. *Der wunderbare Tausch. Zur physischen Erlösungslehre Gregors von Nyssa* — ZKTh 104 (1982) 1–24

2042 SIMONETTI, M. *Note sul testo della Vita di Mosè di Gregorio di Nissa* — Orpheus 3 (1982) 338–357

2043 SIMONETTI, M. *La tecnica esegetica di Gregorio di Nissa nella Vita di Mosè* — StSR 6 (1982) 401–418

2044 SPIRA, A. *Der Descensus ad Inferos in der Osterpredigt Gregors von Nyssa De Tridui Spatio (De Tridui Spatio 280,14-286,12). Mit einem textkritischen Anhang.* In: *The Easter Sermons...* (cf. 1981/82, 2009) 195–261

2045 WICKHAM, L. R. *Soul and Body. Christ's Omnipresence (De Tridui Spatio 290,18-294,13).* In: *The Easter Sermons...* (cf. 1981/82, 2009) 279–292

2046 WINDEN, J. C. M. VAN *In Defence of the Resurrection (In S. Pascha 253,19-270,7). With an Appendix: A Survey of Athenagoras, On the*

Resurrection of the Dead. In: *The Easter Sermons . . .* (cf. 1981/82, 2009) 101–121

2047 WÓJCIK, W. *Znaczenie modlitwy pańskiej w nauce Grzegorza z Nyssy (= De orationis dominicae vi ac significatione apud S. Gregorium Nyssenum).* In: *Akta sympozjum patrystycznego . . .* (cf. 1981/82, 155) 141–144

2048 WÓJTOWICZ, H. *Theoria i Praksis w traktacie Zycie Mojzesza sw. Grzegorza z Nyssy (= Theoria and Praxis in the Life of Moses by St. Gregory of Nyssa)* – RoczH 30 (1982) 73–79

2049 ZAVOIANU, CORNEL *Rugăciunea Domnească după Sfintul Grigorie de Nyssa (= Das Gebet des Herrn nach dem Heiligen Gregor von Nyssa)* – GlB 40 (1981) 882–899

Gregorius Thaumaturgus

2050 BROCK, S. *Clavis Patrum Graecorum III, 7717* – JThS 32 (1981) 176–178

2051 RIEDINGER, RUDOLF *Das Bekenntnis des Gregor Thaumaturgus bei Sophronius von Jerusalem und Macarius von Antiochia* – ZKG 92 (1981) 311–314

[954] WEISCHER, B. M.: Auctores

Gregorius Turonensis

2052 CICCARESE, M. P. *Alle origini della letteratura delle visioni. Il contributo di Gregorio di Tours* – StSR 5 (1981) 251–266

2053 GIORDANO, O. *Sociologia e patologia del miracolo in Gregorio di Tours* – Helikon 18–19 (1978/79) [1980] 161–209

2054 LORENZO, J. *Ecos virgilianos en Gregorio de Tours y Jordanes* – Helmántica 33 (1982) 359–369

2055 REYNOLDS, B. W. *The beatific and the bestial. Gregory of Tours' perspectives on war* [Diss.]. Lexington: Univ. of Kentucky 1980. 163 pp.

[555] UYTFANGHE, M. VAN: Opera ad historiam

[635] WAGNER, N.: Philologia patristica

Hegesippus

2056 PAPADOPOULOS, C. *The Martyrdom of Saint James, the Brother of Jesus* – DVM 11 (1982) No 2 41–46

2057 ZUCKSCHWERDT, ERNST *Das Naziräat des Herrenbruders Jakobus nach Hegesipp* – ZNW 68 (1977) 276–287

Heracleon Gnosticus

2058 DEVOTI, D. *Antropologia e storia della salvezza in Eracleone* – MAT 2 (1978) 3–83

Hermae Pastor

[399] DAVISON, J. E.: Opera ad historiam

2059 MARIN, M. *Sulla fortuna delle Similitudini III e IV di Erma* — VetChr 19 (1982) 331–340

2060 MAZZINI, I.; LORENZINI, E. *Il Pastore di Erma. Due versioni latine o due antologie di versioni?* — CCC 2 (1981) 45–86

2061 MEES, M. *Der Hirte des Hermas und seine Aussagen über den Heiligen Geist* — Lateranum 47 (1981) 343–355

2062 OSIEK, CAROLYN ANN *Rich and poor in the shepherd of Hermas.* Cambridge, Mass.: Harvard Univ. Libr. 1981

Hesychius Hierosolymitanus

2063 AUBINEAU, MICHEL *«Hesychius redivivus». Un prédicateur hiérosolymitain de la première moitié du Ve siècle* — FZPT 27 (1980) 253–270

2064 ESBROECK, M. VAN *Hésychius de Jérusalem, Sur les coryphées en version slavonne* — OrChrP 48 (1982) 371–405

2065 HEVIA BALLINA, A. *Una Homilética Festal recuperada: Hesiquio de Jerusalén, predicador y teólogo del Siglo V* — StOv 10 (1982) 221–225

2066 RENOUX, CH.; AUBINEAU, M. *Une homélie perdue d'Hésychius de Jérusalem, sur saint Jean-Baptiste, retrouvée en version arménienne* — AB 99 (1981) 45–63

Hesychius Sinaita

[880] *De heilige Hêsaias de Kluizenaar . . . :* Auctores

Hieronymus

[884] *The Paradise or Garden of the Holy Fathers:* Auctores

2067 ADKIN, N. *Some omissions in the Thesaurus and in Otto's Sprichwörter* — Eranos 80 (1982) 176–177

[2434] BAMMEL, C. P. H.: Origenes

[3557] BOER, S. DE: Specialia in Vetus Testamentum

2068 BOOTH, ALAN D. *The Chronology of Jerome's Early Years* — Phoenix 35 (1981) 237–259

2069 BRENK, B. *Welchen Text illustrieren die Evangelisten in den Mosaiken von S. Vitale in Ravenna?* — FMSt 16 (1982) 19–24

2070 CAPPONI, F. *Nota ieronimiana* — Maia 33 (1981) 155–157

[1169] COLE TURNER, R. S.: Augustinus

[1900] CROKE, B.: Eusebius Caesariensis

[3578] DOIGNON, J.: Specialia in Novum Testamentum

[2454] DORIVAL, G.: Origenes

2071 DUVAL, Y. M. *Pélage est-il le censeur inconnu de l'Adversus Iovinianum à Rome en 393? ou Du portrait-robot de l'hérétique chez S. Jérôme* — RHE 25 (1980) 525–557

2072 ESTIN, C. *Saint Jérôme, de la traduction inspirée à la traduction relativiste* – RBi 88 (1981) 199–215

2073 GÓRNY, J. *Udział wspólnot monastycznych w rozwoju życia intelektualnego i ascetycznego Kościoła na przełomie IV–V wieku w świetle pism św. Hieronima* (= *La participazione delle communità monastiche nello suiluppo della vita ascetica ed intellettuale della Chiesa del Tempo alla luce degli scritti di San Girolamo)* – StudWarm 18 (1981) 537–578

2074 GÓRNY, J. J. *Modlitwa w życiu wspólnot monastycznych w świetle pism św. Hieronima* (= *La preghiera nelle communità monastiche secondo s. Girolamo).* In: *Akta sympozjum patrystycznego...* (cf. 1981/82, 155) 239–247

2075 HOLTZ, L. *Le plus brillant élève de Donat: saint Jérôme.* In: *Donat et la tradition de l'enseignement grammatical* (cf. 1981/82, 215) 37–46

2076 JAY, P. *La datation des premières traductions de l'Ancien Testament sur l'hébreu par saint Jérôme* – REA 28 (1982) 208–212

2077 KER, N. R. *Copying an exemplar; two manuscripts of Jerome on Habakkuk.* In: *Miscellanea codicologica* (cf. 1981/82, 235) 203–210

[469] LABUSKE, H.: Opera ad historiam

2078 LARDET, P. *Culte astral et culture profane chez S. Jérôme. À propos d'une tournure suspecte (errore combibimus) et d'allusions non élucidées du Commentaire sur Amos* – VigChr 35 (1981) 321–345

2079 LARDET, P. *Epistolaires médiévaux de S. Jérôme; jalons pour un classement* – FZPT 28 (1981) 271–289

[918] LIPPOLD, A.: Auctores

[2482] MANNS, F.: Origenes

2080 MCDERMOTT, W. C. *Saint Jérôme and pagan Greek literature* – VigChr 36 (1982) 372–382

2081 MORESCHINI, C. *Il contributo di Gerolamo alla polemica antipelagiana* – CrSt 3 (1982) 61–71

2082 MOSSHAMMER, A. A. *Two fragments of Jerome's Chronicle* – RhM 124 (1981) 66–80

[929] O'CONNELL, R.: Auctores

2083 OLIVAR, A. *Trois nouveaux fragments en onciale du Commentaire de saint Jérôme sur l'Évangile de Matthieu* – RBen 92 (1982) 76–81

[1925] SAVON, H.: Eutropius Presbyter

2084 SILVESTRE, H. *Le «plus grand miracle» de Jésus* – AB 100 (1982) 1–15

[946] SILVESTRE, H.: Auctores

[2998] TESTARD, M.: Hymni

[640] WINKELMANN, F.: αἵρεσις

Pseudo-Hieronymus

2085 DÍAZ Y DÍAZ, M. C. *El pseudojeronimiano De adventu Henoch.* In: *Überlieferungsgeschichtliche Untersuchungen* (cf. 1981/82, 291) 141–148

[1926] SAVON, H.: Eutropius Presbyter

Hilarius Arelatensis

2086 BOUHOT, J. P. *Le texte du Sermo de uita sancti Honorati d'Hilaire d'Arles* — REA 28 (1982) 133–147

2087 CONSOLINO, FRANCA ELA *Fra biografia e confessio: la forma letteraria del Sermo de vita S. Honorati di Ilario d'Arles* — Orpheus 2 (1981) 170–182

Hilarius Pictaviensis

2088 *[Hilarius Pictaviensis] De Trinitate. Praefatio. Libri VIII–XII.* Cura, studio P. SMULDERS [CChr 62 A]. Turnhout: Brepols 1980. 311–834 pp.

2089 *[Hilarius Pictaviensis] Hilary of Poitiers. On the Trinity. 1,1–19,2,3.* By E. P. MEIJERING, in close cooperation with J. C. M. VAN WINDEN [PhP 6]. Leiden: Brill 1982. 199 pp.

2090 *[Hilarius Pictaviensis] Hilaire de Poitiers. La Trinité.* Introd. de ALBERTUS MARTIN, trad. de ALBERTUS MARTIN avec la collab. de L. BRÉSARD, *I: Le mystère de Dieu; II: Le Fils de Dieu; III: Le Christ et l'histoire* [Les Pères dans la foi]. Paris: Desclée de Brouwer 1981. 208; 242; 221 pp.

[653] BAUER, J. B.: divulsare

2091 BRENNECKE, H. C. *Hilarius von Poitiers und die Bischofsopposition gegen Konstantinus II. Untersuchungen zur dritten Phase des arianischen Streites (337-361)* [Diss.]. Tübingen: 1979. 231; 186 pp.

2092 BURNS, P. C. *The christology in Hilary of Poitiers' Commentary on Matthew* [StEA 16]. Roma: Inst. Patrist. Augustinianum 1981. 149 pp.

2093 DAVIES, M. R. *Hilary and the Easterns: a study of theological developments with special reference to De Synodis* [Diss.]. London: University 1981. 171 pp.

2094 DOIGNON, J. *Un événement, la première édition critique du De Trinitate d'Hilaire de Poitiers* — REA 28 (1982) 148–151

2095 DOIGNON, J. *Erat in Iesu Christo homo totus (Hilaire de Poitiers, In Matthaeum 2,5). Pour une saine interprétation de la formule* — REA 28 (1982) 201–207

2096 DOIGNON, J. *Corpora vitiorum materies. Une formule - clé du fragment sur Job d'Hilaire de Poitiers inspiré d'Origène et transmis par Augustin (Contra Iulianum 2,8,27)* — VigChr 35 (1981) 209–221

2097 DOIGNON, J. *Pierre «fondement de l'Église» et foi de la confession de Pierre «base de l'Église» chez Hilaire de Poitiers* — RSPhTh 66 (1982) 417–425

2098 DOIGNON, J. *Rhétorique et exégèse patristique; la defensio de l'apôtre Pierre chez Hilaire de Poitiers.* In: *La rhétorique à Rome* (cf. 1981/82, 261) 141–152

2099 DOIGNON, J. *Spiritus sanctus . . . usus in munere (Hilaire de Poitiers. De Trinitate 2, 1)* — RThL 12 (1981) 235–240

2100 DOIGNON, J. *Un sermo temerarius d'Hilaire de Poitiers sur sa foi (De trinitate 6, 20–22).* In: *Fides Sacramenti, Sacramentum Fidei* (cf. 1981/82, 207) 211–217

[1190] DOIGNON, J.: Augustinus

[3571] DOIGNON, J.: Specialia in Novum Testamentum

[3579] DOIGNON, J.: Specialia in Novum Testamentum

[2986] GŁADYSZEWSKI, L.: Hymni

2101 GRANADO, CARMELO *El don del Espíritu de Jesús en San Hilario de Poitiers* – EE 57 (1982) 429–450

2102 HANSLIK, R. *Die Erstausgabe von Hilarius De trinitate und ihre handschriftliche Grundlage* – WSt 16 (1982) 288–295

[2632] HAYKIN, M. A. G.: Silvanus Episcopus Tarsensis

2103 MILHAU, M. *Un texte d'Hilaire de Poitiers sur les Septante; leur traduction et les autres traducteurs (In Psalm. 2, 2–3)* – AugR 21 (1981) 365–372

2104 PEÑAMARIA DE LLANO, A. *La salvación por la fe. La noción de «Fides» en Hilario de Poitiers. Estudio filosófico-teológico* [Publicaciones de la Facultad de Teología del Norte de España, Sede de Burgos 47]. Burgos: Ediciones Aldecoa 1981. 286 pp.

2105 STANULA, E. *Modlitwa w wykładzie teologicznym św. Hilarego z Poitiers (= L'esprit d'oraison, qui, selon saint Hilaire de Poitiers, devrait pénétrer le cours de théologie).* In: *Akta sympozjum patrystycznego . . .* (cf. 1981/82, 155) 175–178

2106 STANULA, E. *Uwagi na temat znaczenia słowa «medytacja» w komentarzach biblijnych św. Hilarego z Poitiers (= La meditation dans les commentaires bibliques de saint Hilaire de Poitiers).* In: *Akta sympozjum patrystycznego . . .* (cf. 1981/82, 155) 233–238

Hippolytus Romanus

2107 *[Hippolytus Romanus] Ippolito. Le benedizioni di Giacobbe.* Trad., introd. e note a cura di M. SIMONETTI [CTP 33]. Roma: Città Nuova 1982. 135 pp.

2108 *[Hippolytus Romanus] Hipólito de Roma. La Tradición Apostólica* [Ichthys]. Buenos Aires: Lumen 1981. 123 pp.

2109 ABRAMOWSKI, L. *Ein gnostischer Logostheologe. Umfang und Redaktor des gnostischen Sonderguts in Hippolyts Widerlegung aller Häresien.* In: *Drei christologische Untersuchungen* (cf. 1981/82, 150) 18–62

[3557] BOER, S. DE: Specialia in Vetus Testamentum

2110 DUNBAR, DAVID *The Problem of Hippolytus of Rome. A Study in Historical-Critical Reconstruction* – JETS 25 (1982) 63–74

2111 DUVAL, Y. M. *Les douze siècles de Rome et la date de la fin de l'empire romain. Histoire et arithmologie* – Caesarodunum 15 (1980) 239–254

2112 FAIVRE, A. *La documentation canonico-liturgique de l'Église ancienne* – ReSR 54 (1980) 273–297

2113 FRICKEL, J. *Hippolyt von Rom, Refutatio, Buch X.* In: *Überlieferungsge-schichtliche Untersuchungen* (cf. 1981/82, 291) 217–244

[428] GROPPO, G.: Opera ad historiam

2114 GROVE, R. *Terminum figat; clarifying the meaning of a phrase in the Apostolic tradition* – OrChrP 48 (1982) 431–434

2115 MAGNE, J. *Un extrait de la Tradition apostolique sur les charismes d'Hippolyte sous les gloses du Constituteur, et les Diataxeis des saints Apôtres.* In: *Überlieferungsgeschichtliche Untersuchungen* (cf. 1981/82, 291) 399–402

2116 MEIS W., ANNELIESE *El tiempo de la Iglesia según Hipólito.* In: *Estudios Patrísticos* (1981/82, 201) 51–75

[991] MELONI, P.: Ambrosius

2117 MELONI, P. *Spirito Santo e risurrezione nel linguaggio simbolico di Ippolito* – StSR 6 (1982) 235–251

[3524] MELONI, P.: Specialia in Vetus Testamentum

[2665] MORESCHINI, C.: Tertullianus

2118 OSBURN, CARROLL D. *The Text of the Pauline Epistles in Hippolytus of Rome* – SecCent 2 (1982) 97–124

[3479a] SIDOROV, A. I.: Gnostica

2119 TROIANO, M. S. *Alcuni aspetti della dottrina dello Spirito santo in Ippolito* – AugR 20 (1980) 615–632

[3493] VALLÉE, G.: Gnostica

[1026] VISONÀ, G.: Apollinarius Laodicensis

2120 ZANI, A. *Tracce di un'interessante ma sconosciuta esegesi midrasica giudeo-cristiana di Lev. 16 in un frammento di Ippolito* – BibbOr 24 (1982) 157–166

Historia Monachorum

2121 *The Lives of the desert Fathers. The Historia monachorum in Aegypto.* Transl. by N. RUSSELL, introd. by B. WARD. London: Mowbray; Kalamazoo, Mich.: Cistercian Publications 1981. X, 182 pp.

Hydatius

[508] LABUSKE, H.: Opera ad historiam

[469] MUHLBERGER, S. A.: Opera ad historiam

Iacobus Edessenus

[2617] LASH, C. J. A.: Severus Antiochenus

[2509] SOLEY, R. J.: Origenes

Iacobus Sarugensis

2122 ALBERT, M. *Mimro inédit de Jacques de Saroug sur le sacerdoce et l'autel* – ParOr 10 (1981/82) 51–77

2123 BROCK, SEBASTIAN *Jacob of Serugh on the Veil of Moses* – Sob 3 (1981) 70–85

Ignatius Antiochenus

2124 *[Ignatius Antiochenus] Ignazio di Antiochia. Le lettere.* Introd., trad. e note a cura di GUIDO GANDOLFO [Letture cristiane delle origini Testi 8]. Roma: Ed. Paoline 1980. 108 pp.

[881] *Ignatius van Antiochië, Zeven brieven. Polycarpus van Smyrna, Brief en Martelaarsakte:* Auctores

2125 BAMMEL, C. P. H. *Ignatian Problems* – JThS 33 (1982) 62–97

2126 CARLOZZO, G. *L'ellissi in Ignazio di Antiochia e la questione dell'autenticità della recensione lunga* – VetChr 19 (1982) 239–256

2127 CHADWICK, H. *The Silence of Bishops in Ignatius.* In: *History and Thought* . . . (cf. 1981/82, 177) [VI]

2128 DUPUY, BERNARD *Aux origines de l'épiscopat. Le corpus des Lettres d'Ignace d'Antioche et le ministère d'unité* – Istina 27 (1982) 269–278

2129 HALLEUX, A. DE *L'Église catholique dans la lettre ignacienne aux Smyrniotes* – EThL 58 (1982) 5–24

2130 HENDRICKS, W. L. *Imagination and Creativity as Integral to Hermeneutics* [Ignatius of Antioch's Use of Pauline Epistles; Tables as refers to Paul]. In: *Science, Faith and Revelation,* ed. B. PATTERSON. Nashville: Broadman Press (1979) 261–282

2131 MALINA, BRUCE J. *The Social World Implied in the Letters of the Christian Bishop-Martyr (named Ignatius of Antioch)* – SBLSemPap 14 (1978) 71–119

2132 MEES, M. *Ignatius von Antiochien über das Priestertum* – Lateranum 47 (1981) 53–69

2133 MULLINS, TERENCE Y. *The Use of ὑποτάσσειν in Ignatius* – SecCent 2 (1982) 35–40

[1911] MUNIER, C.: Eusebius Caesariensis

2134 PELLAND, GILLES *Le dossier des lettres d'Ignace d'Antioche à propos d'un livre récent* – ScEs 32 (1980) 261–297

[641] PRETE, S.: ἀφθαρσία

2135 QUACQUARELLI, A. Ἁγιοφόρος *in Ignazio d'Antiochia.* In: *Letterature comparate* (cf. 1981/82, 225) 819–825

2136 SALIBA, ISSA A. *The Bishop of Antioch and the Heretics: A Study of Primitive Christology* – EvangQ 54 (1982) 65–76

[3132] SCHINDLER, J.: Ius canonicum, hierarchia, disciplina ecclesiastica

2137 SCHOEDEL, WILLIAM R. *Theological Norms and Social Perspectives in*

Ignatius of Antioch. In: *Jewish and Christian Self-definition* (cf. 1981/82, 220) 30–56

[63] SCHOEDEL, W. R.: Historia patrologiae

2138 SMULDERS, P. *De echte Ignatius?* — BijFTh 42 (1981) 300–308

2139 TREVETT, CHRISTINE *The Much-maligned Ignatius* — ExpT 93 (1982) 299–302

2140 TREVETT, C. *Ignatius and his opponents in the divided church of Antioch in relation to some aspects of the early Syrian Christian tradition: a study based on the text of the middle recension of the Ignatian letters* [Diss.]. Sheffield: Univ. 1981.

2141 WALASKAY, PAUL W. *Ignatius of Antioch: The Synthesis of Astral Mysticism, Rational Theology, and Christian Witness* — RelLife 48 (1979) 309–322

2142 ZAÑARTU U., SERGIO *Aproximaciones a la eclesiología de Ignacio de Antioquía.* In: *Estudios Patrísticos* (1981/82, 201) 29–49 = Stromata 38 (1982) 243–281

Ildefonsus Toletanus

2143 HUIDOBRO, FAUSTINO *San Ildefonso de Toledo* — TyV 23 (1982) 191–202

Iohannes Cassianus

[901] COMAN, I. G.: Auctores

2144 JENNETT, MICHAEL JAMES *A descriptive presentation on John Cassian and his "Treatise on Prayer": the relationship of virtue and prayer* [Diss.]. Roma: Pontifica Studiorum Universitas a S. Thomas Aq. in Urbe 1981. V, 203 pp.

2145 KARDONG, TERRENCE *John Cassian's Teaching on Perfect Chastity* — AmBenR 30.3 (1979) 49–63

2146 SARTORY, G. und T. *Johannes Cassian. Spannkraft der Seele. Einweisung in das christliche Leben I.* Freiburg: Herder 1981. 176 pp.

[2891] VERHEUL, A.: Liturgica

[3354] VOGÜÉ, A. DE: Vita christiana, monastica

2147 ZIĘBA, J. *Łaska boża i wolna wola jako komponenty pokuty według Jana Kasjana (= La grace divine et le libre arbitre comme les éléments de la pénitence chez Jean Cassien)* — StPel 11 (1980) 163–175

Iohannes Chrysostomus

2148 *[Iohannes Chrysostomus] Ἰωάννου τοῦ Χρυσοστόμου ἅπαντα τὰ ἔργα 11. Ὑπόμνημα εἰς τὸ κατὰ Ματθαῖον Εὐαγγέλιου. Ὁμιλίαι ΜΘ᾽ - ΟΕ᾽.* Κείμενον, μετάφρασις, σχόλια ὑπὸ ᾿ΕΛΕΥΘΕΡΙΟΥ ΜΕΡΕΤΑΚΗ [EP 42]. Θεσσαλονίκη: Πατερικαὶ ᾿εκδόσεις Γρηγόριος ὁ Παλαμᾶς 1979. 650 σσ.

2149 *[Iohannes Chrysostomus] Ιωάννου τοῦ Χρυσοστόμου ἄπαντα τὰ ἔργα 18. Ὑπόμνημα εἰς τὴν Α᾽ πρὸς Κορινθίους. Λόγοι Α᾽ - ΚΑ᾽. Εἰσαγωγή, κείμενον, μετάφρασις, σχόλια ὑπὸ* Χρ. Κωνσταντινου [EP 43]. Θεσσαλονίκη: Πατερικαὶ ἐκδόσεις Γρηγόριος ὁ Παλαμᾶς 1979. 650 σσ.

2150 *[Iohannes Chrysostomus] St. John Chrysostom. On the incomprehensible Nature of God.* Translated by Paul W. Harkins [FaCh 72]. Washington: The Catholic University of America Press 1982. XIV, 357 pp.

2151 *[Iohannes Chrysostomus] Jean Chrysostome. Homélies sur Ozias (In illud vidi Dominum).* Introd., texte crit., trad., notes et index par J. Dumortier [SC 277]. Paris: Éd. du Cerf 1981. 256 pp.

2152 *[Iohannes Chrysostomus] Jean Chrysostome. Panégyriques de saint Paul.* Introd., texte crit., trad., notes et index par A. Piédagnel [SC 300]. Paris: Éd. du Cerf 1982. 392 pp.

2153 *[Iohannes Chrysostomus] Giovanni Crisostomo. Le catechesi battesimali.* Trad., introd. e note a cura di Aldo Ceresa-Gastaldo [CTP 31]. Roma: Città Nuova Ed. 1982. 218 pp.

2154 *[Iohannes Chrysostomus] Sfîntul Ioan Gură de Aur. Cuvînt de sfătuire către Teodor cel căzut (= Ad Theodorum lapsum).* Trad. de D. Fecioru – GlB 39 (1980) 343–369

2155 *[Iohannes Chrysostomus] Sf. Ioan Gură de Aur. Lauda lui Maxim. Cu ce femei trebuie sa ne căsătorim (= Lob des Maximus. Mit was für Frauen man sich verheiraten soll).* Trad. de D. Fecioru – MitrMold 56 (1980) 353–364

[882] *Jean Chrysostome. La Génèse:* Auctores

2156 Aldama, J. A. de *Contribución al estudio de la tradición manuscrita de la homilía In Salvatoris nostri Iesu Christi nativitatem atribuida al Crisóstomo.* In: *Überlieferungsgeschichtliche Untersuchungen* (cf. 1981/82, 291) 1–4

2157 Alissandratos, Julia *The Structure of the Funeral Oration in John Chrysostom's "Eulogy of Meletius"* – BSEB 7 (1980) 182–198

2158 Alves de Sousa, P. G. *A Lei Natural segundo S. João Crisóstomo* – ThBraga 16 (1981) 71–78

2159 Asensio, Felix *Luces crisostomianas sobre la oración en los salmos* – Burgense 22 (1981) 331–355

2160 Asensio, Felix *La oración en los salmos, según S. Juan Crisóstomo* – Burgense 23 (1982) 9–101

2161 Asensio, Felix *Encuentro de la oración del salmista con la cristiana en la visión del Crisóstomo* – EBib 39 (1981) 201–221

2162 Aubineau, M. *Une homélie chrysostomienne présentée comme inédite. In S. Paulum (BHG 1460 u, CPG 4885)* – VigChr 36 (1982) 164–168

2163 Aubineau, M. *Jean Chrysostome, Sur le sacerdoce. Deux remarques à l'occasion d'une édition récente* – RSLR 18 (1982) 47–51

2164 Blanco, Antonio González *Herejes y herejías en la configuración del pensamiento de San Juan Crisóstomo.* In: *Romanitas-Christianitas* (cf. 1981/82, 266) 553–585

2165 BOUGATSOS, N. TH. *L'enseignement social des Pères grecs. Vol. 2: Textes de saint Jean Chrysostome* [en grec]. Athènes: Apostoliki Diakonia 1982. 478 pp.

2165a *Codices Chrysostomici Graeci, IV: Codices Austriae* descripsit W. LACKNER. Paris: Éditions du CNRS 1981. 150 pp.

[681] DOTTI, G.: Palaeographica atque manuscripta

2166 DUMORTIER, J. *À propos du commentaire sur Isaïe de saint Jean Chrysostome* — REG 95 (1982) 174–177

2167 GAMILLSCHEG, E.; AUBINEAU, M. *Eine unbekannte Chrysostomus-Handschrift (Basel, Universitätsbibliothek, B.II.25)* — CodMan 7 (1981) 101–108

[20] GANOCZY, A.; MUELLER, K.: Historia patrologiae

2168 GARIJO GUEMBE, MIGUEL M. *La justificación por la fe y no por las obras en las Homilías «in Epistolam ad Romanos» de Juan Crisóstomo.* In: Quaere Paulum. Miscelánea L. Turrado (cf. 1981/82, 201) 237–243

2169 GARRETT, D. A. *Chrysostom's Interpretatio in Isaiam. An English translation with an analysis of its hermeneutics* [Diss.]. Waco, Texas: Baylor University 1981. 355 pp.

2170 GONZÁLEZ BLANCO, A. *El Problema de la ciencia en le Bajo Imperio; S. Juan Crisóstomo y el hermetismo* — HispAnt 8 (1978) 201–214

2171 GONZÁLEZ BLANCO, A. *Herejes y herejias en la configuración del pensamiento de San Juan Crisóstomo.* In: *Romanitas-Christianitas* (cf. 1981/82, 266) 553–585

2172 GONZÁLEZ BLANCO, A. *Los problemas del primer arte cristiano según las obras de San Juan Crisóstomo* — Caesar-augusta 51–52 (1980) 187–209

[3576] GORDAY, P. J.: Specialia in Novum Testamentum

2173 HILL, R. C. *On looking again at sunkatabasis* — Prudentia 13 (1981) 3–11

[321] *Index Initiorum . . .:* Subsidia

2174 KOSECKI, B. *La pérennité des actes sauveurs du Christ d'après saint Jean Chrysostome* — Lateranum 46 (1980) 285–319

2175 LODS, MARC *Le traité «sur le sacerdoce» de saint Jean Chrysostome* — PLu 30 (1982) 275–284

2176 LUCCHESI, E. *D'un encomio copto di Raffaele Arcangelo à un sermon sur la pentecôte attribué à Chrysostome* — VigChr 35 (1981) 352–353

2177 MALINGREY, A. M. *Résonances stoïciennes dans l'œuvre de Jean Chrysostome* — Diotima 7 (1979) 116–121

2178 MALINGREY, A. *La double tradition manuscrite de la lettre de Jean Chrysostome à Innocent* — Traditio 37 (1981) 381–388

2179 MANNA, S. *Il ruolo della fede unica condizione dell'unica eucarestia in S. Giovanni Crisostomo (Comm. alla Lettera agli Efesini)* — Nicolaus 9 (1981) 291–302

2180 MCKIBBENS, THOMAS R. *The Exegesis of John Chrysostom: Homilies on the Gospels* — ExpT 93 (1982) 264–270

2181 MILAZZO, A. M. *Le epistole di Giovanni Crisostomo ad Innocenzo I e le epistole 1–4 di Demostene* – Orpheus 3 (1982) 201–223

2182 MILLER, L. *The Greatest Homilist of Them All* – HPR 80 (1980) 53–57

2183 MOUTSOPOULOS, E. *Une archéologie chrétienne de l'être est-elle possible?* – Diotima 8 (1980) 184–186

2184 OMMESLAEGHE, F. VAN *Jean Chrysostome et le peuple de Constantinople* – AB 99 (1981) 329–349

[935] POPA, I. D.: Auctores

2185 RYAN, P. J. *Chrysostom, a derived stylist?* – VigChr 36 (1982) 5–14

[2689] SANNA, I.: Theodoretus Cyrensis

[949] STAN, A.: Auctores

2186 TAYLOR, WARREN FRANCIS *The Resurrection: A Study in the History of Preaching* [Ph.D. Dissertation]. Clermont: School of Theology 1980. 300 pp.

2187 ΘΕΟΔΩΡΟΥ, ΑΝΔΡΕΑΣ *Ἡ στάσις τοῦ ἁγίου Ἰωάννου τοῦ Χρυσοστόμου ἔναντι τῆς ἀρχαίας ἑλληνικῆς παιδείας καί φιλοσοφίας* – EpThAth 25 (1981) 441–469

2188 ΘΕΟΔΩΡΟΥ, ΕΥ. *Λειτουργικά στοιχεῖα ἐν τοῖς ἔργοις Ἰωάννου τοῦ Χρυσοστόμου* – Efemeros 28 (1979) 200–204; 232–235; 265–268

[952] VALLIANOS, P. S.: Auctores

2189 VOICU, CONSTANTIN *Sfintul Ioan Gură de Aur şi unitatea Bisericii (= Der Heilige Johannes Chrysostomus und die Einheit der Kirche)* – MitrBan 32 (1982) 73–84

2190 ZINCONE, S. *Giovanni Crisostomo. Commento alla Lettera ai Galati. Aspetti dottrinali, storici, letterari.* L'Aquila: Japadre 1980. 204 pp.

[955] ZONEWSKI, I.: Auctores

Pseudo-Iohannes Chrysostomus

2191 *[Ps.-Iohannes Chrysostomus] L'homélie pseudo-chrysostomienne sur la transfiguration, CPG 4724, BHG 1975. Contextes liturgiques, restitution à Léonce, prêtre de Constantinople.* Éd. crit. et comm., trad. et ét. connexes par M. SACHOT [Publ. universitaires europ. Sér. 23 Théol. 151]. Frankfurt am Main: Lang 1981. 524 pp.

[1023] CATTANEO, E.: Apollinarius Laodicensis

[2321] DATEMA, C.: Leontius Presbyter Constantinopolitanus

2192 DATEMA, C. *Three fragments of Ps. Chrysostom identified* – VigChr 35 (1981) 32–34

2193 DATEMA, C. *An unedited homily of Ps. Chrysostom on the birth of John the Baptist (BHG 843k)* – Byzan 52 (1982) 72–82

2194 DATEMA, C., ALLEN, P. *Text and Tradition of two Easter homilies of Ps.-Chrysostom* – JÖB 30 (1981) 87–102

[1804] VOGÜÉ, A. DE: Cyprianus

2195 VOICU, S. J. *Une nomenclature pour les anonymes du Corpus pseudo-chrysostomien* – Byzan 51 (1981) 297–305

2196 WENK, W. *Zur Sammlung der 38 Homilien des Chrysostomus Latinus (mit Edition der Nr. 6, 8, 27, 32 und 33)* [Diss.]. Wien: Universität 1980. 269 pp.

Iohannes Climacus

2197 *[Iohannes Climacus] Joannes Climacus: the Ladder of Divine Ascent.* Transl. by LAZARUS MOORE. Rev. ed. Boston: Holy Transfiguration Monastery 1979. XLV, 174 pp.

2198 *[Iohannes Climacus] John Climacus: The Ladder of Divine Ascent.* Transl. COLM LUIBHEID and NORMAN RUSSELL [The Classics of Western Spirituality]. Ramsey, New Jersey: Paulist Press 1982. 277 pp.

2199 *[Iohannes Climacus] Sf. Ioan Scărarul. Despre rugăciune (= Über das Gebet).* Trad. de I. FRACEA — MitrArd 25 (1980) 633–640

2200 *[Iohannes Climacus] Sfîntul Ioan Scărarul. Despre legătura celor trei virtuti: Credința, nadejdea și dragostea (= Die Verbindung der drei Tugenden: Glaube, Liebe und Hoffnung).* Trad. de I. FRACEA — Mitr Ard 25 (1980) 112–115

2201 BALAN, IOANICHIE *Circulația «Scării» Sfîntului Ioan Scărarul în manuscrise românești (= Die Verbreitung der «Leiter» des Heiligen Johannes Climacus in rumänischen Handschriften)* — BOR 98 (1980) 857–865

[681] DOTTI, G.: Palaeographica atque manuscripta

2202 PRICE, JAMES ROBERTSON *Conversion and The Doctrine of Grace in Bernard Lonergan and John Climacus* — AnglThR 62.4 (1980) 338–362

Iohannes Damascenus

2203 *[Iohannes Damascenus] Die Schriften des Johannes von Damaskos, IV: Liber de haeresibus. Opera polemica.* Ed. B. KOTTER [PTS 22]. Berlin: de Gruyter 1981. XXI, 486 pp.

2204 *[Iohannes Damascenus] Des hl. Johannes von Damaskus Ἔκϑεσις ἀκριβὴς τῆς ὀρϑοδόξου πίστεως in der Übers. des Exarchen Johannes, II.* Dt., griech., kirchenslaw., ed. L. SADNIK [Monum. ling. Slav. dial. vet. 14]. Freiburg: Weiher 1981. 412 pp.

2205 *[Iohannes Damascenus] Johannes von Damaskus. Philosophische Kapitel.* Eingeleitet, übersetzt und mit Erl. versehen von G. RICHTER [BGL 15]. Stuttgart: Hiersemann 1982. 304 pp.

2206 *[Iohannes Damascenus] On the divine images. Three apologies against those who attack the divine images.* Transl. by D. ANDERSON. Crestwood, N.Y.: St. Vladimir's Semin. Pr. 1980. 107 pp.

2207 BENAKIS, L. *David l'Arménien dans les écrits des commentateurs byzantins d'Aristote* [en arm., rés. en russe] — PBH 92 (1981) 46–55

2208 BESTERS-DILGER, JULIANE *Die Wiedergabe lateinischer syntaktischer Konstruktionen (Acc. cum inf., Part. coniunctum u. Abl. absolutus) in Kurbskijs Damascenus-Übersetzung* — AnzSlPh 13 (1981) 1–24

2209 LIUZZI, T., *Una teorica del simbolismo nella polemica anti-iconoclastica di Giovanni Damasceno* – AFLB 24 (1981) 31–71
2210 MAISANO, R. *Uno scolio di Giovanni Geometra a Giovanni Damasceno*. In: *Studi salernitani* (cf. 1981/82, 283a) 493–503
[714] OSBORNE, J.: Palaeographica atque manuscripta
2211 THÜMMEL, H. G. *Zur Entstehungsgeschichte der sogenannten πηγὴ γνώσεως des Ioannes von Damaskos* – Byslav 42 (1981) 20–30
2212 WAHL, O. *Zum Sapientia-Text der Sacra parallela* – Salesianum 42 (1980) 559–566
[733] WEITZMANN, K.: Palaeographica atque manuscripta

Iohannes Ephesinus

2213 PLANK, PETER *Mimēsis Christu. Zur Interpretation der 52. Heiligengeschichte des Ioannes von Ephesos*. In: *Unser ganzes Leben . . .* (cf. 1981/82, 292) 167–182

Iohannes Malalas

2214 BALDWIN, B. *κοπιδερμία/κοπίδερμος* – Glotta 59 (1981) 117–118
2215 REINERT, S. W. *Greek myth in Iohannes Malalas' account of ancient history before the Trojan War* [Diss.]. Los Angeles: University of Los Angeles 1981. 817 pp.
2216 SCOTT, R. *Malalas and Justinian's codification*. In: *Byzantine Papers* (cf. 1981/82, 173) 12–31

Iohannes Mandakuni

2217 WÓJTOWICZ, H. *Jan Mandakunu ormiański Ojciec Kościoła (= De Joanne Mandakuni Armenorum Ecclesiae patre)* – StudSan 2 (1981) 440–453

Iohannes Moschus

2218 *[Iohannes Moschus] Giovanni Mosco. Il Prato.* Pres., trad. et comm. di R. MAISANO [Storia e testi 1]. Napoli: d'Auria 1982. 294 pp.
[663] BALAN, I.: Palaeographica atque manuscripta
2219 CHADWICK, H. *John Moschus and his Friend Sophronius the Sophist*. In: *History and Thought . . .* (cf. 1981/82, 177) [XVIII]
2220 LACKER, W. *Zwei membra disiecta aus dem Pratum spirituale des Ioannes Moschos* – AB 100 (1982) 341–350
2221 MAISANO, R. *Sull'uso del termine ἀδελφός nel Prato di Giovanni Mosco* – KoinNapoli 6 (1982) 147–154

Iohannes Philoponus

2222 BLOMQVIST, J. *John Philoponus and Aristotelian cosmology* – Lychnos (1979/80) 1–19

[613] SHARPLES, R. W.: Philosophica

2223 TODD, R. B. *Some concepts in physical theory in John Philoponus' Aristotelian commentaries* — ABG 24 (1980) 151–170

Iohannes Thessalonicensis

2224 PHILIPPIDIS-BRAAT, A. *L'enkômion de saint Démétrius par Jean de Thessalonique* — TM 8 (1981) 397–414

[557] VYRONIS, S.: Opera ad historiam

Iordanes

2225 O'DONNELL, J. J. *The aims of Jordanes* — Historia 31 (1982) 223–240

Irenaeus Lugdunensis

2226 *[Irenaeus] Irenäus. Gott in Fleisch und Blut. Ein Durchblick in Texten.* Hrsg. von HANS URS VON BALTHASAR [Christliche Meister 11]. Einsiedeln: Johannes-Verlag 1982. 128 pp.

2227 *[Irenaeus] Irénée. Contre les hérésies, II.* Éd. crit. par A. ROUSSEAU et L. DOUTRELEAU [SC 293–294]. Paris: Éd. du Cerf 1982. 438; 372 pp.

2228 *[Irenaeus] Iréneo. Epideixis. Antico catechismo degli adulti.* Introd., trad. e comm. a cura di E. PERETTO [Coll. Cultura crist. ant.]. Roma: Borla 1981. 208 pp.

2229 *[Irenaeus] Contro le eresie e gli altri scritti.* Introduzione, traduzione, note e indici a cura di ENZO BELLINI. Milano: Jaca Book 1981. 688 pp.

[3543] BASEVI, C.: Specialia in Vetus Testamentum

2230 BENOÎT, A. *Pour une théologie de l'image. Remarques sur le thème de la vision chez Irénée de Lyon* — RHPhR 54 (1979) 379–384

2231 BERTHOUZOZ, ROGER *Liberté et grâce suivant la théologie d'Irénée de Lyon: le débat avec la gnose aux origines de la théologie chrétienne* [Études d'éthique chrétienne 8]. Fribourg: Éditions universitaires; Paris: Éd. du Cerf 1981. 285 pp.

2232 BROX, NORBERT *Irenäus (gest. um 200).* In: *Klassiker der Theologie* (cf. 1981/82, 222) 11–25

2233 CZESZ, B. *Ekumeniczny charakter modlitwy u św. Ireneusza. Adv. haer. III,25,7. (= Le charactère œcuménique de la prière chez saint Irénée).* In: *Akta sympozjum patrystycznego . . .* (cf. 1981/82, 155) 164–166

2234 CZESZ, B. *La continua presenza dello Spirito santo nei tempi del Vecchio e del Nuovo Testamento secondo S. Ireneo (Adv. haer. IV. 33, 15)* — AugR 20 (1980) 581–585

[3279] DATTRINO, L.: Anthropologia

2235 DOUTRELEAU, LOUIS *Le Salmanticensis 202 et le texte latin d'Irénée* — Orpheus 2 (1981) 131–156

2236 FERGUSON, E. *A note on Irenaeus, Adversus haereses IV 8, 3.* In: *Überlieferungsgeschichtliche Untersuchungen* (cf. 1981/82, 291) 193–195

2237 GRANADO, CARMELO *Actividad del Espíritu Santo en la Historia de la salvación según san Ireneo* — Communio 15 (1982) 27–45

[426] GRASSO, D.: Opera ad historiam

2238 GREER, R. A. *The dog and the mushrooms. Irenaeus's view of the Valentinians assessed.* In: *The rediscovery of gnosticism* (cf. 1979/80, 153) 146–175

2239 GUERRA GÓMEZ, MANUEL *Análisis filológico de S. Ireneo «Adversus haeresis» 3, 3, 2b* — ScTh 14 (1982) 9–57

2240 HICK, JOHN H. *An Irenaean Theodicy.* In: *Encountering Evil: Live Options in Theodicy.* Ed. S. DAVIS. Atlanta: John Knox Press (1981) 39–52; 63–68.

2241 JASCHKE, H. J. *Irenäus von Lyon. Die ungeschminkte Wahrheit* [Coll Eirenaios 2]. Roma: Ed. Acad. Alfons. 1980. 156 pp.

[2712] McCUE, J. F.: Valentius Gnosticus

[2665] MORESCHINI, C.: Tertullianus

[3530] ORBE, A.: Specialia in Vetus Testamentum

2242 ORBE, A. *La Virgen María abogada de la virgen Eva (En torno a s. Ireneo, adv. haer. V, 19, 1)* — Greg 63 (1982) 453–506

[3183] OSBORN, E.: Doctrina auctorum

2243 PERETTO, E. *La Epideixis di Ireneo. Il ruolo dello Spirito nella formulazione delle argomentazioni* — AugR 20 (1980) 559–579

2244 ROBINSON, CHARLES K. *St. Irenaeus on General Revelation as Preparation for Special Revelation* — DukeDivR 43 (1978) 169–180

[3247] RORDORF, W.: Christologia

2244a SESBOÜÉ, B. *La preuve par les Écritures chez saint Irénée* — NRTh 103 (1981) 872–887

2245 SIMONETTI, M. *Per typica ad vera. Note sull'esegesi di Ireneo* — VetChr 18 (1981) 357–382

[3249] SLUSSER, M.: Christologia

2246 TUGWELL, SIMON *Irenaeus and the Gnostic Challenge* — Clergy 66 (1981) 127–130; 135–137

2247 UNGER, D. *Accusative absolutes in Adversus haereses of St. Irenaeus* — Lau 21 (1980) 273–284

2248 VALLÉE, GERARD *Theological and Non-theological Motives in Irenaeus's Refutation of the Gnostics.* In: *Jewish and Christian Self-definition* (cf. 1981/82, 220) 174–185

[3493] VALLÉE, G.: Gnostica

Isaac Antiochenus

2250 FEGHALI, P. *Isaac d'Antioche, poème sur l'Incarnation du Verbe* — ParOr 10 (1981/82) 79–102

Isaac Ninivita

2251 *[Isaac Syrus] Isaac le Syrien. Œuvres spirituelles. Les 86 discours ascétiques. Les Lettres.* Préf. de O. CLÉMENT, avantpropos, trad. et notes de J. TOURAILLE [Coll. Théophanie Textes]. Paris: Desclée de Brouwer 1981. 508 pp.

2252 MASCIA, PAUL T. *The Gift of Tears in Isaac of Nineveh: A Transition to Pure Prayer and the Virtue of Mercy* — Diak 14.3 (1979) 255–265

Isaias Gazaeus

[642] NEYT, F.: ἀψήφιστος
[880] *De heilige Hêsaias de Kluizenaar . . .:* Auctores

Isidorus Hispalensis

2253 *[Isidorus Hispalensis] Isidore de Séville. Etymologies, Livre XVIII.* Texte établi, trad. et comm. par J. ANDRÉ [Coll. Auteurs lat. du moyen âge]. Paris: Les Belles Lettres 1981. 260 pp.

2254 *[Isidorus Hispalensis] San Isidoro de Sevilla. Etimologías.* Edición bilingüe I (Libros I–X). Texto latino, versión española y notas por J. OROZ RETA; M. MARCOS CASQUERO. Introducción general por M. C. DÍAZ Y DÍAZ [BAC 433]. Madrid: La Editorial Católica 1982. 853 pp.

2255 BALOIRA BÉRTOLO, A. *Composición y fuentes de las Etimologías de San Isidoro de Sevilla. Estudio del libro XX* — ArLeón 33 (1979) 173–195

[2785] CHAPARRO GOMEZ, C.: Iacobus Maior

2256 CHURRUCA, JUAN *La definición isidoriana de ius gentium* — EDeusto 30 (1982) 71–95

2257 COROSETTI, P. P. *Columella, De re rustica 3.2.24* — ClPh 76 (1981) 53–55

[1900] CROKE, B.: Eusebius Caesariensis

2258 DOMÍNGUEZ DEL VAL, U. *Isidoro de Sevila y los Tractatus Origenis de Gregorio de Elvira.* In: *Überlieferungsgeschichtliche Untersuchungen* (cf. 1981/82, 291) 149–160

2259 FONTAINE, J. *La situation de la rhétorique dans la culture latine tardive. Observations sur la théorie isidorienne de l'étymologie.* In: *La rhétorique à Rome* (cf. 1981/82, 261) 197–205

2260 FONTAINE, J. *Note sur l'accent latin au VIIᵉ siècle d'après le témoignage d'Isidore de Séville.* In: *L'accent latin* (cf. 1981/82, 151) 58–64

[412] FORLIN PATRUCCO, M.: Opera ad historiam

2261 GARCÍA, B. R. *Espiritualidad y lectio divina en las Sentencias de San Isidoro de Sevilla* [Coll. Espiritual. monástica Fuentes y est. 8]. Zamora: Ed. Monte Cassino 1980. 198 pp.

[582] GARFAGNINI, G. C.: Philosophica
[3306] GASPAROTTO, G.: Vita christiana, monastica

2262 GONZÁLEZ MARTIN, M. *El obispo y sus sacerdotes.* In: *Episcopale munus. Recueil Gijsen* (cf. 1981/82, 198) 122–137

[126] LAURENTI, J. L.: Bibliographica

2263 MADOZ, J. *Bibliografía y bibliotecas de la España visigoda en la época de San Isidoro* – EE 56 (1981) 455–473

2264 MARCOS CASQUERO, M. A. *Virgilio como fuente de san Isidoro en materia geográfica* – Helmántica 33 (1982) 371–400

[1297] MARIN, M.: Augustinus

2265 MAXWELL-STUART, P. G. *Two unidentified gemstones* – RhM 123 (1980) 362–363

2266 RAMOS-LISSON, D. *Der Einfluß der soteriologischen Typologien des Origenes im Werk Isidors von Sevilla unter besonderer Berücksichtigung der Quaestiones in Vetus Testamentum.* In: *Typus, Symbol, Allegorie* (cf. 1981/82, 290) 108–130

2267 ŠAŠEL, J. *Castellum Larignum (Vitr. 2,9,15)* – Historia 30 (1981) 254–256

2268 VOLTERRA, E. *Sul contenuto del Codice Teodosiano* – BIDR 84 (1981) 85–124

[640] WINKELMANN, F.: αἵρεσις

Pseudo-Isidorus Hispalensis

2269 ALBERT, B. SH. *Un traité pseudoisidorien de polémique antijudaique* In: *Bar-Ilan studies in history.* Ed. by P. ARTZI. Ramat-Gan, Israel: Bar-Ilan Univ. Pr. (1978) 57–86

[3196] CAZIER, P.: Religio, revelatio

2270 CHAPARRO GÓMEZ, CÉSAR *La presencia de Santiago el Mayor en Hispania: Análisis del texto isidoriano del «De ortu et obitu Patrum» (cap. LXX)* – Norba 2 (1981) 175–180

Iulianus Aeclanensis

2271 CIPRIANI, N. *Echi antiapollinaristici e aristotelismo nella polemica di Giuliano d'Eclano* – AugR 21 (1981) 373–389

[579] DOIGNON, J.: Philosophica

Iulianus Halicarnassensis

[1018] VÖÖBUS, A.: Anonymus

Iulianus Imperator

2272 ATHANASSIADI-FOWDEN, P. *Julian and Hellenism. An intellectual Biographie.* Oxford: Clarendon Press 1981. X, 245 pp.

[899] BONIS, K.: Auctores

2273 BRAUCH, T. L. *The political philosophy of the emperor Julian as found in*

his writings, administrations, and propaganda [Diss.]. Minneapolis:
University of Minnesota 1980. 431 pp.

2274 FOUQUET, C. *L'hellenisme de l'empereur Julien* — BulBudé (1981)
192–202

2275 KLEIN, R. *Kaiser Julian's Rhetoren- und Unterrichtsgesetze* — RQ 76
(1981) 73–94

2276 PASCHOUD, F. *Trois livres récents sur l'empereur Julien* — REL 58 (1980)
107–123

2277 PRICOCO, S. *L'editto di Guiliano sui maestri (CTh 13,3,5)* — Orpheus
1 (1980) 348–371

2278 SCICOLONE, S. *Le accezioni dell'appellativo Galilei in Giuliano* —
Aevum 56 (1982) 71–80

Iulius Africanus

[1900] CROKE, B.: Eusebius Caesariensis

Iulius Cassianus

[3526] SFAMENI GASPARRO, G.: Specialia in Vetus Testamentum

Iustinus Martyr

2279 *[Iustinus Martyr] Giustino. Le Apologie.* Introduzione, traduzione e
noto di L. REBULI. Padova: 1982. 144 pp.

[3543] BASEVI, C.: Specialia in Vetus Testamentum

2280 BOURGEOIS, D. *La sagesse des anciens dans le mystère du Verbe. Évangile et philosophie chez Saint Justin philosophe et martyr* [Coll. Croire et
savoir]. Paris: Téqui 1981. 196 pp.

2281 CHADWICK, H. *Justin Martyr's Defence of Christianity.* In: *History and
Thought* ... (cf. 1981/82, 177) [VII]

[570] CHADWICK, H.: Philosophica

2282 CHAT, EDWARD *Die Opferlehre des Apologeten Justin. Religionswissen-
schaftliche Studie* [Diss.]. Bonn: Univ. Philosophische Fakultät 1981.
231 pp.

2283 CHMIEL, J. *«Krew winigron» Rdz 49,11 w interpretacji św. Justyna
Meczennika (= «Sanguis uvae» Gen 49,11 in interpretatione S. Iustini
Martyris)* — RBL 35 (1982) 342–345

2284 COSGROVE, C. H. *Justin Martyr and the emerging christian canon.
Observations on the purpose and destination of the Dialogue with Trypho*
— VigChr 36 (1982) 209–232

[3279] DATTRINO, L.: Anthropologia

[399] DAVISON, J. E.: Opera ad historiam

2285 DEROCHE, VINCENT *La pensée de Justin: la philosophie, chemin vers le
Christ* — Axes 14 (1982) 11–20

[572] Deuse, W.: Philosophica
2286 Geston, A. Δι εὐχῆς λόγου (Justin, Apology 1.66.2) – JThS 33 (1982)
172–175
2287 Łomnicki, E. Modlitwa eucharystyczna w przekazie św. Justyna (= De
oratione eucharistica a s. Justino tradita). In: Akta sympozjum patrystycznego . . . (cf. 1981/82, 155) 201–202
2288 Nautin, P. Le livre de Justin contre les hérésies – AEHESR 90
(1981/82) 335–337
[3534] Norelli, E.: Specialia in Vetus Testamentum
[3183] Osborn, E.: Doctrina auctorum
2289 Rodríguez, A. E. La dynamis de Dios en san Justino [Anales de la Fac.
de teol. 31]. Santiago: Univ. catol. de Chile 1982. 95 pp.
[3247] Rordorf, W.: Christologia
2290 Skarsaune, O. The conversion of Justin Martyr – StTh 30 (1976) 53–73
[3249] Slusser, M.: Christologia
2291 Wright, David F. Christian Faith in the Greek World: Justin Martyr's
Testimony – EvangQ 54 (1982) 77–87

Pseudo-Iustinus Martyr

2292 Marcovich, M. Ps.-Justin Cohortatio. A lost editio princeps? – IClSt 6
(1981) 172–173
2293 Simonetti, M. In margine alla polemica antiplatonica della Cohortatio
ps. giustinea. In: Scritti in memoria di Angelo Brelich (cf. 1981/82, 270)
577–589
2294 Weijenborg, R. Überlieferungsgeschichtliche Bemerkungen zu der Justin dem Märtyrer zugeschriebenen Apologia Secunda. In: Überlieferungsgeschichtliche Untersuchungen (cf. 1981/82, 291) 593–603

Iuvencus

[1738] Fo, A.: Claudius Claudianus
2295 Murru, F. Analisi semiologica e strutturale della praefatio agli Evange-
liorum libri di Giovenco – WSt 14 (1980) 133–151

Lactantius

2296 [Lactantius] Lactance. La colère de Dieu. Introd., texte crit., trad.,
comm. et Index par Chr. Ingremeau [SC 289]. Paris: Éd. du Cerf
1982. 432 pp.
2297 [Lactantius] Lactancio. Sobre la muerte de los perseguidores. Traducción
y notas de R. Teja. Madrid: Editorial Gredos 1982. 220 pp.
2298 Alonso-Núñez, J. M. The ages of Rome. Amsterdam: Gieben 1982.
28 pp.
[357] Balil, A.: Opera ad historiam

2299 FAES DE MOTTONI, B. *Lattanzio e gli Accademici* – MAH 94 (1982) 335–377

2300 FISCHER, K. D. *Der Weg des Urins bei Asklepiades von Bithynien und in der Schrift De opificio mundi des Kirchenvaters Lactantius.* In: *Médecins et médecine* (cf. 1981/82, 228) 43–53

2301 FISHER, A. L. *Lactantius' ideas relating Christian truth and Christian society* – JHL 43 (1982) 355–377

[582] GARFAGNINI, G. C.: Philosophica

[118] GUITARTE IZQUIERDO, V.: Bibliographica

2302 HECK, E. *Das Romuluselogium des Ennius bei Lactanz. Ein Testimonium zu Ciceros Schrift De gloria?* In: *Überlieferungsgeschichtliche Untersuchungen* (cf. 1981/82, 291) 843–852

2303 MCGUCKIN, J. A. *Researches into the Divine Institutes of Lactantius* [Diss.]. Durham: University 1980. 539 pp.

2304 MCGUCKIN, P. *The non-Cyprianic scripture texts in Lactantius' Divine Institutions* – VigChr 36 (1982) 145–163

2305 MONAT, P. *Étude sur le texte des citations bibliques dans les Institutions divines; la place de Lactance parmi les témoins des Vieilles Latines* – REA 28 (1982) 19–32

2306 MONAT, PIERRE *Lactance et la Bible. Une propédeutique latine à la lecture de la Bible dans l'Occident constantinien. 1: Texte; 2: Notes.* Paris: Études Augustiniennes 1982. 288; 165 pp.

2307 PERRIN, MICHEL *L'homme antique et chrétien. L'anthropologie de Lactance 250-325* [ThH 59]. Paris: Beauchesne 1981. 559 pp.

2308 PERRIN, M. *À propos du chapitre 24 de l'Épitomé des Institutions de Lactance* – REA 27 (1981) 24–37

2309 SCHMIDT, E. G. *Peripatetiker-Zitate bei Lactantius und «Psellos»* – Helikon 18–19 (1978/79) [1980] 396–402

[3223] SIMONETTI, M.: Trinitas

2310 WLOSOK, A. *Die Anfänge christlicher Poesie lateinischer Sprache. Laktanzens Gedicht über den Vogel Phoenix.* In: *Information aus der Vergangenheit* (cf. 1981/82, 216) 129–167

2311 WOJTCZAK, J. *Quid Firmianus Lactantius de oratione senserit.* In: *Akta sympozjum patrystycznego . . .* (cf. 1981/82, 155) 179–180

Leander Hispalensis

2312 DOMINGUEZ DEL VAL, U. *Leandro de Sevilla y la lucha contra el Arrianismo.* Madrid: Editora Nacional 1981. 541 pp.

2313 MADOZ, J. *San Leandro de Sevilla* – EE 56 (1981) 415–453

Leo Magnus

2314 ARENS, HERBERT *Die christologische Sprache Leos des Großen. Analyse des Tomus an den Patriarchen Flavian* [FThSt 112]. Freiburg: Herder 1982. 720 pp.

2315 CHAVASSE, A. *Le sermon prononcé par Léon le Grand pour l'anniversaire d'une dédicace* – RBen 91 (1981) 46–104
2316 CONROY, J. P. *The idea of reform in Leo the Great* [Diss. Fordham Univ.]. New York: 1981. 210 pp.
2317 HUDON, GERMAIN *Les présupposés «sacramentels» de saint Léon le Grand* – ÉgliseTh 10 (1979) 323–341
2318 SERNA, CLEMENTE DE LA *I Sermoni di S. Leone Magno e la Regula Benedicti* – Benedictina 28 (1981) 199–222
2319 STOCKMEIER, P. *Leo der Große und die Anfänge seiner synodalen Tätigkeit* – AHC 12 (1980) 38–46

Pseudo-Leontius Byzantinus

2320 WAEGEMAN, M. *The Old Testament Canon in the Treatise De sectis* – ACl 50 (1981) 813–818

Leontius Presbyter Constantinopolitanus

[2191] *L'homélie pseudo-chrysostomienne sur la transfiguration, CPG 4724, BHG 1975:* Pseudo-Iohannes Chrysostomus
2321 DATEMA, C. *When did Leontius, presbyter of Constantinople, preach?* – VigChr 35 (1981) 346–351

Liber pontificalis

2322 CHAMPLIN, E. *Saint Gallicanus (consul 317)* – Phoenix 36 (1982) 71–76

Lucifer Calaritanus

2323 *[Lucifer Calaritanus] El tradato Moriundum esse pro Dei filio de Lucifer de Cagliari.* Comentarios y ed. crit. por L. FERRERES [Stud. Lat. Barcinonensia 5]. Barcelona: Dept. de Filol. lat. dell'univ. 1982. VII, 99 pp.

Macarius Aegyptius

2324 *[Macarius Aegyptius] Intoxicated with God: The Fifty Spiritual Homilies of Macarius.* Introduction and Translation by GEORGE A. MALONEY. Denville, New Jersey: Dimension Books 1978. 228 pp.
2325 *[Macarius Aegyptius] Schriften des Makarios-Symeon unter dem Namen Ephraem.* Hrsg. von WERNER STROTHMANN [GöO 1 Syrica 22]. Wiesbaden: Harrassowitz 1981. XXI, 122 pp.
2326 *[Pseudo-Macarius Aegyptius] Phsewdomakaros thhzulebatha kharthuli wersia. Gruzinskaja versija prŏizvedenij Psevdo-Makarija.* Hrsg.: G. NINUA [Mit russ. u. dt. Resümee] [Die georgische Version der

Pseudo-Makarios Schriften] [Dzweli kharthuli mçerlobis dzeglebi].
Thbilisi: Mecniereba 1982. 411 pp.

[758] BAUER, J. B.: Novum Testamentum

2327 BERTHOLD, H. *Die Ursprünglichkeit literarischer Einheiten im Corpus Macarianum.* In: *Überlieferungsgeschichtliche Untersuchungen* (cf. 1981/82, 291) 61–76

[3158] BEYER, H.-V.: Doctrina

2328 STROTHMANN, W. *Textkritische Anmerkungen zu den Geistlichen Homilien des Makarios-Symeon* [GöO 1, 23]. Wiesbaden: Harrassowitz 1981. XVIII, 115 pp.

Macarius Antiochenus

[2051] RIEDINGER, R.: Gregorius Thaumaturgus

Macrobius

[3563] GRANADOS FERNÁNDEZ, C.: Specialia in Novum Testamentum

Marcellus Ancyranus

2329 BARNARD, L. W. *Marcellus of Ancyra and the Eusebians* – GrOrthThR 25 (1980) 63–76

[42] LIENHARD, J. T.: Historia patrologiae

Marcion

[739] *L'Evangelion marcionite.:* Editiones Novi Testamenti

[3361] BROX, N.: Novissima

2330 HOFFMANN, R. J. *Marcion: On the Reinstitution of Christianity* [Diss.]. Oxford: University 1982. 430 pp.

2331 KNOX, JOHN *Marcion and the New Testament: An Essay in the Early History of the Canon* [Reprint of the edition Chicago 1942]. New York: AMS Press 1980.

Marcus Eremita

[2615] CHADWICK, H.: Severus Antiochenus

2332 GRIBOMONT, J. *Marc l'Ermite et la christologie évagrienne* – CrSt 3 (1982) 73–81

2333 GRILLMEIER, A. *Markos Eremites und der Origenismus. Versuch einer Neudeutung von Op. XI.* In: *Überlieferungsgeschichtliche Untersuchungen* (cf. 1981/82, 291) 253–283

Marius Victorinus

2334 *[Marius Victorinus] Marius Victorinus. Theological Treatises on the Trinity.* Translated by MARY TWIBILL CLARK [FaCh 69]. Washington, D.C.: Catholic Univ. of America Press 1981. XIII, 357 pp.

2335 *[Marius Victorinus] Mario Vittorino. Commentarii in Epistolas Pauli ad Ephesios, ad Galatas, ad Philippenses.* Ed. crit. con introd. trad. ital., note et ind. a cura di F. GORI [Corona patrum 8]. Torino: SEI 1981. 453 pp.

2336 CLARK, M. T. *The Neoplatonism of Marius Victorinus the Christian.* In: *Neoplatonism and early Christian thought* (cf. 1981/82, 239) 153–159

2337 GORI, F. *Recuperi lessicali e semantici nei Commentarii in Apostolum di Mario Vittorino* — Orpheus 3 (1982) 103–109

Martinus Braccarensis

2338 *[Martinus Braccarensis] Martin of Braga. De correctione rusticorum.* A comm., with an introd. and transl. by HAROLD F. PALMER. Washington, D.C.: Catholic Univ. of America Press 1981.

2339 FERREIRO, A. *The Missionary Labors of St. Martin of Braga in 6th Century Galicia* — StMon 23 (1981) 11–26

2340 LINAGE CONDE, A. *San Martín de Braga en el monacato pre-benedictino hispano. Evocación martiniana en el Centenario de san Benito* — NetV 12 (1981) 307–321

2341 PINHEIRO MACIEL, M. J. *O De correctione rusticorum de S. Martinho de Dume* — BragAug 34 (1980) 483–561

[1377] SIMONETTI, M.: Augustinus

Martyrius Antiochenus

[2184] OMMESLAEGHE, F. VAN: Iohannes Chrysostomus

Maximus Confessor

2343 *[Maximus Confessor] The Church, the Liturgy and the Soul of Man: The Mystagogia of St. Maximus the Confessor.* Trans. JULIAN STEAD, O.S.B. Still River, Mass.: St. Bede's Publications 1982. 120 pp.

2344 *[Maximus Confessor] Massimo Confessore. Il Dio-Uomo: duecento pensieri sulla conoscenza di Dio e sull'incarnazione di Cristo.* Introduzione, traduzione e note di ALDO CERESA-GASTALDO. Milano: Jaca Book 1980. 122 pp.

2345 *[Maximus Confessor] Maksym Wyznawca, Dzieła: Antologia życia wewnętrznego, Dialog o życiu wewnętrznym, Ksiega miłości, Ksiega oświeconych, Wykład modlitwy pańskiej Listy o miłosci (= Opera: Capita theologica, Liber asceticus, Capita de caritate, Capita gnostica, De oratione dominica, Epistula de caritate).* Ins Polnische übersetzt und eingeleitet von A. WARKOTSCH. Poznań: 1981. 392 pp.

2346 BELLINI, ENZO *Maxime interprète de Pseudo-Denys l'aréopagite. Analyse de l'Ambiguum ad Thomam 5.* In: *Maximus Confessor* (cf. 1981/82, 227) 37–49

2347 BERTHOLD, GEORGE C. *The Cappadocian Roots of Maximus the Confessor.* In: *Maximus Confessor* (cf. 1981/82, 227) 51–59

2348 BRACKE, RAPHAEL B. *Some Aspects of the Manuscript Tradition of the Ambigua of Maximus the Confessor.* In: *Maximus Confessor* (cf. 1981/82, 227) 97–109

2349 BRANIŞTE, ENE *Biserica si Liturghia în opera Mystagogia a Sfîntului Maxim Marturisitorul (= Kirche und Liturgie in der Mystagogie des Heiligen Maximus Confessor)* – OrtBuc 33 (1981) 13–22

[2050] BROCK, S.: Gregorius Thaumaturgus

2350 CERESA-GASTALDO, ALDO *Tradition et innovation linguistique chez Maxime le Confesseur.* In: *Maximus Confessor* (cf. 1981/82, 227) 123–137

2351 CHRISTOU, PANAYOTIS *Maximos Confessor on the Infinity of Man.* In: *Maximus Confessor* (cf. 1981/82, 227) 261–271

2351a CROCE, VITTORIO; VALENTE, BRUNO *Provvidenza e pedagogia divina nella storia.* In: *Maximus Confessor* (cf. 1981/82, 227) 247–259

2352 DALEY, BRIAN E. *Apokatastasis and "Honorable Silence" in the Eschatology of Maximus the Confessor.* In: *Maximus Confessor* (cf. 1981/82, 227) 309–339

2353 DALMAIS, IRÉNÉE-HENRI *La manifestation du Logos dans l'homme et dans l'Église. Typologie anthropologique et typologie ecclésiale d'après Qu. Thal. 60 et la Mystagogie.* In: *Maximus Confessor* (cf. 1981/82, 227) 13–25

2354 DECLERCK, JOSÉ H. *La tradition des Quaestiones et dubia de S. Maxime le Confesseur.* In: *Maximus Confessor* (cf. 1981/82, 227) 85–96

[2562] DECLERCK, J. H.: Physiologus

2355 DOUCET, MARCEL *Vues récents sur les «Metamorphoses» de la pensée de Saint Maxime le Confesseur* – ScEs 31 (1979) 269–302

2357 GARRIGUES, JUAN-MIGUEL *Le dessein d'adoption du Créateur dans son rapport au Fils d'après S. Maxime le Confesseur.* In: *Maximus Confessor* (cf. 1981/82, 227) 173–192

2358 HEINZER, F. *Anmerkungen zum Willensbegriff Maximus' Confessors* – FZPT 28 (1981) 372–392

2359 HEINZER, FELIX *L'explication trinitaire de l'Économie chez Maxime le Confesseur.* In: *Maximus Confessor* (cf. 1981/82, 227) 159–172

2360 JEAUNEAU, É. *Jean l'Érigène et les Ambigua ad Iohannem de Maxime le Confesseur.* In: *Maximus Confessor* (cf. 1981/82, 227) 343–364

2361 LAGA, CARL *Maximus as a Stylist in Quaestiones ad Thalassium.* In: *Maximus Confessor* (cf. 1981/82, 227) 139–146

[3066] LE GUILLOU, M. J.: Concilia, acta conciliorum, canones

2362 LÉTHEL, FRANCOIS-MARIE *La prière de Jésus à Gethsémani dans la controverse monothélite.* In: *Maximus Confessor* (cf. 1981/82, 227) 207–214

2363 MACSIM, NICOLAE *Rascumpararea în teologia Sfintului Maxim Marturişitorulul (= Die Erlösung in der Theologie des Heiligen Maximus Confessor)* — MitrMold 57 (1981) 447–469

2364 MADDEN, JOHN D. *The authenticity of early definitions of Will (thelêsis).* In: *Maximus Confessor* (cf. 1981/82, 227) 61–79

2365 MADDEN, NICHOLAS *The Commentary on the Pater Noster. An Example of the Structural Methodology of Maximus the Confessor.* In: *Maximus Confessor* (cf. 1981/82, 227) 147–155

2366 MATSOUKAS, N. *Monde, homme et société selon Maxime le Confesseur* [en grec]. Athènes: Grigoris 1979. 400 pp.

2367 PELIKAN, JAROSLAV *The Place of Maximus Confessor in the History of Christian Thought.* In: *Maximus Confessor* (cf. 1981/82, 227) 387–402

2368 PHILLIPS, M. B. *Some remarks on the manuscript tradition of the Maximus florilegium* — IClSt 7 (1982) 261–270

2369 PIRET, PIERRE *Christologie et théologie trinitaire chez Maxime le Confesseur, d'après sa formule des natures «desquelles, en lesquelles et lesquelles est le Christ».* In: *Maximus Confessor* (cf. 1981/82, 227) 215–222

2370 PLACES, ÉDOUARD DES *Maxime le Confesseur et Diadoque de Photicé.* In: *Maximus Confessor* (cf. 1981/82, 227) 29–35

2371 PLASS, P. *Transcendent time in Maximus the Confessor* — Thom 44 (1980) 259–277

2372 RADOSAVLJEVIČ, ARTEMIJE *Le problème du «présupposé» ou du «non-présupposé» de l'Incarnation de Dieu le Verbe.* In: *Maximus Confessor* (cf. 1981/82, 227) 193–206

[3082] RIEDINGER, R.: Concilia, acta conciliorum, canones

2373 RIOU, ALAIN *Index scripturaire des œuvres de S. Maxime le Confesseur.* In: *Maximus Confessor* (cf. 1981/82, 227) 405–421

2374 SCHÖNBORN, CHRISTOPH *Plaisir et douleur dans l'analyse de S. Maxime d'après les Quaestiones ad Thalassium.* In: *Maximus Confessor* (cf. 1981/82, 227) 273–284

2375 SOTIROPOULOS, CHARALAMPOS G. *Remarques sur l'édition critique de la Mystagogie de S. Maxime le Confesseur.* In: *Maximus Confessor* (cf. 1981/82, 227) 83

2376 STEEL, CARLOS *Un admirateur de S. Maxime à la cour des Comnènes: Isaac le Sébastocrator.* In: *Maximus Confessor* (cf. 1981/82, 227) 365–373

2377 STICKELBERGER, HANS *Freisetzende Einheit. Über ein christologisches Grundaxiom bei Maximus Confessor und Karl Rahner.* In: *Maximus Confessor* (cf. 1981/82, 227) 365–373

2378 STUDER, BASIL *Zur Soteriologie des Maximus Confessor.* In: *Maximus Confessor* (cf. 1981/82, 227) 239–246

2379 THUNBERG, LARS *Symbol and Mystery in St. Maximus the Confessor. With particular reference to the doctrine of eucharistic presence.* In: *Maximus Confessor* (cf. 1981/82, 227) 285–308

2380 UTHEMANN, KARL-HEINZ *Das anthropologische Modell der hypostati-*

schen Union bei Maximus Confessor. Zur innerchalkedonischen Transformation eines Paradigmas. In: *Maximus Confessor* (cf. 1981/82, 227) 223–233

[73] VASILIU, C.: Historia patrologiae

Maximus Cynicus

[2001] MOSSAY, J.: Gregorius Nazianzenus

Maximus Taurinensis

2381 DEVOTI, D. *Massimo di Torino e il suo pubblico* — AugR 21 (1981) 153–167

[685] ETAIX, R.: Palaeographica atque manuscripta

2382 PELLEGRINO, M. *Martiri e martirio in S. Massimo di Torino* — RSLR 17 (1981) 169–192

2383 SÁENZ, A. *El misterio de la Cuaresma en los sermones de San Máximo de Turín* — Mikael 25 (1981) 7–44

2383a SÁENZ, A. *Los misterios gloriosos de Cristo en los sermones de San Máximo de Turín* — Mikael 26 (1981) 13–52

Melito Sardensis

2384 *[Melito Sardensis] Melito Bishop of Sardis. The Homily on the Passion. With some fragm. of the apocryphal Ezekiel.* [Facs. of the ed. London/ Philadelphia 1940]. Ann Arbor, Mich.; London: Univ. Microfilms Int.: 1981. IX, 202 pp.

[3557] BOER, S. DE: Specialia in Vetus Testamentum

2385 CHADWICK, H. *A Latin Epitome of Melito's Homily on the Pascha*. In: *History and Thought . . .* (cf. 1981/82, 177) [VIII]

[112] DROBNER, H.: Bibliographica

2386 GROSSI, V. *Melitone di Sardi, Peri Pascha 72–99, 523–763 (Sull' origine degli improperia nella liturgia del Venerdi Santo)*. In: *Dimensione drammatiche della liturgia medievale. Atti del I Convegno di Studio, Viterbo 31 maggio - 1-2 giugno 1976*. Roma: Bulzoni (1976) 203–216

2387 MANNS, F. *Traces d'une Haggadah pascale chrétienne dans l'Apocalypse de Jean?* — Ant 56 (1981) 265–295

[3263] MARTÍN, J. P.: Ecclesiologia

2388 PERLER, O. *Le fragment du traité Sur le dimanche de Méliton de Sardes*. In: *Überlieferungsgeschichtliche Untersuchungen* (cf. 1981/82, 291) 445–453

[3249] SLUSSER, M.: Christologia

2389 WHITE, RICHARD C. *Melito of Sardis: An Ancient Worthy Reappears* — LexThQ 14 (1979) 6–18

2390 WILKEN, R. L. *The authenticity of the fragments of Melito of Sardis on the sacrifice of Isaac (Genesis 22). Comments on Perler's edition.* In: *Überlieferungsgeschichtliche Untersuchungen* (cf. 1981/82, 291) 605–608

Methodius Episcopus

2391 BUCHHEIT, V. *Das Symposion des Methodios arianisch interpoliert?* In: *Überlieferungsgeschichtliche Untersuchungen* (cf. 1981/82, 291) 109– 114
[3558] MARIN, M.: Specialia in Vetus Testamentum
[2513] VITORES, A.: Origenes

Pseudo-Methodius

2392 REININK, G. J. *Ismael, der Wildesel der Wüste. Zur Typologie der Apokalypse des Pseudo-Methodios* – ByZ 75 (1982) 336–344

Minucius Felix

2393 *[Minucius Felix] Minucius Felix. Octavius.* Ed. B. KYTZLER [Bibl. Script. Graec. et Roman. Teubneriania]. Leipzig: BSB Teubner 1982. XIV, 41 pp.
2394 *[Minucius Felix] Octavius.* Übers. von einer Arbeitsgemeinschaft zur Übers. patrist. lat. Texte am Philol. Seminar der Univ. Tübingen unter Leitung von E. HECK. Tübingen: Selbstverl. 1981. III, 58 pp.
[879] *Apologeţi . . . :* Auctores
2395 FEARS, J. R. *Minucius Felix, Octavius XXVI, I* – ClPh 77 (1982) 150–152
2396 LINDERSKI, J. *Auspicia et auguria Romana . . . summo labore collecta. A note on Minucius Felix, Octavius XXVI, I* – ClPh 77 (1982) 148–150
2397 ROETZER, H. G. *Der Octavius des Minucius Felix. Christliche Apologetik und heidnische Bildtradition.* In: *Europ. Lehrdichtung. Festschrift für W. Naumann.* Darmstadt: Wissenschaftliche Buchgesellschaft (1981) 33–48

Montanus

[1876] CAVAJONI, G. A.: Epiphanius

Nemesius Emesenus

2398 *[Nemesius Emesenus] Nemezjusz z Emezy. O naturze ludzkiej (= De natura hominis).* Ins Polnische übersetzt und eingeleitet von ANDREJ KEMPFI. Warszawa: Pax 1982. 159 pp.
[2358] HEINZER, F.: Maximus Confessor
2399 MORANI, M. *La tradizione manoscritta del De natura hominis di Nemesio* [Pubbl. della Univ. cattol. del Sacro Cuore sc. filol. e letteratura 18]. Milano: Vita e Pensiero 1981. XXIV, 224 pp.
2400 MORANI, M. *Note critiche e linguistiche al testo di Nemesio* – ClPh 77 (1982) 35–42

2401 POLITIS, N. G. *Πηγαὶ καὶ περιεχόμενον τῶν περὶ εἱμαρμένης κε-φαλαίων τοῦ Νεμεσίου Ἐμέσης: Διατριβὴ ἐπὶ διδακτορία*. Athènes: Chez l'auteur 1979. 158 pp.

Nestorius

2402 *[Nestorius] Nestorius: The Bazaar of Heracleides*. Newly translated from the Syriac and edited with an Introduction, Notes and Appendices by C. R. DRIVER and L. HODGSON. [Reprint of Oxford 1925 ed.]. New York: AMS Press 1980

[7] CHADWICK, H.: Historia patrologiae

2403 ROEY, A. VAN *Le florilège nestorien de l'Adversus Nestorium de Cyrille d'Alexandrie et du traité contre Nestorius de Theodote d'Ancyre*. In: *Überlieferungsgeschichtliche Untersuchungen* (cf. 1981/82, 291) 572–578

Nicetas Remesianus

[2540] BUCHHEIT, V.: Paulinus Nolanus

2404 DUVAL, YVES-MARIE *Nicéta d'Aquilée. Histoire, légende et conjectures anciennes* — AnAl 17 (1980) 161–206

Nilus Ancyranus

2405 BETTIOLO, P. *Le Sententiae di Nilo: patristica e umanesimo nel XVI secolo* — CrSt 1 (1980) 155–184

2406 CONCA, F. *Osservazioni sullo stile di Nilo Ancirano* — JÖB 32,3 (1982) 217–225

2407 LUCÀ, S. *La fine inedita del commento di Nilo d'Ancira al Cantico dei cantici* — AugR 22 (1982) 365–403

2408 ROSENBAUM, H. U. *Der Hoheliedkommentar des Nilus von Ancyra. MS Ogden 30 und die Katenenüberlieferung* — ZKG 91 (1980) 187–206

Nonnus Panopolitanus

2409 CYBENKO, O. P. *Les interprétations d'Homère de la basse antiquité (les scènes de Samothrace chez Nonnos)* — InFil 65 (1982) 106–112

2410 CYBENKO, O. P. *La polis et le pouvoir royal dans la poésie épique hellénistique* [en russe]. In: *VIIIᵉ Conférence VDI* (cf. 1981/82, 184) 112–114

2411 ELLER, K. H. *Die Metamorphose bei Ovid und Nonnos. Mythische Poesie im Vergleich* — AU 25,6 (1982) 88–98

2412 FAUTH, W. *Eidos poikilon; zur Thematik der Metamorphose und zum Prinzip der Wandlung aus dem Gegensatz in den Dionysiaka des Nonnos von Panopolis* [Hyp 66]. Göttingen: Vandenhoeck und Ruprecht 1981. 205 pp.

2413 GIGLI, D. *Il Perseo nonniano. Osservazioni per uno studio dell'ironia nelle Dionisiache* — Prometheus 7 (1981) 177–188

2414 GIGLI PICCARDI, D. *Nonno, Dionys. 2, 143–6* – Prometheus 8 (1982)
      85–91

2415 HERTER, H. *Ovidianum Quintum. Das Diluvium bei Ovid und Nonnus*
      – IClSt 6 (1981) 319–355

2416 IPPOLITO, G. D' *Per una analisi attanziale dei Dionysiaca di Nonno* –
      JÖB 32,3 (1982) 145–156

2417 JAMES, A. W. *Night and day in the epic narrative of Nonnus and others* –
      MPhL 4 (1981) 115–142

2418 KAKRIDIS, J. T. *Sosthenes-Sostheus* – ZPE 48 (1982) 87–88

[926] NEWBOLD, R. F.: Auctores

2419 SCHULZE, J. F. *Aiakos und die Myrmidonen* – WZHalle 31 (1981) 89–95

[732] VASSILIADIS, A.: Palaeographica atque manuscripta

2420 VOLPE CACCIATORE, P. *Osservazioni sulla Parafrasi nel vangelo di
      Giovanni di Nonno di Panopoli* – AFLF 22 n. s. 10 (1979/80) 41–49

Novatianus

2421 GRANADO, CARMELO *Teología del Espíritu Santo en Novaciano* –
      Communio 14 (1981) 187–204

2422 KYDD, R. *Novatian's De Trinitate 29. Evidence of the charismatic* –
      SJTh 30 (1977) 313–318

2423 LUPIERI, E. *Contributo per un'analisi delle citazioni veterotestamentarie
      nel De Trinitate di Novaziano* – AugR 22 (1982) 211–227

2424 PRETE, S. *L'Antico Testamento in Novaziano, De spectaculis, 10* –
      AugR 22 (1982) 229–237

[3223] SIMONETTI, M.: Trinitas

Orientius

2425 LAGARRIGUE, G. *Orientius et les poètes aquitains de son temps* – REL 58
      (1980) 19–22

Origenes

2426 *[Origenes] Origen: Homilies on Genesis and Exodus.* Trans. RONALD
      E. HEINE [FaCh 71]. Washington, D.C.: Catholic University of Amer-
      ica Press 1982. XII, 435 pp.

2427 *[Origenes] Origène. Commentaire sur Saint Jean, t. 4 (L. XIX et XX).*
      Texte grec, introd., trad. et notes par CÉCILE BLANC [SC 290]. Paris:
      Éditions du Cerf 1982. 396 pp.

2428 *[Origenes Alexandrinus] Origènes. Homélies sur le Lévitique.* Texte lat.,
      trad. et notes par M. BORRET (SC 286–287]. Paris: Éd. du Cerf 1981.
      376; 396 pp.

2429 *[Origenes] Origene. Omelie sull'Esodo.* A cura di M. I. DANIELI [CTP
      27]. Roma: Città Nuova Ed. 1981. 256 pp.

2430 *[Origenes] Orygenes. Komentarz do Ewangelii św. Jana (= Kommentar zum Johannesevangelium).* Ins Polnische übersetzt von S. KALINKOW-SKI, eingeleitet von W. MYSZOR und E. STANULA, überarbeitet von S. KALINKOWSKI; W. MYSZOR; K. OBRYCKI; E. STANULA [PSP 28]. Warszawa: Akademia Teologii Katolickiej 1981. 348; 292 pp.

2431 *[Origenes] Origen. Scrieri alese II. Exegeze la Noul Testament. Despre rugăciune. Filocalia (= Ausgewählte Schriften. Auslegungen zum Neuen Testament. Das Gebet. Philokalie).* Trad. de TEODOR BODOGAE; NICOLAE NEAGA; ZORICA LAŢCU [PSB 7]. Bucureşti: Institutul Biblic şi de misiune ortodoxă 1982. 528 pp.

[3204] ABRAMOWSKI, L.: Trinitas

[2693] ANESI, G.: Theognostus Alexandrinus

2432 ANSELMETTO, C. *La presenza dell'Apocalisse di Giovanni nelle Omilie di Origene.* In: *Origeniana secunda . . .* (cf. 1981/82, 242) 255–266

[158a] *Arché e Telos. L'antropologia di Origene e di Gregorio di Nissa . . . :* Collectanea et miscellanea

2433 AUF DER MAUR, HANS JÖRG; WALDRAM, JOOP *Illuminatio Verbi Divini – Confessio Fidei – Gratia Baptismi. Wort, Glaube und Sakrament in Katechumenat und Taufliturgie bei Origenes.* In: *Fides Sacramenti, Sacramentum Fidei* (cf. 1981/82, 207) 41–95

2434 BAMMEL, C. P. H. *Philocalia IX, Jerome epistle CXXI and Origens's exposition of Romans VII –* JThS 32 (1981) 50–81

2435 BERNER, U. *Origenes* [Erträge der Forsch. 147]. Darmstadt: Wiss. Buchgesell. 1981. VII, 125 pp.

2436 BIANCHI, U. *Presupposti platonici e dualistici di Origene. De Principiis.* In: *Origeniana secunda . . .* (cf. 1981/82, 242) 33–56

2437 BLANC, C. *Qui est Jésus-Christ? La réponse d'Origène –* BLE 80 (1979) 241–256

2438 BOSTOCK, B. G. *Quality and corporeity in Origen.* In: *Origeniana secunda . . .* (cf. 1981/82, 242) 323–337

2439 BRÉSARD, LUC *Bernard et Origène commentent le Cantique (II) –* ColCist 44 (1982) 183–210

[3361] BROX, N.: Novissima

[1782] BROX, N.: Consentius

2440 BUZESCU, C. *Logosul la Origen (= Der Logos bei Origenes) –* MitrOlt 33 (1981) 590–604

2441 CASPARY, G. E. *Politics and exegesis. Origen and the two swords.* Berkeley: Univ. of California Press 1979. XV, 215 pp.

2442 CERESA-GASTALDO, A. *L'Esegesi origeniana del Cantico dei cantici.* In: *Origeniana secunda . . .* (cf. 1981/82, 242) 245–252

[570] CHADWICK, H.: Philosophica

2443 CHADWICK, H. *Rufinus and the Tura Papyrus of Origen's Commentary on Romans.* In: *History and Thought . . .* (cf. 1981/82, 177) [IX]

2444 CORBETT, T. *Origen's doctrine on the resurrection –* ITQ 46 (1979) 276–290

2445 Cox, Patricia *«In my Father's House are Many Dwelling places»: ktisma in Origen's De principiis* — AnglThR 62 (1980) 322–337

2446 Cox, P. *Origen and the bestial soul. A poetics of nature* — VigChr 36 (1982) 115–140

2447 Crouzel, H. *Actualité d'Origène* — NRTh 102 (1980) 386–399

2448 Crouzel, H. *Bibliographie critique d'Origène. Supplément I* [Instrumenta patristica 8]. Steenbrugge: Sint Pieters Abdij 1982. 434 pp.

2449 Crouzel, H.; Junod, E. *Chronique origénienne* — BLE 80 (1979) 109–126; 82 (1981) 132–146; 83 (1982) 216–227

2450 Crouzel, H. *Le contenu spirituel des dénominations du Christ selon le livre I du Commentaire sur Jean d'Origène.* In: *Origeniana secunda . . .* (1981/82, 242) 131–150

2451 Crouzel, H. *La cristologia di Origene* — KoinNapoli 5 (1981) 25–38

2452 Crouzel, H. *Différences entre les ressuscités selon Origène.* In: *Jenseitsvorstellungen . . .* (cf. 1981/82, 219) 105–116

2453 Daly, R. J. *Sacrifical soteriology; Origen's Commentary on John 1,19.* In: *Origeniana secunda . . .* (cf. 1981/82, 242) 151–163

[2096] Doignon, J.: Hilarius Pictaviensis

[3550] Doignon, J.: Specialia in Vetus Testamentum

[3575] Doignon, J.: Specialia in Novum Testamentum

2454 Dorival, G. *Origène a-t-il enseigné la transmigration des âmes dans les corps d'animaux? (À propos de PArch 1,8,4).* In: *Origeniana secunda . . .* (cf. 1981/82, 242) 11–32

2455 Elorduy, Eleuterio *Catequesis y Filosofía en Orígenes y Ammonio* — Montalbán 11 (1981) 593–625

2456 Fee, Gordon D. *Origen's Text of the New Testament and the Text of Egypt* — NTS 28 (1982) 348–364

2457 Fracea, Ilie *Teologia lui Origen în lucrarea «Impotriva lui Celsus» (= Die Theologie des Origenes in seiner Schrift gegen Celsus)* — StTeol 33 (1981) 407–422

2458 Gallagher, Eugene V. *Divine Man or Magician? Celsus and Origen on Jesus* [SBLDS 64]. Chico, California: Scholars Press 1982. 207 pp.

2459 Gessel, W. *Elemente des Briefstiles im origeneischen Gebetslogos.* In: *Überlieferungsgeschichtliche Untersuchungen* (cf. 1981/82, 291) 245–250

2460 Gessel, W. *Kennt der origeneische Gebetslogos eine Theologie der Mystik des Gebetes?* In: *Origeniana secunda . . .* (cf. 1981/82, 242) 119–127

[1877] Gianotto, C.: Epiphanius

2461 Girardi, M. *Osservazioni sulle nozioni comuni in Origene con particolare riferimento al Contra Celsum.* In: *Origeniana secunda . . .* (cf. 1981/82, 242) 279–292

[21] Godin, A.: Historia patrologiae

[3576] Gorday, P. J.: Specialia in Novum Testamentum

[426] Grasso, D.: Opera ad historiam

[3522] GRIBOMONT, J.: Specialia in Vetus Testamentum

2462 HALPERIN, D. J. *Origen. Ezekiel's Merkabah, and the ascension of Moses* — ChH 50 (1981) 261–275

2463 HANSON, R. P. C. *The passage markes unde? In Robinson's Philocalia XV, 19,84–86.* In: *Origeniana secunda* . . . (cf. 1981/82, 242) 293–303

2464 HARL, M. *Origène et les interprétations patristiques grecques de l'«obscurité» biblique* — VigChr 36 (1982) 334–371

2465 HARL, M. *Pointes antignostiques d'Origène. Le questionnement impie des Écritures.* In: *Studies in gnosticism and Hellenistic religions* (cf. 1981/82, 285) 205–217

2466 HARL, M. *Les mythes valentiniens de la création et de l'eschatologie dans le langage d'Origène; le mot ὑπόϑεσις.* In: *The rediscovery of gnosticism* (cf. 1979/80, 153) 417–425

2467 HENNESY, L. R. *Expressions of death and immortality in Homer, Plato and Origen of Alexandria. A literary and theological comparative study* [Diss]. Washington: Catholic. Univ. of America Press 1982. 373 pp.

2468 HUI, TIMOTHY KIN-LEE *A critical analysis of the Sixth Column of Origen's Hexapla in I Kings 22 to II Kings 25.* Dallas: Theolog. Seminary 1981. Microfilm

2469 JANSSENS, GERARD *Studies in Hebrew historical linguistics based on Origen's Secunda.* Leuven: Peeters 1982. 182 pp.

2470 JUNOD, E. *L'impossible et le possible. Étude de la déclaration préliminaire du De oratione.* In: *Origeniana secunda* . . . (cf. 1981/82, 242) 81–93

[1908] JUNOD, E.: Eusebius Caesariensis

[3177] JUNOD, E.: Doctrina auctorum

2471 JUNOD, E. *Smaragde de Saint-Mihiel cite-t-il des textes d'Origène non transmis par ailleurs?* — BLE 82 (1981) 57–59

2472 KANIA, W. *Pierwsza naukowa rozprawa o midlitwie - Orygenesa «Peri euches» (= Prima scientifica de oratione dissertatio - Origenes «Peri euches»).* In: *Akta sympozjum patrystycznego* . . . (cf. 1981/82, 155) 133–137

2473 KETTLER, F. H. *Neue Beobachtungen zur Apokatastasislehre des Origenes.* In: *Origeniana secunda* . . . (cf. 1981/82, 242) 339–348

2474 KRETSCHMAR, GEORG *Origenes (ca. 185–254).* In: *Klassiker der Theologie* (cf. 1981/82, 222) 26–43

[3523] KUGEL, J. L.: Specialia in Vetus Testamentum

2475 LEANZA, S. *Sull'autenticà degli scolii origeniani della Catena sull'Ecclesiaste di Procopio di Gaza.* In: *Origeniana secunda* . . . (cf. 1981/82, 242) 363–369

2476 LETOCHA, D. *L'affrontement entre le christianisme et le paganisme dans le Contre Celse d'Origène* — Dialogue 19 (1980) 373–395

2477 LIES, L., *Die dreigestaltige Eucharistieauffassung nach SerMt 85 u. 86.* In: *Origeniana secunda* . . . (cf. 1981/82, 242) 205–216

2478 LIES, L. *Origenes und die Eucharistiekontroverse zwischen Paschasius Radbertus und Ratramnus* – ZKTh 101 (1979) 414–426

[2607] LINDERSKI, J.: Rufinus

2479 LUBAC, H. DE *La controverse sur le salut d'Origène à l'époque moderne* – BLE 83 (1982) 5–29; 83–110

2480 LYONS, J. A. *The Cosmic Christ in Origen and Teilhard de Chardin. A Comparative Study* [OTM]. Oxford: Oxford University Press 1982. VII, 256 pp.

2481 MACLEOD, C. W. *Origen, Contra Celsum VII, 42* – JThS 32 (1981) 447

2482 MANNS, F. *L'origine du thème Verbum abbreviatum* – Antonianum 56 (1981) 208–210

2483 MARIN, M. *Gerusallemme e la casa deserta (Mt 23,37-39; Lc 13,34-35) nell'esegesi origeniana.* In: *Origeniana secunda* (cf. 1981/82, 242) 215–227

[3538] MARIN, M.: Specialia in Vetus Testamentum

2484 MAZZUCCO, C. *L'apocalisse di Giovanni nel Contro Celso di Origene.* In: *Origeniana secunda* ... (cf. 1981/82, 242) 267–278

2485 MEES, M. *Kapitel 6 des Johannesevangeliums in den Werken des Origenes* – Lateranum 48 (1982) 179–208

2486 MOLINA, MARIO A. *La interpretación espiritual de la Escritura en el «De Principiis» de Orígenes* – Mayeútica 8 (1982) 209–229

2487 MONACI, A. *Origene e i molti; due religiosità a contrasto* – AugR 21 (1981) 99–117

2488 MONACI CASTAGNO, C. *L'idea de la preexistenza delle anime e l'exegesi di Rm 9,9-21.* In: *Origeniana secunda* ... (cf. 1981/82, 242) 69–78

2489 NASIŁOWSKI, K. *De sacerdotum unctione et electione ex sententia Origenis explicata* – Apollinaris 54 (1981) 140–150

2490 NAUTIN, P. *Notes critiques sur l'In Iohannem d'Origène (livre X)* – RPh 55 (1981) 273–284

2491 NAZZARO, A. V. *Il prologo del Vangelo di Luca nell'interpretazione di Origene.* In: *Origeniana secunda* ... (cf. 1981/82, 242) 231–244

2492 NEAGA, N. *Principii ermineutice în omiliile biblice ale lui Origen cu referire specială la Vechiul Testament (= Hermeneutische Grundsätze in den biblischen Homilien des Origenes mit besonderem Bezug auf das Alte Testament)* – MitrArd 26 (1981) 757–763

2493 O'CLEIRIGH, P. H. *The Meaning of Dogma in Origen.* In: *Jewish and Christian Self-definition* (cf. 1981/82, 220) 201–216

[603] ORGIŠ, V. P.: Philosophica

2494 OSBORN, E. *The intermediate world in Origen's On prayer.* In: *Origeniana secunda* (cf. 1981/82, 242) 95–103

2495 OUTLER, ALBERT COOK *The Problem of Faith and Reason in Christian Theology, as illustrated in the thought of Origen.* [Diss.]. Yale University 1938. 307 pp. [microfilm]

[3125] PAVERD, F. VAN DER: Ius canonicum, hierarchia, disciplina ecclesiastica

2496 PERI, V. *Ἰαώ / Ἰά, due trascrizioni esaplari greche del medesimo nomen sacrum ebraico.* In: *Studi in Onore di Aristide Colonna* (cf. 1981/82, 282) 221–229

2497 PETIT, F. *Le dossier origénien de la chaîne de Moscou sur la Genèse* — Mu 102 (1979) 71–104

2498 PSEPHTOGAS, B. *La Passion de Notre-Seigneur Jésus-Christ dans la théologie d'Origène.* In: *Origeniana secunda* (cf. 1981/82, 242) 307–321

[936] QUACQUARELLI, A.: Auctores

2499 QUINN, J. D. *Is Ῥαχάβ in Mt 1, 5 Rahab of Jericho?* — Biblica 62 (1981) 225–228

2500 RĂDUCĂ, VASILE *Pronia dumnezeiască şi libertatea persoanei în gîndirea lui Origen (= Die Göttliche Vorsehung und die Freiheit der Person im Denken des Origenes)* — StBuc 34 (1982) 370–384

[2266] RAMOS-LISSÓN, D.: Isidorus Hispalensis

2501 REICHMANN, V. *Kirche bei Origenes.* In: *Origeniana secunda* ... (cf. 1981/82, 242) 349–356

2502 RIST, J. M. *The importance of Stoic logic in the Contra Celsum.* In: *Neoplatonism and Early Christian Thought* (cf. 1981/82, 239) 64–78

2503 ROWE, N. J. *Origen's doctrine of subordination.* [Diss.] Leeds: University 1982. 314 pp.

2504 SCOGNAMILIO R. A. *Concezione origeniana di σημεῖον nel Commento a Giovanni.* In: *Origeniana secunda* ... (cf. 1981/82, 242) 177–187

[64] SCOGNAMIGLIO, R.: Historia patrologiae

2505 SFAMENI GASPARRO, G. *Doppia creazione e peccato di Adamo nel Peri archon; fondamenti biblici e presupposti platonici dell'esegesi origeniana.* In: *Origeniana secunda* ... (cf. 1981/82, 242) 37–67

2506 SGHERRI, G. *Eclissi di sole alla Passione? Una nota sull' impulsività origeniana e sulla cronologia di due opere.* In: *Origeniana secunda* ... (cf. 1981/82, 242) 357–362

2507 SGHERRI, G. *Chiesa e Sinagoga nelle opere di Origene* [SPME 13]. Milano: Vita e Pensiero 1982. XXVIII, 500 pp.

2508 SIMONETTI, M. *Origene catecheta* — Salesianum 41 (1979) 299–308

[3549] SIMONETTI, M.: Specialia in Vetus Testamentum

2509 SOLEY, RICHARD J. *The Samuel Manuscript of Jacob of Edessa: A Study in its underlying textual traditions* [Ph. D. Diss.]. Harvard University 1982

2510 TORJESEN, KAREN JO *Hermeneutical Procedure and Theological Structure in Origen's Exegesis* [Diss.]. Claremont: Graduate School 1982. 311 pp.

[3546] TORJESEN, K. J.: Specialia in Vetus Testamentum

2511 TREVIJANO ETCHEVERRIA, R. *El recurso a la Escritura en el Peri euches.* In: *Origeniana secunda* ... (cf. 1981/82, 242) 105–118

2512 TRIGG, J. W. *The charismatic intellectual. Origen's understanding of religious leadership* — ChH 50 (1981) 5–19

2513 VITORES, A. *Identidad entre el cuerpo muerto y resucitado en Orígenes según el De Resurrectione de Metodio de Olimpo* [Studium Biblicum Franciscanum. Analecta, Vol. 18]. Jerusalem: Franciscan Printing Press 1981. XX, 259 pp.

2514 VOGT, H. J. *Wie Origenes in seinem Matthäuskommentar Fragen offen läßt.* In: *Origeniana secunda* ... (cf. 1981/82, 242) 191–198

2515 VOGT, H. J. *Origeniana* – ThQ 161 (1981) 134–141

2516 WÓJTOWICZ, H. *Theoria i Praksis u Orygenesa (= Theoria and Praxis in Origen's Philosophical thought)* – RoczH 30 (1982) 65–71

2517 ZANGARA, V. *Interpretazioni origeniane di Gen. 6,2* – AugR 22 (1982) 239–249

[1920] ZAVOIANU, C.: Eusebius Caesariensis

Orosius

2518 JANVIER, Y. *La géographie d'Orose* [Coll. d'ét. anciennes]. Paris: Les Belles Lettres 1982. 289 pp.

[469] LABUSKE, H.: Opera ad historiam

[918] LIPPOLD, A.: Auctores

Ossius Cordubensis

[3034] CHADWICK, H.: Concilia, acta conciliorum, canones

2519 LIPPOLD, ADOLF *Bischof Ossius von Cordova und Konstantin der Große* – ZKG 92 (1981) 1–15

2520 MADOZ, JOSE *Osio de Córdoba* – EE 56 (1981) 371–383

Pachomius

2520a *[Pachomius] Pachomian Koinonia, II: Pachomian Chronicles and Rules.* Transl. with an introd. by A. VEILLEUX [Cistercian Stud. 46]. Kalamazoo, Mich.: Cistercian Publ. 1981. 242 pp.

2521 *[Pachomius] Pachomian Koinonia, III: Instructions, Letters and Other Writings of Saint Pachomius and his Disciples.* Transl. by A. VEILLEUX [Cistercian Stud. 47]. Kalamazoo, Mich.: Cistercian Publ. 1981. 242 pp.

2522 *[Pachomius] Le Corpus athénien de saint Pachôme.* Édité par F. HALKIN, avec une traduction française par ANDRÉ-JEAN FESTUGIÈRE. Genève: P. Cramer 1982. 165 pp.

[2805] *Pachomian Koinonia I:* Pachomius

[886] Règles des moines ...: Auctores

2523 CHADWICK, H. *Pachomios and the Idea of Sanctity.* In: *History and Thought* ... (cf. 1981/82, 177) [XIV]

2524 VEILLEUX, A. *Le renoncement aux biens matériels dans le cénobitisme pachômien* – ColCist 43 (1981) 56–74

[2891] VERHEUL, A.: Liturgica

Palladius Helenopolitanus

2525 *[Palladius Helenopolitanus] Palladius. Les moines du désert. Histoire lau-*
siaque. Introd. par L. LELOIR. Trad. par les soeurs carmélites de Mazille
[Les Pères dans la foi]. Paris: Desclée de Brouwer 1981. 164 pp.
[884] *The Paradise or Garden of the Holy Fathers:* Auctores
[663] BALAN, I.: Palaeographica atque manuscripta
2526 GARZYA, A. Ἐγκύκλιος παιδεία in Palladio — AB 100 (1982) 259–262
[2789] MOSSAY, J.: Macarius Alexandrinus

Palladius Ratiarensis

[975] DOIGNON, J.: Ambrosius

Paphnutius

2527 COQUIN, R. G. *Le Récit de Paphnoute de Scété* — AEHESR 90 (1981/82)
343–347

Papias Hieropolitanus

2528 DELAUX, A. *Deux témoignages de Papias sur la composition de Marc* —
NTS 27 (1981) 401–411
2529 GUNTHER, J. J. *Early identification of authorship of the Johannine writings*
— JEcclH 31 (1980) 407–427
[928] NIKITAS, D.: Auctores

Patres Apostolici

2530 *[Patres Apostolici] Apostolische Vaders, 1. De brieven van Ignatius. De brief*
van Polycarpus. I Clemens. II Clemens. Het onderwijs van de Twaalf
Apostelen. Vertaald, ingel. en Toegelicht door A. F. J. KLIJN. Kampen:
Kok 1981.
[16] FISCHER, J. A.: Historia patrologiae
2531 GOKEY, FRANCIS X. *The Terminology for the Devil and Evil Spirits in the*
Apostolic Fathers [Repr.]. New York: AMS Press 1982.
2532 GRZEŚKOWIAK, H. *Chrystocentryczna motywacja postepowania moral-*
nego w Pismach Ojców Apostolskich (= La motivation christocentrique du
comportement moral dans les écrits des Pères Apostoliques) — PST 3 (1981)
107–119

Patricius Hibernorum

2533 BERSCHIN, W. *Ich Patricius. Die Autobiographie des Apostels der Iren.* In:
Die Iren und Europa . . . I (cf. 1981/82, 218) 9–25
2534 BRADLEY, D. R. *The Doctrinal Formula of Patrick* — JThS 33 (1982)
124–133

2535 DUFFY, J. *Saint Patrick Writes.* Dublin: Irish Messenger Publications 1982. 27 pp.
2536 *Ego Patricius. An anthology of Latin texts relating to Saint Patrick and the conversion of Ireland.* Belfast: Ulster Society for Medieval Studies 1978. 36 pp.
2537 SKEHAN, P. *St. Patrick and Elijah.* In: *Mélanges Dominique Barthélemy* (cf. 1981/82, 229) 471–483
[543] STANCLIFFE, C. E.: Opera ad historiam

Paulinus Mediolanensis

2538 LAMIRANDE, E. *La datation de la Vita Ambrosii de Paulin de Milan* – REA 27 (1981) 44–55

Paulinus Nolanus

2539 BOOTH, A. D. *Sur la date de la naissance de Saint Paulin de Nole* – EMC 26 (1982) 57–64
2540 BUCHHEIT, V. *Sieg auf dem Meer der Welt (Paul. Nol. C. 17, 105 ff.)* – Her 109 (1981) 235–247
2541 DESALLES, G. *De quelques arbres ou arbustes et de leur ombre, XI: Le pin sous la plume de Paulin de Nole* – RMAL 37 (1981) 234–236
[3579] DOIGNON, J.: Specialia in Novum Testamentum
2542 GALLICO, A. *Note per una nuova edizione dell'Epigramma Paulini* – StSR 6 (1982) 163–172
2543 PRETE, S. *Il carme 20 di Paolino di Nola. Alcuni aspetti letterari e cultuali* – AugR 21 (1981) 169–177

Pseudo-Paulinus Nolanus

[934] POINSOTTE, J. M.: Auctores
[2591] POINSOTTE, J. M.: Prudentius

Paulinus Pellaeus

2544 SCIASCIA, G. *Paolino di Pella.* In: *Atti del IV Convegno . . .* (cf. 1981/82, 166) 193–199

Paulus Samosatensis

[3204] ABRAMOWSKI, L.: Trinitas

Paulus Silentiarius

2545 CAIAZZO, C. *L'esametro in Paolo Silenziario* – JÖB 32 (1982) 335–343

Pelagius Diaconus

[1928] GRILLMEIER, A.: Eutyches Presbyter

Pelagius Monachus

[1131] BERROUARD, M.-F.: Augustinus
[1132] BERROUARD, M.-F.: Augustinus
[3575] DOIGNON, J.: Specialia in Novum Testamentum
  2546 DUNPHY, W. *A manuscript note on Pelagius' De vita christiana (Paris BN Lat. 10463)* — AugR 21 (1981) 589–591
[2071] DUVAL, Y. M.: Hieronymus
  2547 FERGUSON, JOHN *Pelagius: A Historical and Theological Study.* [Reprint of the Cambridge 1956 edition]. New York: AMS Press 1980
  2548 HUBER, K. C. *The Pelagian heresy. Observations on its social context* [Diss.]. Stillwater: Oklahoma State University 1979. 197 pp.
[3200] MILLER, D. L.: Religio, revelatio
  2549 VALERO, J. B. *El estoicismo de Pelagio* — EE 57 (1982) 39–63

Petrus Callinicus

  2550 EBIED, R. Y.; ROEY, A. VAN; WICKHAM, L. R. *Peter of Callinicum. Anti-tritheist dossier* [Orient. Lovan. Anal. 10]. Leuven: Peeters 1981. 130 pp.

Petrus Chrysologus

  2551 *[Petrus Chrysologus] Sancti Petri Chrysologi Collectio Sermonum a Felice episcopo parata sermonibus extravagantis adiectis.* Cura et studio A. OLIVAR [CChr. Ser. Lat. 24 A]. Turnhout: Brepols 1981. 367–754
  2552 *[Petrus Chrysologus] S. Petri Chrysologi collectio sermonum a Felice episcopo parata sermonibus extravagantis adiectis.* Cura et studio A. OLIVAR [CChr Ser. Lat. 24 B]. Turnhout: Brepols 1982. 755–1174
[308] *Corpus Christianorum. Instrumenta lexicologica latina . . .:* Subsidia
  2553 SPEIGL, J. *Petrus Chrysologus über die Auferstehung der Toten.* In: *Jenseitsvorstellungen . . .* (cf. 1981/82, 219) 140–153
  2554 SPINELLI, M. *Il ruolo sociale del digiuno in Pier Crisologo* — VetChr 18 (1981) 143–156

Philemon Abbas

[880] *De heilige Hêsaias de Kluizenaar . . .:* Auctores

Philo Carpasianus

  2555 SAGOT, S. *Une récente édition du Commentaire sur le Cantique des cantiques de Philon de Carpasia* — VigChr 35 (1981) 358–376

Philo Iudaeus

[305] *Biblia patristica:* Subsidia
[570] CHADWICK, H.: Philosophica
[3445] MANSFELD, J.: Gnostica
2556 MARTIN, J. P. *Las «Obras completas de Filón de Alejandría» editadas recientemente en Buenos Aires y su significación cultural* — Stromata 37 (1981) 89–98
[993] NIKIPROWETSKY, V.: Ambrosius
[996] ROYSE, J. R.: Ambrosius
[3203] ZAÑARTU U., S.: Creatio, providentia

Philostorgius

2557 *[Philostorgius] Philostorgius. Kirchengeschichte, mit dem Leben des Lucian von Antiochien und den Fragmenten eines arianischen Historiographen.* Hrsg. von J. BIDEZ, 3. Aufl. bearbeitet von F. WINKELMANN [GCS 12]. Berlin: Akademie-Verlag 1982. CLXVIII, 392 pp.

Philotheus Monachus

[880] *De heilige Hêsaias de Kluizenaar . . .:* Auctores

Philoxenus Mabbugensis

2558 ALAND, BARBARA *Monophysitismus und Schriftauslegung. Der Kommentar zum Matthäus- und Lukasevangelium des Philoxenus von Mabbug.* In: *Unser ganzes Leben . . .* (cf. 1981/82, 292) 142–166
2559 GRILLMEIER, ALOIS *Die Taufe Christi und die Taufe der Christen. Zur Tauftheologie des Philoxenus von Mabbug und ihrer Bedeutung für die christliche Spiritualität.* In: *Fides Sacramenti, Sacramentum Fidei. Studies in honour of Pieter Smulders* (cf. 1981/82, 207) 137–175
[3180] MARTIKAINEN, J.: Doctrina auctorum
2560 MOLINA PRIETO, A. *La Theotókos en las «Dissertationes» de Filoxeno de Mabbug* — Marianum 44 (1982) 390–424

Phoebadius Agennensis

[3223] SIMONETTI, M.: Trinitas

Physiologus

2561 *Physiologus. Frühchristliche Tiersymbolik.* Aus dem Griechischen übersetzt und herausgegeben von URSULA TREU. Berlin: Union-Verlag 1981. 150 pp.
2562 DECLERCK, J. H. *Remarques sur la tradition du Physiologus grec* — Byzan 51 (1981) 148–158

[711] Muratova, X.: Palaeographica atque manuscripta
2563 Treu, U. *Zur biblischen Überlieferung im Physiologus.* In: *Überliefe-rungsgeschichtliche Untersuchungen* (cf. 1981/82, 291) 549–557

Polycarpi Martyrium

[641] Prete, S.: ἀφθαρσία
2564 Saxer, V. *L'authenticité du Martyre de Polycarpe. Bilan de 25 ans de critique* – MAH 94 (1982) 979–1001

Polycarpus Smyrnensis

[881] *Ignatius van Antiochië, Zeven brieven. Polycarpus van Smyrna, Brief en Marteleraarsakte.*: Auctores
[3263] Martín, J. P.: Ecclesiologia

Pontius Diaconus

2565 Filoramo, G. *Un aspetto di religione popolare nella Vita di Cipriano del diacono Ponzio* – AugR 21 (1981) 91–98

Priscillianus

[1781] Amengual i Batle, J.: Consentius
2566 Blázquez, J. M. *Prisciliano, introductor del ascetismo en Hispania. Las fuentes. Estudio de la investigación moderna.* In: *I Concilio Caesaraugu-stano . . .* (cf. 1981/82, 183) 65–121
2567 Diaz y Diaz, M. C. *Consencio y los Priscilianistas.* In: *Prisciliano y el Priscilianismo* (1981/82, 252) 71–76
[3302] Fontaine, J.: Vita christiana, monastica
2568 Orbe, A. *Heterodoxia del [Priscilliani] Tractatus Genesis* – HS 33 (1981) 285–311
[252] *Prisciliano y el Priscilianismo:* Collectanea et miscellanea
[300] Romero Pose, E.: Methodologica
[2995] Rosado Fernandes, R. M.: Hymni
2569 Sáenz de Argandoña, Pedro Maria *Antropología de Prisciliano* [Collectanea Scientifica Compostellana 2] Santiago de Compostela: Instituto Teológico Compostelano 1982. 131 pp.

Proba

[891] *A lost tradition. Women writers of the early church:* Auctores
2570 Clark, Elizabeth A.; Hatch, Diane F. *The Golden Bough, The Oaken Cross: The Virgilian Cento of Faltonia Betitia Proba* [American Academy of Religion Texts and Translations 5]. Chico: Scholars 1981. 294 pp.

2571 CLARK, E. A.; HATCH, D. F. *Jesus as hero in the Vergilian cento of Faltonia Betitia Proba* – Vergilius 27 (1981) 31–39

Proclus Constantinopolitanus

[9] CRISCUOLO, U.: Historia patrologiae

Procopius Caesariensis

2572 MAYERSON, PHILIP *Procopius or Eutychius on the Construction of the Monastery at Mount Sinai: Which is the More Reliable Source* [bibliog.] – BASOR 230 (1978) 33–38
2573 VEH, O. *Prokops Verhältnis zum Christentum.* In: *Überlieferungsgeschichtliche Untersuchungen* (cf. 1981/82, 291) 579–591

Procopius Gazaeus

[2475] LEANZA, S.: Origenes

Prosper Aquitanius

[508] MUHLBERGER, S. A.: Opera ad historiam

Prudentius

2574 *[Prudentius] El libro primero del Contra Simaco de Prudencio.* Introd. y trad. por F. J. TALAVERO ESTESO – AnMal 5 (1982) 127–161
2575 *[Prudentius] Obras completas de Aurelio Prudencio.* Edición bilingüe. Versión española de A. ORTEGA. Introducción general, comentarios, índices y bibliografía de I. RODRÍGUEZ [BAC 427]. Madrid: Editorial Católica 1981. XI, 87*. 826 pp.
2576 *[Prudentius] Prudentius. Harmatigenia.* Introd., trad. e comm. a cura di R. PALLA (BSAnt 26). Pisa: Giardini 1981. 333 pp.
2577 BEER, E. J. *Überlegungen zu Stil und Herkunft des Berner Prudentius-Codex 264.* In: *Florilegium Sangallense . . .* (cf. 1981/82, 208) 15–70
2578 CALLU, J. P. *Date et genèse du premier livre de Prudence Contre Symmaque* – REL 59 (1981) 235–259
2579 CHARLET, J. L. *L'influence d'Ausone sur la poésie de Prudence* [Publ. Univ. de Provence]. Paris: Champion 1980. 291 pp.
2580 CHARLET, J. L. *La création poétique dans le Cathemerinon de Prudence* [Coll. Et. anc.]. Paris: Les Belles Lettres 1982. 240 pp.
2581 COSTANZA, S. *Prudenzio, Cath. II 37–57; Orazio, Carm. I 1. Rapporto di due concezioni poetiche.* In: *Letterature comparate . . .* (cf. 1981/82, 225) 901–918
2582 ELLIOTT, ALISON G. *The Martyr as Epic Hero: Prudentius' Peristephanon and the Old French Chanson de Geste.* In: *Proceedings of the PMR*

Conference Volume Three. Villanova: Augustinian Historical Institute (1978). 119–135

2583 EVENEPOEL, W. *Prudentius, ratio and fides* — ACl 50 (1981) 318–327

2584 FONTAINE, J. *La dernière épopée de la Rome chrétienne. Le Contre Symmaque de Prudence* — VL 81 (1981) 3–14

2585 GONZÁLEZ BLANCO, A. *La nuevas coordenadas de la polémica paganocristiana a fines del siglo cuarto. El caso de Prudencio.* In: *La religión romana en Hispania* (cf. 1981/82, 259) 417–426

2586 GUYOT, P. *Antinous als Eunuch. Zur christlichen Polemik gegen das Heidentum* — Historia 30 (1981) 250–254

2587 MADOZ, J. *Aurelio Prudencio Clemente, creador de la épica alegórica* — EE 56 (1981) 385–404

2588 MCCARTHY, W. *Prudentius. Peristephanon 2. Vapor and the martyrdom of Lawrence* — VigChr 36 (1982) 282–286

2589 PALLA, R. *Questioni di metrica ed esegesi prudenziane. A proposito di una recensione* — SCO 32 (1982) 253–275

2590 PALLA, R. *Sulla versione di Gen. 3,15–16 seguita da Prudenzio* — CCC 2 (1981) 87–97

2591 POINSOTTE, J. M. *La présence des poèmes antipaïens anonymes dans l'œuvre de Prudence* — REA 28 (1982) 33–58

[936a] *Recent Acquisitions . . .:* Auctores

2592 RODRÍGUEZ HERRERA, I. *Poeta Christianus. Esencia y misión del poeta cristiano en la obra de Prudencio* [Bibliotheca Salmanticensis, Estudios 40]. Salamanca: Universidad Pontificia 1981. 185 pp. = Helmántica 32 (1981) 5–184

2593 SCHETTER, W. *Prudentius, Peristephanon 8* — Her 110 (1982) 110–117

2594 TADDEI, R. M. *A stylistic and structural analysis of Prudentius' Hamartigenia* [Diss.]. Bryn Mawr: Coll. Bryn Mawr, Pa. 1981. 288 pp.

2595 TALAVERA ESTESO, F. J. *El libro primero del Contra Símaco de Prudencio.* [Introducción y traducción española] — AnMal 5 (1982) 127–161

2596 THIERRY, J. J. *Enige exegetische notities bij Prudentius' Avondhymne* — Lampas 14 (1981) 108–132

2597 THRAEDE, K. *Auferstehung der Toten im Hymnus ante cibum des Prudentius (Cath. 3,186/205).* In: *Jenseitsvorstellungen in Antike und Christentum* (cf. 1981/82, 219) 68–78

Regula Magistri

2598 FRANK, K. S. *Die Klosteranlage nach der Regula Magistri* — RBS 6–7 (1977/78) 27–46

2599 FRANK, KARL SUSO *Asceticism and Style: The Example of the Rule of the Master* — AmBenR 31.1 (1980) 88–107

[3319] KARDONG, T.: Vita christiana, monastica

2600 TOSI, M. *La presenza della Regula Benedicti nel monastero di S. Colombano in Bobbio* — ABo 3 (1981) 7–58

[2891] VERHEUL, A.: Liturgica
[3352] VOGÜÉ, A. DE: Vita christiana, monastica
[3353] VOGÜÉ, A. DE: Vita christiana, monastica
[3354] VOGÜÉ, A. DE: Vita christiana, monastica
[3355] VOGÜÉ, A. DE: Vita christiana, monastica
 2601 VOGÜÉ. A. DE *Centesima Pasquae. Le temps après l'Épiphanie dans la Règle du Maître* – StMed 23 (1982) 85–99
 [76] VOGÜÉ, A. DE: Historia patrologiae
[1804] VOGÜÉ, A. DE: Cyprianus

Remigius Remensis

[1562] DEMOUY, P.: Benedictus

Romanus Melodus

 2602 *[Romanus Melodus] Romain le Mélode. Hymnes, V.* Introd., texte crit., trad. et notes par J. GROSDIDIER DE MATONS [SC 283]. Paris: Éditions du Cerf 1981. 556 pp.
 2603 *[Romanus Melodus] Romano il Melode. Inni.* Introd., trad. e note a cura di GEORGES GHARIB [Letture cristiane delle origini. Testi 13]. Roma: Ed. Paoline 1981. 572 pp.
 2604 KELLER, FELIX *Die russisch-kirchenslavische Fassung des Weihnachtskontakions und seiner Prosomoia* [Slavica Helvetica 9]. Bern, Frankfurt/M., Las Vegas: Peter Lang 1977. 243 pp.
 2605 TOPPING, EVA CATAFYGIOTIS *St. Romanos the Melodos: Prince of Byzantine Poets* – GrOrthThR 24 (1979) 65–75

Rufinus Aquileiensis

[2443] CHADWICK, H.: Origenes
 2606 CHRISTENSEN, T. *Rufinus of Aquileia and the Historia ecclesiastica, lib. VIII–IX, of Eusebius* – StTh 34 (1980) 129–152
 [307] *Corpus Christianorum. Instrumenta lexicologica latina . . .:* Subsidia
 2607 LINDERSKI, J. *Exta and aves. An emendation in Rufinus Originis in numeros homilia 17.2* – HarvClassPhil 85 (1981) 213–215
 2608 MICHELOTTO, P. G. *A proposito di Epit. de Caesaribus 32,1; cognomento Colobius* – RILSL 114 (1980) [1982] 197–205
 2609 PUCCI, M. *Some historical remarks on Rufinus' Historia ecclesiastica (H. E., IV, 2,1–5)* – RSA 11 (1981) 123–128
 2610 THÉLAMON, FRANÇOISE *Païens et chrétiens au 4e siècle. L'apport de l'«Histoire ecclésiastique» de Rufin d'Aquilée.* Paris: Éd. Augustiniennes 1981. 533 pp.

Rusticus Diaconus

2611 SIMONETTI, M. *La Disputatio contra Acephalos del diacono Rustico* — AugR 21 (1981) 259–289

Salvianus Massiliensis

2612 BADEWIEN, J. *Geschichtstheologie und Sozialkritik im Werk Salvians von Marseille* [Forschungen zur Kirchen- und Dogmengeschichte 32]. Göttingen: Vandenhoeck und Ruprecht 1980. 211 pp.

2613 OLSEN, G. W. *Reform and the pattern of the primitive church in the thought of Salvian of Marseille* — CHR 68 (1982) 1–12

Serapion Antiochenus

[3177] JUNOD, E.: Doctrina auctorum

Serapion Thmuitanus

2614 DUFRASNE, M. D. *Les tendances ariennes et pneumatomaques de l'Eucologue du Pseudo-Sérapion* [Diss. théol.]. Louvain: 1981. 205; X, 53; XXV, 319 pp.

Severianus Gabalensis

[954] WEISCHER, B. M.: Auctores

Severus Antiochenus

2615 CHADWICK, H. *The Identity and Date of Mark the Monk.* In: *History and Thought* . . . (cf. 1981/82, 177) [XV]

2616 FREND, W. H. C. *Isauria. Severus of Antioch's problem-child, 512–518.* In: *Überlieferungsgeschichtliche Untersuchungen* (cf. 1981/82, 291) 209–216

2617 LASH, C. J. A. *Techniques of a translator. Worknotes on the methods of Jacob of Edessa in translating the homilies of Severus of Antioch.* In: *Überlieferungsgeschichtliche Untersuchungen* (cf. 1981/82, 291) 365–383

2618 TORRANCE, I. R. *A translation of the letters between Severus of Antioch and Sergius the Grammarian, with a theological introduction* [Diss.]. Oxford: University 1979. 386 pp.

Severus Minoricensis

2619 HUNT, E. D. *St. Stephen in Minorca. An episode in Jewish-Christian relations in the early 5th Century A.D.* — JThS 33 (1982) 106–123

Sexti Sententiae

2620 *[Sexti Sententiae] The Sentences of Sextus.* Ed. and transl. by R. A. EDWARDS; R. A. WILD [Soc. of Bibl. Lit. Texts and transl. Ser. 22, Early christ. Lit. Ser. 5]. Chico: Cal. Scholars Pr. 1981. 71 pp.

2621 POIRIER, P. H. *Le texte de la version copte des Sentences de Sextus.* In: *Colloque international sur les textes de Nag Hammadi* (cf. 1981/82, 180) 383–389

2622 POIRIER, P. H. *À propos de la version copte des Sentences de Sextus, Sent. 3.20* – Laval 36 (1980) 317–320

Shenoute

2623 JAYE, HAROLD SEYMOUR *A Homily of Shenoute of Atripe on Human Will and the Devil: Translation, Commentary, and Literary Analysis.* [Ph.D. Dissertation]. Brandeis University 1980. 165 pp.

Sidonius Apollinarius

2624 BONJOUR, M. *La patrie de Sidoine Apollinaire.* In: *Mélanges de littérature...* (cf. 1979/80, 138) 25–37

2625 CHASTAGNOL, A. *Sidoine Apollinaire et le sénat de Rome* – AcAnt 26 (1978) 57–70

[412] FORLIN PATRUCCO, M.: Opera ad historiam

2626 GUALANDRI, I. *Furtiva lectio. Studi su Sidonio Apollinare.* Milano: Ed. Cisalpino - La Goliardica 1979. 208 pp.

2627 GUENTHER, R. *Apollinaris Sidonius. Eine Untersuchung seiner drei Kaiserpanegyriken.* In: *Romanitas-Christianitas* (cf. 1981/82, 266) 645–660

2628 LIÉNARD, E. *Répertoires prosodiques et métriques, II: Ovide, Métamorphoses, livre vi. Lucain, Pharsale, livre v. Sidoine Apollinaire, Panegyricus (Carmen v)* [Sources et Instruments. Fac. de Philos. et Lettres Univ. libre de Bruxelles 5]. Bruxelles: Éd. de l'Université 1980. 192 pp.

2629 MATHISEN, RALPH W. *Sidonius on the Reign of Avitus: A Study in Political Prudence* – TPAPA 109 (1979) 165–171

2630 MESTURINI, A. M. *Sul carmen XX di Sidonio Apollinare* – Sandalion 4 (1981) 177–182

2631 SHACKLETON BAILEY, D. R. *Notes, critical and interpretative, on the letters of Sidonius Apollinaris* – Phoenix 36 (1982) 344–357

Silvanus Episcopus Tarsensis

2632 HAYKIN, M. A. G. *Μακάριος Σιλουανός. Silvanus of Tarsus and his view of the Spirit* – VigChr 36 (1982) 261–274

Simeon Edessenus

2633 FENZ, A. K. *Der Daniel-Memra des Simon von Edessa. Die exegetische Bedeutung von BrM 712 Add 12172 Fol 55b–64b* [Heiligenkreuzer Studienreihe 1]. Heiligenkreuz: Verein der Heiligenkreuzer Studienfreunde 1980. 272 pp.

Socrates Scholasticus

[2683] CHESNUT, G. F.: Theodoretus Cyrensis
2634 FERRARINI, A. *Tradizioni orali nella storia ecclesiastica di Socrate scolastico* — StPat 28 (1981) 29–54
[2632] HAYKIN, M. A. G.: Silvanus Episcopus Tarsensis

Sophronius Hierosolymitanus

2635 *[Sophronius Hierosolymitanus] Sf. Sofronie al Ierusalimului. Anacreontica: Oda I, VI, VII.* Presentare si traducere de N. PETRESCU — MitrMold 57 (1981) 109–114
2636 *[Sophronius Hierosolymitanus] Sf. Sofronie al Ierusalimului. Anacreontica: Oda II, III, IV, V, VIII, IX, X, XII.* Trad. de N. PETRESCU — MitrMold 57 (1981) 547–557
[2219] CHADWICK, H.: Iohannes Moschus
2637 DONNER, H., *Die anakreontischen Gedichte Nr. 19 und Nr. 20 des Patriarchen Sophronius von Jerusalem* [SAH 10]. Heidelberg: 1981. 64 pp.
[2358] HEINZER, F.: Maximus Confessor
[2051] RIEDINGER, R.: Gregorius Thaumaturgus

Sozomenus

[2632] HAYKIN, M. A. G.: Silvanus Episcopus Tarsensis

Sulpicius Severus

2638 BESSONE, L. *Echi di Aurelio Vittore (Caes. 5) nel Chronicon di Sulpicio Severo* — RFC 108 (1980) 431–441
[3557] BOER, S. DE: Specialia in Vetus Testamentum
2639 GASNAULT, P. *La sainte ampoule de Marmoutier* — AB 100 (1982) 243–257

Synesius Cyrenensis

2640 BREGMAN, JAY *Synesius of Cyrene, Philosopher-Bishop* [The Transformation of the Classical Heritage 2]. Berkeley: University of California Press 1982. 250 pp.
[9] CRISCUOLO, U.: Historia patrologiae

2641 FRITZ, WILHELM *Die Briefe des Bischofs Synesius von Kyrene. Ein Beitrag zur Geschichte des Attizismus im 4. und 5. Jahrhundert* [Reprint der Ausgabe Stuttgart 1898]. Aalen: Scientia 1982.

[61] ROMANO, R.: Historia patrologiae

2642 RUNIA, D. T. *Repetitions in the Letters of Synesius* — Antichthon 13 (1979) 103–109

Tatianus Syrus

2643 *[Tatianus] Tatian. Oratio ad Graecos and Fragments.* Edited and translated by MOLLY WHITTAKER. [OECT]. Oxford: Clarendon Press 1982. XXVI, 92 pp.

[760] CROUZEL, H.: Novum Testamentum

[3526] SFAMENI GASPARRO, G.: Specialia in Vetus Testamentum

Tertullianus

2644 *[Tertullianus] Tertullien. Contre les Valentiniens, 2.* Commentaire et index par JEAN-CLAUDE FREDOUILLE [SC 281]. Paris: Éd. du Cerf. 1981. 168–391

2645 *[Tertullianus] Tertulliano. A Scapula.* Introd., trad. e note di P. A. GRAMAGLIA [Letture cristiane delle origini. Testi 6]. Roma: Ed. Paoline 1980. 215 pp.

2646 *[Tertullianus] Tertulliano. Ai martiri.* Introduzione, traduzione e note di PIER ANGELO GRAMAGLIA [Letture cristiane delle origini Testi 22]. Roma: Ed. Paoline 1981. 193 pp.

2647 *[Tertullianus] Tertulliano. Apologetico.* Testo, trad. e note di A. RESTA BARRILE [Coll. Prosatori di Roma]. Bologna: Zanichelli 1980. XXXV, 245 pp.

[879] *Apologeţi . . . :* Auctores

[890] *Tertulliano, Cipriano, Agostino. Il padre nostro.:* Auctores

2648 ANDRESEN, CARL *«Ubi tres, ecclesia est, licet laici». Kirchengeschichtliche Reflexionen zu einem Satz des Montanisten Tertullian.* In: *Vom Amt des Laien in Kirche und Theologie. Festschrift für Gerhard Krause zum 70. Geburtstag* (cf. 1981/82, 157) 103–121

2649 ATKINSON, P. C. *A study in the development of Tertullian's use and interpretation of scripture, with special reference to his involvement in the new prophecy* [Diss.]. Hull: University 1976. 315 pp.

2650 BALFOUR, I. L. S. *The relationship of man to God, from conception to conversion, in the writings of Tertullian* [Diss.]. Edinburgh: University 1980. XVI, 460 pp.

[3207] BELLINI, E.: Trinitas

2651 BRAUN, RENÉ *Notes de lecture sur une édition récente de l'Adversus Valentinianos de Tertullien* — REA 28 (1982) 189–200

2652 BRAUN, R. *Le témoignage des Psaumes dans la polémique antimarcionite de Tertullien* — AugR 22 (1982) 149–163

2653 BRAUN, R.; FREDOUILLE, J. C.; PETITMENGIN, P. *Chronica Tertullianea 1980* — REA 27 (1981) 310–335

2654 BRAUN, R.; FREDOUILLE, J. C.; PETITMENGIN, P. *Chronica Tertullianea 1981* — REA 28 (1982) 289–302

2655 COUNTRYMAN, L. W. *Tertullian and the Regula Fidei* — SecCent 2 (1982) 208–227

[3578] DOIGNON, J.: Specialia in Novum Testamentum

[3579] DOIGNON, J.: Specialia in Novum Testamentum

2656 FINI, M. *Sacrificium spiritale in Tertulliano (Ricerca sul significato del culto cristiano)* [Estratto della tesi dottorale nella Fac. teol. del Pontif. Ateneo di S. Anselmo]. Roma, Bologna: 1978. XVIII, 71 pp.

[18] FRAENKEL, P.: Historia patrologiae

[909] GNILKA, C.: Auctores

2657 GROSSI, V. *Istituzione e Spirito in Tertulliano (De praescriptione — De pudicitia)* — AugR 20 (1980) 645–654

[3170] GROSSI, V.: Doctrina auctorum

[3565] GROSSI, V.: Specialia in Novum Testamentum

[588] HAGER, F. P.: Philosophica

2658 HESBERT, R. J. *Bossuet écho de Tertullien.* Paris: Nouv. éd. latines 1980. 186 pp.

2659 JANSEN, J. F. *Tertullian and the New Testament* — SecCent 2 (1982) 191–207

2660 KOURI, E. I. *Tertullian und die römische Antike* [Schriften der Luther-Agricola-Gesellschaft 21]. Helsinki: 1982. XI, 124 pp.

2661 LABARDI, LUCIA *Niccolò Niccoli e la tradizione manoscritta di Tertulliano* — Orpheus 2 (1981) 380–396

2662 MASI, A. *Sui rapporti fra Tertulliano, Apol. 2,4 e Claudio Saturnino De poenis paganorum, D. 48. 19. 16* — Iura 28 (1977) [1981] 143–148

2663 MICAELLI, C. *Retorica, filosofia e cristianesimo negli scritti matrimoniali di Tertulliano* — ASNSP II (1981) 69–104

2664 MORENO DE VEGA, M. A. *Terminología trinitaria Greco-Latina del «Adversus Praxeam» de Tertuliano* — ETrin 16 (1982) 105–122

2665 MORESCHINI, C. *Tradizione e innovazione nella pneumatologia di Tertulliano* — AugR 20 (1980) 633–644

2666 OBRYCKI, K. *Modlitwa za zmarłych u Tertuliana (= De oratione pro defunctis apud Tertullianum).* In: *Akta sympozjum patrystycznego...* (cf. 1981/82, 155) 203–205

[3183] OSBORN, E.: Doctrina auctorum

2667 PAPES, A. *Il concetto di pace in Tertulliano* — Salesianum 42 (1980) 341–350

[3125] PAVERD, F. VAN DER: Ius canonicum, hierarchia, disciplina ecclesiastica

[56] PETITMENGIN, P.: Historia patrologiae

[936] QUACQUARELLI, A.: Auctores

[3247] RORDORF, W.: Christologia
 2668   SCHÄUBLIN, CHRISTOPH *Bemerkungen zu Tertullian, De spectaculis* –
        WSt 15 (1981) 205–209
 2669   SCHÖLLGEN, G. *Der Adressatenkreis der griechischen Schauspielschrift
        Tertullians* – JAC 25 (1982) 22–27
 2670   SCHÖLLGEN, GEORG *Die Teilnahme der Christen am städtischen Leben
        in vorkonstantinischer Zeit – Tertullians Zeugnis für Karthago* – RQ 77
        (1982) 1–30
  [66] SIDER, R. D.: Historia patrologiae
 2671   SIJBRANDI, D. *Palma sub pondere crescit. Tertullianus' geschrift De fuga
        in persecutione vergeleken met enkele stoïsche gedachten over het wezen
        en de functie van het kwaad* [Mém. de maîtrise de l'Univ. de Leyde].
        Leiden: 1979. 42 pp.
 2672   TIBILETTI, C. *La donna in Tertulliano.* In: *Misoginia e maschilismo in
        Grecia e in Roma* (cf. 1981/82, 237) 69–95
 2673   TIBILETTI, CARLO *Vita contemplativa in Tertulliano* – Orpheus 2
        (1981) 320–339
 2674   UGLIONE, R. *L'Antico Testamento negli scritti Tertullianei sulle seconde
        nozze* – AugR 22 (1982) 165–178
 2675   UGLIONE, R. *Un capitolo cristologico dell'Apologeticum di Tertulliano*
        – Salesianum 42 (1980) 547–558
 2676   WASZINK, J. H.; WINDEN, J. C. M. VAN *A particular kind of idolatry.
        An exegesis of Tertullian, De idololatria ch. 23* – VigChr 36 (1982) 15–23
 2677   WINDEN, J. C. M. VAN *Idolum and idololatria in Tertullian* – VigChr
        36 (1982) 108–114
 [640] WINKELMANN, F.: αἵρεσις

Testamentum Domini Nostri

[2877] POST, P.: Liturgica

Theodoretus Cyrensis

 2678   *[Theodoretus] Théodoret. Commentaire sur Isaïe, II: Sections 4–13.* Par
        J. N. GUINOT [SC 295]. Paris: Éd. du Cerf 1982. 496 pp.
 2679   *[Theodoretus Cyrensis] Teodoret z Cyru. Leczenie chorób hellenizmu
        (= Graecarum affectionum curatio).* Ins Polnische übersetzt, eingeleitet
        und kommentiert von S. KALINKOWSKI. Warszawa: Pax 1981. 299 pp.
 2680   AZÉMA, Y. *Citations d'auteurs et allusions profanes dans la Correspon-
        dance de Théodoret.* In: *Überlieferungsgeschichtliche Untersuchungen*
        (cf. 1981/82, 291) 5–13
 2681   BALTY, J. *L'oracle d'Apamée* – ACl 50 (1981) 5–14
 2682   BARTELINK, G. J. M. *Homère dans les œuvres de Théodoret de Cyr* –
        Orpheus 2 (1981) 6–28
 [563] BELFIORE, G.: Philosophica

2683 CHESNUT, G. F. *The date of composition of Theodoret's Church history*
      — VigChr 35 (1981) 245–252
[3229] CONGAR, Y.: Christologia
2684 ETTLINGER, G. H. *The history of the citations in the Eranistes by
      Theodoret of Cyrus in the fifth and sixth centuries.* In: *Überlieferungsge-
      schichtliche Untersuchungen* (cf. 1981/82, 291) 173–183
2685 KLEIN, R. *Die Sklavenfrage bei Theodoret von Kyrrhos. Die 7. Rede des
      Bischofs über die Vorsehung.* In: *Romanitas-Christanitas* (cf. 1981/82,
      266) 586–633
2686 LEROY-MOLINGHEN, A. *Une affaire de magie dans la Syrie des IVe-Ve
      siècles.* In: *Rayonnement grec* (cf. 1981/82, 256) 285–288
2687 LEROY-MOLINGHEN, A. *Les âges de la vie dans un passage de l'Histoire
      Philothée de Théodoret de Cyr.* In: *Überlieferungsgeschichtliche Unter-
      suchungen* (cf. 1981/82, 291) 385–387
[492] MARÓTH, M.: Opera ad historiam
2688 PARVIS, P. M. *Theodoret's commentary on the epistles of St. Paul:
      historical setting and exegetical practice* [Diss.]. Oxford: University
      1975. 414 pp.
2689 SANNA, I. *Spirito e grazia nel commento alla Lettera ai Romani di
      Teodoreto di Ciro e sua dipendenza, in quest'opera, da Giovanni Criso-
      stomo e Teodoro di Mopsuestia* — Lateranum 48 (1982) 238–260
[3549] SIMONETTI, M.: Specialia in Vetus Testamentum
[1026] VISONÀ, G.: Apollinarius Laodicensis

Theodorus Heracleensis

2690 SCHÄFERDIEK, K. *Theodor von Herakleia (328/34–351/55). Ein wenig
      beachteter Kirchenpolitiker und Exeget des 4. Jhs.* In: *Romanitas-Christia-
      nitas* (cf. 1981/82, 266) 393–410
2691 SCHÄFERDIEK, KNUT *Die Fragmente des ‹Skeireins› und der Johannes-
      kommentar des Theodor von Herakleia* — Zeitschrift für deutsches
      Altertum und deutsche Literatur (Wiesbaden) 110 (1981) 175–193

Theodorus Mopsuestenus

[1185] DEWART, J. M.: Augustinus
[2689] SANNA, I.: Theodoretus Cyrensis

Theodorus Raïthenus

2692 NIKAS, A. TH. *Des Theodorus von Raïtu Leben, Werke und Lehre*
      [griech.]. [Ekdoseis H. Mones Theobadistu Orts Sina 5]. Athenai:
      Christopulos 1981. 255 pp.

Theodotus Ancyranus

[2403] ROEY, A. VAN: Nestorius

Theognostus Alexandrinus

2693 ANESI, G. *La notizia di Fozio sulle Hypotyposeis di Teognosto* — AugR 21 (1981) 491–516

Theophilus Antiochenus

2694 BALDWIN, B. *Athena φιλόκολπος* — IClSt 7 (1982) 239
2695 BERGAMELLI, F. *Il linguaggio simbolico delle immagini nella catechesi missionaria di Teofilo di Antiochia* — Salesianum 41 (1979) 273–297
[622] BUNT-VAN DEN HOEK, A. VAN DE: Philologia patristica
2696 DAVIDS, ADELBERT *Hésiode et les prophètes chez Théophile d'Antioche (Ad Autol. II,8–9)*. In: *Fides Sacramenti, Sacramentum Fidei. Studies in honour of Pieter Smulders* (cf. 1981/82, 207) 205–210
2697 ZEEGERS-VAN DER VORST, N. *Satan, Ève et le serpent chez Théophile d'Antioche* — VigChr 35 (1981) 152–169

Theophylactus Symocatta

2698 MOFFAT, A. *Jacobus Kimedonicus; the translator whom the gods loved* — JÖB 32 (1982) 191–196
2699 OLAJOS, T. *Données et hypothèses concernant la carrière de Théophylacte Simocatta* — AcAl 17–18 (1981/82) 39–47
2700 OLAJOS, T. *Quelques remarques sur le style de Théophylacte Simocatta* — JÖB 32 (1982) 157–164
2701 PIGNANI, A. *Strutture compositive delle epistole «morali» di Teofilatto Simocata* — AFLF 22 (1979/80) 51–59
2702 WHITBY, M. *Theophylact's knowledge of languages* — Byzan 52 (1982) 425–428
2703 ZANETTO, G. *Alcuni aspetti dello stile delle Epistole de Teofilatto* — JÖB 32 (1982) 165–174

Tyconius

[1117] BABCOCK, W. S.: Augustinus
2704 FREDERIKSEN LANDES, P. *Tyconius and the end of the world* — REA 28 (1982) 59–75
2705 MEZEY, L. *Un fragment de codex de la première époque carolingienne (Ticonius in Apocalypsin?)*. In: *Miscellanea codicologica* (cf. 1981/82, 235) 41–50
2706 PARVIS, PAUL *The Teaching of the Fathers: The Rules of Tyconius the Donatist* — Clergy 67 (1982) 320; 325–326

2706a STEINHAUSER, K. B. *The structure of Tyconius' Apocalypse commen-tary. A correction* — VigChr 35 (1981) 354–357

Ulfilas

2707 SCHÄFERDIEK, KNUT *Wulfila. Vom Bischof von Gotien zum Gotenbi-schof* — ZKG 90 (1979) 252–292

Valentinus Gnosticus

2708 BIANCHI, U. *Religio-historical observations on Valentinianism.* In: *The rediscovery of gnosticism* (cf. 1979/80, 153) 103–117
2709 CATAUDELLA, Q. *Un epigramma di Valentino?* — Sileno 5–6 (1979/80) 239–256
2710 GREEN, H. A. *Ritual in Valentinian gnosticism. A sociological interpre-tation* — JRH 12 (1982) 109–124
2711 KAESTLI, J. D. *Valentinisme italien et valentinisme oriental; leurs diver-gences à propos de la nature du corps de Jésus.* In: *The rediscovery of gnosticism* (cf. 1979/80, 153) 391–403
2712 McCUE, J. F. *Conflicting versions of Valentinianism? Irenaeus and the excerpta ex Theodoto.* In: *The rediscovery of gnosticism* (cf. 1979/80, 153) 404–416
2713 MONTSERRAT, J. *El platonismo de la doctrina valentiniana de las tres hipóstasis* — Enrahonar 1 (1981) 17–31
2714 PIGUET, J. C. *La gnose de Valentin et l'esthétique d'Étienne Souriau.* In: *Métaphysique* (cf. 1981/82, 232) 185–199
2715 QUISPEL, G. *Valentinian Gnosis and the Apocryphon of John.* In: *The rediscovery of gnosticism* (cf. 1979/80, 153) 118–132
2716 STEAD, G. C. *In search of Valentinus.* In: *The rediscovery of gnosticism* (cf. 1979/80, 153) 75–102
2717 TARDIEU, M. *La gnose valentinienne et les Oracles chaldaiques.* In: *The rediscovery of gnosticism* (cf. 1979/80, 153) 133–145
2718 TARDIEU, M. *Comme à travers un tuyau. Quelques remarques sur le mythe valentinien de la chair céleste du Christ.* In: *Colloque internatio-nal sur les textes de Nag Hammadi* (cf. 1981/82, 180) 151–177

Valerianus Cemeliensis

2719 TIBILETTI, C. *Valeriano di Cimiez e la teologia dei maestri provenzali* — AugR 22 (1982) 513–532

Valerius Bergidensis

[958]   *Lettre de Valerius . . . :* Aetheria
[1377] SIMONETTI, M.: Augustinus

Venantius Fortunatus

2720 *[Venantius Fortunatus] A basket of chestnuts. From the Miscellanea of Venantius Fortunatus.* Transl. by G. COOK, introd. by D. HIGGINS. Silver Springs, Md.: Cherry Valley Ed. 1981. II, 76 pp.

2721 BLOMGREN, S. *De locis Ovidii a Venantio Fortunato expressis* – Eranos 79 (1981) 82–85

2722 COLLINS, R. *Beobachtungen zu Form, Sprache und Publikum der Prosabiographien des Venantius Fortunatus in der Hagiographie des römischen Gallien* – ZKG 92 (1981) 26–38

2723 NAVARRA, L. *Venantio Fortunato. Stato degli studi e proposte di ricerca.* In: *La cultura in Italia fra Tardo Antico e Alto Medioevo* (cf. 1981/82, 192) 605–610

2724 ŠAŠEL, J. *Il viaggio di Venanzio Fortunato e la sua attività in ordine alla politica bizantina* – AnAl 19 (1981) 359–375

[635] WAGNER, N.: Philologia patristica

Verecundus Iuncensis

[3523] KUGEL, J. L.: Specialia in Vetus Testamentum

Victor Vitensis

2725 *[Victor Vitensis] Vittore di Vita. Storia della persecuzione vandalica in Africa.* Trad., introd. e note a cura di SALVATORE COSTANZA [CTP 29]. Roma: Città Nuova Ed. 1981. 156 pp.

[919] LÖFSTEDT, B.: Auctores

Vigilius Thapsensis

[681] DOTTI, G.: Palaeographica atque manuscripta

Vitae Patrum

[1644] WATHEN, A.: Benedictus

Zeno Veronensis

[577] DOIGNON, J.: Philosophica
[768] FREDE, H. J.: Novum Testamentum
2726 SEGALA, F. *Il culto di san Zeno nella liturgia medioevale fino al secolo XII. Contributo allo studio e all'interpretazione delle messe in memoria del santo vescovo di Verona* [Studi e docum. di storia e liturgia 1]. Verona: Archivio stor. Curia Vescovile 1982. XXIX, 148 pp.

2727 VICENTINI, O. *La morale nei sermoni di S. Zeno Vescovo di Verona* – StPad 29 (1982) 241–284

Zosimus Panopolitanus

2728 *[Zosimus Panopolitanus] Zosimus of Panopolis. On the Letter Omega.* Ed. and Trans. HOWARD M. JACKSON [Society of Biblical Literature: Texts and Translations 14; Graeco-Roman Religon 5]. Missoula, Montana: Scholars Press 1978. VII, 64 pp.

3. Hagiographica

a) Generalia

2729 *The Acts of the Martyrs.* Translated by IOAN RAMUREANU [Church Fathers and Writers Collection 11]. Bucharest: Bible and Mission Institute of the Romanian Orthodox Church 1982. 372 pp. [in Romanian]

2730 BERNOUILLI, C. A. *Die Heiligen der Merowinger* [Reprint]. Hildesheim: Olms 1981. XVI, 336 pp.

2730a BOEFT, J. DEN; BREMMER, J. *Notiunculae martyrologicae* [in engl.] — VigChr 35 (1981) 43–56

2731 BOEFT, J. DEN; BREMMER, J. *Notiunculae Martyrologicae II* [in engl.] — VigChr 36 (1982) 383–402

2732 BRAY, D. A. *The lives of the early Irish saints: a study in formulaic composition and the creation of an image* [Diss.]. Edinburgh: University 1982. 210 pp.

[101] *Bulletin des publications hagiographiques:* Bibliographica

2733 CATAUDELLA, Q. *Vite di Santi e romanzo.* In: *Letterature comparate . . .* (cf. 1981/82, 225) 931–952

[674] COCKSHAW, P.: Palaeographica atque manuscripta

[2722] COLLINS, R.: Venantius Fortunatus

2734 DUBOIS, J. *Numismatique mérovingienne et hagiographie.* In: *Mélanges de numismatique* (cf. 1981/82, 230) 209–213

2735 DUMMER, J. *Zum Reflex des Bilderstreits in der byzantinischen Hagiographie.* In: *Der byzantinische Bilderstreit . . .* (cf. 1981/82, 368) 91–103

2736 EVANS, J. A. S. *The Holy Women of the Monophysites* — JÖB 32/2 (1982) 525–527

[317] FARMER, D. H.: Subsidia

2737 FROS, H. *A mortuis suscitati, ut testimonium perhibeant veritati* [en franç.] — AB 99 (1981) 355–360

[116] GAIFFIER, B. DE: Bibliographica

2738 GAIFFIER, B. DE *Les thèmes hagiographiques. Est-il possible d'établir pour chacun d'eux une filiation?* — RHE 77 (1982) 78–81

2739 GAIFFIER, B. DE *Le thème hagiographique de la poutre allongée* — MLatJb 77 (1982) 18–25

2740 GAIFFIER, BAUDOUIN DE *Un thème hagiographique: mer ou fleuve traversés sur un manteau* — AB 99 (1981) 5–16

2741 GAMBER, KLAUS *Sie gaben Zeugnis: authentische Berichte über Märtyrer der Frühkirche; Bischof Rudolf Graber ... zum 20. Jahrestag der Bischofsernennung am 28. März 1962* [StPLi 6]. Regensburg: Pustet 1982. 158 pp.

2742 HAGEMEYER, ODA *Sie gaben ihr ganzes Leben hin: frühchristliche Märtyrer.* Mainz: Matthias-Grünewald-Verlag 1981. 133 pp.

2743 HORN, J. *Der erste Märtyrer. Zu einem Topos der koptischen Märtyrerliteratur.* In: *Studien zur spätantiken und frühchristlichen Kunst und Kultur des Orients* (cf. 1981/82, 284) 31–55

2744 LEONARDI, C. *L'agiografia latina dal Tardantico all'Altomedioevo.* In: *La cultura in Italia ...* (1981/82, 192) 643–659

2745 LEROY-MOLINGHEN, A. *Mention d'un stylite dans un papyrus grec* — Byzan 51 (1981) 635

2746 LIMONE, O. *Agiografia latina nell'Italia meridionale.* In: *La cultura in Italia ...* (cf. 1981/82, 192) 755–769

2747 MAGOULIAS, J. *Crime and punishment as viewed in the lives of the Saints of the VIth and VIIth Centuries* — Byzantina 11 (1982) 373–392

2748 MALINOWSKI, A. *Modlitwy męczenników (= De martyrum oratione).* In: Akta sympozjum patrystycznego ... (cf. 1981/82, 155) 109–114

2749 McCORMICK, MICHAEL *Greek Hagiography and Popular Latin in Late Antiquity: The case of *biberaticum-βιβερατικόν* — AJPh 102 (1981) 154–163

2750 MONTAGUE, H. PATRICK *The saints and martyrs of Ireland.* Gerrards Cross: Colin Smythe 1981. 138 pp.

2751 PARAMELLE, J. *De syncletica in deserto Iordanis (BHG 1318 w)* — AB 100 (1982) 291–317

[2382] PELLEGRINO, M.: Maximus Taurinensis

[717] PERRIA, L.: Palaeographica atque manuscripta

2752 POULOS, GEORGE *Orthodox Saints 4.* Brookline, Mass.: Holy Cross Orthodox Press 1982. 204 pp.

[950] STEINBERG, M. A.: Auctores

[555] UYTFANGHE, M. VAN: Opera ad historiam

2753 WALSH, EFTHALIA MARKIS *Wisdom as it is manifested in the Theotokos and the women saints of the Byzantine era.* London: University Microfilms Int. 1980. 114 pp.

2754 WEBSTER, ALEXANDER F. *Varieties of Christian Military Saints: From Martyrs under Caesar to Warrior Princes* — StVlThQ 24 (1980) 3–35

2755 WIGZELL, FAITH C. M. *Hagiographical Writing among the orthodox Slavs* — PolKnig 6 (1982) 55–58

[342] WIMMER, O.; MELZER, H.: Subsidia

b) Sancti singuli (in ordine alphabetico sanctorum)

Adelphus Divodurensis

2756 PHILIPART, G. *La Vie de saint Adelphe de Metz par Weringharius d'après un manuscrit de Newwiller, Cod. Vindobonensis 563, XIIe s.* — AB 100 (1982) 431–442

Aemilianus

[1706] *Vita Sancti Aemiliani:* Braulio

Alexius Vir Dei

2757 DRIJVERS, H. J. W. *Die Legende des Alexius und der Typus des Gottesmannes im syrischen Christentum.* In: *Typus, Symbol, Allegorie* (cf. 1981/82, 290) 187–217

Ambrosius

[2538] LAMIRANDE, E.: Paulinus Mediolanensis
2758 PASINI, C. *La figura di Ambrogio nell' Oriente bizantino* — ScCat 109 (1981) 417–459
2759 RIMOLDI, A. *La figura di Ambrogio nella tradizione occidentale dei secoli IV–X* — ScCat 109 (1981) 375–416

Andreas Salus

2760 MANGO, C. *The Life of St. Andrew the Fool reconsidered.* In: *Miscellanea A. Pertusi II* (cf. 1981/82, 234) 297–313

Anthusa

2761 MANGO, C. *St. Anthusa of Mantineon and the family of Constantine V* — AB 100 (1982) 401–409

Antonius Eremita

[1019] *Leven, getuigenissen, brieven . . .:* Antonius Eremita
[1058] BARTELINK, G. J. M.: Athanasius
[1059] BARTELINK, G. J. M.: Athanasius
[1060] BIANCO, M. G.: Athanasius
[1063] FRANCIS, J. A.: Athanasius
[3433] JANSSENS, Y.: Gnostica
[1073] TETZ, M.: Athanasius
[1076] WILLIAMS, M. A.: Athanasius

Anysia

2762 LEMERLE, P. *Sainte Anysia, martyre à Thessalonique? Une question posée* – AB 100 (1982) 111–124

Arethas

[410] FIACCADORI, G.: Opera ad historiam

Athenagoras

2763 KORAKIDES, A. S. Ἀθηναγόρας – Ἀθηνογένης. Συμβολὴ εἰς τὴν ἁγιολογίαν τοῦ ΙΙ καὶ τοῦ ΙΙΙ μ.Χ. αἰῶνος. Ἀθῆναι: Ἐκδόσεις Ἰωνία 1980. 172 σσ.

Athenogenes Maior

[2763] KORAKIDES, A. S.: Athenagoras

Athenogenes Minor

[2763] KORAKIDES, A. S.: Athenagoras

Augustinus

[128] MEIJER, A. DE; SCHRAMMA, M.: Bibliographica

Augustinus Cantuariensis

[543] STANCLIFFE, C. E.: Opera ad historiam

Barbara

2764 CAPRIO, BETSY *The woman sealed in the tower – being a view of feminine spirituality as revealed by the legend of Saint Barbara.* New York: Paulist Press 1982. 105 pp.

Benedictus

[1965] BARTELINK, G.: Gregorius Magnus
2765 BILANIUK, PETRO B. T. *St. Benedict in Church-Slavonic Liturgical Texts.* In: *Studies in Eastern Christianity.* Volume 2: *Collected Essays in English.* München-Toronto: Ukrainian Free University (1982) 59–74
[1968] BOGLIONI, P.: Gregorius Magnus
2766 *In honor of Saints Benedict and Scholastica (b. 480)* [Word and Spirit 2]. Still River, Mass.: St. Bede's Publ. 1981. XII, 166 pp.
2767 *I santi Benedetto e Scolastica nel XV centenario della nascita. Atti del Seminario di Studio, 6/7 dicembre 1980.* Hrsg. Società di Storia Patria

per la Puglia, Sez. di Conversano [Corpus historicum cupersanense 2]. Fasano di Puglia: Schena 1981. 142 pp.

2768 SOUSA, GABRIEL DE *São Bento e Santa Escolastica na Diocese de Bragança* — OrLab 27 (1981) 265–279

[1982] VOGÜÉ, A. DE: Gregorius Magnus

Brigida Kildariae

2769 CATHASAIGH, DONÁL O. *The Cult of Brigid: a study of pagan-Christian syncretism in Ireland.* In: *Mother Worship: Theme and Variations.* Ed. J. PRESTON. Chapel Hill: University of North Carolina Press (1982) 75–94

Cassianus Ludimagister

2770 MELUZZI, A. *S. Cassiano martire imolese* — StudRomagn 29 (1978) 419–422

Catharina

2771 BRAY, JENNIFER R. *An Unpublished Life of St. Catherine of Alexandria* — BJRL 64 (1981) 2–5

[2987] GROSDIDIER DE MATONS, J.: Hymni

Columba Abbas Hiensis

2772 PICARD, J. M. *Une préfiguration du latin carolingien, la syntaxe de la Vita Columbae d'Adomnán, auteur irlandais du VIIe siècle* — RomBarb 6 (1981/1982) 235–289

Columbanus Bobiensis

2773 SCHÄFERDIEK, KNUT *Columbans Wirken im Frankenreich (591-612).* In: *Die Iren und Europa . . ., I* (cf. 1981/82, 218) 171–201

Constantinus Imperator

[459] KERESZTES, P.: Opera ad historiam

Cosmas et Damianus

2774 ESBROECK, M. VAN *La légende «romaine» des SS. Côme et Damien (BHG 373d) et sa métaphrase géorgienne par Jean Xiphilin, I: La légende romaine* — OrChrP 47 (1981) 389–425

Cyprianus Antiochenus

[1883] BEVEGNI, C.: Eudocia
[1884] BEVEGNI, C.: Eudocia

Cyprianus Carthaginiensis

[2565] FILORAMO, G.: Pontius Diaconus

2775 VATTIONI, F. *Gli atti del martirio di san Cipriano di Cartagine* – StudMagr 9 (1977) 9–16

Cyrus et Iohannes

[3001] COZZOLINO, G.: Cultus

Daniel Stylita

[397] DAGRON, G.: Opera ad historiam

Demetrius

[2224] PHILIPPIDIS-BRAAT, A.: Iohannes Thessalonicensis

Epimachus

2776 ESBROECK, M. VAN *Saint Épimaque de Péluse, III: Les fragments coptes BHO 274* – AB 100 (1982) 125–145

Equitius

[1983] VOGÜÉ, A. DE: Gregorius Magnus

Eusignius

2777 COQUIN, R. G.; LUCCHESI, E. *Une version copte de la Passion de saint Eusignios*. En appendice: DEVOS, P. *Une recension nouvelle de la Passion grecque BHG 639 de S. Eusignios* – AB 100 (1982) 185–228

Felix Papa

2778 VERRANDO, G. N. *Liberio-Felice. Osservazioni e rettifiche di carattere storico-agiografico* – RSCI 35 (1981) 91–125 [In appendice: *Passio S. Felicis Papae*]

Fulgentius Ruspensis

[1936] SIMONETTI, M.: Ferrandus Carthaginiensis

Gallicanus

[2322] CHAMPLIN, E.: Liber pontificalis

Genovefa Parisiensis

2779 COLTRI, E. *Per una nuova edizione della Vita Genovefae Virginis Parisiensis* — ScrPhil 3 (1982) 71–118

Georgius

2780 BAUMEISTER, T. *Jenseitsvorstellungen in der alten Georglegende.* In: *Jenseitsvorstellungen in Antike und Christentum* (cf. 1981/82, 219) 176–187
2781 CANART, P. *La collection hagiographique palimpseste du Palatinus Graecus 205 et la Passion de S.Georges BHG 670g* — AB 100 (1982) 87–109
2782 FREND, W. H. C. *A fragment of the Acta sancti Georgii from Q'asr Ibrim (Egyptian Nubia)* — AB 100 (1982) 79–86

Germanus Autissiodorensis

[1783] MATHISEN, R. W.: Constantius Lugdunensis

Gervasius et Protasius

[1415] ZANGARA, V.: Augustinus

Gregorius Magnus

2783 *The earliest life of Gregory the Great (Liber beati et laudabilis viri Gregorii Papae urbis Romae de vita atque eius virtutibus)* [lat; engl.]. By an anonymus monk of Witby. Text, translation and notes by BERTRAM COLGRAVE [Lawrence 1968]. Ann Arbor, Mich., London: Univ. Microfilms Int. 1981. IX, 180 pp.

Gregorius Thaumaturgus

[2022] DAM, R. VAN: Gregorius Nyssenus

Hippolytus

2784 FOLLIERI, E. *Passione di sant' Ippolito secondo il cod. Lesb. S. Ioannis theologi 7 (BHG 2178)* — AB 100 (1982) 43–61

Honoratus

[2086] BOUHOT, J. P.: Hilarius Arelatensis
[2087] CONSOLINO, F. E.: Hilarius Arelatensis

Hypatius

[1714] *Callinico. Vita di Ipazio:* Callinicus

Iacobus Maior

2785 CHAPARRO GOMEZ, D. *La presencia de Santiago el Mayor en Hispania: Análisis del texto isidoriano del «De ortu et obitu patrum»* — Norba 2 (1981) 175–180

Innocentes Martyres

2786 LEMARIÉ, JOSEPH *Le Sermon Mai 193 et l'origine de la fête des Saints Innocents en Occident* — AB 99 (1981) 139–150

2787 LEMARIÉ, J. *Nouvelle édition du sermon pour les saints Innocents Cum universus mundus* — AB 99 (1981) 135–150

Iohannes Baptista

[2193] DATEMA, C.: Pseudo-Iohannes Chrysostomus
[2066] RENOUX, CH.; AUBINEAU, M.: Hesychius Hierosolymitanus

Iohannes Chrysostomus

[713] OMMESLAEGHE, F. VAN: Palaeographica atque manuscripta

Iohannes Edessenus

[3001] COZZOLINO, G.: Cultus

Iohannes Eleemosynarius

2788 PATTENDEN, P. *Who was the father of St. John the Almoner?* — JThS 33 (1982) 191–194

Iulianus, Basilissa et Socii

[1804] VOGÜÉ, A. DE: Cyprianus

Iustinianus

[421] GEROSTERGIOS, A.: Opera ad historiam

Laurentius

[2588] McCARTHY, W.: Prudentius

Liberius Papa

[2778] VERRANDO, G. N.: Felix Papa

Lucianus Antiochenus

[2557] *Philostorgius. Kirchengeschichte mit dem Leben des Lucian . . .:* Philo-storgius

Macarius Alexandrinus

2789 MOSSAY, J. *Le f. 295ʳ–ᵛ du ms. Novo-Eboracensis Gordianianus alias Goodhartianus Gr. 44 (Acta Macarii Alexandrini)* — Byzan 51 (1981) 592–602

Machabaei Martyres

[2315] CHAVASSE, A.: Leo Magnus

Macrina

2790 WILSON-KASTNER, PATRICIA *Macrina: Virgin and Teacher*—AUSS 17 (1979) 105–117

Mantius

2791 DÍAZ Y DÍAZ, M. C. *La Passio Mantii (BHL 5219). Unas considera-ciones* — AB 100 (1982) 327–339

Marcianus presb. oecon. Constantinopolitanus

[2955] TAFT, R.: Missa, sacramenta, sacramentalia

Marcus Evangelista

2792 HAILE, GETACHEW *A New Ethiopic Version of the Acts of St. Mark* — AB 99 (1981) 117–134

Maria Magdalena

2793 KELEN, J. *Un amour infini: Marie-Madeleine, prostituée sacrée.* [Collec-tion «Expérience intérieure»]. Paris: A. Michel 1982. 196 pp.

Marina (Margarita)

2794 LACROIX, L. *Jason et le dragon.* In: *Mélanges J. Stiennon.* Liège: Mar-daga (1982) 417–421

Martinus Turonensis

2795 DONALDSON, CHRISTOPHER *Martin of Tours: Parish Priest, Mystic and Exorcist.* Boston: Routledge and Kegan Paul 1980. XIII, 171 pp.
2796 VERMILLION, WILLIAM HAROLD *The Life of Martin of Tours, soldier*

and saint: a comparative study of literary form. London: University Microfilms Int. 1980. 208 pp.

Matrona

2797 GAIFFIER, B. DE *Un Marsus dans la Passio S. Matronae, BHL 5688* – AB 99 (1981) 16

Mauritius

2798 HERZBERG, ADALBERT JOSEF *Der heilige Mauritius. Ein Beitrag zur Geschichte der deutschen Mauritiusverehrung.* Unveränderte Neuauflage hrsg. von MATTHIAS ZENDER und FRANZ-JOSEPH HEYEN [Forschungen zur Volkskunde 25/26]. Düsseldorf: Schwann 1981. 140 pp.

Melania Iunior

[2830] CLARK, E. A.: Stephanus

Metrophanes et Alexander

2799 WINKELMANN, F. *Vita Metrophanis et Alexandri, BHG 1279* – AB 100 (1982) 147–183

Monica

[1295] MARGERIE, B. DE: Augustinus
[128] MEIJER, A. DE; SCHRAMA, M.: Bibliographica
2800 ROCHA, HYLTON M. *Monica, uma mulher forte. Vida de santa Monica.* São Paulo: Ediçoes Paulinas 1981. 124 pp.
2801 VATTIONI, F. *L'etimologia di Monica* – AugR 22 (1982) 583–584
[1412] WOLFSKEEL, C. W.: Augustinus

Nicolaus

[94] BOCCOLA, R.; GIANNONE, A. M.; MUTASCI, R.: Bibliographica
2802 MÜLLER, RÜDIGER *Sankt Nikolaus, der Heilige der Ost- und Westkirche.* Freiburg i.B.; Basel; Wien: Herder 1982. 100 pp.
2803 SARTORY, G. und TH. *Der heilige Nikolaus - die Wahrheit der Legende.* Freiburg i.B.: Herder 1981. 157 pp.
[731] UNTERKIRCHER, F.: Palaeographica atque manuscripta

Onesimus

2804 HANSON, C. L. *The Passion of Onesimus of Colossae* – ThAthen 50 (1979) 349–374

Pachomius

2805 *Pachomian Koinonia, I: The Life of St. Pachomius and his disciples.* Ed.
       A. VEILLEUX [Cistercian Stud. 45]. Kalamazoo, Mich.: Cistercian
       Publ. 1980. 494 pp.
2806 *Vita copta di S. Pacomio.* Pref. di J. GRIBOMONT, trad., introd. e note di
       F. MOSCATELLI [Scritti monastici N. S. 2]. Padova: Ed. Messaggero-
       Abbazia di Praglia 1981. 326 pp.
[2522] *Le corpus athénien . . .:* Pachomius

Pancratius

2807 VERRANDO, G. N. *Le numerose recensioni della Passio Pancrati —*
       VetChr 19 (1982) 105–129

Paternianus Episcopus Fanensis

2808 PRETE, SESTO *La Vita S. Paterniani. Nuove osservazioni sul testo —*
       StPic 46 (1979) 84–116

Paulus Apostolus

[2152] *Jean Chrysostome. Panégyriques de saint Paul.:* Iohannes Chrysostomus
[2162] AUBINEAU, M.: Iohannes Chrysostomus
2809 DASSMANN, ERNST *Paulus in frühchristlicher Frömmigkeit und Kunst.*
       Opladen: Westdeutscher Verlag 1982. 50 pp.

Pelagia Paenitens

2809a *Pélagie la pénitente. Métamorphoses d'une Légende, I: Les textes et leur
       histoire.* Ed. et trad. par B. FLUSIN; FR. DOLBEAU; FR. GUILLAU-
       MONT; P. PETITMENGIN; M. VAN ESBROECK; M. CAZACU; L. LELOIR
       e. a. Paris: Études Augustiniennes 1981. 364 pp.

Perpetua

[891] *A lost tradition. Women writers of the early church.:* Auctores
2810 FRANZ, M.-L. VON *Passio Perpetuae: das Schicksal einer Frau zwischen
       zwei Gottesbildern.* Zürich: Daimon-Verlag 1982. 123 pp.
2811 ROBERT, L. *Une vision de Perpétue martyre à Carthage en 203 —* CRAI
       (1982) 228–267

Petrus Alexandrinus

812 HAILE, GETATCHEW *The Martyrdom of St. Peter, Archbishop of Alex-
      andria. (EMML 1763, ff. 79ʳ–80ᵛ [with translation of homily]) —* Coptic
      ChurchR 2 (1981) 9–14

Petrus et Paulus Apostoli

2813 CHADWICK, H. *St Peter and St Paul in Rome: the Problem of the Memoria Apostolorum ad Catacumbas.* In: *History and Thought . . .* (cf. 1981/82, 177) [II]

[1818] CHADWICK, H.: Damasus Papa

2814 WALSH, JOHN EVANGELIST *The bones of St. Peter. A full account of the search for the Apostle's body.* Garden City, N.Y.: Doubleday 1982. XVI, 195 pp.

Petrus Ibericus

[2830] CLARK, E. A.: Stephanus

Philippus Argyriensis

2815 *Vita di S. Filippo d'Argira attribuita al Monaco Eusebio.* Introd., ed. crit., trad. e note a CESARE PASINI [OCA 214]. Roma: Pont. Inst. Studiorum Orientalium 1981. 215 pp.

Pionius

2816 HILHORST, A. *L'Ancien Testament dans la polémique du martyr Pionius* – AugR 22 (1982) 91–96

Radegundis

2817 SCHEIBELREITER, G. *Königstöchter im Kloster. Radegund († 587) und der Nonnenaufstand von Poitiers (589)* – MIÖGF 87 (1979) 1–37

Regulus Episcopus Afer

2818 SIMONETTI, M. *Note sulla tradizione agiografica di S. Regolo di Populonia.* In: *Atti del Convegno Il paleocristiano nella Tuscia* (cf. 1981/82, 167) 107–130

Sabbas Gothus

2819 *Passio s. Sabae.* In linguam Polonam transfertur a J. DANIELEWICZ – Meander 36 (1981) 35–39

2820 STRZELCZYK, J. *«Męczeństwo św. Saby»* («Passio s. Sabae Gothi» pertracterant) – Meander 36 (1981) 25–34

Scholastica

[2766] *In honor . . .:* Benedictus
[1970] COLOMBÁS, G. M.: Gregorius Magnus
[2767] *I santi Benedetto i Scolastica . . .:* Benedictus
[2768] SOUSA, G. DE: Benedictus

Senzius (Sensias)

2821 CURTI, C. *La Vita di San Senzio di Blera*. In: *Atti del Convegno Il
      paleochristiano nella Tuscia* (cf. 1981/82, 167) 1–22

Severinus

[1887] *Das Leben des heiligen Severin:* Eugippius
  2822 *Beiträge zum Severinsjahr 1982.* Hrsg. AUGUST LEIDL [Neue Veröf-
        fentlichungen des Instituts für Ostbairische Heimatforschung der Uni-
        versität Passau 42]. Passau: Verein für Ostbair. Heimatforschung 1982.
        116 pp.
[1888] BRATOŽ, R.: Eugippius
  2823 HABERL, J. *Wien ist älter; der heilige Severin und die Frühgeschichte
        Wiens.* Wien: Amalthea 1981. 309 pp.
  2824 LOTTER, FRIEDRICH *Severin von Noricum, Staatsmann und Heiliger* —
        TPQS 130 (1982) 110–124
[1891] MARKUS, R. A.: Eugippius
 [131] NOLL, R.: Bibliographica
  2825 PRIGIONE, G.; ZINNHOBLER, R.: *St. Severin heute: Ansprachen und
        Reden anläßlich des Festes in Enns-Lorch am 8. Jänner 1982 zum Geden-
        ken an den 1500. Todestag des hl. Severin.* Linz, Wien: Veritas-Verlag
        1982. 20 pp.
  2826 *Severin und die Vita Severini. 3. Lorcher Symposion, 22. Oktober 1981.*
        Hrsg. vom Landesinstitut für Volksbildung und Heimatpflege in Ober-
        österreich (Sonderdruck aus Oberösterreichische Heimatblätter 36)
        Linz: 1982. 56 pp.
  2827 *Severin zwischen Römerzeit und Völkerwanderung. Ausstellung des
        Landes Oberösterreich, 24. April bis 26. Oktober 1982 im Stadtmuseum
        Enns.* Katalog, bearb. von D. STRAUB. Linz: Amt der OÖ Landesre-
        gierung 1982. 604 pp.
  2828 ZINNHOBLER, RUDOLF *Der heilige Severin.* Linz: Veritas 1981. 24 pp.
  2829 ZINNHOBLER, R. *Der heilige Severin. Sein Leben und seine Verehrung.*
        Mit einem Nachwort von R. KIRCHSCHLAEGER und Aufn. von
        E. WIDDER. Linz: OLV-Buchverl. 1982. 90 pp.

Stephanus

2830 CLARK, E. A. *Claims on the bones of Saint Stephen. The partisans of
      Melania and Eudocia* — ChH 51 (1982) 141–156
[3004] ÉTAIX, R.; VREGILLE, B. DE: Cultus

Symeon Salus

2831 SYRKIN, A. Y. *On the behavior of the "fool for Christ's sake"* — HistReli
      22 (1982) 150–171

Symeon Stylita Iunior in Monte Mirabili

2832 LAFONTAINE-DOSOGNE, J. *Une eulogie inédite de St Syméon Stylite le Jeune* – Byzan 51 (1981) 631–634

Theodorus Syceota

2833 ROSENQVIST, J. O. *Studien zur Syntax und Bemerkungen zum Text der Vita Theodori Syceotae* [AUU Studia Graeca Upsal. 15]. Stockholm: Almqvist og Wilksell 1981. 140 pp.

2834 ROSENQVIST, J. O. *Der Text der Vita Theodori Syceotae im Cod. Atheniensis BN 1014* – Eranos 78 (1980) 163–174

Theodotus Ancyranus

2835 MITCHELL, S. *The Life of St. Theodotus of Ancyra* – AnS 32 (1982) 93–113

Theodulus (Theodorus) Episcopus Octodurensis

2836 DUBUIS, F. O. *Saint Theodule, patron du diocèse de Sion et fondateur du premier sanctuaire d'Agaune* – AnV 56 (1981) 123–159

IV. LITURGICA

1. Generalia

2837 *Gebete aus der Orthodoxen Kirche.* Ausgewählt, übersetzt und kommentiert von ROBERT HOTZ [Reihe: Vergessene Gebetsschätze]. Zürich: Benziger 1982. 144 pp.

2838 *La Prière des liturgies orientales.* Textes choisis et prés. par IRÉNÉE-HENRI DALMAIS [Prières de tous les temps 24]. Chambray: C.L.D. 1981. 92 pp.

2839 *Prières des premiers chrétiens.* Textes choisis et trad. par A. HAMMAN [Coll. Quand vous prierez]. Paris: Desclée de Brouwer 1981. 297 pp.

2840 BACCHIOCCHI, SAMUELE *Rome and the Origin of Sunday Observance* — Enc 40 (1979) 359–375

2841 BACCHIOCCHI, SAMUELE *Reflexes of Sun-worship on Early Christian Liturgy* — SBLSemPap 14 (1978) 321–329

[817] BAUCKHAM, R.: Apocrypha

2842 BECKWITH, ROGER T.; STOTT, WILFRID *The Christian Sunday: A Biblical and Historical Study.* Grand Rapids: Baker Book House 1980. X, 181 pp.

2843 BLOMME, Y. *Inscriptions grecques à Kursi et Amwas* — RBi 87 (1980) 404–407

2844 BLOMME, Y. *La liturgie de Jérusalem et son influence sur les Églises nestorienne et syrienne* — StBibF 29 (1979) 221–237

2845 BOTTERMANN, MARIA-REGINA *Die Beteiligung des Kindes an der Liturgie von den Anfängen der Kirche bis heute* [Europäische Hochschulschriften: Reihe 23, Theologie Bd. 175]. Frankfurt/M., Bern: Peter Lang 1982. 467 pp.

2846 BOVO, SEBASTIANO *Salmodia corale e preghiera nella Regola e nel Il Libro dei Dialoghi* — Benedictina 28 (1981) 439–455

2847 BRADSHAW, PAUL F. *Daily prayer in the early Church. A study of the origin and early development of the Divine Office.* London: Alcuin Club; SPCK 1981. X, 191 pp.

2848 BRADSHAW, PAUL F. *Prayer Morning, Noon, Evening, and Midnight – an Apostolic Custom?* — StLit 13.1 (1979) 57–62

[383] BURNS, Y.: Opera ad historiam

[1553] CAPRARA, S.: Benedictus

2849 CAZELLES, H. *The Bible and Liturgical Times: Eschatology and Anamnesis* — StLit 14 (1980/82) 23–33

2850 CHAVASSE, A. *L'Évangéliaire romain de 645. Un recueil. Sa composition (façons et matériaux)* — RBen 92 (1982) 33–75

2851 CHRYSOSTOMOS, ARCHIMANDRITE *Historiographical Problematics in the Study of the Origin of Liturgical Vestments* — GrOrthThR 26 (1981) 87–96

2852 COLLINS, RAYMOND F. *I Thes and the Liturgy of the Early Church* — BibThBul 10 (1980) 51–64

2853 CROKE, B. *Two early Byzantine earthquakes and their liturgical commemoration* — Byzan 51 (1981) 122–147

2854 CUTLER, A. *Liturgical strata in the marginal psalters* — DumPap 34–35 (1980/81) 17–30

2855 DIX, GREGORY *The Shape of the Liturgy.* With additional notes by PAUL MARSHALL. New York: The Seabury Press 1982. XXI, 777 pp.

[2614] DUFRASNE, M. D.: Serapion Thmuitanus

2856 FEDWICK, P. J. *Death and Dying in Byzantine Liturgical Traditions* — EChR 8 (1976) 152–161

[1784] FIENSY, D. A.: Constitutiones Apostolorum

[2656] FINI, M.: Tertullianus

[1567] FISCHER, B.: Benedictus

2857 GAMBER, KLAUS *Gemeinsames Erbe: liturgische Besinnung aus dem Geist der frühen Kirche* [2. Aufl.]. Regensburg: Pustet 1981. 114 pp.

2858 GROSSI, V. *Tradizione liturgica ed omiletica nel tardo antico.* In: *La cultura in Italia fra Tardo Antico e Alto Medioevo* (cf. 1981/82, 192) 661–678

2859 GROVE, R. *A note on the Byzantine* Ἀπολυτίκιον — OstkiSt 30 (1981) 21

[119] GY, P. M.: Bibliographica

2860 HAYBURN, R. F. *Papal legislation on sacred music. 95 A. D. to 1977 A. D.* Collegeville, Minn.: The liturgical Pr. 1979. XIV, 619 pp.

2861 HEINEN, HEINZ *Eine neue alexandrinische Inschrift und die mittelalterlichen laudes regiae. Christus vincit, Christus regnat, Christus imperat.* In: *Romanitas – Christianitas* (cf. 1981/82, 266) 675–701

2862 HEINZ, ANDREAS *Das Gebet für die Feinde in der abendländischen Liturgie* — LJ 32 (1982) 201–219

2863 HEINZ, ANDREAS *Het gebed voor de vijanden in de liturgie van het Westen* — TLit 66 (1982) 249–266

2864 HOFMANN, J. *Die Entlassung der benediktinischen Komplet, ein Zeugnis für den altchristlichen Horenschluß* — HLD 36 (1982) 161–167; 37 (1983) 82–93

2865 HUGHES, HELEN KATHLEEN *The Opening Prayers of the Sacramentary: A Structural Study of the Prayers of the Easter Cycle* [Diss.]. Notre Dame, Ind.: University 1981. 393 pp.

[322] *Jahrbuch für Liturgiewissenschaft. Register . . .:* Subsidia

[698] JANINI, J.: Palaeographica atque manuscripta

[699]   JANINI, J.: Palaeographica atque manuscripta
[1932] JIMÉNEZ BERGUECIO, J.: Faustus Reiensis
2866   JOHNSTON, W. H. *A historical and theological study of daily prayer times in the Ante-Nicene Church* [Diss.]. Notre Dame, Ind.: University 1980. 223 pp.
2867   KAHL, H. D. *Symbol- und ideengeschichtliche Grundlagen der Urform kirchlicher Kaiserkrönung.* In: *Festschrift für H. Beumann* (1981/82, 204) 57–79
2868   KALINKOWSKI, S. *Czas i miejsce modlitwy starochrześcijańskiej (= De tempore ac loco orationis paleochristianae).* In: *Akta sympozjum patrystycznego...* (cf. 1981/82, 155) 105–108
2869   KRUSE, H. *Ein audianisches Nachtgebet im römischen Brevier?* – OrChr 66 (1982) 75–98
[472]   LAPORTE, J. B.: Opera ad historiam
[477]   LESCRAUWAET, J. F.: Opera ad historiam
[226]   *Liturgia y música mozárabes.:* Collectanea et miscellanea
2870   LODI, E. *Liturgia della Chiesa: guida allo studio della liturgia nelle sue fonti antiche e recenti.* Bologna: EDB 1981. 1439 pp.
2871   LONGOSZ, S. *Znak krzyża świętego w życiu starożytnych chrześcijan (= Il segno della croce nella vita dei primi cristiani).* In: *Akta sympozjum patrystycznego...* (cf. 1981/82, 155) 221–232
2872   MARGAŃSKI, B. *Kształtowanie się modlitwy liturgicznej w okresie Ojców Kościoła (= Lo sviluppo della preghiera liturgica nel periodo dei padri della chiesa).* In: Akta sympozjum patrystycznego... (cf. 1981/82, 155) 187–196
2873   MARTIMORT, A. G. *Chronique d'histoire de la liturgie* – BLE 83 (1982) 43–59
2874   MENSBRUGGHE, A. VAN DER *Fausses pistes de recherche sur les origines des Vigiles et des Matines.* In: *Überlieferungsgeschichtliche Untersuchungen* (cf. 1981/82, 291) 553–572
[1321] MURPHY, J. M.: Augustinus
[3327] NOCENT, A.: Vita christiana, monastica
2875   ONASCH, KONRAD *Kunst und Liturgie der Ostkirche in Stichworten unter Berücksichtigung der Alten Kirche.* Wien: Hermann Böhlaus Nachf. 1981. 495 pp.
2876   PAYNE, RANDALL MERLE *Christian Worship in Jerusalem in the fourth and fifth centuries. The Development of the Lectionary, Calendar and Liturgy.* London: University Microfilms Int. 1981. 309 pp.
[135]   PFAFF, R. W.: Bibliographica
2877   POST, P. *La liturgie en tant qu'architecture? Remarques sur la relation entre le «Testamentum Domini Jesu Christi» et l'architecture des églises dans l'Illyricum oriental* – BijFTh 42 (1981) 392–420
2878   POST, P. *Ruimte voor het beeld. Enige notities over de beeldband in de liturgie-wetenschap* – TLit 66 (1982) 98–110

[2543] PRETE, S.: Paulinus Nolanus

[3220] QUACQUARELLI, A.: Trinitas

2879 RENOUX, CH. *Note sur L'ascension d'Isaïe dans la tradition liturgique hiérosolymitaine* — CrSt 2 (1981) 367–370

[138] RENOUX, CH.: Bibliographica

[654] RODRIGUEZ FERNANDEZ, C.: facio, efficio

2880 RORDORF, W. *Sunday: The Fullness of Christian Liturgical Time* — StLit 14 (1980/82) 90–96

2881 RORDORF, W. *The Lord's Prayer in the Light of its Liturgical Use in the Early Church* — StLit 14 (1980/82) 1–19

2882 SABUGAL, SANTOS *La Importancia del Padrenuestro* — RAgEsp 23 (1982) 437–486

2883 SABUGAL, SANTOS *El Padrenuestro en la interpretación catequética antigua y moderna* [Nueva Alianza 79]. Salamanca: Ediciones Sígueme 1982. 448 pp.

2884 SADURSKA, A. *Dzień pański w kalendarzu chrześcijańskim i jego geneza orientalno-rzymska (= «Dominica dies» dans le calendrier chrétien et sa génèse).* In: *Akta sympozjum patrystycznego . . .* (cf. 1981/82, 155) 66–70

[1625] SCICOLONE, I.: Benedictus

[724] SIJPESTEIJN, P. J.: Palaeographica atque manuscripta

2884a STRAND, KENNETH A. *From Sabbath to Sunday in the Early Christian Church: A Review of Some Recent Literature* — AUSS 16 (1978) 333–342; 17 (1979) 85–104

2885 TAFT, R. *Historicism revisited* — StLit 14 (1980/82) 97–109

2886 TALLEY, T. J. *Liturgical Time in the Ancient Church: the State of Research* — StLit 14 (1980/82) 34–51

2887 TALLEY, T. J. *Le temps liturgique dans l'Église ancienne. État de la recherche* — Maison-Dieu 147 (1981) 29–60

[1857] THEKEPARAMPIL, J.: Pseudo-Dionysius Areopagita

2888 THEODOROU, E. *La question de l'influence païenne sur le culte chrétien* [en grec] — ThAthen 53 (1982) 833–839

[2188] ΘΕΟΔΩΡΟΥ, ΕΥ.: Iohannes Chrysostomus

[727] THOMAS, J. D.: Palaeographica atque manuscripta

2889 TRIACCA, A. M. *Liturgia e catechesi nei Padri. Note metodologiche* — Salesianum 41 (1979) 257–272

[1954] UNGUREANU, V.: Germanus Constantinopolitanus

2890 VERHEUL, A. *Verslag van rede van Prof. Dr. G. Kretschmar over het wetenschappelijk onderzoek omtrent de liturgie van de eerste drie eeuwen* — TLit 65 (1981) 340–346

2891 VERHEUL, A. *Het getijdengebed vóór en in de Regel van Sint Benedictus. Zijn invloed op de cultus van het avondland* — TLit 65 (1981) 146–175

[1638] VOGEL, C.: Benedictus

[1640] VOGÜÉ, A. DE: Benedictus

2892 VOLZ, CARL A. *Concepts of Salvation in Early Christian Worship* — Dial
      18 (1979) 258–264
2893 WAINWRIGHT, G. *Fils de Dieu dans les doxologies liturgiques* — Conci-
      liumP 173 (1982) 85–93
2894 WAINWRIGHT, G. *«Hijo de Dios» en las doxologías litúrgicas* — Concili-
      umM 18 (1982) 370–379
2895 WALTER, CHRISTOPHER *Art and Ritual of the Byzantine Church*.
      London: Variorum 1982. XXIV, 302 pp.
2896 WEITZMANN, KURT *Byzantine Liturgical Psalters and Gospels*. Lon-
      don: Variorum Reprints 1980. 322 pp.
[1919] WILKINSON, J.: Eusebius Caesariensis

2. Missa, sacramenta, sacramentalia

2897 *Corpus praefationum. Étude préliminaire*. Par. E. E. MÖLLER [CChr
      Ser. Lat. 161]. Turnhout: Brepols 1981. CXCIX, 99 pp.
[1945] *Gelasius. Liber sacramentorum . . .:* Gelasius
2898 *Liber Ordinum Sacerdotal (Cod. Silos, Arch. monástico 3)*. Ed. J. JANINI
      [Studia Silensia 7]. Silos: Abadia de Silos 1981. 259 pp.
2899 *Liber sacramentorum Gellonensis*. Textus, cura A. DUMAS ed.; intro-
      ductio, tabulae et indices, cura J. DESHUSSES [CChr 159–159A]. Turn-
      hout: Brepols 1981. 526, XXXVI, 212 pp.
2900 *Sacramentarium Gregorianum. Le sacramentaire grégorien, ses princi-
      pales formes d'après les plus anciens manuscrits, III: Textes complémen-
      taires divers*. Éd. par J. DESHUSSES [Spicilegium Friburgense 28].
      Fribourg: Éd. Univ. 1982. 375 pp.
2901 *L'eucharistie dans l'antiquité chrétienne*. Textes choisis et prés. par A.
      HAMMAN; trad par H. DELANNE; F. QUÉRÉ-JAULMES; A. HAMMAN
      [Coll. Les Pères dans la Foi]. Paris: Desclée de Brouwer 1981. 297 pp.
2902 ADNÈS, PIERRE *La Penitencia* [Historia Salutis. Serie de monografías
      de Teología Dogmática, BAC 426]. Madrid: La Editorial Católica
      1981. XV, 310 pp.
2903 ALLUE, E. S. *The image of Virgo-Mater in the Liber Mozarabicus
      Sacramentorum* [Diss.]. New York: Fordham Univ. 1981. 209 pp.
[85] AMIET, R.: Bibliographica
2904 ARRANZ, M. *La liturgie des présanctifiés de l'ancien eucologue byzantin*
      — OrChrP 47 (1981) 332–388
2905 ARRANZ, M. *Les sacréments de l'ancien eucologue constantinopolitain, I*
      — OrChrP 48 (1982) 284–335
[2433] AUF DER MAUR, H. J., WALDRAM, J.: Origenes
[3107] BERNAL, J. M.: Ius canonicum, hierarchia, disciplina ecclesiastica
2906 BORSAI, ILONA *Melody-Formulas of Greek Acclamations in Coptic
      Liturgy* — JÖB (1982) 109–118

2907 BOULEY, ALLAN *From Freedom to Formula: the Evolution of the Eucharistic Prayer from Oral Improvision to Written Texts* [SCA 21]. Washington, D. C.: Cath. Univ. of America Press 1981. XVII, 302 pp.

2908 BRAKMANN, HEINZGERD *Zu den Liturgien des christlichen Ostens* — ALW 24 (1982) 377—410

[669] BRAKMANN, H.: Palaeographica atque manuscripta

[670] BRAKMANN, H.: Palaeographica atque manuscripta

[2349] BRANIŞTE, E.: Maximus Confessor

[2] BRINK, J. R.: Historia patrologiae

2909 BUX, N. *L'unzione del μύρον, βεβαίωσις τῆς ὁμολογίας* — Nicolaus 8 (1980) 329—335

2910 CAMARERO CUÑADO, JESÚS *La figura del Santo en la Liturgia Hispánica. Estudio teológico-litúrgico a la luz de los formularios eucarísticos de los Santos en las dos tradiciones del rito hispánico* [Colección de Estudios del Instituto Superior de Pastoral, Universidad Pontificia de Salamanca 13]. Salamanca, Madrid: Inst. Superior de Pastoral 1982. 483 pp.

[1789] CARDMAN, F.: Cyprianus Carthaginiensis

[3227] CHADWICK, H.: Christologia

2911 CHAVASSE, A. *L'organisation générale des sacramentaires dits grégoriens II* — ReSR 56 (1982) 253—273

2912 CHIRAYATH, F. *Taufliturgie des syro-malabarischen Ritus. Eine geschichtliche Untersuchung des Taufritus in der syro-malabarischen Kirche mit einem Vorschlag zur Indisierung der Kindertaufe.* Würzburg: Augustinus-Verlag 1981. XXV, 179 pp.

2913 COLONI, MARIE-JEANNE *Imaginaire antique et premières images eucharistiques* — Spiritus 21 (1980) 315—324

[3229] CONGAR, Y.: Christologia

[1170] CONGAR, Y.: Augustinus

2915 DEVOS, PAUL *Anaphores syriaques* — AB 99 (1981) 328—329

[405] DUJARIER, M.: Opera ad historiam

2916 DURWELL, F. X. *La eucaristía, sacramento pascual* [Verdad e Imagen 77]. Salamanca: Ediciones Sígueme 1981. 198 pp.

[1199] DYER, J.: Augustinus

2917 FAUSONE, A. M. *Die Taufe in der frühchristlichen Sepuralkunst. Eine archäol.-ikonologische Studie zu den Ursprüngen d. Bildthemas* [SAC 35]. Città del Vaticano: Pontificio Ist. di Archeologia Cristiana 1982. 348 pp.

2918 FEELEY-HARNIK, GILLIAN *The Lord's Table: Eucharist and Passover in early Christianity.* Philadelphia: University of Philadelphia Press 1981. IX, 184 pp.

[1214] FERLISI, G. C.: Augustinus

[1488] FERRARI, G.: Basilius Caesariensis

[979] FRANCESCONI, G.: Ambrosius

[19] FRANK, G. L. C.: Historia patrologiae

2919 GAMBER, KLAUS *Eine frühchristliche Totenmesse aus Aquileja* — HlD 36 (1982) 117–124

2920 GAMBER, KLAUS *Opfer und Mahl. Gedanken zur Feier der Eucharistie im Geist der Kirchenväter.* Regensburg: Pustet 1982. 65 pp.

2921 GAMBER, KLAUS *Fragmente eines oberitalienischen Liturgiebuches aus dem 6. Jahrhundert als Palimpsest im Codex Sangallensis 908.* In: *Florilegium Sangallense* (cf. 1981/82, 208) 165–179

2922 GAMBER, K. *Ein frühchristliches Eucharistiegebet für das Fest der Geburt des Herrn* — Heiliger Geist (Salzburg Abtei St. Peter) 34 (1980) 108–124

[1813] GIORDANO, N.: Cyrillus Hierosolymitanus

2923 GIRAUDO, C. *La struttura letteraria della preghiera eucaristica* [Anal. Bibl. 92]. Roma: Bibl. Inst. Pr. 1981. XXV, 388 pp.

[2559] GRILLMEIER, A.: Philoxenus Mabbugensis

[3565] GROSSI, V.: Specialia in Novum Testamentum

2924 GY, PIERRE-MARIE *La formule «Je te baptise» (et ego te baptizo).* In: Communio Sanctorum (1981/82, 181) 65–72

2925 GY, P.-M. *Ancient Ordination Prayers* — StLit 13 (1979) 70–93

2926 HOFFMAN, LAWRENCE A. *Jewish Ordination on the Eve of Christianity* — StLit 13 (1979) 11–41

2927 HOUSSIAU, A. *Les moments de la prière eucharistique.* In: *L'expérience de la prière*... (cf. 1981/82, 203) 325–334

[2317] HUDON, G.: Leo Magnus

[1814] IONITA, A. M.: Cyrillus Hierosolymitanus

2928 JACOB, A. *Où était récitée la prière de l'ambon?* — Byzan 51 (1981) 306–315

2929 JANINI, J. *Fuentes visigóticas de una misa votiva del Vic 104* — RCatT 6 (1981) 157–160

2930 JANINI, JOSE *Misas mozárabes recompuestas por Ortiz* — HS 34 (1982) 153–163

2931 JOURJON, MAURICE *Les sacrements de la liberté chrétienne selon l'Église ancienne* [Rites et symboles 12]. Paris: Éd. du Cerf 1981. 172 pp.

2932 KILMARTIN, EDWARD J. *Ministry and Ordination in Early Christianity against a Jewish Background* — StLit 13 (1979) 42–69

[1509] LANNE, E.: Basilius Caesariensis

2933 LARRABE, JOSE LUIS *Bautismo y Comunidades Eclesiales, según los primeros cristianos* — StLeg 23 (1982) 53–86

2934 LEGRAND, HERVE M. *The Presidency of the Eucharist according to the Ancient Tradition* [reprint, tr.] — Worship 53 (1979) 413–438

[2477] LIES, L.: Origenes

[2478] LIES, L.: Origenes

[2287] ŁOMNICKI, E.: Iustinus

2935 LÓPEZ MARTÍN, J. *El rito de la reconciliación de los penitentes desde el Gelasiano hasta el Pontifical de Durando* — NetV 11 (1981) 113–140

2936 LÓPEZ MARTÍN, J. *«Nueva creación por la palabra, la sabiduría y el*

Espíritu». Teología del bautismo en una plegaria de la Liturgia Hispánica – NetV 13 (1982) 25–39

[990] MARTIMORT, A. G.: Ambrosius

2937 MARTIMORT, AIMÉ-GEORGES *Contribución de la historia litúrgica a la teología del matrimonio* – Phase 21 (1981) 87–107

2938 MARTÍNEZ, GERMAN *Perspectivas histórico-teológicas del sacramento de la penitencia* – Ant 56 (1981) 86–100

2939 MEDINA ESTÉVEZ, JORGE *Reflexiones Histórico-Teológico-Pastorales acerca del Sacramento de la Penitencia* – Medellín 8 (1982) 145–154

2940 MOLONEY, R. *The early eucharist: the Jewish background* – ITQ 47 (1980) 34–42

2941 NAUTIN, P. *Le rite du «fermentum» dans les églises urbaines de Rome* – EL 96 (1982) 510–522

2942 NAUTIN, P. *Un antique traité des ordinations (Les Canones apostolorum ecclesiastici)* – AEHESR 90 (1981/82) 338–339

2943 NAUTIN, P. *Le rite du «fermentum»* – AEHESR 90 (1981/82) 338–339

2944 NECULA, NICOLAE *Anafora Sfîntului Vasile cel Mare din ritul liturgic copt (= Die Anaphora des Heiligen Basilius des Großen im koptischen Ritus)*. Introducere, traducere si note – GlB 38 (1979) 1141–1156

2945 PAGANO, S. M. *L'edizione del Liber sacramentorum gellonensis* – Benedictina 29 (1982) 47–65

[3328] PANCOVSKI, I.: Vita christiana, monastica

2946 PARVIS, PAUL *The Teaching of the Fathers: Baptism and the Imitation of Christ* – Clergy 67 (1982) 138–140

2947 PIJUÁN, JOSE *La Liturgia Bautismal en la España Romano-Visigoda* [Serie D. Estudios 2]. Toledo: Instituto de Estudios Visigótico-Mozárabes 1981. 157 pp.

2948 *Prayers of the Eucharist: Early and Reformed.* Texts translated and edited by R. C. D. JASPER and G. J. CUMING [2 ed.]. Oxford, New York: Oxford Univ. Press 1980. 203 pp.

[1800] RAMOS-LISSON, D.: Cyprianus

2949 RITZER, KORBINIAN *Formen, Riten und religiöses Brauchtum der Eheschließung in den christlichen Kirchen des ersten Jahrtausends* [LQF 38]. Zweite, verbesserte und ergänzte Aufl., bearb. von ULRICH HERMANN und WILLIBRORD HECKENBACH. Münster: Aschendorff 1981. XLIV, 396 pp.

[526] RUDOLPH, K.: Opera ad historiam

2950 SANCHO ANDREU, JAIME *Los formularios eucarísticos en los domingos de quotidiano en el rito hispánico* [Series Valentina 7]. Valencia: Publicaciones de la Facultad de Teología «San Vicente Ferrer» 1981. 360 pp.

2951 SCHULZ, H. J. *Die byzantinische Liturgie. Glaubenszeugnis und Symbolgestalt.* 2. überarb. und erw. Auflage [Sophia 5]. Trier: Paulinus Verl. 1980, XIV, 91, 241 pp.

[1527] SCHULZ, H.-J.: Basilius Caesariensis

2952 SCHWEITZER, ALBERT *Das Abendmahl im Zusammenhang mit dem Leben Jesu und der Geschichte des Urchristentums, Heft 1 und 2.* [Reprint]. Hildesheim: Olms 1982. 197 pp.

2953 SCHWEITZER, ALBERT *The Problem of the Lord's Supper according to the Scholary Research of the Nineteenth Century and the Historical Accounts, 1: The Lord's Supper in Relationship to the Life of Jesus and the History of the Early Church.* Trans. A. J. MATTILL, Jr., ed. JOHN REUMANN. Macon, Georgia: Mercer University Press 1982. XI, 144 pp.

[660] SORDI, M.: sacramentum
[1803] SWANN, W. S.: Cyprianus

2954 TAFT, R. *La frecuencia de la eucaristía a través de la historia* — ConciliumM 18 (1982) 169–188

2955 TAFT, R. *Byzantine liturgical evidence in the Life of St. Marcian the Oeconomos; concelebration and the preanaphoral rites* — OrChrP 48 (1982) 159–170

[1953] TAFT, R.: Germanus Constantinopolitanus

2956 TANDARIĆ, JOSIP *Ordo missae u Pariškom zborniku Slave 73 (= L'ordinaire de la Messe dans le Code Slave 73)* — Slovo 29 (1979) 5–30

2957 TATARYN, MYRON *The theological anthropology of the Byzantine rites of Christian initiation* — Diak 17 (1982) 143–150

[2379] THUNBERG, L.: Maximus Confessor

2958 UPTON, JULIA ANN *The Rite of Christian initiation of adults: parallels in ecclesiology and initiation.* London: University Microfilms Int. 1981. 203 pp.

[1981] VERBRAKEN, P. P.: Gregorius Magnus

2959 VIGUERA, VALENTIN *La «anamnesis» en la anáfora de la antigua liturgia hispánica* — Communio 15 (1982) 47–71

2960 WEGMAN, H. A. J. *Une anaphore incomplète? Les fragments sur Papyrus Strasbourg Gr. 254.* In: *Studies in gnosticism and Hellenistic religions* (1981/82, 285) 432–450

2961 WEGMAN, H. A. J. *Pleidooi voor een tekst. De anaphora van de apostelen Addai en Mari* — BijFTh 40 (1979) 15–43

2962 WEGMAN, HERMAN *Deux Strophes de la prière Eucharistique III du Missel Romain.* In: *Fides Sacramenti, Sacramentum Fidei* (cf. 1981/82, 207) 309–320

[1805] WILLIS, G. G.: Cyprianus Carthaginiensis

2963 WINKLER, G. *Das armenische Initiationsrituale. Entwicklungsgeschichtliche und liturgievergleichende Untersuchung der Quellen des 3. bis 10. Jahrhunderts* [OCA 217]. Rom: Pont. Institutum Studiorum Orientalium 1982. 476 pp.

[1872] YOUSIF, P.: Ephraem Syrus

3. Annus liturgicus

2964 *Liber misticus de cuaresma y pascua (Cod. Toledo, Bibl. capit. 35,5).* Ed. por J. JANINI [Ser. litúrg. Fuentes 2]. Toledo: Inst. de est. visigótico-mozárabes 1980. XL, 170 pp.

2965 ALTÉS I AGUILÓ, F. X. *L'evolució de les festes de cap d'any en l'antic ritu hispànic* — RCatT 6 (1981) 359–378

[1094] *L'année liturgique:* Aurelius Augustinus

2966 ARRANZ, M. *Les Prières de la Gonyklisia ou de la Génuflexion de jour de la Pentecôte dans l'ancien euchologe byzantin* — OrChrP 48 (1982) 92–123

2967 AUF DER MAUR, H. J. *Het Pascha van de Heer door de kerk gevierd. Een liturgie-historische en -theologische schets van de vroege ontwikkeling van het christelijk Pasen* — TLit 64 (1980) 22–39

2968 BEAUCAMP, J.; BONDOUX, R. C.; LEFORT, J.; ROUAN, M. F.; SORLIN, I. *Temps et histoire, I: Le prologue de la Chronique pascale* — TM 7 (1979) 223–301

2969 BECKWITH, ROGER T. *The Origin of the Festivals Easter and Whitsun* — StLit 13,1 (1979) 1–20

2970 BELTING, H. *An image and its function in the liturgy. The man of Sorrows in Byzantium* — DumPap 34–35 (1980/81) 1–16

[2918] FEELEY-HARNIK, G.: Missa, sacramenta, sacramentalia

2971 FÉVRIER, P. A. *Approches de Fêtes chrétiennes (fin du IVe s. et Ve s.).* In: *La fête, pratique et discours* (1981/82, 206) 149–164

[2922] GAMBER, K.: Missa, sacramenta, sacramentalia

[2386] GROSSI, V.: Melito Sardensis

2972 HESBERT, R.-J. *Les Matines de Pâques dans la tradition monastique* — StMon 24 (1982) 311–349

2973 HEVIA BALLINA, A. *El concepto de alegría como connotativo de salvación en la predicación pascual* — StOv 9 (1981) 153–158

[3065] LARENTZAKIS, G.: Concilia, acta conciliorum, canones

[2786] LEMARIÉ, J.: Innocentes Martyres

2974 *Ostern in der Alten Kirche.* Einl., Annotationen und hrsg. von R. CANTALAMESSA, aus dem Ital. übertr. von A. SPOERRI [Traditio Christiana 4]. Bern: Lang 1981. XLIV, 233 pp.

2975 PATHIKULANGARA, VARGHESE *Resurrection, life and renewal. A theological study of the liturgical celebrations of the great saturday and the sunday of resurrection in the Chaldeo-Indian church.* Bangalore: Dharmaran Pontifical Inst. 1982. XXX, 501 pp.

[962] REGAN, P.: Aetheria

2976 ROUWHORST, G. A. M. *Das manichaeische Bemafest und das Passafest der syrischen Christen* — VigChr 35 (1981) 397–411

[2383] SAENZ, A.: Maximus Taurinensis

2977 SALZMAN, M. R. *New evidence for the dating of the calendar at Santa Maria Maggiore in Rome* — TAPhA 111 (1981) 215–227

[1389] THIELE, F. W.: Augustinus
2978 VIAN, OSCAR JULIO *«De Coeco nato». Tercer Domingo de Cuaresma, Liturgia Ambrosiana, Liturgia Hispánica* — ETGuatemala 8 (1981) 79–110
[2601] VOGÜÉ, A. DE: Regula Magistri

4. Hymni

2979 *The Canterbury Hymnal.* Ed. from British Library MS. Additional 37517 by GERNOT R. WIELAND [TMLT 12]. Leiden: Brill 1982. VII, 136 pp.
2980 *Cinque inni bizantini inediti per la solennità della Pasqua.* Introd., testo critico, trad., schemi metrici e indici a cura di ANTONIO LABATE. Messina: EDAS 1980. 217 pp.
2981 ALMEIDA MATOS, A. DE *Hinos do temporal hispânico até à invasão muçulmana. Estudo histórico-crítico.* Coimbra: 1977. VIII, 402 pp.
2982 BERARDINO, A. DI *Poesia e innografia nel Tardo Antico.* In: *La cultura in Italia fra Tardo Antico e Alto Medioevo . . .* (cf. 1981/82, 192) 493–511
2983 BERNHARD, LUDGER *Syrische Übersetzungen von griechischen Kanones und ihre Bedeutung für Literaturgeschichte und Metrik* — JÖB 32/3 (1982) 393–403
2984 BIRKFELLNER, GERHARD *Die «O-Antiphonen» altkroatisch (Eine literaturgeschichtliche Miscelle)* — Slovo 29 (1979) 83–92
[677] DANIEL, R. W.: Palaeographica atque manuscripta
2985 FOLLIERI, E. *Poesia e innografia nell'Italia bizantina.* In: *La cultura in Italia fra Tardo Antico e Alto Medioevo . . .* (cf. 1981/82, 192) 513–522
2986 GŁADYSZEWSKI, L. *Modlitewne hymny św. Hilarego i św. Ambrożego (= Die Hymnendichtung des Hl. Hilarius und Ambrosius – Die älteste christliche Poesie).* In: *Akta sympozjum patrystycznego . . .* (cf. 1981/82, 155) 167–172
2987 GROSDIDIER DE MATONS, J. *Un hymne inédit à sainte Catherine d'Alexandrie* — TM 8 (1981) 187–207
2987a GROSDIDIER DE MATONS, J. *Liturgie et hymnographie. Kontakion et Canon* — DumPap 34–35 (1980/81) 31–43
2988 KORAKIDES, A. S. Ἀρχαῖοι ὕμνοι, I: Ἡ ἐπιλύχνιος εὐχαριστία Φῶς ἱλαρὸν ἁγίας δόξης. Athènes: Chez l'auteur 1979. 221 pp.
2989 LAUSBERG, H. *Der Hymnus Ave maris Stella* [NAG 1982,4]. Göttingen: Vandenhoeck und Ruprecht 1982. 76 pp.
2990 LÓPEZ MARTÍN, J. *Navidad, fiesta de nuestra divinización según un Tropario del canon de los maitines navideños de la liturgia bizantina* — NetV 12 (1981) 199–207
2991 MANFREDI, M. *Inno cristiano al Nilo.* In: *Papyri Greek and Egyptian* (cf. 1981/82, 244) 49–62

2992 MUÑOZ, H. *Reflexiones catequéticas sobre el «Akathistos»* — Mikael 25 (1981) 97–122

2993 NOS MURO, LUIS *Cantos de la Iglesia Antigua para la Iglesia de siempre* [Augustinus]. Madrid: Editorial Narcea 1981. 136 pp.

2994 ΨΙΑΡΗΣ, ΑΡΗΣ *666 Βυζαντινοὶ ὕμνοι στὴ νεοελληνική.* Βόλος: 1979. 238 σσ.

2995 ROSADO FERNANDES, R. M. *Priscilianismo ou não?* — Euphrosyne 10 (1980) 165–172

2996 SIRLI, A. *The Akathistos Hymn in the Greek and Romanian Manuscripts* — Musica Antiqua 6 (1982) 565–582

[868] STROUD, R. C.: Apocrypha

2997 SUTTNER, ERNST CHRISTOPH *Glaubensverkündigung durch Lobpreis. Zur Interpretation der byzantinischen gottesdienstlichen Hymnen.* In: *Unser ganzes Leben* ... (cf. 1981/82, 292) 76–101

[145] SZÖVERFFY, J.: Bibliographica

2998 TESTARD, M. *Virgile, saint Ambroise et l'Exsultet. Autour d'un problème de critique verbale* — REL 60 (1982) 283–297

5. Cultus

[358] BARNARD, L. W.: Opera ad historiam

2999 BROWN, PETER *The Cult of the Saints: Its Rise and Function in Latin Christianity.* Chicago: Univ. Pr. 1981. XV, 187 pp.

3000 BRY, MICHEL *Les images chrétiennes dans la tradition orthodoxe* — MEPRO 28–29 (1980/81) 109–112

[2910] CAMARERO CUÑADO, J.: Missa, sacramenta, sacramentalia

[2830] CLARK, E. A.: Stephanus

[3399] CORBY DINNEY, P.: Gnostica

3001 COZZOLINO, C. *Il culto dei SS. Giro e Giovanni MM. in Palestina* — Salesianum 41 (1979) 111–114

3002 DAEL, PETER VAN *Purpose and Function of Decoration-Schemes in Early Christian Baptisteries.* In: *Fides Sacramenti, Sacramentum Fidei* (cf. 1981/82, 207) 113–135

3003 DUVAL, YVETTE *Loca Sanctorum Africae. Le culte des martyrs en Afrique du 4e au 7e siècle* [Collection de l'École Française de Rome 58]. Rome: École Française 1982. XVI, 818 pp.

3004 ÉTAIX, R.; VREGILLE, B. DE *Le libellus bisontin du XI.e siècle pour les fêtes de saint Étienne* — AB 100 (1982) 581–605

[1952] FAZZO, V.: Germanus Constantinopolitanus

[1948] GIGANTE, M.: Georgius Pisida

3005 JANERAS, S. *Les vespres del Divendres Sant en la tradició litúrgica de Jerusalem i de Constantinoble* — RCatT 7 (1982) 187–234

3006 ORSELLI, A. *Il santo patrono cittadino fra Tardo Antico e Alto Medioevo.* In: *La cultura in Italia* ... (cf. 1981/82, 192) 771–784

[2494] OSBORN, E.: Origenes

3007 PASQUATO, O. *Religiosità popolare e culto ai martiri, in particolare a Costantinopoli nei secc. IV–V, tra paganesimo, eresia e ortodossia* — AugR 21 (1981) 207–242

[2038] PIETRELLA, E.: Gregorius Nyssenus

[3359] SCHNEIDER, J. W.: Angeli et daemones

3008 SCHÖNBORN, CHRISTOPH OP. *Der byzantinische Bilderstreit – ein Testfall für das Verhältnis von Kirche und Kunst?* — Communio 11 (1982) 518–526

[2726] SEGALA, F.: Zeno Veronensis

3009 THIERRY, N. *Le culte de la croix dans l'empire byzantin du VIIe siècle au Xe dans ses rapports avec la guerre contre l'infidèle. Nouveaux témoinages archéologiques.* In: Miscellane Agostino Pertusi, I (cf. 1981/82, 233) 205–228

3010 VOGEL, CYRILLE *Prière ou intercession? Une ambiguité dans le culte paléochrétien des marytrs.* In: Communio Sanctorum (1981/82, 181) 284–290

3011 WILSON-KASTNER, PATRICIA *A Note on the Iconoclastic Controversy: Greek and Latin Disagreements about Matter and Deification* — AUSS 18 (1980) 139–148

V. IURIDICA, SYMBOLA

1. Generalia

[365] BECK, H.-G.: Opera ad historiam

3012 BUCCI, O. *Diritto romano, patristica latina e attività legislativa giusti-nianea. Alle origini del diritto bizantino* — Apollinaris 54 (1981) 268–304

[385] CAPUTO, T.: Opera ad historiam

[2256] CHURRUCA, J.: Isidorus Hispalensis

3013 CROUZEL, HENRI *Mariage et divorce, célibat et caractère sacerdotaux dans l'Église ancienne. Études diverses* [Études d'histoire du culte et des institutions chrétiennes 2]. Torino: Bottega d'Erasmo 1982. VII, 306 pp.

3014 DAHYOT-DOLIVET, G. *L'Église à l'époque impériale (313 à 590)* — Apollinaris 55 (1982) 846–870

3015 DELPINI, F. *Indissolubilità matrimonale e divorzio dal I al XII secolo* [ArAm 27]. Milano: Nuove Ed. Duomo 1979. 281 pp.

3016 FRAZEE, CHARLES A. *Late Roman and Byzantine Legislation on the Monastic Life from the Fourth to the Eighth Centuries* — ChH 51 (1982) 263–279

3016a GIOVANNI, L. DE *Chiesa e stato nel Codice Teodosiano. Saggio sul libro XVI.* Napoli: Tempi moderni Ed. 1980. 206 pp.

[2860] HAYBURN, R. F.: Liturgica

3017 HOCHSTETLER, DONALD DEE *A Conflict of Traditions: Consecration for Women in the Early Middle Ages* [Diss.]. Michigan State University 1981. 359 pp.

3018 KUNDEREWICZ, T. *Nauka Ojców Kościoła w przedmiocie rozporządzeń testamentowych i d rowizna na cele dobroczynne (= La dottrina dei Padri della Chiesa sulla disposizione testamentarie e donationi per le opere di beneficenza)* — PraKan 25 (1982) 309–323

[1591] LEDOYEN, H.: Benedictus

[1285] LUIS VIZCAINO, P.: Augustinus

3019 ΜΑΝΤΖΟΥΝΕΑΣ, ΕΥΑΓΓΕΛΟΣ Κ. Ἐκκλησιατικὸν Δίκαιον. Τομος Α, Γενικόν Μέρος. Ἀθῆναι: 1979. 216 σσ.

3020 ΜΑΝΤΖΟΥΝΕΑΣ, ΕΥΑΓΓΕΛΟΣ Ἐκκλησιαστικὸν ποινικὸν Δίκαιον. Ἀθῆναι: 1979. 326 σσ.

[1607] MOTTA, G.: Benedictus

[1339] ORTEGA MUÑOZ, J. F.: Augustinus

3021 PIATELLI, D. *L'offesa alla divinità negli ordinamenti giuridici del mondo antico* — MAL 21 (1977) 399–449

[2216] SCOTT, R.: Iohannes Malalas

3022 SELB, W. *Orientalisches Kirchenrecht, 1: Die Geschichte des Kirchenrechts der Nestorianer von den Anfängen bis zur Mongolenzeit* [ÖAW Phil. Hist. Kl. Sitzungsberichte 388]. Wien: Verlag der Österreichischen Akademie der Wissenschaften 1981. 233 pp.

[650] SILLI, P.: aequitas

[2268] VOLTERRA, E.: Isidorus Hispalensis

2. Concilia, acta conciliorum, canones

3023 *Éphèse et Chalcédoine. Actes des Conciles.* Trad. par A. J. FESTUGIÈRE [Textes Dossiers Docum. 7]. Paris: Beauchesne 1982. 896 pp.

3024 *The Synodicon Vetus.* Text, translation and notes by J. PARKER and J. DUFFY [Dumbarton Oaks Texts 5]. Washington: 1979. XXXII, 228 pp.

3025 ALBERIGO, G. *Descisioni dei concili ecumenici* [Classici delle religioni Sez. 4ª La rel. cattol.]. Torino: UTET 1978. 240 pp.

[347] ALONSO AVILA, A.: Opera ad historiam

[162] *Atti del Concilio internazionale sul Concilio di Aquileia del 381:* Collectanea et miscellanea

[1460] AXINIA, V.: Basilius Caesariensis

3026 BARNARD, L. W. *The council of Serdica. Some problems re-assessed* — AHC 12 (1980) 1–25

3027 BAVEL, T. VAN *La significación de Calcedonia entonces y ahora* — ConciliumM 18 (1982) 380–390

3028 BAVEL, T. VAN *La signification de Chalcédoine alors et maintenant* — ConciliumT 173 (1982) 95–104

[2566] BLÁZQUEZ, J. M.: Priscillianus

3029 BOUMIS, P. *Les prérogatives de juridiction des Trônes de Rome et de Constantinople. La signification du canon 3 du IIᵉ Concile œcuménique* [en grec] — ThAthen 53 (1982) 1084–1101

3030 CANTELAR RODRÍGUEZ, F. *Colección sinodal Lamberto de Echeverría. Catálogo* [Bibl. Salmanticensis Est. 30]. Salamanca: Univ. Pontif. 1980. 540 pp.

[3296] CAPITANI, O.: Vita christiana, monastica

3031 CASTILLO, ARCADIO DEL *Los impedimentos para el matrimonio con paganos en el Concilio de Elbira* — Hispania 42 (1982) 329–339

3032 CHADWICK, H. *The Origin of the Title 'Oecumenical Council'.* In: *History and Thought* ... (cf. 1981/82, 177) [XI]

3033 CHADWICK, H. *Faith and Order at the Council of Nicea. A note on the background of the sixth Canon.* In: *History and Thought . . .* (cf. 1981/82, 177) [XII]

3034 CHADWICK, H. *Ossius of Cordova and the Presidency of the Council of Antioch, 325.* In: *History and Thought . . .* (cf. 1981/82, 177) [X]

3035 CHRISTOU, P. *Heresies condemned by the second ecumenical Council.* In: *La signification et l'actualité du IIᵉ Concile œcuménique . . .* (cf. 1981/82, 275) 111–122

3036 CHRYSOS, E. K. *Die Akten des Konzils von Konstantinopel I (381).* In: *Romanitas-Christianitas* (cf. 1981/82, 266) 426–435

3037 CHRYSOS, E. K. *Konzilspräsident und Konzilsvorstand. Zur Frage des Vorsitzes in den Konzilien der byzantinischen Reichskirche* — AHC 11 (1979) 1–17

3038 CHURRUCA, J. DE *L'anathème du Concile de Gangres contre deux qui sous prétexte de christianisme incitent les esclaves à quitter leurs maîtres —* RHDFE 60 (1982) 261–278

[183] *I Concilio Caesaraugustano . . . :* Collectanea et miscellanea

3039 CONGAR, YVES *Pour le centenaire du concile de 381. Diversité de Dogmatique dans l'unité de Foi entre Orient et Occident* [summ. in engl.] — Irénikon 54 (1981) 25–35; 61

3040 CORTI, G. *Lo sfondo dottrinale ambrosiano del concilio del Aquileia —* AnAl 21 (1981) 43–67

3041 CRABBE, A. *The invitation list to the Council of Ephesus and Metropolitan hierarchy in the fifth century —* JThS 32 (1981) 369–400

3042 DIETEN, J. L. VAN *Synodicon vetus. Bemerkungen zu einer Neuausgabe —* AHC 12 (1980) 62–108

[975] DOIGNON, J.: Ambrosius

[2836] DUBUIS, F. O.: Theodulus Episcopus Octodurensis

3043 DUDZIAK, K. *Teologiczno-prawne idee kanonów synodu w Sardyce (= Die theologisch-rechtlichen Ideen der Konzilskanones von Sardica).* In: *Akta sympozjum patrystycznego . . .* (cf. 1981/82, 155) 337–350

3044 DUVAL, Y. M. *La présentation arienne du concile d'Aquilée de 381. À propos des Scolies ariennes sur le concile d'Aquilée par R. Gryson —* RHE 76 (1981) 317–331

3045 DUVAL, YVES-MARIE *Le sens des débats d'Aquilée pour les Nicéens: Nicée, Rimini, Aquilée —* AnAl 21 (1981) 69–97

3046 EBOROWICZ, W. *La procession du Saint Esprit d'après le IIᵉ concile œcuménique de 381 dans le cadre du magistère et de la théologie de l'époque —* Lateranum 47 (1981) 380–412

3047 FERNÁNDEZ, DOMICIANO *El Concilio de Efeso y la Maternidad divina de María —* EphMariol 31 (1981) 349–364

3048 FISCHER, J. A. *Die Konzilien zu Karthago und Rom im Jahr 251 —* AHC 11 (1979) 263–286

3049 FISCHER, J. A. *Das Konzil zu Karthago im Herbst 254 —* ZKG 93 (1982) 223–239

3050 GAZTAMBIDE, J. G.; LUMPE, A. *Bibliographie* — AHC 14 (1982) 249–256; 478–480

3051 GHARIB, G. *Il concilio di Efeso e la sua dottrina mariana* — Nicolaus 10 (1982) 75–101

3052 GIACCHERO, M. *L'atteggiamento dei concili in materia d'usura dal IV al IX secolo.* In: *Atti del IV Convegno internazionale dell'Accademia romanistica Costantiniana* (cf. 1981/82, 166) 305–365

3053 *Glaubensbekenntnis und Kirchengemeinschaft. Das Modell des Konzils von Konstantinopel (381).* Hrsg. von K. LEHMANN und W. PANNEN-BERG [Dialog der Kirchen 1]. Göttingen: Vandenhoeck und Ruprecht 1982. 126 pp.

3054 GÓRNY, J. *Aspekty społeczne synodów kartagińskich w IV i V (do 430 r.) na tle istniejących w Afryce Płn problemów społecznych (= Problemi sociali dei sinodi cartaginensi)* — StudWarm 18 (1981) 579–592

3055 GOTTLIEB, G. *Das Konzil von Aquileia (381)* — AHC 11 (1979) 287–306

3056 GRYSON, R. *La position des Ariens au Concile d'Aquilée* — AnAl 21 (1981) 135–143

3057 GRYSON, R. *Les sources au Concile d'Aquilée de 381* — AnAl 21 (1981) 31–41

[27] HAENENS, S. D': Historia patrologiae

[3215] HAUSCHILD, W. D.: Trinitas

3058 HEFELE, KARL JOSEPH VON *A History of the Councils of the Church from the Original Documents.* Translated from the German and Edited by WILLIAM ROBINSON. 5 vols. [Reprint of the Edinburgh 1883–96 edition]. New York: AMS Press 1980

3059 JOÃO PAULO II *Nas comemoraçoes dos aniversários do I Concílio de Constantinopla e do Concílio de Efeso* — ThBraga 16 (1981) 623–644

3060 ΚΑΡΑΝΙΚΟΛΑΣ, ΠΑΝΤΕΛΕΗΜΩΝ *Κλείς Ὀρθοδόξων Κανονικῶν Διατάξεων.* Ἀθῆναι: Ἔκδοσις «Ἀστήρ» 1979. XXII, 381 σσ.

3061 KARLIN-HAYTER, P. *Constantinople. Partition of an eparchy or imperial foundation?* — JÖB 30 (1981) 1–24

3062 KARWACKI, R. *Sympozjum Efeskie (= Symposium über das Konzil von Ephesus)* — STV 20 (1982) 293–296

3063 ΚΩΝΣΤΑΝΤΙΝΙΔΗΣ, ΧΡΥΣΟΣΤΟΜΟΣ Σ. *Αἱ ἱστορικοδογματικαὶ προϋποθέσεις τῆς οἰκουμενικότητος τῆς ἁγίας Β' Οἰκουμενικῆς Συνόδου* — ThAthen 52 (1981) 682–724

3064 KONSTANTINIDIS, CHR. *Les présupposés historico-dogmatiques de l'œcuménicité du IIe Concile œcuménique.* In: *La signification et l'actualité du IIe Concile œcuménique . . .* (cf. 1981/82, 275) 63–91

3065 LARENTZAKIS, G. *Das Osterfestdatum nach dem I. Ökumenischen Konzil von Nikaia (325)* — ZKTh 101 (1979) 67–78

3066 LE GUILLOU, MARIE JOSEPH *Quelques réflexions sur Constantinople III et la sotériologie de Maxime.* In: *Maximus Confessor* (cf. 1981/82, 227) 235–237

3067 L'HUILLIER, PIERRE *Le décret du Concile de chalcédoine sur les préro-gatives du siège de la Trés Sainte Église de Constantinople* — MEPRO 27 (1979) 33–69

[3241] LIÉBAERT, J.: Christologia

3068 LÓPEZ MARTÍN, JULIAN *Las celebraciones de los concilios Constantino-politano I y de Efeso en Roma* — Phase 21 (1981) 511–514

3069 LUMPE, A. *Bibliographie* — AHC 11 (1979) 242–252; 468–479

3070 LUMPE, A. *Bibliographie* — AHC 12 (1980) 464–472

3071 MADOZ, J. *Notas patrísticas al margen de algunos concilios medievales* — EE 56 (1981) 475–482

3072 MEYENDORFF, J. *The Council of 381 and the primacy of Constantinople.* In: *La signification et l'actualité du IIe Concile œcuménique* . . . (cf. 1981/82, 275) 399–413

3073 ORLANDIS, J.; RAMOS-LISSÓN, D. *Die Synoden auf der Iberischen Halbinsel bis zum Einbruch des Islam (711)* [Konziliengeschichte R. A. Darstellungen]. Paderborn: Schöningh 1981. XVII, 377 pp.

3074 ORTIZ DE URBINA, I. *Maria «Theotokos». Triunfo en Efeso (431)* — EMaria 47 (1982) 135–142

3075 OTRANTO, G. *Pardo vescovo di Salpi, non di Arpi* — VetChr 19 (1982) 159–169

3076 ΠΑΥΛΟΣ ΜΗΤΡΟΠΟΛΙΤΗΣ ΣΟΥΗΔΙΑΣ *Οἱ Πατερικοί κανόνες καὶ ἕτερα «Κανονικὰ Κείμενα» ἐν ταῖς Κανονικαῖς Συλλαγαῖς* — Kleronomia 14 (1982) 125–161

3077 PERENTIDIS, S. *L'ordination de l'esclave à Byzance. Droit officiel et conceptions populaires* — RHDFE 59 (1981) 231–248

3078 PERETTO, ELIO *L'autorità della Scrittura nel dibattito del Concilio di Aquileia* — AnAl 21 (1981) 99–124

3079 PHEIDAS, VL. *Les critères des décisions administratives du IIe Concile œcuménique.* In: *La signification et l'actualité du IIe Concile œcumé-nique* . . . (cf. 1981/82, 275) 385–398

3080 PLAZA, A. J. *1550 aniversario del Concilio de Efeso* — UBA 59 (1981) 9–18

[1913] POLLARD, T. E.: Eusebius Caesariensis

[3274] POOS, A.: Mariologia

3081 RAMOS-LISSÓN, D. *Communio y recepción de cánones conciliare de los sínodos hispánicos en los siglos IV y V* — AHC 12 (1980) 26–37

3082 RIEDINGER, RUDOLF *Die Lateransynode von 649 und Maximus der Bekenner.* In: *Maximus Confessor* (cf. 1981/82, 227) 111–121

3083 RIEDINGER, R. *Die lateinischen Handschriften der Akten des VI. Konzils (680/681) und die Unzialkorrekturen im Cod. Vat. Regin. Lat. 1040* — RöHM 22 (1980) 37–49

3084 RIEDINGER, R. *Sprachschichten in der lateinischen Übersetzung der Lateranakten von 649* — ZKG 92 (1981) 180–203

3085 RITSCHL, D. *Warum wir Konzilien feiern. Konstantinopel 381* — ThZ 38 (1982) 213–225

3086 RITTER, A. M. *Die Einberufung des Konzils in seinem geschichtlich-lehrmässigen Zusammenhang.* In: *La signification et l'actualité du IIe Concile œcuménique* . . . (cf. 1981/82, 275) 31–42

3087 RITTER, A. M. *Das Konzil von Konstantinopel (381) in seiner und unserer Zeit* — ThPh 56 (1981) 321–334

3088 RITTER, A. M. *Das II. Ökumenische Konzil und seine Rezeption: Stand der Forschung.* In: *La signification et l'actualité du IIe Concile œcuméni-que* . . . (cf. 1981/82, 275) 43–62

3089 RITTER, A. M. *Il secondo Concilio ecumenice* (Costantinopoli, 381) *e la sua ricezione; stato della ricerca* — CrSt 2 (1981) 341–365

3090 RODOPOULOS, P. *Primacy of honour and jurisdiction (Canons two and three of the second ecumenical Synod).* In: *La signification et l'actualité du IIe Concile œcuménique* . . . (cf. 1981/82, 275) 377–384

3091 SALACHAS, D. *La legislazione della Chiesa antica a proposito delle diverse categorie di eretici* — Nicolaus 9 (1981) 315–347

3092 SCHOENBORN, C. *681–1981: ein vergessenes Konziljubiläum. Eine ver-säumte ökumenische Chance* — FZPT 39 (1982) 157–174

3093 *Schreiben von Papst Johannes Paul II. an den Episkopat der Katholischen Kirche zur 1600-Jahrfeier des I. Konzils von Konstantinopel und zur 1550-Jahrfeier des Konzils von Ephesus: 25. März 1981.* Ed. Sekretariat der Deutschen Bischofskonferenz. Bonn: Sekretariat d. Dt. Bischofs-konferenz 1981. 15 pp.

[275] *La signification et l'actualité du IIe Concile œcuménique* . . .*:* Collecta-nea et miscellanea

3094 SLENCZKA, R. *Das ökumenische Konzil von Konstantinopel und seine ökumenische Geltung heute.* In: *La signification et l'actualité du IIe Concile œcuménique* . . . (cf. 1981/82, 275) 417–429

3095 SPEIGL, J. *Die Synode von Heraklea 515* — AHC 12 (1980) 47–61

3096 STOCKMEIER, P. *Das Konzil von Chalkedon* — FZPT 39 (1982) 140–156

3097 TAVANO, S. *Una pagina degli Scolia Ariani. La sede e il clima del Concilio* — AnAl 21 (1981) 145–165

3098 TAYLOR, J. *The first Council of Constantinople (381)* — Prudentia 13 (1981) 47–54; 91–97

3099 THERAIOS, D. *Le Concile de 381 dans son contexte culturel et philoso-phique.* In: *La signification et l'actualité du IIe Concile œcuménique* . . . (cf. 1981/82, 275) 123–135

3100 VOGT, HERMANN JOSEF *Konzilsjubiläen im Jahre 1981* — AHC 14 (1982) 257–270

3101 WILLEBRANDS, J. *Le Concile de Constantinople de 381, IIe œcuméni-que: son importance et son actualité.* In: *La signification et l'actualité du IIe Concile œcuménique* . . . (cf. 1981/82, 275) 93–110

3102 WILLEBRANDS, JEAN *Le Concile de Constantinople de 381. IIe œcumé-nique: Son importance et son actualité* — Irénikon 54 (1981) 163–191

[640] WINKELMANN, F.: αἵρεσις

3103 WOJTOWYTSCH, MYRON *Papsttum und Konzilien von den Anfängen bis zu Leo I. (440–461). Studien zur Entstehung der Überordnung des Papstes über die Konzile* [Päpste und Papsttum 17]. Stuttgart: Hiersemann 1981. XII, 468 pp.

3. Ius canonicum, hierarchia, disciplina ecclesiastica

[2902] ADNÈS, P.: Missa, sacramenta, sacramentalia

  [348] AMBAUM, J.: Opera ad historiam

   [86] ΑΝΑΣΤΑΣΙΟΥ, I. E.: Bibliographica

3104 BARNETT, J. M. *The diaconate – a full and equal order. A comprehensive and critical study of the Origin, Developement and Decline of the diaconate in the context of the church's total ministry and a proposal for renewal.* New York: Seabury Press 1981. XVI, 230 pp.

3105 BAUER, JOHANNES B. *Die Bischofswahl gestern, heute, morgen* – TPQS 129 (1981) 248–254

3106 BERMEJO, LUIS M. *Jurisdictional primacy by divine right: a moot question* – BijFTh 40 (1979) 265–293

3107 BERNAL, JOSÉ MANUEL *La identidad del ministerio sacerdotal desde los rituales de ordenación. Balance histórico* – Phase 21 (1981) 203–222

[1471] BONIS, K. G.: Basilius Caesariensis

3108 CHADWICK, H. *The Circle and the Ellipse. Rival Concepts of Authority in the Early church.* In: *History and Thought* ... (cf. 1981/82, 177) [I]

3109 COCHINI, CHRISTIAN *Origines apostoliques du célibat sacerdotal.* Préf. du PÈRE A. STICKLER. Paris: Lethielleux; Namur: Culture et Vérité 1981. 479 pp.

[3041] CRABBE, A.: Concilia, acta conciliorum, canones

3110 CUNNINGHAM, A. *Desarrollo de las formas eclesiales en el período postapostólico* – ConciliumM 17 (1981) 61–71

[2128] DUPUY, B.: Ignatius Antiochenus

[1203] EBOROWICZ, W.: Augustinus

3111 ENO, R. B. *Le ministère presbytéral et les autres ministères au temps des Pères de l'Église* – Bulletin de St. Sulpice 6 (1980) 146–164

  [198] *Episcopale munus ...:* Collectanea et miscellanea

3112 FEDWICK, P. J. *The function of the Προεστώς in the earliest christian κοινωνία* – RThAM 48 (1981) 5–13

3113 FERNÁNDEZ, AURELIO *La pluralidad de oficios ministeriales y el origen de la jurisdicción eclesiástica en las primeras colecciones Canónicas* – StOv 9 (1981) 101–116

3114 FEUILLET, A. *L'évêque intendant et pasteur et le Christ pasteur et grand prêtre de la Nouvelle Alliance.* In: *Episcopale munus. Recueil Gijsen* (cf. 1981/82, 198) 1–31

3115 GHERARDINI, B. *Il vescovo, maestro e difensore della fede.* In: *Episco-pale munus. Recueil Gijsen* (cf. 1981/82, 198) 32–62

[2262] GONZÁLEZ MARTIN, M.: Isidorus Hispalensis

[24] GRYSON, R.: Historia patrologiae

3116 GUERRA GÓMEZ, MANUEL *Los nombres del Papa. Estudio filológico-teológico de varios nombres del Papa en los primeros siglos del cristia-nismo* [Teología del Sacerdocio, 15. Facultad teológica del Norte de España. Sede de Burgos]. Burgos: Ediciones Aldecoa 1982. 522 pp.

[430] GUERRA GÓMEZ, M.: Opera ad historiam

[448] IRVIN, D.: Opera ad historiam

3117 JAY, ERIC G. *From Presbyter-bishops to Bishops and Presbyters: Chris-tian Ministry in the Second Century: A Survey* — SecCent 1 (1981) 125–162

[659] KAJANTO, I.: pontifex

3118 KUPIEC, K. *Elementy teologii metrolpolii i synodu prowincjalneto w świetle rozwoju struktur Kościoła starożytnego* (= *Elements of metro-polis-theology and of the provincial synod in light of the development of structures in the ancient Church*). In: *Akta sympozjum patrystycznego . . .* (cf. 1981/82, 155) 313–336

[477] LESCRAUWAET, J. F.: Opera ad historiam

3119 LUTTENBERGER, G. H. *The decline of presbyteral collegiality and the growth of the individualization of the priesthood (4th–5th century)* — RThAM 48 (1981) 14–58

3120 MARANTONIO SGUERZO, E. *I delitti contro la fede nell'ordinamento canonico (secc. I–V).* Milano: Giuffrè 1979. 202 pp.

[2132] MEES, M.: Ignatius Antiochenus

3121 MONTAN, A. *Alle origini della disciplina matrimoniale canonica* — Apollinaris 54 (1981) 151–182

3122 MORDEK, H. *Il diritto canonico fra tardo Antico e Altomedioevo. La svolta dionisiana nella canonistica.* In: *La cultura in Italia . . .* (cf. 1981/82, 192) 149–164

[2489] NASIŁOWSKI, K.: Origenes

3123 NASIŁOWSKI, K. *Ocena prawna ustanowienia duchownych schizmatyc-kich i heretyckich w świetle źródeł kościelnych od III do V w.* (= *De insti-tuti sacerdotalis schismaticorum et haereticorum vi iuridica ex sententia fontium ecclesiasticorum saeculi III–V explicata*) — PraKan 25 (1982) 9–78

3124 OTRANTO, G. *Note sul sacerdozio femminile nell'antichità in margine a una testimonianza di Gelasio I* — VetChr 19 (1982) 341–360

[3074] OTRANTO, G.: Concilia, acta conciliorum, canones

3125 PAVERD, F. VAN DER *Disciplinarian procedures in the early Church* — AugR 21 (1981) 291–316

3126 PLATHOW, MICHAEL *Successio apostolica. Zum dogmatischen Gespräch über die apostolische Sukzession nach dem Memorandum der Ökumeni-schen Universitätsinstitute* — KuD 24 (1978) 53–76

3127 POKUSA, JOSEPH WILLIAM *A Canonical-Historical Study of the Diaco-nate in the Western Church*. [J. C. D. Dissertation]. The Catholic Univ. of America 1979. 387 pp.

3128 RAMOS-LISSÓN, D. *El «pastorale munus» en los padres latinos: Cip-riano, Ambrosio y Agustín*. In: *Episcopale munus. Recueil Gijsen* (cf. 1981/82, 198) 262–286

3129 RAND, LAURENCE *Ordination of Women to the Diaconate* — Communio (US) 8 (1981) 370–383

3130 RICHARDS, JEFFREY *The Popes and the Papacy in the Early Middle Ages, 476-752*. Boston: Routledge and Kegan Paul 1979. VIII, 422 pp.

[533] SCHEFFCZYK, L.: Opera ad historiam

3131 SCHILLEBEECKX, E. *Kerkelijk ambt. Voorgangers in de gemeente van Jezus Christus*. Bloemendaal: Nelissen 1980. 195 pp.

3132 SCHINDLER, JUDY *The Rise of One-Bishop Rule in the Early Church: A Study in the Writings of Ignatius and Cyprian* — BaptRefR 10 (1981) 3–9

[1979] SERENTHA, L.: Gregorius Magnus

3133 TWOMEY, VINCENT *Apostolicos Thronos. The Primacy of Rome as reflected in the Church History of Eusebius and the historico-apologetic writings of Saint Athanasius the Great* [MBTh 49]. Münster: Aschen-dorff 1982. IX, 623 pp.

3134 VOGEL, C. *Primatialité et synodalité dans l'Église locale durant la période anténicéenne*. In: *Aspects de l'orthodoxie* (cf. 1981/82, 160) 53–66

3135 WILLIAMS, GEORGE *The Ministry of the Ante-Nicene Church; The Ministry in the Patristic Period*. In: *The Ministry in Historical Perspec-tives*. Ed. H. RICHARD NIEBUHR and DANIEL D. WILLIAMS [Re-print]. New York: Harper's 1982. 384 pp.

3136 WIPSZYCKA, E. *Patriarcha aleksandryjski i jego biskupi IV-VII w. (= Le patriarche d'Alexandrie et ses éveques IV-VII siècles)* — PrzHi 73 (1982) 177–194

[3103] WOJTOWYTSCH, M.: Concilia, acta conciliorum, canones

4. Symbola

[2655] COUNTRYMAN, L. W.: Tertullianus

3137 ΦΑΡΑΝΤΟΣ, ΜΕΓΑΣ *Δογματικαί τινες παρατηρήσεις ἐπὶ τοῦ Συμβόλου Νικαίας-Κωνσταντινουπόλεως* — ThAthen 52 (1981) 725–753

3138 GONZÁLEZ DE CARDEDAL, O. e. a. *El credo de los cristianos*. Madrid: Editorial Narcea 1982. 176 pp.

3139 HERON, ALASDAIR *The Filioque Clause*. In: *One God in Trinity*. Ed. by P. TOON. Westchester, Illinois: Cornerstone Books (1980) 62–77

3140 HINSON, E. GLENN *Confessions or Creeds in Early Christian Tradition* – ReExp 7 (1979) 5–16

3141 *The Incarnation: ecumenical studies in the Nicene-Constantinopolitan Creed. A. D. 381.* Edinburgh: Handsel 1981. XXII, 180 pp.

3142 KANNENGIESSER, CHARLES *Nicaea 325 in the History of Christendom* [tr. by P. BURNS]. In: *An Ecumenical Confession of Faith?* Ed. by H. KÜNG. New York: Seabury Press (1979) 27–35

3143 KARMIRIS, I. *The second ecumenical Council and its Credo.* In: *La signification et l'actualité du IIe Concile œcuménique . . .* (cf. 1981/82, 275) 193–197

3144 *Der Lobpreis des Dreieinigen Gottes im Heiligen Geist. 1600 Jahre Bekenntnis von Nicäa-Konstantinopel.* Hrsg.: Evangelische Akademie Tutzing. Verantwortl.: CLAUS-JÜRGEN ROEPKE. Red.: JOHANNES WEISS [Tutzinger Studien 1982, Nr. 2]. Tutzing: Evangel. Akad. 1981. 118 pp.

3145 MATTHEWS, R. J. H. *A linguistic commentary on the Niceo-Constantinopolitan creed* – Prudentia 14 (1982) 23–37

3146 MEREDITH, A. *The pneumatology of the Cappadocian Fathers and the Creed of Constantinople* – ITQ 48 (1981) 196–211

3147 PINNOCK, CLARK H. *Chalcedon: A. Creed to Touch Off Christmas* – ChrToday December 12 (1980) 24–27

3148 PINTAUDI, R. *Il simbolo niceno-costantinopolitano in un papiro del museo Egiziano del Cairo* – ZPE 41 (1981) 283–286

[1882] RIGGI, C.: Epiphanius

[3247] RORDORF, W.: Christologia

3149 SCHLINK, E. *Die biblische Grundlage des Glaubensbekenntnisses des 2. ökumenischen Konzils 381.* In: *La signification et l'actualité du IIe Concile œcuménique . . .* (cf. 1981/82, 275) 139–153

3150 SCHNEEMELCHER, W. *Die Entstehung des Glaubensbekenntnisses von Konstantinopel (381).* In: *La signification et l'actualité du IIe Concile œcuménique . . .* (cf. 1981/82, 275) 175–191

3151 SCHULTZE, B. *Die Pneumatologie des Symbols von Konstantinopel als abschließende Formulierung der griechischen Theologie (381-1981)* – OrChrP 47 (1981) 5–54

3152 SMULDERS, P. *Belijdenis en leer.* In: *Saecula saeculorum. Opstellen Mönnich* (cf. 1981/82, 267) 231–241

3153 SMULDERS, P. *"God Father All-Sovereign". New Testament use, the Creeds and the liturgy: An acclamation? Some riddles in the Apostles' Creed III* – BijFTh 41 (1980) 3–15

3154 STAATS, R. *The Nicene-Constantinopolitan Creed as a foundation for Church Unity? Protestant thoughts on its centenary, 1981* – ITQ 48 (1981) 212–227

3155 STYLIANOPOULOS, TH. *The biblical background of the article on the Holy Spirit in the constantinopolitan Creed.* In: *La signification et l'actualité du IIe Concile œcuménique . . .* (cf. 1981/82, 275) 155–173

3156 SUTTNER, ERNST CHRISTOPH *Das nizäo-konstaninopeler Glaubensbe-kenntnis und unser Dialog mit der orthodoxen Kirche* — TPQS 129 (1981) 317–327

VI. DOCTRINA AUCTORUM ET HISTORIA DOGMATUM

1. Generalia

3157 ADAM, ALFRED *Lehrbuch der Dogmengeschichte, I: Die Zeit der Alten Kirche* [4. Auflage]. Gütersloh: Mohn 1981. 408 pp.

3158 BEYER, HANS-VEIT *Die Lichtlehre der Mönche des vierzehnten und des vierten Jahrhunderts, erörtert am Beispiel des Gregorius Sinaites, des Euagrios Pontikos und des Ps.-Makarios/Symeon* — JÖB 31/2 (1981) 473–512

3159 BEYSCHLAG, KARLMANN *Grundriß der Dogmengeschichte. Bd. 1: Gott und Welt.* Darmstadt: Wissenschaftliche Buchgesellschaft 1982. XVIII, 284 pp.

3160 BØRRESEN, K. E. *L'usage patristique de métaphores féminines dans le discours sur Dieu* — RThL 13 (1982) 205–220

3161 CHAPMAN, MATTHEW G. and ABBOT CHRYSOSTOMUS *Scripture and Tradition in the Orthodox Church: The Early Church Witness* — Diak 14.3 (1979) 213–223

3162 CUNNINGHAM, AGNES *The Early Church and the State* [Sources of Early Christian Thought, vol. 4]. Philadelphia: Fortress Press 1982. VIII, 117 pp.

3163 DE VYVER, JANE MERRIAM *The Skēnē a Universal Symbol of the Divine Presence: Perspectives on the Form and Function of a Symbol* [Diss.]. Michigan State University 1982. 266 pp.

3164 DOHERTY, DENNIS J. *The Tradition in History.* In: *Dimensions of Human Sexuality.* Ed. D. DOHERTY. Carden City, N.Y.: Doubleday (1979) 39–78

3165 ENO, R. B. *Some Elements in the Pre-History of Papal Infallibility.* In: *Teaching Authority and Infallibility in the Church.* Minneapolis: Augsburg Publishing House (1980) 238–258; 344–351

3166 ENO, ROBERT B. *Consensus and Doctrine: Three Ancient Views* — ÉgliseTh 9 (1978) 473–483

3167 GAGER, JOHN G. *Bodysymbols and social reality: resurrection, incarnation and ascetism in early Christianity* — Religion 12 (1982) 345–365

3168 GRANT, ROBERT M. *The Problem of Miraculous Feedings in the Graeco-*

Roman World [Protocol Series 42]. Berkeley: Center for Hermeneutical Studies 1982.

3169 GREEN, ROGER J. *References to Holiness Teaching in the Patristic Writings.* In: *Heritage of Holiness,* by B. TRIPP et al. New York: Salvation Army (1977) 19–31

3170 GROSSI, V. *La ricerca cristiana della verità nel sec. III. Problemi di metodo.* In: *Parola e spirito* (cf. 1981/82, 245) 833–846

3171 *Handbuch der Dogmengeschichte und Theologiegeschichte, I: Die Lehrentwicklung im Rahmen der Katholizität.* Hrsg. von CARL ANDRESEN. Göttingen: Vandenhoeck & Ruprecht 1981. 700 pp.

3172 HANSON, R. P. C. *The Continuity of Christian Doctrine.* New York: Seabury Press 1981. XI, 97 pp.

3173 HARNACK, ADOLF VON *Militia Christi: The Christian Religion and the Military in the First Three Centuries.* Trans. DAVID MCINNES GRACIE. Philadelphia: Fortress Press 1981. 112 pp.

3174 HAUSHERR, I. *Penthos. The doctrine of Compunction in the Christian East.* Transl. by A. HUFSTADER [CSC 53]. Kalamazoo: Cistercian Publ. 1982. X, 200 pp.

3175 HAUSHERR, IRENÉE *The Name of Jesus.* Tr. by CHARLES CUMMINGS [Cistercian Studies 44]. Kalamazoo, Michigan: Cistercian Publications 1978. VII, 358 pp.

3176 HORNUS, J. M. *It is not lawful for me to fight. Early Christian attitudes toward war, violence and the state.* Rev. ed., transl. by A. KREIDER and O. COBURN. Scottdale, Penn.: Herald Press 1980. 372 pp.

3177 JUNOD, E. *Observations sur la régulation de la foi dans l'Église des IIe et IIIe siècles* [Le Supplément 133]. Paris: Éd. du Cerf 1980. 195–213

3178 LAMPE, G. W. H. *"Christian Theology in the Patristic Period."* In: *A History of Christian Doctrine.* Ed. H. CUNLIFF-JONES. Philadelphia: Fortress Press (1978) 23–180

3179 MAGASZ, WALTER *Tradition – zur Herkunft eines rechtlichen und literarischen Begriffs –* Kairos 24 (1982) 110–120

3180 MARTIKAINEN, J. *Gerechtigkeit und Güte Gottes; Studien zur Theologie von Ephraem dem Syrer und Philoxenos von Mabbug* [GöO 20]. Wiesbaden: Harrassowitz 1981. XI, 242 pp.

[49] MEIJERING, E. P.: Historia patrologiae

3181 MOLNÁR, A. *Pohyb teologického myšlení (Bewegung des theologischen Denkens – Lehrbuch der Dogmengeschichte)* [Comenius-Fakultät-Kalich]. Prag: 1982. 440 pp.

3182 ORBE, A. *Sobre los inicios de la Teología –* EE 56 (1981) 689–704

3183 OSBORN, ERIC *The Love Command in Second Century Christian Writing –* SecCent 1 (1981) 223–244

3184 OSTERHAVEN, MAURICE EUGENE *The faith of the Church. A Reformed perspective on its historical development.* Grand Rapids, Mich.: Eerdmans 1982. XIII, 248 pp.

3185 PARVIS, PAUL *The Teaching of the Fathers: Proclaiming the Mystery of Faith* — Clergy 67 (1982) 171–173

3186 PARVIS, PAUL *The Teaching of the Fathers: Preaching Things Old and New* — Clergy 67 (1982) 430–432

[933] PHIPPS, W. E.: Auctores

3187 PRINCIPE, W. H. *Introduction to patristic and medieval theology* [2. Auflage]. Toronto: Pontifical Institute of Medieval Studies 1982. 316 pp.

3188 RAHNER, H. *Chiesa e struttura politica nel cristianesimo primitivo. Documenti della Chiesa nei primi otto secoli.* Milano: Jaca Book 1979. 304 pp.

3189 RORDORF, WILLY; SCHNEIDER, ANDRÉ *L'évolution du concept de tradition dans l'Église ancienne* [TC 5]. Berne-Francfort: P. Lang 1982. XXXII, 208 pp.

3190 SPEYER, WOLFGANG *Das Weiblich-Mütterliche im christlichen Gottesbild* — Kairos 24 (1982) 151–158

3191 TRILLING, W. *Bemerkungen zum Thema Frühkatholizismus. Eine Skizze* — CrSt 2 (1981) 329–340

3192 TURNER, HENRY ERNEST WILLIAM *The Pattern of Christian Truth: A Study in the Relations between Orthodoxy and Heresy in the Early Church* [Bampton Lectures 1954]. (Reprint ed.). New York: AMS Press 1980

3193 WEINRICH, WILLIAM C. *Spirit and Martyrdom: A Study in the Work of the Holy Spirit in Contexts of Persecution and Martyrdom in the New Testament and Early Christian Literature.* Lanham, Maryland: University Press of America 1981. XIV, 320 pp.

3194 WENDEBOURG, DOROTHEA *Geist oder Energie. Zur Frage der innergöttlichen Verankerung des christlichen Lebens in der byzantinischen Theologie.* [Münchener Universitätsschriften, Fachbereich ev. Theologie. Münchener Monographien zur historischen und systematischen Theologie 4]. München: Chr. Kaiser 1980. 256 pp.

3194a YOUNG, FRANCES *God: an Essay in Patristic Theology* — ModCh 24 (1981) 149–165

2. Singula capita historiae dogmatum

a) Religio, revelatio

3195 ARMSTRONG, A. H. *Gottesschau (Visio beatifica)* — RAC 12 (1981) 1–19

[2650] BALFOUR, I. L. S.: Tertullianus

[1129] BELL, D. N.: Augustinus

[2230] BENOÎT, A.: Irenaeus
[1989] CATALDO, A.: Gregorius Nazianzenus
[1163] CAVADINI, J. C.: Augustinus
3196 CAZIER, P. *Théorie et pédagogie de la religion populaire dans l'antiquité tardive. Augustin, Grégoire le Grand, Isidore de Séville.* In: *La religion populaire. Aspects du christianisme populaire à travers l'histoire.* Lille: Centre interdisciplinaire d'étude des religions de l'Université de Lille III (1981) 11–27
[1178] CROSSON, F. J.: Augustinus
3197 FERNÁNDEZ MARCOS, N. *La religión judía vista por los autores griegos y latinos* – Sefarad 41 (1981) 3–25
[1220] FLETEREN, F. VAN: Augustinus
3198 FREIRE, ANTONIO *Valores teísticos helénicos* – RaPortFilos 38 (1982) 186–218
[3426] GARCÍA BAZÁN, F.: Gnostica
[1496] HUBANČEW, A.: Basilius Caesariensis
3199 JAUBERT, A. *Gottesbund* – RAC 11 (1981) 977–996
[1306] MEAD, E.: Augustinus
3200 MILLER, D. L. *Imaginings no end; the poetry of religion and myth* – ErJb 56 (1977) 451–499
[2487] MONACI, A.: Origenes
[1325] NORONHA GALVÃO, H. DE: Augustinus
[2243] PERETTO, E.: Irenaeus
[2244] ROBINSON, CH. K.: Irenaeus
3201 SCHULTZE, B. *Zur Gotteserkenntnis in der griechischen Patristik* [rés. en angl.] – Greg 63 (1982) 525–558
3202 VERMANDER, J. M. *La polémique des Apologistes latins contre les dieux du paganisme* – RechAug 17 (1982) 3–128

b) Creatio, providentia

[3393] CERUTTI, M. V.: Gnostica
[1475] CLAPSIS, E.: Basilius Caesariensis
[2356] CROCE, V.; VALENTE, B.: Maximus Confessor
[1065] HAMILTON, A.: Athanasius
[1247] HARBER, J. D.: Augustinus
[2466] HARL, M.: Origenes
[2240] HICK, J. H.: Irenaeus
[984] JOHNSON, J. F.: Ambrosius
[1292] MAHER, J. P.: Augustinus
[1680] MAURO, L.: Boethius
[2183] MOUTSOPOULOS, E.: Iohannes Chrysostomus
[1323] NIKKEL, D. H.: Augustinus

[601] O'BRIEN, D.: Philosophica
[2039] PISI, P.: Gregorius Nyssenus
[2372] RADOSLAVLJEVIC, A.: Maximus Confessor
[2500] RĂDUCĂ, V.: Origenes
[942] SANCHEZ SALOR, E.: Auctores
[2505] SFAMENI GASPARRO, G.: Origenes
[1534] ZAÑARTU U., S.: Basilius Caesariensis
  3203 ZAÑARTU U., SERGIO *El origen del universo y del hombre según Filón de Alejandría en su libro De Opificio Mundi* — TyV 22 (1981) 31–50

c) Trinitas

  3204 ABRAMOWSKI, LUISE *Dionys von Rom († 268) und Dionys von Alexandrien († 264/5) in den arianischen Streitigkeiten des 4. Jahrhunderts* — ZKG 93 (1982) 240–272
[2693] ANESI, G.: Theognostus Alexandrinus
  3205 ARANDA, ANTONIO *Santo Tomás frente a Sabelio. Un modelo de refutación teológica* — ScTh 13 (1981) 269–276
  3206 BACKUS, IRENA *Influence of some Patristic Notions of* substantia *and* essentia *on the Trinitarian Theology of Brenz and Bucer (1528)* — ThZ 37 (1981) 65–70
[1863] BECK, E.: Ephraem Syrus
  3207 BELLINI, E. *Lo Spirito Santo vicario di Cristo nei Padri Latini* — Nicolaus 8 (1980) 267–276
[1465] BOBRINSKOY, B.: Basilius Caesariensis
  3208 BRAY, GERALD L. *The Patristic Dogma.* In: *One God in Trinity.* Ed. P. TOON. Westchester, Ill.: Cornerstone Books (1980) 42–61
[1163] CAVADINI, J. C.: Augustinus
  3209 CONGAR, YVES *Le monotheisme politique de l'Antiquité et le Dieu Trinité* — ConciliumP 163 (1981) 51–58
  3210 CONGAR, Y. *El monoteismo político de la Antigüedad y el Dios Trino* — ConciliumM 17 (1981) 353–362
[2233] CZĘSZ, B.: Irenaeus
  3211 DATTRINO, L. *Sanctus Spiritus de unita natura est* — Lateranum 47 (1981) 356–379
[1182] DESEILLE, P.: Augustinus
[2312] DOMINGUEZ DEL VAL, U.: Leander Hispalensis
[1481] DRAGULIN, GH.: Basilius Caesariensis
[3046] EBOROWICZ, W.: Concilia, acta conciliorum, canones
  3213 FATULA, MARY ANN *The eternal relation between son and spirit in Eastern and Western trinitarian Theology.* London: University Microfilms Int. 1981. 318 pp.
  3214 GARRIGUES, J.-M. *L'Esprit qui dit «Père»! L'Esprit-Saint dans la vie*

trinitaire et le problème du Filioque. Paris: Librairie P. Téqui 1982.
128 pp.

[2357] GARRIGUES, J.-M.: Maximus Confessor
[1877] GIANOTTO, C.: Epiphanius
[2101] GRANADO, C.: Hilarius Pictaviensis
[2237] GRANADO, C.: Irenaeus
[2421] GRANADO, C.: Novatianus
[1246] HANKEY, W. J.: Augustinus
[1673] HANKEY, W. J.: Boethius
  3215 HAUSCHILD, W. D. *Die Trinitätslehre des Konzils von Konstantinopel
        und die Situation der Kirche im 4. Jahrhundert.* In: *La signification et
        l'actualité du IIe Concile œcuménique* ... (cf. 1981/82, 275) 213–234
[2632] HAYKIN, M. A. G.: Silvanus Episcopus Tarsensis
[2358] HEINZER, F.: Maximus Confessor
[1995] HUSSEY, M. E.: Gregorius Nazianzenus
[1500] JEVTIĆ, A.: Basilius Caesariensis
[1501] JEVTIĆ, A.: Basilius Caesariensis
[1066] KANNENGIESSER, CH.: Athanasius
 [457] KEITH, G. A.: Opera ad historiam
[1674] LEONARDI, C.: Boethius
  [43] LIENHARD, J. T.: Historia patrologiae
[1514] LUISLAMPE, P.: Basilius Caesariensis
  3216 MACKEY, J. P. *The Holy Spirit: relativising the divergent approaches of
        East and West* — ITQ 48 (1981) 256–267
  3217 MANNA, S. *Lo spirito Santo come dono fatto alla chiesa* — Nicolaus 8
        (1980) 311–321
  3218 MARGERIE, BERTRAND DE *The Christian Trinity in history.* Transl. by
        E. J. FORTMAN [Studies in historical theology Vol. 1]. Still River,
        Mass.: St. Bede's Publ. 1982. XXII, 387 pp.
[2334] *Marius Victorinus. Theological Treatises on the Trinity.:* Marius Victo-
        rinus
[2061] MEES, M.: Hermae Pastor
[3146] MEREDITH, A.: Symbola
[2664] MORENO DE VEGA, M. A.: Tertullianus
[1851] MUÑIZ RODRÍGUEZ, V.: Pseudo-Dionysius Areopagita
  3219 NEWMAN, J. H. *Gli Ariani del IV secolo.* Trad. di M. RANCHETTI,
        introd. di E. BELLINI: Opere di J. H. NEWMAN [Gia e non ancora 74].
        Milano: Jaca Book; Brescia: Morcelliana 1981. XLII, 372 pp.
[1333] O'LEARY, J. S.: Augustinus
 [602] O'MEARA, D. J.: Philosophica
[1352] PINTARIČ, D.: Augustinus
[2369] PIRET, P.: Maximus Confessor
  3220 QUACQUARELLI, A. *Catechesi liturgica e iconologica alla Trinità nei
        primi secoli. Gammadia (lettera cristologica) Γ* — VetChr 18 (1981) 5–32

3221 QUACQUARELLI, ANTONIO *Catequesis litúrgica e iconológica sobre la Trinidad en los primeros siglos* — ETrin 15 (1981) 289–306
[3257] RIES, J.: Soteriologia
3222 RITTER, A. M. *The Dogma of Constantinople (381) and its reception within the Churches of the Reformation* — ITQ 48 (1981) 228–232
[2289] RODRÍGUEZ, A. E.: Iustinus Martyr
[2503] ROWE, N. J.: Origenes
[3151] SCHULTZE, B.: Symbola
[1527] SCHULZ, H.-J.: Basilius Caesariensis
3223 SIMONETTI, M. *Il regresso della teologia dello Spirito Santo in Occidente dopo Tertulliano* — AugR 20 (1980) 655–669
[1530] STANILOAE, D.: Basilius Caesariensis
3224 STUDER, B. *Der Person-Begriff in der frühen kirchenamtlichen Trinitäts-lehre* — ThPh 56 (1982) 161–177
[1009] UTHEMANN, K. H.: Anastasius Antiochenus

d) Christologia

[150] ABRAMOWSKI, L.: Collectanea et miscellanea
[2109] ABRAMOWSKI, L.: Hippolytus Romanus
3225 ALVES DE SOUSA, P. G. *Melquisedec y Jesucristo. Estudio de Gen 14, 8 y Ps 110, 4 en la literatura patrística hasta el siglo III* — AugR 22 (1982) 271–284
[2314] ARENS, H.: Leo Magnus
[3543] BASEVI, C.: Specialia in Vetus Testamentum
[2437] BLANC, C.: Origenes
3226 BURINI, C. *Cristologia e catechesi patristica* — Benedictina 29 (1982) 247–253
[2092] BURNS, B. C.: Hilarius Pictaviensis
3227 CHADWICK, H. *Eucharist and Christology in the Nestorian Controversy.* In: *History and Thought . . .* (cf. 1981/82, 177) [XVI]
3228 CIARLANTINI, PRIMO *La mediación de Cristo en la patrística* — RAgEsp 23 (1982) 325–379
[1168] CILLERUELO, L.: Augustinus
3229 CONGAR, Y. *Doctrines christologiques et théologie de l'eucharistie (Sim-ples notes)* — RSPhTh 66 (1982) 233–244
[974] COPPA, G.: Ambrosius
3230 CRAWFORD, R. G. *The Relation of the Divinity and the Humanity in Christ* — EvangQ 53 (1981) 237–240
[190] *Cristo nei Padri . . .:* Collectanea et miscellanea
3231 *Cristologia e catechesi patristica, II.* Ed. a cura di S. FELICI [Bibl. di sc. rel. 42]. Roma: Libr. Ateneo Salesiano 1981. 198 pp.
3232 *La cristologia nei Padri della Chiesa* [Quaderno 1]. Roma: Ed. Academia Card. Bessarionis 1979. 170 pp.

[2447] CROUZEL, H.: Origenes
[2448] CROUZEL, H.: Origenes
[2095] DOIGNON, J.: Hilarius Pictaviensis
[1756] DRĄCZKOWSKI, F.: Clemens Alexandrinus
[3411] EVANS, C. A.: Gnostica
[2249] FEGHALI, P.: Isaac Antiochenus
3233 FONTAINE, RAYMOND *Faut-il parler d'un «monophysisme» arménien?* — Istina 27 (1982) 359
3234 FRIVOLD, LEIF *The incarnation. A study of the doctrine of the incarnation in the Armenian Church in the 5th and 6th century according to the Book of letters.* Oslo: Universitetsforl. 1981. 236 pp.
[2458] GALLAGHER, E. V.: Origenes
[2332] GRIBOMONT, J.: Marcus Eremita
3235 GRILLMEIER, A. *Gottmensch III (Patristik)* — RAC 12 (1982) 312–366
3236 GUSTEMS I GUSTEMS, J. *Los símbolos de Jesuchristo en la antigüedad cristiana.* Barcelona: Balmes 1982. 249 pp.
3237 HALLEUX, A. DE *Die Genealogie des Nestorianismus nach der frühmonophysitischen Theologie* — OrChr 66 (1982) 1–15
[2358] HEINZER, F.: Maximus Confessor
3238 KAISER, PHILIPP *Das Wissen Jesu Christi in der lateinischen (westlichen) Theologie* [Eichstätter Studien 14]. Regensburg: Pustet 1981. 336 pp.
3239 KANNENGIESSER, CHARLES *Holy Scripture and Hellenistic Hermeneutics in Alexandrian Christology: The Arian Crisis* [Protocol Series, no. 41]. Berkeley: Center for Hermeneutical Studies 1982.
[1589] LECLERQ, J.: Benedictus
[2362] LÉTHEL, F.-M.: Maximus Confessor
3241 LIÉBAERT, J. *Valeur permanente du dogme christologique* — MSR 38 (1981) 99–126; 179–195
[2990] LÓPEZ MARTÍN, J.: Hymni
[2480] LYONS, J. A.: Origenes
[1293] MALLARD, N.: Augustinus
3242 MILLER, DAVID L. *The Two Sandals of Christ: Descent into History and into Hell* — ErJb 50 (1981) 147–221
[599] MILLER, D. L.: Philosophica
[2036] MÜHLENBERG, E.: Gregorius Nyssenus
3243 NANTOMAH, J. J. *Jesus the God man: the doctrine of the Incarnation in Edward Irving in the light of the teaching of the Church Fathers and its relevance for a twentieth century African context* [Diss.]. Aberdeen: Univ. 1982. 405 pp.
3244 NORRIS, RICHARD A. *The Christological Controversy* [Sources of Early Christian Thought]. Philadelphia: Fortress Press 1980. VIII, 162 pp.
[712a] O'CALLAGHAN, J.: Palaeographica atque manuscripta
[3454] PAGELS, E. H.: Gnostica

[3463] PERKINS, PH.: Gnostica
 [519] PERRONE, L.: Opera ad historiam
[1069] PETERSEN, A. L.: Athanasius
[2369] PIRET, P.: Maximus Confessor
[2498] PSEPHTOGAS, B.: Origenes
[2372] RADOSLAVLJEVIC, A.: Maximus Confessor
 3245 RAVEN, CHARLES EARLE *Apollinarianism: An Essay on the Christology
      of the Early Church* [Cambridge 1923. Reprint ed.]. New York: AMS
      Press 1980
 3246 ROCHOW, I. *Die monenergetischen und monotheletischen Streitigkeiten
      in der Sicht des Chronisten Theophanes* — Klio 63 (1981) 669–681
 3247 RORDORF, W. . . . *Qui natus est de Spiritu sancto et Maria virgine* —
      AugR 20 (1980) 545–557
[2383a] SÁENZ, A.: Maximus Taurinensis
 [2136] SALIBA, I. A.: Ignatius Antiochenus
 3248 SCHOONENBERG, P. *Antwoord aan p. Jean Galot* — TTh 20 (1980)
      86–92
[3288] SCHWANZ, P.: Anthropologia
[1935] SIMONETTI, M.: Ferrandus Carthaginiensis
[1811] SIMONETTI, M.: Cyrillus Alexandrinus
[2611] SIMONETTI, M.: Rusticus Diaconus
 3249 SLUSSER, M. *Theopaschite expressions in second-century Christianity as
      reflected in the writings of Justin, Melito, Celsus, and Irenaeus* [Diss.].
      Oxford: University 1975. 225 pp.
[1529] ŠPIDLÍK, T.: Basilius Caesariensis
[1071] STEAD, G. C.: Athanasius
[2377] STICKELBERGER, H.: Maximus Confessor
 3250 STÖTZEL, A. *Warum Christus so spät erschien; die apologetische Argu-
      mentation des frühen Christentums* — ZKG 92 (1981) 147–160
[1384] STUDER, B.: Augustinus
 3251 TAVARD, GEORGE H. *The Christological Tradition of the Latin Fathers*
      — Dial 18 (1979) 265–270
[2675] UGLIONE, R.: Tertullianus
[1014] UTHEMANN, K. H.: Anastasius Sinaita
[2380] UTHEMANN, K. H.: Maximus Confessor
[2893] WAINWRIGHT, G.: Liturgica
[2894] WAINWRIGHT, G.: Liturgica
[1812] WICKHAM, L. R.: Cyrillus Alexandrinus
[2045] WICKHAM, L. R.: Gregorius Nyssenus

e) Soteriologia

[2016] ABEL, D. C.: Gregorius Nyssenus
[2231] BERTHOUZOZ, R.: Irenaeus
[1788] BEVENOT, M.: Cyprianus
  3252 BURNISH, R. F. G. *The doctrine of grace from Paul to Irenaeus* [Diss.]. Glasgow: University 1971. 239 pp.
[2453] DALY, R. J.: Origenes
[1792] DEKKERS, E.: Cyprianus Carthaginiensis
[2058] DEVOTI, P.: Heracleon Gnosticus
 [976] FENGER, A.-L.: Ambrosius
[2168] GARIJO GUEMBE, M. M.: Iohannes Chrysostomus
  3253 GREGG, ROBERT C.; GROH, DENNIS E. *Early Arianism — a View of Salvation.* Philadelphia: Fortress Press 1981. XIV, 209 pp.
[2973] HEVIA BALLINA, A.: Annus liturgicus
[2548] HUBER, K. C.: Pelagius
 [841] KIPGEN, K.: Apocrypha
[2174] KOSECKI, B.: Iohannes Chrysostomus
[1067] LARENTZAKIS, G.: Athanasius
[3066] LE GUILLOU, M. J.: Concilia, acta conciliorum, canones
[2363] MACSIM, N.: Maximus Confessor
[1294] MARAFIOTI, D.: Augustinus
  3254 MCCUE, JAMES F. *Simul iustus et peccator in Augustine, Aquinas, and Luther: Toward Putting the Debate in Context* — JAAR 48.1 (March 1980) 81–96
  3255 MCGRATH, A. E. *Augustinianism? A critical assessment of the so-called medieval Augustinian tradition on justification* — Augustiniana 31 (1981) 247–267
[1068] NORMAN, K. E.: Athanasius
[3459] PASQUIER, A.: Gnostica
[2104] PEÑAMARIA DE LLANO, A.: Hilarius Pictaviensis
  3256 PÉPIN, J. *Réactions du christianisme latin à la sotériologie métroaque. Firmicus Maternus, Ambrosiaster, Saint Augustin.* In: *La soteriologia...* (cf. 1981/82, 278) 256–275
[1025] PERŠIČ, A.: Apollinarius Laodicensis
[2202] PRICE, J. R.: Iohannes Climacus
  3257 RIES, J. *Sotériologie manichéenne et paganisme romain.* In: *La soterologia...* (cf. 1981/82, 278) 762–777
  3258 ROBERGE, R. *Sotériologies patristiques. Esquisse pour un exposé d'ensemble* — Laval 37 (1981) 159–168
  3259 SCHWAGER, RAYMUND *Unfehlbare Gnade gegen göttliche Erziehung. Die Erlösungsproblematik in der pelagianischen Krise* — ZKTh 104 (1982) 257–290
  3260 SCHWAGER, R. *Der Sieg Christi über den Teufel. Zur Geschichte der Erlösungslehre* — ZKTh 103 (1981) 156–177

[1070] Schwager, R.: Athanasius
[2041] Schwager, R.: Gregorius Nyssenus
[2378] Studer, B.: Maximus Confessor
[1933] Tibiletti, C.: Faustus Reiensis
[1075] Vicario, L.: Athanasius
[2892] Volz, C. A.: Liturgica
[3499] Wilson, R. McL.: Gnostica
[1409] Wilson-Kastner, P.: Augustinus
[2007] Winslow, D. F.: Gregorius Nazianzenus
[2147] Zięba, J.: Iohannes Cassianus

f) Ecclesiologia

[2349] Braniste, E.: Maximus Confessor
[3110] Cunningham, A.: Ius canonicum, hierarchia, disciplina ecclesiastica
[2353] Dalmais, I.-H.: Maximus Confessor
[1791] Debesa, J.: Cyprianus Carthaginiensis
[3550] Doignon, J.: Specialia in Vetus Testamentum
[1208] Escobar, N.: Augustinus
[976]   Fenger, A.-L.: Ambrosius
[1796] Folgado Florez, S.: Cyprianus
[3116] Guerra Gómez, M.: Ius canonicum, hierarchia, disciplina ecclesiastica
[2129] Halleux, A. de: Ignatius Antiochenus
[986]   Lamirande, E.: Ambrosius
[1270] Lamirande, E.: Augustinus
  3262 Lanne, Emmanuel *Église sœur et Église mère dans le vocabulaire de l'Église ancienne.* In: *Communio Sanctorum* (1981/82, 181) 86–97
[1509] Lanne, E.: Basilius Caesariensis
[1067] Larentzakis, G.: Athanasius
[2933] Larrabe, J. L.: Missa, sacramenta, sacramentalia
[1516] Manna, S.: Basilius Caesariensis
[2179] Manna, S.: Iohannes Chrysostomus
  3263 Martín, J. P. *Il rapporto tra Pneuma ed Ecclesia nella letteratura dei primi secoli cristiani* – AugR 20 (1980) 471–483
[2116] Meis W., A.: Hippolytus Romanus
[2081] Moreschini, C.: Hieronymus
[1934] Nautin, P.: Felix Papa
[2667] Papes, A.: Tertullianus
  3264 Parvis, Paul *The Teaching of the Fathers: The Coherence of the Church* – Clergy 67 (1982) 283–284
[1733] Peralta, F.: Chromatius Aquileiensis
[2501] Reichmann, V.: Origenes

[3131] SCHILLEBEECKX, E.: Ius canonicum, hierarchia, disciplina ecclesiastica
[2507] SGHERRI, G.: Origenes
[1801] SOCCORSO DI BONO, V.: Cyprianus
[1802] STAN, A.: Cyprianus Carthaginiensis
[1803] SWANN, W. S.: Cyprianus Carthaginiensis
[2958] UPTON, J. A.: Missa, sacramenta, sacramentalia
[2189] VOICU, C.: Iohannes Chrysostomus
[2142] ZAÑARTU U., S.: Ignatius Antiochenus

g) Mariologia

3265 *Corpus Marianum Patristicum, IV, 2.* Ed. S. ALVAREZ CAMPOS [Publ. de la Fac. del Norte de España]. Burgos: Ed. Aldecoa 1980. 580 pp.

3266 *Ojcowie Kościoła greccy i syryjscy. Teksty o Matce Bożej. (= Les pères de l'Église grecque et syrienne. Les textes sur la Très Sainte Vierge).* Choisi, traduit par W. KANIA. Niepokalanów: Ojcowie Franciszkanie 1981. 287 pp.

3267 *Ojcowie Kościoła łacińscy. Teksty o Matce Bożej (= Les pères de l'Église latine. Textes sur la Très Sainte Vierge).* Choisi et traduit par W. EBOROWICZ et W. KANIA, intr. par W. KANIA. Niepokalanów: Ojcowie Franciszkanie 1981. 211 pp.

[2903] ALLUE, E. S.: Missa, sacramenta, sacramentalia
[815] ARANDA, G.: Apocrypha
[1815] ARANDA, G.: Pseudo-Cyrillus Hierosolymitanus
[1816] ARANDA, G.: Pseudo-Cyrillus Hierosolymitanus

3268 DOMINGUEZ, OLEGARIO *María, colaboradora del Espíritu santificador en la tradición patrística y medieval* — EscrVedat 12 (1982) 325–356

3269 ESBROECK, MICHEL VAN *Les textes littéraires sur l'Assomption avant le Xe siècle.* In: *Les Actes apocryphes des Apôtres* (cf. 1981/82, 152) 265–285

3270 ESBROECK, M. VAN *Bild und Begriff in der Transitus-Literatur; der Palmbaum und der Tempel.* In: *Typus, Symbol, Allegorie* (cf. 1981/82, 290) 333–351

[3047] FERNÁNDEZ, D.: Concilia, acta conciliorum, canones
[1222] FOLGADO FLOREZ, S.: Augustinus
[1223] FOLGADO FLOREZ, S.: Augustinus
[978] FOLGADO FLOREZ, S.: Ambrosius
[1492] GAMBERO, L.: Basilius Caesariensis
[3051] GHARIB, G.: Concilia, acta conciliorum, canones

3271 IBAÑEZ, J.; MENDOZA, F. *Los aspectos de María – Nueva Eva en los autores cristianos primitivos (hasta 254)* — EscrVedat 12 (1982) 303–323

[1810] IMHOF, P.; LORENZ, B.: Cyrillus Alexandrinus

3272 MASER, P. *Parusie Christi oder Triumph der Gottesmutter? Anmerkungen zu einem Relief der Tür von S. Sabina in Rom* — RQ 77 (1982) 30–51

[2560] MOLINA PRIETO, A.: Philoxenus Mabbugensis
[2992] MUÑOZ, H.: Hymni
[2242] ORBE, A.: Irenaeus
[3073] ORTIZ DE URBINA, I.: Concilia, acta conciliorum, canones
[1733] PERALTA, F.: Chromatius Aquileiensis
  3273 PIMEN, N. M. *Sveta Bogorodica – život i proslava*. Sofia: Sinodalno izdvo 1981. 343 pp.
  3274 POOS, A. *La «Theotokos» ad Efeso, Calcedonia e nel Vaticano II*. Roma: Pontificia Univ. Lateranense 1981. 100 pp.
  3275 ŠPIDLÍK, T. *La devozione alla Madre di Dio nelle Chiese orientali –* ScrMar 4 (1981) 123–157
  3276 *Virgin wholly marvelous. Praises of our Lady by the popes, councils, saints, and doctors of the church*. Ed. PETER BROOKBY. Cambridge: Ravengate Press 1981. XVI, 184 pp.
[2753] WALSH, E. M.: Hagiographica

h) Anthropologia

[158a] *Arché e Telos. L'antropologia di Origene e di Gregorio di Nissa...:* Collectanea et miscellanea
[2650] BALFOUR, I. L. S.: Tertullianus
  3277 BERGADA, MARIA MERCEDES *El hombre como «Imago Dei» en los Padres Griegos*. In: *Estudios Patrísticos* (1981/82, 201) 13–21
[1130] BERNSTEIN, J. A.: Augustinus
[1135] BLAZQUEZ, N.: Augustinus
[1137] BØRRESEN, K. E.: Augustinus
[1138] BØRRESEN, K. E.: Augustinus
  3278 BURNS, J. PATOUT *Theological anthropology* [Sources of early Christian thought]. Philadelphia: Fortress Press 1981. VIII, 130 pp.
[2351] CHRISTOU, P.: Maximus Confessor
[1476] COMAN, J.: Basilius Caesariensis
[2353] DALMAIS, I.-H.: Maximus Confessor
[1180] DALSGARD, L. B.: Augustinus
  3279 DATTRINO, L. *La dignità dell'uomo in Giustino martire e Ireneo di Lione –* Lateranum 46 (1980) 209–249
[1183] DE SIMONE, R.: Augustinus
[2058] DEVOTI, D.: Heracleon Gnosticus
[1994] ELLVERSON, A.-S.: Gregorius Nazianzenus
[1216] FERNÁNDEZ GONZÁLEZ, J.: Augustinus
  3280 ΦΟΥΣΚΑΣ, ΚΩΝΣΤΑΝΤΙΝΟΣ Ὁριακὰ σημεῖα Χριστιανικῆς Ἀνθρωπολογίας. Ἀθῆναι 1979. 40 σσ.
[1226] GALINDO RODRIGO J. A.: Augustinus
[1244] GROSSI, V.: Augustinus

[1245] GROSSI, V.: Augustinus

3281 KAISER-MINN, HELGA *Die Erschaffung des Menschen auf den spätantiken Monumenten des 3. und 4. Jahrhunderts* [JACE 6]. Münster: Aschendorff 1981. VIII, 146 pp.

[1759] KOFFAS, A. K.: Clemens Alexandrinus

[986] LAMIRANDE, E.: Ambrosius

3282 LUCENTINI, P. *Le thème de l'homme – microcosme dans la patristique grecque et chez Jean Scot Érigène* – Diotima 7 (1979) 111–115

3283 MATSAGOURAS, ELIAS *Moral Development and Education: Educational Implications of the Early Greek Patristic Anthropology and their relations to Modern Theories of Moral education* – ThAthen 52 (1981) 163, 361, 550, 895

[2366] MATSOUKAS, N.: Maximus Confessor

3284 NEIDL, W. M. *Das Verständnis des Menschen in der abendländischen Tradition* – ZKTh 101 (1979) 316–328

3285 ΝΕΛΛΑΣ, Π. *Ζῶον θεούμενον. Προοπτικὲς γιὰ μία ὀρθόδοξη κατανόηση τοῦ ἀνθρώπου.* Ἀθῆναι: Ἔκδοσις «Ἐποπτεία» 1979. 315 σσ.

[1764] NIKOLAOU, TH.: Clemens Alexandrinus

[1521] NIKOLAOU, TH.: Basilius Caesariensis

3286 NYSTROM, BRADLEY PAUL *Holos Anthropos: An Historian's Reading of the Early Christian Fathers* [Diss.]. Davis: University of California 1981. 210 pp.

[1327] O'CONNELL, R.: Augustinus

3287 PAŁUBICKI, W. *Kobieta w tradycij patrystycznej (= Woman in the patristic Tradition)* – Euhemer 25 (1981) 27–40

[2308] PERRIN, M.: Lactantius

[1773] RIGGI, C.: Clemens Romanus

[2569] SAENZ DE ARAGONA, P. M.: Priscillianus

3288 SCHWANZ, P. *Imago dei als christologisch-anthropologisches Problem in der Geschichte der Alten Kirche von Paulus bis Clemens von Alexandrien.* Göttingen: Vandenhoeck und Ruprecht 1979. 248 pp.

3289 SIMON, MARIE *Entstehung und Inhalt der spätantiken trichotomischen Anthropologie* – Kairos 23 (1981) 43–50

[2957] TATARYN, M.: Missa, sacramenta, sacramentalia

3290 TENNANT, FREDERICK ROBERT *The sources of the doctrines of the fall and original sin* [Facs., reprint]. Ann Arbor, Mich.: Univ. Microfilms Int. XIV, 363 pp.

[1391] TRAPÉ, A.: Augustinus

[3489] TRÖGER, K. W.: Gnostica

[1075] VICARIO, L.: Athanasius

i) Vita christiana, monastica

[887] *Les Règles des saints Pères, I:* Auctores

[889] *Early Monastic Rules . . .:* Auctores

3291 ALBRECHT, RUTH *Asketinnen im 4. und 5. Jahrhundert in Kleinasien —* JÖB 32/2 (1982) 517–524

3292 ANELLI, GIUSEPPE *Vita monastica esistenza teologica —* Benedictina 28 (1981) 311–361

3293 BAROFFIO, BONIFACIO *La paternità spirituale dell'abate. Spunti di riflessione —* Benedictina 28 (1981) 531–543

[1122] BAVEL, T. J. VAN: Augustinus

[1544] BEDOUELLE, G.: Benedictus

[1461] BENITO Y DURAN, A.: Basilius Caesariensis

[1464] BILANIUK, P. B. T.: Basilius Caesariensis

3294 BLAKE MORE, JOHN *Problems in Study of Early Monasticism —* Diakonia 17 (1982) 233–242

3295 BLUM, GEORG GÜNTER *Nestorianismus und Mystik. Zur Entwicklung christlich-orientalischer Spiritualität in der ostsyrischen Kirche —* ZKG 93 (1982) 273–294

[1140] BONNER, G.: Augustinus

[372] BONSNES, M. P.: Opera ad historiam

[102] *Bulletin de spiritualité monastique:* Bibliographica

[1552] CALATI, B.: Benedictus

3296 CAPITANI, O. *Monachesimo occidentale e collezione canoniche, secc. V–VII.* In: *Atti del 7º Congresso internazionale di studi sull' alto medioevo* (cf. 1981/82, 163) 231–253

[387] CARVALHO, T. A. DE: Opera ad historiam

3297 *Centro storico Benedettino Italiano, Monasticon Italiae, I: Roma e Lazio (eccettuate l'arcidiocesi di Gaeta e l'abbazia nullius di Montecassino).* A cura di F. CARAFFA. Cesena Badia di Santa Maria del Monte: 1981. 240 pp.

[1969] COLLAMATI, E. J.: Gregorius Magnus

[1778] *Columbanus and Merovingian monasticism:* Columbanus Abbas Bobiensis

[973] CONSOLINO, F. E.: Ambrosius

3298 CRISTIANO, C. *La preghiera nei Padri* [La spiritualità crist. Storia e testi 4]. Roma: Ed. Studium 1981. 220 pp.

[1793] DELEANI, S.: Cyprianus Carthaginiensis

[107] DESPREZ, V.: Bibliographica

[1937] DESPREZ, V.: Ferreolus Uceticensis

3299 EDWARDS, O. C. *Extreme Asceticism in Early Syriac Christianity.* In: *Worship Points the Way: A Celebration of the Life and Work of Massey Hamilton Shepherd, Jr.* New York: Seabury (1981) 200–213

3299a EMMETT, ALANNA *Female Ascetics in the Greek Papyri —* JÖB 32/2 (1982) 507–515

3300   ENO, R. B. *Holiness and Separation in the Early Centuries* — SJTh 30 (1977) 523–542

3301   FELLECHNER, E. L. *Askese und Caritas bei den drei Kappadokiern* [Dissertation]. Heidelberg 1979. VII, 273 pp.

[1567]   FISCHER, B.: Benedictus

3302   FONTAINE, J. *Panorama espiritual del Occidente peninsular en los siglos IVº y Vº. Por una nueva problemática del priscilianismo.* In: *1ª Reunión gallega de estud. clás., Santiago-Pontevedra 2–4 julio 1979.* Santiago de Compostela (1981) 185–209

3303   FORELL, GEORGE WOLFGANG *History of Christian Ethics Volume One: From the New Testament to Augustine.* Minneapolis: Augsburg Publishing House 1979. 247 pp.

3304   FRAZEE, C. *Anatolian asceticism in the fourth century. Eustathios of Sebastia and Basil of Caesarea* — CHR 66 (1980) 16–33

[3016]   FRAZEE, C.: Iuridica

3305   FUERTES, JOSÉ BENITO *La «vida fraterna en común» de los religiosos y su trayectoria histórico-jurídica* — Apollinaris 55 (1982) 532–568

[1225]   GAGNEBIN, C.: Augustinus

[1064]   GARCÉS, P.: Athanasius

[2261]   GARCÍA, B. R.: Isidorus Hispalensis

3306   GASPAROTTO, G. *La Regula monachorum di Isidoro di Siviglia e la Regula monachorum di Benedetto da Norcia; il cibarsi, il dormire, il vestire del monaco.* In: *Atti del 7º Congresso internazionale di studi sull'alto medioevo* (cf. 1981/82, 163) 673–683

[1569a]   GHIOTTO, E.: Benedictus

[1232]   GIL HELLÍN, F.: Augustinus

3307   GINDELE, C. *Bienen-, Waben- und Honigvergleiche in der frühen monastischen Literatur* — RBS 6–7 (1977/78) 1–26

3308   GIRARDI, M. Ἀδελφότης *basiliana e scola benedettina. Due scelte monastiche complementari?* — Nicolaus 9 (1981) 3–62

[1007]   GOEHRING, J. E.: Ammon Episcopus

3309   GÓMEZ, I. M. *Aportación monástica a la espiritualidad cristiana* — Yermo 19 (1981) 251–269

3310   GÓMEZ, I. M. *Estabilidad y dinamismo en la Regla de san Benito* — Yermo 19 (1981) 61–104

3311   GORMAN, M. J. *Abortion and the early church. Christian, Jewish and pagan attitudes in the Greco-Roman world.* Downers Grove, Ill.: Inter-Varsity Press 1982. 120 pp.

[2073]   GÓRNY, J.: Hieronymus

[2074]   GÓRNY, J.: Hieronymus

[2532]   GRZEŚKOWIAK, H.: Patres Apostolici

3312   GUILLAUMONT, A. *Le problème de la prière contiuelle dans le monachisme ancien.* In: *L'expérience de la prière dans les grandes religions* (cf. 1981/82, 203) 285–294

3313 HAAS, Y. *L'exigence du renoncement au monde dans les Actes de Pièrre et des douze apôtres, les Apophtegmes des Pères du désert et la Pistis Sophia.* In: *Colloque international sur les textes de Nag Hammadi* (cf. 1981/82, 180) 295–303

[445] HUGHES, K.: Opera ad historiam

3314 HUME, G. B. *A la búsqueda de Dios.* Traducción del inglés por B. GIRBAU [Pedal 138]. Salamanca: Ediciones Sígueme 1981. 243 pp.

3315 JASPERT, B. *Studien zum Mönchtum* [RBS 7]. Hildesheim: Gerstenberg 1982. 304 pp.

3316 JENAL, G. *Zum Asketen- und Mönchtum Italiens in der Zeit vor Benedikt. Forschungsstand und Probleme.* In: *Atti del 7° Congresso di studi sull'alto medioevo* (cf. 1981/82, 163) 137–183

3317 ΙΩΣΗΦ (Γέρων) *Ἔκφρασις μοναχικῆς ἑρμενείας.* Ἅγιον Ὄρος - Θεσσαλονίκη: Ἐκδοσις Ι. Μονῆς Φιλοθέου 1979. 396 σσ.

3318 JUDGE, E. A. *Fourth century monasticism in the papyri.* In: *Proceedings of the XVIth International Congress of Papyrology* (cf. 1981/82, 253) 613–620

3319 KARDONG, T. *A structural comparison of Regula Magistri 50 and Regula Benedicti 48* – RBS 6–7 (1977/78) 93–104

[2145] KARDONG, T.: Iohannes Cassianus

3320 KRETSCHMAR, GEORG *Die Theologie der Kappadozier und die asketischen Bewegungen in Kleinasien im 4. Jahrhundert.* In: *Unser ganzes Leben* ... (cf. 1981/82, 292) 102–133

[1585] LANNE, E.: Benedictus

[44] LINAGE CONDE, A.: Historia patrologiae

[1512] LONGOSZ, S.: Basilius Caesariensis

3321 LORENZI, LORENZO DE *Il Cristo «Signore» nella vita del monaco* – Benedictina 28 (1981) 363–406

[705] LUCÀ, S.: Palaeographica atque manuscripta

[1286] LUIS VIZCAINO, P.: Augustinus

3322 LUISLAMPE, P. *Aspekte einer Theologie der Gemeinschaft in der Regula Benedicti im Licht der Basilius-Regeln* – RBS 8–9 (1979/80) 35–50

3323 MAŁUNOWICZÓWNA, L. *Modlitwa prywatna starożytnach chrześcijan (= The private prayer of early Christians).* In: *Akta sympozjum patrystycznego* ... (cf. 1981/82, 155) 206–220

[1600] MARRION, M.: Benedictus

[494] MASOLIVER, A.: Opera ad historiam

3324 McDONNELL, KILIAN *Prayer in Ancient Western Tradition* – Worship 55 (1981) 34–61

3325 ΜΗΤΖΟΠΟΥΛΟΣ, ΝΙΚΟΛΑΟΣ *Θέματα δογματικῆς καὶ Χριστιανικῆς Ἠθικῆς.* Ἀθῆναι: 1979. 264 σσ.

3326 MOLINA PRIETO, A. *La clausura en la Santa Regla a la luz de la tradición monástica y el magisterio de la Iglesia* – Cistercium 33 (1981) 53–76

[850] MORARD, F.: Apocrypha
[710] MUNDO, A. M.: Palaeographica atque manuscripta
[652] MURPHY, F.: concupiscentia
[1608] NAGEL, D. VON: Benedictus
3327 NOCENT, ADRIANO *Il monaco homo liturgicus?* — Benedictina 28 (1981) 603–616
[2494] OSBORN, E.: Origenes
[3454] PAGELS, E. H.: Gnostica
3328 PANČOVSKI, I. *Die gegenseitige Ergänzung der spirituellen Werke und der sozialen Verantwortung auf Grund des Dogmas von Chalkedon* — OstkiSt 31 (1982) 16–32
3329 PARISSE, M. *La Lorraine monastique au moyen âge* [Coll. Lorraine]. Nancy: 1981. 143 pp.
[2946] PARVIS, P.: Missa, sacramenta, sacramentalia
3330 PARVIS, PAUL *The Teaching of the Fathers: Clerical Continence and the Idealization of Marriage* — Clergy 66 (1981) 354–355
3331 PASQUATO, O. *In margine ad una sintesi di spiritualità dell'Oriente cristiano* — Salesianum 43 (1980) 551–557
[2382] PELLEGRINO, M.: Maximus Taurinensis
3332 PEÑA, I.; CASTELLANA, P.; FERNÁNDEZ, R. *Les reclus syriens. Recherches sur les anciennes formes de vie solitaire en Syrie* [Studium Bibl. Francisc. Coll. minor 23]. Jerusalem: Franciscan Pr. Pr. 1980. XVI, 429 pp.
3333 PENCO, G. *Condizioni e correnti del monachesimo in Italia nel secolo VI* — Benedictina 27 (1980) 91–107
3334 PENCO, G. *Il monachesimo nel passagio dal mondo antico a quello medievale* — Benedictina 28 (1982) 47–64
3335 PICASSO, GIORGIO *L'abate tra carisma e istituzione* — Benedictina 28 (1981) 519–530
[1929] PIESZCZOCH, S.: Evagrius Ponticus
[2039] PISI, P.: Gregorius Nyssenus
3336 PRICOCO, S. *Il monachesimo in Italia dalle origini alla regola di San Benedetto.* In: *La cultura in Italia fra Tardo Antico e Alto Medioevo* (cf. 1981/82, 192) 621–641
3337 PRYSZMONT, J. *Patrystyczna myśl moralna (= Moralisches Denken in der patristischen Zeit)* — STV 19 (1981) 121–155
3338 QUACQUARELLI, ANTONIO *Lavoro e ascesi nel monachesimo prebenedettino del IV e V secolo* [QVChr 18]. Bari: Ist. di Letteratura Christiana Antica, Univ. 1982. 167 pp.
3339 RENNER, F. *Die literarische Struktur der Demutsstufen in der Benediktus- und Donatusregel* — RBS 8–9 (1979/80) 13–33
[1619] RIGGI, C.: Benedictus
[995] RIGGI, C.: Ambrosius
3340 ROLDANUS, J. *De vroege kerk en de militaire dienst - een interpretatie-route* — KT 33 (1982) 182–202

[1372]   SÁNCHEZ CARAZO, A.: Augustinus
[1622]   SANTANTONI, A.: Benedictus
[2146]   SARTORY, G. u. T.: Iohannes Cassianus
[1624]   SAUER, E. F.: Benedictus
[999]   SAUER, R. A.: Ambrosius
[1926]   SAVON, H.: Eutropius Presbyter
  3341   SCALFATI, S. P. P. *Il monachesimo in Corsica al tempo di Gregorio I.* In: *Atti del 7º Congresso internationale di studi sull'alto medioevo* (cf. 1981/82, 163) 761–772
  3342   SPEAR, LINDA MARGARET *The Treatment of Sexual Sin in the Irish Latin Penitential Literature* [Ph. D. Dissertation]. Univ. of Toronto (Canada) 1979
  3343   ŠPIDLÍK, T. *La prière en l'Église d'Orient.* In: *Akta sympozjum patry-stycznego . . .* (cf. 1981/82, 155) 115–128
[2554]   SPINELLI, M.: Petrus Chrysologus
  3344   SQIRE, AELRED *Pytajac Ojców (= Asking the Fathers).* Translated into Polish by J. SULOWSKI. Warszawa: Instytut Wydawniczy Pax 1981. 259 pp.
  3345   ŚRUTWA, J. *Problem modlitwy i pracy w monastycyzmie afrykańskim na przełomie IV/V wieku (= Gebet und Arbeit in der monastischen Bewe-gung Lateinafrikas am Durchbruch des 4. und 5. Jahrhunderts).* In: *Akta sympozjum patrystycznego . . .* (cf. 1981/82, 155) 248–254
  3346   STANIEK, E. *Wychowanie do pokuty proprzez katechezę w ujęciu patry-stycznym (= De educatione ad paenitentiam in catechesi apud Patres) –* RBL 35 (1982) 416–423
  3347   STROUMSA, G. *Monachisme et marranisme chez les Manichéens d'Égypte* – Numen 29 (1982) 184–201
  3348   SVETOGRATZ, E. A. *Le martyre en tant qu'élément utile du monachisme orthodoxe* [en serbe] – Teolochki Pogledi 14 (1982) 105–114
  3349   TAMBURRINO, PIO *L'incidenza della correnti spirituali dell' Oriente sulla «Regula Benedicti»* – Benedictina 28 (1981) 97–150
[2673]   TIBILETTI, C.: Tertullianus
  3350   TIMIADIS, EMILIANOS *Le monachisme orthodoxe. Hier, demain.* [Deux milliards de croyants]. Paris: Buchet/Chastel 1981. 252 pp.
[871]   TISSOT, Y.: Apocrypha
[1401]   VERHEIJEN, L. M. J.: Augustinus
  3351   VERHEIJEN, L. M. *Aux origines du monachisme occidental* – AEHESR 89 (1980/81) 469–470; 90 (1981/82) 341–343
[2727]   VICENTINI, O.: Zeno Veronensis
[1403]   VIÑAS ROMÁN, T.: Augustinus
[1404]   VIÑAS ROMÁN, T.: Augustinus
  3352   VOGÜÉ, ADALBERT DE *L'abbé, vicaire du Christ, chez S. Benoît et chez le Maître* – ColCist 44 (1982) 89–100
  3353   VOGÜÉ, ADALBERT DE *L'abbate «vicario di Cristo» in S. Benedetto e nel Maestro* – Benedictina 28 (1981) 505–517

3354 VOGÜÉ, A. DE *De Cassien au Maître et à Eugippe, le titre du chapitre de l'humilité* – StMon 23 (1981) 247–261
3355 VOGÜÉ, A. DE *The Evangelical Counsels in the Master and Saint Benedict* – CistStud 15 (1980) 3–16
[1038] WAGENAAR, CHR.: Apophthegmata Patrum
[1039] WAGENAAR, CHR.: Apophthegmata Patrum
3356 WINANDY, J. *La stabilité bénédictine; un mot et un concept non exempts d'ambiguïté.* In: *Atti del 7⁰ Congresso internazionale di studi sull'alto medioevo* (cf. 1981/82, 163) 521–525
[1645] WITTERS, W.: Benedictus
[2311] WOJTCAK, J.: Lactantius
[1417] ZUMKELLER, A.: Augustinus
[1418] ZUMKELLER, A.: Augustinus

k) Angeli et daemones

[1031] CARPENTER, D.: Apophthegmata Patrum
[3401] CULIANU, I. P.: Gnostica
[3420] FOSSUM, J. E.: Gnostica
[2531] GOKEY, F. X.: Patres Apostolici
[1034] LELOIR, L.: Apophthegmata Patrum
[478] LEVY, B. S.: Opera ad historiam
3357 MEER, F. VAN DER *De tweede val der engelen. Het ontstaan ener beeldtraditie.* In: *Saecula saeculorum. Opstellen Mönnich* (cf. 1981/82, 267) 47–97
[2494] OSBORN, E.: Origenes
3358 RUSSELL, JEFFREY BURTON *Satan: The Early Christian Tradition.* Ithaca: Cornell University Press 1981. 258 pp.
3359 SCHNEIDER, JOHANNES W. *Michael und seine Verehrung im Abendland: eine Studie zur Bewußtseinsentwicklung der Völkerwanderungszeit und des Mittelalters. Alte Michaels-Lieder und Michaels-Gebete.* Gesammelt und übertragen von J. W. SCHNEIDER. Dornach: Geering 1981. 182 pp.

l) Novissima

[3383] ATTRIDGE, H. W.: Gnostica
[2780] BAUMEISTER, T.: Georgius
3360 BREUNING, WILHELM *La doctrina de la apokatastasis* – RaComm 3 (1981) 55–68
3361 BROX, N. *Mehr als Gerechtigkeit. Die außenseiterischen Eschatologien des Markion und Origenes* – Kairos 24 (1982) 1–16

[1154] CANNONE, G.: Augustinus
[2444] CORBETT, T.: Origenes
3362 COYLE, J. KEVIN *Empire and Eschaton: the early church and the question of domestic relationships* — ÉgliseTh 12 (1981) 35–94
[2452] CROUZEL, H.: Origenes
[2024] DENNIS, T. J.: Gregorius Nyssenus
[2352] DALEY, B. E.: Maximus Confessor
3363 EIJK, A. H. C. VAN *Création comme principe de réalité: L'eschatologie réduite de J.-M. Pohier* — BijFTh 43 (1982) 162–187
[976] FENGER, A.-L.: Ambrosius
[1794] FERNÁNDEZ, A.: Cyprianus Carthaginiensis
[1221] FLETEREN, F. VAN: Augustinus
[2704] FREDERIKSEN LANDES, P.: Tyconius
[1570] GONZÁLEZ LAMADRID, A.: Benedictus
[2466] HARL, M.: Origenes
[983] IACOANGELI, R.: Ambrosius
[2473] KETTLER, F. H.: Origenes
[3439] LAYTON, B.: Gnostica
[1295] MARGERIE, B. DE: Augustinus
[2117] MELONI, P.: Hippolytus Romanus
[2666] OBRYCKI, K.: Tertullianus
[3561] OSEI-BONUS, J.: Specialia in Novum Testamentum
[3459] PASQUIER, A.: Gnostica
3364 PODSKALSKY, G. *Die Herleitung des Millenarismus (Chiliasmus) in den antihäretischen Traktaten. Bemerkungen zur Überlieferungsgeschichte.* In: *Überlieferungsgeschichtliche Untersuchungen* (cf. 1981/82, 291) 455–458
3365 ROWLAND, CHRISTOPHER *The Open Heaven: A Study of Apocalyptic in Judaism and Early Christianity.* New York: Crossroad 1982. XIII, 562 pp.
[1374] SCHAERER, R.: Augustinus
3366 SOLMSEN, F. *Reincarnation in ancient and early Christian thought.* In: *Kleine Schriften III* (cf. 1981/82, 277) 465–494
[2553] SPEIGL, J.: Petrus Chrysologus
3367 STROUMSA, G. G. *Aspects de l'eschatologie manichéenne* — RHR 198 (1981) 163–181
[2597] THRAEDE, K.: Prudentius
[876] TREVIJANO ETCHEVERRIA, R.: Apocrypha
3368 *Visions of the end. Apocalyptic traditions in the middle ages.* Ed. B. Mc Ginn [Records of civiliz. Sources and stud. 96]. New York: Columbia Univ. Pr. 1979. XVII, 377 pp.
[2513] VITORES, A.: Origenes
[1807] WASZINK, J. H.: Pseudo-Cyprianus Carthaginiensis
[2046] WINDEN, J. C. M. VAN: Gregorius Nyssenus

VII. GNOSTICA

3370 *Le Deuxième traité du Grand Seth (NH VII,2)*. Texte établi et prés. par L. PAINCHAUD [Bibl. copte de Nag Hammadi Sect. Textes 6]. Québec: Pr. de l'Université Laval 1982. XIII, 164 pp.

3371 *Die Gnosis, III. Der Manichäismus*. Unter Mitwirkung von J. P. ASMUSSEN, eingel., übers. und erl. von A. BÖHLIG [Bibl. der alten Welt]. Zürich: Artemis-Verl. 1980. 464 pp.

3372 *L'Hypostase des archontes. Traité gnostique sur l'origine de l'homme, du monde et des archontes (NH II,4)*. Par B. BARC, suivi de *Noréa (NH IX,2)* par M. ROBERGE [Bibl. copte de Nag Hammadi Sect. Textes 5]. Québec: Pr. de l'Université Laval 1980. XII, 173 pp.

3373 *"The letter of Peter to Philip" [NHC VIII,2]*. Text, translation and commentary by MARVIN WAYNE MEYER. [Diss. Claremont, Cal.: Graduate School 1979]. Ann Arbor, Mich.; London: Univ. Microfilms Int. 1981. XI, 324 pp.

3374 *Nag Hammadi Codices IX and X*. Ed. by B. A. PEARSON, contrib. by S. GIVERSEN [Nag Hammadi Stud. 15]. Leiden: Brill 1981. 397 pp.

3375 *Nag Hammadi Codices IX and X. Greek and Coptic papyri from the cartonnage of the covers*. Ed. by J. W. B. BARNS; G. M. BROWNE; J. C. SHELTON [Nag Hammadi Stud. 16]. Leiden: Brill 1981. XIX, 162 pp.

3376 *Die Thomaspsalmen des koptisch-manichäischen Psalmenbuches*. Übers. und erl. von P. NAGEL [Quellen. Ausgew. Texte aus der Gesch. der christl. Kirche N. F. 1]. Berlin: Evang. Verlagsanstalt 1980. 143 pp.

3377 AGUS, AHARON *Some Early Rabbinic Thinking on Gnosticism* — JQR 71 (1980) 18–30

3378 ALAND, B. *Gnosis und Christentum*. In: *The rediscovery of gnosticism* (cf. 1979/80, 153) 319–350

3379 ARAI, S. *Simonianische Gnosis und die Exegese über die Seele* [en japon., rés. en all.]. — Mediterraneus 2 (1979) 3–25

3380 ARAI, SASAGU *Zum «Simonianischen» in AuthLog und Bronté*. In: *Gnosis and Gnosticism* (cf. 1981/82, 212) 3–15

3381 ARRIGONI, E. *Manicheismo, Mazdakismo e sconfessione dell'eresiarca romanopersiano Bundos*. [Coll. Sebastiani]. Milano: Arche 1982. 83 pp.

3382 ATTRIDGE, H. W. *Greek equivalents of two Coptic phrases. CG I, 1.65.9-10 and CG II, 2.43.26* — BASP 18 (1981) 27–32

3383 ATTRIDGE, HAROLD W. *Gnosticism and Eschatology* — PerkinsJ 33 (1980) 9–22

[1751] AVRAAMIDES, A.: Clemens Alexandrinus

3384 BELTZ, W. *Melchisedek - eine gnostische Initiationsliturgie* − ZRGG 33 (1981) 155−158

3385 BELTZ, W. *Elia redivivus. Ein Beitrag zum Problem der Verbindung von Gnosis und Altem Testament*. In: *Altes Testament, Frühjudentum, Gnosis* (cf. 1979/80, 81) 137−141

3386 BERGMEIER, R. *Königslosigkeit als nachvalentinianisches Heilsprädikat* − NovTest 24 (1982) 316−339

3387 BIANCHI, U. *Polemiche gnostiche e anti-gnostiche sul Dio dell'Antico Testamento* − AugR 22 (1982) 35−51

[2708] BIANCHI, U.: Valentinus

3388 BLACK, M. *The composition character and date of the Second Vision of Enoch*. In: *Text, Wort, Glaube* (cf. 1979/80, 171) 19−30

3389 BLOOM, H. *Lying against time; gnosis, poetry, criticism*. In: *The rediscovery of gnosticism* (cf. 1979/80, 153) 57−72

3390 BÖHLIG, A. *Der Manichäismus*. In: *Die orientalischen Religionen im Römerreich* (cf. 1981/82, 260) 436−458

3391 BROEK, R. VAN DEN *Apuleius on the nature of god (De Plat., 190-191)*. In: *Actus* (cf. 1981/82, 153) 57−72

[822] BROEK, R. VAN DEN: Apocrypha

[823] BROEK, R. VAN DEN: Apocrypha

[1143] BRUNNER, CH. J.: Augustinus

3392 BUCKLEY, JORUNN JACOBSEN *Two Female Gnostic Revealers* [Book of Dinanukht; the thunder, perfect mind] − HistRel 19 (1980) 259−269

3393 CERUTTI, M. V. *Dualismo e ambiguità. Creatori e creazione nella dottrina mandea sul cosmo* [Nuovi saggi 80]. Roma: Ed. dell'Ateneo 1981. 181 pp.

3394 CHADWICK, H. *The domestication of Gnosis*. In: *The rediscovery of gnosticism* (cf. 1979/80, 153) 3−16

[825] CHURCH, F. F.: Apocrypha

3395 CLAUDE, P. *Approche de la structure des Trois stèles de Seth*. In: *Colloque international sur les textes de Nag Hammadi* (cf. 1981/82, 180) 362−373

[180] *Colloque international sur les textes de Nag Hammadi:* Collectanea et miscellanea

3396 COLPE, C. *Gnosis II (Gnostizismus)* − RAC 11 (1980/81) 537−659

3397 COLPE, C. *The challenge of gnostic thought for philosophy, alchemy and literature*. In: *The rediscovery of gnosticism* (cf. 1979/80, 153) 32−56

3398 COLPE, C. *Heidnische, jüdische und christliche Überlieferung in den Schriften aus Nag Hammadi, X* − JAC 15 (1982) 65−101

3399 CORBY DINNEY, P. *Alcune note a proposito delle immagini carpocraziane di Gesù* − RiAC 57 (1981) 35−41

3400 COYLE, J. K. *The Cologne Mani-Codex and Mani's christian connections* − ÉgliseTh 10 (1979) 179−193

3401 Culianu, I. P. *Iter in silvis. Saggi scelti sulla gnosi e altri studi, I* [Gnosis 2]. Messina: Ed. Dott. Antonio Sfameni 1981. III, 161 pp.
3402 Culianu, I. P. *The angels of the nations and the origins of gnostic dualism.* In: *Studies in gnosticism and Hellenistic religions* . . . (cf. 1981/82, 285) 78–91
3403 Dehandschutter, B. *Gnosis* — BijFTh 41 (1980) 300–306
[2058] Devoti, P.: Heracleon Gnosticus
3404 Dillon, J. *The descent of the soul in middle platonic and gnostic theory.* In: *The rediscovery of gnosticism* (cf. 1979/80, 153) 357–364
3405 Dörrie, H. *Gnostische Spuren bei Plutarch.* In: *Studies in Gnosticism and Hellenistic religions* . . . (cf. 1981/82, 285)
3406 Drijvers, H. J. W. *Odes of Solomon and psalms of Mani. Christians and Manichaeans in third-century Syria.* In: *Studies in Gnosticism and Hellenistic religions* . . . (cf. 1981/82, 285) 117–130
3407 Δριτσας, Δημητριος Λ. *Ἡ ποίησις τῶν Γνωστικῶν.* Ἀθῆναι: 1979. 222 σσ.
[828] Δριτσας, Δ. Λ.: Apocrypha
3408 Dubois, J. D. *Où en sont les problèmes du gnosticisme?* — DHA 7 (1981) 273–296
3409 Emmel, S. *Unique photographic evidence for Nag Hammadi texts. Corrections* — BASP 17 (1980) 143–144
3410 Evans, C. A. *Jesus in Gnostic literature* — Biblica 62 (1981) 406–412
3411 Evans, Craig A. *On the Prologue of John and the Trimorphic Protennoia* — NTS 27 (1981) 395–401
3412 Fallon, Francis T. *The Gnostic Apocalypses* [bibliog.] — Semeia 14 (1979) 123–158
3413 Filoramo, G. *Aspetti del dualismo gnostico. Mito, manifestazione e rivelazione nello Scritto senza titolo del Codice gnostico II di Nag Hammadi* — MAT 2 (1978) 239–309
3414 Filoramo, G. *Φωστήρ e salvatore in alcuni testi gnostici.* In: *La soteriologia* . . . (cf. 1981/82, 278) 868–880
3415 Filoramo, G. *Pneuma e luce in alcuni testi gnostici* — AugR 20 (1980) 595–613
3416 Filoramo, G. *Luce e gnosi. Saggio sull'illuminazione nello gnosticismo* [StEA 15]. Roma: Inst. patrist. Augustin. 1980. 165 pp.
3417 Filoramo, G.; Gianotto, C. *L'interpretazione gnostica dell'Antico Testamento. Posizioni ermeneutiche e tecniche esegetiche* — AugR 22 (1982) 55–74
3418 Fineman, J. *Gnosis and the piety of metaphor, the Gospel of truth.* In: *The rediscovery of gnosticism* (cf. 1979/80, 153) 289–318
3419 Finney, P. C. *Did gnostics make pictures?* In: *The rediscovery of gnosticism* (cf. 1979/80, 153) 434–454
3420 Fossum, Jarl Egil *The name of God and the Angel of the Lord. The origins of the idea of intermediation in gnosticism. De naam van God en de Engel des Heren.* Utrecht: Elinkwij 1982. VII, 564 pp.

3421 FRANK, HARRY T. *Nag Hammadi Codices: Special Edition, photos, maps* — BibArch 42 (1979) 195–256

3422 FRICKEL, JOSEF *Naassener oder Valentinianer?* In: *Gnosis and Gnosticism* (cf. 1981/82, 212) 95–119

3423 FUNK, W. P. *Der verlorene Anfang des Authenikos Logos* — ArPap 28 (1982) 59–65

3424 GARCÍA BAZÁN, FRANCISCO *Trascendencia y revelación divinas en los textos gnósticos de Nag Hammadi* — RaBi 43 (1981) 233–253

3425 GARCÍA BAZÁN, F. *Plotino y los textos gnósticos de Nag Hammadi* — OrOcc 2 (1981) 185–203

3426 GARCÍA BAZÁN, F. *Plotino y la Gnosis. Un nuevo capítulo en la historia de las relaciones entre el helenismo y el judeocristianismo.* Buenos Aires: Fundación para la Educación, la Ciencia y la Cultura 1981. 367 pp.

3427 GERO, S. *Henoch und die Sibylle* — ZNW 73 (1982) 148–150

3428 GILLABERT, EMILE *Jésus et la gnose.* Préf. de PAUL SALVAN. Paris: Dervy-Livres 1981. 228 pp.

[1233] GIUFFRÈ SCIBONA, C.: Augustinus

3429 GOEHRING, J. E. *A classical influence on the Gnostic Sophia myth* — VigChr 35 (1981) 16–23

[2238] GREER, R. A.: Irenaeus

[3313] HAAS, Y.: Vita christiana, monastica

[587] HADOT, P.: Philosophica

[2465] HARL, M.: Origenes

[2466] HARL, M.: Origenes

[835] HEDRICK, CH. W.: Apocrypha

3430 HELDERMAN, JAN *Isis as Plane in the Gospel of Truth?* In: *Gnosis and Gnosticism* (cf. 1981/82, 212) 26–46

[695] HENRICHS, A.; KOENEN, L.: Palaeographica atque manuscripta

[696] HENRICHS, A.; KOENEN, L.: Palaeographica atque manuscripta

3431 IGAL, J. *The Gnostics and "The ancient philosophy" in Porphyry and Plotinus.* In: *Neoplatonism and Early Christian Thought* (cf. 1981/82, 239) 138–149

3432 JACKSON, HOWARD M. *Geradamas, the Celestial Stranger* — NTS 27 (1981) 385–394

3433 JANSSENS, Y. *Les Leçons de Silvanos et le monachisme.* In: *Colloque international sur les textes de Nag Hammadi* (cf. 1981/82, 180) 325–361

3434 KAESTLI, J. D. *Une relecture polémique de Génèse 3 dans le gnosticisme chrétien: le Temoignage de Vérité* — Foi 80 (1981) 48–62

[841] KIPGEN, K.: Apocrypha

3435 KOESTER, H. *Gnostic writings as witnesses for the development of the sayings tradition.* In: *The rediscovery of gnosticism* (cf. 1979/80, 153) 238–261

3436 KOSCHORKE, KLAUS *Patristische Materialien zur Spätgeschichte der Valentinianischen Gnosis.* In: *Gnosis and Gnosticism* (cf. 1981/82, 212) 120–139

3437 KRAUSE, MARTIN *Christlich-gnostische Texte als Quellen für die Auseinandersetzung von Gnosis und Christentum.* In: *Gnosis and Gnosticism* (cf. 1981/82, 212) 47–65

3438 KUNTZMANN, R. *L'identification dans le Livre de Thomas l'athlète.* In: *Colloque international sur les textes de Nag Hammadi* (cf. 1981/82, 180) 279–287

3439 LAYTON, B. *Vision and revision. A gnostic view of resurrection.* In: *Colloque international sur les textes de Nag Hammadi* (cf. 1981/82, 180) 190–217

3440 LIEU, S. N. C. *The diffusion and persecution of Manichaeism in Rome and China* [Diss.]. Oxford: University 1981. 308 pp.

3441 LIEU, J. and S. *Felix conversus ex Manichaeis. A case of mistaken identity* – JThS 32 (1981) 173–176

3442 LOGAN, A. H. B. *The Epistle of Eugnostos and Valentinianism.* In: *Gnosis and Gnosticism* (cf. 1981/82, 212) 66–75

3443 MacDERMOT, VIOLET *The Concept of Pleroma in Gnosticism.* In: *Gnosis and Gnosticism* (cf. 1981/82, 212) 76–81

3444 MAHÉ, J. P. *Stobaei Hermetica XIX, 1 et les Définitions hermétiques arméniennes* – REG 94 (1981) 523–525

3445 MANSFELD, J. *A "gnostic" motif from Parmenides and Empedocles to Lucretius and Philo.* In: *Studies in gnosticism and Hellenistic religions* (cf. 1981/82, 212) 261–314

3446 MANSFELD, J. *Hesiod and Parmenides in Nag Hammadi* – VigChr 35 (1981) 174–182

3447 MÉNARD, J. E. *La Gnose et les textes de Nag Hammadi.* In: *Colloque international sur les textes de Nag Hammadi* (cf. 1981/82, 180) 3–17

3448 MÉNARD, J. E. *Les repas sacrés des gnostiques* – ReSR 55 (1981) 43–51

3449 MORARD, F. *Thématique de l'Apocalypse d'Adam du codex V de Nag Hammadi.* In: *Colloque international sur les textes de Nag Hammadi* (cf. 1981/82, 180) 288–294

3450 MUSSIES, G. *Catalogues of sins and virtues personified (NHC II, 5).* In: *Studies in gnosticism and Hellenistic religions* (cf. 1981/82, 285) 315–335

3451 MYSZOR, W. *Zagadnienie modlitwy gnostyków (= Zum Gebet der Gnostiker).* In: *Akta sympozjum patrystycznego . . .* (cf. 1981/82, 155) 35–44

3452 MYSZOR, W. *Koptyjska biblioteka z Nag Hammadi)* – POr 120 (1981) 377–385

[601] O'BRIEN, D.: Philosophica

3453 OERTER, W. B. *Die Thomaspsalmen des Manichäischen Psalters als genuiner Bestandteil der manichäischen Literatur* – Byslav 41 (1980) 44–49

[602] O'MEARA, D. J.: Philosophica

[3182] ORBE, A.: Doctrina auctorum

3454 PAGELS, E. H. *Gnostic and orthodox views of Christ's passion. Para-*

digms for the christian's response to persecution? In: *The rediscovery of gnosticism* (cf. 1979/80, 153) 262–288

3455 PAGELS, ELAINE H. *Versuchung durch Erkenntnis: die gnostischen Evangelien*. Aus dem Amerikanischen von ANGELIKA SCHWEIKHART. Frankfurt am Main: Insel-Verlag 1981. 217 pp.

3456 PAÏKOVA, A. *La reflection de quelques idées gnostiques dans la littérature syriaque* [en Russe] – PS 27/90 (1981) 80–85

3457 PAINCHAUD, L. *Le deuxième traité du Grand Seth (NH VII, 2)* – Laval 36 (1980) 229–237

3458 PAINCHAUD, L. *La polémique anti-ecclésiale et l'exégèse de la passion dans le Deuxième traité du grand Seth (NH VII,2)*. In: *Colloque international sur les textes des Nag Hammadi* (cf. 1981/82, 180) 340–351

3459 PASQUIER, A. *L'eschatologie dans l'Évangile selon Marie; étude des notions de nature et d'image*. In: *Colloque international sur les textes des Nag Hammadi* (cf. 1981/82, 180) 390–404

3460 PEARSON, B. A. *Gnostic interpretation of the Old Testament in the Testimony of Truth (NHC IX)* – HThR 50 (1980) 311–319

3461 PEARSON, B. A. *De nyfunna gnostiska texterna och Nya testamentet* – SvTK 58 (1982) 131–138

[55] PEARSON, B. A.: Historia patrologiae

3462 PERKINS, PHEME *Johannine Traditions in Ap. Jas. (NHC I, 12)* – JBL 101 (1982) 403–414

3463 PERKINS, PH. *Logos christologies in the Nag Hammadi codices* – VigChr 35 (1981) 379–396

[851] PETERSEN, W. L.: Apocrypha

3464 PÉTREMENT, S. *Les quatre illuminateurs. Sur le sens et l'origine d'un thème gnostique* – RechAug 27 (1981) 3–23

3465 POIRIER, P.; TARDIEU, M. *Catégories du temps dans les écrits gnostiques non valentiniens* – Laval 37 (1981) 3–13

3466 POKORNÝ, P. *Simon Magus et initia gnoseos* [en tchèque] – ZJKF 23 (1981) 11–20

[810] POKORNÝ, P.: Versiones modernae

3467 POST, PAUL *Le génie anguipède alectro céphale: une divinité magique solaire. Une analyse des pierres dites Abraxas-gemmes* – BijFTh 40 (1979) 173–210

3468 QUISPEL, G. *Gnosis and psychology*. In: *The rediscovery of gnosticism* (cf. 1979/80, 153) 17–31

3469 QUISPEL, G. *Gnosis*. In: *Die orientalischen Religionen im Römerreich* (cf. 1981/82, 260) 413–435

[855] QUISPEL, G.: Apocrypha

3470 ROBERGE, M. *Le rôle du νοῦς dans la Paraphrase de Sem*. In: *Colloque international sur les textes de Nag Hammadi* (cf. 1981/82, 180) 328–339

[721] ROBINSON, J. M.: Palaeographica atque manuscripta

[859] ROULEAU, D.: Apocrypha

3471 Säve-Söderbergh, T. *The pagan elements in early christianity and gnosticism.* In: *Colloque international sur les textes de Nag Hammadi* (cf. 1981/82, 180) 71–85

3472 Schoedel, W. R. *Gnostic monism and the Gospel of Truth.* In: *The rediscovery of gnosticism* (cf. 1979/80, 153) 379–390

[143] Scholer, D. M.: Bibliographica

[144] Scholer, D. M.: Bibliographica

3473 Schuett, H. W. *Von Grenzen und Zielen der Alchemie* – BWG 5 (1982) 41–51

3474 Sell, J. *The knowledge of the thruth – two doctrines: the book of Thomas the Contender (CG II,7) and the false teachers in the Pastoral Epistles* [European university studies: Ser. 23, Theology; Bd. 194]. Frankfurt am Main: Lang 1982. 108 pp.

[863] Sell, J.: Apocrypha

3475 Sevrin, J. M. *La prière gnostique.* In: *L'expérience de la prière* (cf. 1981/82, 203) 367–374

[865] Sevrin, J.-M.: Apocrypha

3476 Sfameni Gasparro, G. *Gnostica et hermetica: saggi sullo gnosticismo e sull'ermetismo.* Roma: Edizioni dell'Ateneo 1982. 386 pp.

3477 Sfameni Gasparro, G. *Interpretazioni gnostiche e misteriosofiche del mito di Attis.* In: *Studies in gnosticism and Hellenistic religions* (cf. 1981/82, 285) 376–411

3478 Shellrude, G. M. *The Apocalypse of Adam: Evidence for a Christian Gnostic Provenance.* In: *Gnosis and Gnosticism* (cf. 1981/82, 212) 82–94

3479 Sidorov, A. I. *La découverte d'un fragment de l'Évangile de Manès* [en russe]. In: *VIIIe Conférence nationale . . .* (cf. 1981/82, 184) 92–93

3479a Sidorov, A. I. *Gnosticism and Philosophy. The Doctrine of Basilides according to Hippolytus* [in Russian] – Religii Mira (1982) 159–183

3480 Sidorov, A. I. *Le problème du gnosticisme et le syncrétisme de la culture de la basse antiquité (la doctrine des Naassènes)* [en russe]. Moskva: Inst. vseobc. ist. 1981. 22 pp.

[334] Siegert, F.: Subsidia

3481 Stroumsa, G. G. *Ascèse et gnose. Aux origines de la spiritualité monastique* – RThom 81 (1981) 557–573

[3347] Stroumsa, G. G.: Vita christiana, monastica

[3367] Stroumsa, G. G.: Eschatologia

3482 Sundermann, W. *Zur Etymologie von mittelpersisch A wist(u)war. Ergänzende Bemerkungen zu Henrichs-Koenen, Der Kölner Mani-Kodex, Anm. 351* – ZPE 45 (1982) 57–58

3483 Tardieu, M. *Le manichéisme* [Coll. Que sais-je? 1940]. Paris: Pr. universitaires 1981. 128 pp.

[870] Tardieu, M.: Apocrypha

3484 Tardieu, M. *Prurit d'écrire et haine sociale chez les gnostiques.* In: *Pour Léon Poliakov . . .* (cf. 1981/82, 250) 167–176

3485 TARDIEU, M. *Kephalaia 42-43* — AEHESR 90 (1981/82) 330–333

3486 THERON, DANIEL JOHANNES *Paul's Concept of Aletheia (Truth), a Comparative Study with Special Reference to the Septuagint, Philo, the Hermetic Literature, and Pistis Sophia* [Diss.]. Princeton: Theological Seminary 1950. 381 pp. [microfilm]

3487 TRAUTMANN, C. *La citation du Psaume 85 (84, 11–12) et ses commentaires dans la Pistis Sophia* — RHPhR 59 (1979) 551–557

[874] TRAUTMANN, C.: Apocrypha

[813] TREVIJANO ETCHEVERRIA, R.: Versiones modernae

[875] TREVIJANO ETCHEVERRIA, R.: Apocrypha

[876] TREVIJANO ETCHEVERRIA, R.: Apocrypha

3488 TRÖGER, K. W. *The attitude of the Gnostic religion towards Judaism as viewed in a variety of perspectives.* In: *Colloque international sur les textes de Nag Hammadi* (cf. 1981/82, 180) 86–98

3489 TRÖGER, K. W. *Die gnostische Anthropologie* — Kairos 23 (1981) 31–42

3490 TRÖGER, K. W. *Judentum - Christentum - Gnosis* — Kairos 24 (1982) 159–170

3491 TROUILLARD, J. *Néoplatonisme et gnosticisme.* In: *Métaphysique* (cf. 1981/82, 232) 43–51

3492 TUCKETT, CHR. *Synoptic tradition in some Nag Hammadi and related texts* — VigChr 36 (1982) 173–190

3493 VALLÉE, G. *A study in anti-gnostic polemics. Irenaeus, Hippolytus and Epiphanius* [Stud. in Christianity and Judaism 1]. Waterloo, Ontario: Wilfred Laurier Univ. Pr. 1981. XI, 114 pp.

3494 WALLER, ELIZABETH *The Parable of the Leaven: A Sectarian Teaching and the Inclusion of Women* [Mt 13:33; Lk 13:20; 21; Thom log 96] — UnionSQR 35 (1979/80) 99–109

3495 WELBURN, A. J. *Reconstructing the Ophite diagram* — NovTest 23 (1981) 261–287

3496 WHITTAKER, J. *Self-generating principles in second-century gnostic systems.* In: *The rediscovery of gnosticism* (cf. 1979/80, 153) 176–193

3497 WILSON, R. MCL. *Gnosis and the mysteries.* In: *Studies in Gnosticism and Hellenistic religions* (cf. 1981/82, 285) 451–457

3498 WILSON, R. MCL. *Twenty years after.* In: *Colloque international sur les textes de Nag Hammadi* (cf. 1981/82, 180) 59–67

3499 WILSON, R. MCL. *Soteriology in the Christian-gnostic syncretism.* In: *La soteriologia* . . . (cf. 1981/82, 278) 848–867

3500 WILSON, R. MCL. *Nag Hammadi and the New Testament* — NTS 28 (1982) 289–302

3501 WISSE, F. *The opponents in the New Testament in light of the Nag Hammadi writings.* In: *Colloque international sur les textes de Nag Hammadi* (cf. 1981/82, 180) 99–120

3502 YAMAUCHI, E. M. *Jewish gnosticism? The Prologue of John, Mandaean parallels and the trimorphic Protennoia.* In: *Studies in Gnosticism and Hellenistic religions* (cf. 1981/82, 285) 467–497

3503 YAMAUCHI, EDWIN M. *Pre-Christian Gnosticism in the Nag Hammadi
      Texts?* — ChH 48 (1979) 129–141

3504 ZANDEE, J. *The teachings of Silvanus (NHC VII, 4) and Jewish christi-
      anity.* In: *Studies in Gnosticism and Hellenistic religions* (cf. 1981/82, 285)
      498–584

VIII. PATRUM EXEGESIS VETERIS ET
NOVI TESTAMENTI

1. Generalia

[2649] ATKINSON, P. C.: Tertullianus

[1175] COYLE, J. K.: Augustinus

3505 CREMASCOLI, G. *Tradizione esegetica e teologia nell'Alto Medioevo.* In: *La cultura in Italia . . .* (cf. 1981/82, 192) 713–729

3506 CUNNINGHAM, A. *Reading the Scriptures: A Patristic Perspective* — ChicS 19 (1980) 189–200

3507 CURTI, C. *Tradizione esegetica e teologia nel Basso Imperio.* In: *La cultura in Italia . . .* (cf. 1981/82, 192) 701–712

[1213] EVANS, G. R.: Augustinus

[1240] GRECH, P.: Augustinus

[1571] GRIBOMONT, J.: Benedictus

[2464] HARL, M.: Origenes

[2465] HARL, M.: Origenes

[3239] KANNENGIESSER, CH.: Christologia

3508 MARA, MARIA GRAZIA *Bibbia e Storia nel IV secolo* — AnAl 21 (1981) 11–30

3509 MARGERIE, B. DE *Introduction à l'histoire de l'exégèse, I: Les Pères grecs et orientaux.* Préf. de I. DE LA POTTERIE [Coll. Initiations]. Paris: Éd. du Cerf 1980. VII, 330 pp.

3510 MCCLURE, J. *The Biblical epic and its audience in late antiquity.* In: *Papers of the Liverpool Latin Seminar* (cf. 1981/82, 243) 304–321

[1762] MESSANA, V.: Clemens Alexandrinus

[1518] MOLDOVAN, I.: Basilius Caesariensis

[2486] MOLINA, M. A.: Origenes

[2306] MONAT, P.: Lactantius

3511 OIKONOMOS, E. *Hermeneutical Logotypes. The basic elements of patristic hermeneutics* [in Greek; summary in English] — ThAthen 53 (1982) 627–671; 990–1050

3512 OLIVERA, B. *La tradición de la Lectio Divina* — CuadMon 16 (1981) 179–204

3513 PACIOREK, A. *Aktualność egzegezy patrystycznej (= Die Aktualität der*

Kirchenväterexegese). In: Akta sympozjum patrystycznego . . . (cf. 1981/82, 155) 307–312

3514 PARVIS, PAUL *The Teaching of the Fathers: Making the Scriptures Speak* – Clergy 67 (1982) 207–208

[1525] PELIKAN, J.: Basilius Caesariensis

[3078] PERETTO, E.: Concilia, acta conciliorum, canones

[1912] PLACES, E. DES: Eusebius Caesariensis

3515 POTTERIE, I. DE LA *Esegesi storico-critica e interpretazione cristiana.* In: *Parola e spirito* (cf. 1981/82, 245) 3–10

[2373] RIOU, A.: Maximus Confessor

3516 ROLLINSON, PHILIP *Classical Theories of Allegory and Christian Culture with an appendix on primary Greek sources* by PATRICIA MATSEN [Duquesne Studies: Language and Literature Series, vol. 3]. Pittsburg: Duquesne University Press 1981. XX, 175 pp.

[2691] SCHÄFERDIEK, K.: Theodorus Heracleensis

[2244a] SESBOÜÉ, B.: Irenaeus

3517 SIMONETTI, M. *Profilo storico dell'esegesi patristica* [Sussidi patrist. 1]. Roma: Inst. patrist. Augustinianum 1981. 148 pp.

3518 SIMONETTI, MANLIO *Alcune osservazioni sull'interpretazione teologica della sacra scrittura in età patristica* – Orpheus 2 (1981) 301–319

[2245] SIMONETTI, M.: Irenaeus

3519 STANIEK, E. *Komentarz do Pisma świętego jedną z form modlitwy patrystycznej (= Commentaire de l'Écriture Sainte, une des formes de la prière patristique).* In: *Akta sympozjum patrystycznego . . .* (cf. 1981/82, 155) 173–174

[2106] STANULA, E.: Hilarius Pictaviensis

[1071] STEAD, G. C.: Athanasius

3520 THEUNIS, F. J. *Omtrent kanon en schrift* – BijFTh 41 (1980) 64–87

[2510] TORJESEN, K. J.: Origenes

[1392] TRAPÉ, A.: Augustinus

[2563] TREU, U.: Physiologus

[2511] TREVIJANO ETCHEVERRIA, R.: Origenes

[1984] ZEVINI, G.: Gregorius Magnus

2. Specialia in Vetus Testamentum

[3387] BIANCHI, U.: Gnostica

[3417] FILORAMO, G.; GIANOTTO, C.: Gnostica

[1436] FORSTNER, K.: Avitus Viennensis

[1797] GALLICET, E.: Cyprianus Carthaginiensis

3521 GONZÁLEZ LUIS, JOSÉ *La versión de Sín de Símaco a los Profetas*

Mayores. Madrid: Editorial de la Universidad Complutense 1981. 622 pp.

3522 GRIBOMONT, J. *Nouvelles perspectives sur l'exégèse de l'Ancien Testament à la fin du IIIe siècle* — AugR 21 (1982) 357–363

[2028] HALL, S. G.: Gregorius Nyssenus

[1247] HARBER, J. D.: Augustinus

[2816] HILHORST, A.: Pionius

[2076] JAY, P.: Hieronymus

3523 KUGEL, J. L. *Is there but One Song?* — Biblica 63 (1982) 329–350

[2423] LUPIERI, E.: Novatianus

[1440] MARTÍN, J. P.: Barnabae Epistula

[2304] McGUCKIN, P.: Lactantius

3524 MELONI, P. *La chitarra di David* — Sandalion 5 (1982) 233–261

[2492] NEAGA, N.: Origenes

[3460] PEARSON, B. A.: Gnostica

[1922] PETROSIAN, L. H. TER: Eusebius Emesenus

[2424] PRETE, S.: Novatianus

[1800] RAMOS-LISSON, D.: Cyprianus Carthaginiensis

[2266] RAMOS-LISSON, D.: Isidorus Hispalensis

[1927] SAVON, H.: Eutropius Presbyter

[2043] SIMONETTI, M.: Gregorius Nyssenus

[2674] UGLIONE, R.: Tertullianus

[2320] WAEGEMAN, M.: Pseudo-Leontius Byzantinus

Genesis

[882] *Césaire d'Arles. Homélies sur Abraham et Jacob:* Auctores

[882] *Jean Chrysostome. La Génèse:* Auctores

[2426] *Origen. Homilies on Genesis and Exodus:* Origenes

[2497] PETIT, F.: Origenes

3525 TORRE, J. M. DE LA *El nomadismo en san Benito a la luz de los patriarcas del A. T.* — Yermo 19 (1981) 33–59

Gen 1–3

3526 SFAMENI GASPARRO, G. *Protologia ed encratismo; esempi di esegesi encratita di Gen. 1–3* — AugR 22 (1982) 75–89

[2505] SFAMENI GASPARRO, G.: Origenes

Gen 1

[1002] SWIFT, L. J.: Ambrosius

Gen 1, 2

3527 LEHMANN, HENNING *El Espíritu de Dios sobre las aguas. Fuente de los comentarios de Basilio y Agustín sobre el Génesis 1, 2* — Augustinus 26 (1981) 127*–139*

3528 TARABOCHIA CANAVERO, A. *Esegesi biblica e cosmologia. Note sull'interpretazione patrictica e medioevale di Genesi 1,2* [Coll. Sc. filos. 30]. Milano: Vita e Pensiero 1981. 119 pp.

Gen 1, 26

3529 VISONÀ, G. *L'uomo a immagine di Dio. L'interpretazione di Genesi I, 26 nel pensiero cristiano dei primi tre secoli* — StPad 27 (1980) 393–430

Gen 2, 9

[1869] KRONHOLM, T.: Ephraem Syrus

Gen 2, 17b

3530 ORBE, ANTONIO *Cinco exégesis ireneanas de Gen 2, 17ᵇ adv. haer., V. 23, 1-2* — Greg 62 (1981) 75–113

Gen 2, 25

[1868] KOWALSKI, A.: Ephraem Syrus

Gen 3

[3434] KAESTLI, J.-D.: Gnostica
[734] WERHAHN, H. M.: Palaeographica atque manuscripta

Gen 3, 1–5

[2697] ZEEGERS-VAN DER VORST, N.: Theophilus Antiochenus

Gen 3, 7

[1869] KRONHOLM, T.: Ephraem Syrus

Gen 3, 16

[1747] SMOLAK, K.: Claudius Marius Victorius

Gen 4, 17–24

3531 MUTIUS, HANS GEORG VON *Der Kainiterstammbaum Genesis 4, 17-24 in der jüdischen und christlichen Exegese. Von den Anfängen bis zum Ende des Mittelalters nach dem Zeugnis des Don Isaak Ben Jehuda*

Abravanel. Gleichzeitig ein Beitrag zur Erforschung des Josephustextes.
[Judaistische Texte und Studien 7]. Hildesheim: Olms 1978. XXXII,
167 pp.

Gen 6–9

3532 TONSING, ERNST FREDERICK *The Interpretation of Noah in Early
Christian Art and Literature* [Ph. D. Dissertation]. Santa Barbara: Univ.
of California 1978. 360 pp.

Gen 6, 2

[2517] ZANGARA, V.: Origenes

Gen 11, 1–9

3533 TROIANO, M. S. *L'episodo della torre di Babele (Gen. 11, 1-9) e la
questione della pluralità delle lingue presso alcuni Padri* – StSR 5 (1981)
69–84

Gen 12, 1–15, 6

[996] ROYSE, J. R.: Ambrosius

Gen 13, 16

3534 NORELLI, E. *La sabbia e le stelle. Gen 13,16; 15,5; 22, 17 nell'esegesi
cristiana dei primi tre secoli* – AugR 22 (1982) 285–312

Gen 14, 8

[3225] ALVES DE SOUSA, P. G.: Christologia

Gen 15, 5

[3534] NORELLI, E.: Specialia in Vetus Testamentum

Gen 15, 6

3535 SUTHERLAND, DONALD DIXON *Genesis 15:6: A Study in Ancient
Jewish and Christian Interpretation* [Diss.]. The Southern Baptist Theological Seminary 1982. 277 pp.

Gen 18, 1–6

[3536] MILLER, W. T.: Specialia in Vetus Testamentum

Gen 22

[2390] WILKEN, R. L.: Melito Sardensis

Gen 22, 17

[3534] NORELLI, E.: Specialia in Vetus Testamentum

Gen 32, 23–32

3536 MILLER, WILLIAM THOMAS *Early Jewish and Christian Hermeneutic of Genesis 18: 1-6 and 32: 23-32* [Ph.D. Dissertation]. New York: Union Theological Seminary 1979. 352 pp.

Gen 49, 11

[2283] CHMIEL, J.: Iustinus Martyr

Exodus

[2426] *Origen. Homilies on Genesis and Exodus:* Origenes
[2429] *Origene. Omelie sull'Esodo:* Origenes
[2387] MANNS, F.: Melito Sardensis

Ex 20, 1–17

3537 SLATTERY, JOSEPH ANTHONY *The Catechetical Use of the Decalogue from the End of the Catechumenate through the Late Medieval Period* [Ph.D. Dissertation]. The Catholic Univ. of America 1979. 246 pp.

Ex 34, 33–35

[2123] BROCK, S.: Iacobus Sarugensis

Ex 39, 1–31

[981] GRYSON, R.: Ambrosius

Leviticus

[2428] *Origène. Homélies sur le Lévitique:* Origenes

Lev 16

[2120] ZANI, A.: Hippolytus Romanus

Lev 24, 2–4

3538 MARIN, M. *Origene e Metodio su Lev. 24, 2-4* — VetChr 18 (1981) 470–475

Numeri

Num 11, 24–30

[2103] MILHAU, M.: Hilarius Pictaviensis

Regum Libri

3539 WOJCIK, JAN *Discriminations against David's Tragedy in Ancient Jewish and Christian Literature.* In: *The David Myth in Western Literature.* Ed. R. FRONATIN. West Lafayette, Indiana: Purdue University Press (1980) 13–35

Liber Regum I (Liber Samuelis I)

I Reg 10, 1

[1981] VERBRAKEN, P. P.: Gregorius Magnus

Liber Paraleipomenon II

II Par 26

[2151] *Jean Chrysostome. Homélies sur Ozias (In illud vidi Dominum):* Iohannes Chrysostomus

Job

[970]   BASKIN, J. R.: Ambrosius
[2096] DOIGNON, J.: Hilarius Pictaviensis
 3540 GEERLINGS, W. *Hiob und Paulus. Theodizee und Paulinismus in der lateinischen Theologie am Ausgang des vierten Jahrhunderts* – JAC 24 (1981) 56–66

Psalmi

[2159] ASENSIO, F.: Iohannes Chrysostomus
[2160] ASENSIO, F.: Iohannes Chrysostomus
[2161] ASENSIO, F.: Iohannes Chrysostomus
[1095] *Saint Augustin prie les psaumes:* Aurelius Augustinus
 3541 BOESE, H. *Die alte Glosa Psalmorum ex traditione seniorum. Untersuchungen, Materialien, Texte* [Vetus Latina. Aus der Geschichte der Lateinischen Bibel 9]. Freiburg: Herder 1982. 288 pp.
[2652] BRAUN, R.: Tertullianus
[1901] CURTI, C.: Eusebius Caesariensis
[1832] GRONEWALD, M.: Didymus Alexandrinus
[1721] HALPORN, J. W.: Cassiodorus
 3542 JOHNSON, W. L. *Patristic use of the psalms until the late third century.* Ann Arbor: Southern Baptist Theol. Sem. 1982
[1388] SYLVESTER-JOHNSON, J. A.: Augustinus

Ps 2

3543 BASEVI, C. *La generazione eterna di Cristo nei Ps 2 e 109 secondo S. Giustino e S. Ireneo* — AugR 22 (1982) 135–147

Ps 15 (16)

3544 AUF DER MAUR, H. J. *Zur Deutung von Ps 15 (16) in der alten Kirche. Eine Übersicht über die frühchristliche Interpretationsgeschichte bis zum Anfang des 4. Jhs.* — BijFTh 41 (1980) 401–418

Ps 21 (22)

3545 CERESA-GASTALDO, A. *Aspetti e problemi di ermeneutica biblica. L'interpretazione del Salmo 22 (21)* — GM N. S. 2 (1980) 233–245

Ps 37 (38)

3546 TORJESEN, K. J. *Interpretation of the Psalms. Study of the exegesis of Ps. 37* — AugR 22 (1982) 349–355

Ps 70 (71), 15

3547 BAUER, JOHANNES B. *Psalm 70 (71) 15. Quoniam non cognovi litteraturam* — EA 58 (1982) 167–177

Ps 84 (85), 11–12

[3487] TRAUTMANN, C.: Gnostica

Ps 109 (110)

[3543] BASEVI, C.: Specialia in Vetus Testamentum

Ps 109 (110), 4

[3225] ALVES DE SOUSA, P. G.: Christologia
3548 PETER, M. *Problem «ofiary Melchizedeka» (= Le problème du «sacrifice de Melchisedech»)* — PST 3 (1981) 7–16

Ps 118 (119)

[991] MELONI, P.: Ambrosius

Ps 131 (132)

[1276] LAWLESS, G.: Augustinus

Proverbia

Pr 8, 22

[3204] ABRAMOWSKI, L.: Trinitas

Ecclesiastes

[2475] LEANZA, S.: Origenes

Eccles 3, 18 sq.

3550 LEANZA, S. *L'atteggiamento della più antica esegesi cristiana dinanzi all'epicureismo ed edonismo di Qohelet* — Orpheus 3 (1982) 73–90

Canticum Canticorum

[1966] BELANGER, R.: Gregorius Magnus
[2439] BRESARD, L.: Origenes
[2020] CAHIL, J. B.: Gregorius Nyssenus
[2442] CERESA-GASTALDO, A.: Origenes
[2027] GARGANO, G. I.: Gregorius Nyssenus
[2407] LUCÀ, S.: Nilus Ancyranus
[2408] ROSENBAUM, H. U.: Nilus Ancyranus
 [997] SAGOT, S.: Ambrosius
[2555] SAGOT, S.: Philo Carpasianus
 3549 SIMONETTI, M. *Teodoreto e Origene sul Cantico dei Cantici.* In: *Letterature comparate* (cf. 1981/82, 225) 919–930

Cant 4, 12

3551 DOIGNON, J. *Points du vue comparés de Cyprien et de Firmilien de Césarée sur l'«unique épouse» des versets 4,12; 6,8 du Cantique des cantiques. Topique d'origine politique et thèmes d'inspiration origénienne* — AugR 22 (1982) 179–185

Cant 6, 8

[3551] DOIGNON, J.: Specialia in Vetus Testamentum

Ecclesiasticus

Ecclus 42, 14

3552 ARDUINI, M. L. *Il tema uir et mulier nell'esegesi patristica e medioevale di Eccli. XLII, 14. A proposito di una interpretazione di Ruperto di Deutz, II* — Aevum 55 (1981) 246–261

Isaias

[2166] DUMORTIER, J.: Iohannes Chrysostomus
[2169] GARRETT, D. A.: Iohannes Chrysostomus

Is 6, 9–10

3553 EVANS, C. A. *Isaiah 6, 9–10 in rabbinic and patristic writings* – VigChr 36 (1982) 275–281

Is 40, 12

3554 LUPIERI, E. *Il cielo è il mio trono. Isaia 40,12 e 66,1 nella tradizione testimoniaria* [Temi e testi 28]. Roma: Ed. di storia e lett. 1980. 120 pp.

Is 53

3555 BUNDY, D. D. *The interpretation of Isaiah 53 in East and West.* In: *Typus, Symbol, Allegorie* (cf. 1981/82, 290) 54–74

Is 54, 1

3556 PAVAN, V. *Is. 54, 1 (Laetare sterilis) nella catechesi dei primi due secoli* – VetChr 18 (1981) 341–355

Is 60, 17

[1771] EVANS, C. A.: Clemens Romanus

Is 66, 1

[3554] LUPIERI, E.: Specialia in Vetus Testamentum

Ezechiel

Ezech 1

[2462] HALPERIN, D. J.: Origenes

Daniel

[2633] FENZ, A. K.: Simeon Edessenus

Dan 2

3557 BOER, S. DE *Welk dier was Rome? De translatio imperii en de vroeg-christelijke interpretatie van Daniël 2 en 7.* In: *Saecula saeculorum. Opstellen Mönnich* (cf. 1981/82, 267) 98–141
[1785] MACCORMACK, S. G.: Cosmas Indicopleustes

Dan 7

[3557] BOER, S. DE: Specialia in Vetus Testamentum
3558 CASEY, P. M. *The interpretation of Daniel VII in Jewish and patristic literature and in the New Testament: an approach to the son of man problem* [Diss.]. Durham: University 1976. 663 pp.

3. Specialia in Novum Testamentum

[2431] *Origen. Scieri alese II:* Origenes
3559 *Ojcowie żywi VI (= Die lebendigen Väter).* [Die Kirchenväter kommentieren die Festtagsevangelien]. Hrsg. und teilweise übersetzt von M. STAROWIEYSKI, liturgischer Kommentar von J. MIAZEK. Kraków: Społeczny Instytut Wydawniczy Znak 1982. 569 pp.
[2098] DOIGNON, J.: Hilarius Pictaviensis
[1564] FATTORINI, G.: Benedictus
3560 KRAFT, HEINRICH *Die Evangelien und die Geschichte Jesu* – ThZ 37 (1981) 321–341
[2180] McKIBBENS, T. R.: Iohannes Chrysostomus
[2613] OLSEN, G. W.: Salvianus Massiliensis
3561 OSEI-BONUS, J. *Soul and body in life after death: an examination of the New Testament evidence with some reference to patristic exegesis* [Diss.]. Aberdeen: Univ. 1980. 397 pp.
[3458] PAINCHAUD, L.: Gnostica
[3155] STYLIANOPOULOS, TH.: Symbola
3562 ZAPHIRIS, G. *The pre-evangelical texts. The witness of the Fathers concerning the original form of the Evangelical tradition and the value of the Patristic Biblical quotations.* Athens: 1978. 469 pp.

Evangelium secundum Matthaeum

[2558] ALAND, B.: Philoxenus Mabbugensis
[2092] BURNS, P. C.: Hilarius Pictaviensis
[2083] OLIVAR, A.: Hieronymus
[2514] VOGT, H. J.: Origenes

Mt 1, 1–17

[1397] VERBRAKEN, P. P.: Augustinus

Mt 1, 5

[2499] QUINN, J. D.: Origenes

Mt 2, 16

3563 GRANADOS FERNÁNDEZ, CONSOLACIÓN ¿Mateo evangelista en Macrobio, Sat. II 4, 11? — Emerita 49 (1981) 361–363

Mt 5, 1–12

3564 *Le beatitudini nel commento dei Padri Latini.* Antologia a cura di MARIO SPINELLI [Letture cristiane delle origini. Antologie 8]. Roma: Ed. Paoline 1982. 271 pp.

Mt 6, 9–13

[890] *Tertulliano, Cipriano, Agostino. Il padre nostro:* Auctores
3565 GROSSI, V. *Il contesto battesimale dell' oratio dominica nei commenti di Tertulliano, Cipriano, Agostino.* In: *Akta sympozjum patrystycznego . . .* (cf. 1981/82, 155) 153–163
[2365] MADDEN, N.: Maximus Confessor
[2881] RORDORF, W.: Liturgica
[2882] SABUGAL, S.: Liturgica
[2047] WÓJCIK, W.: Gregorius Nyssenus
[2049] ZAVOIANU, C.: Gregorius Nyssenus

Mt 6, 11

3566 DEWAILLY, L. M. *Donne-nous notre pain; quel pain? Notes sur la quatrième demande du Pater* — RSPhTh 64 (1980) 561–588

Mt 12, 38–50

[1729] ÉTAIX, R.: Chromatius Aquileiensis

Mt 16, 18

[2097] DOIGNON, J.: Hilarius Pictaviensis

Mt 21, 12–16

[2084] SILVESTRE, H.: Hieronymus

Mt 23, 2

[2103] MILHAU, M.: Hilarius Pictaviensis

Mt 23, 37–39

[2483] MARIN, M.: Origenes

Mt 25, 1–13

[1296] MARIN, M.: Augustinus
[1297] MARIN, M.: Augustinus

Mt 26, 36–46

[2362] LÉTHEL, F.-M.: Maximus Confessor

Evangelium secundum Marcum

Mc 16, 20

[426] GRASSO, D.: Opera ad historiam

Mc 14, 32–42

[2362] LÉTHEL, F.-M.: Maximus Confessor

Evangelium secundum Lucam

[2558] ALAND, B.: Philoxenus Mabbugensis

Lc 1, 1–4

[2491] NAZZARO, A. V.: Origenes

Lc 3, 23–37

[1397] VERBRAKEN, P. P.: Augustinus

Lc 13, 34–35

[2483] MARIN, M.: Origenes

Lc 15, 4–32

[968] ANDRZEJEWSKI, R.: Ambrosius Mediolanensis

Lc 22, 35–38

[2441] CASPARY, G. E.: Origenes

Lc 22, 39–46

[2362] LÉTHEL, F.-M.: Maximus Confessor

Evangelium secundum Ioannem

[2427] *Origène. Commentaire sur Saint Jean:* Origenes
[2430] *Orygenes. Komentarz do Ewangelii św. Jana:* Origenes

[2450] CROUZEL, H.: Origenes
  3567 DUBOIS, J. D. *La postérité du quatrième évangile au IIᵉ siècle* — LumVi
    29 (1980) 31–48
[1495] GRIBOMONT, J.: Basilius Caesariensis
[2490] NAUTIN, P.: Origenes
[3462] PERKINS, PH.: Gnostica
[2691] SCHÄFERDIEK, K.: Theodorus Heracleensis
[2420] VOLPE CACCIATORE, P.: Nonnus Panopolitanus

Io 1, 1–18

[3411] EVANS, C. A.: Gnostica
[3502] YAMAUCHI, E. M.: Gnostica

Io 1, 19

[2453] DALY, R. J.: Origenes

Io 3, 5

  3568 SCOGNAMIGLIO, R. *Se uno non nasce de acqua e da Spirito . . .; Gv 3,5
    nell'interpretazione delle maggiori tradizione esegetiche dei Padri* —
    Nicolaus 8 (1980) 301–309

Io 4

[1879] MEES, M.: Epiphanius

Io 5

[1880] MEES, M.: Epiphanius

Io 6

[1881] MEES, M.: Epiphanius
[2485] MEES, M.: Origenes

Io 9

[2978] VIAN, O. J.: Annus liturgicus

Io 14–16

  3569 CASURELLA, A. *Patristic interpretation of the paraclete passages in John's
    Gospel: an account and critical evaluation* [Diss.]. Durham: University
    1980. 245 pp.

Acta Apostolorum

Act 1, 23–26

3570 MAXWELL, JOHN FRANCIS *Acts 1, 23–26: Charismatic Renewal and Common Moral Teaching on Divination* – Clergy 67 (1982) 6–16

Ac 2, 44

[1472] BURINI, C.: Basilius Caesariensis

Ac 4, 32. 35

[1472] BURINI, C.: Basilius Caesariensis

Ac 9, 4–6

3571 DOIGNON, J. *Le dialogue de Jésus et de Paul, Actes 9, 4–6. Sa pointe dans l'exégèse latine la plus ancienne (Hilaire, Ambroise, Augustin)* – RSPhTh 64 (1980) 477–489

Pauli Epistulae

[3540] GEERLINGS, W.: Specialia in Vetus Testamentum
[2130] HENDRICKS, W. L.: Ignatius Antiochenus
3572 LEGASSE, S. *Paul et le judéo-christianisme hétérodoxe.* In: *Quaere Paulum. Miscelánea L. Turrado* (cf. 1981/82, 254) 195–215
[2688] PARVIS, P. M.: Theodoretus Cyrensis
3573 RENSBERGER, D. K. *As the Apostle teaches. The development of the use of Pauls's letters in the second-century Christianity* [Diss.]. New Haven, Conn.: Yale Univ. 1981. 418 pp.

Epistula ad Romanos

[1116] BABCOCK, W. S.: Augustinus
[1150] BURNS, J. P.: Augustinus
[2443] CHADWICK, H.: Origenes
[1234] GODSEY, J. D.: Augustinus
[2689] SANNA, I.: Theodoretus Cyrensis

Rm 1, 20

3574 HORN, H. J.; NIENS, C. *Röm 1,20 und das Verhältnis von αἴσϑησις und νόησις in frühchristlicher Deutung.* In: *Jenseitsvorstellungen in Antike und Christentum* (cf. 1981/82, 219) 86–97

Rom 7

[2434] BAMMEL, C. P. H.: Origenes

Rom 7, 7–25

[1132] BERROUARD, M.-F.: Augustinus

Rom 7, 16

3575 DOIGNON, J. *J'acquiesce à la loi (Rom 7, 16) dans l'exégèse latine ancienne* – FZPT 29 (1982) 131–139

Rom 9–11

3576 GORDAY, P. J. *The place of chapters 9–11 in the argument of the Epistle to the Romans. A study of the Romans exegesis of Origen, John Chrysostom, and Augustine* [Diss.]. Nashville, Tenn.: Vanderbilt University 1980. 381 pp.

Rom 9, 9–21

[2488] MONACI CASTAGNO, C.: Origenes

Epistula ad Corinthios I

I Cor 7, 15

[1003] TORTI, G.: Ambrosius

I Cor 10, 15–17

3577 SCOGNAMIGLIO, R. *Il ministero dell'uno nei molti: 1 Cor 10, 15–17. Rilevanze esegetico-patristiche* – Nicolaus 10 (1982) 289–306

I Cor 12–14

[426] GRASSO, D.: Opera ad historiam

Epistula ad Galatas

[2335] *Mario Vittorino. Commentarii in Epistolas Pauli:* Marius Victorinus
[2190] ZINCONE, S.: Iohannes Chrysostomus

Gal 2, 11–14

[1169] COLE TURNER, R. S.: Augustinus

Epistola ad Ephesios

[2335] *Mario Vittorino. Commentarii in Epistolas Pauli:* Marius Victorinus

Epistola ad Philippenses

[2335]   *Mario Vittorino. Commentarii in Epistolas Pauli:* Marius Victorinus

Epistula ad Thessalonicenses I

I Thes 4, 4–5

3578   DOIGNON, J. *L'exégèse latine ancienne de I Thessaloniciens 4,4–5 sur la possession de notre vas. Schémas classiques et éclairages chrétiens* — BLE 33 (1982) 163–177

I Thes 4, 17

3579   DOIGNON, J. *La lecture de I Thessaloniciens 4, 17 en Occident de Tertullien à Augustin.* In: *Jenseitsvorstellungen in Antike und Christentum* (cf. 1981/82, 219) 98–106

Epistulae ad Timotheum et Titum

[1615]   PERETTO, E.: Benedictus

Epistula ad Hebraeos

Heb 5–7

[3548]   PETER, M.: Specialia in Vetus Testamentum

Heb 9, 2–5

[1947]   VOICU, S. J.: Gennadius Constantinopolitanus

Apocalypsis Ioannis

[2432]   ANSELMETTO, C.: Origenes
  3580   BALOIRA BÉRTOLO, ADOLFO *El Prefacio del comentario al Apocalipsis de Beato de Liébana* — ArLeon 36 (1982) 7–25
[2704]   FREDERIKSEN LANDES, P.: Tyconius
  3581   MAIER, G. *Die Johannesoffenbarung und die Kirche* [WUNT 25]. Tübingen: Mohr 1981. XX, 676 pp.
[2484]   MAZZUCCO, C.: Origenes
[2705]   MEZEY, L.: Tyconius
[1978]   RAPISARDA LO MENZO, G.: Gregorius Magnus
[2706a] STEINHAUSER, K. B.: Tyconius

IX. RECENSIONES

R 1 AALDERS, G. J. D. (1981/82, 343): NAKG 61 (1981) 86–88 = Roldanus, J. – TTh 21 (1981) 80 = Goosen, L.

R 2 ABRAMOWSKI, L. (1981/82, 150): AugR 22 (1982) 600 = Peretto

R 3 *Les Actes apocryphes des Apôtres* (1981/82, 152): RThPh 113 (1981) 415–420 = Zumstein

R 4 ADNÈS, P. (1981/82, 2902): Espíritu 31 (1982) 164–165 = Solà, F. de P. – Salmant 29 (1982) 443–445 = Garijo, M. M. – EE 57 (1982) 465–468 = Margerie, B. de

R 5 *Aetheria* ed. A. ARCE (1979/80, 661): BLE 82 (1982) 53–54 = Martimort – Antonianum 56 (1981) 836 = Vázquez Janeiro – Greg 63 (1982) 756 = Orbe – RHE 77 (1982) 250 = Moral – Augustinus 27 (1982) 91 = Capánaga – AB 99 (1981) 180–183 = Devos – AnMal 3 (1980) 415–417 = Talavera Esteso – ArGran 44 (1981) 332 = Segovia, A. – TEsp 25 (1981) 145–146 = Galmés, L. – CD 194 (1981) 671 = Díez, F. – Burgense 22 (1981) 306–307 = Romero Pose, E. – VyV 39 (1981) 265–266 = Sánchez, V. – RCatT 6 (1981) 236–238 = Janeras, S. – ScTh 14 (1982) 677–679 = Ramos Lissón, D.

R 6 *Aetheria* ed. J. WILKINSON (1981/82, 957): RBi 89 (1982) 472 = Benoît

R 7 ALAND, K. (1975/76, 619): Mundus 17 (1981) 175–176 = Friedrich, J. H.

R 8 ALAND, K. (1979/80, 251): KRS 137 (1981) 285 = Riniker, H. – TPQS 129 (1981) 300–301 = Zinnhobler, R.

R 9 ALAND, K. (1981/82, 346): ZRGG 33 (1981) 269 = Kantzenbach

R 10 ALAND, K. und B. (1981/82, 748): EThL 58 (1982) 388–391 = Neirynck – KT 33 (1982) 309–318 = Bronkhorst

R 11 ALBERIGO, G. (1981/82, 3025): BTAM 13 (1982) 191 = Devos

R 12 ALLEN, P. (1981/82, 1930): VigChr 36 (1982) 66 = Markus – JEcclH 33 (1982) 648 = Bonner – OrChrP 47 (1981) 480–481 = van Esbroeck

R 13 ALTANER, B. (1979/80, 31): RThAM 48 (1981) 242 = Sonneville

R 14 ALTANER, B.; STUIBER, A. (1977/78, 41): BL 53 (1980) 127–128 = Emminghaus, J. H. – TPQS 128 (1980) 91–92 = Emminghaus, J. H. – ZKTh 102 (1980) 268 = Niemann, F.-J. – RThAM 48 (1981) 242 = Sonneville – RThPh 113 (1981) 182 = Junod – NRTh 102 (1980) 606 = Martin

R 15 *Alte Kirche* ed. A. M. RITTER (1977/78, 213): ZKTh 103 (1981) 243 = Oberforcher

R 16 ALTERMATH, F. (1977/78, 2943): RHPhR 59 (1979) 209 = Bertrand

R 17 *Altes Testament . . .* (1979/80, 81): Kairos 23 (1981) 122–123 = Schubert

R 18 AMAND DE MENDIETA, E.; RUDBERG, S. Y. (1979/80, 1044): ThLZ 107 (1982) 608 = Thuemmel — NRTh 104 (1982) 105 = Martin

R 19 *Ambrosius Mediolanensis* (1979/80. 667): REBras 41 (1981) 396–397 = Figueiredo, F. A.

R 20 *Ambrosius Mediolanensis* ed. G. BENTELE (1981/82, 966): BTAM 13 (1981) 13 = Mathon

R 21 *Ambrosius Mediolanensis* ed. U. MATTIOLI; C. MAZZA (1981/82, 967): KoinNapoli 5 (1981) 122–123 = Nazzaro

R 22 *Ambrosius Mediolanensis* ed. C. MORESCHINI; E. BELLINI (1981/82, 965): Aevum 55 (1981) 178–182 = Micaelli

R 23 AMIET, R. (1981/82, 85): BLE 83 (1982) 45 = Martimort

R 24 *Amphilochenus Iconiensis* ed. C. DATEMA (1977/78, 849): OrChrP 47 (1981) 276–278 = van Esbroeck — KoinNapoli 6 (1982) 155–158 = Maisano

R 25 ΑΝΑΣΤΑΣΙΟΥ, I. E. (1981/82, 86): ThAthen 51 (1981) 940–941 = Μπονης, K.

R 26 *Anastasius Sinaita* ed. K. H. UTHEMANN (1981/82, 1010): VigChr 36 (1982) 294–301 = Allen — REB 40 (1982) 244–245 = Darrouzès — FZPT 29 (1982) 509–511 = Heinzer — Maia 34 (1982) 73–74 = Ceresa-Gastaldo

R 26a *Pseudo-Andreas Cretensis* ed. JACQUES NORET; HERMAN GASPART (1979/80, 715): Orpheus 2 (1981) 433–434 = Pricoco, S.

R 27 AONO, T. (1979/80, 2063): CrSt 3 (1982) 416–419 = Norelli

R 28 *Gli Apocrifi del Nuovo Testamento* ed. M. ERBETTA (1981/82, 801): Greg 63 (1982) 753–754 = Orbe

R 29 *Apokryfy Nowego Testamentu I* ed. M. STAROWIEYSKI (1979/80, 546): OrChrP 47 (1981) 258–259 = van Esbroeck — AB 99 (1981) 183 = Fros — STV 20 (1982) 308–309 = Rosłon, J. W.

R 29a *Apophthegmata Patrum* ed. L. REGNAULT (1981/82, 1029): RHE 76 (1981) 723 = de Halleux — StMon 23 (1981) 182 = Martínez — RBen 91 (1981) 403

R 30 *Arché e Telos* (1981/82, 158a): VigChr 36 (1982) 203 = van Winden — RThL 13 (1982) 224–226 = de Halleux — BLE 83 (1982) 222–224 = Crouzel — RHR 199 (1982) 445–447 = Le Boulluec — Anthropos 77 (1982) 593–594 — ArGran 45 (1982) 407 = Segovia, A.

R 31 ARENS, H. (1981/82, 2314): EAg 17 (1982) 471–472 = Luis, P. de

R 32 *Aspects de l'orthodoxie* ed. M. SIMON (1981/82, 160): RThL 13 (1982) 238–241

R 33 *Asterius* ed. F. VAN DER MEER; G. BARTELINK (1979/80, 728a): CO 31 (1979) 135–136 = Aalst, A. J. van der

R 34 *Athanasius* ed. R. C. GREGG; W. A. CLEBSCH (1979/80, 730): ChH 51 (1982) 487 = Monti

R 35 *Athanasius* ed. M. MANDAC (1981/82, 1057): RHE 76 (1981) 792 = de
Halleux

R 36 *Athanasius* ed. G. M. VIAN (1977/78, 903): RHE 76 (1981) 221 =
Gribomont — REB 39 (1981) 358 — ScTh 14 (1982) 381–382 = Ramos
Lissón, D.

R 37 ATHANASSIADI-FOWDEN, P. (1981/82, 2272): HistoryT 32 (1982) 56 =
Runciman, St.

R 37a *Atti del Convegno Il paleocristiano nella Tuscia* (1981/82, 167): VetChr
19 (1982) 204–209 = Calcagnini — RiAC 58 (1982) 202–205 = Bisconti
— RQ 77 (1982) 134–135 = Saxer

R 38 AUF DER MAUR, H. J. (1977/78, 820): ZKG 92 (1981) 350–352 =
Mulvihill — RechSR 70 (1982) 586 = Kannengiesser

R 39 *Zum Augustin-Gespräch der Gegenwart, II* (1981/82, 168): REA 28
(1982) 365 = Brix — StMon 24 (1982) 234 = Rosés — EThL 58 (1982) 413
= de Halleux — Ha 132 (1982) 60–61 = Jeanrond — StPad 29 (1982)
200–202 = Beatrice — ThZ 38 (1982) 244–245 = Brändle, R. — ArGran
45 (1982) 407–408 = Segovia — TPQS 130 (1982) 399 = Bauer

R 40 *Augustine Concerning the City of God against the Pagans* (1971/72, 713):
RAgEsp 22 (1981) 441–442 = Turrado, A.

R 41 *Augustinus* ed. M. F. BERROUARD (1977/78, 929): RechSR 70 (1982)
587–589 = Kannengiesser

R 42 *Augustinus* ed. L. BOROS (1981/82, 1088): TPQS 130 (1982) 418–419 =
Schleicher, P.

R 43 *Augustinus* ed. M. CICCARESE (1981/82, 1082): REA 28 (1982) 309 =
Bouhot

R 44 *Augustinus* ed. J. DIVJAK (1981/82, 1079): RHE 76 (1981) 428 =
Pillinger — RBen 91 (1981) 406–409 = Wankenne — Gy 89 (1982)
347–350 = Opelt

R 45 *Augustinus* ed. B. DOMBART; A. KALB; J. DIVJAK (1981/82, 1080):
REA 28 (1982) 307

R 46 *Augustinus* ed. A. FINGERLE et alii (1977/78, 935) = TPQS 128 (1980)
300 = Rehberger, K.

R 47 *Augustinus* ed. A. G. HAMMAN (1981/82, 1095): RBen 91 (1981) 207 =
Verbraken

R 48 *Augustinus* ed. S. IODICE (1979/80, 773): Salesianum 42 (1980) 643 =
Riggi — RThL 11 (1980) 247 = Welsch — Augustinus 27 (1982) 375 =
Oroz

R 49 *Augustinus* ed. A. MUTZENBECHER (1979/80, 759): REA 27 (1981)
337–339 = Brix — RBen 91 (1981) 406 = Verbraken — JEcclH 33 (1982)
280–281 = Smalley

R 50 *Augustinus* ed. M. PALMIERI et alii (1977/78, 941): REA 27 (1981)
339–341 = Brix

R 51 *Augustinus* ed. C. J. PERL (1975/76, 979): TPQS 128 (1980) 299–300 =
Rehberger, K.

R 52 *Augustinus* ed. C. J. PERL (1975/76, 980): TPQS 128 (1980) 299–300 = Rehberger, K.

R 53 *Augustinus* ed. C. J. PERL (1981/82, 1083): Gn 54 (1982) 816–818 = Radke — ZKTh 104 (1982) 459–460 = Mühlsteiger

R 54 *Augustinus* ed. V. SAXER (1981/82, 1094): REA 27 (1981) 342 = Brix — RBen 91 (1981) 207 = Verbraken

R 55 *Augustinus* ed. G. WIJDEVELD (1981/82, 1096): REA 28 (1982) 306 = Brix

R 56 *Pseudo-Augustinus* ed. J. E. CHISHOLM (1979/80, 997): REA 27 (1981) 351 = Brix — RBen 91 (1981) 210 = Verbraken — RHE 76 (1981) 591 = Gryson — ThRe 77 (1981) 212–215 = Andresen

R 57 *Ausonius* ed. S. PRETE (1977/78, 1215): Augustinus 27 (1982) 413 = Oroz — RFC 109 (1981) 469–474 = Parroni

R 58 AVILÉS, J. (1979/80, 1929): Faventia 4 (1982) 131–133 = Mayer, M. — Helmántica 32 (1981) 438–439 = Guillén, J.

R 59 AYERS, R. H. (1979/80, 2184): BTAM 13 (1982) 188 = Swiggers

R 60 BACCHIOCCHI, S. (1977/78, 2488): ChH 50 (1981) 329–330 = Lewis

R 61 BACHT, H. (1971/72, 2326): VigChr 35 (1981) 86–88 = van Winden

R 62 BACQ, PH. (1979/80, 1830): Salesianum 43 (1981) 900 = Riggi — VetChr 18 (1981) 503 = Mazzola — RHR 198 (1981) 83 = Nautin

R 63 BADEWIEN, J. (1981/82, 2612): VigChr 36 (1982) 412–415 = Speyer — JAC 25 (1982) 195–197 = Diesner — JThS 33 (1982) 301–302 = Chadwick — RSLR 17 (1981) 512–513 = Pellegrino — RHE 76 (1981) 418 = Gryson

R 64 BAGATI, B.; GARCÍA, F. (1979/80, 550): EphMariol 31 (1981) 186–187 = Blanco, S.

R 65 BALFOUR, I. L. S. (1981/82, 2650): REA 28 (1982) 297 = Braun

R 66 BALOIRA BÉRTOLO, A. (1981/82, 2255): RHE 76 (1982) 261 = Zaragoza Pascual

R 67 BANK, J. H. VAN DE (1977/78, 1981): KT 30 (1979) 69–70 = Nijenhuis, W.

R 68 BARNES, T. D. (1981/82, 1895): HistoryT 32,7 (1982) 54–55 = McCulloch — AJPh 103 (1982) 462–466 = Drake — AHR 87 (1982) 1372 = Kaegi — JEcclH 33 (1982) 590–595 = Frend

R 69 *Basilius Caesariensis* ed. U. NERI (1979/80, 1026): RSLR 18 (1982) 139–140 = Forlin Patrucco

R 70 *Basilius Caesariensis* ed. U. NERI (1975/76, 1305): OrChrP 47 (1981) 265–266 = van Esbroeck

R 71 *Basilius Caesariensis* ed. S. PAPADOPOULOS; B. MOUSTAKIS (1981/82, 1444): Nicolaus 9 (1981) 239 = Stiernon

R 72 *Basilius Caesariensis* ed. B. SESBOÜÉ; G.-M. DE DURAND; L. DOUTRELEAU (1981/82, 1447): Irénikon 55 (1982) 584–585 = E. L.

R 73 *Basilius. Heiliger der Einen Kirche* ed. A. RAUCH; P. IMHOF (1981/82, 170): ZKTh 104 (1982) 117 = Neufeld

R 74 BATHORY, P. D. (1981/82, 1121): REA 28 (1982) 353 = Brix

R 75 BAUER, W. (1979/80, 205): ClPh 76 (1981) 153–159 = Georgacas – JBL 100 (1981) 290–291 = Brown

R 76 BAUMEISTER, TH. (1979/80, 2560): AB 99 (1981) 411–413 = de Gaiffier – RHE 76 (1981) 418 = de Halleux – ThPh 56 (1981) 595–597 = Beutler – ThZ 38 (1982) 171–172 = Rordorf, W. – VyV 39 (1981) 410–411 = Abad, J.

R 77 BAVEL, T. J. VAN (1973/74, 831): TPQS 128 (1980) 299 = Rehberger, K.

R 78 BEATRICE, P. F. (1977/78, 964): ThRe 77 (1981) 298–300 = Greshake – ZKG 91 (1980) 409–412 = Lorenz – AugSt 11 (1980) 205–227 = de Simone – VigChr 35 (1981) 307–311 = den Boeft – RSLR 17 (1981) 267–273 = Zangara – Rel 58 (1980) 641 = Duval – RHR 198 (1981) 86–87 = Nautin – Paideia 36 (1981) 138–139 = Scarpat – EThL 58 (1982) 170–172 = Vanneste – JEcclH 32 (1981) 85–87 = Bonner

R 79 BECKER, A. (1977/78, 965): ZKTh 102 (1980) 259–260 = Fritz, G. – Augustinus 27 (1982) 217–222 = Oroz Reta, J.

R 80 BECKWITH, R. T.; STOTT, W. (1981/82, 2842): EvangQ 54 (1982) 59–60 = Wright, D. F.

R 81 *Begegnung mit dem Wort* (1979/80, 92): ThRu 46 (1981) 314–315 = Kümmel

R 82 BEIERWALTES, W. (1981/82, 1126): REA 28 (1982) 344 = Geerlings – Gy 89 (1982) 539 = Opelt

R 83 BELLINI, E. (1973/74, 611): ZKTh 101 (1979) 480 = Felderer, J. SJ

R 84 BENEDETTI, F. (1979/80, 1006): Aevum 56 (1982) 127–128 = Marastoni – Orpheus 3 (1982) 428–429 = Pricoco – Salesianum 44 (1982) 618 = Felici – Gn 54 (1982) 814–816 = Thomas – Latomus 40 (1981) 869 = Tordeur

R 84a *S. Benedetto e l'Oriente cristiano* (1981/82, 170a): StMon 23 (1981) 431 = Montaner, M. – REDC 38 (1982) 154 = Echeverría, L. de

R 85 *Benedictus Nursinus* (1981/82, 1539): TGL 37 (1981) 445–446 = Cranenburgh, H. van

R 86 *Benedictus Nursinus* ed. T. FRY (1981/82, 1537): JThS 33 (1982) 640 = Chadwick – StMon 23 (1981) 431–432 = Amengual, F.

R 87 *Benedictus Nursinus* ed. R. HANSLIK (1977/78, 1270): Orpheus 2 (1981) 232–236 = Pricoco, S.

R 88 *Benedictus Nursinus* ed. G. HOLZHERR (1979/80, 1161): StMon 23 (1981) 182 = Martínez – ThRev 77 (1981) 210–212 = Roth

R 89 *Benedictus Nursinus* ed. C. M. JUST (1981/82, 1538): StMon 23 (1981) 432–433 = Badia, B.

R 90 *Benedictus Nursinus* ed. H. ROCHAIS (1979/80, 1163): BTh 13 (1981) 30 = Winandy – Salesianum 44 (1982) 583 = Stella

R 91 BERARDINO, A. DI (1977/78, 43): VigChr 35 (1981) 206–207 = Waszink – RechSR 69 (1981) 474 = Kannengiesser – RHPhR 59 (1979) 208 = Maraval – JThS 32 (1981) 262–263 = Frend – ThSt 41 (1980) 780–781 = García-Allen

R 92 BERNER, U. (1981/82, 2435): BLE 83 (1982) 219 = Crouzel − RSLR 18 (1982) 297−299 = Monaci Castagno − EtThR 57 (1982) 133 = Fischer − EThL 58 (1982) 169 = de Halleux − ZKTh 104 (1982) 98−99 = Lies − ZKG 113 (1982) 367 = Berbig − RHPhR 59 (1981) 283 = Junod − Maia 34 (1982) 191 = Ceresa-Gastaldo − LFilol 105 (1982) 121−122 = Pokorný − KRS 137 (1981) = Riniker − BijFTh 42 (1981) 456 = Hemel

R 93 BERTHOUZOZ, R. (1979/80, 1832): RSPh 66 (1982) 130 = Congar − BLE 83 (1982) 311 = Crouzel − Greg 63 (1982) 752 = Orbe − EtThR 57 (1982) 410−411 = Dubois − RThPh 114 (1982) 184 = Junod − NRTh 104 (1982) 100 = Martin − ThSt 43 (1982) 146−147 = Ettlinger

R 94 BESSONE, L. (1981/82, 367): Orpheus 3 (1982) 420−422 = Clausi

R 95 BETZ, J. (1979/80, 2366): TTh 20 (1980) 435 = Tente, M. van

R 96 BEYSCHLAG, K. (1979/80, 94): TTh 21 (1981) 80 = Davids, A. − ThLZ 107 (1982) 435−437 = Staats

R 97 *Biblia patristica I* ed. J. ALLENBACH; ANDRÉ BENOÎT; D. A. BERTRAND (1975/76, 219): Euphrosyne 11 (1981/82) 361−363 = Nascimento, A.A.

R 98 *Biblia patristica III* (1979/80, 206): BLE 83 (1982) 218 = Crouzel − RHPhR 61 (1981) 314 = Junod − ScTh 14 (1982) 670−671 = Alves de Sousa, P.-G.

R 99 BIENERT, W. A. (1977/78, 1478): JAC 25 (1982) 184−186 = Ullmann − NRTh 104 (1982) 102−103 = Martin − RHE 75 (1980) 618 = de Halleux − RSPhTh 65 (1981) 440 = de Durand

R 100 *De bijbel en het christendom, I* ed. G. STEMBERGER et alii (1981/82, 171): TGL 35 (1979) 438−439 = Van Outryve, E.

R 101 BLÁZQUEZ, J. M. (1981/82, 2566): LEC 50 (1982) 372 = Wankenne, A.

R 102 BLERSCH, H. G. (1977/78, 2375): CO 31 (1979) 217−218 = Franken, S.

R 103 BLESS-GRABHER, M. (1977/78, 2341): MLatJb 17 (1982) 278−280 = Stiene − Francia 9 (1981) 735−737 = Dolbeau

R 104 BOCCIOLINI PALAGI, L. (1981/82, 819): Salesianum 43 (1981) 905 = Felici − Orpheus 2 (1981) 275−276 = Ballaira − Latomus 40 (1981) 861 = Herrmann − ASNSP 11 (1981) 1412−1414 = Giannarelli

R 105 BØRRESEN, K. E. (1979/80, 797): SMed 2 (1982) 105−106 = Genco − CD 195 (1982) 152 = Folgado Flórez

R 106 BØRRESEN, K. E. (1981/82, 1138): REA 28 (1982) 349

R 107 BOESE, H. (1981/82, 3541): RBi 89 (1982) 615 = Tournay

R 108 *Boethius* ed. L. OBERTELLO (1981/82, 1650): Paideia 36 (1981) 252−253 = Tapella

R 109 *Boethius* ed. E. STUMP (1977/78, 1296): Maia 33 (1981) 65−67 = Milanese − JHPh 18 (1980) 469−471 = Spade − Latomus 41 (1982) 398 = Hamesse

R 110 *Boethius. His life . . .* ed. M. T. GIBSON (1981/82, 172): JThS 33 (1982) 584−593 = Godman − TLS 81 (1982) 29 = Markus − NRTh 104 (1982) 107 = Martin

R 111 BOROBIO, D. (1977/78, 2388): Phase 21 (1981) 169–170 = Aldazabal, J.

R 112 BOROBIO, D. (1979/80, 2367): Phase 21 (1981) 170–171 = Aldazabal, J.

R 113 BOULEY, A. (1981/82, 2907): RBen 92 (1982) 216 = Verbraken

R 114 BOURGEOIS, D. (1981/82, 2280): NRTh 104 (1982) 99 = Gilbert

R 115 BOURKE, V. J. (1979/80, 803): AugR 21 (1981) 430 = Lawless – AugSt
11 (1980) 230–232 = Clark – Augustinus 27 (1982) 368–372 = Oroz
Reta, J. – AugR 21 (1981) 430 = McCartney – BTAM 13 (1982) 204 =
Mathon

R 116 BOWDER, DIANA (1981/82, 373): NMS 26 (1982) 57–63 = Liebeschütz,
J.H.W.G.

R 117 BOWERSOCK, G. W. (1977/78, 296): Orpheus 2 (1981) 215–221 =
Pricoco – ASNSP 11 (1981) 1301–1304 = Marcone

R 118 BRACKE, R. B. (1979/80, 1958): Byzan 51 (1981) 653–657 = Sansterre –
ByZ 75 (1982) 359–361 = van Dieten

R 119 BRADSHAW, P. F. (1981/82, 2847): JES 19 (1982) 594–595 = De-
Leeuw, P. – ExpT 93 (1982) 158–159 = Jasper, R. – Rel 12 (1982)
184–185 = Louth

R 120 BRÄNDLE, R. (1979/80, 2752): Salesianum 43 (1981) 690 = Pasquato –
StSR 5 (1981) 319–321 = Zincone – RHPhR 62 (1982) 297–298 =
Natali – RThPh 114 (1982) 184 = Junod – RBi 89 (1982) 305 =
Murphy-O'Connor – TTh 21 (1981) 80–81 = Davids, A.

R 121 BRAVERMAN, J. (1979/80, 1658): Biblica 62 (1981) 435–437 = Delcor –
JBL 100 (1981) 287–288 = Barr

R 122 BRAY, G. L. (1979/80, 2193): ThSt 42 (1981) 305–306 = Ettinger –
SecCent 2 (1982) 49–50 = Jansen, J. F. – Clergy 66 (1981) 30–32 =
Brinkman – JEcclH 32 (1981) 83–84 = Frend

R 123 BROCK, S. (1979/80, 2516): Sob 4 (1982) 82–84 = Yarnold, E.

R 124 BROWN, P. (1981/82, 2999): TLS 80 (1981) 479 = Sumption – AHR 86
(1981) 1080–1081 = Scholz – ThSt 42 (1981) 514 = Croke – SecCent 2
(1982) 55–57 = Kopecek, T. A. – ExpT 92 (1981) 349–350 = Hall, St. G.

R 125 BROWNE, GERALD M. (1979/80, 498): WZKM 74 (1982) 224–228 =
Satzinger, H.

R 126 BUECHLER, B. (1979/80, 2563): StMon 23 (1981) 181 = Olivar –
OrChrP 48 (1982) 456–457 = Kolvenbach

R 127 BULLOCH, J. (1981/82, 382): ExpT 93 (1982) 151–152 = Huelin, G.

R 127a BURNS, J. P. (1979/80, 807): AugR 22 (1982) 616–618 = Marafioti –
REA 28 (1982) 356 = Brix – ThSt 42 (1981) 308–309 = Babcock

R 128 BURNS, P. C. (1981/82, 2092): EE 57 (1982) 225–226 = Ladaria – StSR
5 (1981) 329–330 = Simonetti – AugR 22 (1982) 611–614 = Studer –
RSLR 18 (1982) 465–466 = Doignon – EThL 58 (1982) 174 = de
Halleux

R 129 *Byzantine papers* ed. E. and M. JEFFREYS; A. MOFFATT (1981/82, 173):
REB 40 (1982) 279

R 130 *The Byzantine Saint* ed. S. HACKEL (1981/82, 174): Sob 4 (1982)
228–230 = Meyendorff, J.

R 131 *Die byzantinischen Kleinchroniken, I–III* (1975/76, 224; 1977/78, 301; 1979/80, 207): Byslav 42 (1981) 220–221 = Tapková-Zaimová – JEcclH 32 (1981) = Nicol

R 132 *Die byzantinischen Kleinchroniken, III* (1979/80, 207): REB 39 (1981) 331 = Každan

R 133 CAMPENHAUSEN, H. VON (1979/80, 96): SecCent 2 (1982) 42–44 = Snyder, G. F. – HeythropJ 22 (1981) 446–448 = Lattke, M. – TTh 20 (1980) 315–316 = Farla, P. J. – Salesianum 43 (1981) 688 = Pasquato – ThRu 46 (1981) 311–313 = Kraft

R 134 CANIVET, P. (1977/78, 2268): AN 51 (1980) 367–371 = Niero – RHPhR 59 (1979) 214 = Maraval – ChH 50 (1981) 333–334 = Darling – Broteria 112 (1981) 569–570 = Ribeiro, I.

R 135 CANTELAR RODRÍGUEZ, F. (1981/82, 3030): RET 39–40 (1979/80) 445 = Vázquez

R 136 CASPARY, G. E. (1981/82, 2441): CHR 68 (1982) 83–84 = Daly – AHR 87 (1982) 1372–1373 = Grant – ZKTh 104 (1982) 99 = Lies

R 137 *Catalogus verborum quae in operibus sancti Augustini . . ., III* (1979/80, 820): REA 27 (1981) 359 = Madec – ThPh 43 (1981) 379–380 = Deronne (I–III)

R 138 *Catenae Graecae* ed. F. PETIT (1977/78, 2894): VT 31 (1981) 108–109 = Lange – Orpheus 2 (1981) 237–241 = Leandra

R 139 CATTANEO, E. (1981/82, 1023): AugR 22 (1982) 621 = Voicu – RechSR 70 (1982) 595 = Kannengiesser – Greg 63 (1982) 740 = Galot – ThSt 43 (1982) 361–362 = Ettlinger – SR 11 (1982) 347 = Lamirande – NRTh 104 (1982) 103 = Martin – OrChrP 47 (1981) 499–500 = van Esbroeck – Broteria 113 (1981/82) 217 = Ribeiro, I.

R 140 CAZEAUX, J. (1979/80, 1057): Euphrosyne 11 (1981/82) 322–323 = Gonçalves – Paideia 37 (1982) 123–124 = Colonna – LEC 50 (1982) 180 = Druet, P. Ph.

R 141 *Celsus Philosophus* ed. L. ROUGIER (1977/78, 1333): Euphrosyne 10 (1980) 271–272 = Júnior

R 142 *Cento anni di bibliografia ambrosiana (1874-1974)* (1981/82, 104): AugR 22 (1982) 607–608 = Guirau – RSLR 18 (1982) 322 = Zangara – REA 28 (1982) 330 = Madec – ArGran 45 (1982) 409 = Segovia, A.

R 143 CERETI, G. (1977/78, 2390): STV 19 (1981) 282–286 = Dziuba, A. F.

R 144 CHADWICK, H. (1975/76, 2217): VigChr 35 (1981) 94–97 = den Boeft – CHR 66 (1980) 474 = O'Donnell

R 145 CHADWICK, H. (1979/80, 2110): Helmántica 32 (1981) 292 = Sapir

R 146 CHADWICK, H. (1981/82, 1658): JThS 33 (1982) 584–593 = Godman – TLS 81 (1982) 29 = Markus – ExpT 93 (1982) 251 = Graham, A.

R 147 CHADWICK, O. (1981/82, 1557): StMon 24 (1982) 423 = Beltran

R 148 CHARLET, J. L. (1981/82, 2579): REL 53 (1980) 555–558 = Fontaine – MH 38 (1981) 185–186 = Paschoud – Orpheus 2 (1981) 456–457 = Puglisi

R 149 CHESNUT, R. C. (1975/76, 2777): EPh 61 (1979) 662–670 = Φούγιας, M.

R 150 CHESNUT, G. F. (1977/78, 1545): Salesianum 41 (1979) 153 = Farina — RThL 11 (1980) 245 = de Halleux — RHR 198 (1981) 223 = Nautin — ThLZ 106 (1981) 264–266 = Thümmel — ByZ 74 (1981) 60–63 = Winkelmann — ZKTh 102 (1980) 270–271 = Wrba — VigChr 36 (1982) 193–197 = Pleket — SR 10 (1981) 376 = Poirier

R 151 *Le Christ dans la liturgie* . . . (1981/82, 178): RSPhTh 66 (1982) 469–470 = Gy

R 152 CHRISTENSEN, A. T.; GRØNBÆK, J. H.; NØRR, E.; STENBÆK, J. (1981/82, 105): Byzan 51 (1981) 642 = de Waha — ChH 50 (1981) 377 = Skarsten

R 153 *Christianisme et formes littéraires de l'antiquité tardive en Occident* (1977/78, 114): JRS 71 (1981) 193–197 = Hunt

R 154 CHRISTOU, P. K. (1977/78, 47a): RHE 76 (1981) 744 = Istavridis

R 155 CHRISTOU, P. K. (1979/80, 1060): ByZ 75 (1982) 38–40 = Fedwick — Sob 3 (1981) 107–110 = Bonner, G.

R 156 CHRISTOU, P. K. (1981/82, 79): Antonianum 56 (1981) 238–240 = Weijenborg — Platon 32–33 (1980/81) 438–439 = Georgountzos — BLE 83 (1982) 146 = Crouzel — Greg 63 (1982) 371 = Orbe

R 157 CHRISTOU, PANAYOTIS C. (1977/78, 47a; 1981/82, 79): Sob 3 (1981) 110–111 = Russell, N. — OstkiSt 30 (1981) 58–59 = Wittig

R 158 *Chromatius Aquileiensis* ed. G. CUSCITO (1979/80, 1279): RiAC 57 (1981) 194–196 = Bisconti — Salesianum 42 (1980) 651 = della Casa

R 159 *The church in town and country side* ed. D. BAKER (1979/80, 99): RHE 76 (1981) 216 = Hockey — Salesianum 43 (1981) 901 = Braido

R 160 CHURRUCA, J. DE (1975/76, 1954): ZSavG 98 (1981) 562–564 = Wittmann

R 161 *Cinque inni bizantini* . . . ed. A. LABATE (1981/82, 2980): Orpheus 2 (1981) 434–435 = Gallico, A.

R 162 CLARK, E. A.; HATCH, D. F. (1981/82, 2570): Vergilius 28 (1982) 85–88 = Forte

R 163 *Claudianus* ed. G. GARUTI (1979/80, 1288): Helmántica 32 (1981) 268 = Guillén — REL 58 (1980) 521 = Duval — AJPh 103 (1982) 226–227 = McCormick — RPh 56 (1982) 168–169 = Reydellet

R 164 *Claudianus* ed. W. BARR (1981/82, 1735): Latomus 41 (1982) 659–661 = Cameron — GR 29 (1982) 200 = DuQuesnay

R 165 *Clemens Alexandrinus* ed. A. LE BOULLUEC; P. VOULET (1981/82, 1748): VigChr 36 (1982) 77–79 = van Winden — MSR 39 (1982) 37 = Spanneut — Greg 63 (1982) 754 = Orbe — RHE 77 (1982) 100–103 = Camelot — RBi 89 (1982) 307 = Pierre — RPh 56 (1982) 138 = des Places — RHPhR 62 (1982) 282 = Maraval — RThPh 114 (1982) 430 = Junod — JThS 33 (1982) 278–280 = Hanson — StSR 5 (1981) 325–326 = Simonetti — AugR 21 (1981) 593 = Simonetti — EE 52 (1982) 85–86 = Granado, C. — Irénikon 54 (1981) 141 = E.L.

R 166   *Codices Chrysostomici Graeci IV* (1981/82, 2165a): VigChr 36 (1982) 199
= Datema

R 167   *Colloque international sur les textes de Nag Hammadi* (1981/82, 180):
RechSR 70 (1982) 619 = Kannengiesser − RBi 89 (1982) 449 − EtThR
57 (1982) 413−414 = Dubois − EThL 58 (1982) 401−404 = de Halleux −
OrChr 48 (1982) 251−252 = van Esbroeck − ExpT 93 (1982) 311 = Best,
E.

R 168   *The Cologne Mani Codex* ed. R. Cameron; A. J. Dewey (1979/80,
2589): REA 28 (1982) 338

R 169   *Communio sanctorum* ed. B. Bobrinskoy; C. Bridel; B. Buerki et
al. (1981/82, 181): RSPhTh 66 (1982) 467−468 = Gy − RThL 13 (1982)
370 = Thils

R 170   *Computer-Konkordanz* . . . (1977/78, 221): KT 31 (1980) 239 = Bronkhorst, A. J.

R 171   *Computer-Konkordanz* . . . (1979/80, 210): BijFTh 42 (1981) 314−315
= Delobel, J.

R 172   *Contribution à l'année S. Benoît* . . . (1981/82, 187): RHE 77 (1982) 296
= Huyghebaert

R 173   Conzelmann, H. (1981/82, 902): ArGran 44 (1981) 352−353 = Segovia, A. − CD 195 (1982) = Salas, A. − RaBi 44 (1982) 250−251 =
Bojorge, H. − TPQS 130 (1982) 178−179 = Woschitz, K. M. − KT 33
(1982) 160−161 = Kruift, G. G. de

R 174   Corgnali, D. (1979/80, 1281): RBen 91 (1981) 221 = Verbraken −
BTAM 13 (1981) 16 = Mathon − VetChr 18 (1981) 503 = Mazzola −
AugR 21 (1981) 444 = Peretto − CD 194 (1981) 116 = Folgado Flórez, S.

R 175   *Corpus benedictionum pontificalium* ed. E. Moeller (1975/76, 2529):
RBen 91 (1981) 411 = Verbraken

R 176   *Corpus Christianorum. Initia Patrum Latinorum* ed. J. M. Clément
(1979/80, 211): Latomus 40 (1981) 862 = Perrin − BijFTh 41 (1980) 174
= Fransen, P. − Augustinus 27 (1982) 393 = Oroz

R 177   *Corpus Marianum Patristicum, IV, 2* ed. S. Alvarez Campos (1981/82,
3265): RSPhTh 65 (1981) 138 = Laurentin

R 178   *Cosmas Indicopleustes* ed. W. Wolska-Conus (1969/70, 1055; 1973/74,
1206): VigChr 35 (1981) 195−199 = Hennephof

R 179   Countryman, L. W. (1979/80, 291): ExpT 93 (1981) 26 = Houlden, J.
L. − EvangQ 54 (1982) 245−246 = Bray, G.

R 180   Courcelle, P. (1981/82, 1661): BTAM 13 (1982) 216−217 = Silvestre

R 181   Coyle, J. K. (1977/78, 1031): REA 27 (1981) 343 = Tardieu − BTAM 13
(1981) 17 = Mathon − Augustinus 27 (1982) 378−380 = Oroz Reta, J. −
Recollectio 4 (1981) 407 = Castaño, A.

R 182   Cramer, W. (1979/80, 2479): EE 57 (1982) 118 = Ladaria, L. − CO 32
(1980) 218−219 = Aalst, A. J. van der

R 183   Cremascoli, G. (1979/80, 1555): BTAM 13 (1982) 222 = Verhelst −
Orpheus 2 (1981) 471−473 = Pricoco − AB 99 (1981) 184 = de Gaiffier
− RHE 76 (1981) 549 = Rouillard

R 184 CRISTIANO, C. (1981/82, 3298): Greg 63 (1982) 778 = Galot – VetChr 19 (1982) 442 = Mazzola

R 185 *Cristologia e catechesi patristica* ed. S. FELICI (1979/80, 103): CD 195 (1982) 153 = Folgado Flórez, S. – EphMariol 31 (1981) 180 = Fernández, D. – EphMariol 32 (1982) 143–144 = Fernández, D. – ArGran 45 (1982) 409–410 = Segovia, A. – EThL 57 (1981) 374 = de Halleux – VetChr 18 (1981) 492–497 = Spinelli – Greg 63 (1982) 597 = Orbe – SelLib 19 (1982) 313 = Solá, F. de P.

R 186 CROUZEL, H. (1981/82, 2448): RHE 77 (1982) 226 = Aubert

R 187 CULIANU, I. P. (1981/82, 3402): RSLR 17 (1981) 509 = Filoramo

R 188 CUSCITO, G. (1979/80, 294): Salesianum 42 (1980) 876 = Riggi – AugR 21 (1981) 440 = Bisconti – Aevum 55 (1981) 183–184 = Christofori

R 189 *Cyprianus Carthaginiensis* ed. J. MOLAGER (1981/82, 1786): MSR 39 (1982) 161–163 = Spanneut

R 190 *Cyprianus Carthaginiensis* ed. G. TOSO (1979/80, 1347): RSLR 18 (1982) 93–99 = Gallicet – Salesianum 44 (1982) 550 = Felici – Greg 63 (1982) 372 = Orbe

R 191 *Cyrillus Alexandrinus* ed. G. M. DE DURAND (1975/76, 1506): ZKTh 102 (1980) 106–107 = Lies, L. SJ

R 192 *Cyrillus Alexandrinus* ed. G. M. DE DURAND (1977/78, 1429; 1430): ChH 50 (1981) 115 = Balas – ThLZ 106 (1981) 104–105 = Winkelmann – ETrin 16 (1982) 264 = Silanes, N.

R 193 *Cyrillus Hierosolymitanus* ed. A. DI CAMPAGNANO (1979/80, 1386): RHE 76 (1981) 750 = de Halleux – Orientalia 51 (1982) 155–158 = Quecke – RHR 199 (1982) 89–91 = Coquin

R 194 DAGRON, G. (1977/78, 2380): JÖB 29 (1980) 373–376 = Hunger, H.

R 195 DALY, R. J. (1977/78, 2600): EThL 57 (1981) 187 = Coppens – ThPh 56 (1981) 592–593 = Anglet

R 196 DANIÉLOU, J. (1977/78, 317): TTh 19 (1979) 198 = Davids, A. – Broteria 112 (1981) 444–445 = Ribeiro, I. – RC 28 (1982) 280–281 = Langa, P. – Irénikon 54 (1981) 141–142 = M.G. – RThPh 113 (1981) 181 = Junod – Orpheus 2 (1981) 284 = Lo Menzo – AHC 11 (1979) 443–449 = Frank – ThRe 77 (1981) 476–479 = Kraft

R 197 DASSMANN, E. (1979/80, 2742): RaBi 44 (1982) 102–103 = Bojorge, H. – EE 57 (1982) 113 = Pastor Ramos, F. – ThZ 38 (1982) 59–60 = Rordorf, W. – ThRe 77 (1981) 116–117 = Knoch

R 198 DATEMA, C. (1977/78, 849): JÖB 29 (1980) 372–373 = Kertsch, M.

R 199 DAVIES, S. L. (1979/80, 553): JBL 101 (1982) 470–471 = Wiens – ChH 51 (1982) 335–336 = Clark – BiZ 26 (1982) 303–304 = Klauck – SecCent 2 (1982) 47–49 = Pervo, R. I.

R 200 DECRET, F. (1977/78, 320): ZKG 91 (1980) 406–409 = Lorenz – CHR 66 (1980) 586–589 = Eno

R 201 DEHANDSCHUTTER, B. (1979/80, 2104): RThL 12 (1981) 253 = Gryson

– RHE 75 (1980) 646 = Camelot – EThL 57 (1981) 185–187 = Bundy –
NRTh 94 (1982) 123 = Martin – JEcclH 33 (1982) 157 = Frend –
NedThT 36 (1982) 72–73 = Hilhorst, A.

R 202 DELPINI, F. (1981/82, 3015): IC 21 (1981) 945–947 = Rincón, T. – ScTh
13 (1981) 339–342 = Miralles, A. – Aevum 55 (1981) 376 = Picasso

R 203 DESHUSSES, J. (1981/82, 2914): StMon 23 (1981) 207–208 = Olivar, A.

R 204 DETORAKIS, TH. E. (1979/80, 1344): Greg 63 (1982) 594 = Orbe –
JEcclH 33 (1982) 324–325 = Pattenden – Irénikon 54 (1981) 293 = M.G.
– Sob 3 (1981) 236–237 = Brière, E.

R 204a *Le Deuxième traité du Grand Seth (NH VII,2)* ed. L. PAINCHAUD
(1981/82, 3370): EThL 58 (1982) 404 = de Halleux

R 205 *Dicionário de historia da Igreja em Portugal I, 11–12* ed. A. A. BANHA
DE ANDRADE (1981/82, 309): AB 99 (1981) 378 = de Gaiffier (6–12)

R 206 *Dicionário de historia da Igreja em Portugal II, 1* ed. A. A. BANHA DE
ANDRADE (1981/82, 310): AB 99 (1981) 378 = de Gaiffier

R 207 *Didache* ed. W. RORDORF; A. TUILIER (1977/78, 1459): BijFTh 40
(1979) 213 = Fransen – ETrin 15 (1981) 158 = Silanes – ThLZ 107 (1982)
283 = Kraft – RHPhR 61 (1981) 281 = Bertrand – RThPh 113 (1981)
292–293 = Junod

R 208 *Didache . . . vertaald en uitgegeven door de Benedictinessen van Bonheiden* (1981/82, 1821): TLit 66 (1982) 355 = Verheul, A.

R 209 DIDEBERG, D. (1975/76, 1057): ScTh 13 (1981) 299–301 = García
Moreno, A. – Broteria 112 (1981) 566 = Ribeiro, I.

R 210 *Didymus Alexandrinus* ed. G. BINDER; L. LIESENBORGHS (1979/80,
1404): NRTh 103 (1981) 435–436 = Martin

R 211 *Didymus Alexandrinus* ed. G. BINDER, L. LIESENBORGHS (1979/80,
1403): NRTh 103 (1981) 435–436 = Martin

R 212 *Didymus Alexandrinus* ed. P. NAUTIN (1975/76, 1534; 1977/78, 1469):
RechSR 70 (1982) 593 = Kannengiesser – RBi 89 (1982) 306 = Pierre
(II) – ZKTh 102 (1980) 106 = Lies

R 213 DIESNER, H. J. (1977/78, 1900): TTh 19 (1979) 305 = Goosen – Gn 53
(1981) 779–789 = Fontaine

R 214 *Diodorus Tarsensis* ed. J. M. OLIVIER (1979/80, 1406): REB 40 (1982)
284 – RThAM 49 (1982) 244 = Petit – REG 94 (1981) 578–580 =
Savon – NRTh 103 (1981) 415–416 = Martin – JThS 33 (1982) 292–294
= Wickham – RHE 76 (1981) 500 = de Halleux – OrChrP 47 (1981)
276–278 = van Esbroeck – StSR 5 (1981) 149–150 = Simonetti –
ITQ 49 (1982) 305–308 = McNamara, M.

R 215 *Ad Diognetum* ed. S. ZINCONE (1981/82, 1833): SMed 3 (1982) 428–430
= Messana

R 216 *Pseudo-Dionysius Areopagita* ed. E. BELLINI; P. SCAZZOSO (1981/82,
1839): Orpheus 3 (1982) 432–433 = Pricoco – SMed 3 (1982) 387–388 =
Messana

R 217 *Pseudo-Dionysius Areopagita* ed. T. L. CAMPBELL (1981/82, 1837):
EThL 58 (1982) 413 = de Halleux

R 218 *Pseudo-Dionysius Areopagita* ed. J. Soler (1981/82, 1840): PhValparaíso 4 (1981) 234–237 = Etchegaray Cruz, A.

R 219 *Disciplina nostra* ed. D. F. Winslow (1979/80, 104): RHE 76 (1981) 484 = de Halleux − JThS 32 (1981) 514–515 = Young − RechSR 69 (1981) 476 = Kannengiesser − ITQ 48 (1981) 274–278 = Heron, A.

R 220 Dominguez del Val, U. (1981/82, 2312): EphMariol 32 (1982) 477 = Alvarez, J.

R 221 Döpp, S. (1979/80, 1296): Latomus 41 (1982) 665–667 = Duval − ACl 51 (1982) 472–474 = Wankenne − HZ 235 (1982) 668–670 = Wirth − Orpheus 2 (1981) 221–223 = Paschoud, F. − REL 58 (1980) 553–555 = Charlet − Gy 88 (1981) 456–459 = Opelt

R 222 Dörries, H. (1977/78, 1986): RHE 76 (1981) 91–94 = de Halleux − Salesianum 43 (1981) 653 = Kothgasser − ZKG 91 (1980) 398–401 = Staats − JEcclH 32 (1981) 84–85 = Hall

R 223 Donaldson, C. (1981/82, 2795): CHR 68 (1982) 89–90 = Babcock − SMed 3 (1982) 388–390 = Roccaro − HeythropJ 22 (1981) 458 = B.W.

R 224 Donner, H. (1979/80, 595): Salesianum 43 (1981) 653 = Pasquato − PalExQ 113 (1981) 67 = Wilkinson, J.

R 225 *La «doppia creazione» dell'uomo . . .* ed. U. Bianchi (1977/78, 121): RPh 55 (1981) 168 = des Places − REA 28 (1982) 174–175 = Canévet − ACl 51 (1982) 512 = Joly − REG 95 (1982) 216 = Joly

R 226 *Dorotheus Gazensis* ed. L. Cremaschi (1981/82, 1860): Salesianum 44 (1982) 800 = Maggio

R 227 *Dorotheus Gazensis* ed. M. Paparozzi (1979/80, 1439): Salesianum 42 (1980) 879 = Maggio

R 228 Dufrasne, M. D. (1981/82, 2614): RThL 13 (1982) 124

R 229 Dumeige, G. (1979/80, 2437): NRTh 102 (1980) 566–567 = Martin

R 230 *L'économie du salut dans la liturgie . . .* (cf. 1981/82, 197): RSPhTh 66 (1982) 471 = Gy

R 231 *L'empereur Julien I* (1977/78, 1914): Gy 89 (1982) 183–184 = Kinzl − JAC 25 (1982) 202–204 = Kehl

R 232 *Enchiridion euchologicum fontium liturgicorum* ed. E. Lodi (1979/80, 219): ZKTh 103 (1981) 66–69 = Meyer

R 233 Erdt, W. (1975/76, 2187): JRS 71 (1981) 193–197 = Hunt

R 234 Esper, M. N. (1979/80, 1612): RSPhTh 64 (1980) 435–436 = de Durand − Maia 32 (1980) 295 = Ceresa-Gastaldo

R 235 *Esperienze di pedagogia cristiana nella storia I* ed. P. Braido (1981/82, 200): Salesianum 43 (1981) 633 = Amato

R 236 *L'eucharistie . . .* ed. A. Hamman (1981/82, 2901): EtThR 57 (1982) 421 = Dubois

R 237 *Eugippius* ed. Rudolf Noll (1981/82, 1887): TPQS 30 (1982) 86 = Zinnhobler, R.

R 238 Eugui Hermoso de Mendoza, J. (1977/78, 330): Salesianum 43 (1981) 946 = Bertone

R 239 *Eulogia. Miscellanea Liturgica in onore di P. Burkhard Neunheuser O.S.B.* (1979/80, 113): Irénikon 54 (1981) 297 = M.G.

R 240 *Eusebius Caesariensis* ed. E. DES PLACES; O. ZINK (1979/80, 1475): VigChr 35 (1981) 435–438 = van Winden − REB 39 (1981) 333 = Darrouzès − RHR 198 (1981) 333 = Nautin − REG 94 (1981) 274–275 = Savon − BLE 83 (1982) 62–64 = Crouzel − EtThR 57 (1982) 420 = Dubois − Augustinus 27 (1982) 389 = Oroz − NRTh 103 (1981) 425–426 = Martin − LEC 50 (1982) 75 = Esbroeck, M. van

R 241 *Eusebius Caesariensis* ed. E. DES PLACES (1979/80, 1476): BLE 83 (1982) 62–64 = Crouzel − EtThR 57 (1982) 420 = Dubois − Augustinus 27 (1982) 389 = Oroz − NRTh 103 (1981) 425–426 = Martin − VigChr 35 (1981) 435–438 = van Winden − REB 39 (1981) 333 = Darrouzès − REG 94 (1981) 274 = Nautin − EE 57 (1982) 88–89 = Granado, C.

R 242 *Eusebius Caesariensis* ed. E. DES PLACES; G. FAVRELLE (1981/82, 1894) RThPh 114 (1982) 431–432 = Junod

R 243 *Evangelium Thomae* ed. H.-CH. PUECH; G. QUISPEL; W. TILL; YASSAH 'ABD AL MASIH (1981/82, 798): Salmant 29 (1982) = Trevijano Etcheverría, R.

R 244 EVENEPOEL, W. (1979/80, 2122): Mn 35 (1982) 421–423 = van Assendelft − Emerita 50 (1982) 391 = Anglada − REL 59 (1980) 643–645 = Charlet

R 245 FABBRINI, F. (1979/80, 2046): REA 28 (1982) 341 = Brix − CrSt 3 (1982) 419–421 = Beatrice − Orpheus 3 (1982) 175–179 = Puglisi

R 246 *The Facsimile edition of the Nag Hammadi Codices, XIV* (1979/80, 2591): CE 55 (1980) Nᵒˢ 109–110, 343 = Bingen

R 247 FAES DE MOTTONI, B. (1977/78, 128): RCatT 6 (1981) 238–239 = Fortuny, F. J.

R 248 FALLON, F. T. (1977/78, 2774): APh 44 (1981) 480 = Solignac, A.

R 249 FANOURGAKIS, B. D. (1981/82, 829): Irénikon 54 (1981) 431–432 = M.G. − Sob 3 (1981) 106–107 = Brock, S.

R 250 FAZZO, V. (1977/78, 2519): LEC 47 (1979) 292–293 = Esbroeck, M. van

R 251 FEDWICK, P. J. (1977/78, 1250): CO 31 (1979) 135 = Franken, S. −

R 252 FEDWICK, P. J. (1979/80, 1076): OrChr 47 (1981) 267–270 = de Vries − RHR 198 (1981) 462 = Dalmais − RSPh 64 (1980) 433–435 = de Durand − ThSE 41 (1980) 236–237 = Ehinger − ThRe 77 (1981) 37–38 = Duchatelez − JThS 33 (1982) 291 = Sykes − CHR 68 (1982) 88–89 = Balas − ByZ 75 (1982) 36–38 = Hauschild − RHPhR 60 (1980) 364 = Maraval

R 253 FELLERMAYR, J. (1979/80, 598): REA 27 (1981) 192 = Doignon; 389 = Wermelinger − BLE 82 (1981) 240 = Crouzel − ThPh 56 (1981) 277–279 = Sieben − HJ 101 (1981) 154–155 = Erdmann − ChH 50 (1981) 330–331 = Lienhard − ZRGG 34 (1982) 187 = Geyer − ZSavR 98

(1981) 532–537 = Kaufhold – ThLZ 107 (1982) 58–59 = Lorenz – Latomus 41 (1982) 412 = Duval

R 254 FERLISI, G. C. (1981/82, 1214): REA 27 (1981) 392 = Brix

R 255 FERLISI, G. C. (1981/82, 1215): REA 27 (1981) 394 = Brix – Augustinus 27 (1982) 377–378 = Oroz Reta, J. – CD 195 (1982) 147 = Folgado Flórez, S.

R 256 FERNÁNDEZ, C. (1979/80, 455a): Pensamiento 37 (1981) 204–206 = Andrés Hernansanz, T. de – Salesianum 42 (1980) 884 = Fontana

R 257 FERNÁNDEZ MARCOS, N. (1979/80, 533): ArGran 42 (1979) 228 = Muñoz, A. S. – RAgEsp 22 (1981) 191–192 = Sabugal, S.

R 258 FERRARESE, G. (1979/80, 1839): Orpheus 2 (1981) 454–456 = Tuccari Galeani

R 259 *Festschrift für Helmut Beumann* ed. K. U. JAESCHKE; R. WENSKUS (1981/82, 204): Francia 7 (1979) 630–636 = Kaiser

R 260 *Fichier augustinien* (1981/82, 114): REA 28 (1982) 304 = Brix

R 261 *Fides sacramenti - sacramentum fidei. Studies in honour of Pieter Smulders* (1981/82, 207): TLit 66 (1982) 165–166 = Verheul, A.

R 262 FILORAMO, G. (1981/82, 3416): AugR 21 (1981) 596–597 = Peretto – OrChrP 47 (1981) 270–272 = van Esbroeck – RAgEsp 22 (1981) 205–208 = Langa, P.

R 263 FINI, M. (1981/82, 2656): REA 28 (1982) 300 = Petitmengin

R 264 FLASCH, K. (1979/80, 846): DLZ 102 (1981) 646–649 = Wendelborn – Augustinus 27 (1982) 88–89 = Rivera, E. – RAgEsp 23 (1982) 228–229 = Langa, P. – Espíritu 31 (1982) 159–160 = Pegueroles, J. – ThLZ 107 (1982) 685–686 = Diesner – PhRu 29 (1982) 298–300 = Kuhn

R 265 *Florilegium Sangallense* ed. O. CLAVADETSCHER (1981/82, 208): BN 16 (1981) 470 = Tiefenbach – MIÖGF 89 (1981) 336–338 = Unterkircher – SZG 31 (1981) 549 = Bless-Grabher – RSAA 38 (1981) 170–171 = Vogler

R 266 FOLGADO-FLÓREZ, S. (1977/78, 1058): RET 39–40 (1979/1980) 451 = Turrado

R 267 FOLGADO FLÓREZ, S. (1979/80, 1637): RC 27 (1981) 150–151 = Langa, P. – ScTh 13 (1981) 294–295 = Alves de Sousa, P.-G. – AugR 21 (1981) 595 = Nardi

R 268 FONTAINE, J. (1979/80, 114): Helmántica 33 (1982) 190–191 = Oroz Reta, J.

R 269 FONTAINE, J. (1981/82, 906): Orpheus 2 (1981) 391–402 = Costanza, S.

R 270 FONTAINE, J.; KANNENGIESSER, C. (1971/72, 119): Broteria 112 (1981) 443–444 = Ribeiro, I.

R 271 FORELL, G. W. (1981/82, 3303): ChH 51 (1982) 86–87 = Countryman – CHR 68 (1982) 78–79 = Bourke – ThLZ 107 (1982) 123–124 = Hauschild

R 272 *Formen und Funktionen der Allegorie* ed. W. HAUG (1981/82, 209): ThRe 77 (1981) 104–106 = Klauck

R 273 ΦΟΥΓΙΑΣ, M. (1979/80, 304): RThL 11 (1981) 248 = de Halleux
R 274 ΦΟΥΓΙΑΣ, Π. Γ. (1977/78, 2704): EPh 61 (1979) 701–703 = Φουριότης, A.
R 275 ΦΟΥΣΚΑΣ, K. M. (1977/78, 1646): EkklAthen 56 (1979) 379 = Μπόνης, K. Γ.
R 276 FREDE, H. J. (1981/82, 319): REA 28 (1982) 171 = Fontaine – BTAM 13 (1982) 173–174 = Silvestre – RBen 91 (1981) 120 = Bogaert
R 277 FREND, W. H. C. (1979/80, 115): OrChrP 47 (1981) 239 = van Esbroeck
R 278 GAMBER, K. (1979/80, 2373): ThRe 78 (1982) 232–234 = Betz – ThLZ 106 (1981) 919 = Hennig – TPQS 129 (1981) 407 = Emminghaus, J. H.
R 279 GANOCZY, A.; MUELLER, K. (1981/82, 20): BiblHR 44 (1982) 427–429 = Perrottet – CrSt 3 (1982) 437–440 = Bonola
R 280 GARCÍA BAZÁN, F. (1977/78, 2779): Pensamiento 37 (1981) 112 = Igal, J. – Emérita 49 (1981) 227 = Barcala, A.
R 281 GARCÍA BAZÁN, F. (1981/82, 3426): Salmant 29 (1982) 139–141 = Trevijano Etcheverría, R. – Stromata 37 (1981) 319–321 = Martín, J. P.
R 282 GARGANO, G. I. (1981/82, 2027): RechSR 70 (1982) 595 = Kannen-giesser – ArGran 45 (1982) 410–411 = Segovia
R 283 GASSMANN, P. (1977/78, 343): ZKG 91 (1980) 413–414 = van Haehling
R 284 GAUDEMET, J. (1979/80, 2424): RaBi 44 (1982) 127–128 = Barcelon, E.
R 285 GAUTHIER, N. (1981/82, 419): LEC 49 (1981) 187 = Wankenne, A.
R 286 GEBREMEDHIN, E. (1977/78, 1434): ThRe 77 (1981) 35–37 = Liébaert – EPh 61 (1979) 670–671 = Φούγιας, M.
R 287 GEERARD, M. (1979/80, 223): ThPh 56 (1981) 281–283 = Sieben – JÖB 30 (1981) 344–346 = Lackner – NRTh 102 (1980) 429–430 = Martin – BLE 83 (1982) 147 = Crouzel – TTh 20 (1980) 319 = Davids, A.
R 288 GEERARD, M. (1979/80, 224): VigChr 36 (1982) 79 = van Winden – AugR 22 (1982) 614 = Studer – RThAM 49 (1982) 244 = Petit – NRTh 103 (1981) 404 = Martin
R 289 GERO, STEPHEN (1977/78, 346): JÖB 30 (1981) 362–365 = Hannick, Chr. – ByZ 75 (1982) 59 = Speck
R 291 GIACOBBI, A. (1977/78, 1070): EThL 57 (1981) 368 = Vanneste – Salesianum 43 (1981) 417 = Bertone – AugSt 10 (1979) 145–158 = de Simone
R 292 GIJSEL, J. (1981/82, 831): RBen 92 (1982) 211 = Verbraken
R 293 GIOVANNI, A. DI (1979/80, 862): CD 194 (1981) 113 = Folgado Flórez, S. – Augustinus 27 (1982) 372–374 = Oroz Reta, J. – BTAM 13 (1982) 203 = Mathon
R 294 GIOVANNI, L. DE (1981/82, 3016 a): VetChr 17 (1980) 422 = Guarnieri – Greg 61 (1980) 788 = Robleda – Labeo 26 (1980) 438 = Biondo – RHDFE 58 (1980) 450–452 = Gaudemet – QC 2 (1980) 443–447 = Anastasi – MH 39 (1982) 343 = Paschoud, F. – BStudLat 11 (1981) 100–101 = Salerno – REL 58 (1980) 645–646 = Fontaine – RHE 76

(1981) 548 = Gryson – Gn 53 (1981) 255–260 = Klein – JEcclH 32 (1981) 256 = Ullmann – ZSavR (1981) 568–569 = Lippold – VetChr 19 (1982) 430–434 = Testini – Aevum 56 (1982) 143–144 = Zecchini – Orpheus 2 (1981) 460–462 = di Mauro

R 295 GIRARDI, M. (1977/78, 1251): EkklAthen 56 (1979) 381 = Τσούρος, Κ.

R 296 GIRARDI, M. (1977/78, 1252): EkklAthen 56 (1979) 381–382 = Τσούρος, Κ.

R 297 GŁADYSZEWSKI, L. (1977/78, 2660): BLE 83 (1982) 154 = Crouzel – ThLZ 97 (1982) 839–841 = Rohde

R 298 GLÄSER, P. P. (1977/78, 2150): ZKTh 102 (1980) 271–272 = Rastbichler, H.

R 299 GLORIE, F. (1977/78, 1852): Augustinus 27 (1982) 392–393 = Oroz Reta, J.

R 300 Gnosis... ed. B. ALAND et alii (1977/78, 134): TTh 19 (1979) 197 = Davids, A. – JAC 24 (1981) 140–150 = Frickel, J. – ThRe 77 (1981) 30–34 = von Stritzky – ThLZ 106 (1981) 13–17 = Tröger – NRTh 102 (1980) 603–605 = Jacques

R 301 Die Gnosis, 3: Der Manichäismus ed. A. BÖHLIG (1981/82, 3371): ThZ 38 (1982) 245–246 = Jäger, A.

R 302 The Gnostic Treatise on Resurrection from Nag Hammadi ed. B. LAYTON (1979/80, 2592): JBL 100 (1981) 314–316 = Peel – Orientalia 50 (1981) 259–263 = Quecke – Salmant 29 (1982) 132–133 = Trevijano Etcheverría, R.

R 303 GOETZ, H. W. (1979/80, 2047): ThPh 57 (1982) 289–290 = Sieben – Gy 89 (1982) 184–186 = Mehl – ZKG 92 (1981) 365 = Berbig – LFilol 105 (1982) 174–177 = Česka – BiblOr 38 (1981) 791–794 = den Boeft – ChH 51 (1982) 113 = Crouter – JEcclH 33 (1982) 159 = Chadwick – JRS 77 (1982) 219–220 = Alonso-Nuñez – REA 27 (1981) 374 = Brix – CD 194 (1981) 660 = Ozaeta, J. M.

R 304 GOÑI GAZTAMBIDE, J. (1979/80, 319): RHE 86 (1981) 654–656 = Moral

R 305 GOODALL, B. (1979/80, 1789): RPh 55 (1981) 167 = des Places – JHS 102 (1982) 279 = Birdsall, J. N.

R 306 GORGNALI, D. (1979/80, 1281): RechSR 70 (1982) 587 = Kannengiesser – Greg 63 (1982) 370 = Orbe – AN 52 (1981) 229–231 = Lemarié

R 307 GOTTLIEB, G. (1977/78, 353): Latomus 40 (1981) 713–714 = Dierkens – RHE 75 (1980) 618 = de Halleux – CR 31 (1981) 313 = Hunt

R 308 GRANT, R. M. (1979/80, 1493): ChH 51 (1982) 445–446 = TeSelle – History 67 (1982) 305–306 = Wright – JEcclH 33 (1982) 647 = Williams – RHPhR 62 (1982) 296 = Bertrand – RHE 76 (1982) 734 = Hockey – TLS 80 (1981) 41 = Markus – AHR 86 (1981) 1079–1080 = Yamauchi – JThS 32 (1981) 511–514 = Frend

R 309 GRANT, R. M. (1981/82, 425): KRS 138 (1982) 149–150 = Schindler, A.

R 310 GRAY, P. T. R. (1979/80, 2442): ThLZ 107 (1982) 210–212 = Abramowski – Sob 3 (1981) 112–114 = Price, R.

R 311 GREGG, R. C.; GROH, D. E. (1981/82, 3253): SecCent 2 (1982) 51–52 =
Winslow, D. F. – ThSt 106 (1981) 54 = Haendler – SelLib 19 (1982)
292–293 = Vives, J. – VigChr 36 (1982) 67 = Meïjerink – RechSR 70
(1982) 603–605 = Kannengiesser – JThS 33 (1982) 285–289 = Stead –
Clergy 67 (1982) 296 = Price, R. – ExpT 93 (1981) 88–89 = McIntyre, J.

R 312 GRÉGOIRE, R. (1981/82, 690): StMon 24 (1982) 211–214 = Olivar

R 313 *Gregorius Magnus* ed. M. ADRIAEN (1979/80, 1538): BTAM 13 (1982)
221 = Mathon – NRTh 103 (1981) 418 = Martin – RBen 91 (1981) 409 =
Verbraken

R 314 *Gregorius Magnus* ed. E. GANDOLFO (1979/80, 1544): Orpheus 2 (1981)
470–471 = Pricoco – BTAM 13 (1982) 221 = Mathon (II) – Salesianum
42 (1980) 890 = Maggio

R 315 *Gregorius Magnus* ed. F. VAN DER MEER; G. BARTELINK (1979/80,
1546): TGL 38 (1982) 442–443 = Nueten, L. van

R 316 *Gregorius Magnus* ed. A. DE VOGÜÉ; P. ANTIN (1979/80, 1540): Orpheus 2 (1981) 434–442 = Pricoco – NRTh 103 (1981) 430–432 =
Martin – EE 57 (1982) 97–98 = Granso (III) – BTAM 13 (1981) 33 =
Verhelst (I–II) – JThS 32 (1981) 275–277 = Wallace-Hadrill (II) – AB
99 (1981) 184–186 = de Gaiffier (III) – RBen 91 (1981) 210–213 =
Bogaert (II–III) – RSLR 17 (1981) 126 = Pellegrino – RThPh 113 (1981)
183 = Junod – StSR 5 (1981) 152 = Simonetti

R 317 *Gregorius Nazianzenus* ed. J. BERNARDI (1977/78, 1596): LEC 49
(1981) 351 = van Esbroeck – ThLZ 106 (1981) 670–671 = Winkelmann

R 318 *Gregorius Nazianzenus* ed. P. GALLAY; M. JOURJON (1979/80, 1597):
NRTh 103 (1981) 427–428 = Martin – RThPh 114 (1982) 182–183 =
Junod – RPh 55 (1981) 166 = des Places – LEC 49 (1981) 351 = van
Esbroeck – ByZ 74 (1981) 63–65 = Jungck

R 319 *Gregorius Nazianzenus* ed. J. MOSSAY (1979/80, 1580): ChH 51 (1982)
112 = Balás – NRTh 103 (1981) 427–428 = Martin – VigChr 35 (1981)
192–195 = van Winden – AB 99 (1981) 180 = Halkin – RHR 198 (1981)
334 = Nautin – LEC 49 (1981) 351 = van Esbroeck – JThS 32 (1981) 524
= Sykes – Clergy 66 (1981) 377–378 = Yarnold, A. – ScTh 14 (1982)
957–959 = Alves de Sousa, P. G. – EE 57 (1982) 89–90 = Granado, C.

R 320 *Gregorius Nazianzenus* ed. J. MOSSAY (1981/82, 1985): VigChr 36 (1982)
305–308 = van Winden – RThPh 116 (1982) 431 = Junod – RPh 56
(1982) 334 = des Places – REG 95 (1982) 221–223 = Nautin – LEC 50
(1982) 181 = Wankenne, A. – ScTh 14 (1982) 957–959 = Alves de Sousa

R 321 *Gregorius Nazianzenus* ed. M. WITTIG (1981/82, 1986): RHPhR 62
(1982) 286 = Maraval

R 322 *Ps.-Gregorius Nazianzenus* ed. F. TRISOGLIO (1979/80, 1601): Salesianum 42 (1980) 171 = della Casa

R 323 *Gregorius Nyssenus* ed. W. BLUM (1977/78, 1620): RHPhR 59 (1979)
214 = Maraval – AugR 21 (1981) 424 = Peretto – CO 32 (1980) 64 =
Franken

R 324 *Gregorius Nyssenus* ed. J. Daniélou; H. Musurillo (1979/80, 1606):
Irénikon 54 (1981) 142 = T. S.

R 325 *Gregorius Nyssenus* ed. S. Lilla (1979/80, 1608): Salesianum 42 (1980)
171 = della Casa

R 326 *Gregorius Nyssenus* ed. A. J. Malherbe; E. Ferguson (1977/78,
1622): Sob 4 (1982) 230–231 = Gendle, N.

R 327 *Gregorius Nyssenus* ed. J. Terrieux (1981/82, 2011): Pallas 29 (1982)
102–103 = Terrieux

R 328 Gregory, T. E. (1979/80, 326): ChH 50 (1981) 466 = Kruf

R 329 Grese, W. C. (1979/80, 2628): RSLR 17 (1981) 309 = Filoramo –
ZRGG 33 (1981) 76 = Klimkeit

R 340 *Griechische Kodikologie und Textüberlieferung* ed. Dieter Harlfin-
ger (1979/80, 122): WSt 15 (1981) 257–259 = Petersmann, H.

R 341 Grillmeier, Alois (1979/80, 2528): HeythropJ 22 (1981) 223 = M. J.
W. – StMon 24 (1982) 255 = Mendoza, A. – TTh 20 (1980) 319–320 =
Davids, A. – REA 27 (1981) 384 = Madec – ThLZ 106 (1981) 109–112 =
Lohse – ThPh 56 (1981) 268–274 = Hübner

R 342 Gruber, J. (1977/78, 1308): LFilol 104 (1981) 192–195 = Janáček –
RFC 108 (1980) 476–477 = Traina – BTAM 13 (1981) 30 = Silvestre –
DLZ 102 (1981) 128–130 = Trillitzsch – GS 14 (1981) 138–140 =
Beierwaltes – CHR 68 (1982) 95–96 = O'Donnell – AnzAlt 35 (1982)
216–222 = Tränkle

R 343 Gryson, R. (1979/80, 605): BLE 83 (1982) 64–66 = Crouzel – EThL
58 (1982) 172–173 = Verheyen – NRTh 103 (1981) 434 = Martin

R 344 Gryson, R. (1981/82, 692): RechSR 70 (1982) 611–612 = Kannengiesser

R 345 Gryson, R.; Gilissen, L. (1979/80, 604): RBen 91 (1981) 208–210 =
Bogaert – BEC 139 (1981) 92–94 = Poulle – EE 57 (1982) 96–97 =
Granado, C. – ScTh 14 (1982) 675–677 = Ramos-Lissón, D. –
Euphrosyne 11 (1981/82) 358–360 = Nascimento – NRTh 103 (1981)
434 = Martin

R 346 Gualandri, I. (1981/82, 2626): Vichiana 9 (1980) 212–219 = Polara –
KoinNapoli 4 (1980) 165 = d'Elia – BStudLat 10 (1980) 260–261 =
Salemne

R 347 *Hacia una relectura de la Regla de S. Benito* (1979/80, 123): EAg 17
(1982) 166 = Campo, F. – NetV 12 (1981) 341 = Fernández, S. – REDC
37 (1981) 277 = Echeverría, L. de

R 348 Haehling, R. von (1977/78, 371): ZKG 91 (1980) 401–406 = Klein –
RHDFE 58 (1980) 648–650 = Gaudemet

R 349 Häring, H. (1979/80, 872): REA 27 (1981) 387 = Brix – TTh 20
(1980) 444 = Mertens, H. E. – ThRe 78 (1982) 134–137 = Mayer

R 350 *Hagiographie, cultures et sociétés* (1981/82, 213): MSR 39 (1982) 163–164
= Platelle – ZRPh 98 (1982) 600–601 = Gier – Francia 9 (1981)
689–693 = Heinzelmann – StMe 22 (1981) 743–747 = Sot – JThS 33
(1982) 578–580 = Cameron

R 351 HAMMAN, A. G. (1979/80, 332): Annales (ESC) 35 (1980) 958–960 =
Thébert — NRTh 102 (1980) 574 = Martin — Euphrosyne 11 (1981/82)
360–361 = Nascimento, A. A.

R 352 *Die Handschriften der Hessischen Landes- und Hochschulbibliothek
Darmstadt, IV* ed. K. H. STAUB; H. KNAUS (1981/82, 693): RBen
91 (1981) [117] = Bogaert

R 353 HANSON, C. L. (1981/82, 2804): AB 99 (1981) 199 = Halkin

R 354 HARMENING, D. (1981/82, 913): REA 27 (1981) 396 = Brix

R 355 HARNACK, A. (1981/82, 3173): ExpT 93 (1982) 378 = Young, F. M.

R 356 HARTMANN, K. (1981/82, 320): ZKTh 103 (1981) 242 = Oberforcher

R 357 HARWORTH, K. R. (1979/80, 2127): Gn 54 (1982) 623–626 = Henke

R 358 HAYBURN, R. F. (1981/82, 2860): RHE 75 (1980) 569–570 = Moeller

R 359 HEIDE, G. J. VAN DER (1979/80, 333): NAKG 61 (1981) 85–86 =
Bakhuizen van den Brink, J. N. — TTh 20 (1980) 96–97 = Biezeno

R 360 HEINZELMANN, M. (1975/76, 410): REL 58 (1980) 646–649 = Fontaine — MA 86 (1981) 136–138 = Sot — BJ 181 (1981) 694–695 = Nonn

R 361 HEINZER, F. (1979/80, 1961): RHE 76 (1981) 372–374 = de Halleux —
EThL 57 (1981) 372–373 = de Halleux — OrChrP 47 (1981) 272–273
= van Esbroeck — ThRe 77 (1981) 482–485 = Uthemann — JThS 33
(1982) 594–596 = Meredith

R 362 HELLHOLM, D. (1979/80, 1639): EtThR 57 (1982) 407–408 = Dubois
— ThRe 78 (1982) 209–211 = Brox — RechSR 69 (1981) 452 = Kannen-
giesser — JBL 100 (1981) 149–151 = Collins — ExpT 92 (1981) 280–281
= Best, E.

R 363 HENGEL, M. (1979/80, 335): ThLZ 107 (1982) 601–603 = Kümmel

R 364 HENRY, P. (1981/82, 1248): REA 28 (1982) 343 = Brix

R 365 HENSELLEK, W. (1977/78, 1076): Salesianum 43 (1981) 962 = Gottlieb

R 366 HENSELLEK, W. (1981/82, 1249): REA 27 (1981) 358 = Madec —
Salesianum 43 (1981) 963 = della Casa — REA 28 (1982) 331 — CR 32
(1982) 98 = Winterbottom — Gy 89 (1982) 350 = Opelt — Latomus 41
(1982) 668–669 = Bartelink

R 367 HERRMANN, L. (1979/80, 459): Helmántica 32 (1981) 433–434 = Oroz
Reta, J.

R 368 HESBERT, R. J. (1981/82, 2658): REA 28 (1982) 302 = Petitmengin

R 369 *Hesychius Hierosolymitanus* ed. M. AUBINEAU (1977/78, 1671; 1979/80,
1645): ZKG 92 (1981) 370–373 = Wickham, L. R. — StOv 10 (1982)
221–225 = Hevia Ballina, A. — VigChr 36 (1982) 98–100 = Bartelink —
Byslav 43 (1982) 61–65 = Loos

R 370 *Hesychius Hierosolymitanus* ed. M. AUBINEAU (1977/78, 1671):
RSPhTh 65 (1981) 137 = Laurentin — CrSt 2 (1981) 527–533 = Perrone —
RThPh 113 (1981) 183–184 = Junod — ByZ 74 (1981) 67–68 = Ettlinger
— JÖB 30 (1981) 346–349 = Lackner — JThS 32 (1981) 529–531 =
Chadwick — Kleronomia 11 (1979) 543 = Χρηστοῦ, Π. Κ. — ThSt 43
(1982) 523–525 = Burghardt — RHPhR 60 (1980) 352–353 = Maraval

R 371 *Hesychius Hierosolymitanus* ed. M. AUBINEAU (1979/80, 1645): CRAI (1981) 54 = Simon − BLE 82 (1981) 313 = Crouzel − AB 99 (1981) 169–172 − OrChrP 47 (1981) 261–265 = van Esbroeck − ThPh 56 (1981) 602–603 = Grillmeier − RHPhR 61 (1981) 286–287 = Maraval − ThRe 78 (1982) 146–148 = Fischer − StMe 22 (1981) 972–973 = Jeauneau − RThPh 114 (1982) 184–185 = Junod − REG 94 (1981) 575–577 = Astruc − NRTh 103 (1981) 437–438 = Martin

R 372 *Hieronymus* ed. G. J. M. BARTELINK (1979/80, 1652): RBen 92 (1982) 213 = Verbraken − NRTh 103 (1981) 436 = Martin − Maia 34 (1982) 89 = Ceresa-Gastaldo − CR 31 (1981) 123–124 = Scourfield

R 373 *Hieronymus* ed. E. BONNARD (1977/78, 1672): REL 58 (1980) 509–511 = Doignon − RHR 198 (1981) 85 = Nautin

R 374 *Hieronymus* ed. E. BONNARD (1979/80, 1651): RechSR 70 (1982) 586 = Kannengiesser − RBi 89 (1982) 303 = Murphy-O'Connor

R 375 *Hilarius Arelatensis* ed. M. D. VALENTIN (1977/78, 1703): REA 27 (1981) 193–195 = Dolbeau − Sileno 4 (1978) 271–283 = Consolino − RSLR 18 (1982) 137 = Zangara

R 376 *Hilarius Pictaviensis* ed. J. DOIGNON (1977/78, 1705): ScTh 13 (1981) 295–299 = Basevi, C.

R 377 *Hilarius Pictaviensis* ed. J. DOIGNON (1979/80, 1688): RechSR 70 (1982) 584 = Kannengiesser − RHPhR 61 (1981) 284 = Bertrand − ACl 51 (1982) 478 = Verheijen (II) − VigChr 36 (1982) 80–84 = van Winden − Greg 63 (1982) 755 = Orbe − NRTh 103 (1981) 418–419 = Martin

R 378 *Hilarius Pictaviensis* ed. J. DOIGNON (1977/78, 1705; 1979/80, 1688): REA 27 (1981) 187–191 = Savon − MSR 38 (1981) 144–146 = Perrin − RSPhTh 64 (1980) 443–444 = de Durand − ASNSP 11 (1981) 1312–1315 = Palla − RThPh 113 (1981) 184 = Junod − Aevum 55 (1981) 341–342 = Moreschini − Latomus 40 (1981) 396–399 = Duval − RHR 198 (1981) 85 = Nautin

R 379 *Hilarius Pictaviensis* ed. A. MARTIN (1981/82, 2090): EtThR 57 (1982) 420 = Dubois − SR 11 (1982) 472 = Désilets − RHPhR 62 (1982) 284–286 = Doignon

R 380 *Hilarius Pictaviensis* ed. P. SMULDERS (1979/80, 1687): RSLR 17 (1981) 125 = Pellegrino − RSPhTh 64 (1980) 442 = de Durand − RBen 91 (1981) 405 = Verbraken − StSR 5 (1981) 328–329 = Simonetti

R 381 *Hilarius Pictaviensis* ed. P. SMULDERS (1981/82, 2088): RBen 91 (1981) 405 = Verbraken

R 382 *Hippolytus Romanus* ed. R. BUTTERWORTH (1977/78, 1717): StBibF 27 (1979) 380–382 = Cignelli − APh 44 (1981) 334–335 = Solignac

R 383 *Historia de la Iglesia en España, I* ed. R. GARCÍA VILLOSLADA (1979/80, 314): REA 27 (1981) 426–435 = Fontaine − RET 39–40 (1979/80) 451–453 = Vázquez

R 384 *Historia Monachorum in Aegypto* ed. N. RUSSELL; B. WARD (1981/82, 2121): Clergy 67 (1982) 74–75 = Corrigan, F. − OrChrP 48 (1982)

459–460 = Kolvenbach — JThS 33 (1982) 346–347 = Pattenden — JEcclH 33 (1982) 646 = Sherrard — StMon 23 (1981) 429 = Badia

R 385 HÖRLING, E. (1979/80, 1821): CR 32 (1982) 118 = Jeffreys

R 386 HOFFMANN, R. (1979/80, 1318): HZ 232 (1981) 397–398 = Demandt

R 387 HOHEISEL, K. (1977/78, 378): Kairos 22 (1980) 250 = Schubert, K.

R 388 HOLLEMAN, A. W. (1979/80, 2199): REA 27 (1981) 325 = Fredouille

R 389 HORNUS, J.-M. (1981/82, 3176): HeythropJ 23 (1982) 85–86 = Ferguson, J. — ExpT 92 (1981) 248–249 = Young, F. M. — Sob 3 (1981) 232–233 = Price, R. — REA 27 (1981) 324 = Petitmengin — MSR 38 (1981) 141–143 = Spanneut

R 390 HOWARD, G. (1981/82, 807): SecCent 2 (1982) 125–126 = Charlesworth, J. H.

R 391 *L'Hymne de la perle des Actes de Thomas* ed. H. P. POIRIER (1981/82, 808): RBen 92 (1982) 423 = Bogaert

R 392 *L'Hypostase des archontes* ed. B. BARC; M. ROBERGE (1981/82, 3372): RBi 89 (1982) 631–633 = Conroyer — EtThR 57 (1982) 414 = Dubois — Laval 37 (1981) 379–380 = Coyle

R 393 *Ignatius Antiochenus* ed. G. GANDOLFO (1981/82, 2124): Salesianum 44 (1982) 557–558 = Bergamelli

R 394 IODICE, S. (1977/78, 1079): Augustinus 27 (1982) 375 = Oroz Reta, J.

R 395 *Iohannes Chrysostomus* ed. J. DUMORTIER (1981/82, 2151): VigChr 36 (1982) 68 = van Winden — REB 40 (1982) 280 — RechSR 70 (1982) 596 = Kannengiesser — REG 94 (1981) 580 = Le Boulluec — EE 57 (1982) 90–91 = Granado, C. — StSR 5 (1981) 333–334 = Zincone

R 396 *Iohannes Chrysostomus* ed. P. W. HARKINS (1979/80, 1760): VigChr 36 (1982) 405 = van Winden — EThL 58 (1982) 411 = de Halleux — ThSt 41 (1980) 444–445 = Burghardt

R 397 *Iohannes Chrysostomus* ed. A. M. MALINGREY (1979/80, 1761): VigChr 35 (1981) 302–307 = van Winden — MSR 38 (1981) 23–25 = Dumortier — REB 39 (1981) 328 = Darrouzès — StSR 5 (1981) 142–144 = Zincone — Clergy 66 (1981) 186–187 = Parvis, P. — CUC 5 (1980/81) 43–44 = Achard, M. L. — Greg 63 (1982) 598 = Orbe — NRTh 103 (1981) 428 = Martin — RPh 56 (1982) 139 = des Places — EE 57 (1982) 91 = Granado, C. — Seminarios 28 (1982) 390–392 = Sánchez Chamoso, R.

R 398 *Iohannes Chrysostomus* ed. A. PIÉDAGNEL (1981/82, 2152): Irénikon 55 (1982) 585 = E. L.

R 399 *Iohannes Chrysostomus* ed. A. QUACQUARELLI (1979/80, 1765): Salesianum 44 (1982) 552 = Riggi — Greg 63 (1982) 780 = Orbe — StSR 5 (1981) 150–151 = Zincone

R 400 *Ps.-Iohannes Chrysostomus* ed. M. SACHOT (1981/82, 2191): REB 40 (1982) 239–240 = Darrouzès — RHPhR 62 (1982) 287 = Junod — NRTh 104 (1982) 104–105 = Martin — AB 99 (1981) 417–418 = van Esbroeck — BLE 82 (1981) 314 = Crouzel

R 401 *Iohannes Climacus* ed. Ἀρχιμανδρίτης ΙΓΝΑΤΙΟΣ (1977/78, 1839): Ekkl Athen 56 (1979) 46 = Μπονης, Κ. Γ.

R 402 *Iohannes Damascenus* ed. D. ANDERSON (1981/82, 2206): OrChrP 47
(1981) 273–274 = Passarelli – OstkiSt 30 (1981) 173 = Tretter – Sob 3
(1981) 114 = Moberly, E. – ChH 51 (1982) 243–244 = Boojamra

R 403 *Iohannes Damascenus* ed. B. KOTTER (1981/82, 2203): Byslav 43 (1982)
70–72 = Thümmel – REB 40 (1982) 234 = Darrouzès – Irénikon 54
(1981) 577–578 = M. G.

R 404 *Iohannes Damascenus* ed. M. SPINELLI (1979/80, 1812): Salesianum 44
(1982) 769 = Riggi

R 405 *Irenaeus Lugdunensis* ed. E. BELLINI (1981/82, 2229): RSLR 18 (1982)
315–316 = Faga – Maia 34 (1982) 90 = Ceresa-Gastaldo – CD 195
(1982) 317–318 = Folgado Flórez, S.

R 406 *Irenaeus Lugdunensis* ed. A. ROUSSEAU; L. DOUTRELEAU (1979/80,
1826/27): VigChr 35 (1981) 288–289 = Grant – REB 39 (1981) 330 =
Darrouzès – ThRe 77 (1981) 294–296 = Jaschke – RThPh 113 (1981)
186 = Junod – Greg 63 (1982) 369 = Orbe – Latomus 41 (1982) 397 =
Duval – ThLZ 107 (1982) 838 = Winkelmann – NRTh 103 (1981) 422
= Martin – RHR 199 (1982) 211 = Nautin – ThAthen 51 (1980)
628–630 = Μουτσούλας, H. Δ. – EE 57 (1982) 84–85 = Granado, C.

R 407 *Irenaeus Lugdunensis* ed. A. ROUSSEAU; L. DOUTRELEAU (1981/82,
2227): Clergy 67 (1982) 376–377 = Tugwell, S. – RBen 92 (1982)
424–425 = Bogaert

R 408 *Isaac Syrus* ed. J. TOURAILLE (1981/82, 2251): OrChrP 48 (1982)
458–459 = Poggi – ArGran 45 (1982) 411 = Segovia, A.

R 409 *Isidorus Hispalensis* ed. J. ANDRÉ (1981/82, 2253): REAnc 28 (1982)
154–156 = Fontaine – BTAM 13 (1982) 224–226 = Silvestre – Francia 9
(1981) 725 = Heinzelmann – RPh 56 (1982) 361–364 = Opelt –
BStudLat 12 (1982) 109–110 = Salemne – GiorFil 34 (1982) 135–139 =
Leotta – Helmántica 33 (1982) 597–598 = Oroz – StMed 22 (1981)
970–971 = Lazzeri – MH 39 (1982) 333 = Paschoud – Faventia 4 (1982)
129–131 = Peris i Joan, A. – EE 57 (1982) 223 = Sotomayor, M.

R 410 *Iulianus Aeclanensis* ed. L. DE CONINCK (1977/78, 1912): ASNSP 10
(1980) 1452–1453 = Moreschini

R 411 *Iulianus Toletanus* ed. J. N. HILLGART (1975/76, 1977): EJos 36 (1982)
148–149 = Carrasco, J. A.

R 412 JACAMON, S. M. (1981/82, 1578): OrChrP 48 (1982) 499 = Poggi

R 413 JANINI, J. (1979/80, 512): ScTh 14 (1982) 390–391 = Garrido, M. – CD
195 (1982) 163 = Carmona, F.

R 414 JANINI, J. (1977/78, 585): ScTh 14 (1982) 386–388 = Garrido, M. –
BLE 83 (1982) 44 = Martimort

R 415 JANINI, J. (1981/82, 699): ScTh 14 (1982) 388–390 = Garrido, M.

R 416 JASCHKE, H. J. (1981/82, 2241): EThL 57 (1981) 367 = de Halleux –
AugR 21 (1981) 596 = Peretto

R 417 JASPERT, B. (1981/82, 3315): StMon 24 (1982) 421–422 = Amengual, F.
– NetV 14 (1982) 332–333 = Colombás, G. M.

R 418 *Jenseitsvorstellungen in Antike und Christentum. Gedenkschrift für Alfred Stuiber* (1981/82, 219): TLit 66 (1982) 352 = B. A.

R 419 *Jewish and Christian Self-Definition, I* ed. E. P. SANDERS (1981/82, 220): HeythropJ 22 (1981) 315–316 = Hall, S. G.

R 420 JILEK, A. (1979/80, 2378): RHE 76 (1981) 89–91 = Gryson – TPQS 129 (1981) 406–407 = Emminghaus, J. H.

R 421 JIMENEZ DUQUE, B. (1977/78, 385): Communio 14 (1981) 302 = Sánchez, M.

R 422 JOLY, R. (1973/74, 1631): RAgEsp 22 (1981) 210–211 = García Alvarez, J.

R 423 JOLY, R. (1979/80, 1726): VigChr 35 (1981) 189–191 = Bartelink – RBi 87 (1980) 633–634 = Boismard – ThS 41 (1980) 206–207 = Slusser – RThPh 113 (1981) 185–186 = Junod – RHPhR 62 (1982) 293–294 = Bodenmann – Salesianum 44 (1982) 559–561 = Bergamelli – BLE 83 (1982) 60–62 = Crouzel – NedThT 35 (1981) 158–161 = Dehandschutter, B.

R 424 JONGE, H. J. DE (1981/82, 778): BijFTh 42 (1981) 320–321 = Koet, B.-J. – KT 32 (1981) 319–320 = Duvekot, W. S.

R 425 JOURJON, M. (1981/82, 2931): SelLib 19 (1982) = Solá, F. de P.

R 426 ΚΑΛΔΕΛΛΗΣ, Γ. A. (1977/78, 2064): EkklAthen 57 (1980) 157 = Μπόνης, K. Γ.

R 427 KALLIS, A. (1977/78, 2021): RSPhTh 64 (1980) 436–438 = de Durand – Mu 92 (1979) 202–203 = Mossay – RHR 198 (1981) 463 = Nautin – ThLZ 106 (1981) 344–345 = Larentzakis – HZ 234 (1982) 148–151 = Kraft

R 428 KECH, H. (1977/78, 1693): ZRPh 97 (1981) 413–414 = Gier

R 429 KEE, A. (1981/82, 456): ExpT 94 (1982) 60 = Huelin, G. – HistoryT 32 (1982) 55 = McCulloch, K. – TLS 81 (1982) 573 = Chadwick – JEcclH 32 (1982) 586–589 = Hall

R 430 KEMPEN-VAN DIJK, P. M. A. (1977/78, 1082): Mn 35 (1982) 190–192 = Wolfskeel

R 431 KENNEDY, G. A. (1979/80, 611): CompLit 33 (1981) 282–283 = Kennedy – CR 31 (1981) 125 = Winterbottom – LCM 6 (1981) 291–295 = Bayley – Manuscripta 25 (1981) 119 = Jamieson

R 432 KERESZTES, P. (1981/82, 459): SecCent 2 (1982) 53–54 = Baldwin, B.

R 433 *Kerk en Frede . . .* ed. L. DE BLOIS; A. H. BREDERO (1981/82, 461): NAKG 61 (1981) 215–217 = Roldanus, J. – GTT 82 (1982) 111–112 = Zwaan, J.

R 434 KERTSCH, M. (1977/78, 1609): Kairos 22 (1980) 249–250 = Brox, N. – ZKTh 102 (1980) = Rastbichler, H.

R 435 KERTSCH, M. (1979/80, 1586): Kairos 22 (1980) 248–250 = Brox – ByZ 74 (1981) 65–67 = Jungck

R 436 *Kerygma und Logos. Festschrift für C. Andresen* (1979/80, 132): RAgEsp 23 (1982) 240–241 = Langa, P.

R 437 KHOURY, N. EL (1975/76, 1569): OrChr 66 (1982) 242 = Lattke

R 438 *Kirchengeschichte als Missionsgeschichte 2,1* (1979/80, 345): JÖB 30 (1981) 342–344 = Lackner, W. – TTh 19 (1979) 305–306 = Goosen, L.

R 439 *Klassiker der Theologie, I* ed. H. Fries; G. Kretschmar (1981/82, 222): CT 109 (1982) 179–181 = Bandera, A.

R 440 Klauser, Th. (1981/82, 40): REL 58 (1980) 662–664 = Fontaine

R 441 Klein, R. (1977/78, 390): WSt 13 (1979) 252 = Zelzer, M. – JÖB 30 (1981) 332–337 = Kresten, O.

R 442 Klum-Böhmer, E. (1979/80, 2409): RHE 75 (1980) 619 = de Halleux

R 443 Kohlwes, K. (1979/80, 2078): Gn 53 (1981) 604–606 = Green – JAC 24 (1981) 156–159h = Carlet – CR 31 (1981) 119 = Walsh

R 444 *Κοινωνικὴ διδασκαλία ἑλλήνων Πατέρων* ed. N. Th. Bougatsos (1981/82, 893): Nicolaus 8 (1980) 453–455 = Poulis

R 445 Kopeček, T. A. (1979/80, 346): ThSt 43 (1982) 147–149 = Cummings – JThS 33 (1982) 571–573 = Wickham – RechSR 70 (1982) 606–607 = Kannengiesser – OrChrP 47 (1981) 500–502 = van Esbroeck

R 446 Koschorke, K. (1977/78, 2793): JEcclH 32 (1981) 337–342 = Frend – ThLZ 107 (1982) 112–114 = Pokorný – ArchPhilos 44 (1981) 480–481 = Solignac – BiZ 25 (1981) 134–135 = Schnackenburg – ZKG 92 (1981) 97–98 = Ménard – StSR 5 (1981) 137–140 = Simonetti – APh 44 (1981) 480–481 = Solignac

R 447 Korakides, A. S. (1981/82, 2988): REB 39 (1981) 355 – OrChrP 47 (1981) 251–252 = Arranz – ByZ 75 (1982) 35–36 = Husmann

R 448 *Das Korpus der Griechischen Christlichen Schriftsteller* ed. J. Irmscher; K. Treu (1977/78, 150): ThLZ 106 (1981) 579–581 = Kraft

R 449 Kraft, H. (1973/74, 104): REDC 37 (1981) 261 = Jiménez Urresti, T. I.

R 450 Kronholm, T. (1977/78, 1516): ZKG 91 (1980) 397 = McNeil – BiZ 25 (1981) 124–126 = Schedl – JRAS 113 (1981) 73 = Gordon, R. P.

R 451 Kurz, R. (1979/80, 884): MLatJb 17 (1982) 234–237 = Zumkeller – HZ 233 (1981) 374 = Powitz

R 452 Kydd, R. (1977/78, 2028): BTAM 13 (1982) 190 = Bascour

R 453 *Lactance et son temps* ... ed. J. Fontaine; M. Perrin (1977/78, 151): Augustinus 27 (1982) 389 = Oroz Reta, J.

R 454 *Lactantius* ed. Chr. Ingremeau (1981/82, 2296): RThPh 114 (1982) 431 = Junod

R 455 *Lactantius* ed. R. Teja (1981/82, 2297): UBA (1982) 105–107 = Hubeñák, F.

R 456 Ladaria, L. F. (1977/78, 1712): RechSR 70 (1982) 614 = Kannengiesser – ThLZ 106 (1981) 51–52 = Nagel – Salesianum 42 (1980) 899 = Riggi – BLE 82 (1981) 238 = Crouzel – EThL 67 (1981) 367 = de Halleux – ThPh 56 (1981) 276–277 = Sieben – SelLib 18 (1981) 139 = Vives

R 457 Ladaria, L. F. (1979/80, 1320): ZKG 93 (1982) 368–369 = Trevijano Etcheverría, R. – CD 194 (1981) 113 = Folgado Flórez, S. – Burgense 22 (1981) 307–308 = Romero Pose, E. – Stromata 37 (1981) 113–114 =

Fiorito, M. A. — ETrin (1981) 158–159 = Silanes, N. — MCom 39 (1981) 231 = Andrés Hernansanz, T. de — EE 55 (1980) = Granado, C.

R 458 LANGBRANDTNER, W. (1977/78, 2804): ThLZ 106 (1981) 575–577 = Tröger

R 459 LARENTZAKIS, G. (1977/78, 915): ThLZ 106 (1981) 899–900 = Kannengiesser — Kairos 22 (1980) 247–248 = Brox, N.

R 460 LASSIAT, H. (1979/80, 350): BLE 82 (1981) 234–237 = Crouzel

R 461 LATTKE, MICHAEL (1979/80, 564): Kairos 23 (1981) 121–122 = Bauer, J. B.

R 462 LAUSBERG, H. (1979/80, 2410): RSLR 17 (1981) 489–492 = Consolino — RHE 76 (1981) 135 = Moeller — ThPh 56 (1981) 284 = Busch — Gn 54 (1982) 818–819 = Wiegand — ThLZ 106 (1981) 920–921 = Nagel

R 463 *Leander Hispalensis* ed. L. VELAZQUEZ (1979/80, 1919): Emerita 50 (1982) 370–372 = Codoñer — REA 28 (1982) 152–154 = Fontaine — Helmántica 30 (1981) 439–440 = Oroz Reta, J.

R 464 LEANZA, S. (1977/78, 2160): JÖB 29 (1980) 380–381 = Lackner, W.

R 465 LEHMANN, H. J. (1975/76, 1619): ThPh 56 (1981) 600–602 = Grillmeier

R 466 LERA, J. M. (1977/78, 2282): RSPhTh 64 (1980) 438–440 = de Durand — Salesianum 43 (1981) 661 = Pasquato — VetChr 18 (1981) 502 = Semeraro

R 467 LÉTHEL, F. M. (1979/80, 1962): SelLib 18 (1981) 139–140 = Vives, J. — Broteria 112 (1981) 568–569 = Ribeiro, I. — Irénikon 54 (1981) 292 = M. G. — MSR 38 (1981) 30–31 = Liébart — BLE 82 (1981) 75 = Crouzel — RThL 11 (1980) 236–238 = de Halleux — NRTh 104 (1982) 108 = Martin

R 468 *Lex orandi, lex credendi* ed. G. J. BÉKÉS; G. FARNEDI (1979/80, 135): Irénikon 54 (1981) 297 = M. G.

R 469 *Liber misticus...* ed. J. JANINI (1981/82, 2964): BLE 83 (1982) 48 = Martimort

R 470 *Liber Ordinum Sacerdotal* ed. J. JANINI (1981/82, 2898): StOv 9 (1981) 173–174 = Hevia Ballina, A.

R 471 *Liber sacramentorum Gellonensis* ed. A. DUMAS; J. DESHUSSES (1981/82, 2899): StMon 23 (1981) 436–437 = Olivar — VigChr 36 (1982) 197–199 = Walker — BLE 83 (1982) 47–48 = Martimort — RBen 92 (1982) 430–433 = Nocent — RiAC 58 (1982) 186–189 = Saxer

R 472 LIENHARD, J. T. (1977/78, 2124): JRS 71 (1981) 193–197 = Hunt — CHR 56 (1980) 585–586 = Frend

R 473 LIES, L. (1977/78, 2067): Salesianum 41 (1979) 909 = della Casa — RHR 198 (1981) 222–223 = Le Boulluec

R 474 LINDEMANN, A. (1979/80, 2743): BiZ 25 (1981) 145–148 = Gnilka — ZRGG 33 (1981) 78–79 = Schoeps — ThLZ 106 (1981) 817–819 = Wanke — KT 32 (1981) 318–319 = Duvekot, W. S. — HeythropJ 22 (1981) 76–78 = Lattke, M.

R 475 *Liturgia y música mozárabes...* (1981/82, 226): REAnc 28 (1982) 165–169 = Fontaine

ACTA CONCILIORVM OECVMENICORVM

IVSSV ATQVE MANDATO

SOCIETATIS SCIENTIARVM
ARGENTORATENSIS

EDENDA INSTITVIT

EDVARDVS SCHWARTZ

CONTINVAVIT
JOHANNES STRAUB

DE GRUYTER

Acta Conciliorum Oecumenicorum

Iussu atque mandato Societatis scientiarum Argentoratensis
Edenda instituit Eduardus Schwartz
Continuavit Johannes Straub
Quart.

Mit den drei Registerbänden liegt das monumentale Werk jetzt abgeschlossen vor. Diese Ausgabe der Akten der ökumenischen Konzile von Ephesus 431 bis Konstantinopel 553 (die Akten der Konzile von Nicäa 325 und Konstantinopel 381 sind nicht erhalten, sondern nur deren Kanones) gehört zu den Arbeitsgrundlagen eines jeden, der sich mit der Kirchengeschichte und der Geschichte der frühen Jahrhunderte beschäftigen will. Im Jahre 1914 hatte Schwartz den ersten Band vorgelegt, bis kurz vor seinem Tode, 1940, hat er daran gearbeitet und die Ausgabe tatsächlich bis auf einen Band abgeschlossen. Dessen Druckmanuskript wurde Johannes Straub übergeben, der den Band IV, 1 1971 vorlegte und auf dessen Initiative die Registerbände zurückgehen. Bis zum Erscheinen der Ausgabe von Schwartz war die wissenschaftliche Welt auf die Ausgabe der Konzilsakten von Mansi angewiesen, die ihrerseits Ausgaben aus dem ausgehenden 17. Jahrhundert reproduziert. Die staunenswerte Leistung von Eduard Schwartz bedeutet einen Fortschritt der Wissenschaft um 300 Jahre; es wäre sehr zu wünschen, wenn künftig nur noch nach den ACO zitiert würde. Die nachstehende Übersicht gibt einen Überblick über den Aufbau des Werkes.

Tom. I. Concilium Universale Ephesenum

Vol. I. Acta Graeca

Pars I. Collectio Vaticana 1 – 32
XXVI, 128 S. 1927. Unveränd. Nachdr. 1965. Brosch. DM 88,– ISBN 3 11 000435 6

Pars II. Collectio Vaticana 33 – 80
VII, 110 S. 1927. Unveränd. Nachdr. 1959. Brosch. DM 68,– ISBN 3 11 000405 4

Pars III. Collectio Vaticana 81 – 119
V, 104 S. 1927. Unveränd. Nachdr. 1959. Brosch. DM 64,– ISBN 3 11 000406 2

Pars IV. Collectio Vaticana 120 – 139
XXVIII, 70 S. 1928. Unveränd. Nachdr. 1959. Brosch. DM 56,– ISBN 3 11 000407 0

Pars V. Collectio Vaticana 140 – 164
V, 142 S. 1927. Unveränd. Nachdr. 1959. Brosch. DM 84,– ISBN 3 11 000408 9

Pars VI. Collectio Vaticana 165 – 172
VI, 169 S. 1928. Unveränd. Nachdr. 1960. Brosch. DM 100,– ISBN 3 11 000409 7

Vol. IV. Leonis Papae I epistularum collectiones

XXXXVII, 192 S. 1932. Unveränd. Nachdr. 1962. Brosch. DM 138,– ISBN 3 11 000421 6

Vol. V. Collectio Sangermanensis

XXII, 167 S. 1936. Unveränd. Nachdr. 1962. Brosch. DM 110,– ISBN 3 11 000422 4

Vol. VI. Prosopographia et Topographia actorum Chalcedonensium et encyclicorum indices

VI, 159 S. 1938. Unveränd. Nachdr. 1962. Brosch. DM 94,– ISBN 3 11 000434 8

Tom. III. Collectio Sabbaitica contra Acephalos et Origenistas destinata
Insunt acta synodorum Constantinopolitanae et Hierosolymitanae a. 536

XIV, 269 S. 1940. Unveränd. Nachdr. 1965. Brosch. DM 162,– ISBN 3 11 000439 9

Tom. IV. Concilium Universale Constantinopolitanum sub Iustiniano habitum

Vol. I. Concilii actiones VIII. Appendices Graecae – Indices
Edid. Johannes Straub
XXXVII, 286 S. 1971. Brosch. DM 280,– ISBN 3 11 006400 6

Vol. II. Johannis Maxentii libelli – Collectio Codicis Novariensis XXX – Collectio codicis Parisini 1682 – Procli tomus ad Armenios – Johannis Papae II epistula ad viros illustres
XXXII, 210 S. 1914. Unveränd. Nachdr. 1959. Brosch. DM 138,– ISBN 3 11 000413 5

Vol. III. Index Generalis Tomorum I – IIII

Pars I: Indices codicum et auctorum
Congessit Rudolfus Schieffer
X, 579 S. 1974. Brosch. DM 340,– ISBN 3 11 004449 8

Pars II: Index prosopographicus. Fasciculi I et II
Congessit Rudolfus Schieffer
Faszikel I: XII, 272 S. 1982. Brosch. DM 380,– ISBN 3 11 008539 9
Faszikel II: S. 273–509. 1982 Brosch. DM 380,– ISBN 3 11 009615 3

Pars III: Index topographicus
Congessit Rudolfus Schieffer
XII, 320 S. 1984. Brosch. DM 340,– ISBN 3 11 009960 8

Preisänderungen vorbehalten

R 476 Lodi, E. (1979/80, 219): ETrin 15 (1981) 172–173 = López Martín, J. –
Phase 21 (1981) 528–529 = López Martín, J.

R 477 Lorenz, R. (1979/80, 722): VigChr 35 (1981) 299–302 = Stead –
Salesianum 42 (1980) 901 = Ricci – KRS 137 (1981) 286 = Brändle, R. –
ThLZ 106 (1982) 607 = Thümmel – ZKG 92 (1981) 361–364 = Ritter –
ChH 51 (1982) 89–90 = Hardy – RechSR 70 (1982) 600–603 =
Kannengiesser

R 478 Louth, A. (1981/82, 596): DR 99 (1981) 230–233 – ReMet 35 (1981)
396–398 = Earle – RelStud 27 (1981) 578–580 = Ferguson – Prudentia
13 (1981) 131–134 = Ardley – HeythropJ 23 (1982) 416–417 = Armstrong, A. H. – ExpT 92 (1981) 318–319 = Cant, R. – Sob 4 (1982)
70–74 = Bouyer, L.

R 479 Lozano Sebastian, F. J. (1981/82, 2382): Salmant 29 (1982) 142–144
= Borobio, D.

R 480 Lubac, H. de (1979/80, 2027): EThL 57 (1981) 374 = de Halleux –
Greg 62 (1981) 183 = Galot – RMM 86 (1981) 261 = Onimus – NRTh
102 (1980) 607 = Gilbert – Laval 36 (1980) 329–331 = Doyon –
RAgEsp 22 (1981) 208–210 = Langa, P.

R 481 Lucchesi, E. (1977/78, 817): Salesianum 43 (1981) 188 = Bergamelli –
RHPhR 59 (1979) 217 = Maraval

R 482 *Lucifer Calaritanus* ed. J. Avilés (1979/80, 1928): Helmántica 40
(1981) 438–439 = Guillén

R 483 *Lucifer Calaritanus* ed. F. G. Diercks (1977/78, 1976): VigChr 35
(1981) 444–448 = Bastiaensen – BLE 82 (1981) 73–75 = Doignon –
ThSt 41 (1980) 237–238 = Lienhard – ASNSP 10 (1980) 1449–1452 =
Moreschini – Aevum 55 (1981) 177–178 = Pizzolato – NRTh 102
(1980) 610–611 = Duquenne – RechSR 70 (1982) 605 = Kannengiesser

R 484 *Lucifer Calaritanus* ed. V. Ugenti (1979/80, 1927): AB 99 (1981) 200 =
Halkin – RBen 91 (1981) 207 = Verbraken – RSLR 17 (1981) 511 =
Consolino – RHE 76 (1981) 547 = Gryson – BStudLat 11 (1981) 85 =
Bandiera – Latomus 40 (1981) 835–837 = Monat – REL 59 (1981)
362–363 = Doignon – Aevum 56 (1982) 142–143 = Cesana – Orpheus
2 (1981) 457–459 = Puglisi – Gy 89 (1982) 152–153 = Lackner – RPh 56
(1982) 359–360 = Reydellet – LEC 50 (1982) 82 = Stenuit, B.

[R 709] Ludovici, S. E. vide: Samek Lodovici, E.

R 485 Luibheid, C. (1979/80, 1497): RHE 76 (1981) 518 = de Halleux –
JThS 33 (1982) 346 = Stead

R 486 Luislampe, P. (1981/82, 1514): OstkiSt 31 (1982) 344–347 = Wittig –
StMon 23 (1981) 430 = Olivar, A.

R 487 Lupieri, E. (1981/82, 3554): RSLR 17 (1981) 311 = Gianotto

R 488 Lyons, J. A. (1981/82, 2480): RechSR 70 (1982) 627–628 = Russo

R 489 *Pseudo-Macarius* ed. V. Desprez (1979/80, 1935): REByz 40 (1982)
227 = Darrouzèz – MSR 39 (1982) 40–42 = Spanneut – RThPh 94
(1982) 186–187 = Junod – REG 94 (1981) 581 = Nautin – StSR 5 (1981)

331–332 = Simonetti – EE 57 (1982) 92 = Granado, C. – Irénikon 54 (1981) 143 = E. L. – Clergy 66 (1981) 410–411 = Tugwell, S.

R 490 MAIER, G. (1981/82, 3581): Salmant 29 (1982) 261–264 = Trevijano Etcheverría, R. – StMon 24 (1982) 434 = Rosés

R 491 MALHERBE, A. J. (1977/78, 405): JThS 32 (1981) 252–253 = Muddiman

R 492 MALLEY, W. J. (1977/78, 1439): MSR 38 (1981) 25–26 = Spanneut – ChH 50 (1981) 205 = Constantelos – ThS 61 (1981) 410–411 = Wilken – CHR 66 (1980) 472–473 = Eno – Orpheus 2 (1981) 427–428 = Pricoco, S.

R 493 MANNS, F. (1977/78, 157): Salesianum 42 (1980) 905 = Pasquato

R 494 MANNS, F. (1979/80, 58): Salesianum 42 (1980) 155 = Pasquato

R 495 MANRIQUE, A.; SALAS, A. (1979/80, 909): Augustinus 27 (1982) 364–368 = Oroz

R 496 MARANTONIO SGUERZO, E. (1981/82, 3120): Salesianum 43 (1981) 947 = Bertone

R 497 MARAVA-CHATZINICOLAOU, A.; TOUFEXI-PASCHOU, CHR. (1981/82, 707): JÖB 30 (1981) 381–383 = Gamillscheg, E.

R 498 MARCHESI, C. (1979/80, 136): Orpheus 2 (1981) 157–160 = Munzi, L.

R 499 MARGERIE, B. DE (1975/76, 2768): Augustinus 27 (1982) 242–243 = Oroz Reta, J.

R 500 MARGERIE, B. DE (1981/82, 3509): StudiumM 21 (1981) 147–148 = López de las Heras, L. – Stromata 37 (1981) 293–294 = Bojorge, H. – Broteria 113 (1981/82) 452 = Ribeiro, I. – CD 194 (1981) 655 = Díez, F. – CT 108 (1981) 599 = Rodríguez, E.

R 501 MARIN, M. (1981/82, 1296): RBen 92 (1982) 222 = Verbraken

R 502 *Marius Victorinus* ed. M. T. CLARK (1981/82, 2334): EThL 58 (1982) 410 = de Halleux – ThSt 43 (1982) 362–363 = Cunningham

R 503 MARROU, H.-I. (1975/76, 174): Augustinus 27 (1982) 243–244 = Oroz Reta, J.

R 504 MARROU, H. I. (1977/78, 158): JEcclH 31 (1980) 345–346 = Frend

R 505 MARROU, H.-I. (1979/80, 358a): CD 194 (1981) 700–701 = Modino, M.

R 506 MARROU, H. I. (1981/82, 1298): Gy 89 (1982) 539 = Opelt – TPQS 130 (1982) 399–400 = Leinsle, U. G.

R 507 MARTIKAINEN, J. (1977/78, 1517): ThRe 78 (1982) 118 = Cramer

R 508 MARTIKAINEN, J. (1981/82, 3180): OrChr 66 (1982) 234–237 = Beck

R 509 *Les martyrs de Lyon* ed. A. AUDIN (1977/78, 159): REA 27 (1981) 178–182 = Duval – CR 31 (1981) 254–257 = Sherwin-White – Latomus 40 (1981) 458–460 = Chevallier – RThPh 113 (1981) 182 = Junod – Augustinus 27 (1982) 256–257 = Oroz Reta, J.

R 510 *Les premiers martyrs de l'Église* ed. A. G. HAMMAN (1979/80, 2268): AB 99 (1981) 198 = Halkin

R 511 MATTHEWS, A. (1981/82, 1301): ChH 51 (1982) 113 = TeSelle – CHR 68 (1982) 90–91 = Lawless

R 512 *Maxentii aliorumque Scytharum monachorum Opuscula* ed. F. GLORIE

(1977/78, 1852): VigChr 35 (1981) 99–101 = Bartelink — BTAM 13 (1981) 28–29 = Mathon — Latomus 40 (1981) 149 = Braun

R 513 *Maximus Confessor* ed. A. Ceresa-Gastaldo (1979/80, 1956): Salesianum 42 (1980) 905 = Maggio — Maia 34 (1982) 94–96 = Valgiglio — RSLR 17 (1981) 127 = Lupieri

R 514 *Maximus Confessor* ed. C. Laga; C. Steel (1979/80, 1955): RSLR 18 (1982) 301–303 = Bodrato — REByz 40 (1982) 234–236 = Darrouzès — BTAM 13 (1982) 231–233 = Petit — FZPT 28 (1981) 471–473 = Heinzer — NRTh 103 (1981) 417–418 = Martin — VigChr 35 (1981) 438–439 = van Winden

R 515 *Maximus Confessor* ed D. Staniloae; I. Σακκαλης (1977/78, 1997): Irénikon 54 (1981) 291–292 = M. G.

R 516 *Maximus Confessor. Actes du Symposium sur Maxime le Confesseur* ed. F. Heinzer; Chr. Schönborn (1981/82, 227): EThL 58 (1982) 414–416 = de Halleux — JThS 33 (1982) 596 = Chadwick

R 517 May, G. (1977/78, 2661): Stromata 37 (1981) 321–322 = Martín, J. P.

R 518 Mayer, C. P. (1973/74, 933): TPQS 128 (1980) 299 = Rehberger, K.

R 519 McShane, Ph. A. (1979/80, 362): RThL 12 (1981) 258 = Gryson — Salesianum 42 (1980) 902 = Pasquato — RHE 76 (1981) 460 = de Halleux — EThL 57 (1981) 369 = de Halleux — RHR 198 (1981) 338–339 = Pietri — JThS 32 (1981) 268–269 = Chadwick — REDC 37 (1981) 574–575 = García Sánchez — BLE 83 (1982) 66 = Crouzel — REAnc 28 (1982) 179 = Fontaine — CHR 68 (1982) 92–94 = Ullmann — ChH 51 (1982) 91 = Lynch — SR 9 (1980) 475–479 = Lamirande — NRTh 104 (1982) 106–107 = Martin — RThPh 114 (1982) 193 = Junod — HeythropJ 22 (1981) 80–81 = Walsh, M. J.

R 520 Mead, E. S. (1981/82, 1306): REA 26 (1981) 378 = Brix

R 521 Meeks, W. A.; Wilken, R. L. (1977/78, 415): Salesianum 42 (1980) 156 = Pasquato

R 522 Meijering, E. P. (1973/74, 753): EPh 61 (1979) 672–675 = Φούγιας, M.

R 523 Meijering, E. P. (1977/78, 2243): RHR 198 (1981) 333 = Nautin — Latomus 40 (1981) 417–418 = Pietri — Salesianum 43 (1981) 188 = Bergamelli

R 524 Meijering, E. P. (1979/80, 920): REA 28 (1982) 347 = Brix — Augustinus 27 (1982) 87–88 = Rivera, E. — ITQ 49 (1982) 218 = McEvoy, J.

R 525 Meijering, E. P. (1981/82, 49): KT 32 (1981) 174–175 = Nijenhuis, W.

R 526 Meinhold, P. (1979/80, 137): RechSR 69 (1981) 450–451 = Kannengiesser — ChH 50 (1981) 230 = Hinson — ThRe 77 (1981) 208–209 = Fischer — RThPh 113 (1981) 186 = Junod — ZKG 92 (1981) 354 = Brox

R 527 Meis, A. (1979/80, 2467): Stromata 37 (1981) 309–310 = Martín, J. P. — ETrin 15 (1981) 416–417 = Silanes, N.

R 528 *Mélanges Dominique Barthélemy* ed. P. Casetti e. a. (1981/82, 229):

RBi 89 (1982) 125 – EThL 58 (1982) 145–146 = Lust – ThZ 38 (1982) 237–239 = Seybold

R 529 *Mélanges de numismatique* . . . ed. P. BASTIEN (1981/82, 230): GNS 30 (1980) 78–79 = Martin

R 530 *Melito Sardensis* ed. S. G. HALL (1979/80, 1964): RechSR 69 (1981) 454 = Kannengiesser – RHE 75 (1981) 721 = Hockey – ZKG 91 (1980) 394–396 = Lohse – JEcclH 32 (1981) 81–83 = Bammel – Clergy 66 (1981) 186–187 = Parvis, P.

R 531 MERKEL, H. (1977/78, 2885): ZKG 92 (1981) 349–350 = Hauschild, H. D. – Salesianum 41 (1979) 573–574 = Gamba – ThRe 77 (1981) 24 = Brox – ThLZ 106 (1981) 273–275 = Nagel

R 532 *Métaphysique* (1981/82, 232): ASSPh 41 (1982) 262–263 = Baertschi

R 533 METZGER, B. M. (1981/82, 733): ThSt 43 (1982) 706–707 = Fitzmyer – RThL 13 (1982) 356 = Bogaert – BiTransl 33 (1982) 341 = Ellingworth, P.

R 534 MEULENBERG, L. (1981/82, 1307): TLit 65 (1981) 427 = Verheul, A.

R 535 MICHEL, A. (1975/76, 2632): CUC 6 (1981/82) 40–42

R 536 MILES, M. R. (1979/80, 922): JThS 37 (1981) 524–526 = Wright – ChH 50 (1981) 231–232 = Johnson – Augustinus 27 (1982) 381–382 = Oroz Reta, J. – REA 28 (1982) 352 = Brix

R 538 MIQUEL, P. (1979/80, 1216): REDC 37 (1981) 278 = Echeverría, L. de

R 539 *Miscellanea codicologica F. Masai* ed. P. COCKSHAW; M. C. GARAND; P. JODOGNE (1981/82, 235): BTh 13 (1981) 4 = Silvestre

R 540 MOLINA PIÑEDO, R. (1979/80, 1218): CD 194 (1981) 128 = Modino, M.

R 541 MOLINERO, L. M. (1979/80, 1220): REBras 41 (1981) 191–192 = Rocha, A. C.

R 542 MONDESERT, C. (1979/80, 191): ScTh 13 (1981) 292–293 = Basevi, C. – ThAthen 51 (1980) 421–422 = Μουτσουλας, H. Δ.

R 543 MORALDI, L. (1981/82, 809): CT 109 (1982) 375 = Espinel, J. L. – CD 195 (1982) 311 = Salas, A. – EMerced 38 (1982) 121–122 = Pikaza, X. – NatGrac 28 (1981) 493–494 = Montero, D.

R 544 MOREAU, JACQUES (1977/78, 422): Orpheus 2 (1982) 422–423 = Blancato, C.

R 545 MOSSAY, J. (1981/82, 1999): ArGran 45 (1982) 414 = Segovia, A.

R 546 MOSSHAMMER, A. A. (1979/80, 1499): CR 31 (1981) 77–79 = Forrest – Phoenix 35 (1981) 100–101 = Barnes, T. D. – ClPh 77 (1982) 178–183 = Drews – HeythropJ 22 (1981) 448–449 = Cameron, A.

R 547 MOULE, C. F. D. (1977/78, 2681): EPh 61 (1979) 677–678 = Φουγιας, M.

R 548 MOURANT, J. A. (1981/82, 1316): AugR 21 (1981) 508 = Lawless – REA 28 (1982) 351 = Madec

R 549 MUNIER, CH. (1979/80, 2427a): VigChr 35 (1981) 202–204 = Pleket – NRTh 102 (1980) 574 = Mols – RThPh 113 (1981) 79–80 = Junod – JThS 33 (1982) 280–282 = Hanson – RHPhR 60 (1980) 354 = Maraval

— EE 55 (1980) 436 = Borrás — REDC 37 (1981) 295–296 = García y García, A. — IC 21 (1981) 937–939 = Tejero, E. — REBras 41 (1981) 394–396 = Figueiredo, F. A.

R 550 MUSTILLO, G. (1977/78, 1129): Augustinus 27 (1982) 247–248 = Orosio, P.

R 551 *Mysteria Mithrae* (1979/80, 142): Greg 62 (1981) 205–208 = Janssens — RA (1981) 369–370 = Simon — JAC 24 (1981) 150–154 = Kehl — Aevum 55 (1981) 169–172 = Culianu — AtPavia 59 (1981) 519–520 = Marcone — RHR 198 (1981) 309–311 = Turcan

R 552 MYSZOR, W. (1977/78, 2822): BLE 83 (1982) 154 = Crouzel

R 553 *Nag Hammadi Codices* ed. J. W. B. BARNS e.a. (1981/82, 3375): JAOS 102 (1982) 397–398 = Layton — CE 57 (1982) 158–159 = Bingen — BiblOr 39 (1982) 100–103 = Pintaudi

R 554 *Nag Hammadi Codices* ed. D. M. PARROTT (1979/80, 2593): CE 56 (1981) 197–198 = Coquin

R 555 *Nag Hammadi Codices IX and X* ed. B. A. PEARSON (1981/82, 3374): JAOS 102 (1982) 397–398 = Layton

R 556 *The Nag Hammadi Library in English* ed. J. M. ROBINSON (1977/78, 2736): TTh 19 (1979) 197–198 = Davids, A.

R 557 NAGEL, E. (1979/80, 2385): REA 27 (1981) 332 = Petitmengin — REA 28 (1982) 359 = Brix

R 558 NAUMOW, E. (1975/76, 779): WSlJB 26 (1980) 221–223 = Birkfellner, G.

R 559 NAUTIN, P. (1977/78, 2074): ThLZ 107 (1982) 355–358 = Ullmann

R 560 NAVARRA, L. (1981/82, 1862): QC 3 (1981) 521–524 = Carini

R 561 ΝΕΛΛΑΣ, Π. (1981/82, 3285): EkklAthen 57 (1980) 181–182 = Καρμίρης, I. N.

R 562 *Neoplatonism and Early Christian Thought . . .* ed. H. J. BLUMENTHAL and R. A. MARKUS (1981/82, 239): Sob 4 (1982) 225–226 = Meredith, A.

R 563 NEWLANDS, G. (1977/78, 1714): Salesianum 41 (1979) 910 = Riggi — RSPhTh 64 (1980) 440–442 = de Durand

R 564 NEWMAN, J. H. (1981/82, 3219): Salesianum 44 (1982) 574 = Loss — StPad 28 (1981) 656–657 = Corsato — CD 195 (1982) 318–319 = Folgado Flórez, S.

R 565 NEWMAN, J. H. (1981/82, 1609): BLE 83 (1982) 150–151 = Clavel — StMon 24 (1982) 206 = Badia

R 566 NORBERG, D. (1979/80, 2411): RFC 108 (1980) 480–485 = Cecchini

R 567 NORMANN, F. (1977/78, 2630): Salesianum 41 (1979) 635 = della Casa — RSPhTh 64 (1980) 425–427 = de Durand — JAC 24 (1981) 154–156 = Stockmeier — ThLZ 106 (1981) 435–437 = Leder — ByZ 74 (1981) 69–71 = Riedinger

R 568 NORONHA GALVÃO, H. DE (1981/82, 1325): REA 28 (1982) 313 = Madec

R 569 *Novum Testamentum Graece* ed. EBERHARDT und ERWIN NESTLE;
       K. ALAND (1979/80, 525): NovTest 24 (1982) 369–375 = Kilpatrick –
       RHPhR 60 (1980) 220–222 = Trocmé – KT 31 (1980) 54–62 =
       Bronkhorst – ExpT 92 (1981) 186 = Elliott, J. K. – NedThT 36 (1982)
       153–154 = Jonge, H. J. de

R 570 NUNES, R. A. DA COSTA (1979/80, 371): Broteria 112 (1981) 352 =
       Ribeiro, I.

R 571 O'CONNELL R. J. (1979/80, 933): JThS 32 (1981) 263–265 = O'Daly –
       ISPh 13 (1981) 106–107 = Huppé – JR 61 (1981) 73–80 = Jacobs

R 572 O'DONNELL, J. J. (1979/80, 1272): The American Scholar (1981)
       546–552 = Bowersock – JRS 71 (1981) 183–186 = Cameron – AJPh 102
       (1981) 344–346 = McCormick – AugR 21 (1981) 445 = Lawless –
       CHR 68 (1982) 96–97 = Widy – EHR 96 (1981) 900 = Goffart –
       SMed 1 (1981) 67–71 = Orlando

R 573 O'DONOVAN, O. (1979/80, 937): StMe 22 (1981) 492 = Grégoire –
       ReMet 35 (1981) 148–150 = Fortin – ThSt 42 (1981) 309–311 = O'Con-
       nell – HeythropJ 23 (1982) 297 = Reiser, W. E. – RelStud 18 (1982)
       413–415 = Campbell – JThS 33 (1982) 575–577 = Louth – IPhQ 22
       (1982) 220–221 = O'Connor – REA 28 (1982) = Brix

R 574 OGILVIE, R. M. (1977/78, 1951): Euphrosyne 11 (1981/82) 313–314 =
       Dias Dogo – JRS 71 (1981) 193–197 = Hunt – JThS 33 (1982) 345 =
       Bowman – Mn 35 (1982) 419–421 = den Boeft

R 575 O'MEARA, J. J. (1979/80, 938): AugR 21 (1981) 599–600 = Lawless –
       REA 28 (1982) 349 = Madec

R 576 O'MEARA, J. J. (1979/80, 939): Salesianum 42 (1980) 910 = Riggi –
       Augustinus 27 (1982) 376–377 = Oroz Reta, J. – HeythropJ 22 (1981)
       458 = Brinkman, B. R.

R 577 ONASCH, K. (1981/82, 2875): WSlJB 28 (1982) 178–179 = Wytrzens, G.

R 578 OPELT, I. (1979/80, 630): REA 27 (1981) 318–319 = Fredouille – AugR
       21 (1981) 426 = de Simone – ArGran 44 (1981) 359–360 = Segovia, A.

R 579 O'SULLIVAN, T. D. (1981/82, 1956a): JThS 32 (1981) 274–275 = Gatch
       – CR 30 (1980) 173 = Winterbottom

R 580 *Origenes* ed. K. AUGUSTYNIAK (1979/80, 2003): ŻM 31 (1981) 135–139
       = Szymusiak, J.

R 581 *Origenes* ed. C. BLANC (1981/82, 2427): RBi 89 (1982) 309 = Pierre –
       VetChr 19 (1982) 445 = Scognamiglio

R 582 *Origenes* ed. M. BORRET (1981/82, 2428): AugR 22 (1982) 604 =
       Gribomont – VigChr 36 (1982) 308–311 = van Winden – RBi 89
       (1982) 308 = Pierre – RBen 92 (1982) 425 = Bogaert – VetChr 19 (1982)
       444 = Scognamiglio – RHR 199 (1982) 445 = Nautin – REG 95 (1982)
       219 = Motte

R 583 *Origenes* ed. H. CHADWICK (1979/80, 1990): Salesianum 43 (1981) 432
       = Fontana – HeythropJ 22 (1981) 457 = L. H. C.

R 584 *Origenes* ed. F. COCCHINI (1979/80, 1991): BLE 82 (1981) 132–133 =

Crouzel — AugR 21 (1981) 428 = Peretto — RSLR 18 (1982) 137 = Monaci — RThPh 94 (1982) 183 = Junod

R 585 *Origenes* ed. H. CROUZEL; M. SIMONETTI (1977/78, 2034, 2035; 1979/80, 1999, 2000): OrChrP 47 (1981) 502–504 = Cattaneo — SSR 5 (1981) 327–328 = Fogazza — REL 58 (1980) 504–509 = Duval — VigChr 35 (1981) 82–85 = van Winden (III–IV) — MSR 38 (1981) 143 = Messier (III–IV) — RSLR 17 (1981) 310 = Pellegrino — RHE 76 (1981) 145–146 = Junod (III–IV) — ThPh 56 (1981) 597–598 = Sieben — ThLZ 106 (1981) 668–670 = Winkelmann — ChH 50 (1981) 98 = Grant — NRTh 103 (1981) 423–424 = Duquenne — EE 57 (1982) 87–88 = Granado, C. — AugR 21 (1981) 422–424 = Studer — RBi 89 (1982) 307 = Pierre (III–IV) — EThR 57 (1982) 419 = Dubois (III) — RHPhR 62 (1982) 283 = Bertrand

R 586 *Origenes* ed. M. DANIELI (1977/78, 2037): Salesianum 41 (1979) 560 = della Casa

R 587 *Origenes* ed. H. GOERGEMANNS; H. KARPP (1975/76, 2094): ThRe 77 (1981) 479–481 = Gessel

R 588 *Origenes* ed. O. GUÉRAUD; P. NAUTIN (1979/80, 1996): RSLR 17 (1981) 87–92 = Monaci Castagno — RHE 76 (1981) 499 = de Halleux — BLE 82 (1981) 139–141 = Crouzel — AugR 21 (1981) 420 = Simonetti — RPh 55 (1981) 164–166 = Irigoin — RHR 198 (1981) 461–462 = Gouillard — ThPh 56 (1981) 598–599 = Sieben — RThPh 113 (1981) 292 = Junod — RechSR 70 (1982) 592 = Kannengiesser — Greg 63 (1982) 369 = Orbe — RHPhR 60 (1980) 349 = Schwarz — NRTh 103 (1981) 432 = Martin — RHPhR 62 (1982) 284 = Bertrand — ZKTh 104 (1982) 96–97 = Lies — JAC 25 (1982) 181–184 = Gögler

R 589 *Origenes* ed. P. HUSSON; P. NAUTIN (1975/76, 2090; 1977/78, 2033): RechSR 70 (1982) 590 = Kannengiesser

R 590 *Origenes* ed. E. SCHADEL (1979/80, 2001): BLE 82 (1981) 141–143 = Crouzel — ThRe 77 (1981) 296–298 = Beck — ThPh 56 (1981) 599–600 = Sieben — Gn 53 (1981) 700–701 = Opelt — RechSR 70 (1982) 591 = Kannengiesser — NRTh 103 (1981) 432 = Martin — RHPhR 62 (1982) 284 = Bertrand — ZKTh 104 (1982) 96–97 = Lies — JAC 25 (1982) 181–184 = Gögler — TPQS 129 (1981) 297–298 = Bauer, J. B.

R 591 *Origeniana secunda* ed. H. CROUZEL; A. QUACQUARELLI (1981/82, 242): BLE 83 (1982) 224–227 = Crouzel — ZKTh 104 (1982) 102 = Lies — ArGran 45 (1982) 411–412 = Segovia, A.

R 592 ORLANDIS, J.; RAMOS-LISSÓN, D. (1981/82, 3072): Gn 54 (1982) 844–847 = Diesner — ZKTh 106 (1982) 460–461 = Mühlsteiger — RSPhTh 66 (1982) 109–110 = Congar — Greg 63 (1982) 607–608 = Kriegbaum — ScTh 14 (1982) 962–965 = Saranyana

R 593 OSBORN, E. (1981/82, 604): ExpT 93 (1982) 185–186 = Hanson, R.P.C.

R 594 *Ostern in der Alten Kirche* ed. R. CANTALAMESSA (1981/82, 2974): KRS 137 (1981) 285–286 = Brändle, R.

R 595 OTRANTO, G. (1979/80, 1889): RHE 75 (1980) 568–569 = Camelot –
BLE 82 (1981) 237 = Crouzel – AugR 21 (1981) 418 = Sabugal –
RThPh 113 (1981) 187 = Junod – REA 28 (1982) 172 = Doignon –
RC 27 (1981) 150 = Langa

R 596 *Pachomian Koinonia, I* ed. J. VEILLEUX (1981/82, 2805): OrChrP 48
(1982) 460–461 = Kolvenbach – RHE 76 (1981) 717 = Gribomont

R 597 *Pachomius Monachus* ed. F. HALKIN; A. J. FESTUGIÈRE (1981/82,
2522): StMon 24 (1982) 419 = Badía – CRAI 1 (1982) 441 = Irigoin –
MH 39 (1982) 325–326 = Lucchesi – TLit 66 (1982) 304 = J. v. d. S.

R 598 *Pachomius Monachus* ed. J. VEILLEUX (1981/82, 2520): OrChrP 48
(1982) 461–462 = Poggi

R 599 PADOVESE, L. (1979/80, 2130): AugR 22 (1982) 608–611 = Studer –
RThL 13 (1982) 364 = Gryson – JThS 33 (1982) 294–296 = Lilla – StPad
28 (1981) 657–658 = Corsato

R 600 PAGELS, E. (1979/80, 2659): JAOS 102 (1982) 202–204 = Segal –
JEcclH 32 (1981) 337–342 = Frend – Salmant 29 (1982) 134–136 =
Trevijano Etcheverría, R.

R 602 *Palladius Helenopolitanus* ed. L. LELOIR (1981/82, 2525): RHPhR 62
(1982) 286 = Maraval

R 603 ΠΑΝΑΓΟΠΟΥΛΟΣ, I. (1979/80, 2542): ThAthen 51 (1980) 943–945 =
Μπονης, Κ. Γ.

R 604 PAOLINI, S. J. (1981/82, 1342): CD 195 (1982) 534–535 = González, L.

R 605 *Papyri and leather manuscripts of the Odes of Solomon* ed. J. H. CHAR-
LESWORTH (1981/82, 800): RBi 89 (1982) 468 = Benoît

R 606 *Paradoxos politeia* ed. R. CANTALAMESSA; L. F. PIZZOLATO (1979/80,
145): ScTh 14 (1982) 382–386 = Merino, M.

R 607 PARISSE, M. (1981/82, 3329): RHE 77 (1982) 281 = Huyghebaert

R 608 PASQUATO, O. (1975/76, 1886): Salesianum 41 (1979) 162–163 = Riggi

R 610 *Patres Apostolici* ed. F. QUÉRÉ (1979/80, 2060): EtThR 57 (1982) 405
= Dubois

R 611 *The Patrician Texts . . .* ed. L. BIELER (1979/80, 2074): AB 99 (1981) 203
= de Gaiffier – MIÖGF 89 (1981) 112–113 = Duft, J. – RHE 77 (1982)
304 = Aubert

R 612 *Patricius* ed. R. P. C. HANSON; C. BLANC (1977/78, 2114): ITQ 46
(1979) 133–134 = Corish, P. J. – BijFTh 40 (1979) 99 = Fransen –
AB 99 (1981) 202 = de Gaiffier – RHE 75 (1980) 692 = Rouillard –
AugR 21 (1981) 425 = Nardi – ZKG 91 (1980) 412 = Hennig –
RThPh 113 (1981) 182 = Junod

R 613 *Patrologia* ed. A. DI BERARDINO e.a. (1981/82, 77): ScTh 14 (1982)
956–957 = Ramos Lissón, D. – CD 195 (1982) 315–316 = Folgado
Flórez, S. – ArGran 45 (1982) 412–413 = Segovia, A. – RC 28 (1982)
282 = Langa, P. – SelLib 19 (1982) 121–122 = Vives, J.

R 614 PATTIE, T. S. (1979/80, 517): RBi 87 (1980) 147 = Boismard

R 615 PAULSEN, H. (1977/78, 1754): ThLZ 106 (1981) 203–204 = Leder –
ZKG 91 (1980) 390–394 = Hauschild – TTh 19 (1979) 90 = Lascaris

R 616 *Pélagie la Pénitente* ed. P. PETITMENGIN e. a. (1981/82, 2809): REB 40 (1982) 238 = Faillier — RechSR 70 (1982) 622–623 = Kannengiesser — OrChr 66 (1982) 247 = Assfalg — REL 59 (1981) 339 = Duval — OrChrP 47 (1981) 477–478 = Swiekosz — AB 99 (1981) 415–417 = van der Straeten

R 617 PEÑA, I.; CASTELLANA, P.; FERNÁNDEZ, R. (1981/82, 3332): RHE 76 (1981) 750 = de Halleux — OrChrP 47 (1981) 478–480 = Poggi — PalExQ 94 (1982) 155 = Wright, G. R. H.

R 618 PEÑAMARIA DE LLANO, A. (1979/80, 1700): RechSR 70 (1982) 613 = Kannengiesser — Helmántica 33 (1982) 192–193 = Guillén — REL 59 (1981) 468 = Doignon — ArGran 44 (1981) 280 = Segovia — Augustinus 27 (1982) 392 = Guillén — SelLib 19 (1982) 122–123 = Vives

R 619 PELLEGRINO, M. (1977/78, 53): Salesianum 41 (1979) 548 = Bracchi

R 620 PERETTO, E. (1977/78, 2635): Salesianum 41 (1979) 164 = Riggi — EThL 57 (1981) 366 = de Halleux — Augustinus 27 (1982) 395 = Oroz Reta, J.

R 621 PERI, V. (1979/80, 2030): AB 99 (1981) 200 = Halkin — BLE 82 (1981) 133–136 = Crouzel — RBen 91 (1981) 404 = Bogaert — CrSt 2 (1981) 525–527 = Gribomont — AugR 21 (1981) 429 = Simonetti — Greg 63 (1982) 596 = Orbe — RHE 77 (1982) 330 = de Halleux — NRTh 104 (1982) 101 = Martin

R 622 PERKINS, PH. (1979/80, 2662): SecCent 1 (1981) 251–253 = Meyer, M. W.

R 623 PERRIN, MICHEL (1981/82, 2307): Orpheus 2 (1981) 388–391 = Corsaro, F. — ArGran 45 (1982) 413 = Segovia, A. — RAgEsp 23 (1982) 242–243 = Langa, P. — Broteria 115 (1982) 106–107 = Ribeiro, I.

R 624 PERRONE, L. (1981/82, 519): RThL 12 (1981) 450 = de Halleux — RHE 76 (1981) 366–372 = de Halleux — EThL 57 (1981) 371 = de Halleux — REByz 39 (1981) 357 — AugR 21 (1981) 442 = Simonetti — OrChrP 47 (1981) 508–510 = Poggi

R 625 PERSON, R. E. (1977/78, 2557): ZKG 92 (1981) 358–359 = Hanson — JEcclH 33 (1982) 158 = Markus — ChH 50 (1981) 332–333 = Monti

R 626 PETERS, G. (1981/82, 81): LEC 99 (1981) 352 = van Esbroeck — SR 11 (1982) 226 = Désilets — RBen 92 (1982) 211 = Verbraken

R 627 *Petrus Chrysologus* ed. M. SPINELLI (1977/78, 2144): Salesianum 41 (1979) 578 = Bracchi

R 628 PFEIFFER, R. (1981/82, 606): AnMal 5 (1982) 448–450 = López Eisman, E.

R 629 *Philo Carpasianus* ed. A. CERESA GASTALDO (1979/80, 2099): Salesianum 42 (1980) 655–656 = della Casa — AugR 21 (1981) 443 = Peretto — Maia 33 (1981) 77–80 = Rapello — RHR 199 (1982) = Nautin

R 630 *Philokalia, Vol. 2* ed. G. E. H. PALMER; PH. SHERRARD; K. WARE (1981/82, 889): Sob 4 (1982) 84–86 = Bouyer, L.

R 631 *Philostorgius* ed. J. BIDEZ; F. WINKELMANN (1981/82, 2557): VigChr 36 (1982) 311 = Allen

R 632 *Philoxenus Mabbugensis* ed. D. J. Fox (1979/80, 2100): ThRe 77 (1981)
210 = Coakley − SR 9 (1980) 490 = Fraikin

R 633 Pichler, K. (1979/80, 2032): ZKTh 104 (1982) 100–102 = Lies − JAC
25 (1982) 180–181 = Chadwick − ThRe 78 (1982) 206–208 = Baltes −
BLE 83 (1982) 220–222 = Crouzel − REA 28 (1982) 173 = Le Boulluec
− VigChr 36 (1982) 85–87 = van Winden − RHPhR 62 (1982) 295 =
Junod

R 634 *Pietas* ed. E. Dassmann; K. S. Frank (1979/80, 149): StMon 23 (1981)
451–452 = Badia, B.

R 635 Pietri, Ch. (1977/78, 438): RHR 198 (1981) 337–338 = Nautin

R 636 Pijuan, J. (1981/82, 2947): StMon 24 (1982) 436 = Castells, M. − CT
108 (1981) 610 = Fernández, P.

R 637 Pillinger, R. (1979/80, 2132): RHE 76 (1981) 427–428 = R. P. −
VetChr 18 (1981) 487–500 = d'Angela − AugR 21 (1981) 439 = Studer
− RiAC 57 (1981) 347–351 = Recio − Gy 88 (1981) 474–475 = Opelt −
ThRe 77 (1981) 209 = Speigl − RQ 76 (1981) 241–243 = Baumeister −
DLZ 103 (1982) 604–605 = Bilaniuk

R 638 Pincherle, A. (1979/80, 953): REA 27 (1981) 394 = Madec − Recollectio 4 (1981) 412–413 = Sánchez Carazo, A. − Salesianum 44 (1982)
579 = Riggi

R 639 Pisi, P. (1981/82, 2039): OrChrP 48 (1982) 488 = Poggi

R 640 Pitkäranta, R. (1977/78, 2299): Eos 69 (1981) 341–343 = Reczek,
J. − Orpheus 2 (1981) 223–232 = Costanza, S.

R 641 Pizzolato, L. F. (1977/78, 826): VigChr 35 (1981) 200–202 = den
Boeft − REA 27 (1981) 430–431 = Savon − RHE 76 (1981) 548 =
Rouillard − RSPhTh 64 (1980) 430–431 = de Durand − Latomus 40
(1981) 706 = Deléani − ScTh 14 (1982) 959–962 = Sáenz de Olarte, J. F.
− JEcclH 32 (1981) 114 = Kelly − Mn 35 (1982) 192–193 = Bartelink −
RHPhR 60 (1980) 364 = Maraval − RechSR 70 (1982) 585 = Kannen-
giesser

R 642 *Pluralisme et œcuménisme . . .* ed. R. Hoeckman (1981/82, 249): TGL
35 (1979) 101–102 = Michiels, R.

R 643 *Plutarch's ethical writings and early Christian literature* ed. H. D. Betz
(1977/78, 176): JBL 100 (1981) 140–142 = Malherbe

R 644 Poinsotte, J. M. (1979/80, 1898): REA 27 (1981) 186–187 = Aziza −
VetChr 18 (1981) 504 = Guarnieri − Latomus 40 (1981) 869–870 =
Herrmann

R 645 Politis, N. G. (1981/82, 2401): Diotima 8 (1980) 202–203 = Montso-
poulos − Platon 32–33 (1980/81) 406–408 = Georgountzos − REB 39
(1981) 358

R 646 *Presenza benedettina nel Piacentino 480-1980 . . .* (1981/82, 1616):
FZPT 29 (1982) 512–516 = Nuovolone

R 647 Pricoco, S. (1977/78, 439): RHE 76 (1981) 94–97 = de Vogüé −
AugR 21 (1981) 437 = Tibiletti

R 648 *Prières des premiers chrétiens* ed. A. HAMMAN (1981/82, 2839): EtThR 57 (1982) 421 = Dubois

R 649 PRINZ, F. (1979/80, 380): MIÖGF 89 (1981) 205 = Fichtenau − REL 58 (1980) 651–653 = Fontaine − Irénikon 55 (1982) 586–587 = A. A.

R 650 *Procopius Gazaeus* ed. S. LEANZA (1977/78, 2160): VetChr 18 (1981) 486–492 = Marin − OrChrP 47 (1981) 276–278 = van Esbroeck

R 651 *La Prôtennoia Trimorphe* ed. Y. JANSSENS (1977/78, 2738): SecCent 2 (1982) 45–47 = Hedrick, Ch.

R 652 *Prudentius* ed. A. ORTEGA; I. RODRÍGUEZ (1981/82, 2575): RAgEsp 23 (1982) 538–539 = Gutiérrez Rabanal, J. − CD 195 (1982) 522 = González, L. − EAg 17 (1982) 314 = Luis, P. de − Espíritu 31 (1982) 180–181 = Solá, F. de P. − ArGran 45 (1982) 413–414 = Segovia, A.

R 653 *Prudentius* ed. R. PALLA (1981/82, 2576): QC 4 (1982) 274–278 = Angelucci − REL 59 (1982) 364–366 = Fontaine − JAC 25 (1982) 191–195 = Charlet − REA 28 (1982) 178 = Lagarrigue − CR 32 (1982) 175–176 = Palmer − Paideia 36 (1981) 135–138 = Scarpat

R 654 *Pseudepigraphie in der heidnischen und jüdisch-christlichen Antike* ed. N. BROX (1977/78, 179): ZKTh 103 (1981) 243 = Oberforcher

R 655 PUECH, H. CH. (1977/78, 2831): RIP 34 (1980) 626–628 = Reix − NRTh 102 (1980) 601–603 = Jacques − RThPh 113 (1981) 187 = Junod − ThLZ 106 (1981) 331–333 = Weiß

R 656 PUECH, H. CH. (1979/80, 2667): Aevum 55 (1981) 175–177 = Carozzi − ThLZ 106 (1981) 665–666 = Klima − Orientalia 51 (1982) 290–292 = Klakowicz − EtThR 57 (1982) 417 = Dubois

R 657 PUZICHA, M. (1979/80, 2754): RBen 91 (1981) 220 = Verbraken − RHE 76 (1981) 697 = Gryson

R 658 QUACQUARELLI, A. (1975/76, 2742): CHR 66 (1980) 294–295 = Montanari

R 659 QUACQUARELLI, A. (1981/82, 59): StMon 24 (1982) 243 = Olivar, A.

R 660 QUACQUARELLI, A. (1975/76, 2742): Euphrosyne 11 (1981/82) 324–326 = Concalves, M. I. R.

R 661 QUACQUARELLI, A. (1977/78, 2637): WSt 12 (1979) 251–252 = Pillinger, R. − Augustinus 27 (1982) 394–395 = Ortall, J.

R 662 *Quaere Paulum* (1981/82, 254): ThBraga 16 (1981) 735 = Arieiro, J. − TyV 23 (1982) 243–244 = Barrios W., M. − RechSR 69 (1981) 614 = Aletti

R 663 *Quattro omelie copte...* ed. A. CAMPAGNANO; A. MARESCA; T. ORLANDI (1977/78, 2158): Orientalia 49 (1980) 128–132 = Quecke

R 664 *Quellen geistlichen Lebens* (1979/80, 233): ThRe 78 (1982) 286 = Sudbrack

R 665 *Qerellos III, IV,1, IV,2* ed. B. M. WEISCHER (1977/78, 1431; 1979/80, 1378; 1461): AB 99 (1981) 418–420 = van Esbroeck

R 666 RADOŠEVIĆ, N. (1981/82, 1949): Byslav 43 (1982) 68–70 = Hauptová − ByZ 75 (1982) 14–15 = Schreiner

R 667 RADOVICH, NATALINO (1981/82, 333): AnzSlPh 13 (1982) 119–121 = Hansack, E.

R 668 RAHNER, H. (1981/82, 3188): Salesianum 42 (1980) 399 = Favale

R 669 RAMBAUX, C. (1979/80, 2212): VigChr 35 (1981) 186–188 = Aziza – RSLR 17 (1981) 484–487 = Uglione – RSPhTh 64 (1980) 427–430 = de Durand – BTAM 13 (1981) 9–11 = Mathon – RMM 86 (1981) 264–265 = Jerphagnon – CR 31 (1981) 121–122 = Ogilvie – SelLib 18 (1981) 140–141 = Vives, J. – LEC 50 (1982) 81–82 = Esbroeck, M. van – Salesianum 44 (1982) 582 = Riggi – RHE 77 (1982) 103–106 = Wattiaux – Emerita 50 (1982) 390–391 = Anglada – NRTh 103 (1981) 104 = Duquenne – CaHist 26 (1981) 78–80 = Rougé

R 670 RAMIS MIQUEL, G. (1979/80, 2388): CD 195 (1982) 150–151 = Folgado Flórez, S. – CT 108 (1981) 610–611 = Fernández, P.

R 671 RAMOS-LISSÓN, D. (1979/80, 33): RET 39–40 (1979/80) 450 = Carracedo – CD 194 (1981) 114 = Folgado Flórez – Augustinus 27 (1982) 397 = Oroz

R 672 RATZINGER, J. (1979/80, 957): Augustinus 27 (1982) 224–230 = Oroz Reta, J.

R 673 RECAREDO GARCIA, B. (1979/80, 1865): ScTh 14 (1982) 679–680 = Ramos-Lissón, D. – Teología 19 (1982) 97–98 = Repovz, J. M. – StudiumM 21 (1981) 359–360 = Polvorosa López, T. – StMon 23 (1981) 435–436 = Martínez, J. – NatGrac 28 (1981) 371 = González, M. – CD 195 (1982) 162–163 = Carmona, F.

R 674 RECCHIA, V. (1979/80, 1572): AB 99 (1981) 184 = de Gaiffier – Salesianum 41 (1979) 883–884 = Gastaldelli – Byzan 51 (1981) 650 = Sansterre – VetChr 43 (1981) 240 = Pistoia – Paideia 36 (1981) 268–269 = Torti – AugR 21 (1981) 448 = Lassandro – Orpheus 2 (1981) 471–473 = Pricoco

R 675 *The Rediscovery of Gnosticism, I* ed. B. LAYTON (1979/80, 153): Salmant 29 (1982) 136–139 = Trevijano Etcheverria, R.

R 676 *The rediscovery of gnosticism, II* (1981/82, 258): RBi 89 (1982) 448 – VetChr 19 (1982) 414–423 = Mantovani – ThLZ 107 (1982) 519 = Holtz

R 677 *Règles des moines* ed. J. P. LAPIERRE (1981/82, 886): StMon 24 (1982) 204 = Amengual

R 678 REMY, G. (1979/80, 958): MSR 38 (1981) 27–30 = Bailleux – BLE 82 (1981) 149 = Crouzel – RechSR 70 (1982) 614–616 = Kannengiesser

R 679 RENO, S. J. (1981/82, 939): Anthropos 76 (1981) 256 = Rahmann

R 680 *Répertoire bibliographique des Institutions chrétiennes (RIC), XVII–XVIII* (1981/82, 139): RHE 76 (1981) 493 = Tribout de Morembert

R 681 REYDELLET, M. (1981/82, 940): REA (1981) 439–441 = Fontaine

R 682 *La ricerca di Dio* (1981/82, 262): REA 28 (1982) 362

R 683 *Ricerche storiche sulla Chiesa Ambrosiana, IX* (1981/82, 263): StMon 23 (1981) 438 = Capó – RBen 91 (1981) 528* = Ledoyen

R 684 Richards, J. (1979/80, 1575): SMed 2 (1982) 90–94 = Roccaro –
       BTAM 13 (1982) 220 = Mathon – Salesianum 44 (1982) 583 = Stella –
       ChH 51 (1982) 214–215 = Bynum – CHR 68 (1982) 97–99 = Eno –
       Numen 28 (1981) 262–265 = Linder – HZ 234 (1982) 162 = Jarnut –
       AB 99 (1981) 184–185 = de Gaiffier – RHE 76 (1981) 518 = Tylor –
       RelStud 17 (1981) 137–139 = Hall – ThSt 42 (1981) 313–314 = Kelly –
       HeythropJ 22 (1981) 80–81 = Walsh, M. J.

R 685 Richards, J. (1981/82, 3130): HeythropJ 22 (1981) 80–81 = Walsh,
       M. J. – HZ 232 (1981) 666–667 = Semmler

R 686 Riedinger, R. (1979/80, 636): Byslav 41 (1980) 230–232 = Rochow –
       JÖB 30 (1981) 359–362 = Zelzer – Byzan 51 (1981) 652 = Sansterre

R 687 Ripanti, G. (1981/82, 1363): REA 27 (1981) 381 = Madec – Salesianum
       43 (1981) 190 = Habyarimana – Paideia 36 (1981) 253–254 = Tapella –
       RThPh 113 (1981) 80–81 = Chiesa – Augustinus 27 (1982) 382–383 =
       Oroz Reta, J.

R 688 Rissel, M. (1975/76, 43): ZKTh 102 (1980) 273 = Lies, L. SJ

R 689 Rius-Camps, J. (1979/80, 1735): VigChr 35 (1981) 183–186 = Bartelink
       – RechSR 69 (1981) 449 = Kannengiesser – AugR 21 (1981) 594 –
       ThRe 77 (1981) 119–122 = Fischer – BLE 83 (1982) 60–62 = Crouzel –
       RHPhR 62 (1982) 294–295 = Bodenmann – ThLZ 107 (1982) 48–50 =
       Kraft – ZKG 92 (1981) 352–353 = Reichhardt

R 690 Roberts, C. H. (1979/80, 155): TTh 20 (1980) 226 = Davids, A. –
       CHR 66 (1980) 462–463 = Skehan – JEcclH 31 (1980) 207–208 =
       Frend – JAOS 102 (1982) 201–202 = Smith – VigChr 36 (1982) 87–94
       = Kilpatrick

R 691 Rodriguez Herrera, I. (1981/82, 2592): Burgense 23 (1982) 371–372
       = Guerra, M.

R 692 Rohland, J. P. (1977/78, 2526): Salesianum 49 (1979) 166 = Bracchi

R 693 Romanus Melodus ed. G. Gharib (1981/82, 2602): OrChrP 48 (1982)
       252–254 = Capizzi – StPad 29 (1982) 203–204 = Altissimo

R 694 Romanus Melodus ed. J. Grosdidier de Matons (1981/82, 2602):
       VigChr 36 (1982) 406–409 = Munitiz – REB 40 (1982) 281 – RPh 56
       (1982) 335 = des Places – REG 95 (1982) 223 = Motte – RThPh 114
       (1982) 430 = Junod – JThS 33 (1982) 593–594 = Pattenden

R 695 Rose, E. (1979/80, 2674): VigChr 35 (1981) 205–206 = Quispel –
       ZRGG 33 (1981) 177 = Schoeps – ThLZ 107 (1982) 443–447 =
       Rudolph

R 696 Roti, G. C. (1981/82, 1695): BTAM 13 (1982) 235 = Silvestre

R 697 Rousseau, P. (1977/78, 1699): Latomus 40 (1981) 657–660 = Duval –
       RHE 75 (1981) 722 = Hockey – JRS 71 (1981) 193–197 = Hunt – ThSt
       41 (1980) 207–208 = Kelly – CHR 66 (1980) 584–585 = Bamberger –
       ZKG 92 (1981) 103–105 = Lorenz – HZ 233 (1981) 387 = Frank – RET
       41 (1981) 368–369 = García y García, A. – REDC 37 (1981) 267–268 =
       García y García, A.

R 698 ROWE, T. (1977/78, 1171): Augustinus 27 (1982) 245–246 = Oroz Reta, J.

R 699 RUDOLPH, K. (1977/78, 2838): ThRe 77 (1981) 24–29 = Böhlig – ZKG 91 (1980) 386–390 = Brox – ThPh 61 (1981) 263 = Bachmann – OLZ 76 (1981) 466–468 = Drijvers – VDI 155 (1981) 207–216 = Sidorov – RThPh 113 (1981) 184–185 = Junod

R 700 RUEF, H. (1981/82, 1367): REA 28 (1982) 316 = Madec

R 701 *Rufinus Aquileiensis* ed. M. SIMONETTI (1979/80, 2143): Salesianum 41 (1979) 578 = Bracchi

R 702 *Early Monastic Rules* ed. C. V. FRANKLIN; I. HAVERNER; J. A. FRANCIS (1981/82, 889): StMon 24 (1982) 421 = Badia

R 703 SABUGAL, S. (1981/82, 2883): EMerced 38 (1982) 441 = Saulés, O. – NetV 13 (1982) 166–167 = Santiago, R.

R 704 ŠAGI, J. (1977/78, 2560): AHC 11 (1979) 220–221 = Fischer

R 705 ŠAGI-BUNIĆ, T. J. (1977/78, 54): RHR 198 (1981) 220–222 = Šanjek

R 706 SAHELICES, P. (1981/82, 1370): RAgEsp 23 (1982) 230 = Rubio, P.

R 707 *Saints anciens d'Afrique du Nord* ed. V. SAXER (1979/80, 2269): Latomus 41 (1982) 183 = Pietri – RHPhR 60 (1980) 349 = Maraval – RHE 76 (1981) 220 = Lancel – BLE 82 (1981) 78 = Cablé

R 708 *Saint-Thierry, une abbaye du VIᵉ au XXᵉ siècle* (1979/80, 157): RHE 75 (1980) 711–714 = Huyghebaert – RBS 6–7 (1977/78) 198 = Gordian

R 709 SAMEK LODOVICI, E. (1979/80, 899): REA 27 (1981) 378 = Madec – Salesianum 42 (1980) 918 = Stella – CD 194 (1981) 139 = Uña, A. – Augustinus 27 (1982) 380 = Oroz

R 710 SANCHO ANDREU, J. (1981/82, 2950): HS 34 (1982) 681–682 = Janini, J. – AnVal 8 (1982) 185–186 = Aliaga Girbés, E. – NetV 11 (1981) 161 = López Martín, J.

R 711 SANGRINO, A. (1979/80, 1232): MontCarm 89 (1981) 159–160 = Alvarez, T. – RAgEsp 23 (1982) 260 = Vergara, P.

R 712 SANTOS OTERO, A. DE (1977/78, 699): PS 27/90 (1981) 153–155 = Mescherskaja, E. N.

R 713 *Sapientiae doctrina* (1981/82, 269): BTAM 13 (1981) 31 = Silvestre

R 714 SARTORY, G. und TH. (1981/82, 1623): StMon 24 (1982) 205 = Lluch – TPQS 130 (1982) 192–193 = Kienesberger, K. F.

R 715 SARTORY, G. und TH. (1981/82, 2146): TGL 38 (1982) 436–437 = Vromen, Fr.

R 716 SAUER, ERNST-FRIEDRICH (1981/82, 1624): TPQS 129 (1981) 412 = Kienesberger, K. F.

R 717 SAUSER, E. (1977/78, 454): ZKTh 102 (1980) 267 = Oberforcher, R.

R 718 SAVON, H. (1977/78, 829): RSPhTh 64 (1980) 431–433 = de Durand

R 719 SAXER, V. (1979/80, 395): AB 99 (1981) 413 = de Gaiffier – REA 27 (1981) 324 = Fredouille; 364 = Bouhot – REB 39 (1981) 358 – Greg 57 (1981) 203–205 = Janssens – JThS 32 (1981) 508–511 = Frend – ThSt 42 306–308 = Burns – RHDFE 59 (1981) 268–270 = Gaudemet – Gy 88

(1981) 92–93 = Opelt – StSR 5 (1981) 330–331 = Simonetti – RiAC 57 (1981) 167–169 = Saint-Roch – Aevum 55 (1981) 182–183 = Grattarola – StudStor 22 (1981) 688–690 = Boesch – Recollectio 4 (1981) 410–411 = Martínez Cuesta

R 720 Scazzoso, P. (1975/76, 1333): ZKG 92 (1981) 98–99 = May, G.

R 721 Schlieben, R. (1979/80, 1274): Gn 53 (1981) 606–607 = Mühlenberg

R 722 Schnusenberg, C. (1981/82, 943): Gn 54 (1982) 386–387 = Opelt

R 723 Schulz, R. J. (1981/82, 2951): OstkiSt 30 (1981) 56–58 = Reifenberg

R 724 Schwanz, P. (1981/82, 3288): ThRe 77 (1981) 293 = Crouzel

R 725 Scipioni, L. I. (1979/80, 2463a): Salesianum 41 (1979) 592 = Bracchi – Ant 56 (1981) 490–491 = Brogi

R 726 *Scolies ariennes...* ed. R. Gryson (1979/80, 581): BLE 83 (1982) 64–66 = Crouzel – RechSR 70 (1982) 608–611 = Kannengiesser – NRTh 103 (1981) 426 = Martin – REL 59 (1981) 352–354 = Petitmengin – RThPh 114 (1982) 186 = Junod – RThL 12 (1981) 83–88 = de Halleux – REA 27 (1981) 371 = Bouhot – Latomus 40 (1981) 399–401 = Doignon – REL 58 (1980) 642–643 = Fontaine

R 727 Schär, M. (1979/80, 2035): VigChr 35 (1981) 452 = van Winden – BLE 82 (1981) 136–138 = Crouzel – RThPh 113 (1981) 290–291 = Backus – BibHR 43 (1981) 176–180 = Lardet – ZKTh 103 (1981) 194–197 = Lies, L.

R 728 Schillebeeckx, E. (1981/82, 3131): BijFTh 42 (1981) 324–325 = Eijk, A. H. C. van – TGL 37 (1981) 309–320 = Walle, A. R. van de

R 729 Selb, W. (1981/82, 3022): OstkiSt 31 (1982) 210–212 = Suttner

R 730 Serentha, L. (1981/82, 1979): VetChr 18 (1981) 505 = Guarnieri

R 731 *Severin und die Vita Severini...* (1981/82, 2826): TPQS 130 (1982) 400 = Harnoncourt, Ph.

R 732 Severus, E. von (1981/82, 274): StMon 23 (1981) 434 = Olivar, A. – TPQS 130 (1982) 88 = Gastgeber, K.

R 733 *Sexti Sententiae* ed. R. A. Edwards; R. A. Wild (1981/82, 2620): VigChr 36 (1982) 403–404 = van Winden – EThL 58 (1982) 405 = de Halleux

R 734 Sicard, D. (1979/80, 2392): ThLZ 106 (1981) 367–369 = Nagel – ThRe 77 (1981) 246–248 = Rutherford

R 735 Sieben, H. J. (1979/80, 236): RechSR 69 (1981) 474 = Kannengiesser – REL 58 (1980) 639–640 = Fontaine – ThPh 56 (1981) 280–281 = Lu – RQ 76 (1981) 122–126 = Drobner – RAgEsp 23 (1982) 244 = Langa, P. – RSLR 18 (1982) 134 = Zangara – NRTh 103 (1981) 405 = Martin – EE 55 (1980) 584 = Ladaria

R 736 Sieben, H. J. (1979/80, 2453): RQ 76 (1981) 238–240 = Frank – ByZ 75 (1982) 57–59 = Riedinger – ChH 51 (1982) 90 = Christianson – RHPhR 60 (1980) 361–362 = Faivre – RHE 76 (1981) 361–366 = de Halleux – Greg 62 (1981) 408–410 = Dumeige – NRTh 102 (1980) 607 = van Esbroeck – Gn 53 (1981) 352–355 = Gottlieb – ThRe 77 (1981)

383–385 = Gessel − HJ 101 (1981) 152–154 = Speigl − REDC 37 (1981)
266–267 = García y García − NAKG 61 (1981) 88–91 = Laarhoven, J.
van − HeythropJ 22 (1981) 78–80 = Richards, M.

R 737 SIJBRANDI, D. (1981/82, 2671): REA 28 (1982) 296 = Petitmengin

R 738 SILLI, P. (1981/82, 649): OrChrP 47 (1981) 498–499 = van Esbroeck −
RIFD 58 (1981) 218–220 = Vitale − Labeo 27 (1981) 129–130 = Amarelli
− RHDFE 59 (1981) 70–71 = Gaudemet − REDC 37 (1981) 571–572
= Calonge

R 739 SIMONETTI, M. (1981/82, 3517): AugR 22 (1982) 605–607 = Braun

R 740 *La Sindone e la scienza* ed. P. COEROBORGA (1981/82, 276): Aevum 55
(1981) 189 = Ghiberti

R 741 SMITH, M. (1975/76, 2243): Gn 53 (1981) 452–456 = Beatrice

R 742 SMITH, W. T. (1979/80, 969): ChH 51 (1982) 487–488 = Johnson

R 743 SØBY CHRISTENSEN, A. (1979/80, 1914): Gn 53 (1981) 712–714 =
Molthagen − GR 28 (1981) 103–104 = Schotter − Gy 89 (1982) 345–346
= Mouchová − REG 94 (1981) 581 = Nautin

R 744 SOELL, G. (1977/78, 2701): ThLZ 106 (1981) 49–51 = Andersen

R 745 SOTO, J.-M. (1975/76, 2846): ÖAKR 30 (1979) 290–291 = Potz, R.

R 746 *Zur Soziologie des Urchristentums* ed. W. A. MEEKS (1979/80, 182):
ChH 50 (1981) 362 = Armstrong − PhLit 84 (1981) 49–52 = Müller

R 747 SPECK, P. (1981/82, 539): JÖB 30 (1981) 393 = Hörandner

R 748 ŠPIDLÍK, T. (1977/78, 55): Greg 62 (1981) 400–401 = Dumeige −
ByZ 74 (1981) 57–58 = Podskalsky − CO 32 (1980) 65–66 = van der
Aalst

R 749 STANULA, E. (1979/80, 710): BLE 83 (1982) 154 = Crouzel

R 750 *Starożytne reguły zakonne* ed. M. STAROWIEYSKI (1979/80, 238): RHE
76 (1981) 776 = de Vogüé − RBen 91 (1981) 405 = Verbraken

R 751 STEGMAN, C. A. B. (1979/80, 2218): REA 27 (1981) 328 = Braun

R 752 STEIN, D. (1979/80, 408): REB 39 (1981) 345 = Každan − ThLZ 106
(1981) 671–672 = Thümmel

R 753 STEPPAT, M. P. (1981/82, 1381): REA 28 (1982) 316 = Madec −
ThRe 77 (1981) 481–482 = Mayer

R 754 STICHEL, R. (1979/80, 2692): Kairos 23 (1981) 115–116 = Schubert, K.

R 755 STROBEL, A. (1977/78, 2500): ThLZ 106 (1981) 102–104 = Schille

R 756 STUDER, B. (1977/78, 2692): TTh 19 (1979) 89–90 = Tente, M. van

R 757 SÜSSENBACH, U. (1977/78, 469): ZKG 92 (1981) 365–367 = Brennecke, H. Ch.

R 758 SURMUND, H. G. (1977/78, 1184): Augustinus 27 (1982) 86 = Rivera,
E.

R 759 *Synesius Cyrenensis* ed. A. GARZYA (1979/80, 2171): Emerita 50 (1982)
203–204 = Fernández Marcos − JÖB 30 (1981) 349–351 = Hörandner
− Byslav 41 (1980) 228–230 = Treu

R 761 *Synesius Cyrenensis* ed. C. LACOMBRADE (1977/78, 2217): RHPhR 60
(1980) 351 = Maraval − Euphrosyne 10 (1980) 339 = Nascimento

R 762 *The Synodicon Vetus* ed. J. PARKER; J. DUFFY (1981/82, 3024): OrChrP 65 (1981) 236 = Kaufhold — JThS 33 (1982) 301–302 = Chadwick — RHE 76 (1981) 475 = de Halleux — REB 39 (1981) 327 = Darrouzès

R 763 *Synopse der ersten drei Evangelien* ed. A. HUCK; H. GREEVEN (1981/82, 741): KT 33 (1982) 157 = Ru, G. de

R 764 TARDIEU, M. (1981/82, 3483): REA 28 (1982) 337 = Bouhot

R 765 *Teología del Sacerdocio 11. El ministerio en los primeros siglos* (1979/80, 167): ScTh 14 (1982) 671–675 = Alves de Sousa, P. G. — Seminarios 27 (1981) 270–271 = Arranz, L. A.

R 766 *Tertulliano, Cipriano, Agostino, Il Padre nostro* ed. V. GROSSI; L. VICARIO (1981/82, 890): VetChr 19 (1982) 446 = de Santis — AugR 22 (1982) 602 = Peretto — REA 27 (1981) 318 = Fredouille; 347 = Brix — Recollectio 4 (1980) 411–412 = Martín Cubilla, A.

R 767 *Tertullianus* ed. A. R. BARRILE (1981/82, 2647): Helmántica 33 (1982) 186–187 = Orosio, P.

R 768 *Tertullianus* ed. J. C. FREDOUILLE (1979/80, 2181; 1981/82, 2644): RBen 92 (1982) 213 = Verbraken — VigChr 36 (1982) 95–97 = Quispel — EtThR 57 (1982) 415 = Dubois — Helmántica 33 (1982) 185–186 = Oroz Reta, J. — RPh 56 (1982) 357–358 = Braun — RHPhR 62 (1982) 281 = Bertrand — JEcclH 33 (1982) 612–615 = Williams — JThS 33 (1982) 580–583 = Sider — EE 57 (1982) 86–87 = Granado, C.

R 769 *Tertullianus* ed. P. A. GRAMAGLIA (1979/80, 2180): REA 27 (1981) 316 = Petitmengin — Salesianum 42 (1980) 179 = della Casa — Orpheus 2 (1981) 284–285 = Curti

R 770 *Tertullianus* ed. P. A. GRAMAGLIA (1979/80, 2179): REA 27 (1981) 316 = Fredouille — Salesianum 42 (1980) 920 = della Casa — Orpheus 2 (1981) 284–285 = Curti

R 771 *Tertullianus* ed. P. A. GRAMAGLIA (1981/82, 2646): REA 28 (1982) 290 = Braun

R 772 *Tertullianus* ed. P. GRAMAGLIA (1981/82, 2645): REA 27 (1981) 317 = Braun

R 773 *Tertullianus* ed. M. MOREAU (1979/80, 2182): REA 27 (1981) 315 = Petitmengin

R 774 *Tertullianus* ed. CH. MUNIER (1979/80, 2183): Helmántica 33 (1982) 595–596 = Casar — ChH 51 (1982) 242–243 = Eno — NRTh 103 (1981) 423 = Martin — RHPhR 62 (1982) 281 = Bertrand — VigChr 35 (1981) 310 = Braun — RBen 91 (1981) 206 = Verbraken — RHE 76 (1981) 358–359 = Camelot — SSR 5 (1981) 149 = Simonetti — REL 58 (1980) 500–504 = Rambaux — EE 57 (1982) 86 = Granado

R 775 *Tertullianus* ed. A. RESTA BARRILE (1981/82, 2647): REA 28 (1982) 289 = Fredouille — Helmántica 33 (1982) 186–187 = Orosio — Latinitas 29 (1981) 243–244 = Parisella

R 776 *Tertullianus* ed. J. H. WASZINK (1979/80, 2178): REA 27 (1981) 314 = Braun

R 777 TESTARD, M. (1981/82, 549): SelLib 19 (1982) 314–315 = Vives, J. – LEC 50 (1982) 277–278 = Wankenne, A.

R 778 *Testimonia orationis christianae antiquioris* ed. P. SALMON (1977/78, 2423): VigChr 35 (1981) 448–450 = Bastiaensen

R 779 *Text, Wort, Glaube* ed. W. BRECHT (1979/80, 171): ThLZ 107 (1982) 175–177 = Holtz – JEcclH 3 (1982) 323–324 = Ullmann

R 780 *Textes grecs...* ed. E. BOSWINKEL; P. W. PESTMAN (1981/82, 726): TRG 50 (1982) 185–188 = Dack, E. van 't

R 781 *Text and Testaments...* ed. W. E. MARCH (1979/80, 170): SecCent 2 (1982) 44–45 = Adler, W.

R 782 THÉLAMON, F. (1981/82, 2610): CRAI (1981) 409–411 = Simon – RSLR 18 (1982) 323 = Forlin Patrucco

R 783 *Theodoretus Cyrensis* ed. P. CANIVET; A. LEROY-MOLINGHEN (1977/78, 2266; 1979/80, 2236): OrChrP 48 (1982) 254–255 = Poggi – RHPhR 60 (1980) 352 = Maraval (II) – RSLR 17 (1981) 45–49 = Gribomont – ChH 50 (1981) 333–334 = Darling – AN 51 (1980) 367–371 = Niero – RHPhR 59 (1979) 214 = Maraval – NRTh 102 (1980) 441 = Martin – BijFTh 41 (1980) 174 = Fransen, P.

R 784 *Theodoretus Cyrensis* ed. G. H. ETTLINGER (1973/74, 1937): ThZ 37 (1981) 319–320 = Andresen, C.

R 785 *Theodoretus Cyrensis* ed. N. FERNÁNDEZ MARCOS; A. SÁENZ-BADIL-LOS (1979/80, 2237): ThLZ 106 (1981) 641–642 = Kilpatrick – CFC 16 (1979/80) 230–233 = Piñero Sáenz – Mu 92 (1979) 203 = Mossay – ArGran 44 (1981) 271 = Segovia, A.

R 786 *Theodoretus Cyrensis* ed. J. N. GUINOT (1979/80, 2235): VigChr 36 (1982) 76 = van Winden – REB 40 (1982) 281 – RechSR 70 (1982) 596 = Kannengiesser – Salesianum 44 (1982) 594 = Riggi – RBi 89 (1982) 310 = Pierre – EtThR 57 (1982) 419 = Dubois – REG 94 (1981) 575 = Le Boulluec – NRTh 103 (1981) 429 = Martin – Irénikon 54 (1981) 143–144 = E. L. – MSR 38 (1981) 87 = Dumortier – StSR 5 (1981) 151–152 = Simonetti

R 787 *Theodorus Mopsuestenus* ed. M. J. D'HONT (1977/78, 2277): ASNSP 10 (1980) 1453–1454 = Moreschini – ITQ 46 (1979) 305–308 = McNamara

R 788 *Theologia crucis - signum crucis* ed. C. ANDRESEN; G. KLEIN (1979/80, 172): StMon 23 (1981) 460–461 = Iturrialde, A. – KT 31 (1980) 84 = Ru, G. de

R 789 *Theologische Realenzyklopädie I–IV* (1977/78, 265–267; 1979/80, 244): GTT 81 (1981) 98–101 = Augustijn, C.

R 790 *Theologische Realenzyklopädie II* (1977/78, 266): ZKTh 102 (1980) 107 = Lies L.

R 791 *Theologische Realenzyklopädie VI* (1979/80, 246): RHE 75 (1980) 613–617 = Aubert – ThRe 77 (1981) 278–280 = Bäumer

R 792 *Theologische Realenzyklopädie, IV–VII* (1979/80, 244–246; 1981/82, 335): NedThT 36 (1982) 246–249 = Beld, A. van den

R 793 THIELE, F. W. (1981/82, 1389): REA 28 (1982) 319
R 794 THIERRY, J. J. (1977/78, 470): KT 30 (1979) 330–331 = Bijlsma, R. –
R 795 THOMAS, C. (1981/82, 550): TLS 80 (1981) 414 = Frend
R 796 *Die Thomaspsalmen* . . . ed. P. NAGEL (1981/82, 3376): ThLZ 106 (1981) 663–665 = Lattke – VetChr 19 (1982) 193–195 = Orlandi
R 797 THOMPSON, E. A. (1979/80, 2075): RHE 77 (1982) 262 = Aubert
R 798 TIBILETTI, G. (1981/82, 726a): Helmántica 32 (1981) 261 = Guillén, J. – StPap 20 (1981) 62–64 = O'Callaghan, J. – VetChr 17 (1980) 412 = Orlandi – RSLR 16 (1980) 446–448 = Naldini – NRiSt 64 (1980) 467 = Criniti – OrChrP 47 (1981) 475–476 = Capizzi – Maia 33 (1981) 92–93 = Fasce – REG 94 (1981) = Nautin – CE 56 (1981) 381–181 = Nachtergael – BiblOr 39 (1982) 97–99 = Boyaval
R 799 TIGCHELER, J. (1977/78, 1474): TTh 19 (1979) 90 = Roey, A. van – RechSR 70 (1982) 594 = Kannengiesser
R 800 TORRES RODRIGUEZ, C. (1977/78, 473): HS 34 (1982) 302–304 = Regales, A. – Greg 59 (1978) 773–774 = Robleda
R 801 TORTI, G. (1979/80, 982): REA 27 (1981) 392 = Brix – Maia 33 (1981) 63 = Ceresa-Gastaldo – RHR 198 (1981) 463 = Jolivet
R 802 *A lost tradition* ed. P. WILSON-KASTNER (1981/82, 891): EThL 58 (1982) 408 = de Halleux
R 803 TRAKATELLIS, D. (1977/78, 2868): ThLZ 107 (1982) 114–116 = Tröger
R 804 TREMBLAY, R. (1977/78, 1891): ZKG 91 (1980) 394 = Fredouille
R 805 TRETTEL, G. (1979/80, 1286): Salesianum 41 (1979) 914 = Riggi – RSLR 17 (1981) 312 = Moda – AN 52 (1981) 229–231 = Lemarié
R 806 TRINGALLI, D. (1979/80, 2219): REA 27 (1981) 313 = Petitmengin
R 807 TROFIMOVA, M. K. (1979/80, 2706): NAA 3 (1981) 214–217 = D'jakonov; Svencickaja – VDI 159 (1982) 195–199 = Majorov
R 808 TRONCARELLI, F. (1981/82, 1702): SMed 2 (1982) 98–101 = Onofrio
R 809 TURBESSI, G. (1978/80, 2508): StMon 24 (1982) 203–204 = Canals, J. S.
R 810 ULLMANN, W. (1981/82, 1946): DLZ 103 (1982) 1088–1091 = Haendler – MIÖGF 90 (1982) 429–430 = Fichtenau, H.
R 811 URIBE ESCOBAR, F. (1979/80, 1244): ConferS 9 (1981) 8–9 = Asiain, M. A.
R 812 VALERO, J. B. (1979/80, 2095): REA 27 (1981) 369 = Wermelinger – RHE 76 (1981) 651–653 = Duval – RBen 91 (1981) 414 = Verbraken – CD 195 (1982) 146 = Folgado Flórez – ArGran 44 (1981) 343–344 = Segovia, A. – AugR 22 (1982) 619–620 = Dunphy – RechSR 70 (1982) 614 = Kannengiesser – ThRe 77 (1982) 116–117 = Greshake – ThPh 57 (1982) 287–289 = Sieben
R 813 VALGIGLIO, E. (1979/80, 647): RechAug 27 (1981) 320 = Fredouille; 359 = Madec – AugR 21 (1981) 427 = Peretto – Paideia 36 (1981) 140–142 = Scarpat – Orpheus 2 (1981) 268–269 = Tibiletti – Maia 33 (1981) 64–65 = Giovannini
R 814 VALLÉE, G. (1981/82, 3493): JEcclH 33 (1982) 645–646 = Hanson

R 815 *Valori attuali della catechesi patristica . . .* (1981/82, 293): ArGran 42 (1979) 252–253 = Segovia, A.

R 816 VANNESTE, A. (1971/72, 2309): Augustinus 27 (1982) 230–232 = Oroz Reta, J.

R 817 VARONE, A. (1981/82, 556): RSCI 35 (1981) 262 = Ambrasi

R 818 VERHEIJEN, P. (1979/80, 987): AB 99 (1981) 201 = de Gaiffier − REA 27 (1981) 349 = Brix − JThS 32 (1981) 529 = Halliburton − CD 194 (1981) 120–130 = Vinas, T. − Augustinus 27 (1982) 361–364 = Oroz Reta, J. − Recollectio 4 (1981) 409–410 = Martínez Cuesta, A. − TGL 38 (1982) = Nueten, L. van − BTAM 13 (1982) 200–202 = Silvestre − ZKG 93 (1982) 369–371 = Zumkeller − ITQ 49 (1982) 308–309 = McEvoy, J.

R 819 VERHEIJEN, P. (1979/80, 988): AugSt 11 (1980) 229–230 = Gavigan − Augustinus 27 (1982) 357–361 = Oroz Reta, J.

R 820 VERHEIJEN, P. (1979/80, 989): AugR 21 (1981) 433 = Lawless

R 821 *Vetus Latina. Die Reste der altlateinischen Bibel, XXV,8* ed. H. J. FREDE (1979/80, 528): RPh 66 (1982) 360–361 = Rondeau − NRTh 104 (1982) 754 = Jacques

R 822 *Vetus Latina. Die Reste der altlateinischen Bibel, XXV,9* ed. H. J. FREDE (1981/82, 747): REA 28 (1982) 171 = Fontaine

R 823 VICASTILLO, S. (1979/80, 2229): REA 28 (1982) 291 = Braun − EThL 58 (1982) 409 = de Halleux − NRTh 104 (1982) 100 = Martin

R 824 *Vie et miracles de sainte Thècle* ed. G. DAGRON (1977/78, 2380): ByZ 75 (1982) 42–45 = Lackner − JHS 101 (1981) 230–231 = Watson, H. D.

R 825 *Visions of the end . . .* ed. B. McGINN (1981/82, 3368): BTAM 8 (1981) 16 = Verhelst

R 826 *Vita copta di S. Pacomio* ed. F. MOSCATELLI; J. GRIBOMONT (1981/82, 2806): Orpheus 3 (1982) 434 = Pricoco, S. − OrChrP 68 (1982) 460–461 = Kolvenbach − SMed 3 (1982) 495–496 = Messana − StMon 23 (1981) 429 = Martínez, J.

R 827 VOGÜÉ, A. DE (1981/82, 1639): StMon 23 (1981) 433 = Montaner, M.

R 828 *Vollständige Konkordanz zum griechischen Neuen Testament I, 3, 4, 5, 6, 7* (1977/78, 272): KT 30 (1979) 56–57 = Bronkhorst, A. J.

R 829 *Vollständige Konkordanz zum griechischen Neuen Testament I, 5, 6, 7* (1977/78, 272): BijFTh 40 (1979) 326–327 = Fransen, P.

R 830 *Vorarbeiten zu einem Augustinuslexikon A8* ed. W. HENSELLEK; P. SCHILLING (1979/80, 249): Latomus 41 (1982) 692 = Braun − Gy 89 (1982) 346–347 = Opelt − REA 27 (1981) 358 = Madec − Salesianum 43 (1981) 963 = della Casa

R 831 VORGRIMLER, H. (1979/80, 2397): ZKTh 103 (1981) 98–99 = Meyer − TTh 19 (1979) 316 = Lukken, G. M.

R 832 WATTÉ, P. (1975/76, 1276): Augustinus 27 (1982) 232–235 = Oroz Reta, J.

R 833 WEGMAN, H. A. J. (1979/80, 2359): ZKG 91 (1980) 367–369 = Nikolaou − ThLZ 106 (1981) 365–367 = Nagel

R 834 WEHR, G. (1979/80, 993): TTh 20 (1980) 114 = Davids, A. –

R 835 WEISCHER, B. M. (1981/82, 954): ZDMG 132 (1982) 216 = Wagner –
ThPh 57 (1982) 290–292 = Grillmeier – OrChr 66 (1982) 242–244 =
Kropp

R 836 WEITZMANN, K. (1981/82, 2896): JÖB 30 (1981) 383–384 = Hunger, H.

R 837 WENDEBOURGH, D. (1981/82, 3194): JÖB 30 (1981) 375–377 = Beyer,
H.-V.

R 838 WERMELINGER, O. (1975/76, 537): WSt 15 (1981) 269–271 = Divjak, J.

R 839 WESTENDORF, W. (1977/78, 275): WZKM 74 (1982) 220–224 = Satzinger, H.

R 840 WEYER, A. (1979/80, 653): TTh 20 (1980) 225–226 = Davids, A.

R 841 WIELAND, W. (1977/78, 1204): AugR 21 (1981) 431 = Russel – ZRGG
33 (1981) 355 = Tworuschka – ZKTh 103 (1981) 330–332 = Wrba, J. –
Augustinus 27 (1982) 87 = Rivera, E. – TPh 44 (1982) 382 = Walgrave

R 842 WILES, M. (1981/82, 83): SelLib 19 (1982) 123–124 = Vives, J.

R 843 WINSLOW, D. F. (1981/82, 2007): ChH 51 (1982) 446–447 = Norris –
ThSt 43 (1982) 147–149 = Cummings – JEcclH 33 (1982) 647 = Bonner
– JThS 33 (1982) 573–574 = Sykes – RSLR 18 (1982) 467–470 =
Trisoglio – OrChrP 47 (1981) 504–505 = Žužek

R 844 WITTMANN, L. (1979/80, 995): REA 27 (1981) 377 = Madec – CD 194
(1981) 139–140 = Uña, A.

R 845 WÓJTOWICZ, H. (1979/80, 1987): Eos 70 (1982) 369–373 = Appel, W.

R 846 WOLFSON, H. A. (1979/80, 657): Irénikon 54 (1981) 144 = E. L. –
Salesianum 42 (1980) 188 = Papes – NRTh 102 (1980) 606 = Martin

R 847 Wortindex ed. L. KRESTAN (1979/80, 250): MLatJb (1981) 337 = Wagner

R 848 WYTZES, J. (1977/78, 487): Eos 69 (1981) 348–349 = Irmscher, J.

R 849 YOUNG, F. M. (1979/80, 2512): RHE 76 (1981) 474 = de Halleux – JThS
32 (1981) 514–515 = Young – HeythropJ 23 (1982) 195–196 = Hall, S. G.
– ITQ 48 (1981) 274–278 = Heron, A.

R 850 ZANDEE, J. (1977/78, 2881): ZRGG 33 (1981) 69 = Lanczkowski

R 851 ZEKIYAN, B. L. (1981/82, 1416): REA 28 (1982) 350 = Madec – RAgEsp
23 (1982) 525 = Langa, P.

R 852 ZINCONE, S. (1981/82, 2190): VetChr 19 (1982) 443 = Mazzola

R 853 ZINNHOBLER, RUDOLF (1981/82, 2829): TPQS 130 (1982) 108 = Gra-
dauer, P.

R 854 Zosimus Historicus ed. F. PASCHOUD (1979/80, 2265): REG 94 (1981)
275–278 = Savon – Latomus 40 (1981) 401–404 = Sabbah

REGISTER

PATRISTISCHE TEXTE UND STUDIEN

Groß-Oktav. Ganzleinen. ISSN 0553-4003

Die Schriften des Johannes von Damaskos

Herausgegeben vom
Byzantinischen Institut der Abtei Scheyern,
besorgt von P. Bonifatius Kotter

WOLFGANG A. BIENERT

Dionysius von Alexandrien

Zur Frage des Originismus im dritten Jahrhundert

XII, 252 Seiten. 1978. DM 88,— ISBN 3 11 007442 7 (Band 21)

Preisänderungen vorbehalten

Walter de Gruyter Berlin · New York

PATRISTISCHE TEXTE UND STUDIEN

Groß-Oktav. Ganzleinen. ISSN 0553-4003

KAREN TORJESEN

Hermeneutical Procedure and Theological Method in Origin's Exegesis

XII, 183 Seiten. 1986. DM 78,— ISBN 3 11 010202 1 (Band 28)

JAMES E. GOEHRING

The Letter of Ammon and Pachomian Monasticism

XII, 307 Seiten. 1986. DM 178,— ISBN 3 11 009513 0 (Band 27)

HANS CHRISTOF BRENNECKE

Hilarius von Poitiers und die Bischofsopposition gegen Konstantius II.

Untersuchungen zur dritten Phase des arianischen Streites (337—361)

XVIII, 400 Seiten. 1984. DM 108,— ISBN 3 11 009703 6 (Band 26)

MIROSLAV MARCOVICH

Hippolytus Refutatio omnium haeresium

XVI, 541 Seiten. 1986. DM 298,— ISBN 3 11 008751 0 (Band 25)

Olympiodor, Diakon von Alexandria — Kommentar zu Hiob —

Herausgegeben von Ursula und Dieter Hagedorn

XC, 523 Seiten, 1 Tafel. 1984. DM 148,— ISBN 3 11 009840 7 (Band 24)

Preisänderungen vorbehalten

Walter de Gruyter Berlin · New York